Ciência da Computação

O GEN | Grupo Editorial Nacional reúne as editoras Guanabara Koogan, Forense, LTC, Santos, Método e LAB, que publicam nas áreas científica, técnica e profissional.

Essas empresas, respeitadas no mercado editorial, construíram catálogos inigualáveis, com obras que têm sido decisivas na formação acadêmica e no aperfeiçoamento de várias gerações de profissionais e de estudantes de Administração, Direito, Enfermagem, Engenharia, Fisioterapia, Medicina, Odontologia e muitas outras ciências, tendo se tornado sinônimo de seriedade e respeito.

Nossa missão é prover o melhor conteúdo científico e distribuí-lo de maneira flexível e conveniente, a preços justos, gerando benefícios e servindo a autores, docentes, livreiros, funcionários, colaboradores e acionistas.

Nosso comportamento ético incondicional e nossa responsabilidade social e ambiental são reforçados pela natureza educacional de nossa atividade, sem comprometer o crescimento contínuo e a rentabilidade do grupo.

Ciência da Computação

QUARTA EDIÇÃO

Nell Dale
University of Texas, Austin

John Lewis
Virginia Tech

Tradução e Revisão Técnica

Jorge Duarte Pires Valério
Professor Adjunto do Departamento de Engenharia de Sistemas e Computação – UERJ

Os autores e a editora empenharam-se para citar adequadamente e dar o devido crédito a todos os detentores dos direitos autorais de qualquer material utilizado neste livro, dispondo-se a possíveis acertos caso, inadvertidamente, a identificação de algum deles tenha sido omitida.

Não é responsabilidade da editora nem dos autores a ocorrência de eventuais danos ou perdas a pessoas ou bens que tenham origem no uso desta publicação.

COMPUTER SCIENCE ILLUMINATED, Fourth Edition
ORIGINAL ENGLISH LANGUAGE EDITION PUBLISHED BY
      Jones & Bartlett Learning, Inc.
      40 Tall Pine Drive
      Sudbury, MA 01776

COPYRIGHT © 2011
ALL RIGHTS RESERVED.

Direitos exclusivos para a língua portuguesa
Copyright © 2011 by
LTC — Livros Técnicos e Científicos Editora Ltda.
Uma editora integrante do GEN | Grupo Editorial Nacional

Reservados todos os direitos. É proibida a duplicação ou reprodução deste volume, no todo ou em parte, sob quaisquer formas ou por quaisquer meios (eletrônico, mecânico, gravação, fotocópia, distribuição na internet ou outros), sem permissão expressa da editora.

Travessa do Ouvidor, 11
Rio de Janeiro, RJ — CEP 20040-040
Tel.: 21-3543-0770 / 11-5080-0770
Fax: 21-3543-0896
ltc@grupogen.com.br
www.ltceditora.com.br

Capa: Bernard Design

Editoração Eletrônica: *Performa*

CIP-BRASIL. CATALOGAÇÃO-NA-FONTE
SINDICATO NACIONAL DOS EDITORES DE LIVROS, RJ

D151c

Dale, Nell
Ciência da computação / Nell Dale, John Lewis ; tradução e revisão técnica Jorge Duarte Pires Valério. - Rio de Janeiro : LTC, 2010.

Tradução de: Computer science illuminated, 4th ed
Contém exercícios
Inclui glossário e índice
ISBN 978-85-216-1741-9

1. Computação. I. Lewis, John, 1953-. II. Título.

10-2816.   CDD: 004
                                                 CDU: 004

Dedicatória

*À minha esposa Sharon e aos meus filhos Justin, Kayla,
Nathan e Samantha
- John Lewis*

*Ao Al, meu marido e melhor amigo
- Nell Dale*

Sobre os Autores

John Lewis, Virginia Tech

John Lewis é um importante educador e autor no campo de Ciência da Computação. Escreveu um livro-texto líder em vendas sobre o software Java™ e projeto de programas. Depois de concluir seu curso de graduação e de receber seus títulos de MS e Ph.D. em Ciência da Computação, John permaneceu 14 anos na Villanova University, na Pensilvânia. Atualmente, leciona computação na Virginia Tech, sua *alma mater*, e trabalha em projetos de livros-textos fora da instituição. Recebeu numerosos prêmios por ensino, incluindo o University Award for Teaching Excellence (Prêmio da Universidade por Ensino de Excelência) e o Goff Award for Outstanding Teaching (Prêmio Goff por Ensino Eminente). Seus interesses profissionais incluem tecnologias de orientação a objeto, multimídia e engenharia de software. Além das atividades de ensino e escrita, John participa ativamente do ACM Special Interest Group on Computer Science Education (SIGCSE – Grupo de Interesse Especial em Educação em Ciência da Computação da ACM) e encontra tempo para estar com sua família ou em sua oficina.

Nell Dale, University of Texas, Austin

Bem respeitada no campo da Educação em Ciência da Computação, Nell Dale trabalhou no corpo docente da University of Texas, Austin, por mais de 25 anos e escreveu mais de 40 livros-textos para cursos de graduação em Ciência da Computação. Depois de concluir seus bacharelados em Matemática e Psicologia pela University of Houston, Nell ingressou na University of Texas, Austin, onde obteve seus títulos MA em Matemática e Ph.D. em Ciência da Computação. Nell realizou contribuições significativas à disciplina por meio de seus livros, pesquisa e trabalho. As contribuições dela foram reconhecidas em 1996 com o ACM SIGCSE Award for Outstanding Contributions in Computer Science (prêmio concedido pela ACM SIGCSE por Eminentes Contribuições à Educação em Ciência da Computação). Recentemente, Nell se aposentou de sua atividade como professora em tempo integral, o que lhe permitiu ter mais tempo para escrever, viajar e jogar tênis. Atualmente, ela reside em Austin, Texas.

Suplementos para Leitores

Leitores cadastrados têm acesso a materiais suplementares disponíveis no site da LTC, www.ltceditora.com.br. Para baixá-los, clique na aba de suplementos (GEN-IO) na página do livro.

Comentários e Sugestões

Apesar dos melhores esforços dos autores, do tradutor, do editor e dos revisores, é inevitável que surjam erros no texto. Assim, são bem-vindas as comunicações de usuários sobre correções ou sugestões referentes ao conteúdo ou ao nível pedagógico que auxiliem o aprimoramento de edições futuras. Os comentários dos leitores podem ser encaminhados à LTC – Livros Técnicos e Científicos Editora Ltda., uma editora integrante do GEN | Grupo Editorial Nacional, no endereço: Travessa do Ouvidor, 11 – Rio de Janeiro, RJ – CEP 20040-040 ou ao endereço eletrônico ltc@grupogen.com.br.

Sumário Geral

1 Preparando os Alicerces................................ 2
Capítulo 1 O Quadro Geral 3

2 A Camada de Informação 24
Capítulo 2 Valores Binários e Sistemas de Numeração 25
Capítulo 3 Representação de Dados 39

3 A Camada de Hardware................................ 66
Capítulo 4 Portas e Circuitos 67
Capítulo 5 Componentes Computacionais 87

4 A Camada de Programação 110
Capítulo 6 Linguagens de Programação de Baixo Nível e Pseudocódigo 111
Capítulo 7 Solução de Problemas e Algoritmos 143
Capítulo 8 Tipos Abstratos de Dados e Subprogramas 175
Capítulo 9 Projeto Orientado a Objeto e Linguagens de Programação de Alto Nível 203

5 A Camada de Sistema Operacional...............234
Capítulo 10 Sistemas Operacionais 235
Capítulo 11 Sistemas de Arquivos e Diretórios 257

6 A Camada de Aplicação................................274
Capítulo 12 Sistemas de Informação 275
Capítulo 13 Inteligência Artificial 301
Capítulo 14 Simulação, Gráficos, Jogos e Outros Aplicativos 323

7 A Camada de Comunicação 348
Capítulo 15 Redes 349
Capítulo 16 A *World Wide Web* 367

8 Em Conclusão 384
Capítulo 17 Limitações da Computação 385

Sumário

1 Preparando os Alicerces 2

Capítulo 1 O Quadro Geral 3

1.1 Sistemas Computacionais 4
Camadas de um Sistema Computacional 4
Abstração 5

1.2 A História da Computação 6
Uma Breve História do Hardware Computacional 7
Uma Breve História do Software Computacional 13
Predições 18

1.3 Computação como uma Ferramenta e como uma Disciplina 18
Resumo 20
Questões Éticas: A Exclusão Digital 21
Termos Fundamentais 21
Exercícios 21
Temas para Reflexão 23

2 A Camada de Informação 24

Capítulo 2 Valores Binários e Sistemas de Numeração 25

2.1 Números e Computação 26

2.2 Notação Posicional 26
Binário, Octal e Hexadecimal 27
Aritmética em Outras Bases 29
Sistemas de Numeração em Potência de 2 30
Convertendo da Base 10 para Outras Bases 31
Valores Binários e Computadores 32
Resumo 33
Questões Éticas: A Segurança da Pátria e o Carnívoro/DCS-1000 33
Termos Fundamentais 34
Exercícios 34
Temas para Reflexão 36

Capítulo 3 Representação de Dados 39

3.1 Dados e Computadores 40
Dados Analógicos e Digitais 40
Representações Binárias 42

3.2 Representando Dados Numéricos 42
Representando Valores Negativos 43
Representando Números Reais 46

3.3 Representando Texto 48
O Conjunto de Caracteres ASCII 49
O Conjunto de Caracteres Unicode 50
Compressão de Texto 50

3.4 Representando Dados de Áudio 53
Formatos de Áudio 55
O Formato de Áudio MP3 55

3.5 Representando Imagens e Gráficos 55
Representando Cor 55

Gráficos e Imagens Digitalizadas 56
Representação Vetorial de Gráficos 57

3.6 Representando Vídeo 58
Codecs de Vídeo 58
Resumo 59
Questões Éticas: Computadores e a Segurança da Pátria 60
Termos Fundamentais 60
Exercícios 61
Temas para Reflexão 65

3 A Camada de Hardware 66

Capítulo 4 Portas e Circuitos 67

4.1 Computadores e Eletricidade 68

4.2 Portas 68
Porta NÃO 69
Porta E 70
Porta OU 71
Porta OU EXCLUSIVO 71
Portas NÃO-E e NÃO-OU 71
Revisão de Processamento de Portas 72
Portas com Mais Entradas 72

4.3 Construindo Portas 73
Transistores 73

4.4 Circuitos 74
Circuitos Combinacionais 75
Somadores 77
Multiplexadores 78

4.5 Circuitos como Memória 79

4.6 Circuitos Integrados 80

4.7 Pastilhas de CPU 81
Resumo 81
Questões Éticas: Privacidade de Correio Eletrônico 81
Termos Fundamentais 82
Exercícios 82
Temas para Reflexão 85

Capítulo 5 Componentes Computacionais 87

5.1 Componentes Individuais de um Computador 88

5.2 O Conceito de Programa Armazenado 91
Arquitetura de von Neumann 91
O Ciclo Busca-Execução 95
RAM e ROM 97
Dispositivos de Armazenamento Secundário 97
Telas Sensíveis ao Toque 100

5.3 Sistemas Embarcados 101

5.4 Arquiteturas Paralelas 102
Computação Paralela 102
Classes de Hardware Paralelo 103
Resumo 104
Questões Éticas: Embustes e Fraudes por Computador 105
Termos Fundamentais 106
Exercícios 106
Temas para Reflexão 109

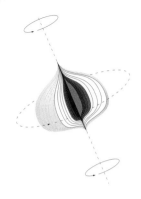

4 A Camada de Programação 110

Capítulo 6 Linguagens de Programação de Baixo Nível e Pseudocódigo 111

6.1 Operações Computacionais 112
6.2 Linguagem de Máquina 112
Pep/8: Um Computador Virtual 113
6.3 Um Exemplo de Programa 117
Simulação Manual 118
Simulador de Pep/8 119
6.4 Linguagem de Montagem 121
Linguagem de Montagem de Pep/8 121
Diretivas de Montagem 122
Versão em Linguagem de Montagem do Programa Hello 122
Um Novo Programa 123
Um Programa com Desvio 125
Um Programa com um Laço 126
6.5 Expressando Algoritmos 128
Funcionalidade de Pseudocódigo 128
Seguindo um Algoritmo em Pseudocódigo 131
Escrevendo um Algoritmo em Pseudocódigo 132
Traduzindo um Algoritmo em Pseudocódigo 134
6.6 Testes 135
Resumo 136
Questões Éticas: Pirataria e Direito Autoral de Software 137
Termos Fundamentais 137
Exercícios 137
Temas para Reflexão 141

Capítulo 7 Solução de Problemas e Algoritmos 143

7.1 Como Solucionar Problemas 144
Faça Perguntas 145
Procure por Coisas Familiares 145
Dividir e Conquistar 145
Algoritmos 145
Processo de Solução de Problemas por Computador 146
Resumo da Metodologia 148
Testando o Algoritmo 148
7.2 Algoritmos com Variáveis Simples 149
Um Algoritmo com Seleção 149
Algoritmo com Repetição 149
7.3 Variáveis Compostas 152
Vetores 153
Registros 154
7.4 Algoritmos de Pesquisa 154
Pesquisa Sequencial 154
Busca Sequencial em um Vetor Ordenado 155
Pesquisa Binária 156
7.5 Ordenação 157
Ordenação por Seleção 158
Ordenação pelo Método da Bolha 159
Ordenação por Inserção 160
7.6 Algoritmos Recursivos 161
Instruções de Subprogramas 161
Fatorial Recursivo 162
Pesquisa Binária Recursiva 163
Quicksort 163

7.7 Linhas Importantes 166
Ocultação de Informação   166
Abstração   166
Nomeando Coisas   168
Testes   168
Resumo   169
Questões Éticas: Desenvolvimento de Software em Código Aberto   169
Termos Fundamentais   170
Exercícios   170
Temas para Reflexão   173

Capítulo 8 Tipos Abstratos de Dados e Subprogramas   175

8.1 O que É um Tipo Abstrato de Dados?   176

8.2 Pilhas   176

8.3 Filas   177

8.4 Listas   177

8.5 Árvores   179
Árvores Binárias   179
Árvores de Busca Binária   181
Outras Operações   184

8.6 Grafos   185
Criando um Grafo   185
Algoritmos de Grafo   186

8.7 Subprogramas   191
Passagem de Parâmetros   191
Parâmetros por Valor e por Referência   192
Resumo   195
Questões Éticas: Influência da Internet na Eleição Presidencial de 2008   195
Termos Fundamentais   196
Exercícios   196
Temas para Reflexão   201

Capítulo 9 Projeto Orientado a Objeto e Linguagens de Programação de Alto Nível   203

9.1 Metodologia Orientada a Objeto   204
Orientação a Objeto   204
Metodologia de Projeto   204
Exemplo   206

9.2 Processo de Tradução   209
Compiladores   209
Interpretadores   210

9.3 Paradigmas de Linguagens de Programação   211
Paradigma Imperativo   211
Paradigma Declarativo   213

9.4 Funcionalidades em Linguagens de Alto Nível   214
Expressões Booleanas   215
Dando Tipos aos Dados   216
Estruturas de Entrada/Saída   219
Estruturas de Controle   220

9.5 Funcionalidades de Linguagens Orientadas a Objeto   225
Encapsulamento   225
Classes   225
Herança   227
Polimorfismo   227

9.6 Comparação de Projetos Procedimental e Orientado a Objeto   228
Resumo   229
Questões Éticas: Jogos e a Internet   230
Termos Fundamentais   230
Exercícios   230
Temas para Reflexão   233

Sumário

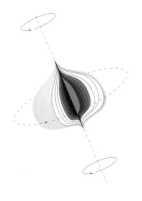

5 A Camada de Sistema Operacional 234

Capítulo 10 Sistemas Operacionais 235

10.1 Papéis de um Sistema Operacional 236
Gerenciamentos de Memória, de Processos e de CPU 237
Processamento em Lote 238
Tempo Compartilhado 239
Outros Ingredientes do Sistema Operacional 239

10.2 Gerenciamento de Memória 240
Gerenciamento de Memória Contígua Única 241
Gerenciamento de Memória Particionada 242
Gerenciamento de Memória Paginada 244

10.3 Gerenciamento de Processos 245
Os Estados de Processo 245
O Bloco de Controle de Processo 246

10.4 Escalonamento de CPU 247
Primeiro a Chegar, Primeiro Atendido 247
Menor Trabalho Primeiro 248
Round Robin 248
Resumo 249
Questões Éticas: Gerenciamento de Direitos Digitais e a Controvérsia do Rootkit da Sony® 250
Termos Fundamentais 251
Exercícios 251
Temas para Reflexão 255

Capítulo 11 Sistemas de Arquivos e Diretórios 257

11.1 Sistemas de Arquivos 258
Arquivos Texto e Binário 258
Tipos de Arquivo 259
Operações em Arquivos 260
Acesso a Arquivos 261
Proteção de Arquivos 261

11.2 Diretórios 262
Árvores de Diretórios 263
Nomes de Caminho 264

11.3 Escalonamento de Disco 266
Escalonamento de Disco Primeiro a Chegar, Primeiro Atendido 267
Escalonamento de Disco Menor Tempo de Busca Primeiro 267
Escalonamento por Varredura de Disco 267
Resumo 269
Questões Éticas: *Spam* 269
Termos Fundamentais 270
Exercícios 270
Temas para Reflexão 273

6 A Camada de Aplicação 274

Capítulo 12 Sistemas de Informação 275

12.1 Gerenciamento de Informação 276

12.2 Planilhas Eletrônicas 276
Fórmulas em Planilhas Eletrônicas 278
Referências Circulares 279
Análise de Planilhas Eletrônicas 281

12.3 Sistemas de Gerenciamento de Banco de Dados 282
O Modelo Relacional 283
Relacionamentos 284
Linguagem de Consulta Estruturada 285
Projeto de Banco de Dados 287

12.4 Comércio Eletrônico 287

12.5 Segurança da Informação 288
Confidencialidade, Integridade e Disponibilidade 288
Criptografia 289

12.6 Segurança em Computadores 291
Código Malicioso 292
Ataques à Segurança 292
Resumo 293
Questões Éticas: Big Brother no Local de Trabalho 294
Termos Fundamentais 295
Exercícios 296
Temas para Reflexão 299

Capítulo 13 Inteligência Artificial 301

13.1 Máquinas Pensantes 302
O Teste de Turing 302
Aspectos de IA 303

13.2 Representação de Conhecimento 304
Redes Semânticas 304
Árvores de Busca 306

13.3 Sistemas Especialistas 307

13.4 Redes Neuronais 310
Redes Neuronais Biológicas 310
Redes Neuronais Artificiais 310

13.5 Processamento de Linguagem Natural 312
Síntese de Voz 312
Reconhecimento de Voz 313
Compreensão de Linguagem Natural 314

13.6 Robótica 314
O Paradigma Sentir-Planejar-Agir 315
Arquitetura de Subsunção 317
Componentes Físicos 317
Resumo 318
Questões Éticas: HIPAA: *Health Insurance Portability and Accountability Act* (Lei de
Portabilidade e Responsabilidade em Seguro Saúde) 318
Termos Fundamentais 319
Exercícios 319
Temas para Reflexão 321

Capítulo 14 Simulação, Gráficos, Jogos e Outros Aplicativos 323

14.1 O que É Simulação? 324
Sistemas Complexos 324
Modelos 324
Construindo Modelos 324

14.2 Modelos Específicos 325
Sistemas de Filas 326
Modelos Meteorológicos 328
Biologia Computacional 331
Outros Modelos 332
Poder Necessário de Computação 332

14.3 Computação Gráfica 332
Como a Luz Atua 334
O Formato do Objeto Importa 335
Simulando Luz 335
Modelando Objetos Complexos 336
Fazendo Coisas se Moverem 340

14.4 Jogos 341
História dos Jogos 342
Criação do Mundo Virtual 342
Projeto e Desenvolvimento de Jogos 343

Programação de Jogos 344
Resumo 345
Questões Éticas: Jogos como um Vício 345
Termos Fundamentais 346
Exercícios 346
Temas para Reflexão 347

7 A Camada de Comunicação 348

Capítulo 15 Redes 349

15.1 Redes 350
Tipos de Redes 350
Conexões de Internet 351
Chaveamento de Pacotes 354

15.2 Sistemas Abertos e Protocolos 355
Sistemas Abertos 355
Protocolos de Rede 355
TCP/IP 356
Protocolos de Alto Nível 356
Tipos MIME 357
Firewalls 357

15.3 Endereços de Rede 358
Sistema de Nomes de Domínio 359

15.4 Redes Sociais 361
Resumo 362
Questões Éticas: Efeitos de Redes Sociais 363
Termos Fundamentais 363
Exercícios 364
Temas para Reflexão 365

Capítulo 16 A *World Wide Web* 367

16.1 Um Giro pela Web 368
Mecanismos de Busca 369
Mensagens Instantâneas 369
WebLogs 370
Cookies 370

16.2 HTML 371
Formatação Básica HTML 373
Imagens e Links 374

16.3 Páginas Web Interativas 374
Applets Java 374
Java Server Pages 376

16.4 XML 377
Resumo 379
Questões Éticas: *Blogging* 380
Termos Fundamentais 381
Exercícios 381
Temas para Reflexão 383

8 Em Conclusão 384

Capítulo 17 Limitações da Computação 385

17.1 Hardware 386
Limites da Aritmética 386
Limites em Componentes 390
Limites de Comunicação 391

17.2 Software 391
Complexidade de Software 392
Abordagens Atuais em Qualidade de Software 392
Erros Notórios de Software 395

17.3 Problemas   397
  Comparando Algoritmos   397
  Máquinas de Turing   402
  O Problema da Parada   402
  Classificação de Algoritmos   405
  Resumo   407
  Questões Éticas: Link Direto   407
  Termos Fundamentais   408
  Exercícios   408
  Temas para Reflexão   411

Glossário   413

Notas de Fim de Capítulo   427

Índice   431

Prefácio

Escolha de Tópicos

Ao preparar o perfil de tópicos para este texto de Introdução à Ciência da Computação, utilizamos muitas fontes. Examinamos descrições de catálogos de cursos, resenhas de livros e aplicamos um questionário por correio eletrônico, concebido para encontrar o que vocês, nossos colegas, achavam que tal curso deveria incluir. Solicitamos a vocês e a nós mesmos fazer três listas:

- Por favor, liste quatro tópicos os quais você ache que os estudantes deveriam dominar em um curso introdutório se este fosse o único curso de Ciência da Computação disponível durante a sua experiência na faculdade.
- Por favor, liste quatro tópicos os quais você gostaria que os estudantes ingressantes no seu curso de Ciência da Computação dominassem ao término do curso.
- Por favor, liste quatro tópicos adicionais com os quais você gostaria que os estudantes do seu curso de Ciência da Computação tivessem familiaridade.

O forte consenso que surgiu a partir dos cruzamentos dessas fontes levou ao plano de trabalho para este livro. Os estudantes que dominarem esse material antes de cursar Ciência da Computação terão uma base sólida sobre a qual continuar neste curso. Embora nossa intenção tenha sido escrever um texto introdutório, nossos revisores registraram que o material também constitui uma forte base abrangente que pode servir como um apoio para uma introdução à ciência da computação por linguagens de programação.

Base Lógica da Organização

O Capítulo 1 deste livro apresenta a história do *hardware* e do *software*, mostrando como um sistema computacional se parece com uma cebola. O computador, com sua linguagem de máquina, é o núcleo da cebola, e camadas de software e hardware mais sofisticado têm sido acrescentadas em volta desse núcleo, uma após outra. Primeiro, veio a linguagem de máquina, parte do centro dessa "cebola". Na camada seguinte, linguagens de mais alto nível, como FORTRAN, Lisp, Pascal, C, C++ e Java™ foram introduzidas paralelamente à sempre crescente exploração do processo de programação, utilizando ferramentas, tais como projeto *top-down* e projeto orientado a objeto. Ao longo do tempo, a nossa compreensão do papel de tipos abstratos de dados e suas implementações amadureceu. O sistema operacional, com suas técnicas de gestão de recursos, incluindo arquivos em mídias de armazenamento secundário cada vez maiores e mais rápidas evoluiu para incorporar e gerenciar esses programas.

A camada seguinte do sistema de computador "cebola" é composta de sofisticados sistemas de software de usos geral e específico que se sobrepõem ao sistema operacional. O desenvolvimento desses programas poderosos foi estimulado por trabalho teórico em ciência da computação, que os fez possíveis. A última camada compreende redes e software de rede – isto é, as ferramentas necessárias para que os computadores se comuniquem uns com os outros. A Internet e a *World Wide Web* dão os retoques finais nessa camada.

À medida que essas camadas se desenvolvem ao longo do tempo, os usuários tornam-se cada vez mais isolados em relação ao hardware do sistema computacional. Cada camada fornece uma abstração do sistema de computação sob ela. Conforme evoluem, os usuários da nova camada se unem aos usuários das camadas interiores, para criar uma grande força de trabalho no setor de alta tecnologia de nossa economia. Este livro tem a intenção de fornecer uma visão geral dessas camadas, introduzindo as tecnologias subjacentes de hardware e software, de modo a proporcionar aos estudantes uma apreciação e um entendimento de todos os aspectos dos sistemas computacionais.

Tendo utilizado a história para descrever a formação da cebola, do centro para as camadas externas, fomos confrontados com uma escolha de projeto: poderíamos examinar cada uma em profundidade de dentro para fora ou de fora para dentro. A abordagem de fora para dentro é muito tentadora. Poderíamos descascar as camadas, uma a uma, nos deslocando a partir da mais abstrata para a máquina concreta. No entanto, pesquisas têm demonstrado que os estudantes compreendem mais facilmente exemplos concretos do que abstratos, mesmo quando eles são pensadores abstratos. Assim, escolhemos começar com a máquina concreta e examinar as camadas na ordem em que elas foram criadas, confiando que uma compreensão completa de uma camada torna mais fácil para os estudantes a transição para a próxima abstração.

Alterações na Quarta Edição

As primeiras edições de um novo livro são muito similares aos lançamentos dos primeiros cruzeiros de novos navios: se o projeto for bom, ocorrerão apenas pequenos problemas, que precisarão de pequenos ajustes. À medida que um livro – ou um navio – fica mais velho, contudo, novas edições podem demandar uma reforma mais profunda. No planejamento para essa revisão, solicitamos aos nossos colegas de ensino de Ciência da Computação que nos dessem um retorno sobre quais mudanças deveríamos fazer e que tipo de reforma seria necessária. Mais de 30 de nossos colegas, tanto usuários como não usuários, compartilharam suas ideias conosco. O consenso foi de que a camada de programação precisava de uma reforma maior, o que foi feito.

Em edições anteriores, a solução de problemas foi apresentada em nível abstrato, seguida das linguagens de máquina, de montagem e de alto nível. Acreditamos agora que ir dos capítulos concretos da camada de informação para o bem abstrato primeiro capítulo da camada de programação e, então, voltar ao bem concreto capítulo de linguagem de montagem provoca confusão. Uma melhor abordagem seria abranger linguagens de máquina e de montagem, seguidas de pseudocódigo, solução de problemas, algoritmos e tipos abstratos de dados. O último capítulo dessa camada engloba projeto orientado a objeto e linguagens de programação de alto nível. Essa sequência faz gradualmente a transição do concreto para o abstrato.

Além dessa principal revisão, acrescentamos mais material sobre diferentes linguagens de programação, fornecendo exemplos de Scheme e Prolog. Acrescentamos importantes seções sobre redes sociais e jogos; consolidamos as seções sobre informação e segurança computacional no Capítulo 12. Obviamente, todas as notas laterais, biografias e questões éticas foram revisadas e/ou atualizadas.

Camada de Informação
Camada de Hardware
Camada de Programação
Camada de Sistema Operacional
Camada de Aplicação
Camada de Comunicação

Sinopse

O Capítulo 1 prepara os alicerces como descrito na seção explicando a base lógica para a organização deste livro. Os Capítulos 2 e 3 dão um passo atrás e examinam uma camada que está incorporada ao nível físico do hardware. Chamamos a camada de *camada de informação* e ela reflete como os dados são representados no computador. O Capítulo 2 aborda o sistema binário de numeração e seu relacionamento com outros sistemas de numeração, como o decimal, o sistema de numeração usado pelos humanos no dia a dia. O Capítulo 3 investiga como pegamos a miríade de tipos de dados que gerenciamos – números, textos, imagens, áudio e vídeo – e os representamos em um computador em formato binário.

Os Capítulos 4 e 5 exploram a *camada de hardware*. Hardware de computador inclui dispositivos como transistores, portas e circuitos, os quais controlam o fluxo de eletricidade em suas formas fundamentais. Esse núcleo de circuitos eletrônicos dá origem a componentes especializados de hardware tal como a unidade central de processamento do computador (CPU – *Central Processing Unit*) e a memória. O Capítulo 4 trata de portas e circuitos eletrônicos. O Capítulo 5 trata dos componentes de hardware de um computador e de como eles interagem dentro da arquitetura de von Neumann. Obviamente, o anúncio na Seção 5.1 do Capítulo 5 foi atualizado – e provavelmente estará obsoleto no momento em que você estiver lendo este prefácio!

Os Capítulos 6 a 9 abordam aspectos da *camada de programação*. O Capítulo 6 aborda os conceitos de linguagens de programação de máquina e de montagem usando Pep/8, um computador simulado. A funcionalidade do pseudocódigo é apresentada como uma forma para escrever algoritmos. Os conceitos de laço e seleção são introduzidos aqui, expressos em pseudocódigo e implementados em Pep/8.

O Capítulo 7 examina o processo de solução de problemas, tanto relacionado ao ser humano como ao computador. As estratégias humanas de solução de problemas de George Polya guiarão a discussão. Projeto *top-down* é apresentado como uma forma para projetar algoritmos simples. Escolhemos algoritmos clássicos de busca e ordenação como o contexto para discussão de algoritmos. Como estes operam sobre dados, examinamos formas de estruturar esses dados de modo que eles sejam mais eficientemente processados. Instruções de subalgoritmos (subprogramas) são apresentadas.

O Capítulo 8 dá um passo em direção à abstração e trata de tipos abstratos de dados ou contêineres: estruturas compostas para as quais sabemos apenas suas propriedades ou comportamentos. Listas, listas ordenadas, pilhas, filas, árvores de busca binária e grafos são discutidos. A discussão de subalgoritmos é expandida para incluir parâmetros por referência e por valor e passagem de parâmetros.

O Capítulo 9 aborda os conceitos de linguagens de programação de alto nível. Como muitas linguagens de programação de alto nível que se destacam incluem funcionalidade associada à programação orientada a objeto, alteramos o nosso rumo e primeiro apresentamos esse processo de projeto. Paradigmas de linguagens são discutidos, bem como o processo de compilação. Conceitos de pseudocódigo são ilustrados em breves exemplos, a partir de quatro linguagens de programação: Python, VB.NET, C++ e Java.

Os Capítulos 10 e 11 abordam a *camada de sistema operacional*. O Capítulo 10 discute as responsabilidades de gerenciamento de recursos do sistema operacional e apresenta alguns dos algoritmos básicos usados para implementar essas tarefas. O Capítulo 11 aborda sistemas de arquivos, incluindo suas definições e como são gerenciados pelo sistema operacional.

Os Capítulos 12 a 14 tratam da *camada de aplicação*. Essa camada é constituída dos programas aplicativos de uso geral e dos programas especializados que estão disponíveis para o público usar como resolvedor de problemas. Dividimos essa camada nas disciplinas da Ciência da Computação nas quais esses programas são baseados. O Capítulo 12 examina sistemas de informação e segurança da informação e em computadores, o Capítulo 13 examina inteligência artificial, e o Capítulo 14 explora simulação, gráficos, jogos e outros aplicativos.

Os Capítulos 15 e 16 abrangem a *camada de comunicação*. O Capítulo 15 apresenta os aspectos teóricos e práticos da comunicação de um computador com outros. Uma nova seção sobre redes sociais foi acrescentada a esse capítulo. O Capítulo 16 aborda a *World Wide Web* e sua influência no cotidiano.

Os Capítulos 2 a 16 têm como foco o que um computador pode fazer e como ele o faz. O Capítulo 17 conclui com uma discussão sobre as inerentes limitações de software e hardware computacional e dos problemas que podem e os que não podem ser solucionados usando um computador. A notação O é apresentada como uma forma de se falar de eficiência de algoritmos de modo que as categorias de algoritmos possam ser discutidas, e o problema da Parada seja introduzido para mostrar que alguns problemas são insolúveis.

O primeiro e o último capítulos formam um par de bibliocantos: o Capítulo 1 descreve um sistema computacional, e o Capítulo 17 cuida do que os sistemas computacionais não podem fazer. Os capítulos intermediários analisam em profundidade as camadas que compõem um sistema computacional.

Recursos Pedagógicos

Incluímos três recursos especiais neste texto de modo a enfatizar a história e a extensão da computação, bem como as obrigações morais que vêm com novas tecnologias. Cada capítulo inclui uma curta biografia de um personagem que tenha realizado alguma contribuição significativa à computação, como a conhecemos. As pessoas homenageadas nessas seções vão desde os que con-

Fãs choram a morte de Aibo
Infelizmente, a Sony Corporation anunciou a morte de Aibo, o cachorro robô que podia aprender o nome de seu dono, demonstrar raiva (os olhos tornavam-se vermelhos) e expressar felicidade (os olhos tornavam-se verdes). Mais de 150.000 dessas máquinas, que eram do tamanho de um poodle de brinquedo, foram vendidas.

Usado com permissão da Sony Electronics, Inc.

tribuíram para a camada de dados, como George Boole e Ada Lovelace, àqueles cujos trabalhos melhoraram a camada de comunicação, como Doug Engelbart e Tim Bernes-Lee. Essas biografias objetivam dar aos estudantes um quê de história e os apresenta aos homens e mulheres que contribuíram e estão contribuindo atualmente para o mundo da computação.

Nosso segundo recurso, a que demos o nome de *chamadas*, por ausência de uma palavra melhor, são seções laterais que destacam interessantes aperitivos de informação do passado, do presente e do futuro. Eles foram garimpados a partir da história, de jornais atuais e de experiências dos autores. Essas pequenas vinhetas têm como objetivos divertir, inspirar, intrigar e, é claro, instruir.

Nosso terceiro recurso é uma seção sobre Questões Éticas incluída em cada capítulo. Essas seções visam ilustrar que junto às vantagens da computação vêm responsabilidades pelas consequências de seu uso. Privacidade, *hackers*, vírus e discurso livre estão entre os tópicos discutidos. Ao final dos exercícios de cada capítulo, incluímos uma seleção de Temas para Reflexão que abordam essas questões éticas como também o conteúdo do capítulo.

QUESTÕES ÉTICAS ► Blogging

Como sítio Web, *blogs* tornaram-se universais virtualmente da noite para o dia. Um *blog* é um *weblog* ou um noticiário *on-line*. A maioria dos *blogs* é interativa e está preparada para obter retorno de leitores. Ainda que a maioria dos *bloggers* escreva sobre assuntos mundanos, a *blogosphere* também emergiu como um novo veículo viável alternativo. *Blogs* estão tendo um crescente impacto, algumas vezes suplementando ou corrigindo noticiários, na grande mídia. Em 2004, *blogs* rapidamente expuseram a falta de autenticidade dos documentos utilizados em uma história do *60 Minutes* sobre o serviço de Guarda Nacional do presidente George W. Bush. Muitos outros *blogs* consistentemente fornecem uma única e não convencional perspectiva sobre o noticiário local e nacional.

De acordo com o *Wall Street Journal*, a audiência para mídia alternativa está em expansão: "o número de americanos lendo *blogs* pulou de 58% em 2004 para uma estimativa de 32 milhões de pessoas ... com cerca de 11 milhões assistindo a *blogs* políticos em busca de notícias durante a campanha presidencial [de 2004]".[1]

Mas *blogs* não são apenas para jornalistas *on-line* ou comentaristas políticos. Seu uso também cresceu entre médicos, advogados e professores. Mesmo na sala de aula *blogs* tornaram-se populares. Muitos alunos têm seus próprios *blogs* onde eles registram suas impressões sobre professores ou outras informações relativas à escola em um formato do tipo de um diário. O uso de *blogs* por alunos levou a um novo debate sobre o quanto de controle os educadores devem exercer sobre atividades *on-line* em salas de aula.

Obviamente, a *blogosphere* não está sem seu quinhão de controvérsias. Uma dessas controvérsias surgiu em 2005 depois de alguns *bloggers* divulgarem documentos confidenciais da Apple® Computer sobre um produto da Apple ainda não lançado. A Apple exigiu que os *bloggers* informassem a fonte daquela informação, mas os *bloggers* alegaram que eles eram jornalistas e assim deviam estar protegidos por leis federais e estaduais para não revelarem suas fontes. No entanto, um juiz da Califórnia discordou, visto que ele determinou que os *bloggers* revelassem suas fontes. Infelizmente, o juiz nesse caso não endereçou a questão

» continua

Tons e Tipografia São Sinalizadores

As camadas nas quais o livro é dividido possuem códigos de tonalidade dentro do texto. A abertura do capítulo apresenta a cebola com um tom de cinza externo mostrando a camada. Este tom é repetido em barras nas partes superiores das páginas pertencentes à camada. Para cada capítulo, uma faixa aparece na lateral da abertura do capítulo indicando dentro de qual camada ele está. Dissemos que o primeiro e o último capítulos formam um conjunto de bibliocantos. Ainda que eles não façam parte das camadas da cebola computacional, demos a eles um tom, os quais aparecem na cebola, nas faixas e nas barras. Abra o livro em qualquer página e você poderá saber imediatamente onde está dentro das camadas de computação.

Para separar visualmente o abstrato do concreto na camada de programação, usamos diferentes tipologias para algoritmos, incluindo identificadores no texto corrente, e para código de programas. Você saberá em uma olhadela quando a discussão ocorre no nível lógico (algorítmico) ou no nível de linguagem de programação. Para tornar claro visualmente a distinção entre endereços e conteúdos de endereços, os endereços aparecem em cinza-escuro.

As tonalidades de cinza são especialmente úteis no Capítulo 6, Linguagens de Programação de Baixo Nível e Pseudocódigo. Instruções são codificadas em tons de cinza para diferenciar as várias partes de uma instrução: o código da operação é negrito, a designação de registro é de tom claro, o especificador de modo de endereçamento é cinza-claro. Operandos são sombreados em cinza. Como em outros capítulos, os endereços aparecem em cinza-escuro.

Agradecimentos

As pessoas que nos adotaram foram muito importantes durante essa revisão. Àqueles de vocês que dedicaram seu tempo para atender a nossa pesquisa online, nossos agradecimentos. Somos gratos aos revisores das edições anteriores do texto:

Tim Bower, Kansas State University; Mikhail Brikman, Salem State College; Jacques Carette, McMaster University; Howard Francis, Pikeville College; Jim Jones, Graceland University; Murray Levy, West Los Angeles College; Lew Lowther, York University; Jeffrey McConnell, Canisius College; Richard Schlesinger, Kennesaw State University; Richard Spinello, Boston College; Herman Tavani, Rivier College; Amy Woszczynski, Kennesaw State University; C. Michael Allen, UNC – Charlotte; Lofton Bullard, Florida Atlantic University; Cerian Jones, University of Alberta; Calvin Ribbens, Virginia Tech; Susan Sells, Wichita State University; R. Mark Meyer, Canisius College; Tom Wiggen, University of North Dakota; Mary Dee Harris, Chris Edmonson-Yurkanan, Ben Kuipers e Glenn Downing, todos da University of Texas, Austin; Dave Stauffer, Penn State; John McCormick, University of Northern Iowa; Dan Joyce, Villanova University; Mike Goldwasse e Andrew Harrington, Loyola University – Chicago; e Daniel R. Collins, Mass Bay Community College.

Agradecimentos especiais a Jeffrey McConnell, da Canisius College, que escreveu a seção de gráficos do Capítulo 14; a Herman Tavani, da Rivier College, que trabalhou conosco na revisão das "Questões Éticas"; e a Richard Spinello, da Boston College, pelo seu ensaio sobre ética em *blogs*.

Apreciamos e agradecemos nossos revisores e colegas que forneceram sugestões e recomendações para o conteúdo desta quarta edição:

J. Stanley Warford, Pepperdine University

Richard C. Detmer, Middle Tennessee State University

Chip Weems, University of Massachusetts – Amherst

Heather Chandler, Westwood College

Mark Holthouse, Westwood High School

Robert Vermilyer, St. Thomas Aquinas College

Agradecemos também às muitas pessoas da Jones and Bartlett Publishers que muito contribuíram, especialmente Tim Anderson, editor de aquisições; Melissa Potter, assistente editorial; Melissa Elmore, editora associada de produção; e Amy Rose, diretora de produção. Um "obrigado" especial a Melissa Potter, que ajudou muito com as atualizações das chamadas e das questões éticas.

Também tenho que agradecer aos meus parceiros de tênis por me manterem em forma, aos meus parceiros de *bridge* por manterem minha mente alerta, à minha família por me manter com os pés no chão e ao meu gato por me acordar pela manhã.

– ND

Gostaria de agradecer à minha família pelo apoio recebido.

– JL

Preparando os Alicerces

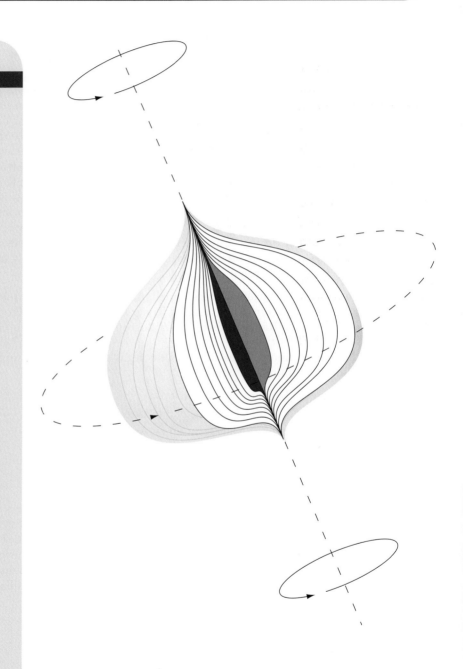

Preparando os Alicerces
- ▶ **1** O Quadro Geral

A Camada de Informação
- **2** Valores Binários e Sistemas de Numeração
- **3** Representação de Dados

A Camada de Hardware
- **4** Portas e Circuitos
- **5** Componentes Computacionais

A Camada de Programação
- **6** Linguagens de Programação de Baixo Nível e Pseudocódigo
- **7** Solução de Problemas e Algoritmos
- **8** Tipos Abstratos de Dados e Subprogramas
- **9** Projeto Orientado a Objeto e Linguagens de Programação de Alto Nível

A Camada de Sistema Operacional
- **10** Sistemas Operacionais
- **11** Sistemas de Arquivos e Diretórios

A Camada de Aplicação
- **12** Sistemas de Informação
- **13** Inteligência Artificial
- **14** Simulação, Gráficos, Jogos e Outros Aplicativos

A Camada de Comunicação
- **15** Redes
- **16** A *World Wide Web*

Em Conclusão
- **17** Limitações da Computação

O Quadro Geral

1

Este livro é uma viagem pelo mundo da computação. Exploramos como os computadores funcionam — o que eles fazem e como o fazem, de baixo para cima, de dentro para fora. Como uma orquestra, um sistema computacional é uma coleção de muitos elementos diferentes que se combinam para formar um todo que é muito mais do que a soma das suas partes. Este capítulo fornece o quadro geral, dando uma visão panorâmica das peças que dissecamos lentamente ao longo do livro, colocando essas peças em uma perspectiva histórica.

Hardware, *software*, *programação*, *navegação na web* e *correio eletrônico* são, provavelmente, termos familiares para você. Alguns de vocês são capazes de definir estes e muitos outros termos relacionados explicitamente a computador, ao passo que outros podem ter apenas uma vaga e intuitiva compreensão deles. Este capítulo deixa todo mundo em pé de igualdade, estabelecendo uma terminologia comum e criando a plataforma de onde vamos mergulhar em nossa exploração sobre computação.

Objetivos

Após estudar este capítulo, você deverá ser capaz de:

- descrever as camadas de um sistema computacional.
- descrever o conceito de abstração e sua relação com computação.
- descrever a história de hardware e software computacional.
- descrever as mudanças do papel do usuário de computador.
- distinguir programadores de sistemas de programadores de aplicações.
- distinguir entre computação como uma ferramenta e computação como uma disciplina.

1.1 Sistemas Computacionais

Neste livro exploramos vários aspectos de sistemas computacionais. Note que usamos o termo "sistema computacional", não somente "computador". Um computador é um dispositivo. Um **sistema computacional**, em contraste, é uma entidade dinâmica, usada para resolver problemas e interagir com seu ambiente. Um sistema computacional é composto de hardware, software e pelos dados que eles gerenciam. **Hardware computacional** é a coleção de elementos físicos que formam a máquina com suas respectivas partes: caixas, placas de circuito, pastilhas, fios, unidades de disco, teclados, monitores, impressoras e assim por diante. **Software computacional** é a coleção de programas que fornecem as instruções para um computador funcionar. E bem no coração de um sistema computacional está a informação que ele gerencia. Sem dados, o hardware e o software são essencialmente inúteis.

> **Preparando os Alicerces**
>
> » **Sistema computacional** Hardware, software e dados computacionais que interagem para resolver problemas
> » **Hardware computacional** Os elementos físicos de um sistema computacional
> » **Software computacional** Os programas que fornecem as instruções que um computador executa

Os objetivos gerais deste livro desdobram-se em três partes:

- Dar uma sólida e ampla compreensão de como um sistema computacional funciona.
- Desenvolver uma avaliação e um entendimento da evolução dos modernos sistemas computacionais.
- Dar informação suficiente sobre computação, de modo que você possa decidir se deseja conhecer mais sobre o assunto.

O restante desta seção explica como sistemas computacionais podem ser divididos em camadas abstratas e como cada camada desempenha um papel. A próxima seção apresenta o desenvolvimento de hardware e software computacional em um contexto histórico. Este capítulo termina com uma discussão sobre computação tanto como uma ferramenta quanto como uma disciplina de estudo.

■ Camadas de um Sistema Computacional

Um sistema computacional é como uma cebola, composto de muitas camadas. Cada camada desempenha um papel específico no projeto geral do sistema. Essas camadas são representadas na Figura 1.1 e formam a organização geral deste livro. Este é o "quadro geral" ao qual retornaremos continuamente, à medida que explorarmos diferentes aspectos de sistemas computacionais.

Você raramente, ou nunca, tira um pedaço de uma cebola do mesmo jeito que faz com uma maçã. De preferência, você separa a cebola em anéis concêntricos. Igualmente, neste livro, exploramos os aspectos computacionais uma camada a cada vez. Vamos descascar cada camada e explorá-la separadamente. Cada camada, por si só, não é tão complicada. De fato, realmente, um computador só faz tarefas muito simples — ele apenas as faz tão instantaneamente que muitas tarefas simples podem ser combinadas para realizar outras maiores e mais complicadas. Quando as várias camadas são todas integradas, cada uma desempenhando seu próprio papel, coisas surpreendentes resultam da combinação dessas ideias básicas.

Vamos discutir cada uma dessas camadas brevemente e identificar aonde, neste livro, estas ideias são exploradas com mais detalhes. Essencialmente, desenvolvemos nosso trabalho de dentro para fora, o que é algumas vezes descrito como uma abordagem de baixo para cima.

A camada mais interna, informação, reflete o modo como representamos as informações em um computador. De diversas maneiras, este é um nível puramente conceitual. Informação em um computador é gerenciada usando dígitos binários, 1 e 0. Sendo assim, para compreender proces-

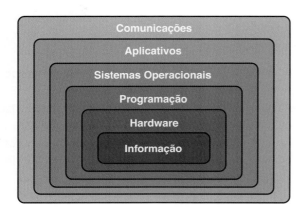

FIGURA 1.1
As camadas de um sistema computacional

samento computacional, primeiro temos que entender o sistema de numeração binária e a relação dele com outros sistemas de numeração (como o decimal, usado cotidianamente). Então, podemos voltar a nossa atenção para a forma como pegamos a diversidade de tipos de informações que gerenciamos — números, texto, imagens, áudio e vídeo — e os representamos em um formato binário. Os Capítulos 2 e 3 exploram essas questões.

A próxima camada, hardware, consiste na parte física de um sistema computacional. Hardware computacional inclui dispositivos como portas e circuitos que controlam o fluxo de eletricidade em modos fundamentais. Este núcleo de circuitos eletrônicos dá origem a componentes de hardware especializados, tais como a unidade central de processamento de um computador (CPU) e memória. Os Capítulos 4 e 5 deste livro discutem esses tópicos em detalhe.

A camada de programação lida com software, as instruções usadas para realizar cálculos e gerenciar dados. Programas podem assumir muitas formas, ser executados em vários níveis e implementados em muitas linguagens. Ainda assim, apesar da enorme variedade de questões relativas à programação, o objetivo permanece o mesmo: resolver problemas. Os Capítulos de 6 a 9 exploram muitas questões relacionadas à programação e ao gerenciamento de dados.

Todo computador possui um sistema operacional (SO) para ajudar a gerenciar os recursos computacionais. Sistemas operacionais, tais como Windows XP, Linux ou Mac OS, nos ajudam a interagir com o sistema computacional e a gerenciar a forma pela qual dispositivos de hardware, programas e dados interagem entre si. Saber o que um sistema operacional faz é importante para entender o computador em geral. Estas questões são discutidas nos Capítulos 10 e 11.

As camadas anteriores (mais internas) têm como foco fazer um sistema computacional funcionar. A camada de aplicativos, diferentemente, se concentra na utilização do computador para solução de problemas específicos do mundo real. Executamos programas aplicativos para tirar proveito das habilidades do computador em outras áreas, tal como nos ajudar em um projeto de um edifício ou a jogar um jogo. O espectro das ferramentas de software computacional específicas a uma área é muito amplo e envolve subdisciplinas específicas de computação, tais como sistemas de informação, inteligência artificial e simulação. Sistemas aplicativos serão discutidos nos Capítulos 12, 13 e 14.

Computadores já não mais existem isolados na mesa de alguém. Usamos tecnologia computacional para comunicação, sendo esta uma camada fundamental na qual sistemas computacionais operam. Computadores são ligados em redes para que possam compartilhar informações e recursos. A Internet, por exemplo, evoluiu para uma rede global, de modo que, agora, quase não há lugar na Terra em que você não possa se comunicar por meio de tecnologia computacional. A *World Wide Web* torna essa comunicação relativamente fácil; ela revolucionou o uso do computador e o tornou acessível ao público em geral. Os Capítulos 15 e 16 discutem essas questões importantes sobre comunicação entre computadores.

A maior parte deste livro se concentra no que um computador pode fazer e em como ele o faz. Concluímos com uma discussão sobre o que um computador não é capaz de fazer ou, pelo menos, não consegue fazer adequadamente. Computadores têm limitações inerentes à capacidade deles em representar informação e eles são tão bons apenas quanto a programação deles os faz ser. Além disso, constata-se que alguns problemas não podem mesmo ser resolvidos. O Capítulo 17 examina essas limitações de computadores.

Às vezes, é fácil ficar tão envolvido nos detalhes, que perdemos a perspectiva do quadro geral. Tente ter isso em mente conforme progredir ao longo do conteúdo deste livro. Cada página inicial de capítulo vai lembrá-lo de onde nos encontramos nas várias camadas de um sistema computacional. Todos os detalhes contribuem com uma parte específica para um todo maior. Dê um passo de cada vez e você ficará maravilhado em quão bem tudo se encaixa.

■ Abstração

Os níveis de um sistema computacional que acabamos de examinar são exemplos de abstração. Uma abstração é um modelo mental, uma maneira de pensar sobre alguma coisa que remove ou esconde detalhes complexos. Uma abstração deixa somente a informação necessária para realizar nosso objetivo. Quando estamos lidando com um computador, em uma camada, não precisamos ficar pensando sobre os detalhes das outras camadas. Por exemplo, quando estamos escrevendo um programa, não temos que nos preocupar com a forma como o hardware executará as instruções. Da mesma forma, quando estamos executando um programa aplicativo, não precisamos nos preocupar em como aquele programa foi escrito.

> ❯❯ Abstração É um modelo mental que remove detalhes complexos

Inúmeras experiências têm mostrado que um ser humano é capaz de gerenciar ativamente cerca de sete (mais ou menos dois, dependendo da pessoa) fragmentos de informação de uma vez, na memória de curto prazo. Isto é chamado de lei de Miller, baseada no psicólogo que primeiro investigou esse assunto.[1] Outros fragmentos de informação estão disponíveis quando precisamos deles, mas quando nos concentramos em um novo fragmento, alguma coisa passa para um estado secundário.

Este conceito é semelhante ao número de bolas que um malabarista pode manter no ar de cada vez. Seres humanos podem fazer malabarismos mentais com cerca de sete bolas de uma só vez, mas, para pegar uma nova bola, eles precisam soltar outra. Sete pode parecer um número pequeno, mas o importante é que cada bola pode representar uma abstração ou um agrupamento de informação. Isto é, cada bola com que fazemos malabarismo pode representar um tema complexo, desde que possamos pensar nele como uma ideia.

Contamos com abstrações todo dia nas nossas vidas. Por exemplo, não precisamos saber como um carro funciona para dirigi-lo até uma loja. Isto é, não precisamos realmente conhecer em detalhes como o motor funciona. Basta apenas ter conhecimento de algumas coisas básicas sobre como interagir com o carro: como os pedais, os botões e o volante funcionam. E nem sequer temos que ficar pensando em todas essas coisas ao mesmo tempo. Veja a Figura 1.2.

Mesmo se soubermos como funciona um motor, não temos que pensar nisso ao dirigir. Imagine se, dirigindo, tivéssemos que pensar constantemente sobre como as velas queimam o combustível para que ele impulsione os pistões que viram o eixo da manivela. Nunca chegaríamos a lugar algum! Um carro é demasiadamente complicado para nós, para que possamos lidar com tudo de uma vez. Todos os detalhes técnicos seriam malabarismos com muitas bolas jogadas ao mesmo tempo. Mas, uma vez que tenhamos abstraído o carro até a nossa forma de interagir com ele, podemos tratá-lo como uma entidade. Os detalhes irrelevantes são ignorados, pelo menos para o momento.

Arte abstrata, como o nome sugere, é outro exemplo de abstração. Uma pintura abstrata representa alguma coisa, mas não podemos nos perder nos pormenores da realidade. Considere a pintura mostrada na Figura 1.3, intitulada *Nu Descendo uma Escada*. Você pode ver somente a insinuação da mulher ou da escada, porque o artista não está interessado nos detalhes exatos da aparência da mulher e da escada. Estes detalhes são irrelevantes para o efeito que o artista está tentando criar. De fato, os detalhes realistas interfeririam nas questões que o artista considera importantes.

Abstração é a chave para computação. As camadas de um sistema computacional incorporam a ideia de abstração. E abstrações continuam aparecendo em camadas individuais de várias maneiras. De fato, abstrações podem ser vistas ao longo de toda a evolução de sistemas computacionais, como mostraremos na próxima seção.

1.2 A História da Computação

A origem histórica da computação percorre um longo caminho rumo a explicar porque, hoje, sistemas computacionais são projetados como eles o são. Pense nessa seção como uma estória cujos personagens e acontecimentos nos levaram para o local onde estamos agora e formam a base do

FIGURA 1.2 Um motor de carro e a abstração que nos permite usá-lo

FIGURA 1.3 A pintura abstrata *Nu Descendo uma Escada, n.º 2*, 1912 (óleo sobre tela) por Duchamp, Marcel (1887-1968). © 2006 *Philadelphia Museum of Art, Pennsylvania, PA, USA/The Bridgeman Art Library.* © 2006 Artist's Rights Society (ARS), New York; ADAGP, Paris/Succession Marcel Duchamp.

futuro excitante que está por vir. Examinamos a história de hardware e software computacional separadamente, porque cada um tem seu próprio impacto sobre a forma como sistemas computacionais evoluíram para o modelo em camadas que delineamos para este livro.

Esta história é escrita como uma narrativa, sem qualquer intenção de definir formalmente os conceitos discutidos. Nos capítulos subsequentes retornaremos a esses conceitos explorando-os com mais detalhes.

■ Uma Breve História do Hardware Computacional

Os dispositivos que auxiliam humanos em diversas formas de computação têm suas raízes no passado remoto e ainda hoje continuam evoluindo. Vamos fazer uma breve viagem pela história do hardware computacional.

História Inicial

Muitas pessoas acreditam que Stonehenge, a famosa coleção de monólitos rochosos na Grã-Bretanha, seja uma forma primitiva de calendário ou calculadora astrológica. O *ábaco*, que apareceu no século XVI a.C., foi desenvolvido como um instrumento para registrar valores numéricos sobre os quais um humano pode executar aritmética básica.

Em meados do século XVII, Blaise Pascal, um matemático francês, construiu e vendeu máquinas mecânicas movidas a engrenagens que realizavam adição e subtração de números globais. Mais tarde, ainda no século XVII, um matemático alemão, Gottfried Wilhelm von Leibniz, construiu o primeiro dispositivo mecânico destinado a fazer todas as quatro operações com números globais: adição, subtração, multiplicação e divisão. Infelizmente, a condição de engrenagens e alavancas mecânicas naquele tempo era tal que a máquina de Leibniz não era muito confiável.

No final do século XVIII, Joseph Jacquard desenvolveu o que ficou conhecido como o *tear de Jacquard*, usado para produzir tecidos. O tear usava uma série de cartões com furos para determinar o uso de fios coloridos específicos e, portanto, definir o desenho que seria estampado no tecido. Ainda que não seja um dispositivo de computação, o tear de Jacquard foi o primeiro a fazer uso de uma importante forma de entrada: os cartões perfurados.

Não foi antes do século XIX que o próximo importante passo foi dado, dessa vez por um matemático britânico. Charles Babbage projetou o que ele chamava de seu *mecanismo analítico*. O projeto dele era demasiado complexo para ser construído com a tecnologia daquela época, assim ele nunca foi

> **Além de todos os sonhos**
> "Quem pode prever as consequências de tal invenção? O Mecanismo Analítico combina padrões algébricos tal como o tear de Jacquard tece flores e folhas. O mecanismo poderia compor peças de música elaboradas e científicas de qualquer grau de complexidade ou extensão."
> – Ada, condessa de Lovelace, 1843[2]

Stonehenge Continua Sendo um Mistério

Stonehenge, uma estrutura de pedras neolíticas que se ergue majestosamente na planície de Salisbury, na Inglaterra, por séculos tem fascinado o homem. Acredita-se que Stonehenge foi erguida durante vários séculos, tendo sido iniciada aproximadamente em 2180 a.C. Seu propósito continua a ser um mistério, embora existam várias teorias. No solstício de verão, o sol nascente aparece por trás de uma das principais pedras, dando a ilusão de que o sol está se equilibrando sobre a pedra. Isto levou à antiga teoria de que Stonehenge seria um templo. Outra teoria, sugerida primeiramente em meados do século XX, é a de que Stonehenge poderia ter sido utilizada como um calendário astronômico, marcando alinhamentos lunares e solares. Existe ainda uma terceira teoria de que Stonehenge foi utilizada para prever eclipses. A pesquisa mais recente mostra agora que Stonehenge destinava-se e foi usada como um cemitério.[3] Foram encontrados restos mortais de cerca de 3000 a.C. a 2500 a.C., quando as primeiras grandes pedras foram erguidas. Independentemente do motivo pelo qual ela tenha sido construída, há um aspecto místico sobre o lugar que desafia a explicação.

Cortesia de Scott Barrett

Contagem Precede Escrita

Foram necessários cerca de 4000 anos para traduzir totalmente símbolos tridimensionais em sinais escritos. Tudo começou cerca de 7500 a.C., quando agricultores faziam contadores de argila, de uma dúzia de formas, para ajudar a controlar seus bens. Por exemplo, um cone representava uma pequena quantidade de grãos, uma esfera representava uma grande quantidade de grãos e um cilindro valia um animal. Quatro pequenas quantidades de grãos eram representadas por quatro cones. Cerca de 8.000 destes símbolos foram encontrados na Palestina, na Anatólia, na Síria, na Mesopotâmia e no Irã.

Aproximadamente em 3500 a.C., após o surgimento das cidades-estados, administradores deram início ao uso de bolas de barro como invólucros para guardar os símbolos. Alguns destes invólucros traziam as impressões dos símbolos que continham. O próximo passo ocorreu entre 3300 e 3200 a.C., quando guardadores de registros começaram a usar apenas a impressão dos símbolos em bolas de barro, dispensando os símbolos propriamente ditos. Sendo assim, levou aproximadamente 4000 anos para transformar símbolos tridimensionais em sinais escritos.

Por volta de 3100 a.C., agulhas eram usadas para desenhar os símbolos em vez de estampá-los nas tábuas. Essa mudança conduziu à ruptura da correspondência de um para um entre símbolo e objeto. Dez potes de óleo foram representados por um pote de óleo e um símbolo para dez. Não foram criados novos símbolos para expressar números abstratos, mas símbolos antigos tiveram novos significados. Por exemplo, o sinal do cone, anteriormente representando uma pequena quantidade de grãos, se tornou o símbolo para "1" e a esfera (uma grande quantidade de grãos) passou a representar "10". Agora, 33 potes de óleo podem ser representados por 10 + 10 + 10 + 1 + 1 + 1 e o símbolo para "óleo".

Uma vez que numerais abstratos foram criados, os sinais para as mercadorias e os sinais para números puderam evoluir em diferentes formas. Assim, a escrita derivou da contagem.

-Denise Schmandt-Berrerat, "Signs of Life", *Odyssey*. Janeiro/Fevereiro de 2002, páginas 6, 7 e 63.

Ada Lovelace, a Primeira Programadora[4]

Em 10 de dezembro de 1815 (o mesmo ano que George Boole nasceu) uma filha — Augusta Ada Byron — nasceu para Anna Isabella (Annabella) Byron e George Gordon, Lorde Byron. Naquela época, na Inglaterra, a fama de Byron não era causada só por sua poesia, mas também por conta de seu comportamento extravagante e escandaloso. O casamento foi tenso desde o início e Annabella deixou Byron logo após o nascimento de Ada. Em abril de 1816, os dois tinham assinado os papéis da separação. Byron deixou a Inglaterra para nunca retornar. Durante o restante da sua vida lamentou não ser capaz de ver sua filha. Uma vez, ele escreveu sobre ela:

Eu não te vejo. Eu não te ouço.
Mas ninguém pode ser tão dedicado a ti.

Antes de morrer, na Grécia, aos 36 anos, ele exclamou:

Oh! Minha pobre querida criança! Minha querida Ada!
Meu Deus, mas eu poderia tê-la conhecido!

Nesse ínterim, Annabella, que acabara de se tornar uma baronesa por mérito próprio e que fora edu-

» continua

Ada Lovelace, a Primeira Programadora[4] (continuação)

cada como matemática e poetisa, conduziu a formação e a educação de Ada. Annabella deu a Ada as primeiras lições de matemática, e logo se tornou evidente que Ada tinha talento para o assunto e devia receber uma orientação mais extensiva. Ada recebeu uma formação complementar de Augustus DeMorgan, hoje famoso por um dos teoremas básicos da álgebra Booleana. Aos oito anos, Ada já demonstrava um interesse em dispositivos mecânicos e estava construindo modelos detalhados de barcos.

Quando tinha 18 anos, Ada visitou o Instituto de Mecânica para assistir à conferência do Dr. Dionysius Lardner sobre "Máquina de Subtrair", uma máquina de calcular mecânica que estava sendo construída por Charles Babbage. Ela ficou tão interessada no dispositivo, que arrumou uma maneira de ser apresentada a Babbage. Foi dito que, ao ver a máquina de Babbage, Ada foi a única pessoa na sala que compreendeu imediatamente como ela funcionava e que reconheceu sua importância. Ada e Charles Babbage se tornaram amigos por toda a vida. Ela trabalhou com ele ajudando a documentar os projetos dele, traduzindo textos sobre o trabalho dele e desenvolvendo programas para as máquinas dele. De fato, Ada hoje é reconhecida como a primeira programadora na história.

Quando Babbage concebeu seu Mecanismo Analítico, Ada previu que ele pudesse ir além de cálculos aritméticos e tornar-se um manipulador geral de símbolos, tendo assim possibilidades muito mais amplas. Ela chegou a sugerir que tal dispositivo poderia finalmente ser programado com regras de harmonia e composição, para que pudesse produzir música "científica". Com efeito, Ada previu o campo da inteligência artificial mais de 150 anos atrás.

Em 1842, Babbage fez uma série de conferências em Turim, Itália, sobre seu Mecanismo Analítico. Um dos espectadores, Luigi Menabrea, ficou tão impressionado que elaborou um documento sobre as conferências de Babbage. Aos 27 anos, Ada decidiu traduzir o documento para inglês, com a intenção de adicionar um pouco de suas próprias notas sobre o mecanismo. No final, suas notas ficaram duas vezes maior que o material original e o documento "O Esboço do Mecanismo Analítico" se transformou no trabalho definitivo sobre o assunto.

É evidente, a partir das cartas de Ada, que as "notas" dela eram inteiramente próprias e que Babbage estava agindo, por vezes, como um editor mal-agradecido. Em certo ponto, Ada escreveu para ele:

Estou muito aborrecida com você ter alterado a minha Nota. Você sabe que sempre me disponho a fazer eu mesma qualquer alteração solicitada, mas que não posso tolerar outra pessoa se intrometendo no que escrevo.

Ada ganhou o título Condessa de Lovelace quando se casou com o Lorde William Lovelace. O casal teve três filhos, cuja educação ficou a cargo da mãe de Ada, enquanto Ada prosseguia com seu trabalho em matemática. O marido era solidário com o trabalho dela, mas para uma mulher daqueles dias, tal comportamento era considerado quase tão escandaloso como algumas das façanhas do seu pai.

Ada morreu em 1852, apenas um ano antes de uma Máquina de Subtrair capaz de funcionar ter sido construída na Suécia, a partir de um dos projetos de Babbage. Tal como seu pai, Ada viveu apenas até os 36 anos e, mesmo que eles tenham levado vidas muito diferentes, ela, sem dúvida, o admirava e se inspirou na sua natureza rebelde e pouco convencional. No final, Ada pediu para ser sepultada ao lado dele, na propriedade da família.

---

implementado. Sua visão, no entanto, incluiu muitos dos importantes componentes dos computadores de hoje. O projeto de Babbage foi o primeiro a incluir uma memória, de modo que valores intermediários não tivessem que ser fornecidos novamente. Seu projeto também incluía tanto a entrada de números como de passos mecânicos, fazendo uso de cartões perfurados semelhantes aos utilizados no tear de Jacquard.

Ada Augusta, condessa de Lovelace, foi uma figura muito romântica na história da computação. Ada, a filha de Lorde Byron (o poeta inglês) foi uma matemática qualificada. Ela se interessou pelo trabalho de Babbage sobre o mecanismo analítico e ampliou as ideias dele (bem como corrigiu alguns dos erros dele). Ada é tida como sendo a primeira programadora. O conceito de laço — uma série de instruções que se repetem — é atribuído a ela. A linguagem de programação Ada, usada amplamente pelo Departamento de Defesa dos Estados Unidos da América, recebeu o seu nome.

Entre o final do século XIX e o início do século XX, a computação evoluiu rapidamente. William Burroughs produziu e comercializou uma máquina mecânica de adição. Dr. Herman Hollerith desenvolveu o primeiro tabulador eletromecânico que lia informações a partir de um cartão perfurado. Este dispositivo revolucionou o censo feito a cada dez anos nos Estados Unidos. Hollerith, mais tarde, criou uma companhia que hoje é conhecida como IBM.

Em 1936, ocorreu um desenvolvimento teórico que, em si mesmo, nada tinha a ver com hardware, mas que influenciou profundamente a área de ciência da computação. Alan M. Turing, outro matemático britânico, inventou um modelo matemático abstrato chamado de *máquina de*

Turing, estabelecendo a base para uma importante área da teoria da computação. O prêmio mais respeitado concedido em ciência da computação (equivalente à Medalha Fielding em matemática ou a um Prêmio Nobel em outras áreas da ciência) é o Prêmio Turing, em homenagem a Alan Turing. Uma peça recente da Broadway apresenta sua vida. A análise das capacidades das máquinas de Turing é uma parte dos estudos teóricos de todos os alunos de ciência da computação.

Na ocasião da eclosão da Segunda Guerra Mundial, vários computadores estavam sendo projetados e construídos. O Harvard Mark I e o ENIAC são duas das mais famosas máquinas da época. O ENIAC é mostrado na Figura 1.4. John von Neumann, que tinha sido um consultor do projeto ENIAC, começou a trabalhar em outra máquina, conhecida como EDVAC, que foi concluída em 1950. Em 1951, o primeiro computador comercial, UNIVAC I, foi entregue ao Escritório do Censo. O UNIVAC I foi o primeiro computador utilizado para prever o resultado de uma eleição presidencial.

A história inicial, que começou com o ábaco, terminou com a entrega do UNIVAC I. Com a construção dessa máquina, o sonho de um dispositivo que poderia rapidamente manipular números foi realizado; a procura estava encerrada. Mas estava mesmo? Alguns especialistas previram, naquele momento, que um pequeno número de computadores seria capaz de manipular as necessidades computacionais da humanidade. O que eles não perceberam foi que a capacidade de realizar cálculos rápidos em grandes quantidades de dados iria alterar, radicalmente, a própria natureza de áreas como matemática, física, engenharia e economia. Ou seja, computadores fizeram a declaração daqueles especialistas sobre *o que era necessário ser calculado* totalmente inválida.[5]

Depois de 1951, a história se transforma em uma expansão sem fim do uso de computadores para solucionar problemas em todas as áreas. A partir desse ponto, a pesquisa concentrou-se não só na construção de dispositivos mais rápidos e maiores, mas também no desenvolvimento de ferramentas que nos permitissem utilizar estes dispositivos mais produtivamente. A história do hardware computacional, deste ponto em diante, é classificada em várias "gerações", baseadas na tecnologia empregada por eles.

Primeira Geração (1951-1959)

Computadores comerciais da primeira geração (aproximadamente de 1951 até 1959) foram construídos usando *válvulas* para guardar informações. Uma válvula, mostrada na Figura 1.5, gerava uma grande quantidade de calor e não era muito confiável. As máquinas que as usavam exigiam sistemas de refrigeração de grande carga e frequente manutenção. Elas também necessitavam de salas muito grandes, especialmente construídas.

FIGURA 1.4 O ENIAC, um computador da era da Segunda Guerra Mundial. *Cortesia de Mike Muuss/Forças Armadas Americanas; http://ftp.arl.army.mil/~mike/comphist/*

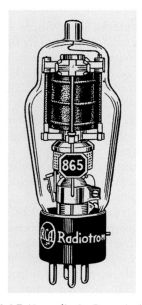

FIGURA 1.5 Uma válvula. *Reproduzida com permissão da Universidade de Calgary*

O dispositivo de memória primária da primeira geração de computadores era um *cilindro magnético* que girava sob uma cabeça de leitura/escrita. Quando a célula de memória que estava sendo acessada passava sob a cabeça de leitura/escrita, os dados eram escritos naquele lugar ou lidos daquele lugar.

O dispositivo de entrada era um leitor de cartão que lia os furos feitos em um cartão IBM (um descendente do cartão de Hollerith). O dispositivo de saída era um cartão perfurado ou uma impressora. Ao final desta geração, tinham sido desenvolvidas *unidades de fita magnética* que eram muito mais rápidas que leitores de cartões. Fitas magnéticas são dispositivos de armazenamento sequencial, significando que os dados na fita têm que ser acessados um após o outro, de uma forma linear.

Dispositivos de armazenamento externos à memória do computador são chamados de *dispositivos auxiliares de armazenamento*. A fita magnética foi o primeiro desses dispositivos. Coletivamente, dispositivos de entrada, dispositivos de saída e dispositivos auxiliares de armazenamento se tornaram conhecidos como *dispositivos periféricos*.

Segunda Geração (1959-1965)

O advento do *transistor* (pelo qual John Bardeen, Walter H. Brattain e William B. Shockley ganharam um prêmio Nobel) deu início à segunda geração de computadores comerciais. O transistor substituiu a válvula como o principal componente de hardware. O transistor, como mostrado na Figura 1.6, era menor, mais confiável, mais rápido, mais durável e mais barato.

A segunda geração também testemunhou o advento de acesso imediato à memória. Ao acessar informações a partir de um cilindro, a CPU tinha que esperar que o local apropriado passasse sob a cabeça de leitura/escrita. A segunda geração usava memória feita a partir de núcleos magnéticos, minúsculos dispositivos em forma de rosquinhas, cada um capaz de armazenar um bit de informação. Esses núcleos eram amarrados com fios para formar células e essas células eram reunidas em uma unidade de memória. Como o dispositivo não se movimentava e era acessado eletronicamente, a informação ficava disponível instantaneamente.

O *disco magnético*, um novo dispositivo auxiliar de armazenamento, também foi desenvolvido durante a segunda geração de hardware. O disco magnético é mais rápido do que a fita magnética porque cada item de dado pode ser acessado diretamente referenciando-se sua localização no disco. Diferente de uma fita, que não pode acessar um fragmento de dado sem acessar tudo que vem antes dele na fita, um disco é organizado de modo que cada fragmento de dado tenha seu próprio identificador de localização, chamado de um endereço. As cabeças de leitura/escrita de um disco magnético podem ser enviadas diretamente para o local específico do disco onde a informação desejada está armazenada.

A Terceira Geração (1965-1971)

Na segunda geração, transistores e outros componentes para o computador eram montados à mão sobre *placas de circuito* impresso. A terceira geração se caracterizou pelos *circuitos integrados* (CIs), peças sólidas de silício que continham os transistores, outros componentes e as conexões entre eles. Circuitos integrados eram muito menores, mais baratos, mais rápidos e mais confiáveis do que placas de circuito impresso. Gordon Moore, um dos cofundadores da Intel®, notou que, desde o tempo da invenção dos CIs, o número de circuitos que podiam ser colocados em um único circuito integrado foi dobrando a cada ano. Esta observação ficou conhecida como Lei de Moore.[6]

Transistores também foram usados para construção de memórias, onde cada transistor representava um bit de informação. A tecnologia de circuitos integrados permitiu que placas de memória fossem construídas com transistores. Dispositivos de armazenamento auxiliar ainda eram neces-

FIGURA 1.6
Um transistor, que substituiu a válvula. *Cortesia do Dr. Andrew Wylie*

sários porque memória de transistores era volátil; isto é, as informações eram perdidas quando a energia era desligada.

O *terminal*, um dispositivo de entrada/saída com um teclado e uma tela, foi introduzido nessa geração. O teclado deu ao usuário acesso direto ao computador e a tela fornecia uma resposta imediata.

Quarta Geração (1971-?)

Integração em larga escala caracteriza a quarta geração. De muitos milhares de transistores em uma pastilha de silício, no início dos anos 1970, chegamos a um microcomputador inteiro em uma pastilha, em meados desta década. Dispositivos de memória principal ainda são feitos quase que exclusivamente com tecnologia de pastilhas. Ao longo dos últimos 40 anos, cada geração de hardware computacional tinha se tornado mais poderosa, menor em tamanho e com um custo menor. A Lei de Moore foi modificada para dizer que a densidade das pastilhas estava sendo dobrada a cada 18 meses.

Ao fim dos anos 1970, a frase computador pessoal (PC — *personal computer*) tinha entrado para o vocabulário. Microcomputadores tinham se tornado tão baratos que praticamente qualquer pessoa podia ter um e uma geração de crianças cresceu jogando *PacMan*.

A quarta geração encontrou alguns novos nomes entrando no mercado comercial. Apple®, Tandy/Radio Shack, Atari, Commodore e Sun se juntaram às grandes empresas de gerações anteriores — IBM®, Remington Rand, NCR, DEC (Digital Equipment Corporation), Hewlett-Packard, Control Data e Burroughs. A mais conhecida história da revolução do computador pessoal é aquela da Apple. Steve Wozniak, um engenheiro, e Steve Jobs, um estudante do segundo grau, criaram um *kit* de computador pessoal e o comercializaram em uma garagem. Este foi o começo da Apple Computer, uma empresa multibilionária.

O PC da IBM foi introduzido em 1981 e logo foi seguido por máquinas compatíveis, fabricadas por muitas outras companhias. Por exemplo, Dell e Compaq tiveram sucesso em fazer PCs que eram compatíveis com os PCs da IBM. A Apple introduziu o Macintosh®, uma linha muito popular de microcomputadores, em 1984.

Em meados da década de 1980, máquinas maiores e mais poderosas foram criadas; elas eram referidas como *workstations* (estações de trabalho). Estações de trabalho eram, de modo geral, dirigidas para negócios e não para uso pessoal. A ideia era de que cada empregado tivesse sua própria estação de trabalho sobre sua mesa de trabalho. Essas estações de trabalho eram interconectadas por cabos, ou *ligadas em rede*, para que pudessem interagir umas com as outras. Estações de trabalho ficaram mais poderosas pela introdução da arquitetura RISC (*reduced-instruction-set computer* — computador com conjunto de instruções reduzido). Cada computador era projetado para entender um conjunto de instruções, chamado de sua *linguagem de máquina*. Máquinas convencionais, como a IBM 370/168, tinham um conjunto de instruções contendo mais de 200 instruções. As instruções eram rápidas e o acesso à memória era lento, então fazia sentido ter instruções especializadas. À medida que o acesso à memória foi ficando cada vez mais rápido, usar um conjunto reduzido de instruções se tornou atrativo. A Sun MicroSystems introduziu uma estação de trabalho com um pastilha RISC em 1987. Sua popularidade permanente provou a viabilidade da pastilha RISC. Essas estações de trabalho eram frequentemente chamadas de estações de trabalho UNIX porque usavam o sistema operacional UNIX.

Como computadores ainda são feitos com placas de circuitos, não podemos marcar o fim dessa geração. No entanto, várias coisas aconteceram que afetaram tão dramaticamente o modo como usamos máquinas, que elas, certamente, conduziram a uma nova era. A Lei de Moore mais uma vez foi redefinida da seguinte forma: "Computadores vão duplicar a sua potência pelo mesmo preço ou reduzir o seu valor à metade para a mesma potência, a cada 18 meses".[7]

Computação Paralela

Embora computadores que usem uma única unidade de processamento primário continuem a florescer, arquiteturas de máquinas radicalmente novas começaram a aparecer no final dos anos 1980. Computadores que usam essas *arquiteturas paralelas* baseiam-se em um conjunto interligado de unidades centrais de processamento.

De uma garagem para a *Fortune* 500

Amigos de juventude, Steve Jobs e Steve Wozniak venderam, respectivamente, um furgão Volkswagen e uma calculadora programável para levantar dinheiro para financiar sua nova empresa de computadores. A primeira venda que eles fizeram foi de 50 computadores Apple I, o computador que eles tinham projetado e construído em uma garagem. Em apenas seis anos a Apple foi listada na *Fortune* 500, a empresa mais jovem a aparecer nessa prestigiada lista. Jobs retirou-se da Apple em 1985 e fundou a NeXT. Em 1997, a Apple comprou a NeXT e Jobs tornou-se CEO da Apple. A revista *Fortune* listou Jobs como o homem de negócios mais poderoso de 2007.

Uma classe de máquinas paralelas é organizada para que todos os processadores compartilhem a mesma unidade de memória. Em outra classe de máquinas, cada processador central possui sua própria memória local e se comunica com os outros por meio de uma rede interna muito rápida.

Arquiteturas paralelas oferecem diversas formas para aumentar a velocidade de execução. Por exemplo, um dado passo em um programa pode ser separado em múltiplos pedaços e estes pedaços podem ser executados simultaneamente em vários processadores individuais. Essas máquinas são chamadas de computadores SIMD (*single-instruction, multiple-data-stream* — instruções únicas, múltiplos fluxos de dados). Uma segunda classe de máquinas pode trabalhar em diferentes partes de um programa simultaneamente. Estas máquinas são chamadas de computadores MIMD (*multiple-instruction, multiple-data-stream* — múltiplas instruções, múltiplos fluxos de dados).

O potencial de centenas ou mesmo milhares de processadores combinados em uma máquina é enorme e o desafio de programar tais máquinas é também desencorajador. Software projetado para máquinas paralelas é diferente de software projetado para máquinas sequenciais. Programadores têm que repensar as maneiras pelas quais abordam solução de problemas e programação para explorar paralelismo.

Conectividade

Nos anos 1980, o conceito de uma grande máquina com muitos usuários deu lugar a uma rede de máquinas menores interconectadas, de modo que pudessem compartilhar recursos como impressoras, software e dados. A *Ethernet*, inventada por Robert Metcalfe e por David Boggs em 1973, usava um cabo coaxial barato para conectar as máquinas e um conjunto de protocolos para permitir que as máquinas se comunicassem umas com as outras. Por volta de 1979, DEC, Intel e Xerox se uniram para estabelecer Ethernet como um padrão.

Estações de trabalho foram projetadas para terem conectividade, mas conectividade em termos de computadores pessoais não se tornou funcional até que uma pastilha mais avançada da Intel fosse introduzida em 1985. Em 1989, Netware da Novell conectou PCs junto a um *servidor de arquivos*, um PC com uma generosa capacidade de armazenamento em massa e uma boa capacidade de entrada/saída. Colocar dados e software de automação de escritórios no servidor, em vez de cada PC ter sua própria cópia, permitiu certa medida de controle central ainda dando certa medida de autonomia a cada máquina. Estações de trabalho ou computadores pessoais ligados em rede ficaram conhecidos como LANs (*local area networks* — redes locais).

A *Internet*, como a conhecemos hoje, é descendente da ARPANET, uma rede patrocinada pelo governo dos Estados Unidos, iniciada no final dos anos 1960, originalmente consistindo em 11 nós concentrados principalmente nas áreas de Los Angeles e Boston. Como a ARPANET e as LANs, a Internet usa *chaveamento de pacotes*, uma forma para mensagens compartilharem linhas de comunicação. A Internet, porém, constitui-se de muitas redes diferentes em todo o mundo que se comunicam por meio de um protocolo comum, TCP/IP (*Transmission Control Protocol* — Protocolo de Controle de Transmissão/*Internet Protocol* — Protocolo de Internet).

Paul E. Ceruzzi, em *A History of Modern Computing*, comenta a relação entre Ethernet e Internet:

> Se a Internet dos anos 1990 se tornou a via expressa de informação, então a Ethernet tornou-se a igualmente importante rede de estradas locais para alimentá-la. Como uma descendente de pesquisas da ARPA, as redes globais, que agora chamamos de Internet, passaram a existir antes de a Ethernet local ser inventada na Xerox. Mas a Ethernet transformou a natureza da computação em escritório e pessoal antes que a Internet tivesse um efeito significativo.[8]

Jobs e Wozniak não conseguem se desfazer dela

"Então fomos à Atari e dissemos, 'Ei, fizemos essa coisa interessante, construída inclusive com peças de vocês, e o que vocês acham de nos fundirmos? Ou daremos isto a vocês. Queremos apenas fazer isso. Paguem nossos salários e viremos trabalhar para vocês.' E eles disseram, 'Não.' Aí, então, fomos a Hewlett-Packard, e eles disseram, 'Ei, não precisamos de vocês. Vocês ainda não foram para a faculdade.'"

Fonte: mlgnn.com/?tag=steve-jobs (acessado em 14 de setembro de 2009).

■ Uma Breve História do Software Computacional

O hardware de um computador pode ser ligado, mas ele não fará nada até que seja direcionado a fazê-lo pelos programas que constituem o software do computador. A maneira pela qual o software evoluiu é crucial para entender como ele funciona em um moderno sistema computacional.

Primeira Geração de Software (1951-1959)

Os primeiros programas foram escritos usando linguagem de máquina, as instruções incorporadas aos circuitos elétricos de um determinado computador. Até mesmo a pequena tarefa de somar dois números usava três instruções escritas em *binário* (1s e 0s) e o programador tinha que lembrar qual combinação de dígitos binários significava o quê. Programadores usando linguagem de máquina tinham que ser muito bons com números e muito voltados para detalhes. Não surpreende que os primeiros programadores fossem matemáticos e engenheiros. Contudo, programar em linguagem de máquina tanto consome tempo quanto é propenso a erros.

Por ser tão entediante escrever em código de máquina, alguns programadores se deram ao trabalho de desenvolver ferramentas para ajudar o processo de programação. Assim, as primeiras linguagens de programação artificiais foram desenvolvidas. Essas linguagens, chamadas de *linguagens de montagem* (*assembly*), usavam códigos mnemônicos para representar cada instrução em linguagem de máquina.

Como todo programa que é executado em um computador tem que finalmente estar na forma de linguagem de máquina do computador, os desenvolvedores de linguagem de montagem também criaram tradutores por software, para traduzir programas escritos em linguagem de montagem para código de máquina. Um programa chamado *montador* lê cada uma das instruções do programa em forma mnemônica e a traduz para a equivalente em linguagem de máquina. Esses mnemônicos são abreviados e, por vezes, difíceis de ler, mas eles eram muito mais fáceis de usar do que longas sequências de dígitos binários.

Os programadores que escreveram essas ferramentas para tornar a programação mais fácil para outros foram os primeiros *programadores de sistemas*. Assim, mesmo na primeira geração de software, havia a divisão entre aqueles programadores que escreviam ferramentas e aqueles programadores que as usavam. A linguagem de montagem agia como uma memória intermediária (*buffer*) entre o programador e o hardware da máquina. Veja a Figura 1.7. Algumas vezes, hoje em dia, quando código eficiente é essencial, programas podem ser escritos em linguagem de montagem. O Capítulo 6 explora, em detalhes, um exemplo de código de máquina e um correspondente em linguagem de montagem.

Segunda Geração de Software (1959-1965)

À medida que o hardware se tornou mais poderoso, ferramentas mais poderosas eram necessárias para usá-lo efetivamente. Linguagens de montagem certamente representaram um passo na direção certa, mas o programador continuava sendo obrigado a pensar em termos de instruções individuais de máquina. A segunda geração viu o desenvolvimento de linguagens de programação mais poderosas. Essas *linguagens de alto nível* permitiam ao programador escrever instruções usando sentenças mais parecidas com o idioma inglês.

Duas das linguagens desenvolvidas durante a segunda geração continuam sendo usadas hoje em dia: FORTRAN (uma linguagem projetada para aplicações numéricas) e COBOL (uma linguagem projetada para aplicações de negócio). FORTRAN e COBOL foram desenvolvidas de formas bastante diferentes. FORTRAN começou como uma linguagem simples e cresceu à medida que características adicionais foram incorporadas a ela ao longo dos anos. Em contraste, COBOL foi projetada antes e então implementada. E mudou muito pouco ao longo do tempo.

Outra linguagem que foi projetada durante esse período e continua em uso até hoje é Lisp. Lisp difere significativamente de FORTRAN e de COBOL e não foi amplamente aceita. Ela era usada principalmente em aplicações de inteligência artificial e em pesquisa. Na verdade, dialetos de Lisp estão entre as opções para linguagens de inteligência artificial. Scheme, um dialeto de Lisp, é utilizado em algumas escolas como uma linguagem introdutória de programação.

A introdução de linguagens de alto nível forneceu um meio para executar o mesmo programa em mais de um computador. Cada linguagem de alto nível tem um programa tradutor associado a ela, um programa que pega declarações escritas na linguagem de alto nível e as converte no có-

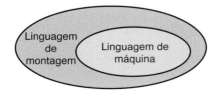

FIGURA 1.7 Camadas de linguagens ao final da primeira geração

digo equivalente de instruções de máquina. Nos primórdios, as instruções em linguagem de alto nível eram frequentemente traduzidas para uma linguagem de montagem e então as instruções em linguagem de montagem eram traduzidas para código de máquina. Um programa escrito em FORTRAN ou em COBOL pode ser traduzido e executado em qualquer máquina que tenha um programa tradutor chamado de *compilador*.

Ao final da segunda geração, o papel dos programadores de sistemas foi se tornando mais bem-definido. Programadores de sistemas escreviam ferramentas como montadores e compiladores; aquelas pessoas que usavam as ferramentas para escrever programas eram chamadas de *programadores de aplicativos*. Os programadores de aplicativos foram ficando cada vez mais isolados do hardware computacional, à medida que o software ao redor do hardware se tornava mais sofisticado. Veja a Figura 1.8.

Terceira Geração de Software (1965-1971)

Durante a terceira geração de computadores comerciais, tornou-se aparente que o homem estava deixando o processo de computação lento. Computadores ficavam ociosos, esperando o operador de computador preparar a próxima tarefa. A solução foi colocar os recursos do computador sob o seu próprio comando — isto é, escrever um programa que determinasse qual o programa seria executado e quando. Este tipo de programa é chamado de *sistema operacional*.

Durante as duas primeiras gerações de software computacional, programas utilitários tinham sido escritos para lidar com tarefas frequentemente necessárias. *Carregadores* carregavam programas em memória e *ligadores* que ligavam pedaços de grandes programas. Na terceira geração, esses programas utilitários foram aperfeiçoados e colocados sob a direção do sistema operacional. Esse grupo de programas utilitários, o sistema operacional e os tradutores de linguagens (montadores e compiladores) ficaram conhecidos como *software de sistemas*.

A introdução de terminais de computador como dispositivos de entrada/saída deu a usuários pronto acesso a computadores e avanço em software de sistemas deu a máquinas a habilidade de trabalhar muito mais rapidamente. Porém, entrada e saída de dados a partir de teclados e telas era um processo lento, muito mais lento do que executar instruções em memória. O problema era saber como utilizar melhor as maiores capacidade e velocidade da máquina. A solução era *compartilhamento de tempo* — muitos usuários diferentes, cada um em um terminal, se comunicando (entrada e saída) com um único computador, todos ao mesmo tempo. Para controlar esse processo havia um sistema operacional que organizava e escalonava as diferentes tarefas.

Para o usuário, compartilhamento de tempo é mais como se ele tivesse sua própria máquina. A cada usuário é atribuída uma pequena fatia de tempo do processamento central e, em seguida, ele é colocado em espera, enquanto outro usuário é atendido. Usuários, geralmente, nem sequer percebem que existem outros usuários. No entanto, se muitas pessoas tentarem usar o sistema ao mesmo tempo, pode haver uma considerável espera para que uma tarefa seja concluída.

Na terceira geração, programas aplicativos de propósito geral estavam sendo escritos. Um exemplo foi o Statistical Package for the Social Sciences (SPSS — Pacote Estatístico para as Ciências Sociais), que foi escrito em FORTRAN. SPSS tinha uma linguagem especial e usuários escreviam instruções naquela linguagem como entrada para o programa. Essa linguagem permitia ao usuário, que geralmente não era um programador, descrever alguns dados e as estatísticas a serem realizadas sobre aqueles dados.

> **Software de detecção de terrorista**
> A análise de redes sociais fornece uma forma de modelar como pessoas interagem usando um ramo da matemática chamado teoria dos grafos. A teoria dos grafos mapeia pessoas como nós e seus relacionamentos como ligações. Atualmente, alguns pesquisadores estão usando essa abordagem para construir modelos de software de redes de terroristas. Por exemplo, eles procuram determinar se a cadeia de comando em uma rede terrorista foi quebrada por uma ação específica. Quando se fornecem ao software dados sobre o número de membros de uma rede que foi identificada, ele pode estimar a probabilidade de que a rede tenha sido quebrada. Essa estimativa pode ser melhor do que a fornecida por julgamento humano.

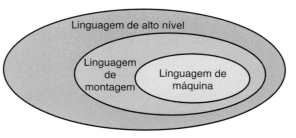

FIGURA 1.8 Camadas de linguagens ao final da segunda geração

No início da era do computador, o usuário de computador e o programador eram a mesma pessoa. Ao final da primeira geração, tinham surgido programadores que escreviam ferramentas para outros programadores usarem, dando origem à distinção entre programadores de sistemas e programadores de aplicativos. Entretanto, o programador continuava sendo o usuário. Na terceira geração, programadores de sistemas escreviam programas — ferramentas de software — para outros usarem. De repente, havia usuários de computador que não eram programadores no sentido tradicional.

A separação entre o usuário e o hardware estava se tornando cada vez maior. O hardware tinha se tornado uma parte ainda mais reduzida do todo. Um sistema computacional — uma combinação de hardware, software e os dados gerenciados por eles — havia surgido. Veja a Figura 1.9. Apesar de as camadas de linguagem continuarem ficando mais profundas, programadores continuaram (e ainda continuam) usando algumas das camadas mais internas. Se um pequeno segmento de código tiver que executar o mais rapidamente possível, ocupando a menor quantidade de memória possível, ele ainda pode ser programado em linguagem de montagem ou até mesmo em código de máquina.

Quarta Geração (1971-1989)

Os anos 1970 viram a introdução de melhores técnicas de programação, chamada de *programação estruturada*, uma abordagem lógica e disciplinada de programação. As linguagens Pascal e Modula-2 foram criadas baseadas nos princípios de programação estruturada. BASIC, uma linguagem introduzida para máquinas de terceira geração, foi refinada e aprimorada para versões mais estruturadas. C, uma linguagem que permitia ao usuário entremear instruções em linguagem de montagem em um programa de alto nível, também foi introduzida. C++, uma linguagem estruturada que também permitia ao usuário acesso a instruções de baixo nível, se tornou a linguagem de escolha na indústria.

Melhores e mais poderosos sistemas operacionais também foram desenvolvidos. UNIX, desenvolvido na AT&T™ como uma ferramenta de pesquisa, se tornou padrão em muitos ambientes universitários. PC-DOS, desenvolvido para o PC da IBM, e MS-DOS, desenvolvido para PCs compatíveis, se tornaram padrão para computadores pessoais. O sistema operacional para o Macintosh introduziu o conceito do mouse e o da interface gráfica de apontar-e-clicar, mudando assim, drasticamente, a interação usuário-máquina.

De alta qualidade e a preços razoáveis, pacotes de softwares aplicativos se tornaram disponíveis em lojas da vizinhança. Esses programas permitem ao usuário sem qualquer experiência em computador executar uma tarefa específica. Três tipos típicos de pacotes de aplicativos são *planilhas*, *processadores de texto* e *sistemas gerenciadores de banco de dados*. Lótus 1-2-3 foi a primeira planilha com sucesso comercial que permitia a um usuário iniciante introduzir e analisar todo tipo de dados. WordPerfect foi um dos primeiros processadores de texto e dBase IV era um sistema que permitia ao usuário armazenar, organizar e recuperar dados.

Quinta Geração (1990-Até hoje)

A quinta geração é notável por três principais eventos: a ascensão da Microsoft® como um operador dominante em software computacional, projeto e programação orientados a objeto e a *Word Wide Web*.

FIGURA 1.9
As camadas de software em torno do hardware continuam a crescer

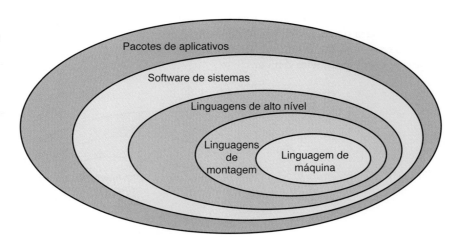

O sistema operacional Windows, da Microsoft, surgiu como uma principal força no mercado de PCs durante esse período. Embora WordPerfect tenha continuado a melhorar, Word, da Microsoft, se tornou o mais usado programa de processamento de textos. Em meados da década de 1990, processadores de texto, planilhas, bancos de dados e outros programas aplicativos foram reunidos em pacotes conhecidos como suítes para escritórios (*office suites*).

Projeto orientado a objeto se tornou a escolha para grandes projetos de programação. Enquanto projeto estruturado se baseia em uma hierarquia de tarefas, projeto orientado a objeto é baseado em uma hierarquia de objetos de dados. Java™, uma linguagem projetada pela Sun Microsystems para programação orientada a objeto, começou a concorrer com C++.

Em 1990, Tim Berners-Lee, um pesquisador inglês do laboratório de física do CERN, em Genebra, Suíça, criou um conjunto de regras técnicas para o que, ele esperava, seria um centro universal de documentos para Internet, chamado de *World Wide Web*. Juntamente com essas regras, ele criou HTML, uma linguagem para formatar documentos, e um *navegador* rudimentar, somente baseado em texto, um programa que permite a um usuário acessar informações em sítios *web* em todo o mundo. Em 1993, Marc Andreesen e Eric Bina lançaram Mosaic, o primeiro navegador com capacidade gráfica. Citando *NewsWeek*: "Mosaic pode ter sido o mais importante aplicativo para computador de todos os tempos".[9]

> **De computadores a livros**
> Ex-executivo da Microsoft, John Wood deixou seu emprego para iniciar uma atividade beneficente que constrói escolas e bibliotecas em países em desenvolvimento. Ele disse, "a educação é a saída da pobreza, e ela produz melhor saúde familiar e melhor tratamento das mulheres. Todo dia, 250 milhões de crianças mundo afora acordam sem escola para ir. Dois terços delas são meninas." Em abril de 2009, *Room to Read* (Uma Sala para Ler) tinha construído 750 escolas e 7000 bibliotecas.
>
> Fonte: "Newsmakers: Schools for the World", *Parade Magazine*, 5 de abril de 2009.

Existiam então dois gigantes no mercado de navegadores: Netscape Navigator® (derivado do Mosaic) e Internet Explorer® (IE), da Microsoft. A Microsoft incorporou o IE a seu sistema operacional Windows, o que fez do IE o vencedor na guerra de navegadores. Essa incorporação levou a um processo de monopólio iniciado pelo governo dos EUA, cuja decisão de 2001 exigiu que a Microsoft fosse mais aberta com seus competidores. O futuro do Netscape se tornou incerto após a America Online adquiri-lo em 1998. A AOL suspendeu o suporte aos produtos Netscape dez anos mais tarde. O Mozilla Firefox, um navegador *Web* que reteve alguns dos aspectos do Mosaic, foi liberado em novembro de 2004. Por volta de março de 2009, o Firefox tinha alcançado mais de 22% do mercado de navegadores.

Embora a Internet já existisse por décadas, a *World Wide Web* tornou fácil usá-la para compartilhar informações por todo o mundo (veja a Figura 1.10). Por volta de 2002 a *Web* começou a mudar. Sítios de redes sociais, tais como MySpace™, Facebook e Twitter tornaram-se freneticamente populares. *Blogging* on-line transformou qualquer um e todos em um autor ou crítico social. Conteúdo gerado e editado por usuários caracteriza esses novos sítios. Por exemplo, a Wikipedia é uma enciclopédia on-line na qual qualquer um pode informar ou editar conteúdo. A expressão "Web 2.0" tem sido usada por alguns para descrever esses sítios e usos emergentes.

A quinta geração deve ser caracterizada principalmente pela mudança no perfil do usuário. O primeiro usuário era o programador que escrevia programas para resolver problemas específicos

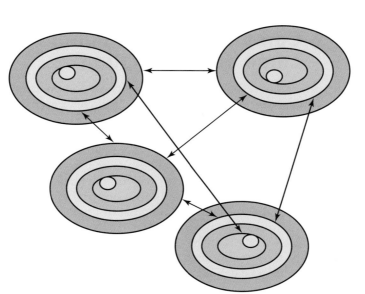

FIGURA 1.10
Compartilhando informação na *World Wide Web*

— seus próprios ou de alguém. Então, surgiram os programadores de sistemas, que escreveram ferramentas mais e mais complexas para outros programadores. No início dos anos 1970, programadores de aplicativos estavam usando essas ferramentas complexas para escrever programas aplicativos para uso por não programadores. Com o advento do computador pessoal, jogos para computador, programas educacionais e pacotes de software amigáveis, muitas pessoas se tornaram usuárias de computador. Com o nascimento e a expansão da *World Wide Web*, surfar na *Web* se tornou a opção de recreação, de tal modo que mais pessoas se tornaram usuárias de computador. O usuário é uma criança de primeiro grau aprendendo a ler, um adolescente baixando música, um estudante universitário escrevendo um artigo, uma dona de casa planejando um orçamento e um banqueiro pesquisando um registro de empréstimo de um cliente. O usuário somos todos nós.

Em nossa breve história sobre hardware e software, focamos nossa atenção em computadores e sistemas computacionais tradicionais. Paralelamente a essa história está o uso crescente de circuitos integrados, ou pastilhas, para executar ou regular tudo, de torradeiras a carros, assim como monitores de tratamento intensivo e satélites. Essa tecnologia da computação é chamada de *sistema embutido*. Embora essas pastilhas não sejam de fato computadores no sentido em que vamos estudá-los neste livro, elas são certamente um produto da revolução da tecnologia nos últimos 55 anos.

■ Predições

Vamos terminar essa breve história da computação com umas poucas predições sobre computadores que não se concretizaram:[10-12]

"Acho que existe um mercado mundial para talvez cinco computadores" — Thomas Watson, presidente da IBM, 1943.

"Onde... o ENIAC é equipado com 18.000 válvulas e pesa 30 toneladas, computadores no futuro poderão ter apenas 1.000 válvulas e pesar apenas 1,5 tonelada." — *Popular Mechanics*, 1949.

"Tenho viajado de ponta a ponta por todo esse país e conversado com as melhores pessoas e posso assegurar a vocês que processamento de dados é uma novidade que não resistirá a esse ano." – O editor encarregado de livros sobre negócios da Prentice Hall, 1957.

"Mas... para que ele serve?" – Engenheiro da divisão de Sistemas Avançados de Computação da IBM sobre o microchip, 1968.

"Não há razão para alguém querer um computador em casa." — Ken Olsen, presidente e fundador da Digital Equipment Corporation, 1977.

"U$100 milhões é bastante excessivo para pagar pela Microsoft." – IBM, 1982.

"Prevejo a Internet... irá espetacularmente como uma supernova e em 1996 colapsará catastroficamente." — Bob Metcalfe, fundador da 3Com e inventor, 1995.

"Pessoal, a plataforma Mac está totalmente pronta." – John C. Dvorak, *PC Magazine*, 1998.

1.3 Computação como uma Ferramenta e como uma Disciplina

Na seção anterior, sobre a história do software computacional, destacamos o papel, sujeito a contínuas mudanças, do usuário. Ao final da primeira geração, usuários estavam divididos em dois grupos: programadores de sistemas, que desenvolviam ferramentas para tornar a programação mais fácil, e programadores de aplicativos, que usavam aquelas ferramentas. Mais tarde, programadores de aplicativos construíram grandes programas, específicos de domínios, como pacotes de estatística, processadores de texto, planilhas, navegadores inteligentes, ambientes virtuais e aplicativos para diagnóstico médico, a partir das ferramentas de linguagens tradicionais. Esses programas aplicativos, por sua vez, eram utilizados por profissionais sem formação computacional.

Então, quem está usando o computador como uma ferramenta? Todos, exceto aquelas pessoas que estão criando as ferramentas para outros. Para esses construtores de ferramentas, ou computação é uma disciplina (ferramentas de baixo nível) ou a disciplina de computação tornou possíveis as ferramentas deles (aplicativos construídos a partir de aplicativos).

Uma *disciplina* é definida como um campo de estudo. Peter Denning define a disciplina de ciência da computação como "o corpo de conhecimento e práticas utilizadas por profissionais de computação no trabalho deles... Essa disciplina também é chamada de ciência e engenharia da computação, computação e informática".[13] Ele continua, "O corpo de conhecimento de computação é frequentemente descrito como o estudo sistemático de processos algorítmicos que descrevem e transformam informação: sua teoria, análise, projeto, eficiência, implementação e aplicação. A questão fundamental subjacente a toda a computação é *O que pode ser (eficientemente) automatizado?*".

Denning afirma que cada profissional deve estar qualificado em quatro áreas:

- *Pensamento algorítmico*, no qual alguém seja capaz de expressar problemas em termos de procedimentos passo a passo, para resolvê-los;
- *Representação*, na qual alguém seja capaz de armazenar dados de modo que estes possam ser processados eficientemente;
- *Programação*, na qual alguém seja capaz de combinar pensamento algorítmico e representação em um software computacional;
- *Projeto*, no qual o software atenda a um propósito útil.

Uma questão há muito tempo discutida é se computação é uma disciplina matemática, uma disciplina científica ou uma disciplina de engenharia. Computação certamente tem fortes raízes em lógica matemática. Os teoremas de Turing nos dizem que certos problemas não podem ser resolvidos, a álgebra booleana descreve circuitos computacionais e o cálculo numérico desempenha um papel importante em computação científica. Disciplinas científicas procuram compreender como seus sistemas funcionam. As ciências naturais existem para "preencher o livro de instruções que Deus se esqueceu de nos deixar".[14] Deste modo, computação é uma disciplina científica já que construímos e testamos modelos de fenômenos naturais. À medida que projetamos e construímos sistemas computacionais cada vez maiores, estamos usando técnicas de engenharia.

Em 1989, uma força-tarefa de educadores de ciência da computação propôs um modelo de currículo que abrangia subáreas de computação, a partir de três perspectivas representadas em nossa história: teoria (matemática); experimentação, chamada de abstração por cientistas da computação (ciências); e projeto (engenharia).[15] *Teoria* se refere à construção de estruturas conceituais e notações para compreender relações entre objetos em um domínio. *Experimentação* (abstração) se refere a explorar modelos de sistemas e arquiteturas em diferentes domínios de aplicação e determinar se os modelos predizem novos comportamentos. *Projeto* se refere a construir sistemas computacionais capazes de funcionar em diferentes domínios de aplicação.

A Tabela 1.1 mostra as áreas principais delineadas pela força-tarefa. Destas 9 áreas temáticas principais, seis dizem respeito a entender e construir ferramentas de computação em geral: algoritmos e estruturas de dados, linguagens de programação, arquitetura (computacional), sistemas operacionais, metodologia e engenharia de software e comunicação homem-máquina. Não surpreende que essas áreas sejam chamadas de *áreas de sistemas*. As outras três subáreas referem-se à utilização do computador como uma ferramenta: banco de dados e recuperação de informação, inteligência artificial e robótica e gráficos. Essas áreas são chamadas de *áreas de aplicação*.

Documentos de currículo revisado, publicados em 2001, reorganizaram e expandiram as áreas principais para um total de 14. Algoritmos e Estruturas de Dados foram expandidos e colocados sob o título Fundamentos de Programação. Com a ascensão da *Web*, redes obtiveram sua própria

TABELA 1.1

Áreas Principais da Disciplina de Computação, 1989
Algoritmos e estruturas de dados
Linguagem de programação
Arquitetura
Sistemas operacionais
Metodologia e engenharia de software
Banco de dados e recuperação de informação
Inteligência artificial e robótica
Comunicação homem-máquina
Gráficos

Capítulo 1

Preparando os Alicerces

categoria: Computação Centrada em Rede. Inteligência Artificial e Robótica foram expandidas para incluir todos os Sistemas Inteligentes. Bancos de Dados e Recuperação de Informação são agora chamados de Gerenciamento de Informação.

As novas áreas incluem Estruturas Discretas, uma área de matemática que é importante para computação, e Algoritmos e Complexidade, o estudo formal de algoritmos, em vez do estudo de como escrevê-los. Essas seriam áreas de sistemas. Ciência da Computação inclui a aplicação de técnicas e simulação numéricas a campos, tais como dinâmica molecular, mecânica celestial, previsão econômica e bioinformática. A mais recente nova área é Aspectos Sociais e Profissionais, relativa a profissionais tanto da área de sistemas como da área de aplicativos. A Tabela 1.2 mostra uma listagem das áreas principais relativas a 2001. O relatório "Computer Science 2008: An Interim Revision of CS2001", publicado em dezembro de 2008, deixou essas 14 áreas principais inalteradas.

Há pesquisa em andamento em ambas as áreas, sistemas e aplicações. Pesquisa em sistemas produz melhores ferramentas de uso geral; pesquisa em aplicações produz melhores ferramentas para as aplicações específicas de domínio. Não há dúvida de que as relações entre as pessoas que investigam tópicos de computação, como uma disciplina, afetam diretamente aquelas que usam computadores como uma ferramenta. Pesquisa em computação abastece as aplicações que pessoas usam diariamente e a substituição da tecnologia é impressionantemente rápida. Esta relação simbiótica é mais dinâmica em computação do que em qualquer outra disciplina.

Neste livro explicamos, em um nível introdutório, as ideias subjacentes à computação como uma disciplina. Este livro não tem como objetivo transformá-lo em um melhor usuário de computador, embora, sem dúvida, tenha esse efeito colateral. Em vez disso, queremos que você adquira um conhecimento completo sobre como sistemas computacionais funcionam, onde eles estão agora e para onde eles podem ir no futuro. Por essa razão, examinamos tanto sistemas como aplicações.

?

Computadores vão para a faculdade

Os primeiros departamentos de ciência da computação foram estabelecidos em 1962 nas Universidades de Purdue e de Stanford. O primeiro PhD em ciência da computação foi concedido pela University of Pensylvania em 1965. O primeiro trabalho sobre currículo de ciência da computação foi publicado pela ACM em 1968.

Fonte: http://www.comphist.org/ifip_report.php
(acessado em 14 de abril de 2009).

TABELA 1.2

Áreas Principais da Disciplina de Computação, 2001
Estruturas Discretas
Fundamentos de Programação
Algoritmos e Complexidade
Arquitetura e Organização
Sistemas Operacionais
Computação Centrada em Rede
Linguagens de Programação
Interação Homem-Máquina
Gráficos e Computação Visual
Sistemas Inteligentes
Gerenciamento de Informação
Aspectos Sociais e Profissionais
Engenharia de Software
Ciência Computacional

Resumo

Este livro é um amplo estudo de sistemas computacionais, incluindo o hardware que compõe os dispositivos, os softwares executados pela máquina e os dados manipulados e gerenciados por ambos. Sistemas computacionais podem ser divididos em camadas e a nossa organização deste livro segue essas camadas de dentro para fora.

A história da computação revela as raízes a partir das quais os modernos sistemas computacionais cresceram. Essa história atravessa quatro gerações, cada uma delas caracterizada pelos componentes usados para construir o hardware e pelas ferramentas de software desenvolvidas para permitir ao programador fazer uso mais produtivo do hardware. Essas ferramentas formaram camadas de software em torno do hardware.

Em todo restante deste livro, examinamos as diferentes camadas que compõem um sistema computacional, começando com a camada de informação e terminando com a camada de comunicação. Nosso objetivo é fornecer a você uma avaliação e um entendimento de todos os aspectos de sistemas computacionais.

Você poderá seguir em frente para estudar ciência da computação mais profundamente e contribuir para o futuro dos sistemas computacionais. Ou você poderá seguir em frente para ser um especialista em aplicativos em outras disciplinas, usando o computador como uma ferramenta. Qualquer que seja seu futuro, dado o quanto sistemas computacionais são predominantes, uma compreensão fundamental de como eles funcionam é imperativa.

QUESTÕES ÉTICAS ▶ A Exclusão Digital

Ao longo dos últimos anos, a dependência da sociedade na tecnologia da computação tem aumentado dramaticamente. A capacidade de se comunicar via correio eletrônico e acessar a Internet tem se tornado uma parte essencial da vida diária de muitos americanos. O Departamento de Comércio dos Estados Unidos afirma que mais de 70% dos domicílios americanos tinham acesso à Internet em 2008. Isto significa que os outros 30% careciam ou de acesso à Internet ou das competências tecnológicas para usá-la. O termo *exclusão digital* vem representar essa disparidade, na Era da Informação, entre os que "têm" e os que "não têm".

Essa lacuna é uma crescente preocupação social. Comunidades rurais, lares de minorias, famílias de baixa renda e pessoas com deficiência, não têm o mesmo acesso à Internet que os mais favorecidos. Em termos de educação, a quantidade e a qualidade de computadores e conexões *Web* nas escolas variam muito de acordo com regiões demográficas. Programas com apoio federal, como o Programa E-Rate, criado em 1996, estão respondendo a essas desigualdades em escolas e bibliotecas, oferecendo descontos financeiros para escolas carentes.

De uma perspectiva global, a exclusão digital ilustra um desafio adicional que nações em desenvolvimento têm de enfrentar para abrir seu caminho para a comunidade internacional. Sem a infraestrutura de telecomunicações necessária para apoiar acesso à Internet, países emergentes estão em uma séria desvantagem. Somente 16% da população mundial utilizam 90% dos *hosts* de Internet — uma clara evidência dessa disparidade.

Em janeiro de 2005, Nicholas Negroponte, trabalhando com o MIT, introduziu o programa *One Laptop per Child* (OLPC – Um *Laptop* para cada Criança). Acreditando que toda criança – mesmo aquelas nas regiões mais remotas do mundo – deveria ter acesso a um computador, o OLPC teve como meta produzir um *laptop* acessível a crianças que, caso contrário, não poderiam adquirir um. O OLPC projetou um *laptop* básico a ser vendido por menos de U$200, com uma bateria que pode ser carregada por força humana. Em 2007, o OLPC introduziu o programa Give 1, Get 1. Com uma doação de U$399, os clientes podem adquirir um *laptop* para eles próprios e fazer com que outro seja enviado a uma criança em um país em desenvolvimento. Em janeiro de 2009, o OLPC produziu e vendeu mais de 1 milhão de *laptops*.

A exclusão digital trouxe à luz o grave impacto que a tecnologia da computação teve na sociedade, tanto nacional quanto mundial. Essa é uma questão que o mundo, sem dúvida, continuará abordando ao longo do século XXI.

Termos Fundamentais

Abstração
Hardware computacional
Sistema computacional
Software computacional

Exercícios

Para os Exercícios 1 a 10, escolha a partir da seguinte lista de pessoas.
- A. Leibniz
- B. Pascal
- C. Babbage
- D. Lovelace
- E. Hollerith
- F. Byron
- G. Turing
- H. Jacquard

1. Que matemático francês construiu e vendeu a primeira máquina de engrenagem mecânica que fazia adição e subtração?

Capítulo 1

2. Quem construiu a primeira máquina mecânica que fazia adição, subtração, multiplicação e divisão?
3. Quem projetou a primeira máquina mecânica que incluía memória?
4. Quem foi considerado o primeiro programador?
5. Quem propôs que um cartão perfurado fosse usado para fazer a contagem do censo?
6. Quem editou o trabalho de Babbage?
7. Quem foi o pai de Ada Lovelace?
8. Quem teria sido mencionado no livro *Code Breakers*?
9. Quem desenvolveu o conceito de buracos perfurados, usados em tecelagem?
10. Quem está associado à IBM?

Para os Exercícios 11 a 23, junte o hardware listado à geração apropriada.
   A. Primeira
   B. Segunda
   C. Terceira
   D. Quarta
   E. Quinta
11. Placas de Circuitos
12. Transistor
13. Memória de núcleo magnético
14. Cartão de entrada/saída
15. Computação paralela
16. Tambor magnético
17. Unidades de fita magnética
18. Circuitos integrados
19. Computador pessoal
20. Válvula
21. Integração em larga escala
22. Disco magnético
23. Rede

Para os Exercícios 24 a 38, junte o software ou os conceitos de software listados às gerações apropriadas.
   A. Primeira
   B. Segunda
   C. Terceira
   D. Quarta
   E. Quinta
24. Montadores
25. FORTRAN
26. Sistemas operacionais
27. Programação estruturada
28. Compartilhamento de tempo
29. HTML (para a *Web*)
30. Carregadores
31. Planilhas
32. Processadores de texto
33. Lisp
34. PC-DOS
35. Carregadores/ligadores agrupados em um sistema operacional
36. Java
37. SPSS
38. C++

Os Exercícios 39 a 59 são questões de resposta curta.
39. O que queremos dizer com a afirmação: "os anos 1980 e 1990 devem ser caracterizados pela mudança do perfil do *usuário*"?
40. Por que Mosaic foi importante?
41. Discuta a guerra dos navegadores.
42. Descreva como a *Web* mudou após 2006.

43. Das predições listadas neste capítulo nas páginas ...., qual você considera o maior erro de julgamento? Justifique.
44. Cite as quatro áreas nas quais o praticante deve ter habilidade.
45. Faça a distinção entre computação como uma ferramenta e computação como uma disciplina.
46. Computação é uma disciplina matemática, uma disciplina científica ou uma disciplina de engenharia? Justifique.
47. Faça a distinção entre áreas de sistemas e áreas de aplicação em computação como uma disciplina.
48. Defina a palavra *abstração* e relacione-a com o desenho na Figura 1.2.
49. Compare as Tabelas 1.1 e 1.2. Que tendências você percebe?
50. Defina a palavra *protocolo* e explique como ela é usada em computação.
51. Faça a distinção entre linguagem de máquina e linguagem de montagem.
52. Faça a distinção entre a linguagem de montagem e linguagens de alto nível.
53. FORTRAN e COBOL foram duas linguagens de alto nível definidas durante a segunda geração de software computacional. Compare e contraste essas linguagens em termos de sua história e de suas finalidades.
54. Faça a distinção entre um montador e um compilador.
55. Faça a distinção entre um programador de sistemas e um programador de aplicações.
56. Qual foi a razão subjacente ao desenvolvimento de sistemas operacionais?
57. O que constitui software de sistemas?
58. O que as seguintes partes de software fazem?
    a. Carregador
    b. Ligador
    c. Editor
59. O que o programa SPSS tinha de diferente dos programas que vieram antes dele?

??? Temas para Reflexão

1. Identifique cinco abstrações no seu ambiente escolar. Indique que detalhes são ocultados pela abstração e como a abstração ajuda a lidar com complexidade.
2. Discuta o papel de *abstração* na história do software computacional.
3. Você teve um computador em sua casa durante seu crescimento? Se sim, como ele influenciou sua educação até o momento? Se não, como é que a falta de um computador doméstico influenciou sua educação até o momento?
4. A exclusão digital colocou as pessoas que têm acesso à tecnologia de um lado e as que não têm de outro. Você acha que é direito de cada um ter acesso à tecnologia?
5. Custará muito dinheiro acabar com a exclusão digital. Quem você acha que deveria ser responsável por pagar esse custo?
6. Ter acesso à tecnologia não é suficiente; pessoas devem ser ensinadas a utilizar a tecnologia que elas possuem. Como você definiria alfabetização computacional para cada um dos seguintes grupos de pessoas?
    a. Estudantes de escolas secundárias em um país industrializado
    b. Professores de jardim de infância em um país industrializado
    c. Graduados com 3.º grau em um país industrializado
    d. Estudantes da África subsaariana
    e. Graduados com 3.º grau da África subsaariana
    f. Funcionários de governo dos países andinos

A Camada de Informação

Preparando os Alicerces
- **1** O Quadro Geral

A Camada de Informação
- ▶ **2** Valores Binários e Sistemas de Numeração
- **3** Representação de Dados

A Camada de Hardware
- **4** Portas e Circuitos
- **5** Componentes Computacionais

A Camada de Programação
- **6** Linguagens de Programação de Baixo Nível e Pseudocódigo
- **7** Solução de Problemas e Algoritmos
- **8** Tipos Abstratos de Dados e Subprogramas
- **9** Projeto Orientado a Objeto e Linguagens de Programação de Alto Nível

A Camada de Sistema Operacional
- **10** Sistemas Operacionais
- **11** Sistemas de Arquivos e Diretórios

A Camada de Aplicação
- **12** Sistemas de Informação
- **13** Inteligência Artificial
- **14** Simulação, Gráficos, Jogos e Outros Aplicativos

A Camada de Comunicação
- **15** Redes
- **16** A *World Wide Web*

Em Conclusão
- **17** Limitações da Computação

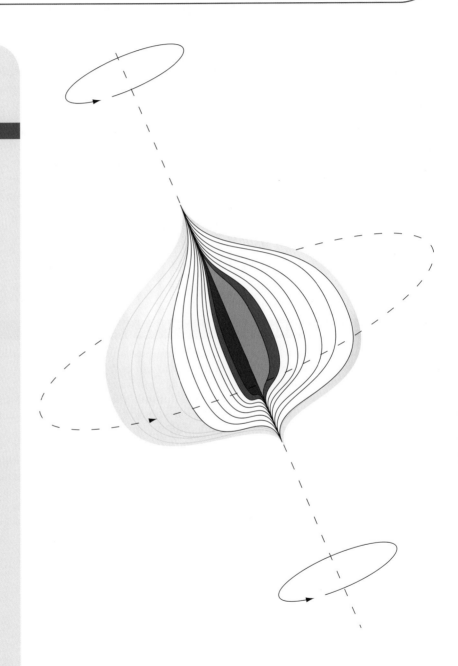

Valores Binários e Sistemas de Numeração

2

Agora que apresentamos a história e alguma terminologia comum no Capítulo 1, nossa exploração de tecnologia computacional pode começar de verdade. Este capítulo descreve valores binários — a maneira pela qual hardware de computador representa e gerencia informação. Este capítulo também põe valores binários no contexto de todos os sistemas de numeração, nos lembrando de conceitos da escola primária que agora já assumimos. Provavelmente você já conhece muitos dos conceitos sobre números binários descritos neste capítulo, mas pode não se dar conta de que os conhece! As regras para todos os sistemas de numeração são as mesmas; é apenas uma questão de voltar a esses conceitos básicos e aplicá-los a uma nova base. Estando seguros de que temos uma compreensão de valores binários, pavimentamos o caminho para entender como sistemas computacionais usam o sistema de números binários para realizar as tarefas deles.

Objetivos

Após estudar este capítulo, você deverá ser capaz de:

- distinguir categorias de números.
- descrever a notação posicional.
- converter números em outras bases para base 10.
- converter números em base 10 para números em outras bases.

- descrever a relação entre as bases 2, 8 e 16.
- explicar a importância para computação de bases que sejam potências de 2.

2.1 Números e Computação

Números são cruciais para computação. Além de usar um computador para executar operações numéricas, todos os tipos de informação que armazenamos e gerenciamos usando um computador são, em última instância, armazenados como números. Em seu nível mais baixo, computadores armazenam toda a informação usando apenas os dígitos 0 e 1. Então, para começar nossa exploração de computadores, precisamos primeiramente começar explorando números.

Primeiro, vamos relembrar que números podem ser classificados em vários tipos de categorias. Existem números naturais, números negativos, números racionais, números irracionais e tantos outros que são importantes em matemática, mas não para o entendimento de computação. Vamos rever, brevemente, as definições de categorias relevantes.

Primeiro, vamos definir o conceito geral de um número: um número é uma unidade que pertence a um sistema matemático abstrato e está sujeito a regras específicas de sucessão, adição e multiplicação. Ou seja, um número é uma representação de um valor e certas operações aritméticas podem ser consistentemente aplicadas a esses valores.

Agora vamos separar os números em categorias. Um número natural é o número 0 ou qualquer outro número obtido adicionando 1 repetidamente a esse número. Números naturais são aqueles que usamos em contagens. Um número negativo é menor que zero e é oposto em sinal a um número positivo. Um inteiro é qualquer número natural ou qualquer dos negativos desses números. Um número racional é um inteiro ou o quociente de dois inteiros — isto é, qualquer valor que possa ser expresso como uma fração.

Neste capítulo, focamos números naturais e as formas com que eles são representados em diversos sistemas de numeração. Como parte de nossa discussão, estabelecemos como todos os sistemas de numeração se relacionam um com o outro. No Capítulo 3, examinamos a representação computacional de números negativos e de números racionais e também como usamos números para representar outras formas de dados como caracteres e imagens.

Parte do material deste capítulo pode já ser familiar a você. Certamente, algumas das ideias básicas devem ser. Você, provavelmente, tem consolidados alguns princípios básicos de números e de aritmética, pelo fato de estar tão acostumado a eles. Parte de nosso objetivo neste capítulo é lembrá-lo desses princípios básicos e mostrar que eles se aplicam a todos os sistemas de numeração. Então, a ideia de que um computador usa valores binários — isto é, 1s e 0s — para representar informação deverá ficar menos misteriosa.

Marginália

Número Uma unidade de um sistema matemático abstrato sujeito às leis da aritmética

Número natural O número 0 e qualquer outro número obtido adicionando repetidamente 1 a esse número

Número negativo Um valor menor que zero com um sinal oposto a seu correspondente positivo

Número inteiro Um número natural, o negativo de número natural ou zero

Número racional Um número inteiro ou o quociente de dois números inteiros (excluída a divisão por zero)

2.2 Notação Posicional

Quantas unidades existem em 943? Isto é, quantas coisas reais o número 943 representa? Bem, em termos usados em escolas primárias, pode-se dizer que são 9 centenas mais 4 dezenas mais 3 unidades. Ou, dito de outra forma, são 900 unidades mais 40 unidades mais 3 unidades. Então, quantas unidades existem em 754? 700 unidades mais 50 unidades mais 4 unidades. Certo? Bem, talvez. A resposta depende da *base* do sistema de numeração que você estiver usando. Essa reposta estará correta no sistema de numeração de base 10, ou decimal, que é o sistema de numeração que o ser humano usa diariamente. Mas esta resposta não estará correta em outros sistemas de numeração.

A base de um sistema de numeração especifica o número de dígitos usados no sistema. Os dígitos sempre começam em 0 e continuam até o número anterior ao da base. Por exemplo, há dois dígitos na base 2: 0 e 1. Existem 8 dígitos na base 8: de 0 a 7. Há 10 dígitos na base 10: de 0 a 9. A base também determina o que as posições dos dígitos significam. Quando se soma 1 ao último dígito de um sistema de numeração, será gerado um vai-um (*carry*) para a posição do dígito à esquerda.

Números são escritos usando notação posicional. O dígito mais à direita representa seu valor multiplicado pela base elevada à potência 0. O primeiro dígito à esquerda deste representa seu valor multiplicado pela base elevada à potência um. O próximo dígito representa seu valor multiplicado pela base elevada à potência dois. O seguinte representa seu valor multiplicado pela base elevada à potência três e assim em diante. Você deve estar tão familiarizado com a notação posicional que, provavelmente, nem pensa nisso. Nós a usamos instintivamente para calcular o número de unidades em 943.

$$
\begin{array}{rcccccl}
 & 9 & * & 10^2 & = 9 & * & 100 & = & 900 \\
+ & 4 & * & 10^1 & = 4 & * & 10 & = & 40 \\
+ & 3 & * & 10^0 & = 3 & * & 1 & = & \underline{3} \\
 & & & & & & & & 943
\end{array}
$$

Marginália

Base O valor fundamental de um sistema de numeração, o qual determina o número de dígitos e o valor das posições dos dígitos

Notação posicional Um sistema para expressar números nos quais os dígitos são arrumados em sucessão. A posição de cada dígito tem um valor posicional e o número é igual à soma dos produtos de cada dígito por seu valor posicional[1]

Uma maneira mais formal de definir notação posicional é dizer que o valor é representado como um polinômio na base do sistema de numeração. Mas o que é um polinômio? Um polinômio é a soma de dois ou mais termos algébricos, cada um consistindo em uma constante multiplicada por uma ou mais variáveis elevadas a potências inteiras e não negativas. Ao definir a notação posicional, a variável é a base do sistema de numeração. Logo, 943 é representado como um polinômio, como se segue, com x sendo a base:

$9 * x^2 + 4 * x^1 + 3 * x^0$

A Importância do Zero
É interessante observar que a notação posicional só é possível em razão do conceito de zero. Zero, que usualmente assumimos, foi o conceito fundamental na interseção de todos os ramos da matemática moderna. Como Georges Ifrah observou em seu livro *The Universal History of Computing:* "Para resumir, a vital descoberta de zero deu à mente humana um extraordinário e poderoso potencial. Nenhuma outra criação humana exerceu tamanha influência no desenvolvimento da inteligência humana."[2]

Vamos expressar essa ideia formalmente. Se um número no sistema de numeração na base R tiver n dígitos, ele será representado como se segue, onde d_i representa o dígito na i-ésima posição no número:

$d_n * R^{n-1} + d_{n-1} * R^{n-2} + \cdots + d_2 * R + d_1$

Parece complicado? Vamos olhar um exemplo concreto: 63578 na base 10. Aqui n é 5 (o número tem 5 dígitos) e R é 10 (a base). A fórmula diz que o quinto dígito (último dígito à esquerda) é multiplicado pela base elevada à quarta potência; o quarto dígito é multiplicado pela base elevada à terceira potência; o terceiro dígito é multiplicado pela base elevada à segunda potência; o segundo dígito é multiplicado pela base elevada à primeira potência e o primeiro dígito não é multiplicado por nada.

$6 * 10^4 + 3 * 10^3 + 5 * 10^2 + 7 * 10^1 + 8$

No cálculo anterior, admitimos que a base é 10. Essa é uma suposição lógica porque nosso sistema de numeração *é* base 10. No entanto, não há razão para que o número 943 não pudesse representar um valor na base 13. Nesse caso, para determinar o número de unidades, teríamos que convertê-lo para a base 10.

$\begin{aligned}&\ 9 * 13^2 = 9 * 169 = 1521\\&+\ 4 * 13^1 = 4 * 13 = 52\\&+\ 3 * 13^0 = 3 * 1 = 3\\&\phantom{+\ 3 * 13^0 = 3 * 1 =}\ 1576\end{aligned}$

Logo, 943 na base 13 é igual a 1576 na base 10. Tenha em mente que esses dois números têm valor equivalente. Isto é, ambos representam a mesma quantidade. Se uma sacola contiver 943 (na base 13) feijões e uma segunda sacola contiver 1576 (na base 10) feijões, então ambas as sacolas conterão exatamente os mesmos números de feijões. Sistemas de numeração apenas nos permitem representar valores de várias formas.

Note que, na base 10, o dígito mais à direita é a posição das "unidades". Na base 13, o dígito mais à direita também é a posição das "unidades". De fato, isso é verdadeiro para qualquer base, porque qualquer coisa elevada à potência 0 é igual a 1.

Por que alguém iria querer representar valores na base 13? Isso não é feito muito frequentemente, certo, mas algumas vezes é útil para entender como funciona. Por exemplo, uma técnica de computação chamada *hashing* pega números e os embaralha e uma das maneiras de embaralhar números é interpretá-los em uma base diferente.

Outras bases, como a base 2 (binária), são particularmente importantes em processamento computacional. Vamos explorar essas bases em mais detalhe.

■ Binário, Octal e Hexadecimal

O sistema de numeração em base 2 (binário) é particularmente importante em computação. É também útil estar familiarizado com sistemas de numeração que são potências de 2, como a base 8 (octal) e a base 16 (hexadecimal). Lembre-se de que o valor da base define o número de dígitos no sistema de numeração. A base 10 tem dez dígitos (0-9), a base 2 tem dois dígitos (0-1) e a base 8 tem oito dígitos (0-7). Logo, o número 943 não poderia representar um valor em qualquer base menor que a base 10, porque o dígito 9 não existe nessas bases. Ele é, contudo, um valor válido na base 10 ou em qualquer base superior a essa. Da mesma forma, o número 2074 é um valor válido na base 8 ou superior, mas ele simplesmente não existe (porque usa o dígito 7) em qualquer base inferior a essa.

O Ábaco

Em nossa breve história da computação no Capítulo 1, citamos o ábaco como um dispositivo primitivo de computação. Mais especificamente, o ábaco é um dispositivo que usa notação posicional para representar números decimais. As contas em cada coluna representam o dígito daquela coluna. Todas as colunas combinadas representam um número.

Foto cortesia de Theresa DiDonato

As contas acima da barra intermediária representam unidades de 5 e as contas abaixo da barra representam 1. Contas afastadas da barra intermediária não fazem parte do número. O diagrama a seguir apresenta o número 27.091 representado em um ábaco.

Foto cortesia de Theresa DiDonato

O usuário executa cálculos movendo as contas de maneiras específicas para refletir as operações aritméticas básicas de adição, subtração, multiplicação e divisão.

Apesar de antigo, o ábaco ainda é usado hoje em dia em muitas culturas asiáticas. Caixas de lojas podem usar um ábaco em vez de uma caixa registradora eletrônica. Ainda que careça de algumas vantagens de dispositivos eletrônicos, o ábaco é mais do que suficiente para esses tipos de cálculos necessários para transações comerciais básicas. Usuários habilidosos de um ábaco podem competir com qualquer um usando uma calculadora, seja em termos de velocidade ou de exatidão.

Crianças nestas culturas aprendem operações mecânicas em ábacos, tanto quanto você foi treinado na tabuada. Para executar uma operação em um número, o usuário executa uma série de movimentos usando apenas o polegar, o dedo indicador e o dedo médio de uma das mãos. Esses movimentos correspondem a dígitos individuais e dependem da operação sendo executada. Por exemplo, para somar o número 7 ao número 5 já sendo mostrado no ábaco, o usuário limpa o marcador de 5 (empurrando-o para cima), empurra 2 contas de baixo para próximo à barra e incrementa 1 na próxima coluna. Ainda que este movimento corresponda à operação básica de adição que nós fazemos no papel, o usuário do ábaco não está pensando em matemática. O usuário é condicionado a executar movimentos específicos quando dígitos específicos são encontrados para uma operação específica. Quando o cálculo é finalizado, o usuário lê o resultado apresentado no ábaco.

Representação Numérica Biquinária

O console do IBM 650, um computador comercial popular do final dos anos 1950, permitia ao operador ler o conteúdo da memória usando o sistema biquinário. Esse sistema de representação numérica usa sete lâmpadas para representar os dez dígitos decimais.

Foto cortesia de IBM Corporate Archives

Cada dígito é representado por duas lâmpadas, uma das duas que ficam no topo e uma das cinco da coluna abaixo. Se a lâmpada esquerda do topo estiver ligada, as cinco lâmpadas da coluna representam os dígitos 0, 1, 2, 3 e 4, respectivamente, de cima para baixo. Se a lâmpada direita do topo estiver ligada, as cinco lâmpadas da coluna representam os dígitos 5, 6, 7, 8 e 9. A configuração seguinte representa o número 7:

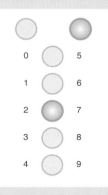

O IBM 650 ficou conhecido como o Ford Trimotor dos computadores: da mesma forma que o Ford Trimotor, antigos IBMs 650 foram vendidos para a América Latina onde eles aproveitaram uma longa vida.

Como são os dígitos em bases superiores a 10? Precisamos de símbolos que representem os dígitos que correspondam aos valores de 10 em diante. Em bases maiores que 10, usamos letras como dígitos. Usamos a letra A para representar o número 10, B para representar 11, C para representar 12 e assim em diante. Logo, os 16 dígitos na base 16 são:

0, 1, 2, 3, 4, 5, 6, 7, 8, 9, A, B, C, D, E, F

Vamos examinar valores em octal, hexadecimal e binário para ver o que eles representam na base 10. Por exemplo, vamos calcular o equivalente em decimal de 754 em octal (base 8). Como antes, apenas expandimos o número em sua forma polinomial e somamos os números.

$$
\begin{aligned}
  7 * 8^2 &= 7 * 64 = 448 \\
+ 5 * 8^1 &= 5 * 8 = 40 \\
+ 4 * 8^0 &= 4 * 1 = \underline{4} \\
& 492
\end{aligned}
$$

Vamos converter o número hexadecimal ABC para decimal:

$$
\begin{aligned}
  A * 16^2 &= 10 * 256 = 2560 \\
+ B * 16^1 &= 11 * 16 = 176 \\
+ C * 16^0 &= 12 * 1 = \underline{12} \\
& 2748
\end{aligned}
$$

Note que efetuamos exatamente o mesmo cálculo para converter o número para a base 10. Apenas usamos um valor de base de 16 dessa vez e temos que nos lembrar dos valores que as letras representam. Depois de um pouco de prática você não achará tão estranho o uso de letras como dígitos.

Finalmente, vamos converter o número binário (base 2) 1010110 para decimal. Mais uma vez, realizamos os mesmos passos — apenas o valor da base muda:

$$
\begin{aligned}
  1 * 2^6 &= 1 * 64 = 64 \\
+ 0 * 2^5 &= 0 * 32 = 0 \\
+ 1 * 2^4 &= 1 * 16 = 16 \\
+ 0 * 2^3 &= 0 * 8 = 0 \\
+ 1 * 2^2 &= 1 * 4 = 4 \\
+ 1 * 2^1 &= 1 * 2 = 2 \\
+ 0 * 2^0 &= 0 * 1 = \underline{0} \\
& 86
\end{aligned}
$$

Lembre-se de que os dígitos em qualquer sistema de numeração vão até o número anterior ao valor da base. Para representar o valor da base na própria base são necessários dois dígitos. Um 0 na posição mais à direita e um 1 na segunda posição representa o valor da base na própria base. Então 10 é dez na base 10, 10 é oito na base 8 e 10 é 16 na base 16. Pense nisso. A consistência de sistemas de numeração é realmente bastante elegante.

Adição e subtração de números em outras bases são efetuadas exatamente como elas são feitas com números decimais.

■ Aritmética em Outras Bases

Relembre a ideia básica de aritmética em decimal: 0 + 1 é 1, 1 + 1 são 2, 2 + 1 são 3 e assim em diante. As coisas passam a ficar interessantes quando você tenta adicionar dois números cuja soma é igual ou maior que o valor da base — por exemplo, 1 + 9. Pelo fato de não existir um símbolo para 10, reusamos os mesmos dígitos e dependemos da posição. O dígito mais à direita reverte para 0 e há um vai-um para a próxima posição à esquerda. Então 1 + 9 é igual a 10 na base 10.

As regras de aritmética binária são análogas, mas os dígitos se esgotam muito mais cedo. Isto é, 0 + 1 é 1 e 1 + 1 é 0 com um vai-um. Então a mesma regra é aplicada para cada coluna em um número maior e o processo continua até que não tenhamos mais dígitos para somar. O exemplo a seguir soma os números binários 101110 e 11011. O vai-um é marcado acima de cada coluna.

$$
\begin{array}{r}
11111 \quad \leftarrow \text{vai-um} \\
101110 \\
+ \ \underline{11011} \\
1001001
\end{array}
$$

Podemos nos convencer de que esta resposta esteja correta convertendo ambos os operandos para a base 10, somando-os e comparando o resultado: 101110 é 46, 11011 é 27 e a soma é 73. É claro que 1001001 é 73 na base 10.

Os fatos da subtração que você aprendeu no primário eram que $9 - 1$ são 8, $8 - 1$ são 7 e assim em diante, até que você tente subtrair um dígito maior de um menor, como $0 - 1$. Para realizar essa proeza, você tem que "pedir emprestado 1" do dígito mais à esquerda do número do qual você está subtraindo. Mais precisamente, você pega emprestado uma potência da base. Então na base 10, quando você pede emprestado, você pega 10. A mesma lógica se aplica à subtração binária. Toda vez que você pede emprestado em uma subtração binária, você pega 2. Aqui estão dois exemplos com os valores emprestados marcados acima.

```
      1                              02
     022   ← pediu emprestado       02   ← pediu emprestado
   111001                         111101
 −    110                       −    110
   110011                         110111
```

Uma vez mais, você pode conferir o cálculo convertendo todos os valores para a base 10 e subtraindo para ver se as respostas correspondem.

■ Sistemas de Numeração em Potência de 2

Números binários e octais compartilham uma relação muito especial: dado um número binário, você pode lê-lo diretamente em octal e dado um dado número em octal você pode lê-lo diretamente em binário. Por exemplo, pegue o número 754 em octal. Se substituirmos cada dígito por sua representação binária, teremos 754 em binário. Isto é, 7 em octal é 111 em binário, 5 em octal é 101 em binário, e 4 em octal é 100 em binário, logo 754 em octal é 111101100 em binário.

Para facilitar esse tipo de conversão, a tabela a seguir mostra a contagem de 0 a 10 em binário com os respectivos equivalentes em octal e decimal.

Binário	Octal	Decimal
0	0	0
1	1	1
10	2	2
11	3	3
100	4	4
101	5	5
110	6	6
111	7	7
1000	10	8
1001	11	9
1010	12	10

Para converter de binário para octal, partimos do dígito binário na posição mais à direita e marcamos grupos de três dígitos. Então convertemos cada grupo para seu valor em octal.

```
111   101   100
 7     5     4
```

Vamos converter o número binário 1010110 em octal, e então converter esse octal em decimal. A resposta deve ser o equivalente de 1010110 em decimal, ou seja 86.

```
1    010    110
1     2      6
```

$$
\begin{array}{lllllll}
  & 1 & * & 8^2 & = 1 & * & 64 & = & 64 \\
+ & 2 & * & 8^1 & = 2 & * & 8 & = & 16 \\
+ & 6 & * & 8^0 & = 6 & * & 1 & = & \underline{6} \\
  &   &   &   &   &   &   &   & 86
\end{array}
$$

A razão pela qual binário pode ser convertido imediatamente para octal e octal para binário é que 8 é potência de 2. Existe uma relação similar entre binário e hexadecimal. Cada dígito hexadecimal pode ser representado em quatro dígitos binários. Vamos pegar o número binário 1010110 e convertê-lo para hexadecimal fazendo grupos de quatro dígitos da direita para esquerda.

Você Pode Contar até Três?
Não instintivamente! Psicólogos especialistas em cognição demonstraram que crianças na idade pré-escolar não identificam mais do que três conjuntos: um conjunto de um objeto, um conjunto de dois objetos e um conjunto de três ou mais objetos (também chamado de muitos). Antropólogos e linguistas descobriram que até cerca de dois séculos atrás, várias línguas tinham apenas duas ou três palavras indicadoras de quantidades: palavras para "único", "par" e "muitos". Ainda temos palavras em português que refletem três ou mais: "gangue" "pilha", "punhado", "rebanho", "manada", "cardume", "esquadra", "porção", "bando".
 –Denise Schmandt-Besseerat,
 One, Two... Three, Odissey,
 Setembro/Outubro de 2002,
 páginas 6 e 7.

```
 101     0110
  5        6
```

$$5 * 16^1 = 5 * 16 = 80$$
$$+\ 6 * 16^0 = 6 * 1 = \underline{\ 6}$$
$$86$$

Agora vamos converter ABC em hexadecimal para binário. São necessários quatro dígitos binários para representar cada dígito hexadecimal. A em hexadecimal é 10 em decimal, logo 1010 em binário. Da mesma maneira, B em hexadecimal é 1011 em binário e C em hexadecimal é 1100 em binário. Logo, ABC em hexadecimal é 101010111100 em binário.

Em vez de confirmar que 101010111100 é 2748 em decimal diretamente, vamos marcá-lo e convertê-lo em octal.

```
 101   010   111   100
  5     2     7     4
```

Logo, 5274 em octal é 2748 em decimal.

Na próxima seção, mostraremos como converter números na base 10 a seus equivalentes em outras bases.

■ Convertendo da Base 10 a Outras Bases

As regras para converter números na base 10 envolvem a divisão pela base para a qual você está convertendo o número. Dessa divisão, você obtém um quociente e um resto. O resto torna-se o próximo dígito do novo número (indo da direita para a esquerda) e o quociente substitui o número a ser convertido. O processo prossegue até que o quociente seja zero. Vamos escrever as regras em uma forma diferente.

```
ENQUANTO (o quociente não for zero)
    Divida o número decimal pela nova base
    Faça o resto ser o próximo dígito à esquerda na resposta
    Substitua o número decimal pelo quociente.
```

Essas regras compõem um *algoritmo* para converter da base 10 para outra base. Um algoritmo é uma sequência lógica de passos que soluciona um problema. Temos muito mais a falar sobre algoritmos nos capítulos subsequentes. Aqui, apresentamos uma maneira de descrever um algoritmo e então o aplicamos para efetuar as conversões.

A primeira linha do algoritmo nos diz para repetir as próximas três linhas até que o quociente de nossa divisão se torne zero. Vamos converter o número decimal 2748 para hexadecimal. Como vimos em exemplos anteriores, a resposta deve ser ABC.

```
2748 |16
 114   171    ← quociente
 112
  28
  16
  12          ← resto
```

O resto (12) é o primeiro dígito na resposta hexadecimal, representada pelo dígito C. A resposta até o momento é C. Uma vez que o quociente não é zero, o dividimos (171) pela nova base.

```
171 |16
 1    10    ← quociente
 11         ← resto
```

O resto (11) é o próximo dígito à esquerda na resposta, o qual é representado pelo dígito B. Agora, a resposta até o momento é BC. Já que o quociente não é zero, o dividimos (10) pela nova base.

10 |16
    0   ← quociente
10   ← resto

O resto (10) é o próximo dígito à esquerda na resposta, o qual é representado pelo dígito A. Agora, a resposta é ABC. O quociente é zero, logo terminamos e a resposta final é ABC.

■ Valores Binários e Computadores

Ainda que alguns dos primeiros computadores fossem máquinas decimais, computadores modernos são máquinas binárias. Isto é, números no computador são representados em forma binária. Na verdade, toda informação é de alguma forma representada usando valores binários. A razão é que cada localização de armazenamento dentro de um computador contém ou um sinal de baixa voltagem ou um sinal de alta voltagem. Como cada localização poder ter apenas um de dois estados, é lógico corresponder esses estados a 0 e a 1. Um sinal de baixa voltagem é equiparado a um 0 e um sinal de alta voltagem é equiparado a um 1. De fato, você pode esquecer sobre voltagens e pensar em cada localização de armazenamento como contendo um 0 ou um 1. Note que uma localização de armazenamento não pode estar vazia: ela tem que conter ou um 0 ou um 1.

Grace Murray Hopper

De 1943 até seu falecimento no dia de Ano-Novo, em 1992, a almirante Grace Murray Hopper esteve intimamente envolvida com computação. Em 1991, ela foi agraciada com a Medalha Nacional de Tecnologia "por suas realizações pioneiras no desenvolvimento de linguagens de programação de computadores, que simplificaram a tecnologia de computadores e abriram a porta para um significativamente maior universo de usuários".

A Almirante Hopper nasceu Grace Brewster Murray na cidade de Nova York, em 9 de dezembro de 1906. Ela cursou Vassar e recebeu seu PhD em matemática em Yale. Durante os dez anos seguintes ela ensinou matemática em Vassar.

Em 1943, almirante Hopper ingressou na Marinha Americana e foi designada para o Escritório do Projeto de Computação do Arsenal na Universidade de Harvard como uma programadora em Mark I. Depois da guerra, ela continuou em Harvard como um membro da faculdade e continuou a trabalhar nos computadores Mark II e Mark III da Marinha. Ela adorava contar a história de como, enquanto estava trabalhando no Mark II, um dos operadores encontrou o primeiro "bug" de computador — uma mariposa presa em um dos relés. Em 1949 ela ingressou na Eckert-Mauchly Computer Corporation e trabalhou no UNIVAC I.

A Almirante Hopper tinha um compilador em funcionamento em 1952, uma época em que a sabedoria convencional era que computadores podiam apenas fazer aritmética. Ainda que não participasse do comitê que projetou a linguagem de computador COBOL, ela foi ativa em seu projeto, implementação e uso. COBOL (que é um acrônimo para Commom Business-Oriented Language) foi desenvolvida no início dos anos 1960 e ainda é amplamente usada em processamento de dados de negócios.

A Almirante Hopper se aposentou da Marinha em 1966, apenas para ser reconvocada em um ano para atividades em tempo integral. Sua missão era supervisionar os esforços da Marinha para manter uniformidade em linguagens de programação. Já foi dito que, da mesma forma que o almirante Hyman Rickover foi o pai da marinha nuclear, a contra-almirante Hopper foi a mãe da automação computadorizada de dados na Marinha. Ela serviu no Comando de Automação de Dados Navais até se aposentar novamente, em 1986, na patente de contra-almirante. Na época de sua morte, ela era consultora sênior na Digital Equipment Corporation.

A Almirante Hopper adorava os jovens e tinha prazer em dar palestras em faculdades e em *campi* universitários. Ela frequentemente distribuía fios coloridos, que ela chamava de nanossegundos, porque eles eram cortados em comprimento aproximado de um pé — a distância que a luz percorre em um nanossegundo (um bilionésimo de segundo). Seu conselho para os jovens era: "Você gerencia coisas, você lidera pessoas. Supervalorizamos gerenciamento e nos esquecemos da liderança."

Durante sua vida, almirante Hopper recebeu títulos honoríficos de mais de 40 faculdades e universidades. Ela foi agraciada por seus pares em diversas ocasiões, incluindo o primeiro Homem do Ano em Ciências da Computação, prêmio dado pela Associação de Administração de Processamento de Dados, e o Prêmio Contribuidores para Edu-

» continua

Valores Binários e Sistemas de Numeração

Grace Murray Hopper (continuação)

cação em Ciência da Computação, dado pelo Grupo de Interesse Especial para Educação em Ciência da Computação (SIGCSE), que é parte da ACM (Association for Computing Machinery).

Nell Dale, ao informar Admiral Hopper sobre o prêmio do SIGCSE, perguntou de qual de suas muitas realizações ela mais se orgulhava. Ela respondeu: "Todos os jovens que treinei ao longo dos anos."

Cada unidade de armazenamento é chamada de um dígito binário ou um bit para abreviar. Bits são agrupados em bytes (8 bits) e bytes são agrupados em unidades chamadas palavras. O número de bits em uma palavra é conhecido como o comprimento da palavra do computador. Por exemplo, a arquitetura do IBM 370 no final dos anos 1970 tinha meias palavras (2 bytes ou 16 bits), palavras completas (4 bytes) e palavras duplas (8 bytes).

Computadores modernos são frequentemente máquinas de 32 bits (como o processador Pentium® IV da Intel) ou máquinas de 64 bits (como processadores Alpha da Hewlett-Packard e Itanium® 2 da Intel). No entanto, alguns microprocessadores que são usados em aparelhos como *pagers* são máquinas de oito bits. A máquina que você estiver usando — seja ela qual for — é, enfim, baseada em um sistema de numeração binário.

Temos muito mais a explorar sobre a relação entre computadores e números binários. No próximo capítulo, examinamos muitos tipos de dados e vemos como eles são representados em um computador. No Capítulo 4, vemos como controlar sinais elétricos que representam valores binários. No Capítulo 6, vemos como números binários são usados para representar comandos de programas que os computadores executam.

>> **Dígito binário** Um dígito no sistema de numeração binário; um 0 ou um 1

>> **Bit** Dígito binário

>> **Byte** Oito dígitos binários

>> **Palavra** Um grupo de um ou mais bytes; o número de bits em uma palavra é o comprimento da palavra do computador

Resumo

Números são escritos usando notação posicional, na qual os dígitos são arranjados em sucessão, a posição de cada dígito possui um valor posicional e o número é igual à soma dos produtos de cada dígito por seu valor posicional. Os valores posicionais são potências da base do sistema de numeração. Então, no sistema de numeração decimal, os valores posicionais são potências de 10; no sistema de numeração binário, os valores posicionais são potências de 2.

Aritmética pode ser realizada com números em qualquer base representada em notação posicional. As mesmas regras operacionais da base 10 se aplicam a outras bases como elas o são na base 10. Somar 1 ao maior dígito da base causa um "vai-um" para a próxima posição.

As bases 2, 8 e 16 estão relacionadas porque essas bases são potências de 2. Esse relacionamento fornece uma rápida forma de converter números entre essas bases. Hardware computacional é projetado para usar números na base 2. Um sinal de baixa voltagem é equivalente a 0 e um sinal de alta voltagem é equivalente a 1.

QUESTÕES ÉTICAS ▶ A Segurança da Pátria e o Carnívoro/DCS-1000

A Carta de Direitos, Emenda IV: *O direito de as pessoas estarem seguras em seus aspectos pessoais, lares, documentos e efeitos, contra injustificáveis buscas e confiscos, não será violado e nenhuma Autorização deve ser emitida, a menos que baseada em causa provável, oriunda de juramento ou testemunho judicial, e descrevendo especificamente o lugar a ser revistado e as pessoas ou coisas a serem detidas ou confiscadas.*

Quando o FBI anunciou planos para uma iniciativa de monitoração da Internet, entidades privadas e políticos se sentiram ultrajados. Mas, após os ataques em Nova York e na Pensilvânia em 11 de setembro de 2001, a nova Lei Patriota Americana deu sustentação legal aos planos do FBI, e foi dado o sinal verde à agência para perseguir criminosos e terroristas.

A ferramenta computacional do FBI foi inicialmente chamada de Carnívoro, mas mais tarde recebeu o nome mais inofensivo de DCS-1000. A ferramenta pode ser instalada em Provedores de Serviços de Internet (ISPs) e analisar e coletar todos os dados que passam através de cada máquina do ISP. Criminosos de todos os tipos, incluindo terroristas, têm usado tecnologia há anos para planejar e executar seus crimes. Correio eletrônico, sítios web, bancos e linhas telefônicas são todos usados na perpetração de crimes e a Internet provou ser uma ferramenta útil para esse planejamento de atividades destrutivas.

O governo e a lei de repressão advertem que o correio eletrônico e a Web permitem aos criminosos contornar as limitações de tempo e geográficas em recrutamento, planejamento e comunica-

» continua

34　Capítulo 2

⚖ QUESTÕES ÉTICAS ► A Segurança da Pátria e o Carnívoro/DCS-1000, continuação

ção entre si. Sem a possibilidade de uso de tecnologias intrusivas como o Carnívoro/DCS-1000, eles alegam, os defensores da lei não seriam capazes de rastrear e condenar esses criminosos.

Os que apoiavam o Carnívoro/DCS-1000 também afirmavam que o software deveria ser usado apenas contra alvos suspeitos. Assim, embora todo dado que passasse através de um ISP pudesse ser coletado, apenas conteúdo específico deveria ser extraído. Além disso, eles alegavam que o FBI precisaria preencher um requerimento a um procurador geral federal ou do estado para uso da ferramenta, mencionando o que seria coletado e de quem. A agência também deveria mostrar ao oficial que autoriza o uso desse recurso que outras formas de vigilância falharam ou se mostraram muito perigosas. Os defensores da privacidade não se sentiam confortáveis com as declarações do governo sobre os usos para os quais o Carnívoro/DCS-1000 seria adotado ou pelas garantias de que as restrições apropriadas evitariam o uso indevido do Carnívoro.

As principais preocupações dos defensores da privacidade eram que o Carnívoro/DCS-1000 pudesse ser e fosse usado (1) para violar a privacidade de indivíduos, (2) para violar a liberdade de expressão e (3) para permitir que o governo tomasse conta da Internet. Há um temor de que o uso da tecnologia abra a porta para outras invasões de privacidade.

Por exemplo, o Carnívoro/DCS-1000 é capaz de rastrear os hábitos de navegação na Web de todos os clientes de um dado ISP. Ele pode ler não apenas mensagens de correio, mas mensagens instantâneas, rastrear compras *on-line* e acessar tudo o mais que passe pelo ISP. Para entidades da sociedade civil, isto era uma clara violação da Quarta Emenda.

Diante de oposição veemente dos defensores da privacidade, o FBI abandonou o Carnívoro/DCS-1000 em 2005 a favor de um software comercial não especificado, por meio do qual agentes bisbilhotam o tráfego comercial durante as investigações do FBI.

🔑 Termos Fundamentais

Base
Bit
Byte
Dígito binário
Notação posicional
Número

Número inteiro
Número natural
Número negativo
Número racional
Palavra

⌘ Exercícios

Para os Exercícios 1 a 5, relacione os números com suas definições.

- **A.** Número
- **B.** Número natural
- **C.** Número inteiro
- **D.** Número negativo
- **E.** Número racional

1. Uma unidade de um sistema matemático abstrato sujeito às leis da aritmética
2. Um número natural, o negativo de um número natural ou zero
3. O número zero e todo o número obtido pela adição sucessiva de 1 a ele
4. Um inteiro ou o quociente de dois inteiros (excluída a divisão por zero)
5. Um valor menor que zero, com um sinal oposto a seu correspondente positivo

Para os Exercícios 6 a 11, case a solução com o problema.

- **A.** 10001100
- **B.** 10011110
- **C.** 1101010
- **D.** 1100000
- **E.** 1010001
- **F.** 1111000

6. 1110011 + 11001 (soma binária)
7. 1010101 + 10101 (soma binária)
8. 1111111 + 11111 (soma binária)
9. 1111111 − 111 (subtração binária)
10. 1100111 − 111 (subtração binária)
11. 1010110 − 101 (subtração binária)

Para os Exercícios 12 a 17, assinale verdadeiro ou falso, como a seguir.

- **A.** Verdadeira
- **B.** Falsa

Valores Binários e Sistemas de Numeração

12. Números binários são importantes em computação porque um número binário pode ser convertido em qualquer outra base.
13. Números binários podem ser lidos diretamente em hexadecimal, mas não em octal.
14. Começando da esquerda para a direita, todo grupo de quatro dígitos pode ser lido como um dígito hexadecimal.
15. Um byte é composto de seis dígitos binários.
16. Dois dígitos hexadecimais não podem ser armazenados em um byte.
17. Ler dígitos octais diretamente como binários produz o mesmo resultado se lidos da direita para a esquerda ou da esquerda para a direita.

Os Exercícios 18 a 47 são questões de resposta curta.

18. Faça a distinção entre número natural e número negativo.
19. Faça a distinção entre número natural e número racional.
20. Classifique os seguintes números como natural, negativo ou racional.
    a. 1,333333
    b. −1/3
    c. 1066
    d. 2/5
    e. 6,2
    f. π (pi)
21. Quantas unidades existem em 891 se ele for um número em cada uma das bases a seguir?
    a. Base 10
    b. Base 8
    c. Base 12
    d. Base 13
    e. Base 16
22. Expresse 891 como um polinômio em cada uma das bases do Exercício 21.
23. Converta os seguintes números da base indicada para a base 10.
    a. 111 (base 2)
    b. 777 (base 8)
    c. FEC (base 16)
    d. 777 (base 16)
    e. 111 (base 8)
24. Explique como a base 2 e a base 8 estão relacionadas.
25. Explique como a base 8 e a base 16 estão relacionadas.
26. Expanda a tabela do item Sistemas de Numeração em Potência de 2 para incluir os decimais de 11 a 16.
27. Expanda a tabela do Exercício 26 para incluir números hexadecimais.
28. Converta os seguintes números binários para octal.
    a. 111110110
    b. 1000001
    c. 10000010
    d. 1100010
29. Converta os seguintes números binários para hexadecimal.
    a. 10101001
    b. 11100111
    c. 01101110
    d. 01121111
30. Converta os seguintes números hexadecimais para octal.
    a. A9
    b. E7
    c. 6E
31. Converta os seguintes números octais para hexadecimal.
    a. 777
    b. 605
    c. 443
    d. 521
    e. 1

36 Capítulo 2

32. Converta os seguintes números decimais para octal.
   a. 901
   b. 321
   c. 1492
   d. 1066
   e. 2001
33. Converta os seguintes números decimais para binário.
   a. 45
   b. 69
   c. 1066
   d. 99
   e. 1
34. Converta os seguintes números decimais para hexadecimal.
   a. 1066
   b. 1939
   c. 1
   d. 998
   e. 43
35. Se você fosse representar números na base 18, quais outros símbolos que não letras você usaria para representar os números de 10 a 17?
36. Converta os seguintes números decimais para a base 18 usando os símbolos que você sugeriu no Exercício 35.
   a. 1066
   b. 99099
   c. 1
37. Efetue as seguintes operações de adição em octal.
   a. 770 + 665
   b. 101 + 707
   c. 202 + 667
38. Efetue as seguintes operações de adição em hexadecimal.
   a. 19AB6 + 43
   b. AE9 + F
   c. 1066 + ABCD
39. Efetue as seguintes operações de subtração em octal.
   a. 1066 − 776
   b. 1234 − 765
   c. 7766 − 5544
40. Efetue as seguintes operações de subtração em hexadecimal.
   a. ABC − 111
   b. 9988 − AB
   c. A9F8 − 1492
41. Por que números binários são importantes em computação?
42. Quantos bits um byte contém?
43. Quantos bytes existem em uma máquina de 64 bits?
44. Por que microprocessadores como *pagers* possuem palavras de apenas 8 bits?
45. Por que é importante estudar como manipular números de tamanho fixado?
46. Quantos uns há no número AB98 na base 13?
47. Descreva como uma representação numérica biquinária funciona.

??? Temas para Reflexão

1. O Exercício 20 pediu para você classificar π como uma das opções. π não pertence a qualquer das categorias indicadas; π (bem como *e*) são números transcendentais. Pesquise *números transcendentais* no dicionário ou em algum livro antigo de matemática e dê a definição com suas próprias palavras.

2. Números complexos é outra categoria de números que não é discutida neste capítulo. Pesquise *números complexos* em um dicionário ou em algum livro antigo de matemática e dê a definição com suas próprias palavras.

3. Muitas das ocorrências diárias podem ser representadas como um bit binário. Por exemplo, uma porta pode estar aberta ou fechada, o forno pode estar ligado ou desligado e o cachorro pode estar dormindo ou acordado. Relacionamentos podem ser representados como um valor binário? Discuta essa questão, dando exemplos.

4. Oficiais do governo devem ser autorizados a usar tecnologia sofisticada, como o Carnívoro/DCS-1000, para monitorar a presença *on-line* de potenciais ameaças à segurança pessoal e nacional? Por que sim ou por que não?

5. Em sua opinião, tecnologias como o Carnívoro/DCS-1000 entram em conflito direto com a Quarta Emenda, que trata sobre o direito à privacidade, ou elas são um "mal necessário" para combater as novas ameaças confrontadas pelos americanos e demais pessoas em todo o mundo após os ataques terroristas de 11 de setembro de 2001?

A Camada de Informação

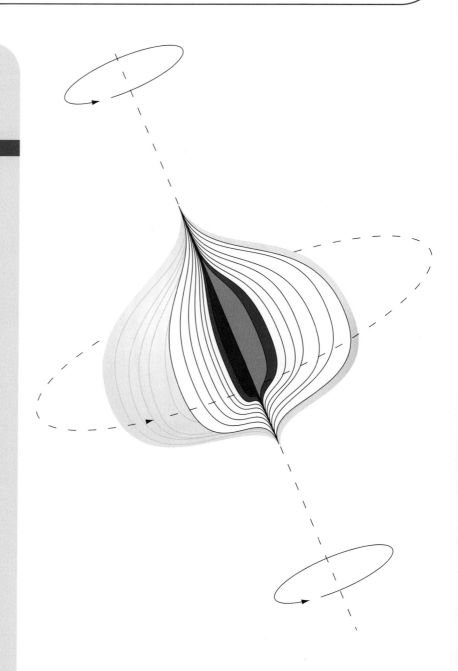

Preparando os Alicerces
  1 O Quadro Geral

A Camada de Informação
  2 Valores Binários e Sistemas de Numeração
▶ **3** Representação de Dados

A Camada de Hardware
  4 Portas e Circuitos
  5 Componentes Computacionais

A Camada de Programação
  6 Linguagens de Programação de Baixo Nível e Pseudocódigo
  7 Solução de Problemas e Algoritmos
  8 Tipos Abstratos de Dados e Subprogramas
  9 Projeto Orientado a Objeto e Linguagens de Programação de Alto Nível

A Camada de Sistema Operacional
  10 Sistemas Operacionais
  11 Sistemas de Arquivos e Diretórios

A Camada de Aplicação
  12 Sistemas de Informação
  13 Inteligência Artificial
  14 Simulação, Gráficos, Jogos e Outros Aplicativos

A Camada de Comunicação
  15 Redes
  16 A *World Wide Web*

Em Conclusão
  17 Limitações da Computação

Representação de Dados

3

Quando faz uma viagem de carro, você provavelmente segue um mapa rodoviário. O mapa não é o terreno sobre o qual você viaja, mas, em vez disso, uma *representação* daquele terreno. O mapa capturou parte da informação necessária para realizar o objetivo de ir de um lugar a outro.

Da mesma forma, os dados que precisamos armazenar e gerenciar em um computador têm que ser representados de uma maneira que capture a essência da informação que nos interessa e têm que fazê-lo de uma forma conveniente para o processamento computacional. Partindo dos conceitos fundamentais do sistema de numeração binário estabelecido no Capítulo 2, esse capítulo explora como representamos e armazenamos os vários tipos de dados que um computador gerencia.

Objetivos

Após estudar este capítulo, você deverá ser capaz de:

- distinguir dados analógicos de dados digitais.
- explicar compressão de dados e calcular razões de compressão.
- explicar os formatos binários para valores negativos e de ponto flutuante.
- descrever as características dos conjuntos de caracteres ASCII e Unicode.
- realizar vários tipos de compressão de texto.
- explicar a natureza do som e suas representações.
- explicar como valores RGB definem uma cor.
- distinguir gráfico de varredura (*raster*) de gráfico vetorial.
- explicar compressão de vídeo temporal e espacial.

3.1 Dados e Computadores

Sem dados, computadores seriam inúteis. Cada tarefa que um computador realiza lida com gerenciamento de dados de algum modo. Logo, nossa necessidade de representar e organizar dados de modos apropriados é fundamental.

Vamos começar por distinguir os termos *dado* e *informação*. Ainda que esses termos sejam frequentemente usados de forma intercambiável, fazer a distinção é algumas vezes útil, especialmente em computação. Dados são valores básicos ou fatos, ao passo que informação é dado que foi organizado e/ou processado de modo que ele seja útil na solução de algum tipo de problema. Dados podem ser não estruturados ou não ter contexto. Informação nos ajuda a responder perguntas (ela "informa"). Essa distinção, é claro, é relativa às necessidades do usuário, mas ela captura a essência do papel que os computadores desempenham em nos ajudar a resolver problemas.

Neste capítulo, focamos em representar diferentes tipos de dados. Em capítulos subsequentes, discutimos vários modos de organizar dados de modo a resolver tipos específicos de problemas.

No passado não muito distante, computadores lidavam quase exclusivamente com dados numéricos e textuais. Hoje em dia, contudo, computadores são dispositivos verdadeiramente multimídia, lidando com uma vasta faixa de categorias de informação. Computadores armazenam, apresentam e nos ajudam a modificar diferentes tipos de dados:

- Números
- Texto
- Áudio
- Imagens e gráficos
- Vídeo

Em última instância, todos esses dados são armazenados como dígitos binários. Cada documento, imagem ou som é representado, de algum modo, como uma cadeia de 1s e 0s. Este capítulo explora oportunamente cada um desses tipos de dados e discute as ideias básicas subjacentes às formas nas quais representamos esses tipos de dados em um computador.

Não podemos discutir representação de dados sem falar de compressão de dados — redução da quantidade de espaço necessário para armazenar um fragmento de dados. No passado, precisávamos manter dados em tamanhos pequenos devido a limitações de armazenamento. Atualmente, armazenamento em computadores é relativamente barato — mas agora temos uma razão sob mais pressão ainda para encolher nossos dados: a necessidade de compartilhá-los com outros. A *Web* e sua estrutura de redes têm restrições inerentes à largura de banda que definem o número máximo de bits ou bytes que podem ser transmitidos de um lugar a outro, em um dado limite de tempo.

A razão de compressão é o tamanho dos dados comprimidos dividido pelo tamanho dos dados originais e dá uma indicação de quanta compressão é obtida. Os valores podem ser em bits ou em caracteres (ou o que for apropriado), desde que ambos os valores meçam a mesma coisa. A razão deve resultar em um número entre 0 e 1. Quanto mais perto de zero a razão estiver, maior será a compressão.

Uma compressão de dados pode ser sem perda, o que significa que os dados podem ser recuperados sem perder qualquer informação original, ou ela pode ser com perda, caso em que alguma informação é perdida no processo de compactação. Ainda que nunca queiramos perder informação, em alguns casos essa perda é aceitável. Ao lidar com representação e compressão de dados, sempre estamos diante de uma escolha entre exatidão e tamanho.

■ Dados Analógicos e Digitais

O mundo natural, em sua maior parte, é contínuo e infinito. Uma linha de números é contínua, com valores se tornando infinitamente grandes e pequenos. Isto é, você sempre poderá apresentar um número que é maior ou menor do que qualquer número dado. Da mesma forma, o espaço numérico entre dois números inteiros é infinito. Por exemplo, qualquer número pode ser dividido pela metade. Mas, o mundo não é infinito apenas no sentido matemático. O espectro de cores é um arco-íris contínuo de infinitas tonalidades. Objetos no mundo real se movem em um espaço infinito e contínuo. Teoricamente, você poderia sempre reduzir a distância entre você e uma parede à metade, nunca chegando realmente à parede.

Computadores, ao contrário, são finitos. Memória de um computador e outros dispositivos de hardware têm espaço para armazenar e manipular apenas uma certa quantidade de dados.

A Camada de Informação

》 Dados Valores básicos ou fatos

》 Informação Dados que foram organizados ou processados de modo útil

》 Multimídia Vários tipos diferentes de mídia

》 Compressão de dados Redução da quantidade de espaço necessária para armazenar um fragmento de dados

》 Largura de banda O número de bits ou bytes que podem ser transmitidos de um lugar a outro em um dado limite de tempo

》 Razão de compressão O tamanho dos dados comprimidos dividido pelo tamanho dos dados não comprimidos

》 Compressão sem perda Uma técnica de compressão de dados na qual não há perda de informação

》 Compressão com perda Uma técnica de compressão de dados na qual há perda de informação

Sempre falhamos em nossas tentativas de representar um mundo infinito em uma máquina finita. O objetivo, então, é representar parte suficiente do mundo para satisfazer nossas necessidades computacionais e nossos sentidos de visão e audição. Queremos fazer nossa representação boa o bastante para realizarmos nosso trabalho, seja ele qual for.

Dados podem ser representados em uma de duas formas: analógica ou digital. **Dados analógicos** é uma representação contínua análoga à informação real que ela representa. **Dados digitais** é uma representação discreta que desmembra a informação em elementos distintos.

Um termômetro de mercúrio é um dispositivo analógico. O mercúrio sobe em um fluxo contínuo no tubo em proporção direta à temperatura. Calibramos e marcamos o tubo de modo que possamos ler a temperatura corrente, usualmente como um inteiro como, por exemplo, 24 graus Celsius. No entanto, o mercúrio em tal termômetro está realmente subindo em modo contínuo entre graus. Em algum momento a temperatura é realmente 23,649 graus Celsius e o mercúrio estará indicando isso precisamente, mesmo que nossas marcações não sejam detalhadas o bastante para que notemos alterações tão pequenas. Veja a Figura 3.1.

Dados analógicos são diretamente proporcionais ao mundo infinito e contínuo que nos cerca. Logo, computadores não conseguem trabalhar bem com dados analógicos. Em vez disso, **digitalizamos** dados desmembrando-os em pedaços, representando esses pedaços separadamente. Cada uma das representações discutidas neste capítulo toma uma entidade contínua e a desmembra em elementos discretos. Esses elementos discretos são então representados individualmente usando dígitos binários.

Mas por que usamos o sistema binário? Sabemos do Capítulo 2 que o binário é apenas um dos muitos sistemas de numeração equivalentes. Não poderíamos usar, digamos, o sistema de numeração decimal, com o qual já estamos mais familiarizados? Poderíamos. De fato, isto já foi feito. Já foram construídos computadores que são baseados em outros sistemas de numeração. No entanto, computadores modernos são projetados para usar e gerenciar valores binários porque os dispositivos que armazenam e gerenciam os dados são bem mais baratos e bem mais confiáveis se eles tiverem que representar apenas um de dois valores possíveis.

Além disso, sinais eletrônicos são muito mais fáceis de manter se eles transferirem apenas dados binários. Um sinal analógico flutua continuamente para cima e para baixo em termos de voltagem, mas um sinal digital possui apenas um estado alto ou um estado baixo, correspondendo aos dois dígitos binários. Veja a Figura 3.2.

> **Dados analógicos** Uma representação contínua de dados
>
> **Dados digitais** Uma representação discreta de dados
>
> **Digitalizar** O ato de desmembrar informação em partes discretas

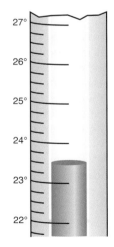

FIGURA 3.1 Um termômetro de mercúrio aumenta continuamente em proporção direta à temperatura

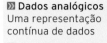

FIGURA 3.2 Um sinal analógico e um sinal digital

FIGURA 3.3 Degradação de sinais analógico e digital

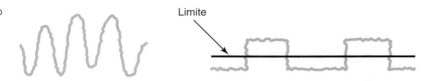

Todo sinal eletrônico (analógico ou digital) degrada ao percorrer uma linha. Isto é, a voltagem do sinal flutua devido a efeitos ambientais. O problema é que assim que um sinal analógico degrada, a informação é perdida. Como qualquer nível de voltagem dentro da faixa é válido, é impossível saber qual era o estado original do sinal ou mesmo que ele foi realmente alterado.

Sinais digitais, ao contrário, saltam abruptamente entre dois extremos — um comportamento chamado de **modulação por código de pulso** (PCM — Pulse-Code Modulation). Um sinal digital pode ficar consideravelmente degradado antes que qualquer informação seja perdida, porque qualquer valor de voltagem acima de certo limite é considerado um valor alto e qualquer valor abaixo desse limite é considerado um valor baixo. Periodicamente, um sinal digital é **restaurado** para recuperar sua forma original. Desde que ele seja restaurado antes que muita degradação ocorra, nenhuma informação será perdida. A Figura 3.3 mostra os efeitos da degradação em sinais analógicos e digitais.

> **Modulação por código de pulso** Variação em um sinal que salta abruptamente entre dois extremos
>
> **Restaurar** O ato de recuperar um sinal digital original antes que ocorra muita degradação

■ Representações Binárias

Ao investigarmos os detalhes de representar tipos específicos de dados, é importante lembrar a natureza inerente ao uso de binários. Um bit pode ser ou 0 ou 1. Não existem outras possibilidades. Logo, um bit só pode representar duas coisas. Por exemplo, se quiséssemos classificar uma comida como doce ou amarga, precisaríamos apenas de um bit para fazê-lo. Poderíamos dizer que se o bit for 0, a comida será doce, e se o bit for 1, a comida será amarga. Mas se quisermos ter classificações adicionais (como apimentada), um bit não será suficiente.

Para representar mais de duas coisas, precisamos de múltiplos bits. Dois bits podem representar quatro coisas porque com dois bits podem ser feitas quatro combinações de 0 e 1: 00, 01, 10 e 11. Por exemplo, se quisermos representar em que marcha um carro está, de quatro marchas possíveis (estacionado, em movimento, marcha a ré e ponto morto), precisaremos de apenas dois bits: estacionado poderia ser representado por 00, em movimento por 01, marcha a ré por 10 e ponto morto por 11. O real mapeamento entre combinações de bits e a coisa que cada combinação representa é algumas vezes irrelevante (00 poderia significar marcha a ré, se você preferir), ainda que em alguns casos o mapeamento possa ser significativo e importante, como discutiremos nas seções posteriores deste capítulo.

Se quisermos representar mais de quatro coisas, precisaremos de mais de dois bits. Por exemplo, três bits podem representar oito coisas já que oito combinações de 0 e 1 podem ser feitas com três bits. Da mesma forma, quatro bits podem representar 16 coisas, cinco bits podem representar 32 coisas e assim por diante. Veja a Figura 3.4. Note na figura que as combinações de bits são simplesmente a contagem em binário quando você desce uma coluna.

Em geral, n bits podem representar 2^n coisas, porque 2^n combinações de 0 e 1 podem ser feitas com n bits. Toda vez que incrementamos o número de bits em 1, dobramos o número de coisas que podemos representar.

Vamos inverter a pergunta. Quantos bits seriam necessários para representar, digamos, 25 coisas distintas? Bem, quatro bits não são suficientes, já que quatro bits podem representar apenas 16 coisas. Teríamos que usar pelo menos cinco bits, que nos permitiriam representar 32 coisas. Uma vez que precisamos representar apenas 25 coisas, algumas combinações de bits não teriam uma interpretação válida.

Lembre que, ainda que tenhamos necessidade de apenas certo número mínimo de bits para representar um conjunto de itens, podemos alocar mais do que isso para armazenamento de dados. Há um número mínimo de bits que uma arquitetura computacional pode endereçar e transferir de uma vez e isso é geralmente uma potência de 2, como 8, 16 ou 32 bits. Logo, a quantidade mínima de memória necessária a um tipo qualquer de dado é alocada em múltiplos desse valor.

3.2 Representando Dados Numéricos

Valores numéricos são os tipos de dados predominantes usados em um sistema computacional. Diferentemente de outros tipos de dados, pode parecer não ser necessário obter um engenhoso

Representação de Dados

FIGURA 3.4
Combinações de bits

1 Bit	2 Bits	3 Bits	4 Bits	5 Bits
0	00	000	0000	00000
1	01	001	0001	00001
	10	010	0010	00010
	11	011	0011	00011
		100	0100	00100
		101	0101	00101
		110	0110	00110
		111	0111	00111
			1000	01000
			1001	01001
			1010	01010
			1011	01011
			1100	01100
			1101	01101
			1110	01110
			1111	01111
				10000
				10001
				10010
				10011
				10100
				10101
				10110
				10111
				11000
				11001
				11010
				11011
				11100
				11101
				11110
				11111

mapeamento entre códigos binários e dados numéricos. Já que binário é um sistema de numeração, existe uma conexão natural entre os dados numéricos e os valores binários que armazenamos para representá-los. Isto é verdade, em geral, para dados inteiros positivos. As questões básicas concernentes à conversão de inteiros foram abordadas no Capítulo 2, na discussão geral do sistema de numeração binário e sua equivalência a outras bases. No entanto, temos outras questões relativas à representação de dados numéricos a considerar nesse momento. Inteiros são apenas o começo em termos de dados numéricos. Esta seção discute a representação de valores negativos e de valores não inteiros.

■ Representando Valores Negativos

Números negativos não são apenas números com um sinal de menos na frente? Talvez. Esta é certamente uma maneira válida de pensar sobre eles. Vamos explorar a questão de números negativos e discutir formas apropriadas de representá-los em um computador.

Representação Sinal-Magnitude

Você tem usado a representação sinal-magnitude de números desde que aprendeu pela primeira vez sobre números negativos na escola. No sistema decimal tradicional, um sinal (+ ou −) é colocado antes do valor de um número, embora o sinal positivo seja frequentemente assumido. O sinal

>> **Representação Sinal-Magnitude** Representação numérica na qual o sinal representa a posição relativa do número (negativo e positivo) e o valor representa a magnitude

representa a posição relativa e os dígitos representam a magnitude do número. A linha clássica de numeração se parece um pouco com essa, na qual um sinal negativo significa que o número está à esquerda do zero e o número positivo está à direita do zero.

Realizar adições e subtrações com números inteiros com sinal pode ser descrito como deslocar certo número de unidades em uma direção ou em outra. Para adicionar dois números, encontra-se o primeiro número na escala e move-se na direção do sinal do segundo, tantas unidades quantas forem especificadas. A subtração é feita de modo similar, movendo-se ao longo da linha de numeração, como definido pelo sinal e pela operação. Na escola primária, aprende-se rapidamente a fazer adição e subtração sem usar a linha de numeração.

Existe um problema com a representação sinal-magnitude: há duas representações para zero — zero mais e zero menos. A ideia de um zero negativo não necessariamente nos incomoda; apenas o ignoramos. Porém, duas representações de zero dentro de um computador podem causar uma complexidade desnecessária, logo outras representações de números negativos são usadas. Vamos examinar uma alternativa.

Números de Tamanho Fixo

Se permitirmos apenas um número fixo de valores, podemos representar números com valores apenas inteiros, onde metade deles representa números negativos. O sinal é determinado pela magnitude do número. Por exemplo, se o número máximo de dígitos decimais que pudermos representar for dois, podemos deixar que de 1 a 49 sejam os números positivos 1 até 49 e deixar que de 50 a 99 representem os números negativos de -50 a -1. Vamos pegar a linha de numeração e numerar os valores negativos sobre ela de acordo com o esquema:

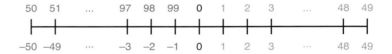

Para efetuar soma nesse esquema, você apenas adiciona os números juntos e descarta o "vai-um". Somar números positivos é simples. Vamos tentar somar um número positivo com um número negativo, um número negativo com um número positivo e dois números negativos. Essas operações são mostradas nas tabelas a seguir, em sinal-magnitude e nesse novo esquema de tamanho fixo (os "vai-uns" são descartados):

Sinal-Magnitude	Novo esquema
5 + −6 −1	5 + 94 99
−4 + 6 2	96 + 6 2
−2 + −4 −6	98 + 96 94

O que falar sobre subtração, usando esse esquema para representar números negativos? A chave está na propriedade entre adição e subtração: $A - B = A + (-B)$. Podemos subtrair um número de outro somando o negativo do segundo ao primeiro:

Sinal-Magnitude	Novo esquema	Somando Negativo
−5 − 3 −8	95 − 3	95 + 97 92

Nesse exemplo, admitimos um tamanho fixo de 100 valores e mantivemos nossos números pequenos o suficiente para usar a linha de numeração para calcular a representação negativa de um número. Porém, também podemos usar uma fórmula para calcular a representação negativa:

Negativo $(I) = 10^k - I$, onde k é o número de dígitos.

Vamos aplicar essa fórmula a -3 em nossa representação de dois dígitos:

$-(3) = 10^2 - 3 = 97$

E em uma representação em três dígitos?

$-(3) = 10^3 - 3 = 997$

Essa representação de números negativos é chamada de **complemento a dez**. Embora seres humanos tendam a pensar em termos de sinal e magnitude para representar números, em certos casos, a estratégia de complemento é realmente mais fácil quando se trata de cálculos eletrônicos. Já que armazenamos tudo em computadores modernos em binário, usamos o equivalente binário do complemento a dez, chamado de complemento a dois.

≫ **Complemento a dez**
Uma representação de números negativos de modo que o negativo de I seja igual a 10 elevado a k, menos I

Complemento a Dois

Vamos assumir que um número tenha que ser representado em oito bits. Para tornar mais fácil examinar números binários longos, fazemos a linha de numeração vertical:

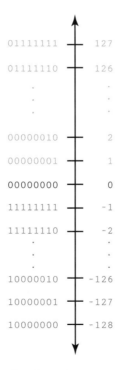

A fórmula para complemento a dez funcionaria com o 10 substituído por 2? Isto é, poderíamos computar a representação binária negativa de um número usando a fórmula negativo(I) = $2^k - I$? Vamos experimentar e ver:

$-(2) = 2^8 - 2 = 128 - 2 = -126$

126 decimal é 176 octal, que é 1111110 em binário – mas a linha de números tem um dígito um a mais, à esquerda. O que está errado? Nada. Esse é um número negativo. O dígito mais à esquerda

46 Capítulo 3

determina se o número é negativo ou positivo. Um 0 no dígito mais à esquerda diz que o número é positivo; um bit 1 diz que o número é negativo. Assim, $-(2)$ é 11111110.

Há um modo mais fácil de calcular o complemento a dois: inverter os bits e somar 1. Isto é, pegue o valor positivo e altere todos os bits 1 para 0 e todos os bits 0 para 1 e, então, some 1.

```
+2       = 00000010
inverter   11111101
somar 1    00000001
-2       = 11111110
```

Adição e subtração são realizadas da mesma forma que na aritmética de complemento a dez:

```
- 127    10000001
+   1    00000001
- 126    10000010
```

Com essa representação, o bit mais à esquerda em um número negativo é sempre 1. Logo, você pode dizer, imediatamente, se um número binário em complemento a dois é negativo ou positivo.

Transbordamento Numérico

> **» Transbordamento**
> Uma situação na qual um valor calculado não cabe no número de dígitos reservado para ele

Transbordamento (*overflow*) ocorre quando o valor que calculamos não cabe no número de bits que alocamos para o resultado. Por exemplo, se cada valor for armazenado usando oito bits, somar 127 e 3 produzirá um transbordamento.

```
  01111111
+ 00000011
  10000010
```

Em nosso esquema 10000010 representa -126, não $+130$. Se não estivéssemos representando números negativos, contudo, o resultado estaria correto.

Transbordamento é um exemplo clássico do tipo de problema que encontramos ao mapear um mundo infinito em uma máquina finita. Não importa quantos bits aloquemos para um número, sempre existirá uma necessidade potencial de representar um número que não caiba no espaço reservado. Problemas de transbordamento são tratados de modos que variam em função do hardware computacional e das diferenças em linguagens de programação.

■ Representando Números Reais

Em computação, chamamos todos os valores não inteiros (que podem ser representados) de valores *reais*. Aqui, para nossos propósitos, definimos um número real como um valor com uma possível parte fracionária. Isto é, números reais têm uma parte inteira e uma parte fracionária, cada uma das quais podendo ser zero. Por exemplo, alguns números reais na base 10 são 104,32 e 0,999999 e 357,0 e 3,14159.

Como vimos no Capítulo 2, os dígitos representam valores de acordo com suas posições e esses valores de posição são relativos à base. À esquerda do separador decimal, na base 10, temos a posição das unidades, a posição das dezenas, a posição das centenas e assim por diante. Esses valores de posição vêm para elevar a base a potências crescentes (indo do separador decimal para a esquerda). As posições à direita do separador decimal funcionam da mesma maneira, exceto que as potências são negativas. Logo, as posições à direita do ponto decimal são a posição de décimos (10^{-1} ou um décimo), a posição de centésimos (10^{-2} ou um centésimo) e assim por diante.

> **» Separador fracionário** O símbolo que separa a parte inteira da parte fracionária de um número real em qualquer base

Em binário, as mesmas regras se aplicam, mas o valor da base é 2. Uma vez que não estejamos trabalhando na base 10, o separador decimal será referido como um **separador fracionário**, um termo que pode ser usado em qualquer base. As posições à direita do separador fracionário em binário são as posições de metades (2^{-1} ou um meio), as posições de quartos (2^{-2} ou um quarto) e assim por diante.

Como representamos um valor real em um computador? Armazenamos o valor como um inteiro e incluímos informação mostrando onde o separador fracionário está. Isto é, qualquer valor real pode ser descrito por três propriedades: o sinal (positivo ou negativo), a mantissa, que é composta dos dígitos do valor com o separador fracionário assumido à direita, e o expoente, que determina como o separador fracionário é deslocado em relação à mantissa. Logo, um valor real em base 10 pode ser definido pela seguinte fórmula:

sinal * mantissa * 10^{exp}

TABELA 3.1 Valores em notação decimal e em notação em ponto flutuante (cinco dígitos)

Valor Real	Valor em Ponto flutuante
12001,00	$12001 * 10^0$
−120,01	$−12001 * 10^{-2}$
0,12000	$12000 * 10^{-5}$
−123,10	$−12310 * 10^{-2}$
155555000,00	$15555 * 10^4$

A representação é chamada de **ponto flutuante*** porque o número de dígitos é fixado, mas o separador fracionário flutua. Quando um número está no formato de ponto flutuante, um expoente positivo desloca o separador decimal para a direita e um expoente negativo desloca o separador decimal para a esquerda.

Vejamos como converter um número real expresso em nossa notação decimal usual para notação em ponto flutuante. Como um exemplo, considere o número 148,69. O sinal é positivo e dois dígitos aparecem à direita do separador decimal. Logo, o expoente é -2, nos dando $14869 * 10^{-2}$. A Tabela 3.1 apresenta outros exemplos. Para os fins dessa discussão, assumimos que apenas cinco dígitos possam ser representados.

Como convertemos um número em formato ponto flutuante de volta para notação decimal? O expoente da base nos diz quantas posições mover o separador fracionário. Se o expoente for negativo, moveremos o separador fracionário para a esquerda. Se o expoente for positivo, moveremos o separador fracionário para a direita. Aplique esse esquema aos valores em ponto flutuante da Tabela 3.1.

Observe que no último exemplo da Tabela 3.1 perdemos informação. Como estamos armazenando apenas cinco dígitos para representar os dígitos significativos (a mantissa), a parte inteira do valor não está precisamente representada na notação em ponto flutuante.

Da mesma forma, um valor binário em ponto flutuante é definido pela seguinte fórmula:

sinal * mantissa * 2^{exp}

Observe que apenas o valor da base mudou. Obviamente, nesse esquema a mantissa conterá apenas dígitos binários. Para armazenar em binário um número no formato ponto flutuante, em um computador, podemos guardar os três valores que o definem. Por exemplo, de acordo com um padrão comum, se dedicarmos 64 bits ao armazenamento de um valor em ponto flutuante, usaremos 1 bit para o sinal, 11 bits para o expoente e 52 bits para a mantissa. Internamente, esse formato é levado em conta sempre que o valor é usado em um cálculo ou é exibido.

Mas como obtemos o valor correto para a mantissa se o valor não é um número inteiro? No Capítulo 2, discutimos como mudar um número natural de uma base para outra. Aqui mostramos como números reais são representados em um computador, usando exemplos decimais. Sabemos que em um computador todos os valores são representados em binário. Como transformamos a parte fracionária de um valor decimal em binário?

Para converter um valor inteiro da base 10 para outra base, dividimos pela nova base, guardando o resto como o novo dígito à esquerda no resultado, continuando a dividir o quociente pela nova base até o quociente se tornar zero. Converter a parte fracionária é similar, mas *multiplicamos* pela nova base em vez de dividir. O vai-um da multiplicação se torna o próximo dígito à direita na resposta. A parte fracionária do resultado é então multiplicada pela nova base. O processo continua até a parte fracionária do resultado ser zero. Vamos converter 0,75 para binário.

0,75 * 2 = 1,50
0,50 * 2 = 1,00

Logo, 0,75 em decimal é 0,11 em binário. Vamos tentar outro exemplo.

> **» Ponto flutuante**
> Uma representação de um número real que informa o sinal, a mantissa e o expoente

---

*Em português seria vírgula flutuante, já que usamos a vírgula como separador decimal. Entretanto, nos computadores, o símbolo efetivamente utilizado é o ponto. Assim, por coerência, convém manter na tradução a expressão ponto flutuante. (N.T.)

48   **Capítulo 3**

A Camada de Informação

$$0,435 * 2 = 0,870$$
$$0,870 * 2 = 1,740$$
$$0,740 * 2 = 1,480$$
$$0,480 * 2 = 0,960$$
$$0,960 * 2 = 1,920$$
$$0,920 * 2 = 1,840$$
...

Logo, 0,435 é 011011... em binário. A parte fracionária sempre se tornará zero? Continue multiplicando e veja.

Agora, vamos para o processo completo de mudança de base convertendo 20,25 de decimal para binário. Primeiro convertemos 20.

```
20 |2
20 10
 0

10 |2
10  5
 0

 5 |2
 4  2
 1

 2 |2
 2  1
 0

 1 |2
 0  0
 1
```

20 em binário é 10100. Agora convertemos a parte fracionária:

$$0,25 * 2 = 0,50$$
$$0,50 * 2 = 1,00$$

Logo, 20,25 em decimal é 10100,01 em binário.

> **» Notação científica**
> Uma alternativa à representação em ponto flutuante

Notação científica é um termo com o qual você pode já estar familiarizado, então o mencionamos aqui. Notação científica é uma forma de representação em ponto flutuante na qual o separador decimal é mantido à direita do dígito mais à esquerda do número. Isto é, existe apenas um número inteiro. Em muitas linguagens de programação, se você imprimir um valor real grande sem especificar como imprimi-lo, o valor será impresso em notação científica. Como nas primeiras máquinas os expoentes não podiam ser impressos, um "E" era usado em seu lugar. Por exemplo, 12001,32708 seria escrito como 1,200132708E+4 em notação científica.

3.3 Representando Texto

Um documento de texto pode ser decomposto em parágrafos, sentenças, palavras, e, por último, em caracteres individuais. Para representar um documento de texto na forma digital, simplesmente precisamos ser capazes de representar cada possível caractere que possa surgir. O documento é a entidade contínua (analógica) e os caracteres separados são os elementos discretos (digitais) que precisamos representar e armazenar na memória do computador.

Nesse momento, devemos distinguir a ideia básica de representar textos do conceito mais geral de processar palavras. Quando criamos um documento em um programa para processamento de texto, tal como Microsoft® Word, podemos especificar todo tipo de formatação: fontes, margens, tabulações, cores e assim por diante. Muitos processadores de textos também nos permitem incluir elementos artísticos, equações e outros elementos. Essa informação extra é armazenada junto com o restante do texto, de modo que o documento possa ser exibido e impresso na forma que você deseja. No entanto, a questão central é a forma que representamos os próprios caracteres, logo nosso foco se mantém sobre essas técnicas nesse momento.

Existe uma quantidade finita de caracteres a representar. A abordagem geral para representar caracteres é listar todos eles e então atribuir a cada caractere um código binário. Por exemplo, para armazenar uma letra em particular, armazenamos a cadeia de bits apropriada.

Então, quais caracteres temos que representar? A língua inglesa possui 26 letras. Mas, letras maiúsculas e minúsculas têm que ser tratadas separadamente, de modo que, de fato, são 52 caracteres distintos. Símbolos de pontuação também devem ser representados, da mesma forma que dígitos numéricos (os algarismos '0', '1' até '9'). Até mesmo o caractere de espaço deve ter uma representação. O que dizer de outras línguas além do inglês? A lista de caracteres que podemos precisar representar começa a crescer rapidamente na hora que você começa a pensar sobre isso. Tenha em mente que, como discutimos mais cedo neste capítulo, o número de coisas distintas (nesse caso, caracteres) que queremos representar, determina quantos bits precisaremos para representar cada um deles.

Um **conjunto de caracteres** é simplesmente uma lista de caracteres e dos códigos usados para representar cada um deles. Vários conjuntos de caracteres têm sido usados ao longo dos anos, ainda que poucos tenham predominado. Ao concordar em usar um conjunto de caracteres em particular, os fabricantes de computador tornaram o processamento de texto mais fácil. Estudamos dois conjuntos de caracteres nas seções a seguir: ASCII e Unicode.

>> **Conjunto de caracteres** Uma lista dos caracteres e dos códigos usados para representar cada um deles

■ O Conjunto de Caracteres ASCII

ASCII é um acrônimo que vem de American Standard Code for Information Interchange (Código-padrão Americano para Intercâmbio de Informação). O conjunto de caracteres ASCII usava originalmente sete bits para representar cada caractere, possibilitando 128 caracteres distintos. No início, o oitavo bit de cada caractere era usado como um *bit de verificação*, que ajudava a garantir uma transmissão de dados adequada. Mais tarde o ASCII se desenvolveu de modo que os oitos bits foram usados para representar um caractere. Essa versão de oito bits é formalmente chamada de Extensão Latina 1 do conjunto de caracteres ASCII. O conjunto ASCII estendido possibilita 256 caracteres e inclui letras com acentos como também vários outros símbolos especiais. A Figura 3.5 mostra o conjunto de caracteres ASCII.

Um Labirinto de Conjunto de Caracteres
Em 1960, um artigo publicado na *Communications of the ACM* relatava uma pesquisa sobre conjuntos de caracteres em uso. Sessenta conjuntos foram descritos. Nove conjuntos de caracteres, com diferenças tanto em conteúdo como em ordenação, existiam na linha de computadores da IBM[1].

Os códigos da Figura 3.5 são expressos como números decimais, mas esses valores são traduzidos para os seus equivalentes em binário para armazená-los no computador. Observe que os caracteres ASCII têm uma ordem distinta baseada nos códigos usados para armazená-los. Cada caractere tem uma posição relativa (antes ou depois) a outros caracteres. Essa propriedade é útil em várias formas diferentes. Por exemplo, note que tanto letras maiúsculas como minúsculas estão em ordem. Logo, podemos usar os códigos de caracteres para nos ajudar a classificar palavras em ordem alfabética.

Dígito(s) à esquerda \ Dígitos à direita	0	1	2	3	4	5	6	7	8	9
0	NUL	SOH	STX	ETX	EOT	ENQ	ACK	BEL	BS	HT
1	LF	VT	FF	CR	SO	SI	DLE	DC1	DC2	DC3
2	DC4	NAK	SYN	ETB	CAN	EM	SUB	ESC	FS	GS
3	RS	US	☐	!	"	#	$	%	&	'
4	(	)	*	+	,	-	.	/	0	1
5	2	3	4	5	6	7	8	9	:	;
6	<	=	>	?	@	A	B	C	D	E
7	F	G	H	I	J	K	L	M	N	O
8	P	Q	R	S	T	U	V	W	X	Y
9	Z	[	\	]	^	_	`	a	b	c
10	d	e	f	g	h	i	j	k	l	m
11	n	o	p	q	r	s	t	u	v	w
12	x	y	z	{	|	}	~	DEL		

FIGURA 3.5 O conjunto de caracteres ASCII

FIGURA 3.6 Uns poucos caracteres no conjunto de caracteres Unicode

Código (Hexa)	Caractere	Origem
0041	A	Inglês (Latim)
042F	Я	Russo (Cirílico)
0E09	ฉ	Thai
13EA	ℰ	Cherokee
211E	℞	Conjunto de Símbolos
21CC	⇌	Setas
282F	⠯	Braile
345F	佅	Chinês/Japonês/Coreano (Comum)

Os primeiros 32 caracteres na tabela ASCII não têm uma representação de caractere simples que se possa imprimir na tela. Esses caracteres são reservados para propósitos especiais, tais como retorno de carro e tabulação. Eles são normalmente interpretados de formas especiais por qualquer programa que estiver processando os dados.

■ O Conjunto de Caracteres Unicode

A versão estendida do conjunto de caracteres ASCII provê 256 caracteres que são suficientes para o inglês, mas não são suficientes para uso internacional. Essa limitação deu origem ao conjunto de caracteres Unicode, que tem uma influência muito mais forte internacionalmente.

O objetivo das pessoas que criaram o Unicode é nada menos do que representar todo caractere em toda linguagem usada no mundo inteiro, incluindo todos os ideogramas da Ásia. Ele também representa muitos caracteres de propósito especial, tais como símbolos científicos.

O conjunto de caracteres Unicode está ganhando popularidade e é usado por muitas linguagens de programação e sistemas computacionais atualmente. Uma codificação comumente empregada usa 16 bits por caractere e tem ASCII como subconjunto. No entanto, o próprio conjunto de caracteres ainda está em evolução. A Figura 3.6 apresenta uns poucos caracteres correntemente representados no conjunto de caracteres Unicode correntemente representada na codificação de caracteres Unicode de 16 bits.

Por consistência, o Unicode foi projetado para ser um superconjunto do ASCII. Isto é, os primeiros 256 caracteres no conjunto de caracteres Unicode correspondem exatamente ao conjunto de caracteres ASCII estendido, incluindo os códigos usados para representá-los. Logo, programas que assumam valores ASCII não são afetados, mesmo que o sistema subjacente adote a abordagem Unicode.

■ Compressão de Texto

Informação alfabética (texto) é um tipo fundamental de dados. Portanto, é importante que encontremos formas de armazenar e transmitir, eficientemente, textos de um computador para outro. As seções seguintes examinam três tipos de compressão de texto:

- Codificação por palavra-chave
- Codificação por Comprimento de Sequência
- Codificação de Huffman

Como veremos a seguir, neste capítulo, algumas das ideias que fundamentam essas técnicas de compressão de texto entram em jogo também ao lidar com outros tipos de dados.

Codificação por Palavra-chave

Reflita sobre quão frequentemente você usa palavras como "isto", "que", "qual" e "quais". Se essas palavras ocupassem menos espaço (isto é, tivessem menos caracteres), nossos documentos encolheriam em tamanho. Ainda que a economia em cada palavra fosse pequena, elas são usadas tão frequentemente em um documento típico que as economias combinadas se somariam rapidamente.

Um método razoavelmente direto de compressão de texto é **codificação por palavra-chave**, no qual palavras frequentemente usadas são substituídas por um único caractere. Para descompactar o documento, basta reverter o processo: você substitui o caractere único pela palavra correspondente.

Por exemplo, admita que usássemos a seguinte tabela para codificar umas poucas palavras:

> **Codificação por palavra-chave** Substituir uma palavra muito usada por um único caractere

Palavra	Símbolo
como	^
que	~
têm	+
bem	$
esse	&
todos	%
muitos	#

Vamos codificar o seguinte parágrafo:

> O corpo humano é composto por muitos sistemas independentes, tais como o sistema circulatório, o sistema respiratório e o sistema reprodutivo. Todos os sistemas têm que trabalhar não apenas independentemente, como também têm que interagir e cooperar. A saúde geral é uma função do bem-estar de sistemas separados, como também da forma como esses sistemas separados trabalham em conjunto.

O parágrafo codificado é:

> O corpo humano é composto por # sistemas independentes, tais ^ o sistema circulatório, o sistema respiratório e o sistema reprodutivo. Todos os sistemas + ~ trabalhar não apenas independentemente, ^ também + ~ interagir e cooperar. A saúde geral é uma função do $-estar de sistemas separados, ^ também da forma ^ & sistemas separados trabalham em conjunto.

Há um total de 386 caracteres no parágrafo original, incluindo espaços e pontuação. O parágrafo codificado contém 355 caracteres, proporcionando uma redução de 31 caracteres. A razão de compressão para este exemplo é de 355/386 ou 0,92.

Há diversas limitações na codificação por palavra-chave. Primeiro, observe que os caracteres que usamos para codificar as palavras-chave não podem fazer parte do texto original. Se, por exemplo, o símbolo '$' fosse parte do parágrafo original, o resultado da codificação seria ambíguo. Não saberíamos se o '$' representava a palavra "bem" ou se era, de fato, o caractere cifrão. Isso limita o número de palavras que podemos codificar como também a natureza do texto que estamos codificando.

Note também que a palavra "Todos" no exemplo não é codificada pelo caractere '%' porque a palavra "Todos" e a palavra "todos" contêm letras diferentes. Lembre-se de que as versões maiúscula e minúscula da mesma letra são caracteres diferentes quando os armazenamos em um computador. Teríamos que usar outro símbolo para "Todos" se quiséssemos codificá-la ou empregar um esquema de substituição mais sofisticado.

Por fim, observe que não há vantagem alguma em codificar palavras como "a" e "o" porque isso seria simplesmente substituir um caractere por outro. Quanto maior a palavra, maior é a compressão que obtemos por palavra. Infelizmente, as palavras mais frequentemente usadas são curtas. É claro, alguns documentos usam certas palavras mais frequentemente que outros, dependendo do assunto. Por exemplo, teríamos alcançado uma maior redução se tivéssemos escolhido para codificar, em nosso parágrafo, a palavra "sistema", mas isso não teria valor para codificação em uma situação geral.

Uma extensão da codificação por palavra-chave é substituir padrões de texto específicos por caracteres especiais. Os padrões codificados geralmente não são palavras completas, mas partes de palavras tais como sufixos e prefixos comuns — "ex", "indo", "ão", para citar alguns. Uma vantagem dessa abordagem é que os padrões sendo codificados geralmente aparecem mais frequentemente que palavras inteiras (uma vez que eles ocorrem em muitas diferentes palavras).

JamBayes torna-se comercial
Os Serviços de Tráfego INRIX usam uma sofisticada técnica de análise estatística, originalmente desenvolvida pela Microsoft Research (chamada de JamBayes), para reunir e reforçar informações relativas a tráfego a partir de centenas de fontes públicas e privadas, incluindo sensores tradicionais de estradas, a frota única da empresa de cerca de 1 milhão de veículos com GPS e a rede de celulares. INRIX entrega atualmente informações de tráfego para mais de 120 mercados na América do Norte e para 16 países europeus via ARC Europe.
– Texto de divulgaçãp da INRIX. http://www.inrix.com/pressrelease.asp?ID=66 (acessado em 15 de abril de 2009)

A Camada de Informação

> » **Codificação por comprimento de sequência** Substituir uma longa série de um caractere repetido por um contador da repetição

Uma desvantagem é que eles são, em geral, padrões curtos e, assim, a redução por substituição a cada palavra é pequena.

Codificação por Comprimento de Sequência

Em algumas situações, um único caractere pode se repetir muitas e muitas vezes em uma longa sequência. Esse tipo de repetição não ocorre em um texto em inglês, mas frequentemente ocorre em grandes fluxos de dados, como em sequências de DNA. Uma técnica de compressão de texto chamada codificação por comprimento de sequência tira proveito dessas situações. Codificação por comprimento de sequência é algumas vezes chamada de *codificação por recorrência*.

Na codificação por comprimento de sequência, uma sequência de caracteres é substituída por um *caractere sinalizador*, seguido pelo caractere que se repete e por um dígito que informa quantas vezes o caractere se repete. Por exemplo, considere a seguinte cadeia de sete caracteres 'A':

AAAAAAA

Se usarmos o caractere '*' como nosso sinalizador, a cadeia será codificada como

*A7

O caractere sinalizador indica que a série de três caracteres (incluindo o sinalizador) deve ser decodificada na cadeia apropriada, com repetição. Todo o restante do texto é tratado normalmente. Assim, a cadeia codificada

*n5*x9ccc*h6 algum outro texto *k8eee

seria decodificado no seguinte texto original:

nnnnnxxxxxxxxxcccchhhhhh algum outro texto kkkkkkkkeee

O texto original possui 51 caracteres e a cadeia codificada contém 35 caracteres, nos dando uma razão de compressão de 35/51 ou aproximadamente 0,68.

Nesse exemplo, os três 'c' repetidos e os três 'e' repetidos não são codificados. Como são gastos três caracteres para codificar uma sequência de repetição, não vale a pena codificar cadeias de dois ou três. Na verdade, no caso de dois caracteres repetidos, a codificação tornaria a cadeia maior.

Dado que estamos usando apenas um caractere para a contagem da repetição, parece que não podemos codificar repetições com comprimento maior que nove. Mas, repare que cada caractere é representado por uma série de bits com base em algum conjunto de caracteres. Por exemplo, o caractere '5' é representado na tabela ASCII com o valor 53, o qual, em uma cadeia binária de oito bits, é igual a 00110101. Então, em vez de interpretá-lo como um dígito ASCII, podemos interpretá-lo como um número binário. Assim, podemos ter uma contagem de repetição de 0 a 255, ou mesmo de 4 a 259, já que cadeias de três ou menos não são representadas.

Codificação de Huffman

> » **Codificação de Huffman** Usar uma cadeia binária de comprimento variável para representar um caractere de modo que caracteres frequentemente utilizados tenham códigos mais curtos

Outra técnica de compressão de texto é chamada de codificação de Huffman, em referência a seu criador, Dr. David Huffman. Por que o caractere 'X', que é pouco usado em texto, usa o mesmo número de bits que o caractere de espaço, que é usado muito mais frequentemente? Códigos de Huffman tratam essa questão usando cadeias de bits de comprimento variável para representar cada caractere. Isto é, uns poucos caracteres podem ser representados por cinco bits, outros poucos por seis bits, outros tantos por sete bits e assim por diante. Essa abordagem é contrária à ideia de conjunto de caracteres, na qual cada caractere é representado por uma cadeia de bits de comprimento fixo (como 8 ou 16).

A ideia subjacente a essa abordagem é que se usarmos uns poucos bits para representar caracteres que aparecem frequentemente e reservar cadeias de bits maiores para caracteres que não aparecem frequentemente, o tamanho total do documento sendo representado será pequeno.

Por exemplo, admita que usemos a seguinte codificação de Huffman para representar uns poucos caracteres:

Código de Huffman	Caractere
00	A
01	C
100	I
110	H
111	M
1010	N
1011	P

Então a palavra CAMPAINHA seria codificada em binário como:

01001111011001001010110000

Se usássemos cadeias de bits de tamanho fixo para representar cada caractere (digamos, 8 bits), então a forma binária da cadeia original seria 9 caracteres vezes 8 bits por caractere, ou seja 72 bits. A codificação de Huffman para essa cadeia é de 25 bits, dando uma razão de compressão de 25/72, ou aproximadamente 0,35.

O que dizer do processo de decodificação? Quando usamos conjuntos de caracteres, apenas pegamos grupos de 8 ou 16 bits para ver qual caractere cada grupo representa. Na codificação de Huffman, com seus códigos de tamanho variável, parece confuso quando tentamos decodificar uma cadeia de bits, porque não sabemos quantos bits devemos incluir para cada caractere. De fato, essa potencial fonte de confusão é eliminada pela forma como os códigos são criados.

Uma importante característica de qualquer codificação de Huffman é que nenhuma cadeia de bits usada para representar um caractere é o prefixo de qualquer outra cadeia de bits usada para representar um caractere. Logo, ao varrermos uma cadeia de bits da esquerda para a direita, quando encontrarmos uma cadeia de bits que corresponda a um caractere, essa cadeia tem que ser o caractere que ela representa. Ela não pode ser parte de uma cadeia de bits maior.

Por exemplo, se a cadeia de bits

00101100101011000

foi criada a partir da tabela anterior, ela tem que ser decodificada na palavra APANHA. Não existe outra possibilidade.

Então como é criado um conjunto particular de códigos de Huffman? Os detalhes desse processo vão um pouco além do escopo deste livro, mas vamos discutir a questão fundamental. Pelo fato dos códigos de Huffman usarem as menores cadeias de bits para os caracteres mais comuns, começamos por criar uma tabela que liste a frequência dos caracteres que desejamos codificar. As frequências podem ser obtidas pela contagem de caracteres em um documento específico (352 E's, 248 S's e assim por diante) ou da contagem de caracteres em uma amostra de texto de uma área em particular. Uma tabela de frequência pode, também, vir da ideia geral de quão frequentemente as letras aparecem em um idioma específico como o inglês. Usando esses valores, podemos construir uma estrutura a partir da qual os códigos binários podem ser lidos. A forma como a estrutura é criada garante que os caracteres mais frequentemente usados obtenham as menores cadeias de bits.

3.4 Representando Dados de Áudio

Percebemos som quando uma série de compressões de ar vibra uma membrana em nosso ouvido que envia sinais ao cérebro. Então, um som é definido na natureza pela onda de ar que interage com nosso tímpano. Veja a Figura 3.7. Para representar um som, temos que representar de alguma forma a onda de som apropriada.

Um aparelho de som envia um sinal elétrico a um alto-falante para produzir som. Esse sinal é uma representação analógica da onda de som. A voltagem do sinal varia em proporção direta à onda de som. O alto-falante recebe o sinal e faz vibrar uma membrana que, por sua vez, vibra o ar (criando uma onda de som) que, em seguida, vibra o tímpano. A onda de som criada deverá, idealmente, ser idêntica àquela que foi capturada inicialmente ou, pelo menos, boa o bastante para agradar o ouvinte.

Para representar dados de áudio em um computador, devemos digitalizar a onda de som, decompondo-a, de alguma forma, em partes discretas e tratáveis. Uma maneira de realizar essa tarefa

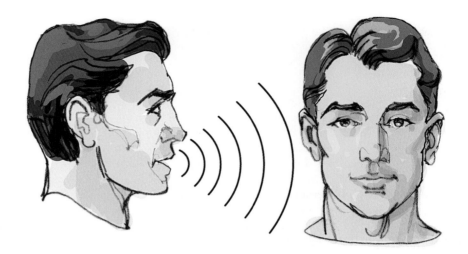

FIGURA 3.7 Uma onda sonora vibra nossos tímpanos

é digitalizar efetivamente a representação analógica do som. Isto é, podemos pegar o sinal elétrico que representa a onda sonora e representá-lo como uma série de valores numéricos discretos.

Um sinal analógico varia em voltagem continuamente. Para digitalizar o sinal, periodicamente medimos a voltagem do sinal e gravamos o correspondente valor numérico. Esse processo é chamado de *amostragem*. Em vez de um sinal contínuo, chegamos a uma série de números que representam níveis distintos de voltagem.

Para reproduzir o som, usamos os valores de voltagem armazenados para criar um novo sinal eletrônico contínuo. A hipótese é que os níveis de voltagem no sinal original variaram uniformemente entre um valor de voltagem armazenado e o próximo. Se pegarmos amostras suficientes em um curto período de tempo, essa hipótese será razoável. Mas, certamente, o processo de amostragem pode perder informação, como mostrado na Figura 3.8.

Em geral, uma taxa de amostragem de cerca de 40.000 vezes por segundo é suficiente para criar uma reprodução de som razoável. Se a taxa de amostragem for muito menor que essa, o ouvido humano começará a ouvir distorções. Uma taxa de amostragem maior produz um som de melhor qualidade, mas, após certo ponto, dados extras serão irrelevantes, pois o ouvido humano não consegue perceber a diferença. O resultado geral é afetado por muitos fatores, incluindo a qualidade do equipamento, o tipo do som e o ouvinte humano.

Um disco de vinil é uma representação analógica da onda sonora. A agulha de um toca-discos percorre a trilha espiral do disco para cima e para baixo. A subida e a descida da agulha são análogas às variações de voltagem do sinal que representa o som.

De forma diferente, um CD (*compact disk*) armazena informação de áudio digitalmente. Na superfície do CD existem cavidades microscópicas que representam dígitos binários. Um laser de baixa intensidade é apontado para o disco. A luz do laser reflete fortemente se a superfície for lisa e fracamente se a superfície possuir cavidades. Um receptor analisa a reflexão e produz

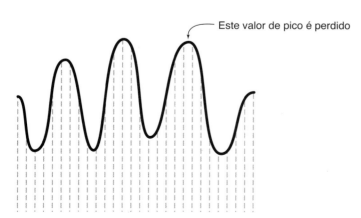

FIGURA 3.8 Amostragem de um sinal de áudio

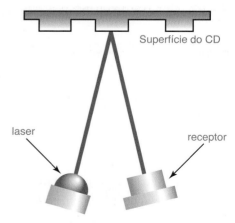

FIGURA 3.9 Um tocador de CD lendo dados binários

a apropriada cadeia de dados binários que representam os valores numéricos de voltagem que foram armazenados quando o sinal foi digitalizado. O sinal é reproduzido e enviado ao alto-falante. Veja a Figura 3.9.

■ Formatos de Áudio

Durante os últimos anos, vários formatos para dados de áudio se tornaram populares, incluindo WAV, AU, AIFF, VQF e MP3. Todos esses formatos são baseados no armazenamento de valores de voltagens amostrados a partir de sinais analógicos, mas eles reconhecem os detalhes dos dados de formas diferentes e usam diversas técnicas de compressão em graus variados.

Atualmente, o formato predominante para compressão de áudio é MP3. A popularidade do MP3 resultou do fato de ele ter oferecido uma razão de compressão mais forte que os outros formatos disponíveis na ocasião. Outros formatos podem se mostrar mais eficientes no futuro, mas, por enquanto, MP3 é o favorito em geral. Em meados de 1999, o termo "MP3" foi mais pesquisado do que qualquer outro e ainda se mantém forte atualmente. Vamos examinar os detalhes do formato MP3 um pouco mais de perto.

■ O Formato de Áudio MP3

MP3 é uma abreviação para "arquivo de camada de áudio 3 MPEG-2". MPEG é um acrônimo para o Moving Picture Experts Group, um comitê internacional que desenvolve padrões para compressões digitais de áudio e vídeo.

MP3 emprega tanto compressão com perda como sem perda. Inicialmente é analisada a distribuição de frequências, comparando-a a modelos matemáticos de psicoacústica humana (o estudo da inter-relação entre o ouvido e o cérebro). Então, são descartadas informações que não podem ser ouvidas por humanos. Por fim, o fluxo de bits é comprimido usando uma forma de codificação de Huffman, para se obter uma compressão adicional.

Estão disponíveis muitas ferramentas de software na *Web* para ajudá-lo a criar arquivos MP3. Essas ferramentas geralmente requerem que a gravação esteja armazenada em algum outro formato comum, como WAV, antes que os dados sejam convertidos para formato MP3, reduzindo significantemente o tamanho do arquivo.

Uma variedade de tocadores de MP3 interpreta e toca arquivos MP3. Um tocador de MP3 pode ser puramente em software, para um computador existente, ou pode ser um dispositivo de hardware dedicado, que armazena e toca os arquivos, tal como o popular iPod®, da Apple®. A maioria dos tocadores de MP3 permite aos usuários organizar seus arquivos em várias formas distintas e apresentar correspondentes informações e gráficos durante a reprodução.

> **MGM Studios, Inc. *versus* Grokster, Ltd.**
> Desde o surgimento do sítio *web* Napster cresceram as batalhas judiciais por direitos autorais, em consequência da troca de material proprietário pela Internet via serviços de compartilhamento de arquivos. A indústria de filmes ficou preocupada com a facilidade com a qual filmes protegidos por direitos autorais estavam sendo livremente trocados via sistemas de compartilhamento de arquivos. Em 2003, os Estúdios Metro-Goldwyn-Mayer (MGM), em conjunto com outros 27 estúdios de filmes e música, entraram com um processo contra a Grokster (que era proprietária do KaZaA) e a Streamcast (que era proprietária do Morpheus). A MGM alegou "contribuição para violação de direitos autorais" contra esses serviços P2P de compartilhamento de arquivos, argumentando que eles eram legalmente responsáveis pela troca de material protegido por direitos autorais em seus sistemas. O caso chegou à Suprema Corte e a Grokster foi forçada a pagar 50 milhões de dólares às indústrias de música e gravadoras, levando a Grokster à falência.

3.5 Representando Imagens e Gráficos

Imagens como fotografias e gráficos como desenhos por contorno têm questões comuns em termos de representação e compressão. De início, examinamos a ideia geral de representar cores e então nos voltamos às várias técnicas para digitalização e representação de informação visual.

■ Representando Cor

Cor é a nossa percepção das várias frequências de luz que alcançam a retina de nossos olhos. Nossas retinas têm três tipos de células cones fotorreceptoras de cor que respondem a diferentes conjuntos de frequências. Essas categorias de fotorreceptoras correspondem às cores vermelha, verde e azul. Qualquer outra cor perceptível ao olho humano pode ser obtida combinando várias quantias dessas três cores.

Em um computador, cor é sempre representada como um valor RGB (red-green-blue – vermelho-verde-azul), que na verdade são três números que indicam a contribuição relativa de cada uma dessas três cores primárias. Se cada número na tripla for dado em uma escala de 0 a 255, então 0 significará nenhuma contribuição daquela cor e 255 significará contribuição total daquela cor.

FIGURA 3.10 Espaço de cores tridimensional

Por exemplo, um valor RGB de (255, 255, 0) maximiza as contribuições de vermelho e de verde e minimiza a contribuição de azul, o que resulta em um amarelo-claro.

O conceito de valores RGB dá origem a um "espaço de cores" tridimensional. A Figura 3.10 mostra uma maneira de apresentar esse espaço de cores.

A quantidade de dados que é usada para representar uma cor é chamada de *profundidade de cor*. Ela é geralmente expressa em termos do número de bits que são usados para representar a cor. *HiColor* indica uma profundidade de cor de 16 bits. Com esse esquema, 5 bits são usados para cada número em um valor RGB e o bit extra é algumas vezes usado para representar transparência. *TrueColor* indica uma profundidade de cor de 24 bits. Nesse caso, cada número no valor RGB usa 8 bits, o que dá a faixa de 0 a 255 para cada um. Isso resulta na capacidade de representar mais de 16,7 milhões de cores distintas.

O quadro a seguir apresenta alguns valores RGB TrueColor e as cores que eles representam:

Valor RGB			Cor
Vermelho	Verde	Azul	
0	0	0	Preto
255	255	255	Branco
255	255	0	Amarelo
255	130	255	Rosa
146	81	0	Marrom
157	95	82	Roxo
140	0	0	Castanho

Os valores TrueColor de 24 bits fornecem mais cores do que o olho humano pode distinguir. Além do mais, os monitores que exibem cores estão restritos a uma profundidade de cor específica. Em hardware antigo, no qual cores em um monitor estão restritas a, digamos, 256 cores, qualquer cor que seja especificada por um programa é mapeada na cor mais próxima da palheta de cores que o hardware seja capaz de exibir. A Figura 3.11 apresenta uma dessas palhetas de cores restritas. Quando há diferenças significativas entre as cores desejadas e aquelas que podem ser exibidas, os resultados são, normalmente, insatisfatórios. Reconhecidamente, a maioria dos monitores modernos oferece uma faixa de cores suficiente para reduzir muito esses problemas.

■ Gráficos e Imagens Digitalizadas

Uma fotografia é uma representação analógica de uma imagem. Ela é contínua em toda sua superfície, com tonalidades de uma cor se misturando com outra. Digitalizar uma imagem é o ato de representá-la com uma coleção de pontos individuais chamados pixels, um termo que significa elementos de imagem (*picture elements*). Cada pixel é composto de uma única cor. O número de pixels usados para representar uma figura é chamado de resolução. Se uma quantidade suficiente de pixels for usada (alta resolução) e eles forem apresentados na ordem adequada lado a lado, o olho humano poderá ser levado a pensar que está vendo uma imagem contínua. A Figura 3.12 apresenta uma imagem digitalizada, com uma pequena parte dela ampliada para mostrar os pixels individuais.

》 **Pixels** Pontos individuais usados para representar uma imagem; o termo vem de *picture elements* (elementos de imagem)

》 **Resolução** O número de pixels usado para representar uma imagem

Representação de Dados

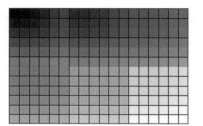

FIGURA 3.11 Uma palheta de cores restrita aqui representada em tons de cinza.

 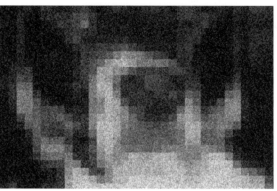

FIGURA 3.12 Uma imagem digitalizada composta de muitos pixels individuais. *Cortesia de Amy Rose*

O armazenamento de informação de imagem em uma base pixel a pixel é chamado de **formato gráfico de varredura** (*raster*). Vários formatos de arquivos de gráfico de varredura populares estão em uso atualmente, incluindo bitmap (BMP), GIF e JPEG.

Um *arquivo bitmap* é uma das mais diretas representações gráficas. Além de uns poucos detalhes administrativos, um arquivo bitmap contém os valores de cor dos pixels da imagem, da esquerda para a direita e de cima para baixo. Um arquivo bitmap suporta TrueColor de 24 bits, embora geralmente a profundidade de cor possa ser especificada para reduzir o tamanho do arquivo. Tal arquivo pode ser compactado usando codificação por comprimento de sequência.

O formato GIF (Graphics Interchange Format), que foi desenvolvido pela CompuServe em 1987, limita o número de cores disponíveis na imagem a 256. Isto é, uma imagem GIF pode ser composta apenas por 256 cores, mas cada imagem GIF pode ser composta por diferentes conjuntos de 256 cores. Essa técnica, chamada de *cor indexada*, proporciona tamanhos de arquivo menores porque há poucas cores para referenciar. Se ainda menos cores forem exigidas, a profundidade de cor poderá ser usualmente especificada com menos bits. Arquivos GIF são mais bem-utilizados para gráficos e imagens com poucas cores e, consequentemente, são considerados ideais para arte baseada em desenhos por linhas. Uma versão do formato GIF permite que pequenas animações sejam obtidas pelo armazenamento de uma série de imagens que um programa como um navegador exibe em sucessão.

O formato JPEG é projetado para tirar proveito da natureza de nossos olhos. Seres humanos são mais sensíveis a mudanças graduais de brilho e de cor a distância do que em relação a mudanças rápidas. Assim, os dados que o formato JPEG armazena é a média das nuances de cores em curtas distâncias. Esse formato é considerado superior para imagens fotográficas coloridas. Um esquema de compressão razoavelmente complicado pode reduzir significativamente os tamanhos de arquivos resultantes.

O formato PNG (pronuncia-se "ping") vem de Portable Network Graphics. Os projetistas do formato PNG quiseram aperfeiçoar e, por último, substituir o formato GIF. Imagens em PNG podem geralmente obter uma compressão maior que GIFs e ainda oferecer uma faixa mais ampla de profundidades de cores. No entanto, imagens em PNG não permitem animação e ainda não são amplamente aceitas como GIFs.

» **Formato gráfico de varredura** Armazenar informação de imagens pixel a pixel

■ Representação Vetorial de Gráficos

Gráfico vetorial é outra técnica para representar imagens. Em vez de atribuir cores a pixels, como se faz em gráficos de varredura, um formato gráfico vetorial descreve uma imagem em termos de

» **Gráfico vetorial** Representação de uma imagem em termos de linhas e formas

A Camada de Informação

Einstein descreve o telégrafo

"Você vê, telégrafo com fio é um tipo de gato muito, muito comprido", explicou Albert Einstein. "Você coloca o rabo dele em Nova York e sua cabeça está miando em Los Angeles... E rádio opera exatamente do mesmo modo: você envia sinais aqui, eles os recebem lá. A única diferença é que não há gato."

Como você acha que ele descreveria um computador?

linhas e formas geométricas. Um gráfico vetorial é uma série de comandos que descrevem direção, espessura e cor de uma linha. Os tamanhos de arquivos produzidos com esses formatos tendem a ser pequenos porque não se tem que levar em conta a informação para cada pixel. A complexidade da imagem, tal como o número de itens na imagem, determina o tamanho do arquivo.

Um gráfico de varredura, como um GIF, tem que ser codificado múltiplas vezes para se adequar a diferentes tamanhos e proporções. Em contraste, gráficos vetoriais podem ser redimensionados matematicamente e essas alterações podem ser calculadas dinamicamente quando necessárias.

No entanto, gráficos vetoriais não são bons para representar imagens do mundo real. Imagens JPEG são muito superiores para essa finalidade, mas gráficos vetoriais são bons para arte baseada em desenhos por linhas e desenhos animados.

O mais popular formato de gráfico vetorial usado na *Web* atualmente é chamado de Flash. Imagens de Flash são armazenadas em um formato binário e requerem um editor especial para criá-las. Um novo formato de gráfico vetorial, chamado Gráficos Vetoriais Escaláveis (Scalable Vector Graphics — SVG), está em desenvolvimento. SVG é expresso em texto puro. Quando o formato SVG estiver pronto, é provável que gráficos vetoriais se tornem uma abordagem popular para imagens na *Web*.

3.6 Representando Vídeo

Informação de vídeo é um dos mais complexos tipos de informação para capturar, comprimir e ainda chegar a um resultado que faça sentido ao olho humano. Videoclipes contém o equivalente a muitas imagens fixas, cada uma tendo que ser compactada. A *Web* está cheia de videoclipes que são instáveis e difíceis de seguir. É provável que essa situação melhore durante os próximos anos, dependendo da evolução da sofisticação das técnicas de compressão de vídeo, que são referidas como *codecs* de vídeo.

■ *Codecs* de Vídeo

> **» *Codecs* de vídeo** Métodos usados para reduzir o tamanho de um filme
>
> **» Compressão temporal** Técnica de compressão de filme baseada em diferenças entre quadros consecutivos
>
> **» Compressão espacial** Técnica de compressão de filme baseada nas mesmas técnicas de compressão para imagens fixas

Codec vem de COmpressor/DECompressor (codificador/ decodificador). Um **codec de vídeo** se refere aos métodos usados para encolher o tamanho de um filme de modo que ele possa ser exibido em um computador ou pela rede. Quase todos os *codecs* de vídeo usam compressão com perda para minimizar a enorme quantidade de dados associada a um vídeo. Assim, o objetivo é não perder informação que afete os sentidos do observador.

A maioria dos *codecs* é orientada a blocos, significando que cada quadro de um vídeo é dividido em blocos retangulares. Os vários *codecs* diferenciam-se em como os blocos são codificados. Alguns *codecs* de vídeo são realizados totalmente por software enquanto outros exigem hardware especial.

Codecs de vídeo empregam dois tipos de compressão: temporal e espacial. **Compressão temporal** procura por diferenças entre quadros consecutivos. Se a maior parte de uma imagem em dois quadros não mudou, por que deveríamos desperdiçar espaço duplicando toda a informação similar? Um *quadro-chave* é escolhido como a base sobre a qual comparar as diferenças e sua imagem inteira é armazenada. Para imagens consecutivas, apenas as alterações (chamadas de *quadros delta*) são armazenadas. Compressão temporal é efetiva em vídeos que mudem pouco de quadro para quadro, como uma cena que contenha pouco movimento.

Compressão espacial remove informação redundante em um quadro. Esse problema é essencialmente o mesmo que aquele que nos deparamos ao comprimir imagens fixas. Compressão espacial de vídeo frequentemente agrupa pixels em blocos (áreas retangulares) que tenham a mesma cor, como, por exemplo, uma parte de um céu azul limpo. Em vez de armazenar cada pixel, são armazenadas a cor e as coordenadas da área. Essa ideia é similar à codificação por comprimento de sequência.

Vários *codecs* de vídeo são populares hoje em dia, incluindo Sorenson, Cinepak, MPEG e Real Video. Os detalhes de como esses *codecs* representam e comprimem vídeo estão além do escopo deste livro.

Bob Bemer

Cortesia de Bob Bemer

Bob Bemer esteve sempre ligado aos círculos de computação desde 1945. Seu currículo é como se indicasse uma lista das mais influentes empresas de computação da segunda metade do século passado. Ele trabalhou para Douglas Aircraft, RKO Radio Pictures, Rand Corporation, Lockheed Aircraft, Marquardt Aircraft, Lockheed Missiles and Space, IBM, Divisão Univac da Sperry Rand, Bull General Electric (Paris), GTE, Honeywell e, finalmente, em sua própria empresa de software, a Bob Bemer Software.

O predomínio de fabricantes de aeronaves no currículo de Bemer não surpreende porque ele estudou matemática e obteve um Certificado em Engenharia Aeronáutica pelo Instituto Tecnológico Curtiss-Wright (1941). Nos primórdios da computação, fabricantes de aeronaves foram pioneiros no uso de computadores na indústria.

Durante sua carreira Bemer foi ativo no desenvolvimento de linguagens de programação. Ele desenvolveu FORTRANSIT, uma versão inicial de um compilador FORTRAN. Ele esteve ativamente envolvido no desenvolvimento da linguagem COBOL e da linguagem CODASYL, uma abordagem pioneira à modelagem e à gerência de banco de dados. Além disso, ele foi responsável por autorizar o financiamento do desenvolvimento de SIMULA, uma linguagem de simulação que introduziu muitas características de orientação a objeto.

Bemer também foi um ativo participante de comitês formados para estabelecer padrões universais para a nova indústria da computação. Ele foi o representante americano no Comitê de Vocabulário para Computador da IFIP, Presidente da ISO/TC97/SC5 para Linguagens de Programação Comuns e Presidente do Grupo de Estudo em Processamento de Texto de X3/SPARC.

No entanto, Bemer é mais conhecido por seu trabalho no código de computadores ASCII, que é o padrão de código interno dos PCs de 8 bits atuais. Logo no início, Bemer percebeu que se os computadores fossem se comunicar uns com os outros, eles precisariam de um código-padrão para transmitir informação textual. Bemer desenvolveu e publicou uma pesquisa com mais de 60 códigos de computadores diferentes, demonstrando, então, a necessidade de um código-padrão. Ele criou o programa de trabalho para o comitê de padrões, forçou o código-padrão americano a ter correspondência com o código internacional, escreveu a maior parte dos artigos publicados sobre o código e pressionou por um registro formal dos conjuntos alternativos de símbolos e controles do ASCII, para acomodar outros idiomas.

Talvez a mais importante contribuição de Bemer seja o conceito de um caractere de escape. O caractere de escape alerta o sistema que processa os caracteres que a combinação dele com outro(s) caractere(s) muda o significado-padrão dos caracteres que vêm a seguir. Por exemplo, ESC (N) alerta o sistema que os caracteres que vêm a seguir estão no equivalente Cirílico do ASCII.

A primeira versão do código de 16 bits chamado Unicode foi publicada em outubro de 1991. Dois fatores guiaram a necessidade de um código expandido: a arquitetura de computadores de 16 bits foi se tornando popular e o crescimento da internet e da World Wide Web demandaram um código que pudesse incluir diretamente os alfabetos do mundo. ASCII, porém, não foi descartado; permanece como um subconjunto de Unicode.

Em maio de 2003, Bemer recebeu o prêmio Pioneiro em Computação da Sociedade de Computação do IEEE "por atender às necessidades do mundo em variantes de conjuntos de caracteres e outros símbolos, via os conjuntos de caracteres ASCII, ASCII-Alternativo e sequências de escape".

Bob Bemer faleceu na terça-feira 22 de junho de 2004, em sua casa em Possum Kingdom Lake, no Texas.

http://www.bobbemer.com/AWARD.HTM

Resumo

Computadores são dispositivos multimídia que manipulam dados que variam em forma, de números a gráficos e a vídeo. Como um computador pode manipular apenas números binários, todas as formas de dados têm que ser representadas em formatos binários. Dados são classificados como sendo ou contínuos (analógicos) ou discretos (digitais).

Valores inteiros são representados pelos seus equivalentes em binário, usando uma das várias técnicas para representar números negativos, tais como sinal-magnitude ou complemento a dois. Números reais são representados por uma tripla constituída do sinal, dos dígitos do número e de um expoente que especifica a posição do separador fracionário.

Um conjunto de caracteres é uma lista de caracteres alfanuméricos e dos códigos que representam cada caractere. O conjunto de caracteres mais frequentemente usado hoje em dia é Unicode (16 bits para cada caractere), que tem ASCII como um subconjunto. O conjunto ASCII de 8 bits é suficiente para inglês, mas não para outros (ou múltiplos) idiomas. Há várias formas para comprimir texto de modo que seja necessário menos espaço para armazená-lo ou menos tempo para transmiti-lo de um computador para outro.

Informação de áudio é representada como ondas de som digitalizadas. Cor é representada por três valores que indicam a contribuição de vermelho, azul e verde, respectivamente. Duas técnicas básicas são usadas para representar imagens: bitmaps e gráficos vetoriais. Vídeo é decomposto em uma série de imagens fixas, cada uma das quais representadas como uma imagem.

QUESTÕES ÉTICAS ▶ Computadores e a Segurança da Pátria

Seguindo os ataques de 11 de setembro de 2001, o Ato Patriota Americano foi transformado em lei pelo presidente George W. Bush em 26 de outubro de 2001. Entre outras coisas, o Ato aumenta a capacidade de agências responsáveis pela lei de conduzir buscas eletrônicas – sem a permissão ou conhecimento do dono/ocupante – de telefone, correio eletrônico, registros clínicos e financeiros e outros registros. Além disso, o Ato relaxa restrições sobre coleta de inteligência estrangeira nos Estados Unidos propriamente ditos. Através de um uso expandido das Cartas de Segurança Nacional (NSLs – National Security Letters) o FBI é capaz de pesquisar telefone, correio eletrônico e registros financeiros sem uma ordem de uma corte. Muitos dos dispositivos do Ato deveriam ser encerrados em 31 de dezembro de 2005, mas os defensores do Ato trabalharam para tornar todos os dispositivos permanentes. Em março de 2006, a maior parte do Ato foi transformada em lei pelo então presidente Bush.

Ainda estão sob debate e revisão uns poucos aspectos controversos do Título II do Ato, intitulado "Procedimentos Ampliados de Vigilância". O Título II abrange todos os aspectos de vigilância de suspeitos de terrorismo, agentes clandestinos de forças estrangeiras, bem como aqueles que sejam suspeitos de conduzir fraude ou abuso computacional. Dois dos mais controversos dispositivos do Título II são pesquisas "entre e olhe" (*sneak and peek*) e escutas telefônicas deslocáveis (*roving wiretaps*).

Os dispositivos "entre e olhe" do Ato permitiam que as agências oficiais, tal como o FBI, pesquisassem por um período de tempo não especificado antes que fosse emitida uma ordem de busca. Em 2004, o FBI incorretamente relacionou as impressões digitais de Brandon Mayfield, um advogado americano, a uma impressão encontrada próximo à cena de um bombardeio terrorista em Madrid, Espanha, que matou 191 pessoas. De acordo com documentos da corte, o FBI entrou na casa de Mayfield sem seu conhecimento e, durante uma investida posterior, confiscou computadores, modem, chave de cofre, papéis selecionados de Mayfield e suas cópias do Alcorão. Mayfield ficou preso sem acusação por um período de duas semanas e foi então liberado quando o FBI concluiu que o tinha confundido com alguém. O FBI apresentou um raro e público pedido de desculpas na esperança de que o assunto se dissipasse, mas Mayfield levou seu caso à corte. Em 26 de setembro de 2007, a juíza Ann Aiken (Portland, Oregon) declarou que os dispositivos "entre e olhe" do Título II violavam a proibição de buscas sem razão da Quarta Emenda da Constituição dos EUA e eram inconstitucionais.

Escutas telefônicas deslocáveis são ordens de escutas telefônicas que não exigem a listagem específica de todas as operadoras comuns e partes terceirizadas de uma ordem de vigilância normal de uma corte. Oponentes, tais como o Centro de Informação de Privacidade Eletrônica (EPIC – Eletronic Privacy Information Center) e a União Americana para as Liberdades Civis (ACLU – American Civil Liberties Union), alegam que essas escutas são inconstitucionais porque violam a cláusula de particularidade da Quarta Emenda. Alegam que as escutas telefônicas deslocáveis dão ao FBI um "cheque em branco" para violar a privacidade de comunicações de americanos inocentes. Apesar desses argumentos, as escutas telefônicas deslocáveis foram novamente autorizadas por um projeto de lei de 2006, mas receberam uma data final de 31 de dezembro de 2009.

Termos Fundamentais

Codec de vídeo
Codificação de Huffman
Codificação por comprimento de sequência
Codificação por palavra-chave
Complemento a dez
Compressão com perdas
Compressão de dados
Compressão espacial
Compressão sem perdas
Compressão temporal
Conjunto de caracteres
Dados
Dados analógicos
Dados digitais
Digitalização

Formato gráfico de varredura
Gráfico vetorial
Informação
Largura de banda
Modulação por código de pulso
Multimídia
Notação científica
Pixels
Ponto flutuante
Razão de compressão
Representação sinal-magnitude
Resolução
Restaurar
Separador fracionário
Transbordamento

Representação de Dados

⌘ Exercícios

Para os Exercícios 1 a 20, assinale verdadeiro ou falso como a seguir:
- **A.** Verdadeira
- **B.** Falsa

1. Compressão sem perda significa que os dados podem ser recuperados sem perder qualquer informação original.
2. Um computador representa informação em um formato analógico.
3. Um computador tem que usar o sistema de numeração binária para representar informação.
4. Um sinal digital representa um de dois valores em qualquer instante.
5. Quatro bits podem ser usados para representar 32 coisas distintas.
6. A representação de números em sinal-magnitude possui duas representações para zero.
7. Transbordamento ocorre quando o valor que calculamos não cabe no número de bits que alocamos para o resultado.
8. No conjunto de caracteres ASCII não é feita distinção entre letras maiúsculas e letras minúsculas.
9. O conjunto de caracteres Unicode inclui todos os caracteres do conjunto de caracteres ASCII.
10. Codificação por palavra-chave substitui as palavras frequentemente usadas por um único caractere.
11. Codificação por comprimento de sequência é muito boa para comprimir textos em inglês.
12. Codificação de Huffman usa cadeias de bits de comprimento variável para representar caracteres.
13. Um sinal de áudio é digitalizado por meio de sua amostragem em intervalos regulares.
14. Um CD armazena informação de áudio em um formato binário.
15. O formato de áudio MP3 descarta informações que não podem ser ouvidas por seres humanos.
16. Um valor RGB representa uma cor usando três valores numéricos.
17. Cores indexadas aumentam o número de cores que podem ser usadas em uma imagem e, assim, aumenta o tamanho do arquivo.
18. Bitmap, GIF e JPEG são todos exemplos de formatos gráficos de varredura.
19. Gráficos vetoriais representam imagens em termos de linha e formas geométricas.
20. Um quadro-chave é usado em compressão temporal para representar as alterações de um quadro para outro.

Para os Exercícios 21 a 26, escolha a expressão correta da lista a seguir.
- **A.** Representação sinal-magnitude
- **B.** Separador fracionário
- **C.** Frequência de uso
- **D.** Amostragem
- **E.** Analógico
- **F.** Digital

21. Dado _____ é uma representação contínua de informação.
22. A representação para números que você tem usado desde o ensino fundamental é chamada _____.
23. Se a base de numeração for outra que não a 10, chamamos o ponto decimal de _____.
24. Dado _____ é uma representação discreta de informação.
25. Códigos de Huffman são criados baseados na _____ dos caracteres.
26. Um sinal de áudio é digitalizado por meio da _____ de seus valores em intervalos regulares.

Os Exercícios 27 a 79 são questões de resposta curta.
27. Por que compressão de dados é um importante tópico de estudo hoje em dia?
28. Qual é a diferença entre compressão de dados com perda e sem perda?
29. Por que computadores têm dificuldade com informação analógica?
30. Um relógio com ponteiro de segundos deslizante é um dispositivo analógico ou digital? Explique.
31. O que significa digitalizar alguma coisa?

32. O que é modulação por código de pulso?
33. Quantas coisas podem ser representadas com
    a. Quatro bits?
    b. Cinco bits?
    c. Seis bits?
    d. Sete bits?
34. Embora você venha efetuando operações aritméticas simples desde a segunda série, faça o seguinte teste rápido para confirmar que você entendeu completamente operações com inteiros com sinal. Avalie as seguintes expressões, sendo W igual a 17, X igual a 28, Y igual a -29 e Z igual a -13.
    a. X + Y
    b. X + W
    c. Z + W
    d. Y + Z
    e. W − Z
    f. X − W
    g. Y − W
    h. Z − Y
35. Use a linha de numeração da base 10 para encontrar as soluções das seguintes operações, sendo A igual a 5 e B igual a -7.
    a. A + B
    b. A − B
    c. B + A
    d. B − A
36. Dado um esquema de numeração de tamanho fixo, onde k na fórmula para o complemento a dez é 6 (veja no item "Números de Tamanho Fixo"), responda as seguintes questões.
    a. Quantos números inteiros positivos podem ser representados?
    b. Quantos números inteiros negativos podem ser representados?
    c. Desenhe a linha de numeração mostrando os três menores e os três maiores números positivos, os três menores e os três maiores números negativos e o zero.
37. Use a linha de numeração do Exercício 36(c) para calcular as seguintes expressões, sendo A igual a -499999 e B igual a 3.
    a. A + B
    b. A − B
    c. B + A
    d. B − A
38. Use a fórmula para o complemento a dez para calcular os seguintes números no esquema descrito no item "Números de Tamanho Fixo".
    a. 35768
    b. −35768
    c. −444455
    d. −123456
39. Ao calcular o complemento a dez no Exercício 38, você teve dificuldades em tomar emprestado muitos zeros? Tais cálculos são propensos a erros. Existe um artifício que você pode usar que torna os cálculos mais fáceis e, consequentemente, menos propensos a erros: subtraia aqueles números de um número só com noves e então some 1. Um número subtraído de todos os 9s é chamado de complemento a nove de um número.
    a. Prove que o complemento a nove de um número mais um é igual ao complemento a dez desse mesmo número.
    b. Use o complemento a nove mais um para calcular os valores do Exercício 38(b), (c) e (d).
    c. Qual você achou mais fácil de usar, o cálculo direto de complemento a dez ou o complemento a nove mais um? Justifique sua resposta.
40. Avalie as seguintes expressões, sendo A igual a 11111110 e B igual a 00000010, usando complemento a dois.
    a. A + B
    b. A − B

c. B − A

d. −B

e. −(−A)

41. O complemento de dois de um número é sempre um número negativo? Explique.

42. Projete um sistema de numeração na base 11.

a. Desenhe a linha de numeração.

b. Apresente exemplos de adição e subtração.

c. Desenvolva uma representação de números negativos baseada em complemento a 11.

43. Converta as regras para subtração no sistema de sinal-magnitude para o formato de algoritmo.

44. Converta os seguintes números reais para binário (com cinco posições binárias).

a. 0,50

b. 0,26

c. 0,10

45. Converta os seguintes números reais para octal (com cinco posições octais).

a. 0,50

b. 0,26

c. 0,10

46. Valores fracionários podem ser visualmente convertidos de octal para binário e vice-versa? Explique.

47. Quantos bits seriam necessários para representar um conjunto de caracteres contendo 45 símbolos? Por quê?

48. Como o número decimal 175,23 pode ser representado por um sinal, uma mantissa e um expoente?

49. Qual é a principal diferença entre os conjuntos de caracteres ASCII e Unicode?

50. Crie uma tabela de codificação por palavra-chave que contenha umas poucas palavras simples. Reescreva um parágrafo de sua escolha usando esse esquema de codificação. Calcule a razão de compressão que você obteve.

51. Como as seguintes cadeias de caracteres podem ser representadas usando codificação por comprimento de sequência? Qual a razão de compressão?

AAAABBBCCCCCCCCDDDD olá EEEEEEEEEFF

52. O que significa o código *X5*A9 usando codificação por comprimento de sequência?

53. Dada a seguinte tabela de codificação de Huffman, decifre as cadeias de bits a seguir.

Código de Huffman	Caractere
00	A
11	E
010	T
0110	C
0111	L
1000	S
1011	R
10010	O
10011	I
101000	N
101001	F
101010	H
101011	D

a. 1101110001011

b. 011010101010010101011111000

c. 10100100101000010001000010100110110

d. 101000100101010001000111010000100011

54. Como seres humanos percebem som?

55. Um alto-falante estéreo é um dispositivo analógico ou digital? Explique?

56. O que é um valor RGB?

57. O que profundidade de cor indica?
58. Como a resolução em pixels afeta o impacto visual de uma imagem?
59. Explique compressão temporal de vídeo.
60. Descreva uma situação na qual compressão espacial de vídeo seja efetiva.
61. Defina amostragem tal como que ela se relaciona à digitalização de ondas de som.
62. O que produz melhor qualidade de som, uma maior ou uma menor taxa de amostragem?
63. Qual é a taxa de amostragem por segundo suficiente para criar uma razoável reprodução de som?
64. Discos de vinil e CDs armazenam som da mesma forma?
65. O que significa um valor RGB de (130, 0, 255)?
66. Que cor representa o valor RGB de (255, 255, 255)?
67. O que é resolução?
68. Qual a técnica que o formato GIF utiliza?
69. Para qual uso o formato GIF é melhor?
70. Quais são as similaridades dos vários *codecs* de vídeo?
71. Quais são as diferenças dos vários *codecs* de vídeo?
72. Cite dois tipos de compressão de vídeo.
73. Qual o nome que damos à percepção das várias frequências de luz que alcançam as retinas de nossos olhos?
74. Qual o melhor formato para imagens fotográficas coloridas?
75. Como são chamadas as técnicas que reduzem os tamanhos dos filmes?
76. Qual é a técnica na qual uma aplicação, que esteja limitada a certo número de cores específicas, cria uma palheta da qual se escolhe as cores a usar?
77. Qual é o formato que descreve uma imagem em termos de linhas e formas geométricas?
78. Que formato armazena informação pixel a pixel?
79. Qual é a diferença entre HiColor e TrueColor?

??? Temas para Reflexão

1. Quais são as vantagens de se usar um conjunto de caracteres comum (padronizado)? Quais são as desvantagens?
2. Ao converter números inteiros de uma base para outra, dividimos pela nova base. Ao converter partes fracionárias de uma base para outra, multiplicamos pela nova base. A notação posicional pode ser usada para explicar esses algoritmos?
3. A tecnologia está mudando rapidamente. Quais mudanças ocorreram em compressão de dados desde que esse livro foi escrito?
4. Discuta a batalha entre segurança nacional e privacidade pessoal. Liste os prós e os contras de cada lado. É possível um compromisso lógico?
5. A data final para escutas telefônicas deslocáveis (*roving wiretaps*) era 31 de dezembro de 2009. Essa data limite foi estendida ou foi mantida?

A Camada de Hardware

Preparando os Alicerces
   1 O Quadro Geral

A Camada de Informação
   2 Valores Binários e Sistemas de Numeração
   3 Representação de Dados

A Camada de Hardware
▶   **4** Portas e Circuitos
   5 Componentes Computacionais

A Camada de Programação
   6 Linguagens de Programação de Baixo Nível e Pseudocódigo
   7 Solução de Problemas e Algoritmos
   8 Tipos Abstratos de Dados e Subprogramas
   9 Projeto Orientado a Objeto e Linguagens de Programação de Alto Nível

A Camada de Sistema Operacional
   10 Sistemas Operacionais
   11 Sistemas de Arquivos e Diretórios

A Camada de Aplicação
   12 Sistemas de Informação
   13 Inteligência Artificial
   14 Simulação, Gráficos, Jogos e Outros Aplicativos

A Camada de Comunicação
   15 Redes
   16 A *World Wide Web*

Em Conclusão
   17 Limitações da Computação

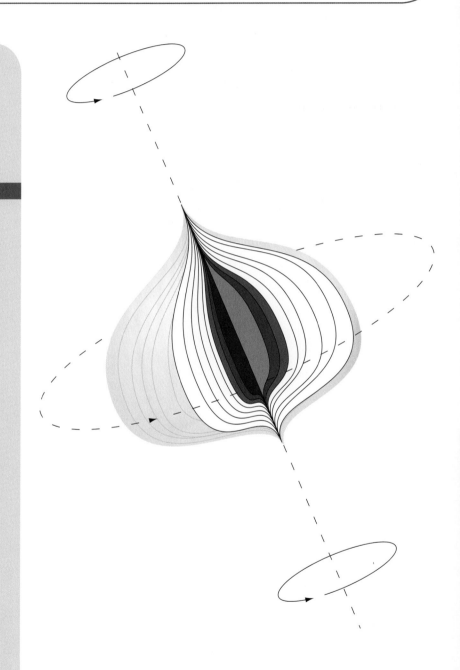

Portas e Circuitos

4

Computadores são dispositivos eletrônicos; os elementos de hardware mais básicos de um computador controlam o fluxo de eletricidade. Em um senso muito rudimentar, usamos tecnologia para capturar o poder de um relâmpago, submetendo-o à nossa vontade de modo que possamos efetuar cálculos e tomar decisões. Este capítulo situa-se sobre a tênue linha que separa a ciência da computação da engenharia elétrica, examinando os elementos mais básicos de hardware em um computador.

No Capítulo 2, examinamos sistemas de numeração em geral e o sistema de numeração binário em particular. Como vimos no Capítulo 3, o sistema de numeração binário é de especial interesse, pois ele é usado para representar dados em um computador. Neste capítulo, exploramos como computadores usam sinais elétricos para representar e manipular tais valores binários.

Objetivos

Após estudar este capítulo, você deverá ser capaz de:

- identificar as portas básicas e descrever o comportamento de cada uma.
- descrever como portas são implementadas usando transistores.
- combinar portas básicas em circuitos.
- descrever o comportamento de uma porta ou circuito usando expressões booleanas, tabelas-verdade e diagramas lógicos.

- comparar e confrontar um semissomador e um somador completo.
- descrever como um multiplexador funciona.
- explicar como um registrador (*latch*) S-R opera.
- descrever as características das quatro gerações de circuitos integrados.

4.1 Computadores e Eletricidade

Qualquer sinal eletrônico tem um nível de voltagem. Como mencionamos no capítulo anterior, distinguimos entre os dois valores de interesse (0 e 1 binários) por meio do nível de voltagem de um sinal. Em geral, um nível de voltagem na faixa de 0 a 2 volts é considerado "baixo" e é interpretado como um 0 binário. Um sinal na faixa de 2 a 5 volts é considerado "alto" e é interpretado como um 1 binário. Sinais em um computador estão condicionados a estar em uma faixa ou em outra.

Uma porta é um dispositivo que executa uma operação elementar sobre sinais elétricos. Ela aceita um ou mais sinais de entrada e produz um único sinal de saída. Existem vários tipos de portas; neste capítulo examinaremos os seis tipos mais básicos de portas. Cada tipo de porta executa uma função lógica específica.

Portas são combinadas em circuitos de modo a executar tarefas mais complexas. Por exemplo, circuitos podem ser projetados para efetuar operações aritméticas e para armazenar valores. Em um circuito, o valor de saída de uma porta, frequentemente, serve como valor de entrada para uma ou mais outras portas. O fluxo de eletricidade por um circuito é controlado pela lógica, cuidadosamente projetada, das portas que interagem.

Três métodos de notação diferentes, porém igualmente poderosos, são usados para descrever o comportamento de portas e circuitos.

- Expressões booleanas
- Diagramas lógicos
- Tabelas-verdade

Examinaremos todos os três tipos de representação durante nossa discussão sobre portas e circuitos.

O matemático inglês George Boole criou uma forma de álgebra na qual variáveis e funções assumem apenas um de dois valores possíveis (0 e 1). Essa álgebra é apropriadamente chamada de Álgebra booleana. Expressões nessa notação algébrica são uma forma elegante e poderosa de demonstrar a atividade de circuitos elétricos. Operações específicas e propriedades em álgebra booleana nos permitem definir e manipular lógica de circuitos usando uma notação matemática. Expressões booleanas voltarão novamente às nossas discussões sobre a camada de programação nos Capítulos 6 a 9.

Um diagrama lógico é uma representação gráfica de um circuito. Cada tipo de porta é representado por um símbolo gráfico específico. Conectando tais símbolos em diversas formas, podemos representar visualmente a lógica de um circuito inteiro.

Uma tabela-verdade define a função de uma porta listando todas as combinações possíveis de entradas que a porta pode encontrar, juntamente com a saída correspondente. Podemos construir tabelas-verdade mais complexas com suficientes linhas e colunas para mostrar como circuitos inteiros se comportam para qualquer conjunto de valores de entrada.

> **» Porta** Um dispositivo que executa uma operação elementar sobre sinais elétricos, aceitando um ou mais sinais de entrada, produzindo um único sinal de saída
>
> **» Circuito** Uma combinação de portas que interagem, projetada para realizar uma função lógica específica
>
> **» Álgebra booleana** Uma notação matemática para expressar funções lógicas baseadas em dois valores
>
> **» Diagrama lógico** Uma representação gráfica de um circuito; cada tipo de porta tem seu próprio símbolo
>
> **» Tabela-verdade** Uma tabela que apresenta todos os valores possíveis de entrada e os valores de saída associados

---

O que é nanociência

Nanociência é o estudo de materiais menores que 100 nanômetros – ou 1 centésimo da espessura de um fio de cabelo. Dois nanotubos – cada um com 10 átomos de largura – foram usados para criar um circuito simples. "Eles são, no momento, a única coisa no mundo que tem algum potencial de fazer uma chave para processar informação, que seja mais rápido que o mais rápido transistor de silício", afirmou Tom Theis, diretor mundial de pesquisas em ciências físicas da IBM.

"Se a nanotecnologia tiver o impacto que achamos que ela pode ter, ela poderá causar rearranjos sociais e industriais, não diferentes dos causados pela Revolução Industrial original", disse Richard W. Siegel, diretor do Centro de Tecnologia de Rensselaer, em Troy, Nova York[2].

4.2 Portas

As portas em um computador são algumas vezes chamadas de portas lógicas porque cada uma desempenha apenas uma função lógica. Isto é, cada porta aceita um ou mais valores de entrada e produz um único valor na saída. Como estamos lidando com informação binária, cada valor de entrada ou de saída é 0, correspondendo a um sinal de voltagem baixa, ou 1, correspondendo a um sinal de voltagem alta. O tipo de porta e os valores de entrada determinam o valor de saída.

Vamos examinar o processamento dos seis seguintes tipos de portas. A seguir, mostramos como eles podem ser combinados em circuitos para efetuar operações aritméticas.

- NÃO
- E
- OU
- OU EXCLUSIVO
- NÃO-E
- NÃO-OU

George Boole[1]

A álgebra booleana recebe esse nome em homenagem a seu criador, o matemático inglês George Boole, nascido em 1815. Seu pai, um comerciante, começou ensinando-lhe matemática bem cedo na vida. Mas Boole inicialmente estava mais interessado em literatura clássica, idiomas e religião — interesses que manteve ao longo de sua vida. Quando estava com 20 anos, ele tinha aprendido por conta própria francês, alemão e italiano. Ele era bem versado nos textos de Aristóteles, Spinoza, Cícero e Dante e escreveu, ele próprio, vários artigos filosóficos.

Aos 16 anos, ele assumiu uma posição como um professor assistente em uma escola privada, para ajudar no orçamento familiar. Sua atividade nessa escola, somada a um segundo trabalho como professor lhe deixou pouco tempo para estudar. Poucos anos mais tarde, ele abriu uma escola e começou a estudar matemática avançada por conta própria. Apesar de sua carência de estudos formais, seu primeiro artigo acadêmico foi publicado no *Cambridge Mathematical Journal* (Revista de Matemática de Cambridge) quando ele tinha apenas 24 anos. Em 1849, ele foi indicado professor de matemática na Faculdade de Queen, na cidade de Cork, Irlanda. Ele se tornou titular da cadeira de matemática, onde ficou durante todo o restante de sua carreira. Boole publicou mais de 50 artigos e vários trabalhos relevantes antes de falecer em 1864, no auge de sua carreira.

O livro de Boole, *The Mathematical Analysis of Logic* (A Análise Matemática de Lógica), foi publicado em 1847. Ele constituiria, por final, a base para o desenvolvimento de computadores digitais. No livro, Boole apresentou os axiomas formais de lógica (de forma bem semelhante a dos axiomas da geometria) sobre os quais o campo de lógica simbólica é construído. Boole recorreu aos símbolos e operações de álgebra ao criar seu sistema de lógica. Ele associou o valor 1 ao conjunto universal (o conjunto representando todas as coisas no universo) e o valor 0, ao conjunto vazio, e restringiu seu sistema a essas quantidades. Ele então definiu operações que são análogas à subtração, adição e multiplicação.

Em 1854, Boole publicou *An Investigation of the Laws of Thought; on Which Are Founded the Mathematical Theories of Logic and Probabilities* (Uma Investigação das Leis do Pensamento sobre as Quais Estão Fundadas as Teorias Matemáticas de Lógica e Probabilidades). Esse livro descreveu teoremas construídos sobre seus axiomas de lógica e estendeu a álgebra para mostrar como probabilidades podiam ser calculadas em um sistema lógico. Cinco anos mais tarde, Boole publicou *Treatise on Differential Equations* (Tratado sobre Equações Diferenciais), seguido por *Treatise on the Calculus of Finite Differences* (Tratado sobre Cálculo de Diferenças Finitas). Este último é uma das pedras fundamentais do cálculo numérico, que trata da exatidão de cálculos.

Boole recebeu pouco reconhecimento e poucas honrarias por seu trabalho. Dada a importância da álgebra booleana na tecnologia moderna, é difícil de acreditar que seu sistema de lógica não fosse levado a sério até o início do século XX. George Boole foi, de fato, um dos fundadores da ciência da computação.

Neste livro, sombreamos os símbolos dos diagramas lógicos de cada porta para ajudá-lo a distinguir os vários tipos. Quando examinamos circuitos completos com muitas portas, os sombreados o ajudarão a identificá-las dentre as demais. No mundo real, contudo, os diagramas lógicos são tipicamente em preto e branco e as portas são identificadas apenas pelos formatos delas.

■ Porta NÃO

Uma porta NÃO aceita um valor de entrada e produz um valor de saída. A Figura 4.1 mostra uma porta NÃO representada de três formas: como uma expressão booleana, como seu símbolo de diagrama lógico e usando uma tabela-verdade. Em cada uma das formas, a variável A representa o sinal de entrada, que é ou 0 ou 1. A variável X representa o sinal de saída, cujo valor (0 ou 1) é determinado pelo valor de A.

Por definição, se o valor de entrada de uma porta NÃO for 0, o valor de saída será 1; se o valor de entrada for 1, a saída será 0. Uma porta NÃO é algumas vezes chamada de *inversor* porque ela inverte o valor de entrada.

Em expressões booleanas, a operação NÃO é representada pelo marcador ' depois do valor sendo negado. Algumas vezes, essa operação é mostrada com uma barra horizontal sobre o valor sendo negado. Na expressão booleana da Figura 4.1, a X é atribuído o valor determinado pela aplicação da operação NÃO ao valor de entrada A. Em tal *instrução de atribuição*, a variável à esquerda do sinal de igual recebe o valor da expressão à direita do sinal. Instruções de atribuição são discutidas mais adiante, no Capítulo 6.

FIGURA 4.1
Representações de uma porta NÃO

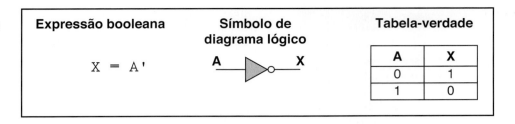

O símbolo do diagrama lógico para a porta NÃO é um triângulo com um pequeno círculo (chamado bola inversora) na saída do sinal. A entrada e saída são mostradas como linhas entrando e saindo da porta. Algumas vezes essas linhas são rotuladas, ainda que nem sempre.

A tabela-verdade na Figura 4.1, apresenta todas as possibilidades de valores de entrada para uma porta NÃO e, como o sinal só pode ser 0 ou 1, existem apenas duas possibilidades para a coluna A na tabela-verdade. A coluna X apresenta as saídas da porta, que é o inverso da entrada. Note que, das três representações, apenas a tabela-verdade define, de fato, o comportamento da porta para todas as situações.

Essas três notações são apenas três formas diferentes de representar a mesma coisa. Por exemplo, o resultado da expressão booleana

0'

é sempre 1 e o resultado da expressão booleana

1'

é sempre 0. Esse comportamento é consistente com os valores mostrados na tabela-verdade.

■ Porta E

A Figura 4.2 descreve uma porta E. Diferentemente da porta NÃO, que aceita um sinal de entrada, uma porta E aceita dois sinais de entrada. Os valores de ambos os sinais de entrada determinam qual será o sinal de saída. Se os valores dos dois sinais de entrada para uma porta E forem ambos iguais a 1, a saída será 1; senão, a saída será 0.

A operação E na álgebra booleana é expressa usando um único ponto (·). Algumas vezes é usado um asterisco (*) para representar esse operador. Frequentemente, em caso de omissão, o operador é aceito implicitamente. Por exemplo, A · B é frequentemente escrito AB.

Como existem duas entradas e dois valores possíveis para cada entrada, quatro combinações possíveis de 0 e 1 podem ser fornecidas como entrada a uma porta E. Logo, quatro situações podem ocorrer quando o operador E é usado em uma expressão booleana:

0 · 0 é igual a 0
0 · 1 é igual a 0
1 · 0 é igual a 0
1 · 1 é igual a 1

Da mesma forma, a tabela-verdade que apresenta o comportamento da porta E tem quatro linhas, mostrando todas as quatro combinações possíveis de entrada. A coluna de saída da tabela-verdade é consistente com os resultados das expressões booleanas.

FIGURA 4.2
Representações de uma porta E

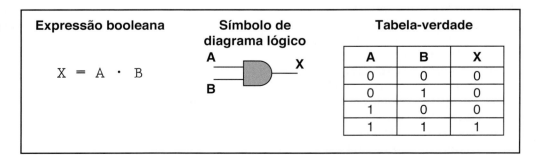

Porta OU

A Figura 4.3 apresenta uma porta OU. Como a porta E, a porta OU possui duas entradas. Se ambos os valores de entrada forem 0, o valor de saída será 0; senão, a saída será 1.

A operação da álgebra booleana OU é expressa usando o sinal de mais (+). A porta OU tem duas entradas, cada uma das quais podendo ter um de dois valores. Logo, como com a porta E, existem quatro combinações de entrada e logo quatro linhas na tabela-verdade.

Porta OU Exclusivo

A porta OU *exclusivo* (OU-X ou XOR, do inglês) é apresentada na Figura 4.4. Uma porta OU-X produz o valor 0 se as duas entradas forem iguais e caso contrário, o valor 1. Repare que as portas OU-X e OU diferem em apenas uma situação. Quando ambos os sinais são 1, a porta OU produz um 1 e a porta OU-X produz um 0.

Algumas vezes a porta OU é chamada de OU *inclusivo*, porque ela produz um 1 se uma das entradas, ou as duas, for igual a 1. A porta OU-X produz um 1, apenas se as entradas forem opostas (uma 1 e a outra 0). Pense na porta OU-X dizendo: "Quando eu digo *ou*, quero dizer uma ou a outra e não as duas".

O símbolo da álgebra booleana ⊕ é algumas vezes usado para expressar a operação OU-X. Além disso, a operação OU-X pode ser expressa usando outros operadores; deixamos isso como exercício.

Observe que o símbolo do diagrama lógico para a porta OU-X é como o símbolo da porta OU exceto por ele ter uma curva adicional conectando suas entradas.

Portas NÃO-E e NÃO-OU

A porta NÃO-E (NAND) é apresentada na Figura 4.5 e a porta NÃO-OU (NOR), na Figura 4.6. Cada uma aceita dois sinais de entrada. As portas NÃO-E e NÃO-OU são essencialmente o oposto das portas E e OU, respectivamente. Isto é, a saída de uma porta NÃO-E será a mesma que se você pegar a saída de uma porta E e passá-la por uma porta inversora (porta NÃO).

Não são usados símbolos específicos para expressar as operações NÃO-E e NÃO-OU em álgebra booleana. Isto é, a expressão da álgebra booleana para a NÃO-E é a negação de uma operação E. Da mesma forma, a expressão booleana para NÃO-OU é a negação de uma operação OU.

Os símbolos do diagrama lógico para as portas NÃO-E e NÃO-OU são os mesmos que aqueles usados para as portas E e OU exceto pelo fato de as portas NÃO-E e NÃO-OU usarem uma bola

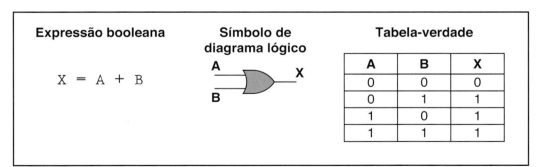

FIGURA 4.3
Representações de uma porta OU

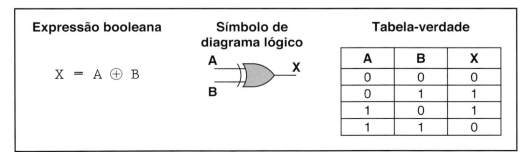

FIGURA 4.4
Representações de uma porta OU-X

FIGURA 4.5
Representações de uma porta NÃO-E

Expressão booleana

X = (A · B)'

Símbolo de diagrama lógico

Tabela-verdade

A	B	X
0	0	1
0	1	1
1	0	1
1	1	0

FIGURA 4.6
Representações de uma porta NÃO-OU

Expressão booleana

X = (A + B)'

Símbolo de diagrama lógico

Tabela-verdade

A	B	X
0	0	1
0	1	0
1	0	0
1	1	0

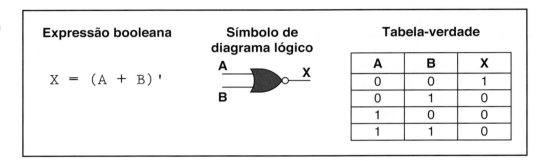

inversora (para indicar negação). Compare as colunas de saída das tabelas-verdade das portas E e NÃO-E. Elas são opostas entre si quando você as lê linha a linha. O mesmo é verdadeiro para as portas OU e NÃO-OU.

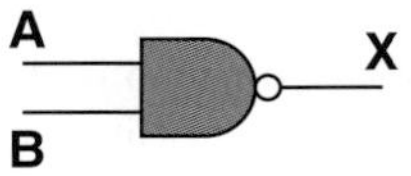

■ Revisão de Processamento de Portas

Examinamos seis tipos específicos de portas. Pode parecer uma tarefa difícil decorá-los e se lembrar de como todos funcionam — mas isso provavelmente depende de como você as entende. Definitivamente, não encorajamos ninguém a memorizar tabelas-verdade. O funcionamento dessas portas pode ser descrito brevemente em termos gerais. Se você pensar nelas dessa maneira, você poderá reproduzir as tabelas-verdade sempre que precisar.

Vamos rever o processamento de cada porta. Algumas dessas descrições são estabelecidas em termos de quais valores de entrada fazem com que a porta gere um 1 como saída; em qualquer outro caso a porta gera um 0.

- Uma porta NÃO inverte seu único sinal de entrada.
- Uma porta E produz 1 se ambos os sinais de entrada forem 1.
- Uma porta OU produz 1 se um dos sinais da entrada for 1 ou se ambos forem 1.
- Uma porta OU-X produz 1 se apenas um dos sinais de entrada for 1 (mas não ambos).
- Uma porta NÃO-E gera resultados opostos aos de uma porta E.
- Uma porta NÃO-OU gera resultados opostos aos de uma porta OU.

Com essas regras gerais de processamento em mente, tudo o que resta é lembrar os operadores booleanos e os símbolos de diagrama lógico. Tenha em mente que diversos símbolos de diagramas lógicos são variações sobre outros símbolos de diagramas lógicos. Lembre-se também de que sombrear as portas neste livro foi intencional para ajudá-lo a se lembrar dos vários tipos de portas; tradicionalmente, eles são simplesmente diagramas em preto e branco.

■ Portas com Mais Entradas

Portas podem ser projetadas para aceitar três ou mais sinais de entrada. Por exemplo, uma porta E com três entradas produzirá uma saída de 1 apenas se os três sinais de entrada forem 1. Uma porta OU de três entradas produzirá uma saída 1 se pelo menos um sinal de entrada for 1. Essas definições são consistentes com as versões de duas entradas dessas portas. A Figura 4.7 apresenta uma porta E com três sinais de entrada.

Expressão booleana	Símbolo de diagrama lógico	Tabela-verdade			
$X = A \cdot B \cdot C$	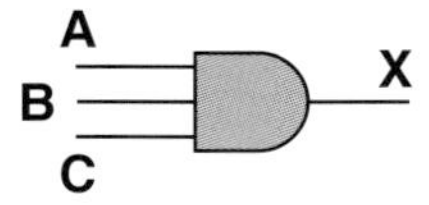 A, B, C → X	A	B	C	X
		0	0	0	0
		0	0	1	0
		0	1	0	0
		0	1	1	0
		1	0	0	0
		1	0	1	0
		1	1	0	0
		1	1	1	1

FIGURA 4.7 Representação de uma porta E com três entradas

Existem 2^3 ou 8 combinações possíveis de entrada para uma porta de três entradas. Lembre-se, do Capítulo 3, de que existem 2^n combinações de 1 e 0 para n valores distintos de entrada. Esse número determina quantas linhas aparecem na tabela-verdade.

Para o símbolo de diagrama lógico, simplesmente adicionamos um terceiro sinal de entrada no símbolo original. Para a expressão booleana, repetimos a operação E para representar o terceiro valor.

4.3 Construindo Portas

Antes de examinarmos como portas são conectadas para formar circuitos, vamos examinar, ainda em um nível mais básico, como uma porta é construída para controlar o fluxo de eletricidade.

■ Transistores

Uma porta usa um ou mais transistores para estabelecer como os sinais de entrada são mapeados em valores de saída. Um *transistor* é um dispositivo que atua, dependendo do nível de voltagem do sinal de entrada, ou como um fio que conduz eletricidade ou como um resistor que bloqueia o fluxo de eletricidade. Um transistor não possui parte móvel, embora atue como uma chave. Ele é feito de um material *semicondutor*, que não é especialmente nem um bom condutor de eletricidade (como o cobre) e nem um bom isolante (como a borracha). Normalmente é usado silício para construir transistores.

No Capítulo 1, mencionamos que a invenção do transistor, que ocorreu em 1947 nos Laboratórios da Bell, mudou a face da tecnologia, conduzindo à segunda geração de hardware de computador. Antes do advento de transistores, circuitos digitais usavam válvulas, que dissipavam uma grande quantidade de calor e frequentemente falhavam, exigindo substituição. Transistores são muito menores que válvulas e exigem muito menos energia para operar. Eles podem mudar de estado em poucos nanossegundos. Computação, como a conhecemos hoje, é devida, em grande parte, à invenção do transistor.

Antes de entrar nos detalhes de transistores, vamos discutir alguns princípios básicos de eletricidade. Um sinal elétrico tem uma fonte, como uma bateria ou uma tomada na parede. Se um sinal elétrico for *aterrado*, a ele será permitido fluir através de uma rota alternativa para a terra (literalmente), onde ele não pode causar dano. Um sinal elétrico aterrado é levado ou reduzido a 0 volt.

Um transistor tem três terminais: um coletor, uma base e um emissor. O emissor é tipicamente conectado a um fio aterrado, como mostrado na Figura 4.8. Para computadores, a fonte de alimen-

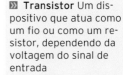
Transistor Um dispositivo que atua como um fio ou como um resistor, dependendo da voltagem do sinal de entrada

Semicondutor Material como silício que não é nem um bom condutor nem um bom isolante

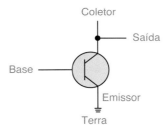
FIGURA 4.8 As conexões de um transistor

tação produz um valor de alta voltagem de aproximadamente 5 volts. O valor da base regula uma porta que determina se é feita a conexão entre a fonte e a terra. Se o sinal do coletor for aterrado, ele será puxado para 0 volt. Se a base não aterrar o sinal do coletor, ele se manterá alto.

Uma linha de saída é usualmente conectada à linha do coletor. Se o sinal do coletor for ligado à terra pelo transistor, o sinal de saída será baixo, representando um 0 binário. Se o sinal do coletor se mantiver alto, o mesmo ocorrerá com o sinal de saída, representando um 1 binário.

O transistor estará ativado, produzindo um sinal de saída alto, ou desativado, produzindo um sinal de saída baixo. Essa saída é determinada pelo sinal elétrico da base. Se o sinal da base for alto (próximo de +5volts), o sinal do coletor será aterrado, fazendo com que o transistor seja desativado. Se o sinal da base for baixo (próximo de 0 volt), o sinal do coletor se manterá alto e o transistor ficará ativado.

Agora, vamos ver como um transistor é usado para criar vários tipos de portas. Acontece que, devido ao modo como um transistor funciona, as portas mais fáceis de criar são NÃO, NÃO-E e NÃO-OU. A Figura 4.9 mostra como essas portas podem ser construídas utilizando transistores.

O diagrama para a porta NÃO é essencialmente o mesmo que o nosso diagrama de transistor. É necessário apenas um transistor para se criar uma porta NÃO. O sinal V_{in} representa o sinal de entrada para a porta NÃO. Se ele for alto, o coletor será aterrado e o sinal de saída V_{out} será baixo. Se V_{in} for baixo, o coletor não será aterrado e V_{out} será alto. Logo, o sinal de entrada será invertido, o que é exatamente o que uma porta NÃO faz.

A porta NÃO-E requer dois transistores. Os sinais de entrada V_1 e V_2 representam a entrada da porta NÃO-E. Se ambos os sinais forem altos, o coletor será aterrado e o sinal de saída V_{out} será baixo. Se pelo menos um sinal de entrada for baixo, porém, um ou outro transistor impedirá que o sinal do coletor seja aterrado e o sinal de saída ficará alto. Logo, se V_1 ou V_2 ou ambos estiverem com sinal baixo (0 binário), a saída será 1. Isso é consistente com o processamento de uma porta NÃO-E.

A construção de uma porta NÃO-OU também requer dois transistores. Mais uma vez, V_1 e V_2 representam a entrada da porta. Dessa vez, no entanto, os transistores não são conectados em série. A fonte se conecta a cada transistor separadamente. Se pelo menos um transistor permitir que o sinal da fonte seja aterrado, a saída será 0. Logo, a saída será alta (1 binário) apenas quando ambos os sinais V_1 e V_2 forem baixos (0 binário), que é o que queremos para uma porta NÃO-OU.

Uma porta E gera uma saída que é exatamente o oposto da saída de uma porta NÃO-E. Logo, para construir uma porta E, simplesmente passamos a saída de uma porta NÃO-E por um inversor (uma porta NÃO). É por isso que portas E são mais complicadas de construir que portas NÃO-E: elas exigem três transistores, dois para a porta NÃO-E e um para a porta NÃO. O mesmo raciocínio pode ser aplicado para entender o relacionamento entre portas NÃO-OU e OU.

4.4 Circuitos

> **Circuito Combinacional** Um circuito cuja saída seja unicamente determinada pelos valores de entrada

Agora que sabemos como portas funcionam individualmente e como elas são construídas, vamos examinar como combinar portas para formar circuitos. Circuitos podem ser classificados em duas categorias gerais. Em um **circuito combinacional**, os valores de entrada determinam explicitamente

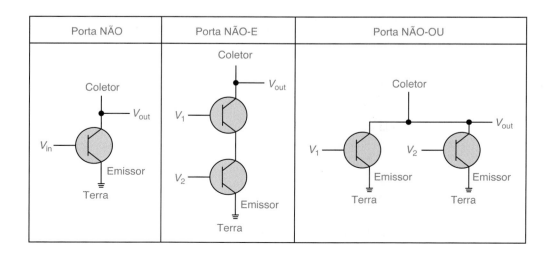

FIGURA 4.9 Construindo portas usando transistores

a saída. Em um circuito sequencial, a saída é uma função dos valores de entrada como também do estado atual do circuito. Assim, circuitos sequenciais envolvem usualmente o armazenamento de informação. A maioria dos circuitos que examinamos neste capítulo são combinacionais, embora mencionemos, brevemente, circuitos sequenciais de memória.

Da mesma maneira que portas, podemos descrever as operações de circuitos inteiros usando três notações: expressões booleanas, diagramas lógicos e tabelas-verdade. Essas representações são diferentes, mas são técnicas de representação igualmente poderosas.

> **Circuito Sequencial** Um circuito cuja saída é função de seus valores de entrada e do estado corrente do circuito

■ Circuitos Combinacionais

Portas são combinadas em circuitos usando a saída de uma porta como entrada de outra. Por exemplo, considere o seguinte diagrama lógico de um circuito:

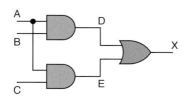

As saídas das duas portas E são usadas como entrada de uma porta OU. O valor de entrada A é usado como entrada em ambas as portas E. O ponto indica que duas linhas estão conectadas. Se a interseção entre duas linhas que se cruzam não tiver um ponto, você deverá pensar que uma está "passando por cima" da outra, sem se afetarem mutuamente.

O que esse diagrama lógico significa? Bem, vamos trabalhar de trás para a frente para ver o que é necessário para obter um resultado em particular. Para a saída final X ser 1 é necessário que ou D seja 1 ou E seja 1. Para que D seja 1, ambos, A e B, têm que ser 1. Para E ser 1, ambos, A e C, têm que ser 1. Ambos, E e D, podem ser 1, mas isso não é necessário. Examine esse circuito cuidadosamente; esteja certo que esse raciocínio seja consistente com seu entendimento dos tipos de portas usadas.

Agora vamos representar o processamento desse circuito inteiro usando uma tabela-verdade:

A	B	C	D	E	X
0	0	0	0	0	0
0	0	1	0	0	0
0	1	0	0	0	0
0	1	1	0	0	0
1	0	0	0	0	0
1	0	1	0	1	1
1	1	0	1	0	1
1	1	1	1	1	1

Como há três entradas para esse circuito, oito linhas são necessárias para descrever todas as possibilidades de combinações de entrada. As colunas do meio mostram os valores intermediários (D e E) do circuito.

Finalmente, vamos expressar esse mesmo circuito usando álgebra booleana. Um circuito é uma coleção de portas que interagem, então, uma expressão booleana que represente um circuito é uma combinação de operações booleanas apropriadas. Apenas temos que colocar as operações booleanas juntas e na forma apropriada, para criar uma expressão válida na álgebra booleana. Nesse circuito existem duas expressões E. A saída de cada operação E é entrada para a operação OU. Logo, esse circuito é representado pela seguinte expressão booleana (na qual o operador E está implícito):

(AB + AC)

Quando montamos tabelas-verdade, geralmente é melhor rotular as colunas usando esses tipos de expressões booleanas, em vez de usar variáveis arbitrárias como D, E e X. Isso torna claro o que cada coluna representa. Na verdade, também podemos usar expressões booleanas para rotular nossos diagramas lógicos, eliminando totalmente a necessidade de variáveis intermediárias.

Agora, vamos por outro caminho: vamos pegar uma expressão booleana e construir os correspondentes diagrama lógico e tabela-verdade. Considere a seguinte expressão booleana:

A(B + C)

Nessa expressão, a operação OU é aplicada aos valores de entrada B e C. O resultado dessa operação é usado como entrada, juntamente com A, em uma operação E, produzindo o resultado final. O correspondente diagrama de circuito é

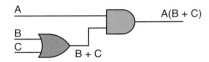

Uma vez mais, completamos nossa série de representações expressando esse circuito como uma tabela-verdade. Como no exemplo anterior, existem três valores de entrada, então há oito linhas na tabela-verdade:

A	B	C	B + C	A(B + C)
0	0	0	0	0
0	0	1	1	0
0	1	0	1	0
0	1	1	1	0
1	0	0	0	0
1	0	1	1	1
1	1	0	1	1
1	1	1	1	1

Pegue uma linha dessa tabela-verdade e siga a lógica do diagrama do circuito para ter certeza que os resultados finais sejam consistentes. Faça o mesmo com outras linhas, para pegar prática e ficar à vontade com o processo de seguir a lógica de um circuito.

Agora, compare a coluna do resultado final dessa tabela-verdade com a tabela-verdade do exemplo anterior. Elas são idênticas. Acabamos de demonstrar **equivalência de circuitos**. Isto é, ambos os circuitos produzem exatamente a mesma saída para cada combinação de valores de entrada.

De fato, essa situação demonstra uma importante propriedade da álgebra booleana chamada *propriedade distributiva*:

A(B + C) = AB + AC

> **Equivalência de circuitos** A mesma saída para cada correspondente combinação de valores de entrada para dois circuitos

Essa é a beleza da álgebra booleana: ela nos permite aplicar princípios matemáticos que se podem provar para projetar circuitos lógicos. O quadro a seguir apresenta algumas das propriedades da álgebra booleana:

Propriedade	E	OU
Comutativa	AB = BA	A + B = B + A
Associativa	(AB)C = A(BC)	(A + B) + C = A + (B + C)
Distributiva	A(B + C) = (AB) + (AC)	A + (BC) = (A + B)(A + C)
Identidade	A1 = A	A + 0 = A
Complemento	A(A') = 0	A + (A') = 1
Lei de DeMorgan	(AB)' = A' + B'	(A + B)' = A'B'

Essas propriedades são consistentes com nosso entendimento de processamento de portas, como também com as representações de tabela-verdade e diagrama lógico. Por exemplo, a propriedade comutativa, em bom português, diz que a ordem dos sinais de entrada não importa, o que é verdade (verifique isso usando as tabelas-verdade de portas individuais). A propriedade de complemento diz que, se colocarmos um sinal e seu inverso em uma porta E, será garantido obter 0, mas, se colocarmos um sinal e seu inverso em uma porta OU, será garantido obter 1.

Há um muito famoso — e útil — teorema em álgebra booleana chamado *Lei de DeMorgan*. Essa lei estabelece que o operador NÃO aplicado ao E de duas variáveis é igual ao NÃO aplicado a cada uma das duas variáveis com um OU no meio. Isto é, inverter a saída de uma porta E é equivalente a inverter os sinais individualmente e depois passá-los em uma porta OU:

$(AB)' = A' + B'$

A segunda parte da lei estabelece que o operador NÃO aplicado ao OU de duas variáveis é igual a aplicar o NÃO a cada uma das duas variáveis com um E no meio. Expresso em termos de circuito, isso significa que, inverter a saída de uma porta OU é equivalente a inverter ambos os sinais primeiro e depois fazê-los passar por uma porta E:

$(A + B)' = A'B'$

A Lei de DeMorgan e outras propriedades da álgebra booleana proveem um mecanismo formal para definir, manipular e avaliar projetos de circuitos lógicos.

Lei de DeMorgan, em homenagem a Augustus DeMorgan
DeMorgan, um contemporâneo de George Boole, foi o primeiro professor de matemática da Universidade de Londres, em 1828, onde continuou a lecionar por 30 anos. Ele escreveu textos elementares sobre aritmética, álgebra, trigonometria e cálculo, como também artigos sobre a possibilidade de estabelecer um cálculo lógico e sobre o problema fundamental de expressar raciocínio por meio de símbolos. DeMorgan não descobriu a lei que leva seu nome, mas é creditado a ele estabelecê-la formalmente como ela é conhecida hoje[3].

■ Somadores

Talvez, a mais simples operação que um computador pode efetuar é somar dois números. No nível lógico digital, essa adição é efetuada em binário. O Capítulo 2 discute esse processo em profundidade. Esses tipos de operação de adição são realizados por circuitos especiais chamados, apropriadamente, de **somadores**.

Como adição em qualquer base, o resultado da adição de dois números binários pode produzir potencialmente um *valor vai-um*. Lembre-se de que 1 + 1 = 10 na base 2. Um circuito que calcula a soma de dois bits e produz o bit correto de vai-um é chamado de **semissomador**.

Vamos considerar todas as possibilidades ao somar dois dígitos binários A e B. Se ambos forem 0, a soma será 0 e o vai-um será 0. Se A for 0 e B for 1, a soma será 1 e o vai-um será 0. Se A for 1 e B for 0, a soma será 1 e o vai-um será 0. Se ambos forem 1, a soma será 0 e o vai-um será 1. Isso produz a seguinte tabela-verdade:

» **Somador** Um circuito eletrônico que realiza uma operação de adição com valores binários
» **Semissomador** Um circuito que calcula a soma de dois bits e gera o bit apropriado de vai-um

A	B	Soma	Vai-um
0	0	0	0
0	1	1	0
1	0	1	0
1	1	0	1

Nesse caso, estamos procurando na verdade dois resultados de saída, a soma e o vai-um. Como consequência, nosso circuito tem duas linhas de saída.

Se você comparar as colunas da soma e do vai-um com as saídas das diversas portas, você verá que a coluna da soma corresponde a uma porta OU-X e o vai-um corresponde a uma porta E. Logo, o seguinte diagrama de circuito representa um semissomador:

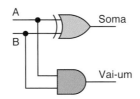

Teste esse diagrama atribuindo várias combinações de valores de entrada e determinando os dois valores de saída produzidos. Os resultados seguem as regras da aritmética binária? Eles deveriam. Agora, compare seus resultados com a correspondente tabela-verdade. Eles também devem ser iguais.

O que dizer da expressão booleana para esse circuito? Como o circuito produz dois valores de saída distintos, o representamos usando duas expressões booleanas:

soma = $A \oplus B$
vai-um = AB

> **Somador completo** Um circuito que calcula a soma de dois bits, levando em conta a entrada de um bit de vai-um

Note que um semissomador não leva em conta um possível vai-um *no* do cálculo (vem-um). Isto é, um semissomador é perfeito para somar dois dígitos únicos, mas ele não pode ser usado para calcular a soma de dois valores binários com múltiplos dígitos cada. Um circuito chamado **somador completo** leva em conta os valores vem-um.

Podemos usar dois semissomadores para construir um somador completo. Como? Bem, as entradas para a soma devem ser o vem-um e a soma obtida a partir de dois valores de entrada. Isto é, somamos o resultado de um semissomador ao vem-um. Cada uma dessas somas tem um vai-um. Podem os dois vai-um ser 1 ao mesmo tempo, gerando um novo vai-um? Felizmente, não. Veja a tabela-verdade do semissomador. Não há caso em que a soma e o vai-um sejam ambos 1.

A Figura 4.10 apresenta o diagrama lógico e a tabela-verdade para o somador completo. Esse circuito tem três entradas: os dois dígitos originais (A e B) e o valor vem-um. Então, a tabela-verdade tem oito linhas. Deixamos a expressão booleana correspondente como um exercício.

Para somar dois valores de 8 bits, podemos repetir um somador completo oito vezes. O valor do vai-um de uma posição é usado como o vem-um para o valor da próxima posição mais alta. O valor do vem-um para a posição de bit mais à direita é assumido como zero e o vai-um da posição de bit mais à esquerda é descartado (criando potencialmente um erro de transbordamento).

Existem várias formas de aprimorar o projeto desses circuitos somadores, mas não vamos explorá-los em mais detalhes neste texto.

■ Multiplexadores

> **Multiplexador** Um circuito que usa alguns sinais de controle de entrada para determinar qual de várias linhas de entradas será passada para a saída

Um **multiplexador** (muitas vezes chamado de *mux*) é um circuito geral que gera um único sinal de saída. Essa saída é igual a um dos vários sinais de entrada do circuito. O multiplexador seleciona qual sinal de entrada deixa passar para a saída, com base nos valores de outros sinais de entrada, chamados *sinais de seleção* ou *linhas de controle de seleção*.

Vamos ver um exemplo, para tornar claro como um multiplexador funciona. A Figura 4.11 apresenta um diagrama de bloco de um mux. As linhas de controle S0, S1 e S2 determinam qual das outras oito linhas de entrada (D0 a D7) será direcionada para a saída (F).

Os valores das três linhas de controle, tomados em conjunto, são interpretados como um número binário que determina qual linha de entrada passa para a saída. Relembre do Capítulo 2 que três dígitos binários podem representar oito valores diferentes: 000, 001, 010, 011, 100, 101, 110 e 111. Esses valores, que simplesmente contam em binário de 0 a 7, correspondem aos nossos valores de saída D0 até D7. Então, se S0, S1 e S2 forem todos 0, a linha de entrada D0 será a saída do mux. Se S0 for 1, S1 for 0 e S2 for 1, então D5 será a saída do mux.

O arqueólogo digital
O trabalho de arqueologia moderna tem sido grandemente assistido por tecnologias digitais. Por exemplo, o GIS (Geographic Information Systems - Sistemas de Informação Geográfica) é usado para referência geográfica das camadas verticais de um sítio arqueológico e pode elaborar um mapa tridimensional. O GPS (Global Positioning System - Sistema de Posicionamento Global) - atualmente um sistema com 24 satélites em órbita - é usado para determinar a localização geográfica do sítio na Terra. Dados de GPS podem ser transferidos para o GIS, o que torna a representação GIS de um sítio mais poderosa e precisa. Arqueólogos, que antes se apoiavam em mapas por inspeção, agora usam o GPS para estabelecer pontos geográficos em seus sítios.

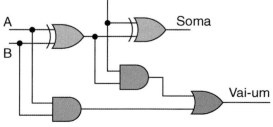

Tabela-verdade

A	B	Vem-um	Soma	Vai-um
0	0	0	0	0
0	0	1	1	0
0	1	0	1	0
0	1	1	0	1
1	0	0	1	0
1	0	1	0	1
1	1	0	0	1
1	1	1	1	1

FIGURA 4.10 Um somador completo

A tabela-verdade a seguir mostra como as linhas de controle de entrada determinam a saída para esse multiplexador:

S0	S1	S2	F
0	0	0	D0
0	0	1	D1
0	1	0	D2
0	1	1	D3
1	0	0	D4
1	0	1	D5
1	1	0	D6
1	1	1	D7

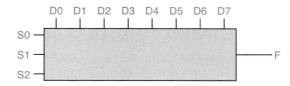

FIGURA 4.11 Um diagrama de bloco de um multiplexador com três linhas de controle de seleção

O diagrama de bloco da Figura 4.11 esconde um circuito razoavelmente complicado, que realiza a lógica de um multiplexador. Tal circuito poderia ser mostrado usando oito portas E de três entradas e uma porta OU de oito entradas. Não entraremos nos detalhes desse circuito neste livro.

Um multiplexador pode ser projetado com um número variado de linhas de entrada e correspondentes linhas de controle. Em geral, os valores binários de n linhas de entrada de controle são usados para determinar qual de 2^n linhas de dados será selecionada para a saída.

Um circuito chamado *demultiplexador* (*demux*) realiza a operação inversa. Isto é, ele pega um único sinal de entrada e o direciona para uma de 2^n saídas, dependendo dos valores das n linhas de controle.

4.5 Circuitos como Memória

Circuitos digitais desempenham um importante papel: eles podem armazenar informação. Esses circuitos formam um circuito sequencial, já que a saída do circuito também serve como entrada para ele. Isto é, o estado existente do circuito é usado, em parte, para determinar o próximo estado.

Muitos tipos de circuitos de memória têm sido projetados. Examinamos apenas um tipo neste livro: o *registrador* (*latch*) S-R. Um registrador S-R armazena um único dígito binário (1 ou 0). Um circuito registrador S-R pode ser projetado usando uma variedade de portas. Um desses circuitos, usando portas NÃO-E, é descrito na Figura 4.12.

O projeto desses circuitos garante que as duas saídas X e Y sejam sempre complementos uma da outra. Isto é, quando X é 0, Y é 1 e vice-versa. O valor de X, em qualquer instante de tempo, é considerado como sendo o estado corrente do circuito. Logo, se X for 1, o circuito estará armazenando um 1 e se X for 0, o circuito estará armazenando um 0.

Lembre-se de que uma porta NÃO-E gera uma saída 1, a menos que ambos os seus valores de entrada sejam 1. Cada porta, nesse circuito, tem uma entrada externa (S ou R) e outra entrada que vem da saída da outra porta. Suponha que o estado corrente do circuito esteja armazenando um 1 (isto é, X é 1) e suponha que ambas as entradas S e R sejam 1. Então Y se manterá 0 e X se manterá 1. Agora, suponha que o circuito esteja armazenando um 0 (X é 0) e que R e S sejam novamente 1. Então Y permanecerá 1 e X permanecerá 0. Não importa que valor esteja sendo armazenado no momento, se S e R forem 1, o circuito manterá seu estado existente.

Essa explicação demonstra que o registrador S-R manterá seu valor desde que S e R sejam iguais a 1. Mas, como um valor é armazenado pela primeira vez? Fazemos o registrador S-R ser 1

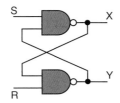

FIGURA 4.12 Um registrador S-R

deixando momentaneamente S igual a 0 enquanto mantemos R igual a 1. Se S for igual a 0, X se tornará 1. Contanto que S retorne imediatamente para 1, o registrador S-R permanecerá em um estado de 1. Fazemos o registrador S-R ser 1 deixando momentaneamente R igual a 0, enquanto mantemos S igual a 1. Se R for igual a 0, Y se tornará 1e logo X se tornará 0. Contanto que R seja imediatamente retornado a 1, o estado do circuito se manterá 0.

Controlando cuidadosamente os valores de S e R, o circuito pode ser feito para armazenar um ou outro valor. Aumentando em escala essa ideia para circuitos maiores, podemos projetar dispositivos de memória com maior capacidade.

4.6 Circuitos Integrados

>> **Circuito integrado (pastilha)** Um pedaço de silício no qual múltiplas portas foram embutidas

Um **circuito integrado** (também chamado de pastilha) é um pedaço de silício no qual múltiplas portas foram embutidas. Esses pedaços de silício são montados em invólucros de plástico ou de cerâmica com pinos ao longo das bordas que podem ser soldadas em placas de circuito ou inseridas em soquetes apropriados. Cada pino se conecta a uma entrada ou saída de uma porta, ou à fonte de alimentação ou à terra.

Circuitos integrados (CI) são classificados em função do número de portas contidas nele. Essa classificação também reflete a história do desenvolvimento da tecnologia de CIs:

Abreviação*	Nome	Número de Portas
SSI	Integração em pequena escala	1 a 10
MSI	Integração em média escala	10 a 100
LSI	Integração em grande escala	100 a 100.000
VLSI	Integração em escala muito grande	Mais de 100.000

Uma pastilha SSI tem umas poucas portas independentes, tais como aquela mostrada na Figura 4.13. Essa pastilha tem 14 pinos: oito para entradas de portas, quatro para saídas das portas, um para terra e um para alimentação. Pastilhas similares podem ser feitas com portas diferentes.

Como uma pastilha pode ter mais de 100.000 portas nela? Isso implicaria a necessidade de ela ter 300.000 pinos! A resposta está no fato de que as portas em uma pastilha VLSI não são independentes, como elas são em uma pastilha de integração em pequena escala. Pastilhas VLSI embutem circuitos com uma alta razão entre portas e pinos. Isto é, muitas portas são combinadas para criar circuitos complexos, que exigem apenas poucos valores de entrada e de saída. Multiplexadores são exemplos desse tipo de circuito.

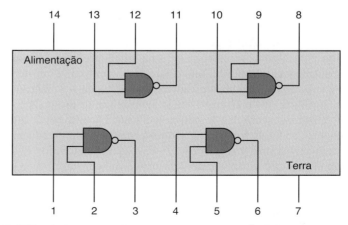

FIGURA 4.13 Uma pastilha SSI contendo portas NÃO-E independentes

---

*SSI: Small-Scale Integration; MSI: Medium-Scale Integration; LSI: Large-Scale Integration; VLSI: Very-Large-Scale. (N.T.)

4.7 Pastilhas de CPU

O mais importante circuito integrado em qualquer computador é a unidade central de processamento (CPU — Central Processing Unit). O processamento de uma CPU será discutido no próximo capítulo, mas é importante reconhecer, nesse momento, que a CPU é, em certo sentido, meramente um circuito avançado com linhas de entrada e de saída.

Cada pastilha de CPU contém um grande número de pinos pelos quais ocorre essencialmente toda a comunicação em um sistema computacional. Essa comunicação conecta a CPU com memória e com dispositivos de entrada e saída (E/S), os quais são, eles próprios, em níveis básicos, circuitos avançados.

A explanação de processamento de CPU e sua interação com outros dispositivos nos levam a outro nível de processamento computacional, algumas vezes chamado de *arquitetura de componentes*. Embora ainda seja primariamente focada em hardware, arquitetura de componentes computacionais aplica o princípio de abstração ainda mais uma vez, nos permitindo temporariamente ignorar os detalhes de portas e circuitos discutidos neste capítulo, nos levando para mais perto de uma completa compreensão de processamento computacional.

> **Privacidade de Compartilhamento/etiquetagem de fotos**
>
> A maioria dos sítios de redes sociais, tais como Facebook e MySpace, permitem que os membros carreguem (façam upload) suas próprias fotos. Facebook, na verdade, é o maior sítio de compartilhamento de fotos na Internet, com mais de 14 milhões de fotos sendo incorporadas diariamente. Uma vez carregadas, elas podem ser rotuladas com a data e o lugar da ocasião e "etiquetadas" com o nome de cada pessoa na foto, mesmo que esta não seja membro do sítio da rede social. Isso é um motivo para preocupação, já que as pessoas não têm controle nem sobre as fotos que estão sendo postadas nesses sítios tampouco sobre os respectivos direitos. Essas fotos frequentemente incriminadoras uma vez carregadas podem ser vistas pela família, amigos, professores, empregadores em potencial e agentes responsáveis pelo cumprimento da lei.

Resumo

Neste capítulo discutimos como um computador opera em seu nível mais básico no controle do fluxo de eletricidade. Como estamos lidando com computadores digitais que usam informação binária, nos ocupamos apenas de duas faixas de voltagens, que interpretamos como 1 ou 0 binário. O fluxo de eletricidade é guiado por dispositivos eletrônicos, chamados de portas, que executam operações lógicas básicas, tais como NÃO, E e OU. Uma porta é criada usando um ou mais transistores, uma invenção que revolucionou a computação.

Portas podem ser combinadas em circuitos, nos quais a saída de uma porta serve como entrada de outra. Ao projetar cuidadosamente esses circuitos podemos criar circuitos que executam tarefas mais complexas como adicionar, multiplexar e armazenar dados. Coleções de portas ou circuitos complexos são frequentemente embutidos em um único circuito integrado, ou pastilha, que leva ao conceito de uma unidade central de processamento (CPU).

QUESTÕES ÉTICAS ▶ Privacidade de Correio Eletrônico

Você já escreveu uma mensagem importante, enviou seu currículo ou reclamou de um colega via correio eletrônico? Você reagiria diferentemente se soubesse que desconhecidos, chefes ou o seu colega pudessem ler a sua mensagem? Inicialmente uma ferramenta apenas para os mais cultos em computação, hoje em dia, correio eletrônico é um meio-padrão de comunicação para milhões de pessoas. Muitos usuários, no entanto, assumem, incorretamente, que apenas aqueles para quem a correspondência é enviada têm acesso a seu conteúdo. No caminho do remetente ao destinatário, as mensagens de correio eletrônico viajam de servidor em servidor e podem ser lidas mais facilmente que um cartão-postal. Segurança de correio eletrônico se tornou o centro de muitos debates que buscam uma base comum entre direitos individuais, direitos corporativos e tecnologia computacional.

Muitas empresas que se apoiam em correio eletrônico para boa parte das suas comunicações agora têm políticas que destacam onde termina a privacidade do correio eletrônico dos funcionários e começa o seu monitoramento. Defensores do monitoramento de correio eletrônico declaram que toda a correspondência que passa por um servidor da empresa pertence à empresa. Eles argumentam que a vigilância evita que empregados abusem do uso de correio eletrônico e permite ao empregador mais controle sobre correspondências pelas quais a empresa possa ser considerada responsável. Opositores explicam que o monitoramento de correio eletrônico cria uma atmosfera de desconfiança e desrespeito e sugerem que a vigilância é uma obstrução desnecessária da autonomia dos empregados.

As questões de privacidade que cercam o correio eletrônico se estendem além das políticas de empresas. Por exemplo, em julho de 2000, o Reino Unido aprovou a lei de Regulação de Poder de Investigação, dando ao governo acesso a toda correspondência na Internet. Provedores de serviço de Internet daquele país têm que repassar toda a correspondência eletrônica para os departamentos do governo e os funcionários do governo têm acesso a todas as chaves de criptografia que são usadas para proteger e dar segurança a mensagens de correio eletrônico. Da mesma for-

» continua

82   Capítulo 4

A Camada de Hardware

⚖ QUESTÕES ÉTICAS ▶ Privacidade de Correio Eletrônico, continuação

ma, o Ato Patriota dos EUA permite o monitoramento de correio eletrônico nos Estados Unidos.

Mesmo após uma mensagem ter chegado ao seu destino, uma audiência não autorizada pode ler seu conteúdo. A opção de encaminhar mensagens, fornecida pela maioria dos serviços de correio eletrônico, dá ao destinatário a possibilidade de passar mensagens adiante sem o conhecimento do autor. Encaminhar mensagens não apenas permite que o destinatário leia os pensa-

mentos originais do remetente, mas também permite que o destinatário veja o nome e a informação de contato do remetente. Pesquisas mostram que as pessoas consideram que ler mensagens alheias é uma invasão de privacidade menor do que ler cartas comuns de outros. Essa crença, junto com a facilidade da leitura clandestina e do monitoramento, compromete a segurança da correspondência via correio eletrônico.

⚷ Termos Fundamentais

Álgebra booleana

Circuito

Circuito combinacional

Circuito integrado (ou pastilha)

Circuito sequencial

Diagrama lógico

Equivalência de circuitos

Multiplexador

Porta

Semissomador

Semicondutor

Somador

Somador completo

Tabela-verdade

Transistor

⌘ Exercícios

Para os Exercícios 1 a 17, assinale verdadeiro ou falso, como a seguir:

- **A.** Verdadeiro
- **B.** Falso

1. Diagramas lógicos e tabelas-verdade são igualmente poderosos para expressar o processamento de portas e circuitos.
2. Expressões booleanas são mais poderosas do que diagramas lógicos para expressar o processamento de portas e circuitos.
3. Uma porta NÃO aceita duas entradas.
4. O valor de saída de uma porta E é 1 quando ambas as entradas são 1.
5. As portas E e OU geram resultados opostos para a mesma entrada.
6. A saída de uma porta OU será 1 se ambas as entradas forem 1.
7. A saída de uma porta OU será 0 se uma entrada for 0 e a outra, 1.
8. O valor de saída de uma porta OU-X será 0 a menos que ambas as entradas sejam 1.
9. A porta NÃO-OU produz os resultados opostos ao da porta OU-X.
10. Uma porta pode ser projetada para aceitar mais de duas entradas.
11. Um transistor é feito de material semicondutor.
12. Inverter a saída de uma porta E é equivalente a inverter primeiro os sinais individuais e depois passá-los por uma porta OU.
13. A soma de dois dígitos binários (ignorando o vai-um) é expressa por uma porta E.
14. Um somador completo leva em conta o valor do vem-um.
15. Um multiplexador soma todos os bits de suas linhas de entrada para produzir sua saída.
16. Circuitos integrados são classificados de acordo com o número de portas contidas neles.
17. Uma CPU é um circuito integrado.

Para os Exercícios 18 a 29, relacione a porta correta com a descrição da operação ou com o diagrama.

- **A.** E
- **B.** NÃO-E
- **C.** OU-X
- **D.** OU
- **E.** NÃO-OU
- **F.** NÃO

18. Inverte sua entrada.
19. Produz um valor 1 apenas se todas as suas entradas forem 1 e um 0, caso contrário.

20. Produz um valor 0 apenas se todas as suas entradas forem 1 e um 0, caso contrário.
21. Produz um valor 0 apenas se suas entradas forem iguais e um 1, caso contrário.
22. Produz um valor 0 se todas as suas entradas forem 1 e um 1, caso contrário.
23. Produz um valor 1 se todas as suas entradas forem 0 e um 0, caso contrário.

24.

25.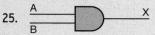

26.

27.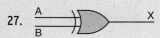

28.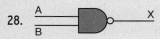

29.

Os Exercícios 30 a 73 são questões de resposta curta ou de projeto.
30. Como um nível de voltagem é usado para distinguir dígitos binários?
31. Qual a diferença entre uma porta e um circuito?
32. Quais são os três métodos de representação para descrever o comportamento de portas e circuitos?
33. Caracterize as notações perguntadas no Exercício 32.
34. Quantos sinais de entrada uma porta pode receber e quantos sinais de saída uma porta pode gerar?
35. Cite seis tipos de portas.
36. Dê as três representações para uma porta NÃO e descreva com palavras o que NÃO significa.
37. Dê as três representações para uma porta E e descreva com palavras o que E significa.
38. Dê as três representações para uma porta OU e descreva com palavras o que OU significa.
39. Dê as três representações para uma porta OU-X e descreva com palavras o que OU-X significa.
40. Dê as três representações para uma porta NÃO-E e descreva com palavras o que NÃO-E significa.
41. Dê as três representações para uma porta NÃO-OU e descreva com palavras o que NÃO-OU significa.
42. Compare e faça a distinção entre as portas E e NÃO-E.
43. Dê a expressão booleana para a porta E de três entradas e então apresente seu comportamento com uma tabela-verdade.

44. Dê a expressão booleana para a porta OU de três entradas e então apresente seu comportamento com uma tabela-verdade.

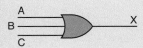

45. O que é usado em uma porta para estabelecer o relacionamento entre os valores de entrada e os valores de saída?

46. Como um transistor se comporta?
47. De que um transistor é feito?
48. O que acontece quando um sinal elétrico é aterrado?
49. Quais são os três terminais de um transistor e como eles operam?
50. Quantos transistores são necessários para cada uma dessas portas?
    a. NÃO
    b. E
    c. NÃO-OU
    d. OU
    e. OU-X
51. Desenhe um diagrama de um transistor para uma porta E. Explique o processamento.
52. Desenhe um diagrama de um transistor para uma porta OU. Explique o processamento.
53. Como portas podem ser combinadas em circuitos?
54. Quais são as duas categorias gerais de circuitos e como elas diferem entre si?
55. Desenhe um diagrama de circuito correspondendo à seguinte expressão booleana:

    (A + B)(B + C)

56. Desenhe um diagrama de circuito correspondendo à seguinte expressão booleana:

    (AB + C)D

57. Desenhe um diagrama de circuito correspondendo à seguinte expressão booleana:

    A'B + (B + C)'

58. Desenhe um diagrama de circuito correspondendo à seguinte expressão booleana:

    (AB)' + (CD)'

59. Apresente o comportamento do seguinte circuito com uma tabela-verdade:

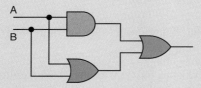

60. Apresente o comportamento do seguinte circuito com uma tabela-verdade:

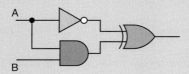

61. Apresente o comportamento do seguinte circuito com uma tabela-verdade:

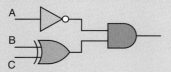

62. Apresente o comportamento do seguinte circuito com uma tabela-verdade:

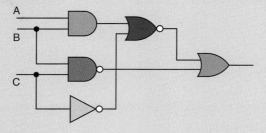

63. O que é equivalência de circuito?
64. Cite seis propriedades da álgebra booleana e explique o que cada uma significa.
65. Faça a distinção entre semissomador e somador completo.
66. Qual é a expressão booleana para um somador completo?
67. O que é um multiplexador?
68. a. Circuitos utilizados para memórias são que tipos de circuitos?
    b. Quantos dígitos um registrador S-R armazena?
    c. O que o projeto de um registrador S-R apresentado na Figura 4.12 garante com relação às saídas X e Y?
69. O que é um circuito integrado ou pastilha?
70. Defina o que significam as abreviações SSI, MSI, LSI e VLSI.
71. Na pastilha mostrada na Figura 4.13, para que os pinos são usados?
72. Desenhe um circuito usando dois somadores completos que somem dois valores binários de dois bits.
73. Como se pode expressar a operação OU-X usando outros operadores?

??? Temas para Reflexão

1. Ao longo deste capítulo usamos expressões booleanas, tabelas-verdade e diagramas lógicos para descrever o mesmo comportamento. Está claro para você o relacionamento entre esses métodos notacionais? Qual você acha o mais intuitivo? Qual você acha o menos intuitivo?
2. Muitas situações podem ser descritas pelas ideias deste capítulo — por exemplo, a operação de um interruptor único de luz ou uma lâmpada que possui dois interruptores. Você consegue pensar em outras ocorrências do dia a dia que podem ser descritas pelos métodos notacionais apresentados neste capítulo?
3. Você já enviou uma mensagem de correio eletrônico para alguém de que tenha se arrependido imediatamente? Você acha que diria alguma coisa em um mensagem de correio eletrônico que jamais diria pessoalmente? Considere a seguinte premissa: "O correio eletrônico rebaixou a civilidade do discurso pessoal". Você concorda ou discorda?
4. Se uma pessoa enviar uma mensagem a partir de um computador de uma escola ou de uma empresa, essa mensagem deverá ser considerada privada? Tem a instituição ou pessoa que é proprietária do computador do qual partiu a mensagem o direito de inspecionar a mensagem?
5. Você considera que ler uma mensagem eletrônica de outra pessoa é uma invasão de privacidade menor do que ler sua correspondência comum?

A Camada de Hardware

Preparando os Alicerces
  1 O Quadro Geral

A Camada de Informação
  2 Valores Binários e Sistemas de Numeração
  3 Representação de Dados

A Camada de Hardware
  4 Portas e Circuitos
▶ 5 Componentes Computacionais

A Camada de Programação
  6 Linguagens de Programação de Baixo Nível e Pseudocódigo
  7 Solução de Problemas e Algoritmos
  8 Tipos Abstratos de Dados e Subprogramas
  9 Projeto Orientado a Objeto e Linguagens de Programação de Alto Nível

A Camada de Sistema Operacional
  10 Sistemas Operacionais
  11 Sistemas de Arquivos e Diretórios

A Camada de Aplicação
  12 Sistemas de Informação
  13 Inteligência Artificial
  14 Simulação, Gráficos, Jogos e Outros Aplicativos

A Camada de Comunicação
  15 Redes
  16 A *World Wide Web*

Em Conclusão
  17 Limitações da Computação

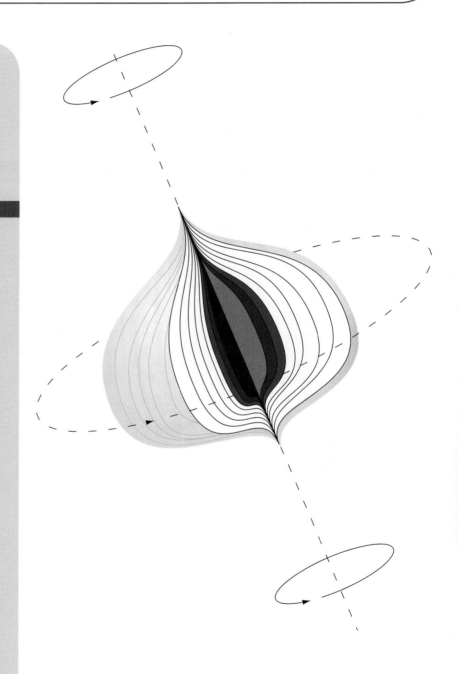

Componentes Computacionais

5

O Capítulo 2 descreveu o sistema de numeração binário, no qual toda a informação é representada em um computador. O Capítulo 4 descreveu como controlamos eletricidade em um nível básico para lidar com valores binários. Agora, podemos descrever os componentes principais de um computador que tiram proveito dessas tecnologias. Esses componentes principais são como peças de Lego; eles podem ser combinados para construir uma variedade de computadores diferentes, assim como peças de Lego podem formar uma variedade de objetos.

Embora esses componentes, tais como memória principal e a unidade central de processamento (CPU), sejam frequentemente pensados como as partes mais fundamentais de um computador, sabemos que eles são abstrações de conceitos ainda mais básicos.

Objetivos

Após estudar este capítulo, você deverá ser capaz de:

- ler um anúncio de um computador e entender o jargão.
- listar os componentes e suas funções em uma máquina de von Neumann.
- descrever o ciclo busca-decodificação-execução da máquina de von Neumann.
- descrever como a memória de um computador é organizada e acessada.

- nomear e descrever os vários dispositivos auxiliares de armazenamento.
- definir três alternativas de configuração de computador paralelo.
- explicar o conceito de sistemas embarcados e fornecer exemplos a partir de sua própria casa.

5.1 Componentes Individuais de um Computador

Computação, mais do que a maioria das áreas, possui jargão e acrônimos próprios e especiais. Começamos este capítulo traduzindo um anúncio de um computador de uso pessoal (*desktop*). Então, examinamos os componentes de um computador como um todo lógico antes de examinarmos cada componente em detalhe.

Considere o seguinte anúncio de um computador *laptop*.

Insatavialion 640 Laptop
Desempenho e Portabilidade Excepcionais

- Intel® Core™ 2 Duo (2.66GHz/1066MHz FSB/6MB Cache)
- Monitor de 15,6" de Alta Definição (1080p), Tela LED Backlit LCD (1366 × 768)
- Placa Gráfica de 512MB ATI Mobility Radeon
- Câmera *Web* embutida de 2,0MP
- 4GB de DDR2 Compartilhada Canal Dual a 800MHz
- Disco Rígido de 500GB SATA a 5400RPM
- Unidade 8× Slot Load DL de DVD +/− RW
- 802.11 a/g/n e Bluetooth 3.0

- Bateria de Íon de Lítio de 85 WHr
- (2) USB 2.0, HDMI, VGA de 15 pinos, Ethernet 10/100/1000, IEEE 1394 Firewire, ExpressCard, Áudio line-in, line-out, mic-in
- 37,6cm (L) × 3cm (A) × 25,7cm (P), 2,54kg
- Microsoft® Windows 7® Professional
- Microsoft® Office Home and Student 2007
- 36 meses de subscrição de McAfee Security Center Anti-virus

Existem duas importantes e interessantes coisas sobre esse anúncio: A pessoa leiga não tem a mais remota ideia do que tudo isso significa e, no momento em que você o estiver lendo, a máquina que o anúncio descreve estará obsoleta. Neste capítulo tentaremos interpretar os acrônimos; nada podemos fazer em virtude da velocidade na qual hardware e software computacionais mudam.

Antes de descrever os componentes de um computador em termos abstratos, vamos percorrer essa especificação e decifrar os acrônimos. Depois desse exercício, percorreremos todo o material novamente, em mais profundidade; então não se preocupe se os termos parecerem confusos. Você os verá, todos eles, definidos novamente mais tarde.

A primeira linha descreve o processador central interno ao *laptop*. Core™ 2 é um tipo de processador, e Duo se refere à presença de dois desses processadores (chamados *cores* – núcleos) em uma única pastilha. Os 2,66GHz dizem quão rápidos os processadores são. O G em GHz é a abreviação para giga, um prefixo métrico indicando um bilhão. Hz significa hertz, uma unidade de frequência que mede ciclos por segundo, nomeada após Heinrich R. Hertz. Em um computador, uma série de pulsos elétricos gerados centralizadamente, chamados relógio da máquina (*clock*), é usada para assegurar que todas as suas ações sejam coordenadas. Você pode pensar no relógio como uma batuta oscilante do condutor de uma orquestra, que mantém todos os músicos tocando juntos em um andamento particular. O relógio nesse processador pulsa 2,66 bilhões de vezes por segundo.

Em seguida ao número da velocidade do relógio, lemos: 1066MHz FSB. Sabendo que M no sistema métrico significa milhão, podemos imaginar que alguma coisa chamada FSB está pulsando 1066 milhões (ou mesmo cerca de 1 bilhão) de vezes por segundo. O que é o FSB? Um processador precisa acessar memória e dispositivos de entrada e saída e faz isso por meio de um conjunto de fios chamado barramento. Um computador tem muitos diferentes barramentos, mas aquele que faz as principais conexões entre o processador e o mundo externo é chamado barramento frontal (FSB – *front side bus*). Assim, esses processadores podem se comunicar com o mundo externo 1066 milhões de vezes por segundo. Mas, se cada um dos processadores estiver executando 2,66 bilhões de operações por segundo, como o FSB poderá se manter a apenas um bilhão de acessos por segundo?

A resposta está relacionada ao "6MB cache". MB significa megabytes. Um byte é uma unidade de memória, e um megabyte é 2^{20} (um pouco mais de um milhão) bytes. Logo, 6MB se refere a seis megabytes de memória cache. Cache é uma memória pequena e rápida, usualmente embutida na pastilha do processador. Assim, os dois processadores têm acesso direto a 6MB de memória sem usar o FSB. Muitas das tentativas dos processadores de acessar memória encontrarão o que eles precisam na cache. Eles apenas ativam o FSB quando precisam de alguma coisa que não esteja em cache. Logo, o FSB pode ser mais lento que os processadores e ainda assim não os prejudica.

Em geral, um relógio mais rápido, um FSB mais rápido e mais cache pareceriam levar a um computador mais poderoso. Mas, como em todas as áreas de engenharia, há barganhas. Se o processador executar mais rápido, ele consumirá mais potência, o que poderá provocar sobreaquecimento dos circuitos e uma pane. Um FSB mais rápido exige dispositivos mais rápidos no mundo externo, o que significa que os circuitos deles serão mais dispendiosos. À medida que a cache aumenta, o acesso aos seus dados tornam-se mais lentos, o que reduz a velocidade dos processadores.

A próxima parte do anúncio descreve a tela. O número 15,6′ se refere à medida da diagonal da área de exibição. Alta definição (1080p) diz que ela é compatível com o padrão de televisão de alta definição com 1080 linhas horizontais de elementos de exibição. Como veremos, isso não é completamente verdadeiro. A tela é descrita como uma LED backlit LCD. LED significa diodo emissor de luz (*light emitting diode*), exatamente como aqueles encontrados em algumas lanternas. Uma faixa dessas luzes brilha a partir do fundo para iluminar a tela. LEDs estão substituindo o uso de bulbos-miniatura de luz fluorescente. As vantagens são que LEDs duram mais sem uma atenuação crescente e não contêm o metal tóxico mercúrio. Por fim, os números 1366 × 768 se referem à resolução de tela em elementos de imagem (*pixels*). Essa tela tem largura de 1366 *pixels* e altura de 768 *pixels*. Observe que o número de *pixels* verticais é menor que o 1080 alegado anteriormente. O computador comprime as 1080 linhas de uma fonte de alta definição, como um filme, para se ajustar às 768 linhas da tela dele. É necessário que o cliente seja bem-informado para reconhecer exageros de marketing como esse.

A seguir, o anúncio lista a marca e o modelo da unidade processadora de gráficos (GPU – *graphics processor unit*). Vemos também que ela tem 512MB de memória. A GPU é um computador separado que pode mesmo ser mais poderoso que os processadores principais. Jogos e outros softwares gráficos enviam comandos à GPU, que fazem com que ela manipule a imagem na tela muito rapidamente. Ela assim libera os processadores principais dessa tarefa. A GPU mantém os dados para a tela em sua própria memória. Quanto mais ela tiver, mais capaz ela será para trabalhar com imagens complexas, para suportar telas externas, e assim por diante.

A quarta linha do anúncio descreve uma câmera digital embutida que fica diante do usuário a partir de logo acima da tela. Essa câmera pode ser usada para videoconferência na Internet ou para gravar fotos ou vídeos. 2,0MP indica que a câmera tem uma resolução de 2 milhões de *pixels*, o que é suficiente para essas tarefas.

A seguir, o anúncio lista a memória de acesso randômico (RAM – *random access memory*) do computador, também chamada memória principal. Acesso randômico significa que cada byte de memória pode ser acessado diretamente, em vez de ter que começar do início e acessar um byte de cada vez até que se alcance o byte que se quer. 4GB significa que há 4×2^{30} bytes de armazenamento (2^{30} é pouco mais de 1 bilhão). Compartilhada significa que ambos os processadores têm acesso a essa memória. Canal dual DDR2 é o tipo de memória que fornece dois caminhos de acesso (chamados canais). DDR2 vem de segunda geração, taxa dobrada de dados (*Double-Data Rate*). Por meio de uso inteligente de circuitos, projetistas de memória dobraram a taxa pela qual uma memória pode operar, em comparação a projetos anteriores. A realização deles é reconhecida nesse acrônimo.

Esse *laptop* contém uma unidade de disco rígido, que é o nome comum para o dispositivo de armazenamento secundário (também chamado auxiliar) do computador. Ele é listado como tendo 500GB (500×2^{30} bytes) de armazenamento. O disco usa uma interface chamada SATA, que vem de Serial ATA. Serial significa que seus dados são transmitidos do computador e para o computador como um fluxo de bits individuais, em vez da abordagem mais antiga de enviar 16 bits de uma vez sobre 16 fios (conhecida como ATA Paralela). O acrônimo ATA tem uma longa história; refere-se a um meio de conectar um disco rígido ao IBM® PC/AT – um computador que foi introduzido em 1984. Serial ATA é tanto mais rápida como mais barata de fazer, e pode transferir até 300MB por segundo, que é mais do que a maioria dos discos rígidos podem fornecer. O anúncio também menciona 5400 RPM (rotações por minuto), que é quão rápido o disco gira. Discos em *laptops* giram relativamente de forma mais lenta para conservar energia da bateria. Estão também disponíveis discos que giram a 7200 RPM e 15.000 RPM, permitindo que eles transfiram dados a uma taxa mais alta. Discos rígidos estão gradualmente sendo substituídos por armazenamento secundário totalmente eletrônico, chamado disco de estado sólido (SSD – *solid-state disk*). A tecnologia de SSD é similar a RAM, exceto que os dados não são perdidos quando a energia é desligada. Por não ter partes móveis, ele é mais rápido e consome menos energia que um disco rígido. Nesse estágio inicial da transição, SSD é mais dispendioso e tem menos capacidade de armazenamento, mas pode-se esperar pela mudança desses fatores à medida que a tecnologia avance.

Uma unidade de DVD vem com a máquina. O anúncio a descreve como sendo 8×, o que significa que ela pode ler dados a partir de um DVD oito vezes mais rápido que um aparelho de reprodução de um filme em DVD. *Slot load* significa que você insere um DVD em uma fenda estreita na extremidade do *laptop*, em vez de pressionar um botão para fazer deslizar uma gaveta para aceitar o DVD. DL vem de camada dupla (*dual layer*); significa que a unidade pode funcionar com DVDs de segunda geração que armazenam cerca de duas vezes mais dados usando duas camadas de superfície de gravação. Após a sigla DVD estão os símbolos +/−RW. O R indica que a unidade pode gravar em DVDs especiais em que se possa escrever. Há atualmente dois padrões sobre como esses discos são feitos, chamados −R e +R; +/− indica que a unidade é compatível com ambos os padrões. Um DVD+/−R pode ter dados escritos apenas uma vez. Após essa vez, ele pode ser lido qualquer número de vezes, porém escrita não é mais permitida. Outro tipo de DVD, chamado RW (para regravável – *rewritable*), pode ser escrito mais de uma vez. Esse *laptop* também suporta discos RW. Embora unidades de DVD sejam ainda as mais populares, *laptops* estão começando a mudar para o formato Blu-Ray, mais novo, que tem maior capacidade e está sendo usado para distribuir filmes de alta definição.

A próxima linha do anúncio descreve seu suporte a rede sem fio. 802.11 é o número de um padrão que foi definido pelo Instituto de Engenheiros Eletricistas e Eletrônicos (IEEE), uma sociedade de profissionais de engenharia. Há três versões aceitas do padrão: a, g e n. O original era 802.11a. A versão 802.11g suporta comunicação por longas distâncias, mas a uma velocidade ligeiramente menor. Com 802.11n, tanto maiores velocidades como maiores distâncias são conseguidas. Esse *laptop* é compatível com todos os três padrões. Bluetooth® é outra forma de rede sem fio, mas que opera em faixas bem mais curtas com um sinal relativamente fraco. Usos típicos para Bluetooth® são conexão com um teclado, um mouse ou fones de ouvido sem fio, ou transferência de dados de um telefone celular para um telefone celular. Existem múltiplas versões do padrão Bluetooth®, cada uma adicionando diversas características; a versão 3.0 foi adotada em 2009.

Evidentemente, *laptops* trabalham com baterias. Mesmo assim, eles ainda consomem bastante energia. Quando um *laptop* estiver sem atividade, com a tela desligada, ele usará apenas alguns watts. Mas, ao executar um jogo que faça uso intensivo de ambos os processadores e da GPU, ele poderá consumir 50 watts. Isso é bem mais energia do que baterias normais recarregáveis podem fornecer; logo, tecnologia especial, baseada no metal lítio, fornece alta capacidade de armazenamento elétrico. A bateria desse *laptop* pode armazenar 85 watts-hora de energia, o que significa que ele pode fornecer 85 watts por uma hora, ou 42,5 watts por duas horas etc. Mais capacidade significa um maior tempo sem recarregar, mas isso também acrescenta tamanho e peso ao *laptop*.

A seguir, o anúncio tem uma longa lista de conexões externas (frequentemente chamadas portas). USB, ou *universal serial bus* (barramento serial universal), usa um cabo para transferir dados. Como seu nome sugere, USB pode conectar a praticamente qualquer coisa, incluindo uma unidade externa de disco rígido, uma câmera digital, uma impressora, um digitalizador, um aparelho de reprodução de música, e assim em diante. Esse *laptop* tem duas portas USB de segunda geração, que transferem dados mais rapidamente que USB 1.0. HDMI vem de interface multimídia de alta definição (*high definition multimedia interface*), que pode enviar áudio e vídeo digital para, por exemplo, um sistema *home theater*. Uma porta VGA de 15 pinos é usada para conectar o *laptop* a um monitor analógico externo ou a um projetor. Um cabo Ethernet conecta a um roteador ou a um modem a cabo para acesso a rede por fio. Há três versões de Ethernet que proveem 10, 100 e 1000 milhões de bits por segundo de capacidade de transferência de dados, e esse *laptop* lida com todas as três. IEEE 1394 é outro padrão de comunicação, também chamado Firewire. Essa porta fornece transferência muito rápida de dados digitais e é comumente usada para conectar *camcorders* de alta definição e unidades de disco de alto desempenho. O *slot* Express Card permite que o usuário insira uma pequena placa de circuito impresso para prover funcionalidade extra, tais como discos de estado sólido ou comunicação sem fio com uma rede de telefonia celular.

Tamanho físico e peso são parâmetros importantes para um *laptop* que seja transportado com regularidade. Esse é um modelo de tamanho médio e de peso médio. Com 2,54 quilos, ele pesa cerca de duas vezes mais que este livro. Um *laptop* leve tem aproximadamente o mesmo peso que este livro. Modelos mais pesados, algumas vezes chamados substitutos do computador de mesa, podem pesar cerca de 3,7 quilos. Geralmente, para reduzir peso, o

Colocando tamanhos em perspectiva

Almirante Grace Murray Hopper demonstrou os tamanhos relativos do jargão computacional exibindo uma bobina de fio com comprimento de cerca de 300 m, um pequeno pedaço de fio do tamanho de seu antebraço e uma bolsa contendo grãos de pimenta. Ela destacou que a bobina de fio era a distância percorrida por um elétron ao longo do fio durante um microssegundo. O pequeno pedaço de fio era a distância percorrida por um elétron ao longo do fio durante um nanossegundo. Os grãos de pimenta representavam a distância percorrida por um elétron em um picossegundo. Ela advertia os membros da audiência dela para se lembrarem dos nanossegundos deles.

tamanho encolhe e abrimos mão de algumas facilidades e de vida da bateria. Entretanto, é também possível reduzir peso substituindo plástico da carcaça por alumínio, mas a um custo maior.

Por fim, o anúncio lista software que já vem instalado no *laptop*. O conjunto de softwares inclui o sistema operacional (Windows 7®), o pacote de programas Microsoft® Office que inclui um processador de texto, uma planilha e assim em diante, para realizar tarefas comuns, e uma subscrição de 3 anos para atualizações de um pacote para detecção de *malware*. *Malware* é software que tem a intenção de causar prejuízo. Surge em várias formas, tais como vírus que podem tomar conta de seu computador quando você abre um arquivo que foi baixado. Software de detecção de *malware* constantemente procura por tais programas em arquivos e conteúdo da *Web* para impedir que eles executem. Mas *hackers* estão constantemente criando novas formas de *malware*; logo, é necessário atualizar regularmente o software de detecção para afastar as ameaças mais recentes.

Neste anúncio, foram usadas várias medidas de tamanho. Vamos sumarizar os prefixos que são usados frequentemente em computação.

Potência de 10	Potência de 2	Valor da Potência de 2	Prefixo	Abreviação	Origem
10^{-12}			pico	p	Pequeno em italiano
10^{-9}			nano	n	Anão em grego
10^{-6}			micro	µ	Pequeno em grego
10^{-3}			mili	m	Milésimo em latim
10^{3}	2^{10}	1024	quilo	K	Mil em grego
10^{6}	2^{20}	1.048.576	mega	M	Grande em grego
10^{9}	2^{30}	1.073.741.824	giga	G	Gigante em grego
10^{12}	2^{40}	espaço insuficiente	tera	T	Monstro em grego
10^{15}	2^{50}	espaço insuficiente	peta	P	Prefixo grego para cinco

Você observou que usamos potências de 10, quando nos referimos a tempo, e potências de 2 quando nos referimos a armazenamento? Tempo é expresso em múltiplos de segundos na notação decimal. Capacidade de armazenamento é expressa em múltiplo de bytes em notação binária. Se você mantiver essa distinção em mente, ficará claro que K é 1000 em referência a velocidade e 1024 em referência a armazenamento.

Agora, vamos partir do específico para o geral. Nas próximas seções, examinaremos cada uma das partes de hardware que compõem um computador em uma perspectiva lógica, em vez de fazê-lo a partir de uma configuração computacional específica.

5.2 O Conceito de Programa Armazenado

Um importante marco na história da computação foi a percepção, em 1944-1945, de que dados e instruções que manipulavam os dados eram logicamente a mesma coisa e podiam ser armazenados no mesmo lugar. O projeto de computador construído sobre esse princípio, que se tornou conhecido como a *arquitetura de von Neumann*, é ainda a base para computadores atualmente. Embora o nome homenageie John von Neumann, um brilhante matemático que trabalhou na construção da bomba atômica, a ideia foi provavelmente de J. Presper Eckert e John Mauchly, dois outros pioneiros que trabalharam no ENIAC na Escola Moore da Universidade da Pensilvânia, durante a mesma época.

■ Arquitetura de von Neumann

Outra característica importante da arquitetura de von Neumann é que as unidades que processam informação são separadas das unidades que armazenam informação. Essa característica leva aos seguintes cinco componentes da arquitetura de von Neumann, mostrados na Figura 5.1:

- A unidade de memória que armazena tanto dados como instruções
- A unidade lógica e aritmética que é capaz de efetuar operações aritméticas e operações lógicas sobre os dados
- A unidade de entrada que move dados do mundo exterior para o computador

> **Importa quem foi o pai do computador moderno?**
> Todas as pessoas envolvidas na pesquisa e no desenvolvimento de dispositivos computacionais eletrônicos no final dos anos 1930 e nos anos 1940 indubitavelmente contribuíram para o computador como o conhecemos. Essa lista inclui John Atanasoff, Clifford Berry e Konrad Zuse, além de von Neumann, Eckert e Mauchly.
>
> Em 1951, a Sperry Rand comprou a patente do ENIAC e de seus conceitos subjacentes e começou a cobrar de outros fabricantes pelos direitos de uso (*royalties*) dessa tecnologia. Não querendo pagar por isso, a Honeywell pesquisou a história de computadores modernos e apresentou evidências de que o trabalho de John Atanasoff na Faculdade Estadual de Iowa tinha influenciado diretamente Mauchly e Eckert. Em razão dessa evidência, a patente do ENIAC foi invalidada em 1973.

- A unidade de saída que move dados do computador para o mundo exterior
- A unidade de controle que atua como o regente para garantir que todos os outros componentes atuem em concerto

Memória

Relembre, da discussão de sistemas de numeração, que cada unidade de armazenamento, chamada bit, é capaz de manter um 1 ou um 0 e que esses bits são agrupados em bytes (8 bits) e esses bytes são, por sua vez, agrupados em palavras. Memória é uma coleção de células, cada uma com um único endereço físico. Usamos aqui o termo geral *célula*, em vez de byte ou palavra, já que o número de bits em cada localização endereçável, chamada **endereçabilidade** da memória, varia de uma máquina para outra. Hoje em dia, a maioria dos computadores é endereçável em nível de bytes.

> **Endereçabilidade** O número de bits armazenados em cada localização endereçável de memória

John Vincent Atanasoff

Cortesia de ISU Photo Service

John Vincent Atanasoff nasceu no dia 4 de outubro de 1903, em Hamilton, Nova York, sendo um de nove filhos. Quando ele tinha por volta de 10 anos, seu pai comprou uma nova régua de cálculo. Depois de ler as instruções, John Vincent ficou mais interessado na matemática envolvida do que na própria régua. Sua mãe percebeu o interesse dele e o ajudou a estudar com o velho livro de álgebra da faculdade do pai dele. Ele manteve seu interesse em matemática e ciência e concluiu o segundo grau em dois anos. Sua família se mudou para Old Chicara, Flórida, onde John Vincent, em 1925, se graduou em engenharia elétrica pela Universidade da Flórida, porque a universidade não oferecia graduação em física teórica. Um ano mais tarde, obteve o grau de mestre em matemática pela Faculdade Estadual de Iowa. Em 1930, depois de concluir seu Ph.D. em física teórica, ele retornou à Faculdade Estadual de Iowa como professor assistente de matemática e de física.

Dr. Atanasoff tornou-se interessado em encontrar uma máquina que pudesse fazer o trabalho complexo em matemática que ele e seus alunos de pós-graduação estavam fazendo. Estudou dispositivos computacionais existentes à época, incluindo a calculadora Monroe e o tabulador da IBM. Após concluir que essas máquinas eram muito lentas e imprecisas, John Vincent se tornou obcecado por encontrar uma solução. Ele disse que, à noite, em uma taverna, depois de uma dose de *bourbon*, começou a ter ideias de como construir esse dispositivo computacional, que seria eletronicamente operado e calcularia por meio de ação lógica direta em vez de enumeração, como nos dispositivos analógicos. Usaria números binários em vez de números decimais, condensadores para memória e processos regenerativos para evitar falhas devido a quedas de energia.

Em 1939, com US$650 concedidos pela escola e com um novo assistente chamado Clifford Berry, Dr. Atanasoff começou a trabalhar no primeiro protótipo do Computador Atanasoff Berry (ABC – *Atanasoff Berry Computer*) no porão do prédio de física. O primeiro protótipo em funcionamento foi demonstrado naquele ano.

Em 1941, John Mauchly, um físico da Faculdade de Ursinus, com quem Dr. Atanasoff tinha se encontrado em uma conferência, veio ao Estado de Iowa para visitar os Atanasoffs e ver uma demonstração da máquina ABC. Após extensivas discussões, Mauchly partiu levando documentos que descreviam o projeto do ABC. Mauchly e J. Presper Eckert continuaram o trabalho deles em um dispositivo de computação na Escola Moore de Engenharia Elétrica, na Universidade da Pensilvânia. A máquina deles, o ENIAC, concluída em 1945, ficou conhecida como o primeiro computador.

Dr. Atanasoff foi para Washington, em 1942, para se tornar diretor do Programa de Acústica Subaquática no Laboratório de Artilharia Naval, deixando o registro da patente do computador ABC nas mãos dos advogados do Estado de Iowa. Os formulários para o registro da patente nunca foram preenchidos e o ABC foi finalmente desmontado sem que Atanasoff nem Berry tivessem sido notificados. Depois da guerra, Dr. Atanasoff foi cientista chefe das Forças de Campo do Exército e diretor do programa de Detonadores da Marinha, no Laboratório de Artilharia Naval.

Em 1952, Dr. Atanasoff fundou a The Ordnance Engineering Corporation, uma empresa de pesquisa e engenharia, que mais tarde foi vendida para a Aerojet General Corporation. Ele continuou a trabalhar para a Aerojet até se aposentar em 1961.

Enquanto isso, em 1947 Mauchly e Eckert entraram com pedido de registro de patente para o computador deles, o ENIAC. A Sperry Rand comprou a patente e a Honeywell entrou com um processo. O julgamento subsequente durou 135 dias úteis e consumiu mais de 20.000 páginas de transcrições de depoimentos de 77 testemunhas, incluindo Dr. Atanasoff. O juiz Larson constatou que Mauchly e Eckert "não tinham sido eles próprios os primeiros a inventar o computador digital automático eletrônico, mas em vez disso derivaram tal ideia de um equipamento do Dr. John Vincent Atanasoff".

Em 1990, o presidente George Bush reconheceu o trabalho pioneiro do Dr. Atanasoff, premiando-lhe com a Medalha Nacional de Tecnologia. Dr. Atanasoff faleceu em 15 de junho de 1995.

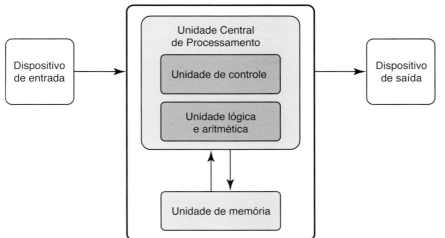

FIGURA 5.1
A arquitetura de von Neumann

O anúncio na seção anterior descreve uma memória de 4×2^{30} bytes. Isso significa que cada um dos 4GB é endereçável unicamente. Logo, a endereçabilidade da máquina é de 8 bits. As células de memória são numeradas consecutivamente começando em 0. Por exemplo, se a endereçabilidade fosse 8 e existissem 256 células de memória, as células seriam endereçadas como a seguir:

Endereço	Conteúdo
00000000	11100011
00000001	10101001
⋮	⋮
11111100	00000000
11111101	11111111
11111110	10101010
11111111	00110011

Qual é o conteúdo do endereço 11111110? O padrão de bits armazenado naquela posição é 10101010. O que isso significa? Não podemos responder a essa pergunta em termos abstratos. A posição 11111110 contém uma instrução? Um inteiro com sinal? Um valor em complemento a dois? Parte de uma imagem? Sem saber o que o conteúdo representa, não podemos determinar o que ele significa: Ele é apenas um padrão de bits. Temos que aplicar uma interpretação a qualquer padrão de bits para determinar a informação que ele representa.

Ao referir aos bits em um byte ou uma palavra, os bits são numerados da direita para a esquerda começando com zero. Os bits, no endereço 11111110, são numerados como a seguir:

```
7  6  5  4  3  2  1  0   ← Posição de bit
1  0  1  0  1  0  1  0   ← Conteúdo
```

Unidade Lógica e Aritmética

A **Unidade Lógica e Aritmética** (ALU – *Arithmetic/Logic Unit*) é capaz de realizar operações aritméticas básicas com dois números como adição, subtração, multiplicação e divisão. Essa unidade também é capaz de realizar operações lógicas como E, OU e NÃO. A ALU opera com palavras, uma unidade natural de dados associada a um projeto específico de computador. Historicamente, o comprimento de palavra de um computador tem sido o número de bits processados de uma vez pela ALU. Entretanto, a linha atual de processadores da Intel tem confundido essa definição ao definir o comprimento de palavra como 16 bits. O processador pode operar com palavras (16 bits), palavras duplas (32 bits) e palavras quádruplas (64 bits). Ao longo desta discussão, continuaremos a usar "palavra" em seu sentido histórico.

>> **Unidade Lógica e Aritmética (ALU)** O componente computacional que realiza operações aritméticas (adição, subtração, multiplicação e divisão) e operações lógicas (comparação de dois valores)

Quem Foi Herman Hollerith?

Em 1889 o Departamento do Censo dos Estados Unidos concluiu que, a menos que fosse encontrada uma maneira melhor de contabilizar o censo de 1890, tais resultados poderiam não ser tabulados antes do próximo censo planejado para 1900. Herman Hollerith criou um método de contagem baseado em cartões com furos feitos neles. Esse método foi usado para tabular o censo e os cartões tornaram-se conhecidos como cartões de Hollerith. O sistema elétrico de tabulação de Hollerith levou à fundação da empresa conhecida hoje como IBM.

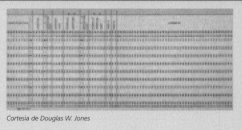
Cortesia de Douglas W. Jones

> **Registrador** Uma pequena área de armazenamento na CPU usada para armazenar valores intermediários ou dados especiais
>
> **Unidade de entrada** Um dispositivo que aceita dados a serem armazenados em memória
>
> **Unidade de saída** Um dispositivo que imprime ou exibe dados armazenados em memória, ou faz uma cópia permanente de informação armazenada em memória ou em outro dispositivo
>
> **Unidade de controle** O componente computacional que controla as ações dos outros componentes de modo a executar instruções em sequência
>
> **Registrador de instrução (RI)** O registrador que contém a instrução que está sendo correntemente executada
>
> **Contador de programa (CP)** O registrador que contém o endereço da próxima instrução a ser executada
>
> **CPU** A unidade central de processamento, uma combinação da unidade lógica e aritmética e da unidade de controle; o "cérebro" de um computador, que interpreta e executa instruções
>
> **Largura de barramento** O número de bits que pode ser transferido em paralelo sobre o barramento

A maioria das ALUs modernas possui uma pequena quantidade de unidades especiais de armazenamento chamadas **registradores**. Esses registradores contêm uma palavra e são usados para armazenar informação que será necessária de novo e imediatamente. Por exemplo, no cálculo de

Um * (Dois + Três)

Dois é inicialmente somado a Três e o resultado é então multiplicado por Um. Em vez de armazenar o resultado da soma de Dois com Três em memória para então recuperá-lo para multiplicar por Um, o resultado é deixado em um registrador e o conteúdo do registrador é multiplicado por Um. Acesso a registradores é bem mais rápido que acesso a posições de memória.

Unidades de Entrada e de Saída

Todo o poder computacional no mundo não seria útil se não pudéssemos introduzir valores externos nos cálculos ou relatar ao mundo exterior os resultados de tais cálculos. Unidades de entrada e de saída são os canais pelos quais o computador se comunica com o mundo exterior.

Uma **unidade de entrada** é um dispositivo pelo qual dados e programas do mundo exterior são informados ao computador. As primeiras unidades de entrada interpretavam furos feitos em fitas de papel ou em cartões. Dispositivos de entradas nos dias atuais incluem o teclado, o mouse e os leitores de códigos de barras usados em supermercados.

Uma **unidade de saída** é um dispositivo pelo qual resultados armazenados na memória do computador são disponibilizados para o mundo exterior. Os dispositivos mais comuns de saída são impressoras e monitores de vídeo.

Unidade de Controle

A **unidade de controle** é a força organizadora no computador, pois ela está encarregada do ciclo de busca–execução, discutido na próxima seção. Há dois registradores especiais na unidade de controle. O **registrador de instrução** (RI ou IR – *instruction register*) contém a instrução que está sendo executada, e o **contador de programa** (CP ou PC – *program counter*) contém o endereço da próxima instrução a ser executada. Como a ALU e a unidade de controle trabalham muito próximas uma da outra, elas são frequentemente consideradas como uma unidade chamada unidade central de processamento ou **CPU**.

A Figura 5.2 apresenta uma visão simplificada do fluxo de informação por meio das partes de uma máquina von Neumann. As partes são conectadas umas às outras por uma coleção de fios chamada barramento, pelo qual os dados viajam no computador. Cada barramento transporta três tipos de informação: endereço, dados e controle. Um endereço é usado para selecionar o local de memória ou o dispositivo para o qual o dado irá ou de onde ele será obtido. Dados então fluem pelo barramento entre a CPU, memória e dispositivos de entrada e de saída. A informação de controle é usada para gerenciar o fluxo de endereços e de dados. Por exemplo, um sinal de controle tipicamente será usado para determinar a direção na qual o dado estará fluindo, ou indo para a CPU ou vindo da CPU. A **largura de barramento** é o número de bits que ele pode transferir simultaneamente. Quanto maior a largura do barramento, mais endereços ou dados ele poderá mover de uma vez.

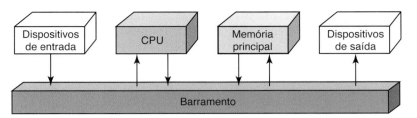

FIGURA 5.2 Fluxo de dados em uma máquina de von Neumann

Como acessos à memória consomem muito tempo em relação à velocidade do processador, muitas arquiteturas proveem **memória cache**. Memória cache é uma pequena quantidade de memória de acesso rápido na qual cópias de dados frequentemente usados são armazenados. Antes de ser feito um acesso a memória principal, a CPU verifica se o dado está armazenado na memória cache. **Encadeamento (pipeline)** é outra técnica usada para acelerar o ciclo busca-execução. Essa técnica divide uma instrução em passos menores que podem ser superpostos.

Em um computador pessoal, os componentes em uma máquina de von Neumann residem fisicamente em uma placa de circuito impresso chamada **placa-mãe**. A placa-mãe também possui conexões para ligar outros dispositivos ao barramento, tais como um mouse, um teclado ou dispositivos adicionais de armazenamento (veja a seção sobre dispositivos de armazenamento secundários, mais adiante, neste capítulo).

Então, exatamente o que significa dizer que uma máquina é um processador $n$bit? A variável n usualmente se refere ao número de bits nos registradores gerais da CPU: Dois números de n bits podem ser adicionados em uma única instrução. Isso também pode se refirir à largura do barramento de endereços, que é o tamanho da memória endereçável – mas nem sempre. Além disso, n pode se referir à largura do barramento de dados – mas nem sempre.

> **Memória cache** Um tipo de memória pequena e de alta velocidade, destinada a guardar dados frequentemente usados
>
> **Encadeamento** Uma técnica que desmembra uma instrução em passos menores que podem ser sobrepostos
>
> **Placa-mãe** A principal placa de circuito de um computador pessoal

■ O Ciclo Busca-Execução

Antes de examinarmos *como* um computador faz o que ele faz, vamos examinar o *que* ele pode fazer. A definição de um computador resume suas capacidades: Um computador é um dispositivo que pode armazenar, recuperar e processar dados. Logo, todas as instruções que podemos dar ao computador se relacionam a armazenar, recuperar e processar dados. Nos Capítulos 6 e 9, examinaremos várias linguagens que podemos usar para dar instruções ao computador. Para nossos exemplos, neste capítulo usaremos simples instruções, em português.

Lembre-se do princípio básico da máquina de von Neumann: Dados e instruções são armazenados em memória e tratados igualmente. Isso significa que instruções e dados são ambos endereçáveis. Instruções são armazenadas em localizações contíguas de memória; dados a serem manipulados são armazenados juntos em uma parte diferente da memória. Para começar o ciclo busca-execução, o endereço da primeira instrução é carregado no contador de programa.

O ciclo de processamento inclui quatro passos:

- Buscar a próxima instrução.
- Decodificar a instrução.
- Obter dados, se necessário.
- Executar a instrução.

Vamos examinar cada um desses passos, em mais detalhes. O processo começa com o armazenamento, no contador de programa, do endereço em memória da primeira instrução.

Buscar a Próxima Instrução

O contador de programa contém o endereço da próxima instrução a ser executada; então a unidade de controle vai até o endereço de memória especificado no CP, faz uma cópia do conteúdo e coloca a cópia no registrador de instrução. Nesse momento o RI contém a instrução a ser executada. Antes de seguir para o próximo passo no ciclo, o CP tem que ser atualizado para manter o endereço da próxima instrução a ser executada quando a instrução corrente tiver sido concluída. Como as instruções são armazenadas em posições contíguas na memória, adicionar o número de bytes da instrução corrente ao contador de programa fará com que ele passe a conter o endereço da próxima instrução. Assim, a unidade de controle incrementa o CP. É possível que o conteúdo do CP seja alterado posteriormente pela instrução em execução.

No caso de uma instrução que deva obter dados adicionais a partir da memória, a ALU envia um endereço ao barramento de memória e a memória responde retornando o valor naquela posição. Em alguns computadores, dados recuperados da memória podem participar imediatamente de uma operação aritmética ou lógica. Outros computadores simplesmente salvam os dados retornados pela memória em um registrador, para processamento por uma instrução subsequente. Ao final da execução, qualquer resultado a partir da instrução poderá ser salvo em registradores ou em memória.

Decodificar a Instrução

Para executar a instrução contida no registrador de instrução, a unidade de controle tem que determinar qual instrução ela é. Pode ser uma instrução para ler um dado de um dispositivo de entrada, ou para enviar um dado para um dispositivo de saída, ou para executar alguma operação em um valor de dado. Nessa fase, a instrução é decodificada em sinais de controle. Isto é, a lógica dos circuitos da CPU determina a operação a ser executada. Esse passo mostra por que um computador só pode executar instruções que estejam expressas em sua própria linguagem de máquina. As instruções propriamente ditas estão literalmente construídas nos circuitos.

Obter Dados se Necessário

A instrução a ser executada pode requerer, potencialmente, acessos adicionais à memória para concluir sua tarefa. Por exemplo, se a instrução disser para somar o conteúdo de uma localização de memória ao conteúdo de um registrador, a unidade de controle terá que obter o conteúdo da localização de memória.

Executar a Instrução

Uma vez que uma instrução tenha sido decodificada e quaisquer operandos (dados) obtidos, a unidade de controle estará pronta para executar a instrução. A execução envolve enviar sinais para a unidade lógica e aritmética para realizar o processamento. No caso de somar um número a um registrador, o operando é enviado à ALU e somado ao conteúdo do registrador.

Quando a execução é concluída, o ciclo começa novamente. Se a última instrução foi a de somar um valor ao conteúdo de um registrador, a próxima instrução provavelmente dirá para armazenar o resultado em um lugar na memória. No entanto, a próxima instrução pode ser uma instrução de controle – isto é, uma instrução que pergunte sobre o resultado da última instrução e talvez mude o conteúdo do contador de programa.

A Figura 5.3 resume o ciclo busca-execução.

O hardware mudou drasticamente na última metade do século passado, embora a máquina de von Neumann ainda se mantenha como base da maioria dos computadores atuais. Alan Perlis, um conhecido cientista em computação, disse em 1981: "Algumas vezes acho que a única coisa universal no campo da computação é o ciclo busca-execução".[1] Essa declaração ainda é verdadeira hoje em dia, quase três décadas depois.

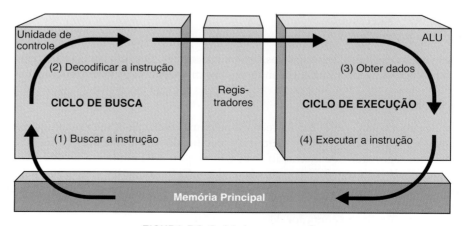

FIGURA 5.3 O ciclo busca-execução

■ RAM e ROM

Como dito anteriormente, RAM significa memória de acesso randômico. RAM é uma memória na qual cada célula (usualmente um byte) pode ser acessada diretamente. Inerente à ideia de ser possível acessar cada localização de memória está a capacidade de *alterar* o conteúdo de cada localização. Isto é, armazenar outra coisa naquele local pode alterar o padrão de bits em cada célula.

Além de RAM, a maioria dos computadores contém um segundo tipo de memória, chamada ROM. ROM vem de *read-only memory* (memória apenas de leitura). O conteúdo de localizações de memória em uma ROM não pode ser alterado. O conteúdo da ROM é permanente e não pode ser alterado por uma operação armazenada. Gravar um padrão de bits em uma ROM chama-se *queimar* (*burning*). O padrão de bits é queimado quando a ROM é fabricada ou quando as partes do computador são montadas.

Memórias RAM e ROM são diferenciadas por outra propriedade muito básica: RAM é volátil e ROM não é. Isso significa que uma RAM não mantém sua configuração de bits quando a energia é desligada, mas uma ROM mantém. Os padrões de bits em uma ROM são permanentes. Como uma ROM é estável e não pode ser alterada, ela é usada para armazenar as instruções de que o computador precisa para iniciar. Software de uso frequente também é armazenado em ROM, de modo que o sistema não tenha que ler o software a cada vez que a máquina for ligada. A memória principal usualmente contém alguma memória ROM juntamente com a memória RAM de propósito geral.

■ Dispositivos de Armazenamento Secundário

Como mencionado antes, um dispositivo de entrada é o meio pelo qual dados e programas são informados a um computador e armazenados em memória. Um dispositivo de saída é o meio pelo qual resultados são enviados de volta ao usuário. Já que a maior parte da memória principal é volátil e limitada, é essencial que existam outros tipos de dispositivos de armazenamento, onde programas e dados possam ser armazenados quando eles não estiverem sendo executados ou quando a máquina estiver desligada. Esses outros tipos de dispositivos de armazenamento (que não sejam memória principal) são chamados dispositivos de armazenamento *secundário* ou *auxiliar*. Já que dados devem ser lidos a partir deles e escritos neles, cada dispositivo de armazenamento secundário é também um dispositivo de entrada e de saída.

Dispositivos de armazenamento secundário podem ser instalados dentro do gabinete do computador, na fábrica, ou incluídos posteriormente quando for necessário. Como esses dispositivos podem armazenar grandes quantidades de dados, eles também são conhecidos como dispositivos de armazenamento de massa. Por exemplo, a unidade de disco rígido que vem com o *laptop* especificado no anúncio pode armazenar 500×2^{30} bytes em oposição a 4×2^{30} bytes de memória principal.

As próximas seções descrevem alguns dispositivos de armazenamento secundário.

Fita Magnética

Leitores e perfuradores de cartão estavam entre os primeiros dispositivos de entrada e saída. Leitores e perfuradores de fita em papel foram os dispositivos seguintes de entrada e saída. Apesar de fitas em papel, como cartões perfurados, serem permanentes, elas não podem armazenar muitos dados. O primeiro dispositivo de armazenamento verdadeiramente auxiliar de massa foi a *unidade de fita magnética*. Uma unidade de fita magnética é como um gravador de fita e é mais frequentemente usado para fazer uma cópia (*back-up*) de dados de um disco, prevenindo o caso de ele, mais tarde, ser danificado. Há diversas variedades de fitas magnéticas, desde pequenos cartuchos de fita até grandes modelos de rolos.

Unidades de fita têm uma séria desvantagem: para acessar dados no meio da fita, todos os dados que estão antes do pedaço que se quer têm que ser acessados e descartados. Embora modernos sistemas de fita tenham a capacidade de pular segmentos de fita, a fita tem que passar fisicamente pelas cabeças de leitura/gravação. Qualquer movimento físico desse tipo é desperdício de tempo. Veja a Figura 5.4.

Discos Magnéticos

Uma *unidade de disco* é um meio-termo entre um tocador de CD e um gravador de fita. Uma cabeça de leitura/gravação (similar a uma cabeça de gravação/reprodução em um gravador de fita)

FIGURA 5.4 Uma fita magnética

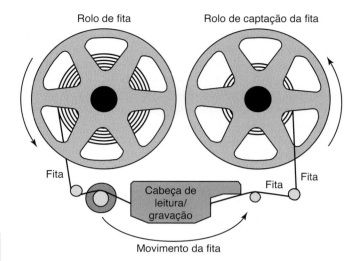

> **Trilha** Um círculo concêntrico na superfície de um disco
>
> **Setor** Uma seção de uma trilha
>
> **Bloco** A informação armazenada em um setor
>
> **Tempo de busca** O tempo gasto para que a cabeça de leitura/gravação esteja posicionada sobre a trilha especificada
>
> **Latência** O tempo gasto para que o setor especificado esteja em posição sob a cabeça de leitura/gravação
>
> **Tempo de acesso** O tempo gasto para que um bloco comece a ser lido; a soma de tempo de busca e latência
>
> **Taxa de transferência** A taxa na qual dados se movem do disco para a memória

percorre um disco magnético em rotação, recuperando ou gravando dados. Como em um CD, as cabeças acessam diretamente a informação desejada; como em uma fita, a informação é armazenada magneticamente.

Existem diversas variedades de discos, mas todas elas consistem em um fino disco feito de material magnético. A superfície de cada disco é organizada logicamente em **trilhas** e **setores**. Trilhas são círculos concêntricos em volta da superfície do disco. Cada trilha é dividida em setores. Cada setor armazena um **bloco** de informação como uma sequência contínua de bits [veja a Figura 5.5(a)]. A figura representa o formato original de dados em um disco, no qual cada trilha tem o mesmo número de setores e cada setor guarda o mesmo número de bits. Os blocos de dados mais próximos do centro são mais densamente compactados. Em discos modernos, há menos setores próximos do meio e mais setores em direção à borda externa. O número real de trilhas por superfície e o número de setores por trilha variam, mas 512 bytes ou 1024 bytes são comuns (a potência de 2 aparece novamente). As localizações das trilhas e setores são marcadas magneticamente quando um disco é formatado. Elas não são fisicamente parte do disco.

A cabeça de leitura/gravação em uma unidade de disco é posicionada em um braço que se move de uma trilha para outra [veja a Figura 5.5(b)]. Uma instrução de entrada e saída especifica a trilha e o setor. Quando a cabeça de leitura/gravação está sobre a trilha desejada, ela espera até que o setor apropriado esteja sob a cabeça. Ela então acessa o bloco de informação naquele setor. Esse processo dá origem a quatro medidas de eficiência de uma unidade de disco: **tempo de busca**, **latência**, **tempo de acesso** e **taxa de transferência**. Tempo de busca é o tempo necessário para que a cabeça de leitura/gravação se posicione sobre a trilha especificada. Latência é o tempo gasto para que o

FIGURA 5.5 A organização de um disco magnético

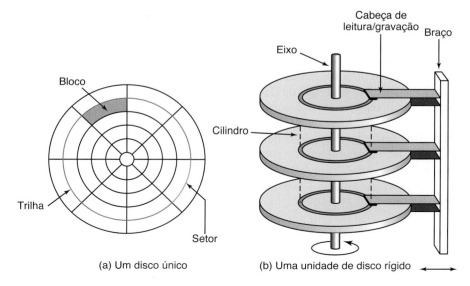

setor especificado gire até encontrar a cabeça de leitura/gravação. A latência média é a metade do tempo de uma rotação completa do disco. Por essa razão, latência também é chamada atraso de rotação. Tempo de acesso é a soma de tempo de busca e latência. Taxa de transferência é a taxa na qual dados são transferidos do disco para a memória.

Agora, vamos examinar algumas das variedades de discos. Uma classificação de disco é rígido *versus* flexível. Esses termos se referem à flexibilidade do disco propriamente dito. O disco flexível original, introduzido nos anos 1970, tinha 8 polegadas de diâmetro e até mesmo a sua embalagem era flexível. Na época da ascensão dos computadores pessoais no final dos anos 1970, o disco flexível tinha sido reduzido em tamanho para 5½ polegadas de diâmetro. Os discos "flexíveis" genéricos atuais têm 3½ polegadas de diâmetro, envoltos em uma capa plástica rígida, e são capazes de armazenar 1,44MB de dados. Máquinas mais novas não vêm automaticamente com uma unidade para esses tipos de discos, como se fazia alguns anos atrás, mas unidades para eles podem ser adicionadas.

Discos rígidos, na verdade, consistem em vários discos – isso parece estranho, então vamos explicar. Vamos chamar os discos individuais de pratos. Discos rígidos consistem em vários pratos fixados a um eixo que gira. Cada prato tem sua própria cabeça de leitura/gravação. Todas as trilhas que estiverem alinhadas uma sob as outras são chamadas cilindro [veja a Figura 5.5(b)]. Um endereço em uma unidade de disco rígido consiste no número de cilindro, no número de superfície e no setor. Discos rígidos giram a uma velocidade muito maior que a dos discos flexíveis, e as cabeças de leitura/gravação, na verdade, não tocam a superfície dos pratos, mas, em vez disso, flutuam sobre eles. Um disco rígido típico gira a 7.200 rotações por minuto. Discos rígidos de *laptops* geralmente giram a 5400 RPM, conservando energia da bateria. Os discos em servidores de alto desempenho podem trabalhar a 15.000 RPM, fornecendo menores latências e uma taxa de transferência mais alta.

> **» Cilindro** O conjunto de trilhas concêntricas em todas as superfícies

CDs e DVDs

O mundo de CDs e suas unidades parecem uma sopa de acrônimos. O anúncio que examinamos mencionou o acrônimo: DVD +/−/RW. Além disso, temos que decifrar CD-DA, CD-RW e DVD.

Vamos examinar por um momento o acrônimo CD. CD, é claro, vem de *compact disk* (disco compacto) – você, provavelmente, possui uma coleção deles com músicas gravadas. Uma unidade de CD usa um *laser* para ler a informação que está armazenada oticamente em um disco plástico. Em vez de ter trilhas concêntricas, um CD tem uma trilha em espiral que vem de dentro para fora. Como em discos magnéticos, essa trilha é dividida em setores. Um CD tem os dados igualmente compactados por todo o disco; então, mais informação é armazenada na trilha nas bordas externas e lida em uma única rotação. Para tornar a taxa de transferência consistente ao longo do disco, a rotação do disco varia dependendo da posição do feixe de *laser*.

As outras letras relacionadas a um CD se referem a várias propriedades do disco, como formatação e se a informação no disco pode ser alterada. CD-DA é o formato usado em gravações de áudio; CD-DA vem de *compact disk–digital audio* (disco compacto–áudio digital). Certos campos nesse formato são usados para informação de tempo. Um setor em um CD-DA contém 1/75 de segundo de música.

CD-ROM é o mesmo que CD-DA, mas o disco é formatado de modo diferente. Dados são armazenados nos setores reservados à regulação de tempo. ROM vem de *read-only memory* (memória apenas de leitura). Como dissemos antes, "memória apenas de leitura" significa que os dados ficam gravados permanentemente no disco e não podem ser alterados. Um setor em um CD-ROM contém 2KB de dados. A capacidade de um CD-ROM é próxima de 600MB.

CD-R vem de gravável (*recordable*), permitindo que dados sejam escritos após o CD-R ter sido fabricado. O conteúdo de um CD-R não poderá ser alterado após dados terem sido gravados nele. Um CD-RW é regravável (*rewritable*), significando que ele pode ter dados gravados múltiplas vezes nele.

O formato mais comum para distribuir filmes atualmente é um DVD, que vem de *digital versatile disk*, isto é, disco digital versátil (apesar de o acrônimo hoje em dia geralmente valer por si só). Devido a sua grande capacidade

O que é FiOS®?

FiOS (*"fiber optic service"* – "serviço de fibra ótica") é o cabo de fibra ótica da Verizon (suplantando cabo de fio de cobre) que provê serviços de Internet, telefone e televisão para as residências. O serviço não está disponível em todas as cidades ou áreas. De acordo com alguns, FiOS é uma aposta dispendiosa – custo de US\$23 bilhões para levar fibra a 18 milhões de residências – que pode nunca se pagar. Velocidades de vazão de FiOS são variáveis, dependendo de uma diversidade de fatores, tais como a localização física, provedores concorrentes de banda larga e considerações de orçamento de clientes. Em junho de 2008, Verizon oferecia opções (*tiers* – Mbits de *download* e de *upload*) de largura de banda de 10/2, 20/5, 20/20 e 50/20.

de armazenamento, um DVD é bem adequado para armazenar apresentações em multimídia que combinem áudio e vídeo.

DVDs vêm em várias formas: DVD+R, DVD−R, DVD+RW e DVD−RW, e cada um desses pode ser precedido por DL. Como observamos ao descrever o anúncio, o + e o − se referem a dois formatos que competem entre si. Da mesma forma que em um CD, R significa gravável e RW significa regravável. DL vem de camada dupla (*dual layer*), o que aproximadamente dobra a capacidade de um DVD. Um DVD−R tem uma capacidade de 4,7GB, ao passo que um DL DVD−R pode armazenar 8,5GB. Mais recentemente foram introduzidos discos Blu-Ray com capacidade de 25GB e DL com capacidade 50GB. Versões graváveis também estão disponíveis. O nome Blu-Ray se refere ao uso de um *laser* azul em vez do *laser* vermelho em unidades de CD e DVD.

Note que o sinal × usado para classificar velocidades de CD e de DVD indica a velocidade relativa de acesso comparada com um tocador padrão de CD e de DVD. Ao avaliar esses dispositivos, esteja ciente de que as mais altas velocidades apresentadas representam máximos que são usualmente obtidos apenas ao recuperar dados de certas partes do disco. Elas não são médias. Logo, maior velocidade pode não ser melhor em termos de custo adicional.

Unidades *Flash*

A IBM introduziu a unidade *flash* em 1998 como uma alternativa aos discos flexíveis. A Figura 5.6 mostra uma unidade *flash* (ou unidade de polegar) que usa memória *flash*, uma memória não volátil de computador que pode ser apagada e regravada. A unidade é integrada com um USB (*universal serial bus* – barramento serial universal). A maioria dos computadores atuais não vem com discos flexíveis, mas sim com portas USB. Em 2010, esse pequeno (do tamanho de um polegar) dispositivo de 8GB de armazenamento poderia ser comprado por menos de US$20.

FIGURA 5.6 Uma unidade *flash*
© Alex Kotlov/ShutterStock, Inc.

Memória *flash* está também sendo usada para construir discos de estado sólido (SSD – *solid state disks*) que podem substituir diretamente um disco rígido. Como um SSD é totalmente eletrônico e não tem partes móveis, ele é mais rápido e consome menos energia que um disco rígido. Ainda assim, seus elementos de armazenamento podem por último se desgastar, significando que ele pode sofrer falhas, da mesma forma que um disco rígido.

■ Telas Sensíveis ao Toque

Vimos como dispositivos de memória secundária fornecem localizações, nas quais se armazenam programas e dados usados pela CPU. Outros dispositivos de entrada/saída (E/S) permitem ao usuário interagir com um programa em execução. Muitos desses são corriqueiros – frequentemente fornecemos informação por um teclado e um mouse e usualmente vemos informação apresentada em um monitor de vídeo. Outros dispositivos de entrada são leitores de código de barras e digitalizadores (*scanners*) de imagens. Outros exemplos de dispositivos de saída são impressoras e traçadores gráficos (*plotters*).

Vamos examinar um tipo particular de dispositivo de E/S com algum detalhe. Uma *tela sensível ao toque* (*touch screen*) exibe texto e gráficos como um monitor comum, mas também pode detectar e responder ao toque do usuário na tela com o dedo ou com um estilete. Normalmente, um dispositivo de E/S serve como entrada ou como saída. Uma tela sensível serve como ambos.

Você, provavelmente, já viu telas sensíveis sendo usadas em uma variedade de situações, como em quiosques de informação, restaurantes e museus. A Figura 5.7 apresenta alguém usando uma tela sensível. Esses dispositivos são de maior utilidade em situações onde não sejam necessárias entradas complexas, e têm um benefício adicional de serem razoavelmente bem protegidos. É bem melhor para um garçom em um restaurante fazer poucas escolhas usando uma tela sensível do que ter que lidar com um teclado, que possui mais teclas que o necessário (para a tarefa) e pode ser facilmente danificado por comida e bebida.

Uma tela sensível não apenas detecta o toque, mas também o local onde ela está sendo tocada. As escolhas são geralmente apresentadas usando botões gráficos que o usuário seleciona pelo toque na tela, onde o botão estiver posicionado. Nesse sentido, usar uma tela sensível não é muito diferente

---

Evolução do BlackBerry®

O primeiro dispositivo BlackBerry, conhecido como o RIM Inter@ctive Pager 850, foi apresentado ao público em 1999 por Research in Motion, Ltd. O dispositivo apareceu no programa de sucesso do canal NBC, *ER*, e é conhecido como a primeira máquina móvel de correio eletrônico. Cada ano surgiram novos e melhores modelos. Por exemplo, 2006 viu a introdução do BlackBerry Pearl™, que, com seu menor tamanho, câmera digital, software aprimorado e tocador de mídia, chamou a atenção do grande público de uma forma que os modelos anteriores não tinham feito. Em 2008, o BlackBerry Storm™ foi apresentado como um elegante dispositivo de mão, com tela sensível ao toque para competir como iPhone® da Apple. Quão popular é o BlackBerry? Mesmo Barack Obama recusou-se a desistir de seu BlackBerry quando se tornou presidente.

FIGURA 5.7 Uma tela sensível ao toque
© Randy Allbritton/ Photodisc/Getty Images

de usar um mouse. A posição do mouse é rastreada à medida que o mouse é movido. Quando o botão do mouse é pressionado, a posição do cursor do mouse determina qual botão gráfico foi selecionado. Em uma tela sensível, a localização na qual a tela é tocada determina qual botão foi selecionado.

Então, como uma tela sensível detecta que ela está sendo tocada? Além disso, como ela sabe em que ponto na tela ela está sendo tocada? Diversas tecnologias são usadas atualmente para implementar telas sensíveis. Vamos explorá-las brevemente.

Uma tela sensível *resistiva* é composta de duas camadas – uma com linhas verticais e outra com linhas horizontais, ambas feitas com material condutor elétrico. As duas camadas são separadas por uma distância muito pequena. Quando a camada superior é pressionada, ela entra em contato com a segunda camada, o que permite fazer fluir a corrente elétrica. As linhas vertical e horizontal específicas que fazem contato entre si determinam a localização que foi tocada na tela.

Uma tela sensível *capacitiva* tem um laminado aplicado sobre uma tela de vidro. O laminado conduz eletricidade em todas as direções, e uma corrente muito pequena é aplicada igualmente nos quatro cantos. Quando a tela é tocada, flui corrente para o dedo ou para o estilete. A corrente é tão baixa que o usuário nem mesmo a sente. A localização do toque na tela é determinada comparando a força do fluxo de eletricidade a partir de cada canto.

Uma tela sensível *infravermelha* projeta feixes de luz infravermelha em linhas cruzadas horizontais e verticais, bem acima da superfície da tela. Sensores em lados opostos da tela detectam os feixes. Quando o usuário corta os feixes ao tocar na tela, a localização deste corte pode ser detectada.

Uma tela sensível de *onda acústica de superfície* (SAW – *surface acoustic wave*) é similar a uma tela sensível infravermelha, exceto que ela emite ondas sonoras de alta frequência, cruzando os eixos vertical e horizontal. Quando um dedo toca a superfície, os sensores correspondentes detectam a interrupção e determinam a localização do toque.

Observe que luvas podem ser usadas em telas sensíveis resistiva, infravermelha e por onda acústica de superfície, mas não podem ser usadas com telas capacitivas, que se baseiam em corrente fluindo para o ponto de toque.

5.3 Sistemas Embarcados

Sistemas embarcados são computadores projetados para realizar uma faixa estreita de funções como parte de um sistema maior. Tipicamente, um sistema embarcado é acomodado em uma única pastilha de microprocessador com os programas armazenados em ROM. Virtualmente todos os aparelhos que têm uma interface digital – relógios, fornos de micro-ondas, gravadores de vídeo, carros – usam sistemas embarcados. Na verdade, sistemas embarcados estão em toda parte: De dispositivos eletrônicos a aparelhos de cozinha, automóveis, equipamento de rede, sistemas industriais de controle, você encontra sistemas embarcados residindo no dispositivo. Alguns sistemas embarcados incluem um sistema operacional, mas muitos são tão especializados que toda a lógica pode ser implementada como um único programa.[2]

Os primeiros sistemas embarcados eram microprocessadores independentes, de 8 bits, com seu próprio sistema operacional nativo. Atualmente, eles variam de controladores de 8 bits a processadores de sinal digital (DSPs – *digital signal processors*) de 32 bits e a pastilhas RISC (*Reduced Instruction Set* – Conjunto Reduzido de Instruções) de 64 bits. Mais e mais sistemas embarcados baseiam-se em redes de microprocessadores distribuídos que se comunicam por meio de barramentos com e sem fio e são monitorados e controlados remotamente por protocolos de comunicação de gerenciamento de rede.

Na verdade, a expressão *sistema embarcado* é nebulosa porque engloba praticamente tudo, exceto PCs de uso pessoal. A expressão surgiu porque os primeiros desses computadores eram fisicamente embutidos em um produto ou dispositivo e não podiam ser acessados. Agora a expressão se refere a qualquer computador que seja pré-programado para realizar uma faixa dedicada ou estreita de funções como parte de um sistema maior. A consequência é que há apenas intervenção mínima de usuário final ou de operador, se houver.

Como a pessoa leiga encontra apenas um sistema embarcado em sua cozinha, sala de entretenimento ou carro, tendemos a igualar esses sistemas com hardware. Na realidade, programas devem ser escritos e gravados na memória de apenas leitura que vem com o sistema para fazer com que ele cumpra com sua função estabelecida. Dado que programas não podem ser desenvolvidos e testados no processador embutido propriamente dito, como eles são implementados? Programas são escritos em um PC e compilados para o sistema alvo, onde o código executável é gerado para o processador no sistema embarcado.

Nos primeiros sistemas embarcados, o tamanho do código e a velocidade na qual ele executava eram muito importantes. Como programas em linguagem de montagem forneciam a melhor oportunidade para moldar e acelerar o código, eles eram usados quase que exclusivamente para sistemas embarcados. Mesmo quando a linguagem C se tornou popular e ficaram disponíveis compiladores de C para sistemas embarcados, muitos programadores continuaram a usar linguagem de montagem para esse propósito. Programas C são aproximadamente 25% maiores e mais lentos, mas são mais fáceis de escrever do que programas em linguagem de montagem. Mesmo atualmente, o tamanho da ROM pode determinar que o código seja tão pequeno quanto possível, levando a um programa em linguagem de montagem.[3]

5.4 Arquiteturas Paralelas[4]

Se um problema puder ser resolvido em n unidades de tempo em um computador com um processador (máquina de von Neumann), ele poderá ser resolvido em $n/2$ unidades de tempo com dois processadores ou $n/3$ em um computador com três processadores? Essas questões levaram ao surgimento de arquiteturas paralelas de computação.

■ Computação Paralela

Há quatro formas gerais de computação paralela: em nível de bit, em nível de instrução, em nível de dados e em nível de tarefa.

Paralelismo em nível de bit é baseado em aumentar o tamanho da palavra de um computador. Em um processador de 8 bits, uma operação em um valor de dados de 16 bits exigiria duas operações: uma para os 8 bits da parte superior e outra para os 8 bits da parte inferior. Um processador de 16 bits pode fazer a operação em uma instrução. Assim, *aumentar* o tamanho da palavra *reduzirá* o número de operações em valores de dados maiores que o tamanho da palavra. A tendência atual é usar processadores de 64 bits.

Paralelismo em nível de instrução é baseado na ideia de que algumas instruções em um programa podem ser conduzidas independentemente em paralelo. Por exemplo, se um programa exigir operações sobre dados não relacionados, essas operações poderão ser feitas ao mesmo tempo. Um superescalar é um processador que pode reconhecer essa situação e tirar proveito dela enviando instruções a diferentes unidades funcionais do processador. Observe que uma máquina superescalar não tem múltiplos processadores, mas tem múltiplos recursos de execução. Por exemplo, ela pode conter ALUs separadas para trabalhar com números inteiros e com números reais, permitindo que ela compute simultaneamente a soma de dois números inteiros e o produto de dois números reais. Tais recursos são chamados unidades de execução.

Paralelismo em nível de dados é baseado na ideia de que um único conjunto de instruções pode ser executado em diferentes conjuntos de dados ao mesmo tempo. Esse tipo de paralelismo é chamado SIMD (*single instructions, multiple data* – instruções únicas, dados múltiplos) e recai em uma unidade de controle direcionando várias ALUs para conduzir a mesma operação, como adição, em diferentes conjuntos de operandos. Essa abordagem, que também é chamada **processamento síncrono**, é efetiva quando o mesmo processo necessita ser aplicado a muitos conjuntos de dados. Por exemplo, aumentar o brilho de uma imagem envolve adicionar um valor a cada um dos diversos milhões de *pixels*. Essas adições podem todas ser feitas em paralelo. Veja a Figura 5.8.

Paralelismo em nível de tarefa é baseado na ideia de que diferentes processadores podem executar diferentes tarefas nos mesmos ou em diferentes conjuntos de dados. Se os diferentes processadores estiverem operando no mesmo conjunto de dados, então isso será análogo a encadeamento em uma máquina de von Neumann. Quando essa organização for aplicada a dados, o primeiro processador executará a primeira tarefa. Então, o segundo processador começará a trabalhar com a saída do primeiro processador, enquanto o primeiro processador trabalhará com o próximo conjunto de dados. Ao final, cada processador estará trabalhando em uma fase do processo, cada um obtendo material ou dados do estágio de processamento anterior, e cada um, por sua vez, entregando seu trabalho ao próximo estágio. Veja a Figura 5.9.

Em um ambiente em nível de dados, cada processador está fazendo a mesma coisa com conjuntos de dados diferentes. Por exemplo, cada processador pode estar calculando as notas de alunos para diferentes turmas. No exemplo de encadeamento em nível de tarefa, cada processador está contribuindo para as notas de uma mesma turma. Outra abordagem para paralelismo em nível de tarefa é haver processadores diferentes, fazendo coisas diferentes, com dados diferentes. Essa configuração permite aos processadores trabalhar independentemente a maior parte do tempo, mas introduz problemas de coordenação entre os processadores. Isso leva a uma configuração onde cada um dos processadores tenha tanto uma memória local como uma memória compartilhada. Os processadores usam a memória compartilhada para comunicação; logo, essa configuração é chamada **processador paralelo de memória compartilhada**. Veja a Figura 5.10.

>> **Processamento síncrono** Múltiplos processadores aplicam o mesmo programa, de modo totalmente coordenado, a múltiplos conjuntos de dados

>> **Processador paralelo de memória compartilhada** A situação na qual múltiplos processadores compartilham uma memória global

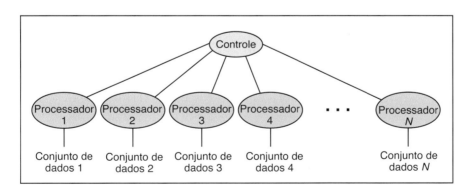

FIGURA 5.8
Processadores em um ambiente de computação síncrono

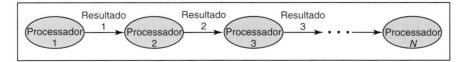

FIGURA 5.9
Processadores em um encadeamento

■ Classes de Hardware Paralelo

As classes de hardware paralelo refletem os vários tipos de computação paralela. Processadores *multicore* têm vários núcleos independentes, geralmente CPUs. Enquanto um processador superescalar podem emitir múltiplas instruções para unidades de execução, cada processador *multicore*

FIGURA 5.10 Um processador paralelo de memória compartilhada

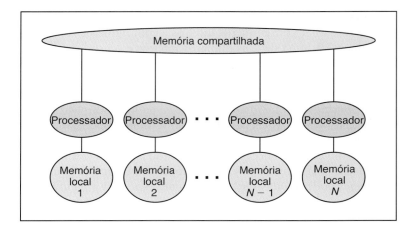

pode emitir múltiplas instruções para múltiplas unidades de execução. Isto é, cada núcleo independente pode ter múltiplas unidades de execução conectadas a ele.

Multiprocessadores simétricos (SMPs – *symmetric multiprocessors*) têm múltiplos núcleos idênticos. Eles compartilham memória, e um barramento os conecta. O número de núcleos em um SMP é geralmente limitado a 32 processadores. Um computador distribuído é aquele no qual múltiplas unidades de memória são conectadas por meio de uma rede. Um agrupamento (*cluster*) é um grupo de máquinas independentes conectadas por meio de uma rede de prateleira. Um processador maciçamente paralelo é um computador com muitos processadores em rede conectados por meio de uma rede especializada. Esse tipo de dispositivo geralmente tem mais de 1000 processadores.

As distinções entre as classes de hardware paralelo estão se tornando confusas devido a sistemas modernos. Uma pastilha típica de um processador atual contém de dois a oito núcleos que operam como um SMP. Esses, então, são conectados via uma rede para formar um agrupamento. Assim, é comum encontrar uma mistura de memória compartilhada e memória distribuída em processamento paralelo. Além disso, processadores gráficos que suportam processamento de dados em paralelo de propósito geral podem ser conectados a cada um dos processadores *multicore*. Dado que cada um dos núcleos está também aplicando paralelismo em nível de instrução, você pode ver que computadores paralelos modernos não mais se situam em uma ou outra classificação específica. Em vez disso, eles tipicamente incorporam todas as classes de uma vez. Eles são distinguidos pelo balanço específico que eles fazem entre as diferentes classes de processamento paralelo que eles suportam. Um computador paralelo que é usado para ciência pode enfatizar paralelismo de dados, ao passo que um que esteja executando um mecanismo de busca na Internet pode enfatizar paralelismo em nível de tarefa.

Resumo

Os componentes que formam um computador abrangem uma ampla gama de dispositivos. Cada componente tem características que ditam quão rápido, grande e eficiente ele é. Além disso, cada componente desempenha um papel integral no processamento geral da máquina.

O mundo computacional é carregado de jargão e acrônimos. A velocidade de um processador é especificada em GHz (giga-hertz), a quantidade de memória é especificada em MB (megabytes) e GB (gigabytes) e uma tela de exibição é especificada em *pixels*.

A arquitetura de von Neumann é a arquitetura subjacente à maioria dos computadores atuais. Ela possui cinco partes principais: memória, a unidade lógica e aritmética (ALU), dispositivos de entrada, dispositivos de saída e a unidade de controle. O ciclo busca–execução, sob a gerência da unidade de controle, é o coração do processamento. Nesse ciclo, instruções são buscadas da memória, decodificadas e executadas.

RAM e ROM são acrônimos para dois tipos de memória de computador. RAM vem de *random-access memory* (memória de acesso randômico), e ROM vem de *read-only memory* (memória apenas de leitura). Os valores armazenados em RAM podem ser alterados, mas aqueles armazenados em ROM não podem.

Dispositivos de armazenamento secundário são essenciais para um sistema computacional. Esses dispositivos guardam os dados quando o computador não está ligado. Fitas e discos magnéticos e unidades *flash* são três tipos comuns de armazenamento secundário.

Telas sensíveis são dispositivos periféricos que servem tanto a funções de entrada como de saída e são apropriadas para aplicações específicas, como em restaurantes e em quiosques de informação. Elas respondem a um toque na tela com um dedo ou um estilete e podem determinar a localização na tela onde o toque ocorreu. Existem várias tecnologias de tela sensível, incluindo resistiva, capacitiva, infravermelha e de onda acústica de superfície (SAW – *surface acoustic wave*). Elas possuem diferentes características que as tornam apropriadas em situações específicas.

Apesar de máquinas von Neumann serem as bem mais comuns, outras arquiteturas computacionais têm surgido. Por exemplo, existem máquinas com mais de um processador, de modo a poder fazer cálculos em paralelo, tornando assim o processamento mais veloz.

QUESTÕES ÉTICAS ▶ Embustes e Fraudes por Computador

Desde que os humanos descobriram que poderiam tirar vantagem de outros humanos, têm existido golpistas, charlatães e embusteiros. A principal diferença entre um embuste e uma fraude é o propósito financeiro do último. Os motivos de um embusteiro são algumas vezes difíceis de discernir e podem ser simples como o impulso de um adolescente de "deixar uma marca", ou "apenas por rebeldia". Embustes incomodam e consomem tempo. O motivo final do golpista e do fraudador, no entanto, é se apoderar de dinheiro ou possessões dos ingênuos e incautos.

Antes dos computadores, esses predadores levavam vidas difíceis. Eles tinham que gastar seu próprio tempo e dinheiro para encontrar vítimas individuais. A quantia tomada de uma vítima podia variar de uns poucos dólares – como seria o caso em um típico "jogo de bolinha" ("shell game") – até grandes somas de dinheiro – como em esquemas "Brooklyn Bridge", caso em que vítimas pensavam ter comprado propriedades que não existiam ou que não estavam à venda. Os perpetradores desses crimes eram limitados no número de vítimas em potencial que poderiam alcançar a qualquer momento.

E, então, surgiu a Internet. Com alguns cliques de um mouse, um golpista pode agora alcançar milhares de vítimas em potencial por meio de correio eletrônico. Reunir endereços eletrônicos pode ser automatizado, o que cria uma enorme população de vítimas em potencial. Sítios *Web* podem agir como redes virtuais, capturando aqueles que entram ali.

Houve um tempo em que a queixa mais comum de usuários de Internet era a irritação de *spam* comercial. Atualmente, bons serviços de correio eletrônico proveem filtros que capturam a maior parte do *spam* comercial antes de ele atingir o indivíduo. De acordo com a Comissão Federal de Comércio (FTC – *Federal Trade Commission*), as queixas mais comuns de usuários de computadores agora são as seguintes: leilões na Internet, serviços de acesso à Internet, fraudes em cartões de crédito, discagem em modelo internacional, abarrotamento (*cramming*) *Web*, pirâmides/planos multinível de marketing, fraudes de viagem e de férias, falsas oportunidades/investimentos de negócios, serviços e produtos de saúde e golpes de *phishing*.

Mais sérios são aqueles crimes que roubam informações financeiras e senhas de surfistas da *Web*. Sítios *Web* podem ser usados para enganar pessoas, fazendo com que elas acreditem que estão respondendo a pesquisas ou fornecendo informações de cartão de crédito meramente para provar que possuem mais de 18 anos. Roubando senhas, criminosos podem ter acesso a registros financeiros completos de suas vítimas. Roubo de identidade é devastador para as vítimas, e para se recuperar pode levar anos. Talvez a maior ameaça venha daqueles que realmente querem causar o caos. Hoje em dia, companhias de aviação, bancos e infraestruturas municipais estão todos conectados a redes computacionais. O prejuízo que um determinado criminoso cibernético pode causar não tem limites.

O desafio de policiar esses esquemas não pode ser subestimado. Criminosos podem disfarçar não apenas sua identidade, mas também suas localizações geográficas. Por ora, a melhor proteção existente para os usuários é o ceticismo. Torna-se obrigatório recusar-se a fornecer informações de cartões de crédito ou de natureza pessoal a qualquer solicitação. À medida que o uso de computadores se torna ainda mais difundido, são grandes as chances de que golpistas, embusteiros e charlatães mantenham o ritmo. Até que exista uma maneira viável de parar as atividades deles, tenha cuidado.

Mensagem fraudulenta recebida por Nell Dale

Serviço do Departamento de TI,

Você excedeu o limite de sua caixa de correio estabelecido pelo seu serviço do Departamento de TI. E você terá problemas ao enviar e receber novas mensagens. Para prevenir isso, você terá que contatar o Serviço do Departamento de TI por correio eletrônico com seu nome e senha:

Nome de usuário atual: { } e Senha: { } para ajudar a aumentar seu limite de armazenamento.

Serviço do Departamento de TI E-mail: <mailto:it.dept@administrativos.com>it.dept@administrativos.com

Não fazer isso resultará em acesso limitado à sua caixa de correio.

Atenciosamente,

Serviço do Departamento de TI

Você teria respondido? O que teria acontecido se você tivesse respondido?

Termos Fundamentais

Bloco
Cilindro
Contador de programa (CP)
CPU
Encadeamento
Endereçabilidade
Largura de barramento
Latência
Memória cache
Placa-mãe
Processador paralelo de memória compartilhada
Processamento síncrono

Registrador
Registrador de instrução (RI)
Setor
Taxa de transferência
Tempo de acesso
Tempo de busca
Trilha
Unidade de controle
Unidade de entrada
Unidade de saída
Unidade lógica e aritmética (ALU)

Exercícios

Para os Exercícios 1 a 16, relacione a potência de 10 ao seu nome ou ao seu uso.

A. 10^{-12}
B. 10^{-9}
C. 10^{-6}
D. 10^{-3}
E. 10^{3}
F. 10^{6}
G. 10^{9}
H. 10^{12}
I. 10^{15}

1. Nano
2. Pico
3. Micro
4. Mili
5. Tera
6. Giga
7. Quilo
8. Mega
9. Frequentemente usado para indicar velocidade de processador
10. Frequentemente usado para indicar tamanho de memória
11. Usado em relação a velocidades da Internet
12. Termo latino para "mil"
13. Termo italiano para "pequeno"
14. Peta
15. Aproximadamente igual a 2^{10}
16. Aproximadamente igual a 2^{50}

Para os Exercícios 17 a 23, relacione a sigla com sua definição mais adequada.

A. CD-ROM
B. CD-DA
C. CD-R
D. DVD
E. CD-RW
F. DL DVD
G. Blu-Ray

17. Formato usando duas camadas
18. Dados são armazenados em setores reservados para informação de tempo em outra variação
19. Pode ser lido muitas vezes, mas escrito apenas uma vez depois de fabricado

20. Pode ser lido e escrito qualquer número de vezes
21. Formato usado em gravações de áudio
22. Uma nova tecnologia armazenando até 50 GB
23. O formato mais popular para distribuir filmes

Os Exercícios 24 a 66 são questões ou exercícios de resposta curta.
24. Defina os seguintes termos:
    a. Processador Core 2
    b. Hertz
    c. Memória de acesso randômico
25. O que quer dizer FSB?
26. O que significa dizer que um processador é de 1,4 GHz?
27. O que significa dizer que uma memória é de 133 MHz?
28. Quantos bytes de memória há nas seguintes máquinas?
    a. máquina de 512MB
    b. máquina de 2GB
29. Defina RPM e discuta o que isso significa em termos de velocidade de acesso a disco.
30. O que é o conceito de programa armazenado e por que ele é importante?
31. O que significa, em termos de arquitetura computacional, a afirmação "unidades que processam informação são separadas das unidades que armazenam informação"?
32. Cite os componentes de uma máquina de von Neumann.
33. Qual é a endereçabilidade de uma máquina de 8 bits?
34. Qual é a função da ALU?
35. Que componente na arquitetura de von Neumann você diria que atua como o regente? Justifique.
36. Cartões perfurados e fita em papel foram duas mídias pioneiras para entrada e saída. Discuta as vantagens e desvantagens delas.
37. O que é um registrador de instrução e qual é sua função?
38. O que é um contador de programa e qual é sua função?
39. Liste os passos do ciclo busca-execução.
40. Explique o que se entende por "buscar uma instrução".
41. Explique o que se entende por "decodificar uma instrução".
42. Explique o que se entende por "executar uma instrução".
43. Compare e diferencie RAM e ROM.
44. O que é um dispositivo de armazenamento secundário e por que tais dispositivos são importantes?
45. Discuta os prós e os contras de usar fitas magnéticas como meio de armazenamento.
46. Quais são as quatro medidas de eficiência de uma unidade de disco?
47. Defina o que se entende por um bloco de dados.
48. O que é um cilindro?
49. Defina os passos que uma unidade de disco rígido percorre para transferir um bloco de dados do disco para a memória.
50. Faça a distinção entre um CD e um disco magnético.
51. Descreva uma arquitetura paralela que use processamento síncrono.
52. Descreva uma arquitetura paralela que use processamento com encadeamento.
53. Como funciona uma configuração paralela com memória compartilhada?
54. Quantas localizações de memória diferentes um processador de 16 bits pode acessar?
55. Por que um relógio mais rápido nem sempre é melhor?
56. Por que uma cache maior não é necessariamente melhor?
57. No anúncio, por que a especificação 1080p para a tela não é inteiramente verdade?
58. Mantenha um registro diário, ao longo de uma semana, de quantas vezes os termos *hardware* e *software* aparecem em comerciais de TV.
59. Pegue um anúncio recente de um computador *laptop* e compare-o com aquele anúncio mostrado no início deste capítulo.
60. Qual o nome comum para o disco que é um dispositivo de armazenamento secundário?
61. A que se refere a expressão *pixels*?

62. O que é uma GPU?

63. Se uma bateria em um *laptop* for classificada como 80WHr e o *laptop* consumir 20 watts, por quanto tempo ele funcionará?

64. Qual é a diferença entre 1K de memória e 1K de taxa de transferência?

65. Compare e diferencie um DVD-ROM e uma unidade *flash*.

66. "Giga" pode significar tanto 10^9 como 2^{30}. Explique a que cada um se refere. Isso pode provocar confusão ao ler um anúncio sobre computador?

??? Temas para Reflexão

1. Seria o sistema octal ou o hexadecimal uma melhor forma de se referir a endereços em um processador de 16 bits? Justifique sua resposta.

2. Relacione o conceito de um programa ao ciclo busca-execução da máquina de von Neumann.

3. Computadores pessoais originalmente vinham equipados com uma e depois duas unidades de disco flexíveis. Depois disso, unidades de disco flexíveis se tornaram opcionais, assim que as unidades de CD se tornaram equipamento padrão. Agora, unidades USB *flash* são as mídias correntes para armazenamento de dados. Quais são as vantagens de unidades *flash* em relação a outras formas de armazenamento em disco? Você acha que elas substituirão outras mídias?

4. Por que não usamos apenas potências de 10 quando nos referimos a armazenamento? Potências de 10 e potências de 2 não são próximas o suficiente?

5. Caminhe por sua cozinha e liste o número de itens que incluem computadores embarcados.

6. Você já caiu em algum embuste? Você ficou irritado ou apenas chateado?

7. Você ou alguém que você conheça já foi vítima de um fraudador?

A Camada de Programação

Preparando os Alicerces
    1 O Quadro Geral

A Camada de Informação
    2 Valores Binários e Sistemas de Numeração
    3 Representação de Dados

A Camada de Hardware
    4 Portas e Circuitos
    5 Componentes Computacionais

A Camada de Programação
  ▶ **6** Linguagens de Programação de Baixo Nível e Pseudocódigo
    7 Solução de Problemas e Algoritmos
    8 Tipos Abstratos de Dados e Subprogramas
    9 Projeto Orientado a Objeto e Linguagens de Programação de Alto Nível

A Camada de Sistema Operacional
    10 Sistemas Operacionais
    11 Sistemas de Arquivos e Diretórios

A Camada de Aplicação
    12 Sistemas de Informação
    13 Inteligência Artificial
    14 Simulação, Gráficos, Jogos e Outros Aplicativos

A Camada de Comunicação
    15 Redes
    16 A *World Wide Web*

Em Conclusão
    17 Limitações da Computação

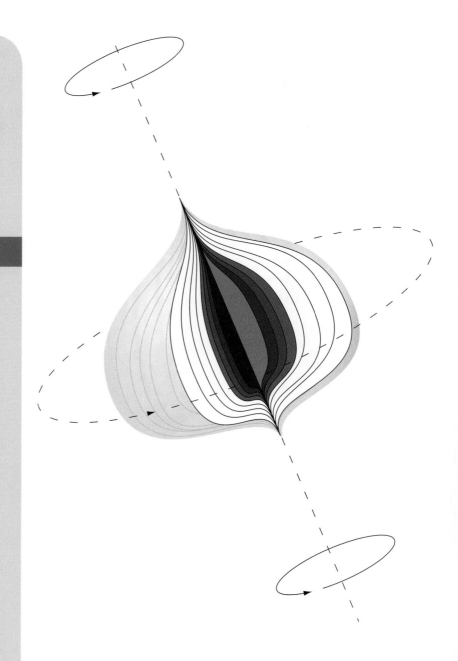

Linguagens de Programação de Baixo Nível e Pseudocódigo

6

O Capítulo 6 é o primeiro capítulo da camada de programação. Nos Capítulos 2 e 3, abordamos as informações básicas necessárias para entender um sistema computacional, incluindo sistemas de numeração e formas para representar diferentes tipos de informação em um computador. Nos Capítulos 4 e 5, tratamos dos componentes de hardware de um computador. Agora a ênfase muda do assunto "o que é um sistema computacional" para "como usá-lo".

Começamos este capítulo examinando código de máquina, o nível mais baixo de todas as linguagens de programação – a linguagem embutida na máquina. Subimos então um nível, para linguagem de montagem, uma linguagem na qual podemos usar uma combinação de letras para representar uma instrução em linguagem de máquina. Finalmente, introduzimos o conceito de pseudocódigo como uma forma de expressar algoritmos.

Objetivos

Após estudar este capítulo, você deverá ser capaz de:

- listar as operações que um computador pode executar.
- descrever as características importantes da máquina virtual Pep/8.
- fazer a distinção entre modo de endereçamento imediato e modo de endereçamento direto.
- escrever um programa simples em linguagem de máquina.
- fazer a distinção entre linguagem de máquina e linguagem de montagem.
- descrever os passos para criar e executar um programa em linguagem de montagem.

- escrever um programa simples em linguagem de montagem.
- fazer a distinção entre instruções para o montador e instruções a serem traduzidas.
- saber a diferença entre seguir um algoritmo e desenvolver um.
- descrever os construtos em pseudocódigo usados para expressar um algoritmo.
- usar pseudocódigo para expressar um algoritmo.
- descrever duas abordagens para testes.
- projetar e implementar um plano de testes para um programa simples em linguagem de montagem.

6.1 Operações Computacionais

As linguagens de programação que usamos devem espelhar os tipos de operações que um computador pode realizar. Então vamos começar nossa discussão repetindo a definição de um computador: Um computador é um dispositivo eletrônico programável que pode armazenar, recuperar e processar dados.

As palavras operacionais aqui são: *programável*, *armazenar*, *recuperar* e *processar*. Em um capítulo anterior, assinalamos a importância da percepção de que dados e instruções que manipulam os dados são logicamente a mesma coisa e poderiam ser armazenados no mesmo local. Isso é o que a palavra *programável* significa nesse contexto. As instruções que manipulam dados são armazenadas na máquina junto com os dados. Para alterar o que o computador faz com os dados, alteramos as instruções.

Armazenar, *recuperar* e *processar* são ações que o computador pode realizar sobre dados. Isto é, as instruções que a unidade de controle executa podem armazenar dados na memória da máquina, recuperar dados da memória da máquina e processar os dados de alguma forma na unidade lógica e aritmética. A palavra *processar* é muito geral. No nível da máquina, processar envolve realizar operações aritméticas e lógicas sobre valores de dados.

De onde vêm os dados que são armazenados na memória do computador? Como os seres humanos conseguem ver o que está armazenado lá, tal qual o resultado de algum cálculo? Há outras instruções que especificam a interação entre um dispositivo de entrada e a CPU e entre a CPU e um dispositivo de saída.

6.2 Linguagem de Máquina

Como assinalamos no Capítulo 1, as únicas instruções de programação que um computador realmente executa são aquelas usando linguagem de máquina, as instruções embutidas no hardware de um computador específico. Inicialmente, seres humanos não tinham outra opção senão escrever programas em linguagem de máquina, já que outras linguagens de programação ainda não tinham sido inventadas.

Então, como as instruções de computador são representadas? Relembre que cada tipo de processador tem seu próprio conjunto de instruções específicas de máquina. Essas são as únicas instruções que o processador pode realmente executar. Como há um número finito de instruções, os projetistas de processadores simplesmente listam as instruções e atribuem a elas códigos binários que são usados para representá-las. Isso é similar à abordagem adotada ao representar conjuntos de caracteres, como descrito no Capítulo 3.

O relacionamento entre o processador e as instruções que ele pode executar é completamente integrado. A eletrônica da CPU reconhece inerentemente as representações binárias dos comandos específicos; logo, não há realmente uma lista de comandos que o computador deva consultar. A CPU incorpora a lista em seu projeto.

Cada instrução em linguagem de máquina realiza apenas uma tarefa de nível muito baixo. Cada pequeno passo em um processo deve estar explicitamente codificado em linguagem de máquina. Mesmo a simples tarefa de somar dois números deve ser subdividida em passos menores: carregar um número no acumulador, somar um número a ele, salvar o resultado. Então essas três instruções devem ser escritas em binário e o programador tem que lembrar qual combinação de dígitos binários corresponde a qual instrução. Como mencionamos no Capítulo 1, programadores em linguagem de máquina têm que ser muito bons com números e muito detalhistas.

Entretanto, não podemos deixar você com a impressão de que apenas matemáticos podem escrever programas em linguagem de máquina. É verdade que muito poucos programas são escritos em linguagem de máquina hoje em dia, principalmente porque eles representam um uso ineficiente do tempo de programadores. Embora a maioria dos programas seja escrita em linguagens de alto nível e então traduzida para linguagem de máquina (um processo que descreveremos mais adiante neste capítulo), cada peça de software é realmente implementada em código de máquina. Entender mesmo apenas um pouco sobre esse nível fará de você um usuário mais informado.

>> **Linguagem de máquina** A linguagem composta de instruções codificadas em binário que é usada diretamente pelo computador

---

Cuidando de Espécies Ameaçadas

Zoológicos estabeleceram populações, em cativeiro, de animais ameaçados, para protegê-los de extinção, mas eles precisam ter uma boa distribuição quanto a idades e diversidade genética para proteger as espécies contra doenças e problemas relativos a endogamia. Uma base de dados computadorizada de todos os animais em cativeiro, que contém datas de nascimento e de morte, gênero, linhagem e localização, permite que cientistas meçam importantes fatores regendo o bem-estar de uma espécie, tais como taxas de reprodução e de sobrevivência, grau de endogamia e perda de diversidade genética. Por exemplo, o Jardim Zoológico de Minnesota coordena o Sistema Internacional de Inventário de Espécies (ISIS - International Species Inventory System). O ISIS provê informações globais sobre diferentes espécies de animais, incluindo mais de 163.000 animais vivos, e muitos animais ameaçados estão sendo procriados em cativeiro devido a sua ajuda.

Além disso, essa experiência enfatiza a definição básica de um computador e faz você apreciar a facilidade com a qual pessoas interagem com computadores atualmente.

■ Pep/8: Um Computador Virtual

Por definição, código de máquina difere de uma máquina para outra. Relembre que, da mesma forma que cada cadeado tem uma chave específica que o abre, cada tipo de computador tem um conjunto específico de operações que ele pode executar, chamado linguagem de máquina do computador. Isto é, cada tipo de CPU tem sua própria linguagem de máquina que ele entende. Então, como podemos passar a cada um de vocês a experiência em usar linguagem de máquina quando vocês podem estar trabalhando em máquinas diferentes? Solucionamos essa situação usando um computador virtual. Um computador virtual é uma máquina hipotética – neste caso, uma máquina projetada para conter as características importantes de computadores reais que queremos ilustrar. Pep/8, projetada por Stanley Warford, é a máquina virtual que usamos aqui.[1]

Pep/8 tem 39 instruções em linguagem de máquina. Isso significa que um programa para Pep/8 deve ser uma sequência consistindo em uma combinação dessas instruções. Não entre em pânico: Não pediremos a você que entenda e decore 39 sequências de bits! Apenas planejamos examinar algumas poucas dessas instruções e não pediremos a você para memorizar qualquer uma delas.

>> **Computador (máquina) virtual** Uma máquina hipotética projetada para ilustrar características importantes de uma máquina real

Características Importantes Refletidas em Pep/8

A unidade de memória do Pep/8 é constituída de 65.536 bytes de armazenamento. Os bytes são numerados de 0 a 65.535 (decimal). Relembre que cada byte contém 8 bits, então podemos descrever o padrão de bits de um byte usando dois dígitos hexadecimais. (Reveja o Capítulo 2 para mais informações sobre dígitos hexadecimais.) O comprimento de palavra em Pep/8 é de 2 bytes ou 16 bits. Então, a informação que entra e sai da unidade lógica e aritmética (ALU) tem comprimento de 16 bits.

Relembre, do Capítulo 5, que um registrador é uma pequena área de armazenamento na ALU da CPU que mantém dados especiais e valores intermediários. Pep/8 tem sete registradores, três dos quais examinaremos neste momento:

- O contador de programa (CP), que contém o endereço da próxima instrução a ser executada
- O registrador de instrução (RI), que contém uma cópia da instrução que está sendo executada
- O acumulador (um registrador)

O acumulador é usado para manter dados e os resultados de operações; ele é o registrador de armazenamento especial referido no Capítulo 5, na discussão sobre a ALU.

Temos consciência de que isto é muita informação detalhada, mas não desanime! Relembre que nosso objetivo é dar a você uma percepção do que está realmente acontecendo no nível mais baixo de processamento computacional. Por necessidade, este processamento mantém o registro de muitos detalhes.

A Figura 6.1 apresenta um diagrama da CPU e da memória de Pep/8. Observe que os endereços de memória são apresentados em cinza. Essa cor tem a intenção de enfatizar que os próprios endereços não são armazenados em memória, mas, em vez disso, eles *nomeiam* os bytes individuais de memória. Referimo-nos a qualquer byte em particular de memória por seu endereço.

Antes de continuarmos, vamos rever alguns aspectos de números binários e hexadecimais. O maior valor decimal que pode ser representado em um byte é 255. Ele ocorre quando todos os bits são 1: 11111111 em binário é FF em hexadecimal e 255 em decimal. O maior valor decimal que pode ser representado em uma palavra (16 bits) é 65.535. Ele ocorre quando todos os 16 bits são 1: 1111111111111111 em binário é FFFF em hexadecimal e 65.535 em decimal. Se representarmos tanto números positivos quanto negativos, perderemos um bit na grandeza (já que um é usado para o sinal), então poderemos representar valores no intervalo de $-7FFF$ a $+7FFF$ em hexadecimal ou de -32.767 a $+32.767$ em decimal.

Essa informação é importante quando trabalhamos com a máquina Pep/8. O número de bits que temos disponível determina o tamanho dos números com os quais podemos trabalhar.

Formato de Instrução

Falamos sobre instruções indo para o registrador de instruções, sendo decodificadas e sendo executadas. Agora estamos prontos para examinar um conjunto (ou subconjunto) de instruções con-

FIGURA 6.1 Arquitetura de Pep/8

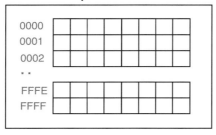

cretas que um computador pode executar. Mas, antes, precisamos examinar o formato de uma instrução em Pep/8.

A Figura 6.2(a) mostra o formato de uma instrução em Pep/8. Há duas partes em uma instrução: o *especificador de instrução* e (opcionalmente) o *especificador de operando* de 16 bits. O especificador de instrução indica que operação deverá ser executada, tal como "somar um número a um valor já armazenado em um registrador", e como interpretar exatamente onde o operando está. O especificador de operando (o segundo e o terceiro bytes da instrução) mantém o próprio operando ou o endereço indicando onde o operando deve ser encontrado. Algumas instruções não usam o especificador de operando.

O formato do especificador de instrução varia, dependendo do número de bits usado para representar uma operação particular. Em Pep/8, *códigos de operação* (chamados opcodes) variam de 4 bits a 8 bits de comprimento. Os opcodes que abordamos tem comprimentos de 4 ou de 5 bits, com o quinto bit de opcodes de 4 bits usado para especificar que registrador usar. O *especificador de registrador* é 0 para o registrador A (acumulador), que é o único registrador que usaremos. Assim, o especificador de registrador terá apenas codificação em cor em nossos diagramas quando ele for parte do opcode. [Veja a Figura 6.2(b).]

O *especificador de modo de endereçamento* de 3 bits (sombreado de cinza-claro) indica como interpretar a parte do operando da instrução. Se o modo de endereçamento for 000, o operando estará no especificador de operando da instrução. Isto é, o operando é dado em vez de a localização ou endereço de dados. Esse modo de endereçamento é chamado imediato (i). Se o modo de

FIGURA 6.2 Formato de instrução de Pep/8

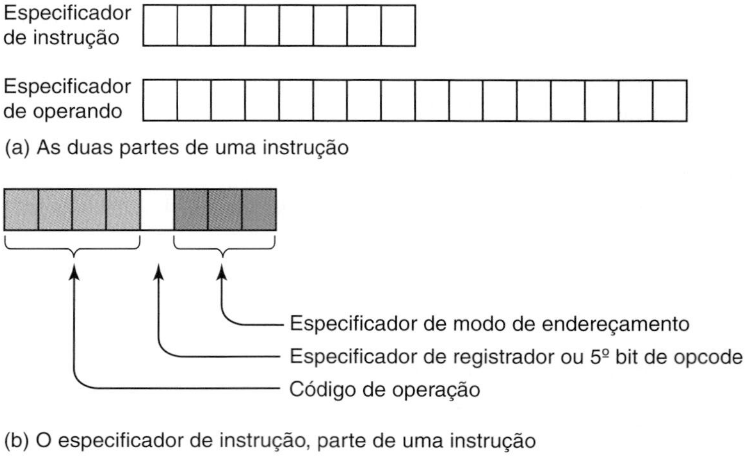

endereçamento for 001, o operando estará no endereço de memória indicado no especificador de operando. Este modo de endereçamento é chamado direto (d). (Há também outros modos de endereçamento, mas não os abordaremos aqui.) A distinção entre o modo de endereçamento imediato e o modo de endereçamento direto é muito importante porque ela determina onde os dados envolvidos na operação estão armazenados ou devem estar armazenados. Veja a Figura 6.3. Localizações que contêm endereços estão em cinza-médio; operandos são sombreados de cinza-claro.

Instruções que não tenham um operando (dados a serem manipulados) são chamadas *instruções unárias*. Elas não têm um especificador de operando. Isto é, instruções unárias têm comprimento de apenas 1 byte em vez de 3 bytes.

Alguns Exemplos de Instruções

Vamos examinar algumas instruções específicas de forma isolada e, então, reuni-las para escrever um programa. A Figura 6.4 contém os códigos de operação de 4 bits (ou opcodes) para as operações que estamos abordando.

0000 **Parar execução** Durante o ciclo de busca/execução, quando o código de operação é todo de zeros, o programa para. Parar é uma instrução unária; logo, ela ocupa apenas um byte. Os três bits mais à direita no byte são ignorados.

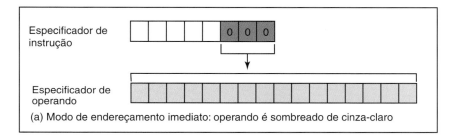

FIGURA 6.3 Diferença entre modo de endereçamento imediato e modo de endereçamento direto

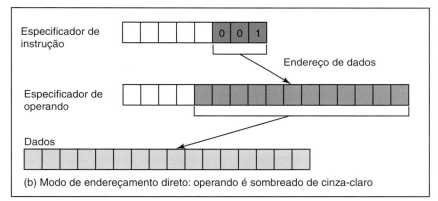

FIGURA 6.4 Subconjunto de instruções de Pep/8

Opcode	Significado da Operação
0000	Parar execução
1100	Carregar o operando no registrador A
1110	Armazenar o conteúdo do registrador A no operando
0111	Somar o operando ao registrador A
1000	Subtrair o operando do registrador A
01001	Entrada de caractere para o operando
01010	Saída de caractere a partir do operando

1100 Carregar o operando no registrador A Esta instrução carrega uma palavra (dois bytes) no registrador A. O especificador de modo determina onde a palavra está localizada. Logo, o opcode para carregar tem significados diferentes, dependendo do especificador de modo de endereçamento. O especificador de modo determina se o valor a ser carregado está na parte do operando da instrução (o segundo e o terceiro bytes da instrução) ou está no local nomeado no operando.

Vamos examinar exemplos concretos de cada uma dessas combinações. Aqui está a primeira instrução de 3 bytes:

Especificador de instrução | 1 1 0 0 0 0 0 0

Especificador de operando | 0 0 0 0 0 0 0 0 0 0 0 0 0 1 1 1

O modo de endereçamento é imediato, significando que o valor a ser carregado no registrador A está no especificador de operando. Isto é, o dado está no especificador de operando, então ele está sombreado de cinza. Após executar essa instrução, o conteúdo do segundo e do terceiro bytes da instrução (o especificador de operando) será carregado no registrador A (o acumulador). Isto é, o registrador A passará a conter 0007 e o conteúdo original de A estará perdido.

Aqui está outra instrução de carregar:

Especificador de instrução | 1 1 0 0 0 0 0 1

Especificador de operando | 0 0 0 0 0 0 0 0 0 0 0 0 1 1 1 1

O modo de endereçamento é direto, o que significa que o operando propriamente dito não está no especificador de operando (segundo e terceiro bytes da instrução); em vez disso, o especificador de operando guarda o *endereço* (cinza-médio) de onde o operando reside na memória. Logo, quando esta instrução for executada, o conteúdo da *localização* 001F será carregado no registrador A. Observe que sombreamos de cinza-médio os bits que representam um endereço de memória da mesma forma que usamos cinza-médio para outros endereços. O registrador A armazena uma palavra (2 bytes), então quando um endereço for usado para especificar uma palavra (em vez de um único byte), como nesse caso, o endereço fornecido será do byte mais à esquerda da palavra. Logo, os conteúdos de localizações adjacentes 001F e 0020 serão carregados no registrador A. Os conteúdos do operando (001F e 0020) não serão alterados.

1110 Armazenar o registrador A no operando Esta instrução armazena o conteúdo do registrador A na localização especificada no operando, que é o próprio operando ou o local indicado no operando.

Especificador de instrução | 1 1 1 0 0 0 0 0

Especificador de operando | 0 0 0 0 0 0 0 0 0 0 0 0 0 1 1 1

Esta instrução armazena o valor do registrador A no especificador de operando da instrução propriamente dita. O operando em cinza-médio é para indicar que ele consiste em dados.

Especificador de instrução | 1 1 1 0 0 0 0 1

Especificador de operando | 0 0 0 0 0 0 0 0 0 0 0 0 1 0 1 0

Esta instrução armazena o conteúdo do registrador A na palavra começando na localização 000A. É inválido usar um modo de endereçamento imediato com um opcode para armazenar. Isto é, não podemos tentar armazenar o conteúdo de um registrador no especificador de operando.

0111 Somar o operando ao registrador A Da mesma forma que a operação carregar, a operação somar usa o especificador de modo de endereçamento, produzindo interpretações alternativas. As duas alternativas para esta instrução são mostradas abaixo, com a explicação seguindo cada instrução.

Especificador de instrução

Especificador de operando

Os conteúdos do segundo e do terceiro bytes da instrução (o especificador de operando) são somados ao conteúdo do registrador A (20A em hexadecimal). Assim, sombreamos de cinza-médio o especificador de operando para mostrar que ele é o dado.

Especificador de instrução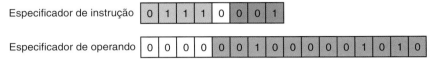

Especificador de operando

Como o especificador de modo de endereçamento é direto, os conteúdos dos operandos especificados no segundo e no terceiro bytes da instrução (localização 020A) são somados ao registrador A.

1000 **Subtrair o operando** Esta instrução é exatamente como a operação somar, exceto que o operando é subtraído do registrador A, em vez de somado. Da mesma forma que as operações carregar e somar, há variações dessa instrução, dependendo do modo de endereçamento.

0100 **Entrada de caractere para o operando** Esta instrução permite ao programa entrar com um caractere ASCII, a partir do dispositivo de entrada, enquanto o programa estiver executando. Apenas endereçamento direto é permitido; logo, o caractere será armazenado no endereço mostrado no especificador de operando.

Especificador de instrução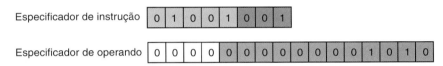

Especificador de operando

Esta instrução lê um caractere ASCII do dispositivo de entrada e o armazena no endereço 000A.

0101 **Saída de caractere a partir do operando** Esta instrução envia um caractere ASCII para o dispositivo de saída enquanto o programa estiver executando. O endereçamento pode ser tanto imediato como direto.

Especificador de instrução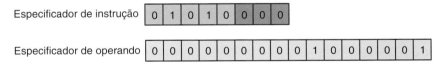

Especificador de operando

Como está especificado endereçamento imediato, esta instrução envia para a saída o caractere ASCII armazenado no especificador de operando. O especificador de operando contém 1000001, que é 41 em hexadecimal e 65 em decimal. O caractere ASCII correspondente a este valor é "A"; logo, a letra A será escrita na tela.

Especificador de instrução

Especificador de operando

Como está especificado endereçamento direto, essa instrução envia para a saída o caractere ASCII armazenado na localização indicada no especificador de operando, localização 000A. O que será enviado? Não podemos dizer, a menos que saibamos o conteúdo do endereço 000A. O caractere ASCII correspondente àquilo que estiver armazenado nesta localização será impresso.

6.3 Um Exemplo de Programa

Estamos agora prontos para escrever nosso primeiro programa em linguagem de máquina: Vamos escrever "Hello" na tela. Há seis instruções nesse programa: cinco para escrever um caractere e uma para indicar o fim do processo. A instrução para escrever um caractere na tela é 0101, a operação "Saída de caractere a partir do operando". Devemos armazenar os caracteres em memória e escrevê-los usando modo de endereçamento direto ou devemos apenas armazená-los no especificador de operando e usar modo de endereçamento imediato? Vamos usar endereçamento imediato aqui e deixar endereçamento direto como um exercício. Isso significa que o especificador de modo de endereçamento é 000 e o código ASCII para a letra fica no terceiro byte da instrução.

Ação	Instrução Binária	Instrução em Hexadecimal
Escreva "H"	01010000 0000000001001000	50 0048
Escreva "e"	01010000 0000000001100101	50 0065
Escreva "l"	01010000 0000000001101100	50 006C
Escreva "l"	01010000 0000000001101100	50 006C
Escreva "o"	01010000 0000000001101111	50 006F
Parar	00000000	00

O programa em linguagem de máquina é mostrado em binário na segunda coluna e em hexadecimal na terceira coluna. Devemos construir o especificador de operação em binário porque ele é composto de um opcode de 4 bits, de um especificador de registrador de 1 bit e de um especificador de modo de endereçamento de 3 bits. Uma vez que tenhamos os 8 bits completos, podemos converter a instrução para hexadecimal. Alternativamente, podemos construir o especificador de operando em hexadecimal.

Usamos aspas duplas ao nos referirmos a uma coleção de caracteres, como em "Hello", e aspas simples ao nos referirmos a um único caractere. Esse padrão é comumente usado em linguagens de programação; seguimos essa convenção aqui.

■ Simulação Manual

Vamos simular a execução desse programa seguindo os passos do ciclo busca/execução. Tal procedimento manual torna claros os passos que o computador realiza.

Lembre-se de que o ciclo busca–execução inclui quatro passos:

1. Buscar a próxima instrução (a partir do local indicado no contador de programa).
2. Decodificar a instrução (e atualizar o contador de programa).
3. Obter dados (operandos), se necessário.
4. Executar a instrução.

Há seis instruções em nosso programa. Vamos supor que elas estejam em localizações contíguas em memória, com a primeira instrução armazenada nos endereços de memória 0000-0002. A execução começa carregando 0000 no contador de programa (CP). A cada estágio da execução vamos examinar o CP (mostrado em cinza-médio) e o registrador de instrução (RI). O programa não acessa o registrador A; logo, não vamos nos preocupar em mostrá-lo. Ao final da primeira busca, o CP e o RI ficarão como o diagrama a seguir. (Continuaremos a usar tons de cinza para destacar endereços, opcode, especificador de modo de endereçamento e dados.) Observe que o contador de programa é incrementado tão logo a instrução tenha sido acessada.

Contador de programa (CP)

				0	0	0	0	0	0	0	0	0	0	1	1

Registrador de instrução (RI)

0	1	0	1	0	0	0	0								
0	0	0	0	0	0	0	0	0	1	0	0	1	0	0	0

A instrução é decodificada como uma instrução "Escrever caractere na saída" usando modo de endereçamento imediato. Como essa instrução usa três bytes, o CP é incrementado de 3. O dado é recuperado a partir do especificador de operando no RI, a instrução é executada e 'H' é escrito na tela.

A segunda busca é executada e o CP e o RI ficarão como a seguir:

Contador de programa (CP)					0	0	0	0	0	0	0	0	0	1	1	0
Registrador de instrução (RI)	0	1	0	1	0	0	0	0								
	0	0	0	0	0	0	0	0	0	1	1	0	0	1	0	1

A instrução é decodificada como outra instrução "Escrever caractere na saída" usando modo de endereçamento imediato. A instrução usa três bytes; logo, o CP é incrementado de 3 novamente. O dado é recuperado, a instrução é executada e 'e' é escrito na tela.

As próximas três instruções serão executadas exatamente da mesma forma. Após o 'o' ter sido escrito, o CP e o RI ficarão assim:

Contador de programa (CP)					0	0	0	0	0	0	0	0	1	1	1	1
Registrador de instrução (RI)	0	0	0	0	0	0	0	0								

O opcode é decodificado como uma instrução "Parar"; logo, os conteúdos dos especificadores de modo de endereçamento e de operando serão ignorados. Nesse ponto, o ciclo busca–execução termina.

■ Simulador de Pep/8

Lembre-se de que as instruções são escritas na linguagem de máquina de Pep/8, que não corresponde à linguagem de máquina de qualquer CPU específica. Acabamos de simular o programa manualmente. Podemos agora executá-lo no computador? Sim, podemos. Pep/8 é uma máquina virtual (hipotética), mas temos um *simulador* para a máquina. Isto é, temos um programa que se comporta exatamente como a máquina virtual Pep/8 se comporta. Para executar um programa, informamos os códigos hexadecimais, byte a byte, com exatamente um branco entre cada byte, e terminamos o programa com zz. O simulador reconhece dois z's como o fim do programa. Eis a seguir uma imagem da tela do programa em linguagem de máquina de Pep/8:

> **Ataque Bancário Nigeriano**
> Em junho de 2008, Edna Fiedler, de Olympia, Washington, foi sentenciada a 2 anos de prisão e a 5 anos de liberdade condicional supervisionada em um ataque bancário nigeriano de US$1 milhão. Nesse ataque, uma mensagem em inglês rudimentar rogava pela ajuda financeira do gentil destinatário. Em todos os casos, o remetente era um oficial de alto posto que tinha milhões guardados em um local inacessível. Se o destinatário enviasse dinheiro para a fuga do oficial do seu país devastado, a ele ou a ela seria oferecida uma parte da fortuna. A perda média das vítimas desse ataque foi de mais de US$5000.

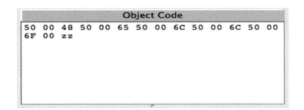

Vamos percorrer os passos necessários para informar e executar um programa. Assumimos que o simulador de Pep/8 tenha sido instalado. Para começar o programa, clique no ícone de Pep/8. Uma de várias telas aparecerá, mas cada uma contém uma seção marcada "Object Code". Informe seu programa nessa janela como descrito anteriormente. Você agora está pronto para executar seu programa. Vá até a barra de menu. Eis uma imagem da parte de que você precisa:

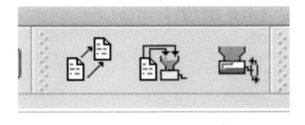

> **Carregador** Uma peça de software que pega um programa em linguagem de máquina e o coloca em memória

Clique no ícone do meio desses três ícones, que chamará o carregador. Após você clicar nesse ícone, seu programa será carregado na memória de Pep/8.

Assegure-se de que o botão Terminal I/O esteja escurecido (pressionado). Agora clique no ícone mais à direita, que é o botão de execução. O programa é executado e "Hello" aparece na janela de saída. Para tudo que fizermos neste capítulo, o botão Terminal I/O deverá estar escurecido. Essa área é onde você informa valores e recebe valores de saída.

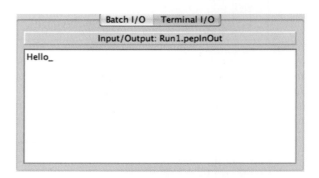

Pep/8 tem uma característica que permite a você acompanhar o que está acontecendo na CPU à medida que cada instrução é executada. Eis uma imagem da tela da CPU após o programa ter sido carregado. Observe que a caixa de seleção "Trace Program" foi marcada. Essa tela inclui diversas caixas que não abordamos, mas você pode prontamente ver os rótulos "Program Counter", "Instruction Register" e "OpCode".

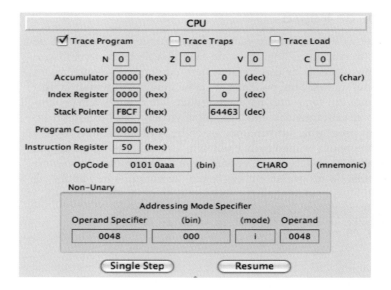

Quando a opção "Trace Program" estiver marcada, pressione o botão Single Step e a primeira instrução será executada. Continue a pressionar o botão Single Step e você poderá ver os valores dos registradores se alterando.

Antes de deixarmos o nosso exemplo em código de máquina, vamos informar duas letras e imprimi-las em ordem reversa. Podemos escolher um lugar para colocar a entrada à medida que ela seja lida em algum lugar ao longo do código. Nesse caso escolhemos 0F e 12. Usamos modo de endereçamento direto.

Ação	Instrução Binária	Instrução em Hexadecimal
Entrar com uma letra na posição F	01001001 0000000000001000	49 000F
Entrar com uma letra em F + 1	01001001 0000000000010010	49 0010
Escrever uma segunda letra	01010001 0000000000001000	51 0010
Escrever uma primeira letra	01010001 0000000000001010	51 000F
Parar	00000000	00

Eis o código objeto e a janela de saída após informar 'A' e 'B':

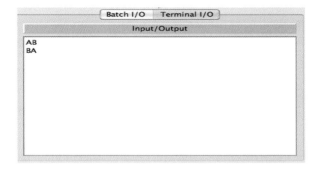

6.4 Linguagem de Montagem

Como registramos no Capítulo 1, as primeiras ferramentas desenvolvidas para ajudar os programadores foram linguagens de montagem. Linguagens de montagem atribuem códigos mnemônicos de letras a cada instrução em linguagem de máquina. O programador usa esses códigos de letras em lugar de dígitos binários. As instruções em uma linguagem de montagem são muito semelhantes àquelas que usaríamos para dizer a alguém como efetuar um cálculo em uma calculadora portátil.

Como todo programa que é executado em um computador deverá estar por fim na forma de linguagem de máquina do computador, um programa chamado montador lê cada instrução na forma mnemônica e a traduz para a equivalente em linguagem de máquina. Além disso, já que cada tipo de computador tem uma linguagem de máquina diferente, existem tantas linguagens de montagem e tradutores quantos são os tipos de máquinas.

>> **Linguagem de montagem** Uma linguagem de programação de baixo nível na qual um mnemônico representa cada uma das instruções em linguagem de máquina de um computador específico

>> **Montador** Um programa que traduz um programa em linguagem de montagem em código de máquina

■ Linguagem de Montagem de Pep/8

O objetivo desta seção não é tornar você um programador em linguagem de montagem, mas fazê-lo apreciar as vantagens da programação em linguagem de montagem em relação à codificação de máquina. Com este objetivo em mente, abordamos aqui apenas algumas poucas características da linguagem de montagem de Pep/8. Começamos examinando as mesmas operações que vimos nas últimas seções mais três outras operações úteis. Na linguagem de montagem de Pep/8, há um opcode diferente para cada registrador, o operando é especificado por "0x" e pelo valor hexadecimal, e o especificador de modo de endereçamento pelas letras 'i' ou 'd'.

Mnemônico	Especificador de Modo de Endereçamento e de Operando	Significado da Instrução
STOP		Parar execução
LDA	0x008B,i	Carrega 008B no registrador A
LDA	0x008B,d	Carrega o conteúdo da posição 8B no registrador A
STA	0x008B,d	Armazena o conteúdo do registrador A na posição 8B
ADDA	0x008B,i	Soma 008B ao registrador A
ADDA	0x008B,d	Soma o conteúdo da posição 8B ao registrador A
SUBA	0x008B,i	Subtrai 008B do registrador A
SUBA	0x008B,d	Subtrai o conteúdo da posição 8B do registrador A
BR		Desvia para o lugar especificado no especificador de operando
CHARI	0x008B,d	Lê um caractere e o armazena no byte 8B
CHARO	0x008B,i	Escreve o caractere B
	0x000B,d	Escreve o caractere armazenado na posição 8B
DECI	0x008B,d	Lê um número decimal e o armazena na posição 8B
DECO	0x008B,i	Escreve o número decimal 139 (8B em hexadecimal)
DECO	0x008B,d	Escreve o número decimal armazenado na posição 8B

Você se perguntou por que não fizemos qualquer aritmética em linguagem de máquina? Bem, a saída foi definida apenas para caracteres. Se tivéssemos feito aritmética, teríamos que ter convertido os números para a forma de caracteres para ver os resultados, e isso é mais complexo do que aquilo a que queríamos chegar. A linguagem de máquina de Pep/8 fornece os mnemônicos DECI e DECO, que nos permitem fazer entrada e saída em decimal. Essa terminologia, porém, é um pouco confusa, já que essas operações realmente envolvem chamadas a uma série de instruções nos bastidores.

■ Diretivas de Montagem

Em um programa em linguagem de máquina, toda instrução é armazenada em memória e então executada. Começando com linguagens de montagem, a maioria das linguagens de programação tem dois tipos de instruções: instruções a serem traduzidas e instruções para o programa de tradução. Eis aqui algumas poucas e úteis **diretivas de montagem** para o montador de Pep/8 – isto é, instruções para o montador. Essas instruções para o montador também são chamadas pseudo-operações.

>> **Diretivas de montagem** Instruções para o programa de tradução

Pseudo-operação	Operando	Significado
.ASCII	"Str\x00"	Representa uma cadeia de caracteres de bytes ASCII
.BLOCK	Número de bytes	Cria um bloco de bytes
.WORD	Valor	Cria uma palavra e armazena um valor nela
.END		Sinaliza o fim do programa em linguagem de montagem

■ Versão em Linguagem de Montagem do Programa Hello

Vamos examinar o programa em linguagem de montagem que escreve "Hello" na tela. A linguagem de montagem de Pep/8 nos permite especificar diretamente o caractere a ser impresso e adicionar um comentário ao lado da instrução. Um **comentário** é texto escrito para o leitor humano do programa que explica o que está acontecendo. Os comentários são essenciais para escrever qualquer programa. O montador ignora tudo, desde o ponto e vírgula até o fim da linha; é um comentário.

```
CHARO 0x0048,i; Escreve 'H'
CHARO 0x0065,i; Escreve 'e'
CHARO 0x006C,i; Escreve 'l'
CHARO 0x006C,i; Escreve 'l'
CHARO 0x006F,i; Escreve 'o'
STOP
.END
```

> **Comentário** Texto explanatório para o leitor humano

Este código é informado na janela Source Code. O ícone à esquerda do ícone de carga é o ícone de montagem. Clique nesse ícone, e o código objeto para o qual o programa é traduzido aparece na janela Object Code. A janela Assembler Listing mostra o endereço ao qual uma instrução foi atribuída, o código objeto e o código em linguagem de montagem; ela é mostrada aqui:

Addr	Code	Mnemon	Operand	Comment
0000	500048	CHARO	0x0048,i	
0003	500065	CHARO	0x0065,i	
0006	50006C	CHARO	0x006C,i	
0009	50006C	CHARO	0x006C,i	
000C	50006F	CHARO	0x006F,i	
000F	00	STOP		

O processo de executar um programa codificado em uma linguagem de montagem é ilustrado na Figura 6.5. A *entrada* para o montador é um programa escrito em linguagem de montagem. A *saída* do montador é um programa escrito em código de máquina. Você pode ver por que a criação de linguagem de montagem foi um passo importante na história de linguagens de programação: Ela removeu muitos dos detalhes de programação em linguagem de máquina abstraindo as instruções em palavras. Apesar do acréscimo de um passo ao processo de execução de um programa (a tradução de código de montagem para código de máquina), esse passo extra vale o esforço por tornar mais fácil a vida do programador.

■ Um Novo Programa

Vamos dar mais um passo em complexidade e escrever um programa para ler três números e escrever a soma deles. Como faríamos essa atividade manualmente? Se tivéssemos uma calculadora, primeiro zeraríamos o total – isto é, faríamos a soma ser igual a zero. Então, obteríamos o primeiro número e o somaríamos ao total, obteríamos o segundo número e o somaríamos ao total, e obteríamos o terceiro número e o somaríamos ao total. O resultado seria o que estivesse no acumulador da calculadora. Podemos modelar nosso programa computacional baseado nessa solução manual.

O problema mais complexo é que devemos associar quatro identificadores a posições de memória, e isso exige saber quanto espaço o próprio programa consome – isto é, se colocamos os dados no fim do programa. Vamos tornar esse processo mais fácil colocando nossos dados antes do programa. Podemos começar associando identificadores a posições de memória iniciando na localização 0001 e fazer com que o ciclo busca–execução pule essas localizações para continuar com o programa. Na verdade, podemos atribuir identificadores às localizações de memória e usar esses nomes posteriormente no programa. Reservamos espaço para a soma usando a pseudo-

FIGURA 6.5 Processo de montagem

operação .WORD, de modo que possamos fazer o conteúdo ser igual a 0. Reservamos espaço para os três números usando a pseudo-operação .BLOCK.

```
        BR       main        ; Desvia dos dados
sum:    .WORD    0x0000      ; Reserva uma palavra com zero
num1:   .BLOCK   2           ; Reserva um bloco de dois bytes para num1
num2:   .BLOCK   2           ; Reserva um bloco de dois bytes para num2
num3:   .BLOCK   2           ; Reserva um bloco de dois bytes para num3

main:   LDA      sum,d       ; Carrega zero no acumulador
        DECI     num1,d      ; Lê e armazena num1
        ADDA     num1,d      ; Soma num1 ao acumulador
        DECI     num2,d      ; Lê e armazena num2
        ADDA     num2,d      ; Soma num2 ao acumulador
        DECI     num3,d      ; Lê e armazena num3
        ADDA     num3,d      ; Soma num3 ao acumulador
        STA      sum,d       ; Armazena acumulador em sum
        DECO     sum,d       ; Imprime sum
        STOP                 ; Para o processamento
        .END                 ; Fim do programa
```

Eis a listagem de montagem para esse programa, seguida pela janela Input/Output após executarmos o programa. Observe que o usuário informa três valores e o programa imprime a soma deles.

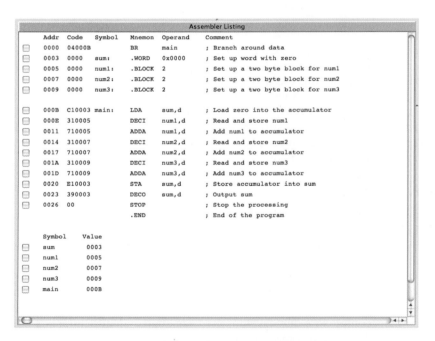

■ Um Programa com Desvio

Mostramos que o contador de programa pode ser alterado com uma instrução BR que faz o contador de programa conter o endereço de uma instrução para executar em seguida. Há outras maneiras de alterar o fluxo de controle do programa? Podemos formular uma questão e tomar uma ou outra ação com base na resposta a nossa questão? Com certeza – vamos ver como. Eis aqui dois opcodes úteis e seus significados:

Mnemônico	Operando, Especificador de Modo	Significado da Instrução
BRLT	i	Faz o CP receber o operando se o registrador A for menor que zero
BREQ	i	Faz o CP receber o operando se o registrador A for igual a zero

Por exemplo:

```
LDA   num1,d   ; Carrega num1 no registrador A
BRLT lessThan  ; Desvia para lessThan se num1 for menor que 0
```

Se o valor armazenado em num1 for negativo quando ele for carregado no registrador A, o CP será definido para o lugar lessThan. Se o valor não for negativo, o CP não será alterado.

Vamos alterar o programa anterior, de modo que ele imprima a soma se ela for positiva e imprima uma mensagem de erro se ela for negativa. Onde o teste deverá ser colocado? Logo antes de o conteúdo da resposta ser armazenado em soma, podemos testar o registrador A e imprimir 'E', se ele for negativo.

Podemos usar a instrução BRLT para testar se a soma é negativa. Se o registrador for negativo, o operando ao lado da instrução BRLT substituirá o conteúdo do contador de programa, de modo que a próxima instrução virá de lá. Precisamos dar à instrução um nome, assim poderemos desviar para ela. Vamos chamar a instrução que imprime a mensagem de erro negMsg. Quando a mensagem de erro tiver sido escrita, deveremos desviar de volta para a linha que diz STOP, o que significa que devemos nomear aquela linha. Vamos nomeá-la finish.

Aqui está o código-fonte desse programa alterado. Observe que reduzimos o número de comentários. Se o comentário apenas duplica a instrução, ele pode ser uma distração em vez de uma ajuda.

```
        BR        main       ; Desvia dos dados
sum:    .WORD     0x0000     ; Reserva uma palavra com zero
num1:   .BLOCK 2             ; Reserva um bloco de dois bytes para num1
num2:   .BLOCK 2             ; Reserva um bloco de dois bytes para num2
num3:   .BLOCK 2             ; Reserva um bloco de dois bytes para num3

negMsg: CHARO     0x0045,i   ; Imprime 'E'
        BR        finish     ; Desvia para instrução STOP
main:   LDA       sum,d      ; Carrega zero no acumulador
        DECI      num1,d     ; Lê e soma três números
        ADDA      num1,d
        DECI      num2,d
        ADDA      num2,d
        DECI      num3,d
        ADDA      num3,d
        BRLT      negMsg     ; Desvia para negMsg se A < 0
        STA       sum,d      ; Armazena resultado em sum
        DECO      sum,d      ; Imprime sum
finish: STOP                 ;
        .END                 ;
```

Eis a listagem de montagem, seguida por uma imagem da tela da entrada e da saída:

```
                    Assembler Listing
Addr  Code    Symbol   Mnemon   Operand    Comment
0000  040011           BR       main       ; Branch around data
0003  0000    sum:     .WORD    0x0000     ; Set up word with zero
0005  0000    num1:    .BLOCK   2          ; Set up a two byte block for num1
0007  0000    num2:    .BLOCK   2          ; Set up a two byte block for num2
0009  0000    num3:    .BLOCK   2          ; Set up a two byte block for num3
000B  500045  negMsg:  CHARO    0x0045,i   ; Print 'E'
000E  04002F           BR       finish     ; Branch to STOP instruction
0011  C10003  main:    LDA      sum,d      ; Load zero into the accumulator

0014  310005           DECI     num1,d     ; Read and add three numbers
0017  710005           ADDA     num1,d
001A  310007           DECI     num2,d
001D  710007           ADDA     num2,d
0020  310009           DECI     num3,d
0023  710009           ADDA     num3,d
0026  08000B           BRLT     negMsg     ; Branch to negMsg of A < 0
0029  E10003           STA      sum,d      ; Store result into sum
002C  390003           DECO     sum,d      ; Output sum
002F  00      finish:  STOP                ;
                       .END                ;


Symbol   Value
sum       0003
num1      0005
num2      0007
num3      0009
negMsg    000B
main      0011
finish    002F
```

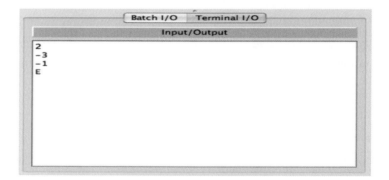

■ Um Programa com um Laço

E se quiséssemos ler e somar quatro valores? Cinco valores? Qualquer número de valores? Podemos informar quantos valores quisermos somar (limit) e escrever o código para ler e somar aqueles tantos valores. Fazemos isso criando um laço de contagem – uma seção de código que repete um número especificado de vezes. No código do laço, um valor é lido e somado. Como podemos acompanhar quantos valores foram lidos? Podemos fazer uma marcação a cada vez que repetirmos o laço e comparar a soma das marcações ao número de vezes que desejamos repetir o laço. Na verdade, nossa marcação é um lugar de memória onde armazenamos 0; vamos chamá-lo counter. A cada vez que o laço for repetido, somaremos 1 àquele lugar em memória. Quando counter igualar limit, teremos terminado de ler e contar.

Na próxima seção descreveremos pseudocódigo, uma forma menos verbosa de explicar o que fazemos em situações de desvio e de laço. Por ora, eis o código que lê o número de valores de dados para ler e somar, os lê e soma e imprime o resultado:

```
          BR      main      ; Desvia dos dados
sum:      .WORD   0x0000     ; Reserva uma palavra com zero
num:      .BLOCK  2          ; Reserva um bloco para num
limit:    .BLOCK  2          ; Reserva um bloco para limit
counter:  .WORD   0x0000     ; Define contador

main:     DECI    limit,d    ; Lê limit
loop:     DECI    num,d      ; Lê e soma limit números
          LDA     num,d
          ADDA    sum,d
          STA     sum,d      ; Carrega contador no registrador A
          LDA     counter,d  ; Soma um a contador
          ADDA    1,i
          STA     counter,d
          CPA     limit,d    ; Compara contador e limit
          BREQ    quit       ; Vai para quit se igual
          BR      loop       ; Repete laço
quit:     DECO    sum,d      ; Imprime sum
          STOP
          .END
```

Eis a listagem de montagem, seguida por uma imagem da tela de uma execução:

```
                         Assembler Listing
Addr  Code    Symbol    Mnemon  Operand   Comment
0000  04000B            BR      main      ; Branch around data

0003  0000    sum:      .WORD   0x0000    ; Set up word with zero

0005  0000    num:      .BLOCK  2         ; Set up a block for num
0007  0000    limit:    .BLOCK  2
                        ; Set up a block for limit
0009  0000    counter:  .WORD   0x0000    ; Set up counter

000B  310007  main:     DECI    limit,d   ; Input limit
000E  310005  loop:     DECI    num,d     ; Read and sum limit numbers
0011  C10005            LDA     num,d
0014  710003            ADDA    sum,d
0017  E10003            STA     sum,d
001A  C10009            LDA     counter,d ; Load counter into A register
001D  700001            ADDA    1,i       ; Add one to counter
0020  E10009            STA     counter,d
0023  B10007            CPA     limit,d   ; Compare counter and limit
0026  0A002C            BREQ    quit      ; Go to quit if equal
0029  04000E            BR      loop      ; Repeat loop
002C  390003  quit:     DECO    sum,d     ; Output sum
002F  00                STOP
                        .END

Symbol    Value
sum       0003
num       0005
limit     0007
counter   0009
main      000B
loop      000E
quit      002C


No errors. Successful assembly.
```

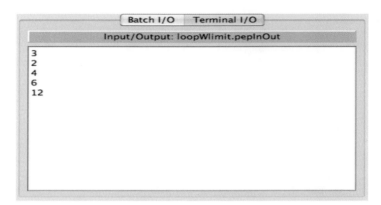

O Projeto Genoma Musical

Em 2002, Will Glaser, John Craft e Tim Westergren fundaram a companhia Savage Beast Technologies e criaram o Projeto Genoma Musical. O projeto, que foi criado para capturar "a essência de música no nível mais fundamental", usa centenas de atributos musicais ou "genes" para descrever partituras, bem como uma intrincada fórmula matemática para analisá-las. O projeto analisou dezenas de milhares de diversas partituras e artistas por atributos tais como melodia, harmonia e ritmo, instrumentação, orquestração, arranjo e letras. Os resultados estão incorporados em um programa chamado Pandora, usado para fornecer recomendações musicais para usuários ouvindo na Internet. Quando um usuário informa um título de música na função de busca de Pandora, Pandora varre toda a sua informação analisada de músicas para fornecer a mais precisa e agradável lista de reprodução possível.

» Algoritmo Um plano ou esboço de uma solução; uma sequência lógica de passos que soluciona um problema

» Pseudocódigo Uma linguagem projetada para expressar algoritmos

6.5 Expressando Algoritmos

Nas seções anteriores, escrevemos programas para imprimir uma saudação, ler números e escrevê-los em ordem reversa, somar três números e imprimir uma mensagem de erro se a soma for negativa e informar um valor e ler e somar aqueles números todos. Expressamos a solução para cada problema em forma de parágrafo e então escrevemos o código. Em computação, o plano para uma solução é chamado **algoritmo**. Como você viu, ir do problema em forma de parágrafo para o código nem sempre é um processo tão claro. **Pseudocódigo** é uma linguagem que nos permite expressar algoritmos em uma forma mais clara.

■ Funcionalidade de Pseudocódigo

No Capítulo 1, falamos sobre as camadas de linguagem em torno da máquina real. Não mencionamos pseudocódigo naquele momento, por não ser uma linguagem computacional, mas sim uma linguagem simplificada que pessoas usam para expressar ações. Não existem regras gramaticais especiais para pseudocódigo, mas, para expressar ações, teremos que estar aptos a representar os conceitos a seguir.

Variáveis

Nomes que aparecem nos algoritmos em pseudocódigo se referem a locais em memória onde valores são armazenados. O nome deve refletir o papel do conteúdo no algoritmo.

Atribuição

Se tivermos variáveis, deveremos ter um modo de colocar valores nelas. Usamos a instrução

Faça soma igual a 0

para armazenar um valor na variável soma. Outro modo de expressar o mesmo conceito usa uma seta invertida (<–):

soma <– 1

Se atribuirmos valores a variáveis com a instrução de atribuição, como as acessaremos depois? Acessamos valores em soma e num com a seguinte instrução:

Faça soma igual a soma + num

ou

soma <– soma + num

O valor armazenado em soma é adicionado ao valor armazenado em num e o resultado é armazenado de volta em soma. Assim, quando uma variável for usada do lado direito do "igual a" ou do símbolo "<–", o valor da variável será acessado. Quando uma variável for usada depois do "Faça" ou à esquerda do símbolo "<–", um valor será armazenado na variável.

O valor sendo armazenado em uma variável pode ser um valor único (como em 0) ou uma *expressão* constituída de variáveis e operadores (como em soma + num).

Entrada/Saída

A maioria dos programas computacionais apenas processa dados de algum tipo; logo, devemos ser capazes de informar valores de dados a partir do mundo exterior e fazer sair o resultado na tela. Podemos usar a palavra "escreva" para saída e a palavra "leia" para entrada.

```
Escreva "Informe o número de valores para ler e somar"
Leia num
```

Os caracteres entre as aspas duplas são chamados *cadeias de caracteres* (*strings*) e dizem ao usuário o que informar ou descrevem o que está escrito. Não importa quais palavras exatas você use: Exiba ou Imprima seria equivalente a Escreva; Obtenha ou Informe seriam sinônimos de Leia. Lembre-se, algoritmos em pseudocódigo são escritos para um humano traduzir para alguma linguagem de programação em um estágio posterior. Ser consistente em um projeto é um melhor estilo – tanto para você à medida que estiver trabalhando, quanto para a pessoa que o estiver acompanhando e que poderá ter que interpretar o que você escreveu.

As duas últimas instruções de saída demonstram um ponto importante:

```
Escreva "Err"
Escreva soma
```

A primeira escreve na tela os caracteres entre as aspas duplas. A segunda escreve na tela o *conteúdo* da variável soma. O valor em soma não é alterado.

Seleção

O construto seleção permite uma escolha entre realizar uma ação ou descartá-la. Seleção também permite a escolha entre duas ações. A condição entre parênteses determina que curso de ação seguir. Por exemplo, o segmento de pseudocódigo a seguir imprime a soma ou uma mensagem de erro. (Soa familiar?)

```
// Ler e somar três números
SE (soma < 0)
    Imprima mensagem de erro
SENÃO
    Imprima soma
// Parar ou o que vier a seguir
```

Usamos endentação para agrupar instruções (apenas uma nesse caso). O controle seguirá para a instrução que não estiver endentada. Os símbolos "//" apresentam um comentário ao leitor, que não é parte do algoritmo.

Essa versão do construto seleção é chamada a versão *se-então-senão* porque o algoritmo escolhe entre duas ações. A versão *se-então* é o caso onde uma ação é realizada ou descartada. Se quiséssemos imprimir a soma em qualquer caso, poderíamos mostrar o algoritmo do modo a seguir.

```
// Ler e somar três números
SE (soma < 0)
    Imprima mensagem de erro
Imprima soma
// Parar ou o que vier a seguir
```

Repetição

O construto repetição permite que instruções sejam repetidas. No problema da soma, por exemplo, um contador é inicializado, testado e incrementado. Pseudocódigo nos permite esboçar o algoritmo, de modo que o padrão se torne claro. Como o construto de seleção, a expressão entre parênteses ao lado do ENQUANTO é um teste. Se o teste for verdadeiro, o código pretendido será executado. Se o teste for falso, a execução pulará para a próxima instrução não endentada.

130 **Capítulo 6**

> **» Expressão boolea-na** Uma expressão que quando avaliada é verdadeira ou falsa

```
Faça limite igual ao número de valores a somar
ENQUANTO (contador < limite)
    Leia num
    Faça soma igual a soma + num
    Faça contador igual a contador + 1
// Restante do programa
```

A expressão entre parênteses ao lado do ENQUANTO e do SE é uma **expressão booleana**, que avalia verdadeiro ou falso. No SE, se a expressão for verdadeira, o bloco pretendido será executado. Se a expressão for falsa, o bloco pretendido será descartado e o bloco abaixo do SENÃO será executado, se ele existir. No ENQUANTO, se a expressão for verdadeira, o bloco pretendido será executado. Se a expressão for falsa, a execução pulará para a próxima instrução não endentada. Estamos colocando ENQUANTO (WHILE), SE (IF) e SENÃO (ELSE) em letras maiúsculas porque tais expressões são frequentemente usadas diretamente em várias linguagens de programação, e têm significados especiais em computação.

A Tabela 6.1 resume essas instruções e mostra exemplos ou as palavras que cada um usa.

Eis o algoritmo em pseudocódigo para o programa que lia e somava três valores e imprimia uma mensagem de erro se o total fosse negativo:

```
Faça soma igual a 0
Leia num1
Faça soma igual a soma + num1
Leia num2
Faça soma igual a soma + num2
Leia num3
Faça soma igual a soma + num3
SE (soma < 0)
    Escreva 'E'
SENÃO
    Escreva soma
```

TABELA 6.1   Instruções em Pseudocódigo

Construto	O que Ele Significa	Palavras Usadas ou Exemplo
Variáveis	Representam locais nomeados nos quais valores são armazenados e dos quais são recuperados.	Nomes que representam o papel de um valor em um problema são apenas escritos em pseudocódigo.
Atribuição	Armazenar um valor em uma variável.	Faça número igual a 1 número <—1
Entrada/saída	Entrada: ler um valor, provavelmente a partir do teclado. Saída: exibir o conteúdo de uma variável ou de uma cadeia de caracteres, provavelmente na tela.	Leia número Obtenha número Escreva número Exiba número Escreva "Tenha um bom dia"
Repetição (iteração, laço)	Repete uma ou mais instruções enquanto uma condição for verdadeira	ENQUANTO (condição) // Executar declarações endentadas

Seleção: *se-então*	Se uma condição for verdadeira, execute as declarações endentadas; se uma condição não for verdadeira, descarte as declarações endentadas.	Se (novaBase = 10)
		    Escreva "Você está convertendo "
		    Escreva "para a mesma base."
		// Restante do código

Seleção: *se-então-senão*	Se uma condição for verdadeira, execute as declarações endentadas; se uma condição não for verdadeira, execute as declarações endentadas abaixo do Senão.	SE (novaBase = 10)
		    Escreva "Você está convertendo "
		    Escreva "para a mesma base."
		SENÃO
		    Escreva "Esta base não é "
		    Escreva "a mesma."
		// Restante do código

Eis o algoritmo em pseudocódigo para o programa que recebia o número de valores a serem lidos, lia esses valores e imprimia a soma:

```
Faça contador igual a 0
Faça soma igual a 0
Leia limite
ENQUANTO (contador < limite)
    Leia num
    Faça soma igual a soma + num
    Faça contador igual a contador + 1
Imprima soma
```

Uma descrição em pseudocódigo deverá por fim ser traduzida em um programa que possa ser executado em um computador. Uma instrução em pseudocódigo terá que ser traduzida em muitas instruções em linguagem de montagem, mas em apenas uma instrução em uma linguagem de alto nível. Por exemplo, volte e examine o último programa de Pep/8. Aqui estão as instruções necessárias para criar o laço:

```
limit:          .BLOCK 2     ; Reservar um bloco para limite
counter:        .BLOCK 2     ; Definir contador
...
loop:
...
        LDA     counter,d    ; Carregar limite no registrador A
        ADDA    1,i          ; Somar um a contador
        STA     counter,d    ; Armazenar contador
        CPA     limit,d      ; Comparar contador e limite
        BREQ    quit         ; Ir para quit se igual
        BR      loop         ; Repetir laço
```

Na maioria das linguagens de alto nível, um laço pode ser escrito em uma instrução. Nas próximas seções, exploraremos mais sobre pseudocódigo.

■ Seguindo um Algoritmo em Pseudocódigo

No Capítulo 2, introduzimos um algoritmo para converter da base 10 para outras bases. Expressamos esse algoritmo em pseudocódigo para um humano seguir.

```
ENQUANTO (o quociente não é zero)
    Divida o número decimal pela nova base
    Faça o próximo dígito à esquerda da resposta igual ao resto
    Faça o número decimal igual ao quociente
```

Para refrescar nossa memória, aplicamos esse algoritmo à conversão do número decimal 93 para octal. Dividimos 93 por 8 (a nova base) dando um quociente de 11 e um resto de 5. Essa é a primeira divisão; logo, 5 se torna o dígito na posição das unidades na resposta. O número decimal original (93) é substituído pelo quociente, 11. Como o quociente não é 0, dividimos 11 por 8, resultando em um quociente de 1 e um resto de 3. O dígito 3 se torna o dígito à esquerda de 5, dando uma resposta temporária de 35. O número decimal corrente (11) é substituído pelo quociente 1. O quociente não é 0, então o dividimos por 8, resultando em um quociente de 0 e um resto de 1. O dígito 1 se torna o dígito mais à esquerda na resposta, dando um valor de 135. O quociente é 0; logo, o processo termina.

Este parágrafo mais uma vez mostra quão confusas as descrições em português podem ser! Primeiramente, vamos resumir os cálculos.

Divisão	Quociente	Resto	Resposta
93/8	11	5	5
11/8	1	3	35
1/8	0	1	135

FIGURA 6.6 Percurso de algoritmo de conversão

	númeroDecimal	novaBase	quociente	resto	resposta
a. Valores iniciais	93	8	?	?	?
b. Após a primeira iteração (93/8)	11	8	11	5	5
c. Após a segunda iteração (11/8)	1	8	1	3	35
d. Após a terceira iteração (1/8)	0	8	0	1	135

Agora vamos começar de novo, dando nomes aos valores que precisamos manter: númeroDecimal, novaBase, quociente, resto e resposta. Representamos esses itens como caixas nomeadas nas quais escrevemos um valor. [Veja a Figura 6.6 (a).] Colocamos um ponto de interrogação nas caixas cujos conteúdos desconhecemos.

Seguindo o algoritmo, desenhamos caixas para variáveis e preenchemos os valores. O algoritmo começa verificando se o valor em quociente é 0. Vamos assumir que não seja, mas voltaremos a esse ponto mais tarde. A Figura 6.6 (b) apresenta os resultados após a primeira vez pelo laço, dividindo 93 por 8. O quociente é 11, então repetimos o processo. A Figura 6.6 (c) exibe os valores depois dessa repetição. O quociente não é 0, então dividimos 1 por 8, dando a situação na Figura 6.6 (d). Agora o quociente é 0, então o processo termina.

Uma de nossas caixas, númeroDecimal, originalmente continha o valor inicial do dado para o problema, o número a ser convertido. Em um algoritmo computacional, devemos dar instruções a alguém que esteja no teclado para informar esse valor. A caixa novaBase não muda ao longo do processo, mas ela também deve ser informada a partir do teclado, já que o algoritmo é para converter um número decimal para alguma outra base; logo, a nova base – base 8 nesse caso – deve ser informada ao problema.

Quando percorremos esse algoritmo, sabíamos que quociente ainda não tinha sido calculado; então pudemos assumir que ele não era 0. Em um algoritmo para um computador seguir, devemos garantir que o quociente não seja 0, atribuindo a ele algum valor diferente de zero para começar.

Eis o mesmo algoritmo reescrito em passos concretos a partir dos quais um programa pode ser escrito. DIV é um operador que retorna o quociente da divisão inteira, e REM é um operador que retorna o resto da divisão inteira.

```
Escreva "Informe a nova base"
Leia novaBase
Escreva "Informe o número a ser convertido"
Leia númeroDecimal
Faça resposta igual a 0
Faça quociente igual a númeroDecimal
ENQUANTO (quociente não é zero)
   Faça quociente igual a númeroDecimal DIV novaBase
   Faça resto igual a númeroDecimal REM novaBase
   Faça o resto igual ao próximo dígito à esquerda na resposta
   Faça númeroDecimal igual a quociente
Escreva "A resposta é", resposta
```

■ Escrevendo um Algoritmo em Pseudocódigo

Aqui conduziremos você pelo processo de desenvolvimento de um algoritmo em uma escala pequena, destacando estratégias que estamos usando. No Capítulo 7, consideraremos escrita de algoritmos em mais profundidade.

Vamos ler pares de números positivos e imprimir cada par em ordem. Se houver mais de um par de números, deveremos ter um laço. Eis uma primeira aproximação para o algoritmo:

```
ENQUANTO (não concluído)
    Escreva "Informe dois valores separados por um espaço; pressione enter"
    Leia número1
    Leia número2
    Imprima-os em ordem
```

Como sabemos quando parar? Isto é, como subdividimos *não concluído* em uma questão? Podemos pedir ao usuário para dizer quantos pares serão informados. Eis a segunda versão:

```
Escreva "Quantos pares de valores serão informados?"
Leia númeroDePares
Faça paresLidos igual a 0
ENQUANTO (paresLidos < númeroDePares)
    Escreva "Informe dois valores separados por um espaço; pressione enter"
    Leia número1
    Leia número2
    Imprima-os em ordem
```

Como determinamos a ordem dos números? Comparamos os valores usando o construto condicional. Se *número1* for menor que *número2*, imprimiremos *número1* e depois *número2*. Caso contrário, imprimiremos *número2* e depois *número1*. Antes de completar o algoritmo, não esquecemos alguma coisa? *númeroLido* nunca muda! Temos que incrementar *númeroLido*.

```
Escreva "Quantos pares de valores serão informados?"
Leia númeroDePares
Faça númeroLido igual a 0
ENQUANTO (númeroLido < númeroDePares)
    Escreva "Informe dois valores separados por um espaço; pressione enter"
    Leia número1
    Leia número2
    SE (número1 < número2)
        Imprima número1, " ", número2
    SENÃO
        Imprima número2, " ", número1
    Faça númeroLido igual a númeroLido + 1
```

Seguindo o processo de escrita desse algoritmo, usamos duas principais estratégias. *Formulamos questões* e *adiamos detalhes*. Formular questões é uma estratégia com a qual a maioria de nós está familiarizada. Adiar detalhes significa dar um nome a uma tarefa e então preencher os detalhes de como dar conta dessa tarefa posteriormente. Isto é, primeiro escrevemos o algoritmo usando *mais pares* e *imprima-os em ordem*; então preenchemos posteriormente os detalhes de como dar conta dessas tarefas. Essa estratégia é conhecida como *dividir e conquistar*.

Um algoritmo não estará concluído até que ele tenha sido testado. Podemos usar a mesma técnica em que nos apoiamos para simular o algoritmo de conversão de base: Podemos escolher valores de dados e percorrer o código com papel e lápis. Esse algoritmo tem quatro variáveis que devemos rastrear: *númeroDePares*, *númeroLido*, *número1* e *número2*. Vamos assumir que o usuário informe os seguintes dados quando solicitado:

```
3
10    20
20    10
10    10
```

A Figura 6.7 (a) mostra os valores das variáveis no início do laço. *númeroLido* é menor que *númeroDePares*; então entra-se no laço. O aviso é dado e os dois números são lidos. *número1* é 10 e *número2* é 20; então a instrução *se* segue o ramo *então*. *número1* é impresso, seguido por *número2*. *númeroLido* é incrementado. A Figura 6.7 (b) mostra os valores ao final da primeira repetição.

FIGURA 6.7
Percorrendo o algoritmo de pares

a. No início

númeroDePares	númeroLido	número1	número2
3	0	?	?

b. Ao final da primeira iteração

númeroDePares	númeroLido	número1	número2
3	1	10	10

c. Ao final da segunda iteração

númeroDePares	númeroLido	número1	número2
3	2	20	10

d. Ao final da terceira iteração

númeroDePares	númeroLido	número1	número2
3	3	10	10

númeroLido ainda é menor que númeroDePares; logo, o código é repetido. Os números são solicitados e lidos. número1 é 20 e número2 é 10 e, assim, o ramo *senão* é seguido. número2 é impresso, seguido por número1. númeroLido é incrementado, resultando no estado das variáveis ao final da segunda iteração como mostrado na Figura 6.7 (c).

númeroLido é menor que númeroDePares; logo, o código é repetido. As entradas são solicitadas e lidas, tornando número1 10 e número2 10. Como número1 não é menor que número2, o ramo *senão* é seguido. número2 é impresso, seguido por número1. Como os valores são os mesmos, não importa em que ordem eles serão impressos. númeroLido é incrementado. númeroLido agora não é menor que númeroDePares; logo, o código não será repetido.

Verificação manual Traçar a execução de um projeto no papel

Nesse processo, que é chamado **verificação manual**, sentamos à mesa com lápis e papel e percorremos o projeto. É útil pegar valores de dados reais e rastrear o que acontece com eles à medida que raciocinamos sobre o projeto. Essa técnica é simples, mas surpreendentemente eficaz.

Traduzindo um Algoritmo em Pseudocódigo

No Capítulo 1 descrevemos as camadas de linguagens que foram produzidas ao longo do tempo. Neste capítulo, começamos com linguagem de máquina (a camada inferior) e movemos um passo acima, para linguagem de montagem. Como traduzir um algoritmo em pseudocódigo dependerá da linguagem para a qual estivermos traduzindo o algoritmo. Aqui, onde estamos limitados pelas restrições de uma linguagem de montagem, uma instrução em pseudocódigo requer diversas instruções em Pep/8.

Escrevemos nosso algoritmo como um programa interativo. Isto é, o programa solicita que o usuário faça alguma coisa. Nesse caso, a primeira instrução seria escrever uma solicitação ao usuário para informar o número de pares. Isso é excepcionalmente fácil em uma linguagem de alto nível, porém mais complexo em Pep/8. Primeiramente temos que definir a mensagem usando uma pseudo-operação `.ASCII` e, então, definir o código para que ela seja escrita. Vamos reduzir a mensagem para "Informe número". STRO, uma instrução que não vimos antes, é usada para imprimir a mensagem.

```
mesg1:  .ASCII   "Enter number\x00"   ; Primeira mensagem
...
        STRO     mesg1                ; Escrever mensagem
```

Ler o número de pares pode ser feito em uma instrução de Pep/8. Estabelecer o número lido em 0 pode ser feito em uma pseudo-operação. Definimos o laço carregando o número lido no registrador, comparando-o com o número a ser lido. Uma vez no laço, uma segunda instrução é apresentada ao usuário. Vamos colocar essas peças juntas.

```
           Br       Main
mesg1:     .ASCII   "Enter number\x00"  ;
mesg2:     .ASCII   "Enter pairs\x00"   ;
numRead:   .WORD    0x00                ;
numPairs:  .BLOCK   2                   ;
number1:   .BLOCK   2                   ;
```

Linguagens de Programação de Baixo Nível e Pseudocódigo   135

```
number2:    .BLOCK    2                        ;
Main:       STRO      mesg1,d                  ;
            DECI      numPairs,d               ;
Begin:      STRO      mesg2,d                  ;
            ...

            BR        Begin                    ;
```

Agora devemos traduzir o corpo do laço, o que exige escrever uma mensagem, ler dois valores e compará-los. As duas primeiras tarefas exigem apenas uma instrução de Pep/8 cada, mas a instrução *se-então-senão* demandará mais trabalho. Devemos escrever o código para imprimir cada uma das duas instruções, dar nomes à primeira instrução em cada bloco de código e, então, determinar que bloco deverá ser executado.

Já que você poderá não ver linguagem de montagem de novo, apresentamos apenas a listagem de código-fonte. Observe que usamos um comando que não foi abordado: CPA, que compara o valor no acumulador ao valor armazenado em um lugar na memória.

```
                                    Source Code
            Br        Main      ; Branch to beginning of program
mesg1:      .ASCII    "Enter number\x00" ; Set up memory
mesg2:      .ASCII    "Enter pairs\x00" ;
numRead:    .WORD     0x00      ;
numPairs:   .BLOCK    2         ;
number1:    .BLOCK    2         ;
number2:    .BLOCK    2         ;
Main:       STRO      mesg1,d   ; Prompt for number of pairs
            DECI      numPairs,d; Read number of pairs
Begin:      STRO      mesg2,d   ; Prompt for pairs
            DECI      number1,d ;
            DECI      number2,d ;
            LDA       number1,d ; Load first number
            CPA       number2,d ; Compare to second number
            BRLE      less      ; Branch to less if first less
            BR        greater   ; Branch to greater if second less
test:       LDA       numRead,d ; Increment counter
            ADDA      1,i       ;
            STA       numRead,d ;
            CPA       numPairs,d; Compare with number to be read
            BRLT      Begin     ; Repeat loop
            BR        End       ; Branch to end
less:       DECO      number1,d ; Output in order read
            DECO      number2,d ;
            BR        test      ; Repeat loop
greater:    DECO      number2,d ; Output in reverse order
            DECO      number1,d ;
            BR        test      ; Repeat loop
End:        STOP                ; Stop execution
            .END                ; Stop assembly
```

6.6 Testes

Testamos brevemente nossos programas executando-os para ver se eles produziam as saídas esperadas. Entretanto, há muito mais a testar do que apenas executar o programa uma vez. Vamos examinar testes em mais detalhes no programa que lê três números e imprime a soma deles. Como testamos um programa específico para determinar sua correção? Planejamos e implementamos um **plano de testes**. Um plano de testes é um documento que especifica quantas vezes e com que dados um programa tem que ser executado para testá-lo completamente. Cada conjunto de dados de entrada é chamado um caso de teste. O plano de teste deve listar a razão pela escolha dos dados, seus valores e a saída esperada para cada caso.

Os casos de teste devem ser escolhidos cuidadosamente. Várias abordagens de testes podem ser usadas para guiar esse processo. **Cobertura de código** é uma abordagem que planeja casos de teste para assegurar que cada instrução do programa seja executada. Como o código é visível ao testador, essa abordagem também é chamada **teste de caixa branca**. **Teste de cobertura de dados**, outra abordagem, se vale de planejar casos de teste que assegurem que os limites permitidos de valores de dados sejam cobertos. Como essa abordagem é baseada unicamente em dados de entrada e não no código, ela também é chamada **teste de caixa-preta**. Normalmente, um plano de testes combina essas duas abordagens.

Implementação de plano de testes envolve executar cada um dos casos de teste descritos no plano de testes e armazenar os resultados. Se os resultados não forem como esperado, devemos voltar

---

A Camada de Programação

Registro de profissionais de computação
Praticamente a qualquer um que preste um serviço ao público é exigido ser licenciado ou ter certificado; entretanto, isso não é exigido de profissionais de computação. O Instituto para Certificação de Profissionais de Computação é a mais bem estabelecida organização de certificação em software e oferece dois níveis de certificação direcionados a usos corporativos de computação, em vez de profissionais de computação em geral. As duas principais organizações profissionais em computação, a Association for Computing Machinery (ACM) e o Institute for Electrical and Electronic Engineers (IEEE), criaram em conjunto um comitê para fomentar a evolução de engenharia de software como uma disciplina profissional de computação. Parte das atribuições do comitê era definir critérios para um exame de licenciamento para profissionais de engenharia de software, mas a ACM terminou por se opor ao programa de licenciamento e não foi estabelecido ainda outro programa.

» Plano de testes Um documento que especifica como um programa deve ser testado

» Teste de cobertura de código (caixa branca) Testar um programa ou subprograma com base em cobrir todas as instruções do código

» Teste de cobertura de dados (caixa-preta) Testar um programa ou subprograma com base nos possíveis valores de entrada, tratando o código como uma caixa-preta

» Implementação de plano de testes Usar os casos de teste especificados em um plano de testes para verificar se o programa gera os resultados previstos

Capítulo 6

ao nosso projeto e encontrar e corrigir o(s) erro(s). O processo termina quando cada um dos casos de teste tiver dado os resultados esperados. Observe que um plano de testes implementado nos dá uma medida de confiança de que o programa esteja correto; entretanto, tudo o que sabemos com certeza é que nosso programa funciona corretamente para os casos de teste. Logo, a qualidade dos casos de teste é extremamente importante.

No caso do programa que lê três valores e os soma, um teste de caixa branca apenas incluiria três valores de dados. Não há instrução condicional neste programa para testar com dados alternativos. Contudo, um teste de caixa branca não seria suficiente aqui porque precisamos experimentar valores de dados tanto positivos como negativos. Os números que estão sendo lidos são armazenados em uma palavra. O problema não limita valores a $\pm 2^{15} - 1$, mas nossa implementação o faz. Devemos também testar valores nos limites de tamanho permitidos na entrada do plano de testes; mas, como eles são somados, precisamos estar certos de que a soma não excederá $\pm 2^{15} - 1$.

Razão para Caso de Teste	Valores de Entrada	Saída Esperada	Saída Observada
Hipótese: valores de entrada não são maiores que $2^{15} -1$ nem menores que -2^{15}.			
Entrada de três valores positivos	4, 6, 1	11	11
Entrada de três valores negativos	−4, −6, −1	−11	−11
Entrada de valores mistos	4, 6, −1	9	9
	4, −6, −1	−1	−1
	−4, 6, 1	3	3
Entrada de números grandes	32767, −1, + 1	32767	32767

Para implementar esse plano de testes, executamos o programa seis vezes, uma vez para cada caso de teste. Os resultados foram então escritos na coluna "Saída Observada". Eles foram o que previmos.

Resumo

Um computador pode armazenar, recuperar e processar dados. Um usuário pode informar dados à máquina e ela pode exibir esses dados de modo que o usuário possa vê-los. No nível mais baixo de abstração, instruções para a máquina se relacionam diretamente com estas cinco operações.

Uma linguagem de máquina de computador é o conjunto de instruções de que o hardware da máquina é construído para reconhecer e executar. Programas em linguagem de máquina são escritos informando uma série dessas instruções em seus formatos binários. O Pep/8 é um computador virtual com um registrador A e instruções em duas partes. Uma parte da instrução diz que ação a instrução executa, e a outra parte especifica onde o dado a ser usado (se houver) pode ser encontrado. Programas escritos usando o conjunto de instruções de Pep/8 podem ser executados usando um simulador, um programa que se comporta como o computador Pep/8.

A linguagem de montagem de Pep/8 é uma linguagem que permite ao usuário informar códigos mnemônicos para cada instrução em vez de números binários. Programas escritos em linguagem de montagem são traduzidos para seus equivalentes em linguagem de máquina, que então serão executados usando o simulador de Pep/8.

Pseudocódigo é um tipo de linguagem abreviada que as pessoas usam para expressar algoritmos. Essa linguagem abreviada permite ao usuário nomear variáveis (lugares para colocar valores), dar entrada de valores em variáveis e imprimir valores armazenados em variáveis. Pseudocódigo também nos permite descrever algoritmos que repetem ações e escolhem entre ações alternativas. Formular questões e adiar detalhes são duas estratégias de solução de problemas usadas em projeto de algoritmos.

Programas, como algoritmos, devem ser testados. Teste de cobertura de código envolve determinar a entrada do programa examinando cuidadosamente o código do programa. Teste de cobertura de dados envolve determinar a entrada considerando todos os possíveis valores de entrada.

⚖️ QUESTÕES ÉTICAS ▶ Pirataria e Direito Autoral de Software

Alguma vez você já atualizou seu sistema operacional pegando emprestado, de um amigo, a última versão do software? Ou, quando gastou apenas US$50,00 para adquirir um software sofisticado, você ignorou sua suspeita de que este "negócio" era muito bom para ser verdade? A alarmante atitude displicente de duplicar, baixar e revender software tem tornado a pirataria de software uma questão crítica para a indústria de computadores. Pesquisas conduzidas pela Aliança em Negócios de Software indicaram que, globalmente, 11,5 bilhões de dólares foram perdidos no ano 2000 para os piratas de software. Em 2003, os números subiram para 29 bilhões de dólares. Em 2007, os números atingiram 48 bilhões de dólares. Os Estados Unidos têm a menor taxa de pirataria no mundo, mas a perda de receita de empresas americanas de software ainda é considerável.

Pirataria de software é a reprodução ilegal de software protegido por direito autoral ou uma violação dos termos definidos no contrato de licenciamento de software. Uma licença de software é um documento que define os termos pelos quais o usuário pode usar o software adquirido. Quando se empresta um software a um amigo ou se baixa software para diversos computadores, está se descumprindo o contrato de licenciamento e, de fato, infringindo-se a lei.

Por que software é protegido por direito autoral? Diferentemente de uma ideia ou de um trabalho escrito, software tem funcionalidade. Esta qualidade única distingue software de outras formas de propriedade intelectual e complica sua necessidade por direito autoral. Richard Stallman, Presidente da Free Software Foundation (Fundação Software Livre), argumenta que estabelecer direito de reprodução em software entrava seu desenvolvimento e que exigir taxas de licenciamento torna o software proibitivo em termos de custo para muitas pessoas. Essas duas consequências negativas sugerem para muitas pessoas que o padrão de registro de direito autoral não seja a melhor abordagem para software. Defensores de software com código aberto acreditam que o código-fonte original de um programa deveria ser de domínio público. Código de fonte aberto é código que qualquer um pode baixar, permitindo a qualquer um reescrever partes do programa, desse modo participando da evolução do software. Enquanto diversos programas, como o sistema operacional Linux, têm seus códigos-fontes abertos, empresas como a Microsoft® escolheram proteger seus códigos.

Respeitar os direitos autorais de software, se ele não for de código aberto, é importante sob diversas perspectivas. Estudos mostram que, em um ano, 107.000 empregos foram perdidos nos Estados Unidos em função de softwares piratas. "Softlifting" ou duplicação de software de uma cópia de amigo contribuem tanto para esse problema de pirataria quanto contrafação e "carga no HD", que é a instalação de software em um disco rígido de computador antes de ele ser vendido. Usar software pirata também coloca o usuário em risco por sua exposição a potenciais vírus de software. A pessoa que livremente "pega emprestado" software de um amigo está na verdade praticando um crime, e esta ação tem ramificações significativas.

🔑 Termos Fundamentais

Algoritmo
Carregador
Comentário
Computador (máquina) virtual
Diretivas de montagem
Expressões booleanas
Implementação de plano de testes
Linguagem de máquina

Linguagem de montagem
Montador
Plano de testes
Pseudocódigo
Teste de cobertura de código (caixa branca)
Teste de cobertura de dados (caixa-preta)
Verificação manual

⌘ Exercícios

Para os Exercícios 1 a 15, assinale verdadeiro ou falso, como a seguir:
- **A.** Verdadeiro
- **B.** Falso

1. Operações aritméticas podem ser realizadas no registrador de instrução.
2. Operações aritméticas podem ser realizadas no registrador A.
3. Operações aritméticas podem ser realizadas no acumulador.
4. `LDA 0X008B.` i carrega 008B no registrador A.
5. `ADDA 0x008B.` i soma o conteúdo de 008B ao registrador A.
6. O contador de programa e o registrador de instrução são dois nomes para o mesmo local.
7. O registrador A e o acumulador são dois nomes para o mesmo local.
8. O registrador de instrução tem tamanho de três bytes.
9. O contador de programa tem tamanho de três bytes.

138   Capítulo 6

10. A instrução de desvio, BR, desvia para o local especificado no especificador de operando.
11. O especificador de instrução tem tamanho de um byte.
12. Se os dados a serem carregados no acumulador estiverem armazenados no operando, o especificador de instrução será 00.
13. Se os dados no acumulador tiverem que ser armazenados no local indicado no operando, o especificador de instrução será 00.
14. Todas as instruções de Pep/8 ocupam três bytes.
15. Pelo menos uma instrução de desvio é exigida em um laço.

Dado o seguinte estado de memória (em hexadecimal), complete os Exercícios 16 a 20 relacionando o problema com a solução mostrada.

```
0001 A2
0002 11
0003 00
0004 FF
```

a. A2 11
b. A2 12
c. 00 02
d. 11 00
e. 00 FF

16. Qual será o conteúdo do registrador A após a execução desta instrução?

```
C1 00 01
```

17. Qual será o conteúdo do registrador A após a execução desta instrução?

```
C1 00 02
```

18. Qual será o conteúdo do registrador A após a execução destas duas instruções?

```
C0 00 01
70 00 01
```

19. Qual será o conteúdo do registrador A após a execução destas duas instruções?

```
C1 00 01
70 00 01
```

20. Qual será o conteúdo do registrador A após a execução destas duas instruções?

```
C1 00 03
E0 00 01
```

Os Exercícios 21 a 60 são programas ou questões de resposta curta.
21. O que significa dizer que um computador é um dispositivo *programável*?
22. Liste cinco operações que qualquer linguagem de máquina deve incluir.
23. Quantas tarefas de baixo nível cada instrução em linguagem de máquina pode realizar?
24. O que é uma máquina virtual? Discuta essa definição em termos do computador Pep/8.
25. Quantos bits há em uma instrução em Pep/8?
26. Descreva as características da CPU de Pep/8 que abordamos neste capítulo.
27. Onde estará o dado (operando) se o especificador de modo de endereço for
    a. 000?
    b. 001?
28. Discutimos dois especificadores de modo. Quantos existem?
29. Faça a distinção ente o RI (registrador de instrução) e o CP (contador de programa).
30. Quantos bits são exigidos para endereçar a memória de Pep/8?
31. Quantas células a mais poderiam ser adicionadas à memória sem ter que se alterar o formato da instrução? Justifique sua resposta.
32. Algumas instruções de Pep/8 são unárias, usando apenas um byte. Outras instruções requerem três bytes. Dadas as instruções que abordamos neste capítulo, seria útil definir instruções que exigissem apenas dois bytes?
33. Se o caractere de entrada for A, qual será o resultado da execução das duas instruções seguintes?

```
0001 49 00 06
0004 51 00 06
```

34. Se o número de entrada for 5, qual será o conteúdo do registrador A após a execução das instruções seguintes?

```
0001 31 00 0F
0004 C1 00 0F
0007 70 00 02
```

35. Escreva o algoritmo para imprimir seu nome, dado que a linguagem de implementação seja código de máquina de Pep/8.

36. Escreva o programa em linguagem de máquina para implementar o algoritmo do Exercício 35.

37. Escreva o algoritmo para imprimir seu nome, dado que a linguagem de implementação seja linguagem de montagem de Pep/8.

38. Escreva o programa em linguagem de montagem para implementar o algoritmo do Exercício 37.

39. Reescreva o programa exemplo na Seção 6.3 usando endereçamento direto.

40. Faça a distinção entre as opções de menu de Pep/8: *Assemble*, *Load* e *Execute* (*run*).

41. O programa a seguir parece executar, mas ele faz coisas estranhas com certos valores de entrada. Você pode encontrar o erro?

```
        BR      Main
sum:    .WORD   0x0000
num1:   .BLOCK  1
num2:   .BLOCK  1
num3:   .BLOCK  1
Main:   LDA     sum,d
        DECI    num1,d
        DECI    num2,d
        DECI    num3,d
        ADDA    num3,d
        ADDA    num2,d
        ADDA    num1,d
        STA     sum,d
        DECO    sum,d
        STOP
        .END
```

42. Corrija o código do Exercício 41 e realize o plano de teste delineado neste capítulo.

43. Termine a execução do plano de testes para o algoritmo no texto que lê e soma três valores.

44. Escreva um algoritmo em pseudocódigo que leia três valores e imprima o resultado da subtração do segundo valor da soma do primeiro com o terceiro valor.

45. Implemente o algoritmo do Exercício 44 como um programa em linguagem de montagem.

46. Escreva e implemente um plano de testes para o programa do Exercício 45.

47. Projete e implemente, em linguagem de montagem, um algoritmo que leia quatro valores e imprima a soma.

48. O plano de testes para um programa em linguagem de máquina é válido para a mesma solução escrita em linguagem de montagem? Explique sua resposta.

49. Faça a distinção entre as pseudo-operações `.BLOCK` e `.WORD`.

50. Faça a distinção entre pseudo-operações em linguagem de montagem e instruções mnemônicas.

51. Faça a distinção entre planos de testes com base em cobertura de código e com base em cobertura de dados.

52. Que botão do console de Pep/8 deve ser clicado para entrada a partir do teclado?

53. Escreva as instruções em linguagem de montagem de Pep/8 para as seguintes instruções:
  a. Desvio para a localização `Branch1` se o acumulador for zero.
  b. Desvio para a localização `Branch1` se o acumulador for negativo.
  c. Desvio para a localização `Branch1` se o acumulador for negativo e para a localização `Branch2` se o acumulador for não negativo.

140 Capítulo 6

54. Escreva um algoritmo em pseudocódigo para ler um nome e escrever uma mensagem de "Bom dia".

55. Escreva um algoritmo em pseudocódigo para obter três inteiros a partir do usuário e imprimi-los em ordem numérica.

56. Incorpore o projeto do Exercício 55 a um laço que leia três valores até que o usuário informe o primeiro valor dos três como negativo.

57. Reescreva o algoritmo do Exercício 56 de modo que o usuário tenha que informar apenas um valor negativo para parar (isto é, o segundo e o terceiro valores não serão informados).

58. Faça a distinção entre pseudocódigo e pseudo-operações.

59. Quais são os construtos que pseudocódigo deve ser capaz de expressar?

60. Faça a distinção entre o construto laço e o construto seleção.

??? Temas para Reflexão

1. Você gostaria de fazer programação em linguagem de montagem? Você pode imaginar algum tipo de personalidade que seria bem adaptada para tal trabalho orientado a detalhe?

2. O processo de tradução tem sido demonstrado pela apresentação do programa em linguagem de máquina que é o resultado do programa em linguagem de montagem. Examine cuidadosamente a solução do Exercício 45. Pense sobre os passos que o programa montador tem que executar. Você acha que a tradução pode ser feita examinando uma vez cada instrução em linguagem de montagem, ou tem que ser examinada duas vezes? Convença um amigo de que você está correto.

3. Se uma pessoa tiver dois computadores do mesmo tipo, será ético comprar uma cópia de um pacote de software e instalá-lo em ambas as máquinas? Quais são os argumentos para o lado sim? Quais são os argumentos para o lado não?

4. Daniel Bricklin, cuja biografia aparece no Capítulo 12, não patenteou (ou garantiu seu direito de autor) seu software, acreditando que software não deveria ser propriedade de ninguém. Como resultado, ele perdeu uma grande quantidade de dinheiro na forma de possíveis direitos autorais. Você considera que as ações dele foram visionárias ou ingênuas?

5. A Fundação Software Livre é uma instituição de caridade, isenta de impostos, que levanta recursos de seu trabalho no Projeto GNU. Software GNU é livre. Vá à *Web* e leia sobre sua filosofia. Compare produtos GNU com aqueles de fabricantes como Microsoft e Sun.

6. Se você fosse continuar em computação e se tornasse um programador, de que lado da discussão você ficaria: Software deve ser protegido por direito autoral ou ele deve ser livre?

A Camada de Programação

Preparando os Alicerces
   1 O Quadro Geral

A Camada de Informação
   2 Valores Binários e Sistemas de Numeração
   3 Representação de Dados

A Camada de Hardware
   4 Portas e Circuitos
   5 Componentes Computacionais

A Camada de Programação
   6 Linguagens de Programação de Baixo Nível e Pseudocódigo
▶ **7** Solução de Problemas e Algoritmos
   8 Tipos Abstratos de Dados e Subprogramas
   9 Projeto Orientado a Objeto e Linguagens de Programação de Alto Nível

A Camada de Sistema Operacional
  10 Sistemas Operacionais
  11 Sistemas de Arquivos e Diretórios

A Camada de Aplicação
  12 Sistemas de Informação
  13 Inteligência Artificial
  14 Simulação, Gráficos, Jogos e Outros Aplicativos

A Camada de Comunicação
  15 Redes
  16 A *World Wide Web*

Em Conclusão
  17 Limitações da Computação

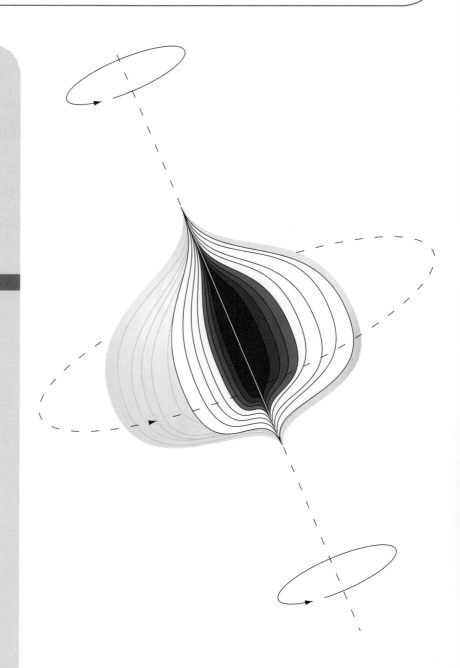

Solução de Problemas e Algoritmos

7

No Capítulo 6, examinamos código de máquina que usa números binários para representar operações, e linguagem de montagem que usa mnemônicos para representar operações. Linguagens de montagem são um passo na direção certa, mas o programador ainda tem que pensar em termos de instruções individuais de máquina. Introduzimos também pseudocódigo, uma linguagem artificial desenvolvida para expressar algoritmos. Começamos este capítulo com uma breve discussão sobre solução de problemas em geral.

Objetivos

Após estudar este capítulo, você deverá ser capaz de:

- descrever o processo de solução de problemas por computador e relacioná-lo com a lista "Como Solucioná-lo", de Polya.
- fazer a distinção entre um tipo simples e um tipo composto.
- descrever três mecanismos compostos de estruturação de dados.
- reconhecer um problema recursivo e escrever um algoritmo recursivo para resolvê-lo.
- fazer a distinção entre um vetor ordenado e um vetor não ordenado.

- fazer a distinção entre ordenação por seleção e ordenação por inserção.
- descrever o algoritmo Quicksort.
- aplicar, manualmente, a um vetor de itens ordenação por seleção, ordenação pelo método da bolha, ordenação por inserção e ordenação Quicksort.
- aplicar o algoritmo de busca binária.
- demonstrar seu entendimento dos algoritmos deste capítulo simulando-os manualmente com uma sequência de itens.

144 Capítulo 7

Ciência da computação é algumas vezes definida como o estudo de algoritmos e da implementação eficiente deles em um computador. Este capítulo tem o foco em algoritmos: o papel deles na solução de problemas, estratégias para desenvolvê-los, técnicas para segui-los e testá-los. Escolhemos algoritmos clássicos de busca e ordenação como o contexto para a discussão sobre algoritmos.

Como algoritmos operam sobre dados, examinamos formas para estudar os dados de modo que eles sejam processados mais eficientemente.

7.1 Como Solucionar Problemas

Em 1945, George Polya escreveu um pequeno livro intitulado *How to Solve it: A New Aspect of Mathematical Method*.[1] Apesar de este livro ter sido escrito há mais de 60 anos, quando computadores ainda eram experimentais, ele se mantém como a descrição clássica do processo de solucionar problemas. O processo está resumido na Figura 7.1.

O que fez com que o livro de Polya se tornasse um clássico é que a lista dele, Como Resolver um Problema, é bem geral. Embora a lista tenha sido escrita no contexto de solução de problemas matemáticos, podemos substituir as palavras *incógnita* por *problema*, *dado* por *informação*

COMO RESOLVER UM PROBLEMA

COMPREENDENDO O PROBLEMA

Primeiro. Você tem que *compreender* o problema.

Qual é a incógnita? Quais são os dados? Qual é a condição?
É possível satisfazer a condição? A condição é suficiente para determinar a incógnita? Ou ela é insuficiente? Ou redundante? Ou contraditória?
Desenhe uma representação gráfica. Adote uma notação adequada.
Separe as várias partes da condição. Você pode anotá-las?

CONCEBENDO UM PLANO

Segundo. Encontre a conexão entre os dados e a incógnita. Você pode ser obrigado a considerar problemas auxiliares se uma conexão imediata não puder ser encontrada. Você deve, afinal, obter um *plano* para a solução.

Você já viu esse problema antes? Ou já viu o mesmo problema em uma forma ligeiramente diferente?
Você conhece um problema correlato? Você conhece um teorema que possa ser útil? *Olhe a incógnita!* E tente pensar em um problema conhecido que tenha a mesma incógnita ou outra similar.
Eis um problema correlato e já resolvido antes. Você pode utilizá-lo? Você pode usar o resultado dele? Você pode utilizar o método dele? Você deve introduzir algum elemento auxiliar de modo a tornar possível o uso dele? Você pode reformular o problema? Você pode reformulá-lo ainda de outra maneira? Volte às definições.
Se você não puder resolver o problema proposto, tente primeiro resolver algum problema correlato. Você consegue imaginar um problema correlato mais acessível? Um problema mais genérico? Um problema mais específico? Um problema análogo? Você consegue resolver uma parte do problema? Mantenha apenas uma parte da condição, deixe a outra parte de lado; até que ponto fica assim determinada a incógnita? Como pode ela variar? Você consegue deduzir alguma coisa útil a partir dos dados? Você pode pensar em outros dados apropriados para determinar a incógnita? Você pode alterar a incógnita ou os dados ou ambos, se necessário, de modo que a nova incógnita e os novos dados fiquem mais próximos entre si? Você usou todos os dados? Você usou toda a condição? Você levou em conta todas as noções essenciais que estão envolvidas no problema?

EXECUTANDO O PLANO

Terceiro. *Execute* seu plano

Ao executar seu plano para a solução, *verifique cada passo*. É possível ver claramente que o passo está correto? Você consegue provar que ele está correto?

REVENDO

Quarto. *Examine* a solução obtida.

Você consegue *verificar o resultado?* Você consegue verificar o argumento? Você consegue deduzir o resultado de modo diferente? Você consegue vê-lo em um relance? Você consegue utilizar o resultado ou o método em algum outro problema?

FIGURA 7.1 Lista de Como Resolver um Problema, de Polya. Fonte: Polya, G. *How to Solve It*. © 1945 Editora da Universidade de Princeton, 1973, PUP (Princeton University Press), renovada. Reimpresso com permissão da Editora da Universidade de Princeton.

Solução de Problemas e Algoritmos   145

e *teorema* por *solução*, e a lista se torna aplicável a todos os tipos de problemas. Obviamente, é o segundo passo – encontrar a conexão entre a informação e a solução – que reside no coração da solução de problemas. Vamos examinar diversas estratégias sugeridas pela lista de Polya.

■ Faça Perguntas

Se receber um problema ou uma tarefa verbalmente, tipicamente você fará perguntas até que esteja claro o que você terá que fazer. Você pergunta quando, por que e onde até que sua tarefa esteja completamente especificada. Se suas instruções estiverem escritas, você poderá colocar pontos de interrogação na margem, sublinhar uma palavra, um grupo de palavras ou uma sentença. Ou, de alguma outra forma, indicar as partes da tarefa que não estejam claras. Talvez suas perguntas sejam respondidas em um parágrafo posterior ou você tenha que discuti-las com a pessoa que lhe deu a tarefa. Se a tarefa tiver sido estabelecida por você mesmo, esse tipo de questionamento não poderá ser verbal, mas, em vez disso, ocorrerá no nível do subconsciente.

Eis a seguir algumas questões típicas que você deverá formular:

- O que sei sobre o problema?
- Como a solução se parece?
- Que tipos de casos especiais existem?
- Como reconhecerei ter encontrado a solução?

■ Procure por Coisas Familiares

Você nunca deverá reinventar a roda. Se uma solução existir, use-a. Se você resolveu o mesmo problema ou outro similar anteriormente, apenas repita a solução bem-sucedida. Normalmente não pensamos conscientemente: "Já vi isso antes e sei o que fazer" – apenas o fazemos. Seres humanos são bons em reconhecer situações similares. Não temos que aprender como ir a uma loja comprar leite e então aprender a comprar ovos e depois doces. Sabemos que ir à loja é sempre a mesma coisa e apenas o que compramos é diferente.

Reconhecer situações familiares é particularmente útil em computação. Em computação, certos problemas são vistos repetidas vezes sob diferentes aparências. Um bom programador vê uma tarefa, ou talvez parte de uma tarefa (uma subtarefa), que já tenha sido resolvida anteriormente e usa a solução. Por exemplo, encontrar as temperaturas diárias mais alta e mais baixa em uma lista de temperaturas é exatamente o mesmo problema de encontrar as notas mais alta e mais baixa em uma lista de resultados de provas. O que se deseja são o maior valor e o menor valor em um conjunto de números.

■ Dividir e Conquistar

Constantemente dividimos um problema grande em unidades menores com as quais possamos lidar. A tarefa de limpar a casa ou o apartamento, por exemplo, pode parecer uma sobrecarga. Em contraste, as tarefas individuais de limpar a sala de estar, a sala de jantar, a cozinha, os quartos e o banheiro parecem ser mais gerenciáveis. Esse princípio é especialmente relevante em computação: Dividimos um problema grande em partes menores que possamos solucionar individualmente.

Essa abordagem aplica o conceito de abstração que discutimos no Capítulo 1 – limpar a casa é um grande problema abstrato constituído das subtarefas definidas por limpar os cômodos individuais. Arrumar um quarto também pode ser considerado como uma abstração dos detalhes de arrumar a cômoda, fazer a cama, aspirar o chão, e assim por diante. Tarefas são divididas em subtarefas, que podem ser divididas ainda mais em outras subtarefas, e assim por diante. A abordagem dividir e conquistar pode ser aplicada sucessivamente até que cada subtarefa seja gerenciável.

Aplicamos duas dessas estratégias no último capítulo quando formulamos questões e adiamos detalhes ao projetar o algoritmo para ler dois números e imprimi-los em ordem.

■ Algoritmos

A última sentença do segundo passo da lista de Polya diz que você deverá ao final obter um plano da solução. Em computação, esse plano é chamado de **algoritmo**. Usamos esse termo muitas vezes; aqui o definimos em termos computacionais. Formalmente, um algoritmo é um conjunto de instruções para solucionar um problema ou um subproblema em uma quantidade finita de tempo, usando uma quantidade finita de dados. Implícita a essa definição está o entendimento de que as instruções não sejam ambíguas.

> » **Algoritmo** Instruções não ambíguas para solucionar um problema ou um subproblema em uma quantidade finita de tempo usando uma quantidade finita de dados

George Polya

George Polya nasceu em Budapeste no dia 13 de dezembro de 1887. Embora tenha se tornado finalmente um matemático mundialmente famoso, ele não mostrou interesse por matemática de imediato. Sua falta de interesse seria explicada pela lembrança dele de três professores de matemática do ensino médio: "dois eram desprezíveis e um era bom".

Em 1905, Polya ingressou na Universidade de Budapeste, onde estudou Direito por insistência de sua mãe. Depois de um semestre muito enfadonho, ele decidiu estudar idiomas e literatura. Recebeu um certificado de professor de latim e húngaro – e nunca o usou. Tornou-se interessado em filosofia e fez cursos de matemática e física como parte de seus estudos em filosofia. Polya se decidiu por matemática comentando: "Sou muito bom para filosofia e não bom o bastante para física. Matemática está a meio caminho". Ele concluiu seu Ph.D. em matemática em 1912, o que lançou sua carreira.

Polya fez pesquisa e lecionou na Universidade de Göttingen, na Universidade de Paris e na Federação Suíça de Tecnologia em Zurique. Enquanto esteve em Zurique, interagiu com John von Neumann, de quem ele disse: "Johnny foi o único aluno de quem sempre tive medo. Se, no decorrer de uma aula, eu expusesse um problema sem solução, a probabilidade era de que ele me procuraria, tão logo a aula tivesse terminado, com a solução completa em poucos rabiscos em uma tira de papel."

Como muitos europeus daquela época, Polya mudou-se para os Estados Unidos em 1940 por causa da situação política na Alemanha. Após lecionar na Universidade de Brown por dois anos, ele se mudou para Palo Alto, Califórnia, para lecionar na Universidade de Stanford, onde permaneceu pelo resto de sua carreira.

As pesquisas e publicações de Polya abrangeram muitas áreas de matemática, incluindo teoria de números, combinatória, astronomia, probabilidade, funções integrais e problemas de valores limites para equações diferenciais parciais. O Prêmio George Polya é concedido, em sua homenagem, a aplicações notáveis de teoria combinatorial.

Contudo, por todas as contribuições de George Polya para a matemática, é a contribuição dele para educação em matemática que o deixava mais orgulhoso e pela qual ele será mais lembrado. Seu livro, *How to Solve It*, publicado em 1945, vendeu mais de um milhão de cópias e foi traduzido para 17 idiomas. Nesse livro, Polya esquematiza uma estratégia para solução de problemas direcionada a problemas matemáticos. Entretanto, a generalidade da estratégia a torna aplicável à solução de qualquer problema. A estratégia de Polya é a base da estratégia de solução de problemas por computador descrita nesse texto. Publicado em 1954, *Mathematics and Plausible Reasoning*, foi outro livro dedicado à educação em matemática. Polya não apenas escreveu sobre educação em matemática, mas também teve muito interesse no ensino de matemática. Ele foi professor visitante regular nas escolas da Bay Area e visitou a maioria das faculdades dos estados do oeste. O Centro de Matemática da Universidade de Idaho leva o nome dele como uma homenagem.

No dia 7 setembro de 1985, George Polya faleceu em Palo Alto, aos 97 anos.

Em computação, devemos tornar explícitas certas condições que são implícitas em soluções humanas. Por exemplo, em nosso quotidiano não consideraríamos uma solução que demandasse tempo demais como uma solução. Também rejeitaríamos uma solução que nos exigisse processar mais informações do que somos capazes de processar. Essas restrições têm que estar explícitas em uma solução computacional; logo, a definição de um algoritmo as inclui.

O terceiro passo na lista de Polya é executar o plano – isto é, testar a solução para verificar se ela soluciona o problema. O quarto passo é examinar a solução em termos de aplicabilidade futura.

■ Processo de Solução de Problemas por Computador

O processo de solução de problemas por computador inclui quatro fases: a *fase de análise e especificação*, a *fase de desenvolvimento de algoritmo*, a *fase de implementação* e a *fase de manutenção*. Veja a Figura 7.2. O resultado da primeira fase é uma descrição clara do problema. O resultado da fase de desenvolvimento de algoritmo é um plano para uma solução geral para o problema especificado na primeira fase. O resultado da terceira fase é um programa computacional capaz de funcionar e que implemente o algoritmo – isto é, uma solução específica para o problema. Não existe resultado da quarta fase, a menos que sejam detectados erros ou precisem ser feitas alterações. Se este for o caso, esses erros ou alterações são enviados de volta para a primeira, segunda ou terceira fases, a que for mais apropriada.

Fase de Análise e Especificação
Análise — Compreender (definir) o problema.
Especificação — Especificar o problema que o programa tem que resolver.

Fase de Desenvolvimento de Algoritmo
Desenvolver algoritmo — Desenvolver uma sequência lógica de passos a serem usados para solucionar o problema.
Testar algoritmo — Seguir os passos como esquematizado, para ver se a solução realmente resolve o problema.

Fase de Implementação
Codificação — Traduzir o algoritmo (a solução geral) para uma linguagem de programação.
Teste — Fazer o computador seguir as instruções. Verificar os resultados e fazer correções, até que as respostas estejam corretas.

Fase de Manutenção
Usar — Usar o programa.
Manter — Modificar o programa para adequá-lo a mudanças de requisitos ou corrigir qualquer erro.

FIGURA 7.2 O processo de solução de problemas por computador

A Figura 7.3 mostra como essas fases interagem. As linhas pretas mostram o fluxo geral pelas fases. As linhas cinzas representam caminhos que podem ser percorridos de volta a uma fase anterior, se um problema ocorrer. Por exemplo, durante o processo de produzir um algoritmo, um erro ou uma contradição na especificação pode ser encontrado, caso em que a análise e a especificação deverão ser corrigidas. Da mesma forma, um erro no programa pode indicar que um algoritmo tenha que ser corrigido.

Todas as fases de Polya estão incluídas neste esquema de como resolvemos problemas usando o computador. O primeiro passo sempre é entender o problema. Não podemos escrever uma solução computacional para um problema que não entendemos. O próximo passo será desenvolver um plano – um algoritmo – para a solução e expressá-lo em pseudocódigo. É essa a fase na qual nos concentramos neste capítulo.

O próximo passo é implementar o plano de tal modo que o computador possa executá-lo e testar os resultados. Na lista de Polya, o ser humano executa o plano e avalia os resultados. Em uma solução por computador, um programa expressando o plano é escrito em uma linguagem que o

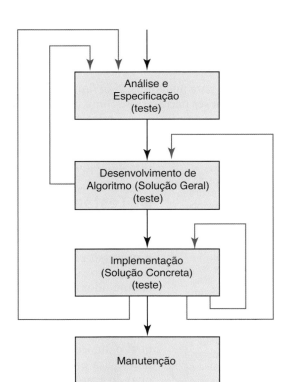

FIGURA 7.3 As interações entre as quatro fases da solução de problemas

computador possa executar. Mas é o humano que pega os resultados do programa computacional e os verifica para confirmar que eles estão corretos. A fase de manutenção equivale ao último estágio da lista de Polya, quando os resultados são examinados e talvez modificados.

Neste capítulo terminamos o processo no nível de pseudocódigo. Este texto é neutro em relação à linguagem; isto é, não abordamos uma linguagem de alto nível em detalhe. Entretanto, alguns de vocês podem estar aprendendo uma linguagem em paralelo a este texto. De qualquer modo, relembre que um algoritmo deverá ser escrito, antes que qualquer codificação em uma linguagem de programação possa ser feita.

■ Resumo da Metodologia

A metodologia para projetar algoritmos pode ser subdividida em quatro passos principais:

1. Analise o Problema

Entenda o problema! Liste as informações que você tem para trabalhar. Essas informações provavelmente serão os dados do problema. Especifique com o que a solução deverá se parecer. Se for um relatório, especifique o formato. Liste qualquer hipótese que estiver formulando sobre o problema ou a informação. Pense. Como resolveria o problema manualmente? Desenvolva um algoritmo ou um plano geral de ataque.

2. Liste as Principais Tarefas

A listagem das principais tarefas é chamada de *módulo principal*. Use português ou pseudocódigo para reescrever o programa no módulo principal. Use nome de tarefas para dividir o problema em áreas funcionais. Se o módulo principal ficar muito grande, você estará incluindo detalhes demais para esse nível. Introduza qualquer estrutura de controle que seja necessária nesse ponto. Refaça logicamente a sequência das subpartes, se necessário. Adie detalhes para níveis inferiores.

Não se preocupe se não souber como resolver uma tarefa. Imagine que você tenha um "amigo inteligente" que tenha a resposta e deixe isso para mais tarde. Tudo que você tem a fazer no módulo principal é dar os nomes aos módulos de nível inferior que resolvam certas tarefas. Use identificadores com significado.

3. Escreva os Módulos Restantes

Não há um número fixo de níveis. Módulos em um nível podem especificar mais módulos em níveis inferiores. Cada módulo deve ser completo, mesmo que ele referencie módulos ainda não escritos. Faça refinamentos sucessivos em cada módulo até que cada instrução seja um passo concreto.

4. Refaça a Sequência e Revise de Acordo com a Necessidade

Planeje-se para mudanças. Não fique com medo de começar de novo. Muitas tentativas e refinamentos podem ser necessários. Tente manter a clareza. Procure se expressar simples e diretamente.

A estratégia de solução de problemas paralela ao esboço de Poyla é conhecida como *projeto topdown*. Ela produz uma hierarquia de tarefas a serem resolvidas. No Capítulo 9, introduzimos uma estratégia chamada de *projeto orientado a objeto*, que produz uma hierarquia de objetos de dados.

■ Testando o Algoritmo

O objetivo de solucionar problemas matemáticos é produzir uma resposta específica a um problema; logo, verificar os resultados é equivalente a testar o processo pelo qual a resposta foi derivada. Se a resposta estiver correta, o processo estará correto. Porém, o objetivo da solução de problemas por computador é criar o *processo* correto. O algoritmo que incorpora esse processo poderá ser usado inúmeras vezes com dados diferentes, de modo que o próprio processo tem que ser testado ou verificado.

Testar um algoritmo frequentemente envolve executar o programa no qual o algoritmo está codificado sob várias condições e examinar os resultados para problemas. No entanto, esse tipo de teste só poderá ser efetuado quando o programa estiver concluído, ou pelo menos parcialmente concluí-

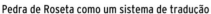

Pedra de Roseta como um sistema de tradução
A Pedra de Roseta foi descoberta pelas tropas de Napoleão em 1799. Soldados do exército de Napoleão descobriram a pedra ao escavar as fundações de um acréscimo a um forte próximo à cidade de el-Rashid, também conhecida como Roseta. A pedra continua uma proclamação marcando o primeiro aniversário da coroação de Ptolomeu V, inscrita em três linguagens: hieróglifo, demótico (uma versão cursiva de hieróglifo) e grego. Thomas Young, um médico britânico, e François Champollion, um egiptólogo francês, foram capazes de decifrar as linguagens do Egito Antigo usando o grego como guia. Assim, a Pedra de Roseta forneceu a chave para se obter a tradução de hieróglifos egípcios.

do, o que é muito demorado para depender apenas desse tipo de verificação. Quanto mais cedo os problemas forem descobertos, mais barato e mais fácil será lidar com eles.

Claramente, precisamos executar testes em estágios mais iniciais do processo de desenvolvimento. Especificamente, os algoritmos devem ser testados antes de serem implementados. Demonstramos esse processo à medida que trabalhamos no algoritmo de conversão de bases.

7.2 Algoritmos com Variáveis Simples

Variáveis simples (atômicas) são aquelas que não podem ser subdivididas. Elas são um valor armazenado em um lugar. Usamos variáveis simples nos algoritmos do Capítulo 6. Números, por exemplo, são variáveis simples.

■ Um Algoritmo com Seleção

Suponha que você quisesse escrever um algoritmo para expressar que roupa é apropriada para uma dada temperatura externa. Você gostaria de usar roupas sem mangas se estiver calor; com mangas curtas se estiver tempo bom, mas não muito quente; uma jaqueta leve se estiver pouco frio; e um casacão se estiver frio. Se a temperatura estiver abaixo de congelamento, você ficará em casa.

O módulo de mais alto nível (principal) apenas expressará as tarefas.

```
Escreva "Informe a temperatura"
Leia temperatura
Determine roupa
```

As duas primeiras instruções não precisam de decomposição adicional. Entretanto, Determine roupa precisa. Precisamos associar temperaturas às nossas descrições. Vamos definir quente como qualquer coisa acima de 30°C, tempo bom como acima de 20°C, pouco frio como acima de 10°C, e frio como acima de 0°C. Agora podemos escrever o pseudocódigo para Determine roupa.

Determine roupa
```
SE (temperatura > 30)
    Escreva "Clima do Texas: use roupa sem mangas"
SENÃO SE (temperatura > 20)
    Escreva "Clima ideal: roupa com mangas curtas vão bem"
SENÃO SE (temperatura > 10)
    Escreva "Um pouco frio: use uma jaqueta leve"
SENÃO SE (temperatura > 0)
    Escreva "Clima da Filadélfia: use casacão"
SENÃO
    Escreva "Fique em casa"
```

O único modo de chegar à segunda instrução *se* é se a primeira expressão não for verdadeira; assim, se a segunda expressão for verdadeira, você saberá que a temperatura está entre 21°C e 30°C. Se a primeira e a segunda expressões não forem verdadeiras e a terceira for, então a temperatura estará entre 1°C e 10°C, e "Fique em casa" será escrito se a temperatura for menor ou igual a 0°C. Qualquer um dos ramos pode conter uma sequência de instruções.

■ Algoritmos com Repetição

Há dois tipos básicos de laços: controlados por contagem e controlados por eventos.

Laços Controlados por Contagem

Um laço controlado por contagem é um laço que repete um processo um número especificado de vezes. O mecanismo de repetição simplesmente conta cada vez que o processo é repetido; então testa se chegou ao fim antes de começar novamente. Esse foi o tipo de laço que usamos no Capítulo 6.

Há três partes distintas neste tipo laço, que faz uso de uma variável especial chamada *variável de controle do laço*. A primeira parte é inicialização: A variável de controle do laço é inicializada com algum valor inicial. A segunda parte é teste: A variável de controle do laço já chegou a um valor predeterminado? A terceira parte é incremento: A variável de controle do laço é incrementada de 1. O algoritmo a seguir repete um processo limite vezes.

```
Faça cont ser 0              Inicializa cont em 0
ENQUANTO (cont < limite)     Testa
    …                        Corpo do laço
    Faça cont ser cont + 1   Incrementa
…                            Instrução(ões) após laço
```

A variável de controle do laço, cont, recebe o valor 0 fora do laço. A expressão cont < limite é testada e o corpo do laço é executado, desde que a expressão seja verdadeira. A última instrução no laço incrementa a variável cont de controle do laço. Quantas vezes o corpo do laço será executado? O laço executa quando cont for 1, 2, 3, … limite − 1. Assim, o laço executa limite vezes. O valor inicial da variável de controle do laço e o operador relacional usado na expressão booleana determinam o número de vezes que o laço executará.

O laço *enquanto* é chamado laço com teste no início porque o teste ocorre *antes* de o laço ser executado. Se a condição for falsa inicialmente, o laço não será atingido. O que acontecerá se a instrução de incremento for omitida? A expressão booleana nunca se altera. Se a expressão for falsa de início, nada acontecerá; o laço nem será executado. Se a expressão for verdadeira de início, a expressão nunca se alterará; logo, o laço será executado para sempre. Na verdade, a maioria dos sistemas computacionais tem um temporizador; logo, o programa não executaria, de fato, para sempre. Em vez disso, o programa pararia com uma mensagem de erro. Um laço que nunca termina é chamado *laço infinito*.

Esse algoritmo do Capítulo 6 contém um laço controlado por contagem:

```
Escreva "Quantos pares de valores serão informados?"
Leia númeroDePares
Faça númeroLido igual a 0
ENQUANTO (númeroLido < númeroDePares)
    // Corpo do laço
    …
    Faça númeroLido igual a númeroLido + 1
```

Pep/8 usou um ponto e vírgula para indicar que o que se seguia era um comentário e não parte do programa. Em nosso pseudocódigo, usamos duas barras para prefaciar um comentário.

Laços Controlados por Eventos

Laços nos quais o número de repetições é controlado por um evento que ocorre no interior do próprio corpo do laço são chamados laços controlados por evento. Ao implementar um laço controlado por evento usando uma instrução *enquanto*, há novamente três partes no processo: O evento deve ser inicializado, o evento deve ser testado, e o evento deve ser atualizado. O algoritmo de conversão de base do Capítulo 6 contém um laço controlado por evento:

```
Escreva "Informe a nova base"
Leia novaBase
Escreva "Informe o número a ser convertido"
Leia númeroDecimal
Faça resposta igual a 0
Faça quociente igual a 1
ENQUANTO (quociente não for zero)
    Faça quociente igual a númeroDecimal DIV novaBase
    // Restante do corpo do laço
Escreva "A resposta é", resposta
```

Um laço controlado por contagem é bem direto: O processo é repetido um número especificado de vezes. A atividade em um laço controlado por evento é menos nítida. Pode não ser imediatamente aparente o que deve ser o evento.

Vamos examinar um par de exemplos. Primeiro, vamos ler e somar valores de dados de entrada até que seja lido um valor negativo. Qual é o evento? Ler um valor positivo. Como inicializamos o evento? Lemos o primeiro valor de dado. Testamos o valor para verificar se ele é positivo e, se ele for, entramos no laço. Como atualizamos o evento? Lemos o próximo valor de dado. Aqui está o algoritmo:

```
Leia um valor               Inicializa evento
ENQUANTO (valor >= 0)       Testa evento
    ...                     Corpo do laço
    Leia um valor           Atualiza evento
...                         Instrução(ões) após o laço
```

Agora, vamos escrever o algoritmo para ler e somar valores positivos até que 10 tenham sido contados. Vamos ignorar zero e valores negativos. Qual é o evento? O número de valores positivos lidos ser menor que 11. Isso significa que devemos manter uma contagem do número de valores positivos à medida que os lemos; vamos chamá-lo contPos. Como inicializamos o evento? Fazemos contPos igual a 0. Testamos contPos em relação a 10 e saímos do laço quando contPos alcançar 10. Como atualizamos o evento? Incrementamos contPos cada vez que lemos um valor positivo.

```
Faça soma ser 0                      Inicializa soma com zero
Faça contPos ser 0                   Inicializa evento
ENQUANTO (contPos < 10)              Testa evento
    Leia um valor
    SE (valor > 0)                   Contagem deve ser atualizada?
        Faça contPos ser contPos + 1 Atualiza evento
        Faça soma ser soma + valor   Adicionar valor a soma
...                                  Instrução(ões) após laço
```

Esse não é um laço controlado por contagem porque não lemos 10 valores: Lemos valores até que tenhamos lido 10.

Observe a estrutura de controle de seleção embutida no laço. As instruções a serem executadas ou descartadas em qualquer estrutura de controle podem ser instruções simples ou instruções compostas (blocos de instruções endentadas) – não há restrição em relação ao que essas instruções podem ser. Como consequência, a instrução a ser descartada ou repetida pode conter uma estrutura de controle. Instruções de seleção podem ser aninhadas em estruturas de laço; estruturas de laços podem ser aninhadas em instruções de seleção. Estruturas nas quais uma estrutura de controle é embutida em outra estrutura de controle são chamadas **estruturas aninhadas**.

Vamos trabalhar em outro exemplo: encontrar a raiz quadrada de um número.

> » **Estrutura aninhada (lógica aninhada)** Uma estrutura na qual uma estrutura de controle é embutida em outra

Raiz Quadrada

A maioria dos estudantes tem que calcular uma raiz quadrada na escola. Foi desenvolvido um algoritmo bem complexo que funciona com valores inteiros. Não examinamos esse algoritmo aqui, mas, em vez disso, usamos uma aproximação bem mais simples que funciona com números reais bem como inteiros.

Dado o número do qual você deseja encontrar a raiz quadrada, pegue o número e faça uma tentativa em relação à resposta; então pegue a tentativa e a eleve ao quadrado. Se sua tentativa estiver correta, ela elevada ao quadrado será igual ao valor original. Se este não for o caso, ajuste sua tentativa e comece de novo. Esse processo continua até que a tentativa elevada ao quadrado esteja próxima o suficiente. Você entende o problema? Se não, releia o parágrafo.

Vamos agora esboçar as tarefas principais:

```
Leia quadrado
Calcule a raiz quadrada
Escreva quadrado e a raiz quadrada
```

A Camada de Programação

Leia quadrado não precisa de expansão adicional. Calcule a raiz quadrada precisa de expansão adicional, já que isso é o coração do algoritmo. Claramente há um laço: Continuamos a refinar a tentativa até que ela seja boa o suficiente. É um laço controlado por contagem ou um laço controlado por evento? Como não temos a menor ideia de quantas iterações o processo terá, deverá ser um laço controlado por evento.

O que pretendemos por "boa o suficiente"? Digamos que, se a diferença entre a tentativa elevada ao quadrado e o valor original for mais ou menos 0,001, a tentativa será boa o suficiente; chamamos essa diferença *épsilon*. Como medimos "mais ou menos"? Tomamos o valor absoluto da diferença. Indicamos isso pela expressão abs(épsilon), que quer dizer valor absoluto.

Calcule raiz quadrada

Faça épsilon igual a 1
ENQUANTO (épsilon > 0,001)
    Calcule nova tentativa
    Faça épsilon igual a abs(quadrado – tentativa * tentativa)

Agora o único passo que precisa de expansão adicional é Calcule nova tentativa. Agora precisamos formular questões: Qual é a fórmula para calcular a nova tentativa? Pesquisamos online por "fórmula de raiz quadrada" e encontramos a resposta na Wikipédia. Substituímos a tentativa antiga pela média entre a tentativa antiga e o quadrado dividido pela tentativa antiga.

Calcule nova tentativa

Faça novaTentativa igual a (tentativa + (quadrado/tentativa))/2,0

Ao pesquisar a fórmula, descobrimos que esquecemos alguma coisa: Qual é a tentativa original? Qualquer valor positivo funcionará, mas a solução será encontrada com menos iterações se a tentativa original for próxima da raiz quadrada. Uma boa aproximação para a tentativa original é o quadrado dividido por 4. Não precisaremos ter variáveis para tentativa antiga e nova tentativa. Podemos chamá-la tentativa e apenas continuar alterando seu valor. Aqui, então, está o algoritmo completado:

Leia quadrado
Faça tentativa igual a quadrado/4
Faça épsilon igual a 1
ENQUANTO (ÉPSILON > 0,001)
    Calcule nova tentativa
    Faça épsilon igual a abs(quadrado – tentativa * tentativa)
    Escreva quadrado e a raiz quadrada

Vamos verificar manualmente esse algoritmo com um valor do qual conheçamos a resposta: 81. A Figura 7.4 mostra o percurso do algoritmo. Leva apenas quatro iterações para obter a resposta correta com cinco casas decimais.

Um passo que ainda precise ser expandido é chamado um **passo abstrato**. Um passo que não precise ser expandido é chamado um **passo concreto**. Daqui em diante grafaremos de cinza os passos abstratos. Cada passo abstrato deverá ser expandido separadamente.

⟩⟩ Passo abstrato Um passo algorítmico para o qual alguns detalhes permanecem não especificados

⟩⟩ Passo concreto Um passo para o qual os detalhes estão plenamente especificados

7.3 Variáveis Compostas

Os lugares para armazenar valores descritos anteriormente foram todos atômicos por natureza; isto é, cada lugar podia manter apenas um fragmento de dado que não podia ser dividido em partes menores. Usamos também uma cadeia de letras entre aspas para representar uma mensagem a ser escrita. Como você poderia esperar, letras entre aspas são chamadas *cadeias*. Se fôssemos armazenar uma cadeia, o número de posições dependeria do número de caracteres na cadeia. Assim, uma cadeia não é atômica porque ela contém mais de um valor, mas tendemos a pensar em cadeias como atômicas de qualquer modo, já que não acessamos as letras individuais.

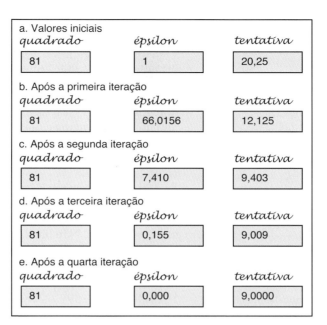

FIGURA 7.4 Percurso do algoritmo de raiz quadrada

Nesta seção, descrevemos duas formas de coletar itens de dados, dando um nome à coleção e acessando os itens individualmente ou como uma coleção.

■ Vetores

Um vetor é uma coleção nomeada de itens *homogêneos* na qual itens individuais são acessados pelas suas posições na coleção. A posição na coleção é chamada *índice*. Embora pessoas geralmente comecem a contar a partir de um, a maioria das linguagens de programação começam em zero – então isso é o que faremos aqui. A Figura 7.5 mostra um vetor com 10 itens indexados de 0 a 9.

Se o vetor for chamado números, acessaremos cada valor pela expressão

números[posição]

onde posição, o índice, é um valor entre 0 e 9.

Eis o algoritmo para colocar valores nos lugares em um vetor:

```
inteiro números[10]
// Declarar números para armazenar 10 valores inteiros
Escreva "Informe 10 números inteiros, um por linha"
Faça posição igual a 0  // Fazer variável posição igual a 0
ENQUANTO (posição < 10)
    Leia números[posição]
    Faça posição igual a posição + 1
// Continuar com processamento
```

[0]	1066
[1]	1492
[2]	1668
[3]	1945
[4]	1972
[5]	1510
[6]	999
[7]	1001
[8]	21
[9]	2001

FIGURA 7.5 Um vetor de dez números

Indicamos que números é um vetor que pode manter valores inteiros listando inteiro seguido pelo nome do vetor com o número de posições entre colchetes ao lado do nome. Em nossos algoritmos anteriormente, não listamos uma variável; apenas assumimos que quando usamos o nome de uma variável ela já existe. Agora que estamos usando estruturas compostas, precisamos dizer que tipo de estrutura queremos.

Algoritmos com vetores são classificados em três categorias: pesquisa, ordenação e processamento. *Pesquisa* é exatamente o que o nome diz – percorrer os itens no vetor, um de cada vez, procurando por um particular valor. *Ordenação* é colocar os itens do vetor em ordem. Se os itens forem números, eles serão colocados em ordem numérica; se os itens forem caracteres ou cadeias, eles serão colocados em ordem alfabética. Um vetor ordenado é aquele no qual os itens estejam em ordem. *Processamento* é um termo geral que engloba todas as outras computações feitas para ou com os itens em um vetor.

> **Privacidade de *bloggers***
>
> Muitos usuários de Internet veem *blogs* como o lugar perfeito para discutir anonimamente seus pensamentos e sentimentos. Muitos *bloggers* postam seus pensamentos, sem censura, relativos a família, amigos e trabalho, acreditando que eles estejam seguros de quaisquer consequências. Entretanto, mesmo *bloggers* que nunca forneçam seus nomes verdadeiros ou mencionem seus locais de trabalho são frequentemente descobertos por seus empregadores. Dúzias de pessoas têm sido despedidas por praticar *blogging*, incluindo trabalhadores de empresas como Delta® Airlines, Google™ e Microsoft®. Embora muitos acreditem que a Primeira Emenda proteja os direitos deles em relação a livre discurso, ela realmente protege cidadãos apenas de acusação legal. Somente Califórnia, Nova York, Colorado, Montana e Dakota do Norte têm leis limitando os motivos pelos quais um empregador possa despedir alguém por praticar *blogging*.

■ Registros

Um registro é um grupo nomeado de itens *heterogêneos* no qual itens individuais são acessados por nome. "Heterogêneo" significa que os elementos da coleção não têm que ser os mesmos. A coleção pode conter inteiros, valores reais, cadeias, ou qualquer outro tipo de dado. Registros são boas escolhas para reunir itens que se relacionem ao mesmo objeto. Por exemplo, podemos ler um nome, uma idade e um salário por hora. Esses três itens podem então ser reunidos em um registro nomeado Empregado. Esse registro é composto de três campos: nome, idade e salárioHora. Podemos representá-los como visto na Figura 7.6.

Se declararmos uma variável registro empregado do tipo Empregado, cada campo do registro será acessado pela variável registro, ponto e o nome do campo. Por exemplo, empregado.nome referencia o campo nome da variável registro empregado. Não há algoritmos específicos projetados para registros, já que eles são apenas uma forma de agrupar itens relacionados. Entretanto, eles são formas muito práticas para referenciar um grupo de itens relacionados.

O algoritmo a seguir armazena valores nos campos do registro:

```
Empregado empregado           // Declarar uma variável Empregado
Faça empregado.nome igual a "Frank Jones"
Faça empregado.idade igual a 32
Faça empregado.salárioHora igual a 27,50
```

Uma terceira estrutura de dados composta chamada *classe* caracteriza programação orientada a objeto. Discutimos essa estrutura no Capítulo 9.

7.4 Algoritmos de Pesquisa

■ Pesquisa Sequencial

Você tem uma reunião com sua professora de português. Você chega ao edifício correto e procura pelo nome dela no catálogo para encontrar o número da sala dela. "Procurar" é um sinônimo para pesquisar – isto é, você pesquisa o nome dela no catálogo.

Nosso primeiro algoritmo de pesquisa segue exatamente essa definição de pesquisa. Examinamos um item de cada vez e o comparamos àquele que estamos pesquisando. Se ele coincidir, encontramos o item. Se não, examinamos o próximo item. Quando paramos? Paramos quando encontramos o item ou quando examinamos todos os itens e não encontramos uma coincidência. Isto soa como um laço com duas condições de término. Vamos escrever o algoritmo usando o vetor *números*.

```
Faça posição igual a 0
Faça encontrado igual a FALSO
ENQUANTO (posição < 10 E encontrado for FALSO)
    SE (números[posição] for igual a itempesquisado)
        Faça encontrado igual a VERDADEIRO
    SENÃO
        Faça posição igual a posição + 1
```

FIGURA 7.6 Registro Empregado

Como temos uma condição composta na expressão *Enquanto*, precisamos falar um pouco mais sobre variáveis booleanas. E é um operador booleano. Os operadores booleanos incluem os operadores especiais E, OU e NÃO. O operador E retornará VERDADEIRO se ambas as expressões forem VERDADEIRAS, e FALSO, caso contrário. O operador OU retornará FALSO se ambas as expressões forem FALSAS, e VERDADEIRO, caso contrário. O operador NÃO altera o valor da expressão. Essas operações são consistentes com a funcionalidade das portas descritas no Capítulo 4. Naquele nível, estávamos nos referindo ao fluxo de eletricidade e à representação de bits individuais. Neste nível, a lógica é a mesma, mas podemos falar em termos de uma expressão ser verdadeira ou falsa.

Podemos simplificar a segunda expressão booleana (encontrado for FALSO) usando o operador NÃO. NÃO encontrado será verdadeira quando encontrado for falso. Logo, podemos dizer

ENQUANTO (posição < 10 E NÃO encontrado)

Assim, o laço repetirá enquanto o índice for menor que 10 e não tivermos encontrado o item coincidente.

■ Busca Sequencial em um Vetor Ordenado

Se soubermos que os itens do vetor estão ordenados, poderemos parar de procurar ao passarmos do lugar onde o item estaria, caso estivesse presente no vetor. À medida que examinamos esse algoritmo, vamos generalizar um pouco nossa pesquisa. Em vez de sermos específicos sobre o número de itens do vetor, usaremos uma variável *comprimento* para nos dizer quantos itens válidos há no vetor. O *comprimento* deve ser menor que o tamanho, que é o número de espaços do vetor. À medida que dados são lidos para o vetor, um contador é atualizado de modo que sempre saibamos quantos itens foram armazenados. Se o vetor for chamado *dados*, os dados com os quais estamos trabalhando irão de *dados*[0] a *dados*[*comprimento* – 1]. As Figuras 7.7 e 7.8 mostram um vetor não ordenado e um vetor ordenado, respectivamente.

No vetor ordenado, se estivermos procurando por 76, saberemos que ele não está no vetor, assim que examinamos *dados*[3], já que essa posição é onde o número estaria se ele estivesse lá. Eis o algoritmo para pesquisar em um vetor ordenado embutido em um programa completo. Usamos a variável *índice* em vez de *posição* nesse algoritmo. Programadores frequentemente usam o identificador matemático *índice* em vez do identificador intuitivo *posição* ou *lugar* ao trabalhar com vetores.

```
Leia vetor de valores
Escreva "Informe valor a ser pesquisado"
Leia itempesquisado
Faça encontrado igual a VERDADEIRO se itempesquisado estiver lá
SE (encontrado)
    Escreva "Item foi encontrado"
SENÃO
    Escreva "Item não foi encontrado"
```

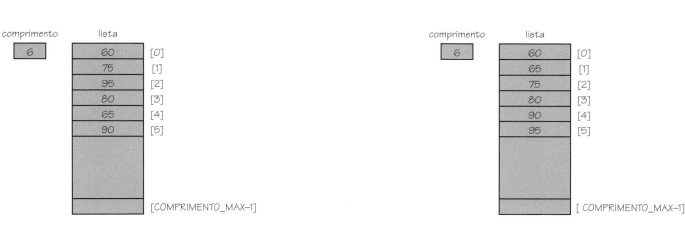

FIGURA 7.7 Um vetor não ordenado   **FIGURA 7.8** Um vetor ordenado

156   Capítulo 7

Leia vetor de valores

Escreva "Quantos valores?"
Leia comprimento
Faça índice igual a 0
ENQUANTO (índice < comprimento)
    Leia dados[índice]
    Faça índice igual a índice + 1

Faça encontrado igual a VERDADEIRO se itempesquisado estiver lá

Faça índice igual a 0
Faça encontrado igual a FALSO
ENQUANTO (índice < comprimento E NÃO encontrado)
    SE (dados[índice] for igual a itempesquisado)
        Faça encontrado igual a VERDADEIRO
    SENÃO SE (dados[índice] > itempesquisado)
        Faça índice igual a comprimento
    SENÃO
        Faça índice igual a índice + 1

■ Pesquisa Binária

Como você faria para procurar uma palavra em um dicionário? Certamente esperamos que você não começasse na primeira página e pesquisasse sequencialmente a sua palavra! Uma busca sequencial em um vetor começa no início do vetor e continua até o item ser encontrado ou o vetor inteiro ter sido pesquisado sem encontrar o item.

Uma pesquisa binária procura um item em uma lista usando uma estratégia diferente: dividir e conquistar. Essa abordagem imita o que provavelmente você faz quando procura uma palavra. Você começa no meio e então decide se sua palavra está na seção à direita ou na seção à esquerda. Você então procura na seção correta e repete a estratégia.

> **» Pesquisa binária**
> Procurar um item em uma lista já ordenada eliminando grandes porções dos dados a cada comparação

O algoritmo de pesquisa binária assume que os itens no vetor sendo pesquisado estejam ordenados e que ele encontra o item ou elimina metade do vetor com uma comparação. Em vez de procurar o item começando no início do vetor e mover adiante sequencialmente, o algoritmo começa no meio do vetor em uma pesquisa binária. Se o item sendo procurado for menor que o item do meio, sabemos que este item não estará na segunda metade da lista. Continuamos então a procurar o dado na primeira metade da lista. Veja a Figura 7.9.

Mais uma vez, examinamos o elemento do "meio" (que na verdade é o item que está a 25% do caminho do vetor). Se o item sendo procurado for maior que o item do meio, continuamos a procurar entre o meio e o fim do vetor. Se o item do meio for igual ao que estivermos procurando, a pesquisa termina. O processo continua dessa maneira, com cada comparação cortando pela metade a parte do vetor onde o item poderá estar. A pesquisa vai parar quando o item for encontrado ou quando a parte do vetor onde o item estaria estiver vazia.

Booleano Pesquisa Binária

Faça primeiro igual a 0
Faça último igual a comprimento − 1
Faça encontrado igual a FALSO
ENQUANTO (primeiro <= último E NÃO encontrado)
    Faça meio igual a (primeiro + último)/2
    SE (item for igual a dados[meio])
        Faça encontrado igual a VERDADEIRO
    SENÃO
        SE (item < dados[meio])
            Faça último igual a meio − 1
        SENÃO
            Faça primeiro igual a meio + 1
Retornar encontrado

A Camada de Programação

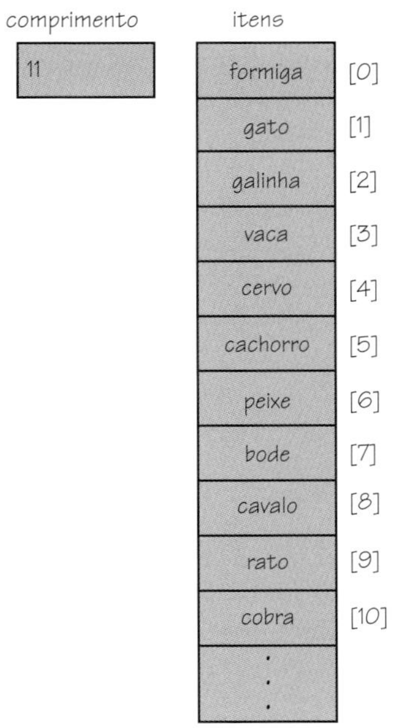

Solução de Problemas e Algoritmos 157

Procurando cachorro

Primeiro	Último	Meio	Comparação
0	10	5	cachorro < formiga
0	4	2	cachorro < cavalo
0	1	0	cachorro < bode
1	1	1	cachorro = cachorro **Retornar: verdadeiro**

Procurando galinha

Primeiro	Último	Meio	Comparação
0	10	5	galinha > cachorro
6	10	8	galinha< peixe
6	7	6	galinha = galinha **Retornar: verdadeiro**

Procurando zebra

Primeiro	Último	Meio	Comparação
0	10	5	zebra > cachorro
6	10	8	zebra > peixe
9	10	9	zebra > rato
10	10	10	zebra > vaca
11	10		primeiro > último **Retornar: falso**

FIGURA 7.10 Execução da pesquisa binária

comprimento: 11

itens:
formiga [0]
gato [1]
galinha [2]
vaca [3]
cervo [4]
cachorro [5]
peixe [6]
bode [7]
cavalo [8]
rato [9]
cobra [10]

FIGURA 7.9 Exemplo de pesquisa binária

Vamos verificar manualmente (percorrer) o algoritmo pesquisando por gato, peixe e zebra. Em vez de caixas, usamos uma forma tabular na Figura 7.10 para economizar espaço.

O algoritmo de pesquisa binária é realmente mais rápido que o algoritmo de pesquisa sequencial? A Tabela 7.1 mostra o número de comparações exigidas em média para encontrar um item usando uma pesquisa sequencial e usando uma pesquisa binária. Se a pesquisa binária é tão mais rápida, por que não a usamos sempre? Mais computações são exigidas para cada comparação em uma pesquisa binária porque devemos calcular o índice do meio. Além disso, o vetor deverá já estar ordenado. Se o vetor já estiver ordenado e o número de itens for maior que 20, um algoritmo de pesquisa binária será a melhor escolha.

7.5 Ordenação

Todos nós sabemos o que é ordenar. Ordenamos nossas listas de reprodução de músicas, nossas estantes de livros e até nossas prioridades. Ordenar é colocar coisas em ordem. Em computação, transformar um vetor não ordenado em um vetor ordenado é uma operação útil e comum. Livros inteiros têm sido escritos sobre algoritmos de ordenação. O objetivo é criar ordenações mais eficientes e melhores. Como ordenar um grande número de elementos pode ser extremamente dispendioso em termos de tempo, um bom algoritmo de ordenação é considerado altamente desejável. Na verdade, esta é uma área na qual programadores são algumas vezes encorajados a sacrificar clareza em prol de velocidade de execução.

TABELA 7.1 Número Médio de Comparações

Tamanho	Pesquisa Sequencial	Pesquisa Binária
10	5,5	2,9
100	50,5	5,8
1000	500,5	9,0
10000	5000,5	12,0

Nesta seção, apresentamos vários e diferentes algoritmos de ordenação para dar a você uma visão de quantas maneiras diferentes existem para resolver o mesmo problema.

■ Ordenação por Seleção

Se entregássemos a você um conjunto de cartões indexados com nomes e solicitássemos que você os colocasse em ordem por nome, você provavelmente percorreria os cartões procurando o nome que vem primeiro no alfabeto. Você então colocaria esse cartão como o primeiro em uma nova pilha. Como você determinaria que cartão vem primeiro? Você viraria o primeiro cartão para memorizá-lo. Se encontrar um que venha antes do cartão virado, você poderia virar a primeira carta de volta e virar o novo "primeiro" cartão para memorizá-lo. Após ter examinado todos os cartões, aquele que estiver virado para cima será o primeiro. Você o destaca para começar uma nova pilha ordenada de cartões. Esse processo continuaria até que todos os cartões fossem movidos para a nova pilha.

```
ENQUANTO houver cartões na primeira pilha
    Encontre o menor existente na primeira pilha
    Mova para a nova pilha
```

O algoritmo de ordenação por seleção é provavelmente o mais fácil, já que ele reflete como ordenaríamos uma lista de valores se tivéssemos que fazê-lo manualmente. Nossa pilha de cartões indexados é um vetor de nomes. A nova pilha é um vetor ordenado de nomes. Removemos itens da primeira e os colocamos em lugares sucessivos na segunda. Recordamos o menor até agora, salvando sua posição em uma variável temporária.

Este algoritmo é simples, mas possui uma desvantagem: Ele exige espaço para duas listas completas (vetores). Embora não tenhamos falado sobre considerações de espaço de memória, esta duplicação é claramente esbanjadora. Um pequeno ajuste a esta abordagem manual, no entanto, elimina a necessidade de duplicar espaço. À medida que move o menor item para o novo vetor, surge um espaço livre onde ele estava. Em vez de escrever esse nome valor mínimo em uma segunda lista, podemos trocá-lo pelo valor atualmente na posição para onde o novo deverá ir. Esta "lista manual" é representada em um vetor.

Vamos examinar um exemplo – ordenar o vetor de cinco elementos mostrado na Figura 7.11. Devido à simplicidade deste algoritmo, ele é geralmente o primeiro método de ordenação que alunos aprendem.

Vamos pensar no vetor como contendo duas partes: a parte não ordenada (não sombreada) e a parte ordenada (sombreada). Cada vez que colocamos um item no seu local apropriado, estamos reduzindo a parte não ordenada e estendendo a parte ordenada. A ordenação começa com todos os itens na parte não ordenada e termina com todos os itens na parte ordenada. Eis o algoritmo escrito para refletir essa ideia:

```
Ordenação por Seleção
Faça primeiroNãoOrdenado igual a 0
ENQUANTO (ainda não ordenado)
    Encontre menor item não ordenado
    Troque primeiroNãoOrdenado com o menor
    Faça primeiroNãoOrdenado igual a primeiroNãoOrdenado + 1
```

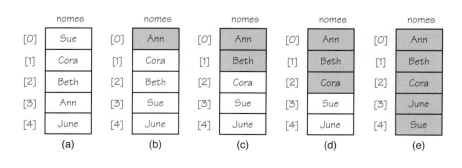

FIGURA 7.11 Exemplo de ordenação por seleção (elementos ordenados estão sombreados)

Esse algoritmo inclui apenas três passos abstratos (sombreados): determinar quando o vetor está ordenado, encontrar o índice do menor elemento e trocar os conteúdos de dois lugares. Ao mover da Figura 7.11(d) para 7.11(e), adicionamos os dois últimos itens à parte sombreada do vetor. Este sempre será o caso, porque quando o menor dos dois últimos itens for colocado no seu local apropriado, o último item estará também em seu local apropriado. Assim, o laço continuará enquanto primeiroNãoOrdenado for menor que o comprimento de vetor − 1.

Ainda não ordenado

primeiroNãoOrdenado < comprimento − 1

Como você encontraria o nome que vem primeiro no alfabeto na parte não ordenada da lista se a estivesse ordenando manualmente? Você vê (e registra mentalmente) o primeiro, e então percorre a lista (virando cartões indexados) até visualizar um que venha antes do primeiro. Você registra esse menor e continua percorrendo a lista procurando um nome que venha antes deste no alfabeto. O processo de registrar o menor por enquanto, até encontrar um ainda menor, é repetido até chegar o final da lista. Este algoritmo manual é exatamente aquele que usamos aqui, exceto que devemos registrar o índice do menor item, já que vamos trocá-lo pelo item da posição primeiroNãoOrdenado. Dito em termos de nossa lista, procuramos o menor item na parte não ordenada, que vai de primeiroNãoOrdenado até comprimento − 1.

Encontre menor item não ordenado

Faça índiceDoMenor igual a primeiroNãoOrdenado
Faça índice igual a primeiroNãoOrdenado + 1
ENQUANTO (índice <= comprimento − 1)
   SE (dados[índice] < dados[índiceDoMenor])
      Faça índiceDoMenor igual a índice
   Faça índice igual a índice + 1

Quantos copos são necessários para trocar os conteúdos de dois copos? Três. Você precisa de um copo para guardar temporariamente o conteúdo de um copo enquanto derrama o conteúdo do outro copo no primeiro. Trocar os conteúdos de dois lugares em memória é exatamente o mesmo problema. O algoritmo de troca deve ter os índices dos dois itens a serem trocados.

Troque primeiroNãoOrdenado com menor

Faça itemTemp igual a dados[primeiroNãoOrdenado]
Faça dados[primeiroNãoOrdenado] igual a dados[índiceDoMenor]
Faça dados[índiceDoMenor] igual a itemTemp

■ Ordenação pelo Método da Bolha

A ordenação pelo método da bolha é uma ordenação por seleção que usa um esquema diferente para encontrar o valor mínimo. Começando com o último elemento do vetor, comparamos pares sucessivos de elementos, trocando-os sempre que o elemento inferior do par for menor do que o acima dele [Figura 7.12(a)]. Desta maneira, o menor elemento "flutuará em uma bolha" até o topo do vetor. Cada iteração colocará o menor item não ordenado em seu local correto usando a mesma técnica, mas ela também muda os locais dos outros elementos do vetor [Figura 7.12(b)].

Antes de escrevermos esse algoritmo, devemos fazer uma observação: A ordenação pelo método da bolha é um algoritmo de ordenação muito lento. Algoritmos de ordenação são geralmente comparados com base no número de iterações que levam para ordenar um vetor, e esta abordagem leva uma iteração para cada item do vetor, exceto o último. Além disso, durante cada iteração há muitas trocas acontecendo. Por que então nos preocupamos em mencionar a ordenação pelo método da bolha se ela é tão ineficiente? Porque

Wi-Fi grátis

Tomar emprestado uma conexão Wi-Fi, também conhecido como *piggybacking*, tem se tornado uma tendência popular ao longo dos anos à medida que mais e mais lares e empresas migram para provedores de serviços de Internet (ISPs − *Internet Service Providers*) sem fio. Aproximadamente 54% dos usuários de computador admitem que usaram sem permissão a conexão Wi-Fi de outra pessoa. Embora a maioria das pessoas não considere isso como furto, *piggybacking* reduz a velocidade do proprietário da conexão de Internet e priva o ISP de receitas. Em 2006, um homem de Illinois foi intimado por acessar uma conexão de Internet pertencente a uma agência sem fins lucrativos e recebeu uma multa de U$250,00 e um ano de supervisão da corte − não obstante o fato de que a conexão foi deixada insegura pela agência.

Capítulo 7

FIGURA 7.12 Exemplo de ordenação pelo método da bolha

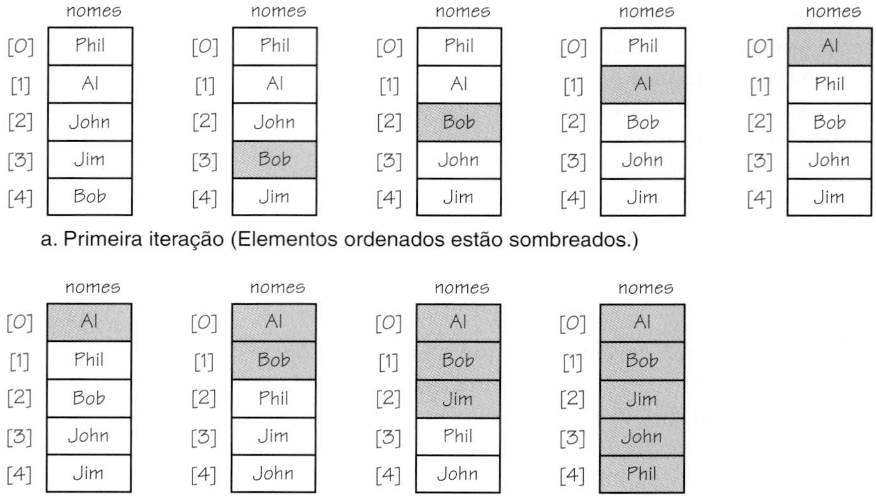

a. Primeira iteração (Elementos ordenados estão sombreados.)

b. Demais iterações (Elementos ordenados estão sombreados.)

uma pequena mudança no algoritmo de ordenação o torna uma escolha excelente para uso em certas circunstâncias. Vamos aplicar o algoritmo a um vetor já ordenado. Veja a Figura 7.12(b).

Comparamos Phil a John e não os trocamos. Comparamos John a Jim e não os trocamos. Comparamos Jim a Bob e não os trocamos. Comparamos Bob a Al e não os trocamos. Se nenhum valor for trocado durante uma iteração, então o vetor estará ordenado. Fazemos uma variável booleana igual a FALSO antes de entrarmos no laço e a fazemos igual a VERDADEIRO se uma troca ocorrer. Se a variável booleana ainda for FALSO, então o vetor estará ordenado.

Compare o processamento do método da bolha ao de ordenação por seleção em um vetor já ordenado. O algoritmo de ordenação por seleção não nos dá um modo de determinar se o vetor está ordenado; assim, percorreremos todo o algoritmo.

Ordenação pelo método da bolha

Faça primeiroNãoOrdenado igual a 0
Faça troca igual a VERDADEIRO
ENQUANTO (primeiroNãoOrdenado < comprimento − 1 E troca)
    Faça troca igual a FALSO
    "Flutue" o menor item da parte não ordenada
    Faça primeiroNãoOrdenado igual a primeiroNãoOrdenado + 1

Flutue

Faça índice igual a comprimento − 1
ENQUANTO (índice > primeiroNãoOrdenado + 1)
    SE (dados[índice] < dados[índice − 1])
        Troque dados[índice] e dados[índice − 1]
        Faça troca igual a VERDADEIRO
    Faça índice igual a índice − 1

■ Ordenação por Inserção

Se você tiver somente um item no vetor, ele estará ordenado. Se você tiver dois itens, poderá comparar e trocá-los se necessário. Agora os dois primeiros estarão ordenados em relação a eles mesmos. Pegue o terceiro item e o coloque em seu lugar em relação aos dois primeiros. Agora os três primeiros itens estarão ordenados entre si. O item sendo acrescentado à parte ordenada poderá ser flutuado como no método da bolha. Ao encontrar um lugar onde o item sendo inserido seja menor que o item no vetor, você armazenará o item lá. atual é o item sendo inserido na parte ordenada. Veja a Figura 7.13.

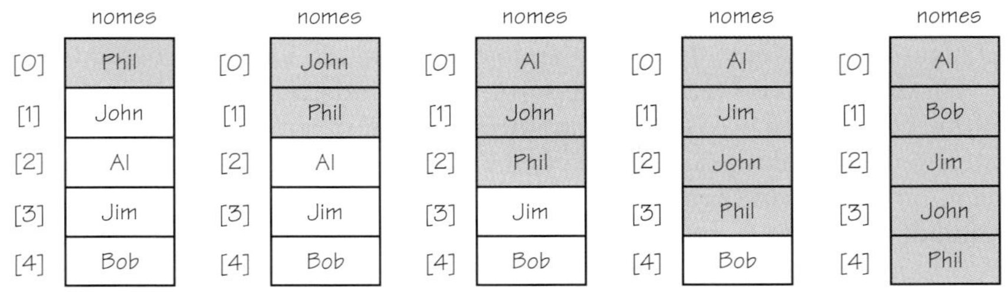

Solução de Problemas e Algoritmos   161

FIGURA 7.13
Ordenação por inserção

Ordenação por Inserção

Faça atual igual a 1
ENQUANTO (atual < comprimento)
   Faça índice igual a atual
   Faça lugarEncontrado igual a FALSO
   ENQUANTO (índice > 0 E NÃO lugarEncontrado)
      SE (dados[índice] < dados[índice − 1])
         Troque dados[índice] e dados[índice − 1]
         Faça índice igual a índice − 1
      SENÃO
            Faça lugarEncontrado igual a VERDADEIRO
   Faça atual igual a atual + 1

A cada iteração de uma ordenação por seleção, um item a mais será colocado em seu lugar permanente. A cada iteração de uma ordenação por inserção, um item a mais será colocado em seu próprio lugar em relação àqueles acima dele.

7.6 Algoritmos Recursivos

Quando um algoritmo usa seu próprio nome internamente a ele mesmo, ele é chamado um algoritmo recursivo. Isto é, se o nome de uma tarefa em um nível chama a ela mesma, a chamada é conhecida como uma chamada *recursiva*. Recursão – a capacidade de um subprograma chamar a si mesmo – é uma estrutura de controle alternativa à repetição (laço). Em vez de usar uma instrução de laço para executar um segmento de algoritmo, tal algoritmo usa uma instrução de seleção para determinar se repetirá o algoritmo chamando-o novamente ou irá parar o processo.

> **Recursão** A capacidade de um algoritmo chamar a si mesmo

Cada algoritmo recursivo tem pelo menos dois casos: o *caso base* e o *caso geral*. O caso base é aquele para o qual temos uma resposta; o caso geral expressa a solução em termos de uma chamada a si mesmo com uma versão menor do problema. Como o caso geral soluciona uma versão cada vez menor do problema original, finalmente o programa chega ao caso base, onde uma resposta é conhecida e a recursão para.

Associada a cada problema recursivo está uma medida do tamanho do problema. O tamanho deve se tornar menor a cada chamada recursiva. O primeiro passo em qualquer solução recursiva é, portanto, determinar o *fator de tamanho*. Se o problema envolver um valor numérico, o fator de tamanho será o próprio valor. Se o problema envolver uma estrutura, o fator de tamanho será provavelmente o tamanho da estrutura.

Até agora, demos um nome a uma tarefa em um nível e expandimos a tarefa em um nível inferior. Então reunimos todas as peças no algoritmo final. Com algoritmos recursivos, devemos ser capazes de dar ao algoritmo valores de dados que sejam diferentes a cada vez que executarmos o algoritmo. Assim, antes de continuar com recursão, devemos examinar uma nova estrutura de controle: a *instrução subprograma*. Embora estejamos ainda no nível de algoritmo, essa estrutura de controle usa a palavra *subprograma*.

■ Instruções de Subprogramas

Podemos dar a uma seção de código um nome e depois usar esse nome como uma instrução em outra parte do programa. Quando o nome é encontrado, o processamento na outra parte do programa é interrompido, enquanto o código nomeado é executado. Ao terminar a execução do código nomeado, retoma-se o processamento com a instrução logo abaixo de onde o nome ocorreu. O lugar onde o nome do código aparece é chamado *unidade chamadora*.

Há duas formas básicas de subprogramas: código nomeado que realiza uma tarefa específica (subprogramas vazios) e código nomeado que também realiza uma tarefa, mas retorna um único valor para a unidade chamadora (subprogramas com retorno de valor). A primeira forma é usada como uma instrução na unidade chamadora; a segunda forma é usada em uma expressão na unidade chamadora, onde o valor retornado é então usado na avaliação da expressão.

Subprogramas são ferramentas poderosas para abstração. A listagem de um subprograma nomeado permite ao leitor do programa ver que uma tarefa está sendo feita sem ter que se preocupar com os detalhes da implementação da tarefa. Se um subprograma precisar de informação para executar sua tarefa, colocaremos o nome dos valores de dados entre parênteses no cabeçalho do subprograma. Se o subprograma retornar um valor à unidade chamadora, ele usará a palavra RETURN seguida pelo nome do dado a ser retornado. Veja a Figura 7.14.

■ Fatorial Recursivo

O fatorial de um número é definido como o número multiplicado pelo produto de todos os números entre ele mesmo e 0:

$$N! = N * (N - 1)!$$

O fatorial de 0 é 1. O fator de tamanho é o número para o qual estamos calculando o fatorial. Temos um caso base:

Fatorial(0) é 1.

FIGURA 7.14 Fluxo de controle de subprograma

a. O subprograma A realiza sua tarefa, e a unidade chamadora continua com a próxima instrução

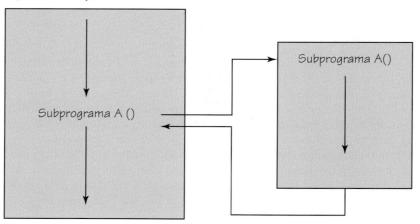

b. O subprograma B realiza sua tarefa e retorna um valor que é somado a 5 e armazenado em x

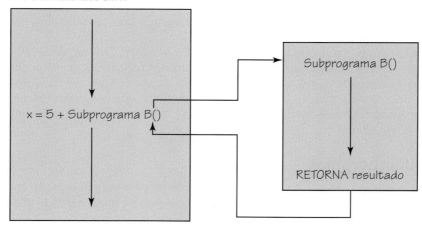

Também temos um caso geral:

Fatorial(N) é N * Fatorial(N – 1).

Uma instrução *se* pode avaliar N para ver se ele é O (o caso base) ou maior que O (o caso geral). Como N fica claramente menor a cada chamada, o caso base será finalmente alcançado.

```
Escreva "Informe N"
Leia N
Faça resultado igual a Fatorial(N)
Escreva resultado + "é o fatorial de" + N
```

```
Fatorial(N)
SE (N for igual a O)
    RETURN 1
SENÃO
    RETURN N * Fatorial(N–1)
```

A cada vez que Fatorial é chamado, o valor de N torna-se menor. O dado sendo fornecido a cada vez é chamado *argumento*. O que acontecerá se o argumento for um número negativo? O subprograma apenas continua chamando a si mesmo até que o sistema de suporte fique sem memória. Essa situação, que é chamada *recursão infinita*, é equivalente a um laço infinito.

■ Pesquisa Binária Recursiva

Embora tenhamos codificado a pesquisa binária usando um laço, o algoritmo de pesquisa binária soa como recursivo. Paramos quando encontramos o item ou quando sabemos que ele não está lá (casos base). Continuamos a procurar pelo item na seção do vetor onde ele estará, se ele realmente estiver. Um algoritmo recursivo deve ser chamado a partir de um algoritmo não recursivo, como fizemos com o algoritmo de fatorial. Aqui o subprograma precisa saber o *primeiro* e o *último* índices entre os quais ele está pesquisando. Em vez de redefinir *primeiro* ou *último* como fizemos na versão iterativa, simplesmente chamamos o algoritmo novamente com os novos valores para *primeiro* e *último*.

```
Booleano PesquisaBinária (primeiro, último)
SE (primeiro > último)
    RETURN FALSO
SENÃO
    Faça meio igual a (primeiro + último)/2
    SE (item for igual dados[meio])
        RETURN VERDADEIRO
    SENÃO
        SE (item < dados[meio])
            PesquisaBinária (primeiro, meio – 1)
        SENÃO
            PesquisaBinária (meio + 1, último)
```

■ Quicksort

O algoritmo Quicksort, desenvolvido por C. A. R. Hoare, é baseado na ideia de que é mais rápido e mais fácil ordenar duas pequenas listas do que uma grande. O nome vem do fato de que, em geral, Quicksort pode ordenar uma lista de elementos de dados bem rapidamente. A estratégia básica desta ordenação é "dividir e conquistar".

Se tivesse recebido uma grande pilha de provas finais para ordenar por nome, você poderia usar a seguinte abordagem: Escolha um valor divisório, digamos L, e divida a pilha de provas em duas pilhas, A–L e M–Z (observe que as duas pilhas não necessariamente contêm o mesmo número de provas). Depois, pegue a primeira pilha e a subdivida em duas pilhas, A–F e G–L. A

FIGURA 7.15 Ordenar uma lista usando o algoritmo Quicksort

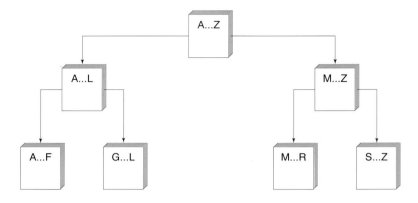

pilha A–F pode ser dividida novamente em A–C e D–F. Este processo de divisão continua até que as pilhas sejam pequenas o suficiente para serem facilmente ordenadas manualmente. O mesmo processo é aplicado à pilha M–Z.

Finalmente, todas as pequenas pilhas ordenadas poderão ser colocadas uma em cima da outra para produzir um conjunto ordenado de provas. Veja a Figura 7.15.

Essa estratégia é baseada em recursão – a cada tentativa de ordenar a pilha de provas, a pilha é dividida; depois, a mesma abordagem é usada para organizar cada uma das pilhas menores (um caso menor). Este processo continua até que as pilhas pequenas não precisem mais ser divididas (o caso base). As variáveis *primeiro* e *último* do algoritmo Quicksort refletem a parte do vetor *dados* que está atualmente sendo processada.

```
Quicksort(primeiro, último)

SE (primeiro < último)           // Há mais de um item
    Selecione valDivisor
    Divida(valDivisor)           // Vetor entre primeiro e
                                 // pontoDivisor – 1] <= valDivisor
                                 // dados[pontoDivisor] = valDivisor
                                 // Vetor entre pontoDivisor + 1
                                 // e último > valDivisor
    Quicksort(primeiro, valDivisor – 1)
    Quicksort(valDivisor + 1, último)
```

Como selecionamos *valDivisor*? Uma solução simples é usar qualquer valor que esteja em *dados[primeiro]* como o valor divisor. Vamos examinar um exemplo usando *dados[primeiro]* como *valDivisor*.

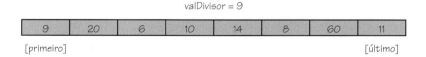

Após a chamada a *Divida*, todos os itens menores ou iguais a *valDivisor* estarão no lado esquerdo do vetor e todos os itens maiores que *valDivisor* estarão do lado direito do vetor.

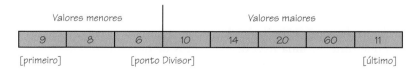

As duas "metades" se encontram em *pontoDivisor*, o índice do último item que é menor ou igual a *valDivisor*. Observe que não sabemos o valor de *pontoDivisor* até que o processo de divisão esteja completo. Podemos então trocar valDivisor(dados[primeiro]) com o valor de *dados[pontoDivisor]*.

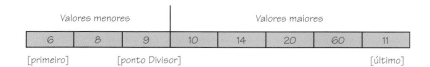

Nossas chamadas recursivas a Quicksort usam esse índice (pontoDivisor) para reduzir o tamanho do problema no caso geral.

Quicksort(primeiro, pontoDivisor – 1) ordena a "metade" da esquerda do vetor. Quicksort(pontoDivisor + 1, último) ordena a "metade" da direita do vetor (as "metades" não necessariamente são do mesmo tamanho). valDivisor já está na sua posição correta em dados[pontoDivisor].

Qual é o caso base? Quando o segmento sendo examinado tiver apenas um item, não precisaremos continuar. Isso é representado no algoritmo pela instrução *senão* ausente. Se houver apenas um valor no segmento sendo ordenado, ele já estará em seu lugar.

Devemos encontrar uma maneira de colocar todos os elementos que sejam menores ou iguais a valDivisor em um lado de valDivisor e todos os elementos que sejam maiores que valDivisor no outro lado. Fazemos isto movendo um par de índices das extremidades para o meio do vetor, procurando itens que estejam no lado errado do valor divisor. Ao encontrarmos pares que estejam no lado errado, nós os trocamos e continuamos seguindo para o meio da lista.

Divida(valDivisor)

Faça esquerda igual a primeiro + 1
Faça direita igual a último
ENQUANTO (esquerda <= direita)
    Incremente esquerda até dados[esquerda] > valDivisor OU esquerda > direita
    Decremente direita até dados[direita] < valDivisor OU esquerda > direita
    SE (esquerda < direita)
        Troque dados[esquerda] e dados[direita]
Faça pontoDivisor igual a direita
Troque dados[primeiro] e dados[direita]
Return pontoDivisor

Embora ainda tenhamos um passo abstrato, podemos parar, porque já expandimos esse passo abstrato em um problema anterior. Isso leva a um ponto muito importante: *Nunca reinvente a roda*. Um passo abstrato em um algoritmo pode ter sido resolvido anteriormente por você ou por outra pessoa. A Figura 7.16 mostra um exemplo desse algoritmo de divisão.

Quicksort será uma excelente abordagem de ordenação se os dados a serem ordenados estiverem em ordem aleatória. Se os dados já estiverem ordenados, entretanto, o algoritmo degenera de modo que cada divisão tenha apenas um item nela.

FIGURA 7.16
Algoritmo de divisão (*continua*)

FIGURA 7.16
Algoritmo de divisão (*continuação*)

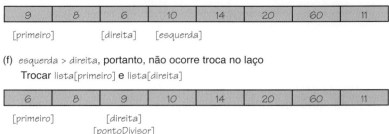

Recursão é uma ferramenta muito poderosa e elegante. Não obstante, nem todos os problemas podem ser facilmente resolvidos recursivamente e nem todos os problemas que tenham uma solução recursiva óbvia devem ser resolvidos recursivamente. Ainda assim, uma solução recursiva é preferível para muitos problemas. Se a definição do problema cair logicamente em dois casos (um caso base e um caso geral), recursão será uma alternativa viável.

7.7 Linhas Importantes

Nos dois últimos capítulos, mencionamos de passagem vários tópicos que são importantes não apenas na solução de problemas, mas em computação em geral. Vamos revisar algumas das linhas comuns discutidas neste capítulo.

■ Ocultação de Informação

Por diversas vezes, mencionamos a ideia de adiarmos os detalhes. Usamos isso no contexto de dar um nome a uma tarefa e não nos preocupamos sobre como ela deverá ser implementada até algum momento posterior. Adiar os detalhes em um projeto tem vantagens distintas. O projetista se atém apenas aos detalhes que sejam relevantes em um nível particular do projeto. Essa prática, chamada de **ocultação de informação**, torna os detalhes em um nível inferior inacessíveis durante o projeto de níveis superiores.

Essa prática pode parecer muito estranha! Por que os detalhes não deveriam ser acessíveis enquanto o algoritmo estiver sendo projetado? O projetista não deveria conhecer tudo? Não. Se o projetista conhecer os detalhes de baixo nível de um módulo, ele estará mais propenso a basear o algoritmo do módulo nesses detalhes – e são exatamente esses detalhes de nível inferior que, provavelmente, podem sofrer alterações. Se isso ocorrer, então o módulo inteiro terá que ser reescrito.

> **Ocultação de informação** A prática de ocultar os detalhes de um módulo, com o objetivo de controlar acesso aos detalhes do módulo

■ Abstração

Abstração e ocultação de informação são dois lados da mesma moeda. Ocultação de informação é a prática de ocultar detalhes; abstração é o resultado com os detalhes ocultados. Como dissemos no Capítulo 1, uma abstração é um modelo de um sistema complexo que inclui apenas os detalhes que sejam essenciais que o observador saiba. Considere, por exemplo, Daisy, uma cadela de caça, inglesa, da raça *spaniel*. Para sua dona, ela é um animal doméstico da família; para um caçador, ela é uma caçadora de pássaros; para o veterinário, ela é um mamífero. Sua dona a vê abanando o rabo, ouve seus ganidos quando ela é deixada fora de casa e vê os pelos que ela deixa em toda parte. O caçador vê um ajudante bem treinado que sabe seu trabalho e o faz bem. O veterinário vê todos os órgãos, o corpo e os ossos dos quais ela é composta. Veja a Figura 7.17.

Em computação, um algoritmo é uma abstração dos passos necessários para implementá-lo. O usuário casual de um programa que inclua o algoritmo, que veja apenas a descrição de como executar o programa, é como a dona do cachorro, que vê apenas a superfície. O programador, que incorpora outro algoritmo ao programa da dona do cão, é como o caçador que usa o cão bem treinado: Ele usa o algoritmo para um objetivo. O implementador do algoritmo, que deve entendê-lo completamente, é como o veterinário: Ele deve ver o funcionamento interno para implementar o algoritmo.

> **Abstração** Um modelo de um sistema complexo que inclui apenas os detalhes essenciais ao observador

Em computação, vários tipos de abstração são aparentes. **Abstração de dados** se refere à visão de dados; é a separação entre a visão lógica de dados e sua implementação. Por exemplo, o

> **Abstração de dados** A separação da visão lógica de dados de sua implementação

Tony Hoare[2]

Cortesia de Inamori Foundation

O interesse de Tony Hoare em computação foi despertado no início dos anos 1950, quando ele estudou Filosofia (além de Latim e Grego) na Universidade de Oxford, sob a tutela de John Lucas. Era fascinado pelo poder da lógica matemática como uma explicação para a aparente certeza de uma verdade matemática. Durante o tempo do seu Serviço Nacional (1956-1958), ele estudou Russo na Marinha Real. Depois obteve uma qualificação em estatística e incidentalmente participou de um curso em programação dado por Leslie Fox. Em 1959, como estudante de graduação na Universidade do Estado de Moscou, estudou a tradução mecânica de linguagens (além de teoria de probabilidade) na escola de Kolmogorov. Para ajudar em uma busca eficiente por palavras em um dicionário, ele descobriu o bem conhecido algoritmo de ordenação Quicksort.

Ao voltar à Inglaterra em 1960, Hoare trabalhou como programador para Elliott Brothers, um pequeno fabricante de computadores científicos. Liderou uma equipe (incluindo Jill, sua futura esposa) no projeto e distribuição do primeiro compilador comercial para a linguagem de programação Algol 60. Ele atribui o sucesso do projeto ao uso da própria Algol como linguagem de projeto para o compilador, embora a implementação tenha usado código de máquina decimal. Promovido ao posto de Engenheiro Chefe, ele então liderou uma equipe ainda maior em um desastroso projeto para implementar um sistema operacional. Após conseguir se recuperar do fracasso, Tony Hoare mudou para a divisão de pesquisa computacional como Cientista Chefe, onde trabalhou na arquitetura de hardware e software para futuras máquinas.

Essas máquinas foram canceladas quando a companhia juntou-se a suas rivais e, em 1968, Tony teve a chance de se candidatar para o Magistério em Ciência da Computação na Universidade de Queen, em Belfast. Seu objetivo de pesquisa era entender por que sistemas operacionais eram tão mais difíceis que compiladores e ver se avanços em teoria e linguagens de programação poderiam ajudar com os problemas de concorrência. Apesar de distúrbios civis, Tony construiu um forte departamento de ensino e pesquisa e publicou uma série de artigos sobre o uso de asserções para provar correção de programas computacionais. Ele sabia que essa era uma pesquisa de longo prazo, com poucas chances de conquistar aplicação industrial dentro da dimensão de sua carreira acadêmica.

Em 1977 Tony Hoare foi para a Universidade de Oxford e assumiu a responsabilidade pela formação do Grupo de Pesquisa em Programação, fundado por Christopher Strachey. Com a ajuda de financiamento externo de iniciativas governamentais, colaborações industriais e doações de caridade, Oxford ensina, hoje em dia, uma gama de cursos de graduação em Ciência da Computação, incluindo um programa externo de Mestrado para engenheiros de software vindos da indústria. A pesquisa de suas equipes em Oxford perseguia um ideal que assume correção provada como força motora para a especificação, projeto e desenvolvimento precisos de sistemas computacionais – tanto críticos como não críticos. Resultados bem conhecidos da pesquisa incluem a linguagem de especificação Z e o modelo de programação concorrente CSP. Um recente objetivo pessoal de pesquisa tem sido a unificação de uma gama diversa de teorias aplicáveis a diferentes linguagens, paradigmas e tecnologias de implementação de programação.

Por mais de 30 anos como acadêmico, Tony manteve fortes contatos com a indústria por meio de consultoria, ensino e projetos de pesquisa colaborativos. Ele teve um interesse particular no apoio a código legado, onde asserções estão agora tendo um papel vital, não por seu propósito original de prova de programas, mas, em vez disso, em instrumentação de código para objetivos de teste. Ao chegar à idade de aposentadoria, em Oxford, Tony acolheu bem uma oportunidade de retorno à indústria como pesquisador sênior na Microsoft Research em Cambridge. Ele espera expandir as oportunidades para aplicação industrial de boa pesquisa acadêmica e encorajar pesquisadores acadêmicos a continuar na busca por questões profundas e interessantes em áreas de interesse de longo prazo para a indústria de software e seus clientes.

Nota: Este esboço biográfico foi escrito pelo próprio Sir Tony Hoare e reimpresso com sua permissão. O que ele não diz é que ele recebeu o Prêmio Turing em 1980 por suas contribuições fundamentais à definição e ao projeto de linguagens de programação e foi premiado com um título de nobreza em 1999 por seus serviços em educação e em ciência da computação.

---

computador de seu banco pode representar números em complemento a dois ou em complemento a um, mas essa distinção não faz a menor diferença para você, desde que seus extratos bancários estejam corretos.

Abstração procedimental se refere à visão de ações; ela é a separação entre a visão lógica de uma ação e sua implementação. Por exemplo, quando damos nome a um subprograma, estamos praticando abstração procedimental.

>> **Abstração procedimental** A separação da visão lógica de uma ação de sua implementação

FIGURA 7.17 Visões diferentes do mesmo conceito

Um terceiro tipo de abstração em computação é chamado **abstração de controle**. Abstração de controle se refere à visão de uma estrutura de controle; é a separação entre a visão lógica de uma estrutura de controle e sua implementação. Uma **estrutura de controle** nos permite alterar esse fluxo sequencial de controle de um algoritmo. ENQUANTO e SE são estruturas de controle. Para o projeto dos algoritmos, é irrelevante como essas estruturas de controle são implementadas nas linguagens para as quais podemos traduzir um algoritmo.

Abstração é a mais poderosa ferramenta que as pessoas têm para lidar com complexidade. Essa afirmação é verdadeira em computação, como também na vida real.

■ Nomeando Coisas

Quando escrevemos algoritmos, usamos frases abreviadas para dar nomes às tarefas e aos dados com os quais lidamos. Damos nomes a dados e processos. Esses nomes são chamados *identificadores*. Por exemplo, usamos novaBase e númeroDecimal no algoritmo de conversão de bases. Também damos nomes a tarefas. Por exemplo, usamos Divida para nomear a tarefa de dividir um vetor no algoritmo Quicksort. Nossos identificadores para valores de dados foram criados a partir de uma combinação de palavras, usando letras maiúsculas para tornar o significado mais claro. Deixamos os nomes de tarefas como frases. Ao final, os nomes de tarefa devem ser convertidos para um identificador único.

Ao chegarmos ao estágio onde traduzimos um algoritmo para um programa em uma linguagem que um computador possa executar, podemos ter que modificar os identificadores. Cada linguagem tem suas próprias regras para formação de identificadores. Então existe um processo em dois estágios: Dados e ações são nomeados no algoritmo e então esses nomes são traduzidos em identificadores que atendam às regras da linguagem computacional. Observe que dar nomes a dados e ações é uma forma de abstração.

■ Testes

Demonstramos testes na fase de algoritmo usando percursos de algoritmos. Mostramos como projetar planos de testes e implementamos um em linguagem de montagem. Testar é importante a cada estágio em programação. Há basicamente dois tipos de testes: teste de caixa branca, que

> **» Abstração de controle** A separação da visão lógica de uma estrutura de controle de sua implementação
> **» Estrutura de controle** Uma instrução usada para alterar o fluxo de controle normalmente sequencial

é baseado no código propriamente dito, e teste de caixa-preta, que é baseado em testar todos os possíveis valores de entrada. Frequentemente, um plano de testes incorpora ambos os tipos de testes.

Resumo

Polya, em seu clássico *How to Solve It*, delineou uma estratégia de solução de problemas para problemas matemáticos. Essa estratégia pode ser aplicada a todos os problemas, inclusive aqueles para os quais um programa computacional será escrito. Essas estratégias incluem formular perguntas, procurar por coisas familiares e dividir e conquistar; quando essas estratégias são aplicadas, elas devem levar a um plano para solucionar o problema. Em computação, tal plano é chamado algoritmo.

Duas categorias de laços são distinguíveis: controlado por contagem e controlado por evento. Um laço controlado por contagem executa o laço um número predeterminado de vezes. Um laço controlado por evento executa até que um evento interno ao laço se altere.

Dados aparecem de duas formas: atômicos (simples) e compostos. Um vetor é uma estrutura homogênea que dá um nome a uma coleção de itens e permite que o usuário acesse itens individuais por posição na estrutura.

Pesquisar é o ato de procurar por um valor particular em um vetor. Neste capítulo examinamos a pesquisa linear em um vetor não ordenado, a pesquisa linear em um vetor ordenado e a pesquisa binária em um vetor ordenado. Ordenar é o ato de colocar os itens em um vetor em algum tipo de ordem. A ordenação por seleção, o método da bolha, a ordenação por inserção e o método Quicksort são quatro algoritmos de ordenação comumente usados.

Algoritmos recursivos são algoritmos para os quais o nome de um subprograma aparece no subprograma propriamente dito. O fatorial e a pesquisa binária são algoritmos naturalmente recursivos.

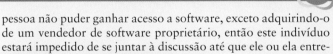

QUESTÕES ÉTICAS ▶ Desenvolvimento de Software em Código Aberto

Se uma aplicação que você comprou de um vendedor de software proprietário der algum problema, você não poderá abrir o arquivo, fazer manutenção no código e continuar a trabalhar. O código fonte tem dono e é protegido por direito autoral pelo fabricante, e modificá-lo, copiá-lo ou revendê-lo a outros é ilegal.

Software de código aberto oferece uma alternativa a esse arranjo proprietário. Aplicativos de código aberto permitem aos usuários modificar o código fonte de qualquer forma que quiserem. Eles podem incluir coisas no código, alterá-lo ou estendê-lo. Eles também podem copiá-lo e distribuí-lo a outros usuários ou mesmo vendê-lo. A única condição é que aqueles para quem o código revisado seja a seguir distribuído tenham as mesmas liberdades para acessar o código fonte, copiar ou vender o software. Esta passagem sucessiva de liberdades de uso é algumas vezes referida como "*copyleft*" e é altamente apreciada pelos adeptos de código aberto. Talvez o mais famoso exemplo de software de código aberto seja o sistema operacional Linux, que é licenciado sob a Licença Geral Pública (GPL – *General Public License*) da Fundação para Software Livre (FSF's – *Free Software Foundation's*).

Quando o software proprietário surgiu pela primeira vez, alguns setores da comunidade de computação viram isso como uma ameaça à liberdade de colaboração intelectual. Eles acreditavam que software era um produto essencialmente intelectual e, portanto, mais adequado, se fosse tratado como uma ideia: Qualquer um é bem-vindo a se juntar ao debate, contribuir com uma opinião e trazer amigos para a conversa. Além disso, se uma pessoa não puder ganhar acesso a software, exceto adquirindo-o de um vendedor de software proprietário, então este indivíduo estará impedido de se juntar à discussão até que ele ou ela entregue dinheiro ao proprietário da "ideia".

Em resposta a mudanças no panorama de computação nos anos 1980, alguns cientistas de computação do MIT formaram a FSF para promover o uso aberto e compartilhado de software. O grupo, em Boston, desenvolveu a GPL, que esboça as regras sob as quais usuários podem compartilhar, distribuir e colaborar no desenvolvimento de produtos de software. Para aqueles que acham que livre (*free*) pode ser um nome incorreto, a FSF frisa que ele significa "livre como em livre expressão, não livre como em cerveja grátis".

Então, o que faz esta ideia aparentemente simples tão controversa? Se qualquer um pode atualizar ou aperfeiçoar o produto, isto não aumenta o valor dele para o usuário? Não, de acordo com os opositores da ética de código aberto. Microsoft e outros produtores de software proprietário veem código aberto como uma ameaça aos seus negócios. Se as pessoas puderem corrigir e modificar o código fonte por conta própria, eles não vão querer pagar por taxas de licenciamento, algumas vezes enormes, exigidas para usar produtos proprietários, nem vão querer adquirir atualizações. Ainda mais importante, alegam opositores, é o risco aos direitos de propriedade intelectual apresentados pelo modelo de código aberto.

Defensores de código aberto apontam para os aspectos de melhor custo-benefício do modelo. Mesmo que inicialmente usuários

QUESTÕES ÉTICAS ▸ Desenvolvimento de Software em Código Aberto, continuação

paguem pelo software, as liberdades asseguradas sob o acordo de licenciamento não os prendem àquela escolha. Eles podem mesclar e combinar software que melhor se ajuste às necessidades de sua missão. Fãs de código aberto também observam que tais softwares tendem a ser mais confiáveis, causando menor tempo de inoperância e menor tempo gasto por departamentos internos de TI e engenheiros para corrigir problemas de baixo nível que podem provocar grandes transtornos. Aqueles que se opõem ao uso de software que permita a qualquer um ter acesso ao código fonte alegam que ele impõe riscos maiores à segurança que pacotes proprietários. Se companhias aéreas, hospitais e sistemas de infraestrutura de cidades os estiverem usando, eles se tornam muito mais vulneráveis a ataques do que se usarem pacotes que apenas quem o desenvolveu tenha acesso ao código fonte.

O sucesso do Linux tem dado grande esperança à comunidade de código aberto. Este sistema operacional é extremamente popular e é utilizado, ainda que de forma moderada, mesmo por agências governamentais. Versões de Linux são vendidas por vários vendedores, incluindo Red Hat, o mais conhecido distribuidor Linux. Tais exemplos servem como confirmação de que o modelo de código aberto é comercialmente viável.

Produtores de software proprietário têm trabalhado para bloquear propostas que exigem que governos passem a usar produtos de código aberto. Por ora, leis de patente e de direito autoral continuam a favorecer software proprietário. Se este continuará a ser o caso, só se saberá no futuro. A Microsoft tem sugerido limitar software de código aberto de várias formas, mas até agora não tem se mostrado bem-sucedida em sua busca. Por enquanto, o debate continua sobre se código aberto é um benefício para todos ou um perigo para os negócios e os direitos de propriedade.

Em 2008, a comunidade de software de código aberto chegou a um marco legal. O caso em questão centrou-se em software livre usado no desenvolvimento de produtos comerciais de software para modelar trens. O criador do software, grupo de software de código aberto *Java Model Railroad Interface*, alegou que, quando Matthew Katzer usou o software deles para criar produtos comerciais sem seguir os termos da licença de software associadas ao software, ele infringiu leis sobre direitos autorais. A licença de software estabelecia que qualquer um usando o código livre tivesse que dar crédito ao autor, enfatizasse a origem dos arquivos e explicasse como o código foi adaptado. Após uma corte de primeira instância sentenciar a favor de Katzer, uma corte federal de apelação sentenciou que contratos de licenças artísticas de código aberto podem ser preservados por leis de direitos autorais, impondo os direitos de empresas usando software de código aberto de proteger suas ideias.

Termos Fundamentais

Abstração
Abstração de controle
Abstração de dados
Abstração procedimental
Algoritmo
Busca binária

Estrutura aninhada (lógica aninhada)
Estrutura de controle
Ocultação de informação
Passo abstrato
Passo concreto
Recursão

Exercícios

Para os Exercícios 1 a 6, relacione a estratégia de solução de problema com a definição ou exemplo.

- A. Formular questões
- B. Procurar por coisas familiares
- C. Dividir e conquistar

1. A primeira estratégia a usar ao receber um problema.
2. Não reinvente a roda.
3. Estratégia usada nos algoritmos de busca binária.
4. Uma solução de problema anterior é apropriada para o atual?
5. Estratégia usada no algoritmo Quicksort.
6. Há uma aparente contradição na definição do problema.

Para os Exercícios 7 a 10, relacione a fase a seguir com sua saída.

- A. Fase de análise e especificação
- B. Fase de desenvolvimento de algoritmo
- C. Fase de implementação
- D. Fase de manutenção

7. Programa funcionando
8. Nenhuma
9. Definição de problema
10. Solução geral

Para os Exercícios 11 a 15, relacione o termo com a definição.

    A. Ocultação de informação
    B. Abstração
    C. Abstração de dados
    D. Abstração procedimental
    E. Abstração de controle

11. A prática de ocultar os detalhes de um módulo com o objetivo de controlar o acesso aos detalhes do módulo
12. Um modelo de um sistema complexo que inclui apenas aqueles detalhes essenciais ao observador
13. A separação da visão lógica de uma ação de sua implementação
14. A separação da visão lógica de uma estrutura de controle de sua implementação
15. A separação da visão lógica de dados de sua implementação

Para os Exercícios 16 a 36, assinale verdadeiro ou falso, como a seguir:

    A. Verdadeiro
    B. Falso

16. Laços controlados por contagem repetem-se por um número específico de vezes.
17. Laços controlados por evento repetem-se por um número específico de vezes.
18. Laços controlados por contagem são controlados por um contador.
19. Laços controlados por evento são controlados por um evento.
20. Um laço infinito é um laço que nunca termina.
21. Laços podem ser aninhados, mas estruturas de seleção não podem.
22. Estruturas de seleção podem ser aninhadas, mas laços não podem.
23. Todas as estruturas de controle podem ser aninhadas.
24. O algoritmo de raiz quadrada usa um laço controlado por contagem.
25. Um vetor é uma estrutura homogênea, mas um registro não é.
26. Um registro é uma estrutura heterogênea, mas um vetor não é.
27. Um registro é uma estrutura homogênea; um vetor é uma estrutura heterogênea.
28. O algoritmo do método da bolha envolve encontrar o menor item da parte não ordenada do vetor e trocá-lo com o primeiro item não ordenado.
29. Quicksort nem sempre é rápido.
30. Uma pesquisa binária pode ser aplicada tanto a um vetor ordenado como a um vetor não ordenado.
31. Uma pesquisa binária é sempre mais rápida que uma pesquisa linear.
32. Uma ordenação por seleção coloca mais um item em seu lugar permanente a cada iteração.
33. Uma ordenação por inserção coloca mais um item em seu lugar com relação à parte já ordenada.
34. Recursão é outro nome para iteração.
35. Algoritmos recursivos usam instruções SE.
36. Algoritmos iterativos usam instruções ENQUANTO.

Os Exercícios 37 a 67 são questões de resposta curta.

37. Liste os quatro passos da lista de *How to Solve It*, de Polya.
38. Descreva os quatro passos listados no Exercício 37 com suas próprias palavras.
39. Liste as estratégias de solução de problemas que foram discutidas neste capítulo.
40. Aplique as estratégias de solução de problemas que foram discutidas neste capítulo às seguintes situações:

    a. Comprar um brinquedo para seu primo de quatro anos
    b. Organizar um jantar de premiação para seu time de futebol
    c. Comprar um vestido ou terno para um jantar de premiação no qual você será homenageado

41. Examine as soluções do Exercício 40 e encontre três coisas que elas tenham em comum.
42. O que é um algoritmo?
43. Escreva um algoritmo para as seguintes tarefas:

    a. Fazer um sanduíche de manteiga de amendoim e geleia
    b. Acordar de manhã
    c. Fazer o dever de casa
    d. Dirigir o carro de volta para casa à tarde

172 Capítulo 7

44. Liste as fases do modelo de solução de problemas por computador.
45. Como o modelo de solução de problemas por computador difere da lista de *How to Solve It*, de Polya?
46. Descreva os passos na fase de desenvolvimento de algoritmo.
47. Descreva os passos na fase de implementação.
48. Descreva os passos na fase de manutenção.
49. Procure uma receita de *brownie* de chocolate em um livro de culinária e responda às seguintes questões:
    a. A receita é um algoritmo? Justifique sua resposta.
    b. Organize a receita como um algoritmo, usando pseudocódigo.
    c. Liste as palavras que possuem significado em computação.
    d. Liste as palavras que possuem significado em culinária.
    e. Faça os *brownies* e leve-os para seu professor.
50. Dissemos que seguir uma receita é mais fácil do que desenvolver uma. Vá a um supermercado e compre um legume que você ainda não tenha preparado (ou comido). Leve-o para casa e desenvolva uma receita. Escreva a receita e suas críticas sobre o processo (se ela ficar boa, envie-a para os autores).
51. Descreva o processo de projeto *topdown*.
52. Diferencie um passo concreto de um passo abstrato.
53. Escreva um projeto *topdown* para as seguintes tarefas:
    a. Comprar um brinquedo para seu primo de quatro anos
    b. Organizar um jantar de premiação para seu time de futebol
    c. Comprar um vestido ou terno para um jantar de premiação no qual você será homenageado
54. Escreva um projeto *topdown* para as seguintes tarefas:
    a. Calcular a média de dez resultados de testes
    b. Calcular a média para um número desconhecido de resultados de testes
    c. Descrever as diferenças entre os dois projetos.
55. Escreva um projeto *topdown* para as seguintes tarefas:
    a. Encontrar um número de telefone em um catálogo telefônico
    b. Encontrar um número de telefone na Internet
    c. Encontrar um número de telefone em um pedaço de papel que você perdeu
    d. Descrever as diferenças entre esses projetos.
56. Faça a distinção entre informação e dado.
57. Escreva um projeto *topdown* para ordenar uma lista de nomes em ordem alfabética.
58. a. Por que ocultação de informação é importante?
    b. Cite três exemplos de ocultação de informação que você encontra diariamente.
59. Um avião é um sistema complexo.
    a. Dê uma abstração de um avião do ponto de vista de um piloto.
    b. Dê uma abstração de um avião do ponto de vista de um passageiro.
    c. Dê uma abstração de um avião do ponto de vista da tripulação.
    d. Dê uma abstração de um avião do ponto de vista de um mecânico de manutenção.
    e. Dê uma abstração de um avião do ponto de vista do escritório da companhia de aviação.
60. Liste os identificadores e diga se eles nomeiam dados ou ações para os projetos do Exercício 53.
61. Liste os identificadores e diga se eles nomeiam dados ou ações para os projetos do Exercício 54.
62. Liste os identificadores e diga se eles nomeiam dados ou ações para os projetos do Exercício 55.

Os exercícios 63 a 65 usam o seguinte vetor de valores.

comprimento   lista

11		[0]	[1]	[2]	[3]	[4]	[5]	[6]	[7]	[8]	[9]	[10]
		23	41	66	20	2	90	9	34	19	40	99

63. Mostre o estado da lista quando *primeiroNãoOrdenado* for primeiro definido como o quarto item na ordenação por seleção.
64. Mostre o estado da lista quando *primeiroNãoOrdenado* for primeiro definido como o quinto item no algoritmo do método da bolha.
65. Mostre o estado da lista quando for feita a primeira chamada recursiva em *Quicksort* usando *lista[0]* como valor divisor.

Os Exercícios 66 e 67 usam o seguinte vetor de valores.

comprimento lista

| 11 |

	[0]	[1]	[2]	[3]	[4]	[5]	[6]	[7]	[8]	[9]	[10]
	5	7	20	33	44	46	48	99	101	102	105

66. Quantas comparações serão feitas usando uma pesquisa sequencial para encontrar os valores a seguir ou determinar que o item não esteja na lista?
    a. 4
    b. 44
    c. 45
    d. 105
    e. 106
67. Quantas comparações serão feitas usando uma pesquisa binária para encontrar os valores a seguir ou determinar que o item não esteja na lista?
    a. 4
    b. 44
    c. 46
    d. 105
    e. 106

??? Temas para Reflexão

1. Faça a distinção entre um programa que a CPU possa executar diretamente e um programa que tenha que ser traduzido.
2. Projeto *topdown* cria um apoio que é usado para escrever um programa. Todo esse apoio é apenas um desperdício de esforço? Ele será usado novamente? De que ele vale após o programa estar pronto e executando?
3. Qual a estratégia de solução de problemas que você usa mais? Você consegue pensar em algumas outras que você use? Elas seriam apropriadas para solução de problemas em computação?
4. Há vários exemplos comuns de software de código aberto que muitas pessoas usam em suas vidas cotidianas. Você pode citar algum?
5. Você acredita que a qualidade de um produto de software de código aberto seja propensa a ser melhor ou pior que a qualidade de um software produzido por uma grande empresa? Como você acha que suporte técnico para software de código aberto se compara àquele para software proprietário?

A Camada de Programação

Preparando os Alicerces
- **1** O Quadro Geral

A Camada de Informação
- **2** Valores Binários e Sistemas de Numeração
- **3** Representação de Dados

A Camada de Hardware
- **4** Portas e Circuitos
- **5** Componentes Computacionais

A Camada de Programação
- **6** Linguagens de Programação de Baixo Nível e Pseudocódigo
- **7** Solução de Problemas e Algoritmos
- ▶ **8** Tipos Abstratos de Dados e Subprogramas
- **9** Projeto Orientado a Objeto e Linguagens de Programação de Alto Nível

A Camada de Sistema Operacional
- **10** Sistemas Operacionais
- **11** Sistemas de Arquivos e Diretórios

A Camada de Aplicação
- **12** Sistemas de Informação
- **13** Inteligência Artificial
- **14** Simulação, Gráficos, Jogos e Outros Aplicativos

A Camada de Comunicação
- **15** Redes
- **16** A *World Wide Web*

Em Conclusão
- **17** Limitações da Computação

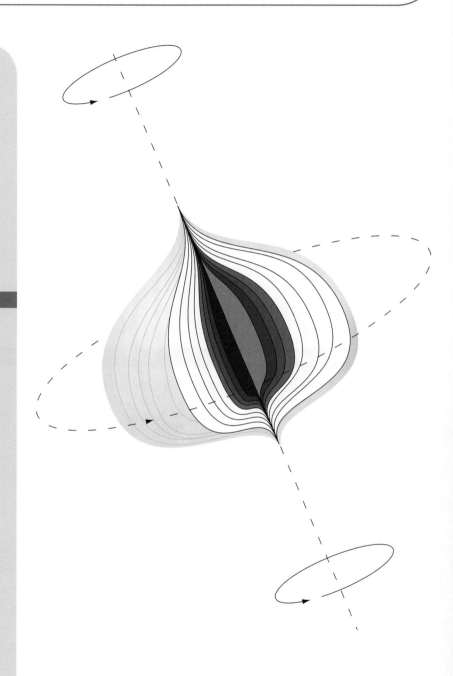

Tipos Abstratos de Dados e Subprogramas

8

Na camada de programação, fomos da concretude de linguagem de máquina para linguagem de montagem, daí para pseudocódigo, até expressar algoritmos. Fomos então de algoritmos usando variáveis simples até algoritmos usando vetores.

Agora damos um passo em direção à abstração e falamos sobre contêineres abstratos: estruturas compostas para as quais não sabemos a implementação. Em círculos computacionais, esses contêineres abstratos são chamados *tipos abstratos de dados*. Conhecemos suas propriedades e operações e entendemos que tipos de valores eles podem conter, mas não temos informação sobre a estrutura interna deles nem sobre sua implementação. Isto é, conhecemos quais são as operações e o que elas fazem, mas não conhecemos como as operações são implementadas.

O projeto de algoritmo que estivemos usando é um modelo *topdown*, no qual desmembramos uma tarefa em partes menores. Concluímos este capítulo com mais detalhes sobre instruções de subprogramas, que são tanto um modo de fazer o código espelhar o projeto quanto o modo como algoritmos e subalgoritmos se comunicam.

Objetivos

Após estudar este capítulo, você deverá ser capaz de:

- distinguir uma visualização baseada em vetor de uma visualização encadeada.
- distinguir um vetor de uma lista.
- distinguir uma lista não ordenada de uma lista ordenada.
- distinguir o comportamento de uma pilha daquele de uma fila.
- distinguir uma árvore binária de uma árvore de busca binária.

- desenhar a árvore de busca binária que é construída a partir da inserção de uma série de itens.
- entender a diferença entre uma árvore e um grafo.
- explicar o conceito de subprogramas e parâmetros e distinguir parâmetros por referência de parâmetros por valor.

8.1 O que É um Tipo Abstrato de Dados?

> **» Tipo abstrato de dado (ADT)** Um contêiner cujas propriedades (dados e operações) são especificadas independentemente de qualquer implementação em particular
>
> **» Estrutura de dados** A implementação de um campo de dado composto em um tipo abstrato de dado
>
> **» Contêineres** Objetos cujo papel é armazenar e manipular outros objetos

Um **tipo abstrato de dados (ADT)** é um contêiner cujas propriedades (dados e operações) são especificadas independentemente de qualquer implementação em particular. Lembre-se de que o objetivo em projeto é reduzir complexidade por meio de abstração. Se pudermos definir estruturas úteis e as operações que manipulam estas estruturas no nível lógico, poderemos usá-las como se elas existissem quando delas precisarmos em nossos projetos.

Para pôr o conceito de um ADT em contexto, precisamos examinar como vemos dados. Em computação, vemos dados a partir de três perspectivas: o nível de aplicativo, o nível lógico e o nível de implementação.

O nível de aplicativo (ou de usuário) é a visão dos dados em um problema específico. O nível lógico (ou abstrato) é uma visão abstrata dos valores de dados (o domínio) e das operações que os manipulam. O nível de implementação é uma representação específica da estrutura que armazena os itens de dados e a codificação das operações em uma linguagem de programação. Este nível se preocupa com **estruturas de dados**, a implementação de campos de dado compostos em um tipo abstrato de dado.

Os tipos abstratos de dados que examinamos neste capítulo são aqueles que a história e a experiência mostraram aparecer de forma recorrente em problemas de mundo real. Estes ADTs são contêineres nos quais itens de dados são armazenados e cada um exibe comportamentos específicos. Eles são chamados `contêineres` porque seu único propósito é armazenar outros objetos.

8.2 Pilhas

Pilhas e filas são estruturas abstratas compostas que são muitas vezes consideradas como um par – como manteiga de amendoim e geleia, ou maternidade e torta de maçã. Por que é assim deve-se mais à história que a qualquer outra coisa, já que estes dois ADTs possuem comportamentos bem diferentes.

Uma pilha é uma estrutura composta abstrata na qual acessos são feitos em apenas uma extremidade. Você pode inserir um item como o primeiro e você pode remover o primeiro. Este projeto modela muitas coisas da vida real. Contadores o chamam LIFO (*last in*, *first out*), que significa "último a entrar, primeiro a sair". O armário de pratos em uma cafeteria possui essa propriedade: Podemos pegar apenas o prato de cima. Ao fazê-lo, o prato abaixo aparece no topo, de modo que a próxima pessoa possa pegá-lo. Mercadorias enlatadas em uma prateleira de um mercado exibem esta propriedade. Quando pegamos a primeira lata de uma fileira, estamos pegando a última lata colocada naquela fileira.

Outra maneira de estabelecer o comportamento de acesso a uma pilha é dizer que o item removido é o item que ficou na pilha o menor tempo. Ver uma pilha a partir dessa perspectiva é mais abstrato. A operação de inserção não possui restrições; todo o comportamento LIFO é especificado pela operação de remoção.

A imagem mental dos pratos da cafeteria deixou uma marca nos nomes tradicionais usados para as operações de inserção e remoção. Adicionar um item à pilha chama-se Empilhar (`Push`); remover um item chama-se `Desempilhar` (`Pop`). `Empilhamos` um item na pilha e `Desempilhamos` um item da pilha. Uma pilha não possui a propriedade de comprimento; portanto, não há operação que retorne o número de itens na pilha. Precisamos de uma operação que determine se uma pilha `EstáVazia`, já que tentar `Desempilhar` um item quando a pilha estiver vazia será um erro.

Eis um algoritmo que lê números e os imprime em ordem inversa usando uma pilha. Não usamos tons de cinza para as operações da pilha porque elas já foram implementadas por alguém; elas estão à nossa disposição. Como a parte `mais dados` não é relevante para nossa discussão, não a expandimos aqui nem os algoritmos que se seguem.

```
ENQUANTO (mais dados)
    Leia valor
    Empilha(minhaPilha, valor)
ENQUANTO (NÃO EstáVazia(minhaPilha))
    Desempilha(minhaPilha, valor)
    Escreva valor
```

Siga manualmente esse algoritmo para se convencer de que os valores são realmente escritos em ordem inversa.

8.3 Filas

Uma fila é uma estrutura abstrata na qual itens são inseridos em uma extremidade e removidos pela outra extremidade. Contadores chamam este comportamento de FIFO (*first in*, *first out*), "primeiro a entrar, primeiro a sair". Este ADT soa como uma fila de espera em um banco ou supermercado. Na verdade, filas são usadas para simular esse tipo de situação. Inserções são feitas no final da fila e remoções são feitas na frente da fila.

Outra maneira de estabelecer o comportamento de acesso de uma fila é dizer que o item removido é o item que ficou na fila o maior tempo. Ver uma fila a partir dessa perspectiva é mais abstrato. Como a pilha, a operação de inserção não possui restrições; todo o comportamento FIFO é especificado na operação de remoção. Infelizmente, não há terminologia padrão de fila relacionada às operações de inserção e exclusão. Enfileirar, Entrar e Inserir são todos nomes usados para a operação de inserção. Desenfileirar, Excluir e Remover são nomes usados para a operação de remoção.

Eis um algoritmo que lê números e os imprime na ordem em que eles foram informados:

```
ENQUANTO (mais dados)
    Leia valor
    Enfileira(minhaFila, valor)
ENQUANTO (NÃO EstáVazia(minhaFila))
    Desenfileira(minhaFila, valor)
    Escreva valor
```

8.4 Listas

Listas ocorrem tão naturalmente em programação como ocorrem na vida real. Manipulamos listas de convidados, listas de mercado, listas de turmas e listas do que fazer. A lista de listas é interminável. Três propriedades caracterizam as listas: Os itens são homogêneos, os itens são lineares e listas possuem comprimentos variáveis. Por *linear*, queremos dizer que todo item, exceto o primeiro, possui um componente único que vem antes dele e que todo item, exceto o último, possui um componente único que vem após ele. Por exemplo, se houver ao menos três itens em uma lista, o segundo item vem após o primeiro e antes do terceiro.

Enquanto pilhas e filas têm toda a semântica na operação de remoção, listas geralmente fornecem operações para inserir um item (Inserir), remover um item (Remover), verificar se há um item (Existe) e reportar o número de itens em uma lista (ObterComprimento). Além disso, elas têm algum mecanismo para permitir que o usuário veja cada item em sequência (Reset, ObterPróximo, MaisItens). Como itens podem ser removidos e recuperados, os itens na lista devem ser capazes de ser comparados.

Não confunda uma lista com um vetor. Um vetor é uma estrutura embutida; uma lista é uma estrutura abstrata. Entretanto, uma lista pode ser implementada em um vetor, como mostrado na Figura 8.1.

Uma lista também pode ser visualizada como uma estrutura encadeada. Uma estrutura encadeada é baseada no conceito de um nó. Um nó consiste em duas partes de informação: o dado do usuário e uma ligação ou ponteiro que indica onde encontrar o próximo nó. O fim da lista é uma ligação que contém null, que é indicado por uma '/'. Veja a Figura 8.2.

Listas não ordenadas são aquelas nas quais ordem não é importante. Itens são apenas casualmente colocados nelas. Listas ordenadas são aquelas onde existe um relacionamento semântico entre os itens da lista. Todos os itens, exceto o primeiro, vêm antes do próximo item nesse tipo de lista sob algum relacionamento de ordenação. Todos os itens, exceto o último, vêm após o seu anterior sob o mesmo relacionamento. As Figuras 8.3 e 8.4 visualizam as versões baseadas em vetor e encadeada de uma lista ordenada.

>> **Estrutura encadeada** Uma implementação de um contêiner onde os itens são armazenados em conjunto com informação sobre onde o próximo item poderá ser encontrado

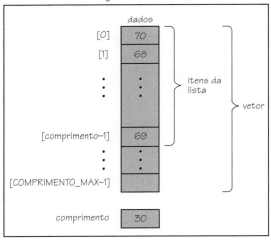

FIGURA 8.1 Uma lista não ordenada de inteiros

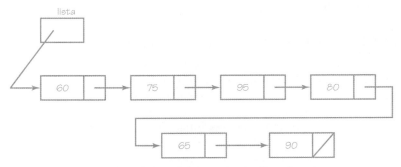

FIGURA 8.2 Uma lista encadeada não ordenada

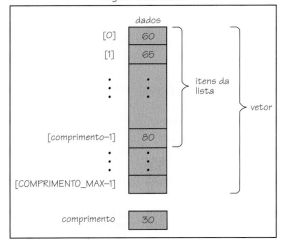

FIGURA 8.3 Uma lista ordenada de inteiros

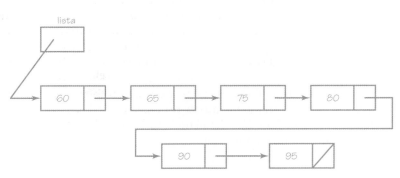

FIGURA 8.4 Uma lista ordenada encadeada

Eis um algoritmo que lê valores a partir de um arquivo e os coloca em uma lista. A lista é então impressa.

```
ENQUANTO (mais dados)
    Leia valor
    Inserir(minhaLista, valor)
Reset(minhaLista)
Escreva "Os itens na lista são"
ENQUANTO (MaisItens(minhaLista))
    ObterPróximo(minhaLista, próximoItem)
    Escreva próximoItem, ' '
```

Usamos *Reset*, *MaisItens* e *ObterPróximo* para iterar pela lista, retornando cada item em sequência. Se a lista for uma lista não ordenada, os itens serão impressos na ordem em que eles foram inseridos. Se a lista for ordenada, os itens serão impressos em ordem classificada. Esse algoritmo funciona sem depender da implementação da lista.

8.5 Árvores

Estruturas abstratas como listas, pilhas e filas são lineares por natureza. Apenas um relacionamento dos dados está sendo modelado. Itens estão próximos uns dos outros em uma lista ou estão próximos uns dos outros em termos de tempo em uma pilha ou fila. Retratar relações mais complexas exige estruturas mais complexas. Considere, por exemplo, relacionamentos familiares. Se quiséssemos modelar relacionamentos familiares em um programa, precisaríamos de uma estrutura hierárquica. Os pais apareceriam no topo da hierarquia, os filhos estariam no próximo nível, os netos no próximo nível, e assim em diante (Figura 8.5).

Tais estruturas hierárquicas são chamadas árvores, e existe uma rica teoria matemática relacionada a elas. Em computação, no entanto, geralmente restringimos nossa discussão a árvores binárias. Em árvores binárias, cada nó não pode ter mais de dois filhos.

■ Árvores Binárias

Uma **árvore binária** é uma estrutura abstrata na qual cada nó é capaz de possuir dois nós sucessores, chamados filhos. Cada um desses filhos, sendo nós da árvore binária, também pode possuir até dois nós filhos, e estes filhos também podem ter até dois filhos, e assim em diante, dando à árvore sua estrutura de ramificação. O começo da árvore é um nó inicial único chamado **raiz**, que não é o filho de qualquer nó. Veja a Figura 8.6.

Cada nó da árvore pode ter zero, um ou dois filhos. O nó à esquerda de um nó, se este existir, é chamado *filho à esquerda*. Por exemplo, na Figura 8.6, o filho à esquerda do nó raiz contém o valor 2. O nó à direita de um nó, se existir, é seu *filho à direita*. O filho à direita do nó raiz na Figura 8.6 contém o valor 3. Se um nó possuir apenas um filho, o filho poderá estar em qualquer lado, mas ele sempre estará em um lado específico. Na Figura 8.6, o nó raiz é o pai dos nós contendo 2 e 3 (livros anteriores usavam os termos *descendente à esquerda*, *descendente à direita* e *ancestral* para descrever esses relacionamentos). Se um nó da árvore não tiver filhos, ele é chamado *folha*. Na Figura 8.6, os nós contendo 7, 8, 9 e 10 são **nós folha**.

Além de especificar que um nó pode ter até dois filhos, a definição de uma árvore binária estabelece que existe um único caminho desde a raiz a qualquer outro nó. Em outras palavras, todo nó (exceto a raiz) tem um único (específico) pai.

>> **Árvore binária** Uma estrutura abstrata composta com um nó inicial único chamado raiz, na qual cada nó é capaz de possuir dois nós filhos e na qual existe um caminho único da raiz até qualquer outro nó

>> **Raiz** O único nó inicial em uma árvore

>> **Nó folha** Um nó de uma árvore que não tenha filhos

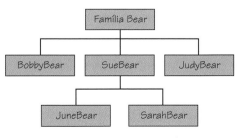

FIGURA 8.5 A árvore da família *Bear*

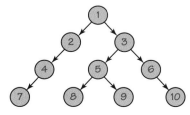

FIGURA 8.6 Uma árvore binária

John von Neumann[1]

John von Neumann foi um brilhante matemático, físico, lógico e cientista computacional. Lendas têm sido propagadas a respeito de sua assombrosa memória e de sua fenomenal velocidade para resolver problemas. Ele usou seus talentos não apenas para aprofundar suas teorias matemáticas, mas também para memorizar livros inteiros e recitá-los anos depois de tê-los lido. Mas, pergunte a um policial rodoviário sobre a habilidade de dirigir de von Neumann e ele provavelmente irá jogar suas mãos para o alto em sinal de desespero; diante de um volante, o gênio matemático era imprudente como um adolescente rebelde.

Cortesia da Los Alamos National Library

John von Neumann nasceu na Hungria em 1903 e era o filho mais velho de um rico banqueiro judeu. Aos seis anos era capaz de fazer, de cabeça, uma conta de divisão com números de oito dígitos. Ingressou no ensino médio aos 11 anos e não demorou até que seus professores de matemática recomendassem que ele fosse orientado por professores universitários. Matriculou-se na Universidade de Berlim em 1921 para estudar química, como um compromisso com seu pai, que queria que ele estudasse alguma coisa que lhe permitisse ganhar dinheiro. Recebeu seu diploma de engenharia química do Instituto de Tecnologia de Zurique, em 1926. No mesmo ano, recebeu seu doutorado em matemática pela Universidade de Budapeste, com uma tese sobre teoria de conjuntos. Durante o período de 1926 a 1929, von Neumann fez conferências em Berlim e Hamburgo, enquanto recebia uma bolsa da Fundação Rockefeller para seus estudos de pós-doutorado, na Universidade de Göttingen.

Von Neumann foi para os Estados Unidos no início dos anos 1930 para lecionar em Princeton, enquanto ainda mantinha seus postos acadêmicos na Alemanha. Ele se desligou dos postos na Alemanha quando os nazistas chegaram ao poder; contudo, não era um refugiado político como muitos eram naquela época. Enquanto estava em Princeton, trabalhou com o talentoso e ainda desconhecido estudante britânico Alan Turing. Ele continuou com sua carreira brilhante de matemático, tornando-se editor de *Annals of Mathematics* e coeditor do *Compositio Mathematica*. Durante a Segunda Guerra Mundial, von Neumann foi contratado como consultor das Forças Armadas dos Estados Unidos e das agências civis relacionadas, devido a seus conhecimentos em hidrodinâmica. Também foi convidado a participar da construção da bomba atômica, em 1943. Não foi surpresa que, depois desse trabalho, o presidente Eisenhower o tenha nomeado para a Comissão de Energia Atômica, em 1955.

Ainda que bombas e seus desempenhos fascinassem von Neumann por muitos anos, um encontro casual em 1944 com Herbert Goldstine, um pioneiro que desenvolveu um dos primeiros computadores eletrônicos digitais em funcionamento, apresentou ao matemático algo mais importante do que bombas – computadores. Essa conversa acidental de von Neumann com Goldstine em uma estação de trem despertou nele uma nova fascinação. Ele começou trabalhando no conceito de programa armazenado e concluiu que armazenar um programa internamente eliminava as horas de trabalho tedioso exigido para reprogramar computadores (naqueles dias). Ele também desenvolveu uma nova arquitetura computacional para executar essa tarefa de armazenamento. De fato, os computadores atuais são frequentemente referidos como máquinas de von Neumann devido aos princípios de arquitetura que ele descreveu se mostrarem tremendamente bem-sucedidos. Mudanças em computadores nestes últimos 40 anos têm sido primariamente em termos de velocidade e composição dos circuitos básicos, mas a arquitetura básica projetada por von Neumann tem persistido.

Durante os anos 1950, von Neumann foi um consultor da IBM, onde revisou projetos de tecnologia avançada propostos e em andamento. Um desses projetos foi o FORTRAN, de John Backus, para o qual von Neumann reportadamente questionou, perguntando por que alguém iria querer mais do que uma linguagem de máquina. Em 1957, von Neumann morreu de câncer nos ossos em Washington, D.C., aos 54 anos. Talvez seu trabalho com a bomba atômica tenha causado o câncer de ossos que levou à morte uma das mentes mais brilhantes e interessantes do século XX.

Cada um dos filhos do nó raiz é ele mesmo a raiz de uma árvore binária menor ou subárvore. Na Figura 8.6, o filho à esquerda do nó raiz, contendo 2, é a raiz de sua subárvore esquerda, enquanto o filho à direita, contendo 3, é a raiz de sua subárvore direita. Na verdade, qualquer nó da árvore pode ser considerado o nó raiz de uma subárvore. A subárvore cujo nó raiz tem o valor 2 também inclui os nós com valores 4 e 7. Esses nós são descendentes do nó contendo 2. Os descendentes do nó contendo 3 são os nós com os valores 5, 6, 8, 9 e 10. Um nó é o ancestral de outro nó se for o pai do nó ou o pai de algum outro ancestral desse nó (sim, esta é uma definição recursiva). Na Figura 8.6, os ancestrais do nó com o valor 9 são os nós contendo 5, 3 e 1. Obviamente, a raiz da árvore é o ancestral de qualquer outro nó da árvore.

■ Árvores de Busca Binária

Uma árvore é análoga a uma lista não ordenada. Para encontrar um item na árvore, devemos examinar cada nó até encontrarmos aquele que queremos, ou até descobrir que ele não está na árvore. Uma árvore de *busca* binária é como uma lista ordenada, no sentido de que há uma ordenação semântica dos nós.

Uma árvore de busca binária tem a propriedade da forma de uma árvore binária; isto é, um nó de uma árvore de busca binária pode ter zero, um ou dois filhos. Além disso, uma árvore de busca binária possui uma propriedade semântica que caracteriza os valores dos nós da árvore: O valor de cada nó é maior que o valor de qualquer nó de sua subárvore esquerda e menor que o valor de qualquer nó de sua subárvore direita. Veja a Figura 8.7.

Fazendo uma Busca em uma Árvore de Busca Binária

Vamos procurar o valor 18 na árvore da Figura 8.7. Comparamos 18 e 15, o valor do nó raiz. Como 18 é maior que 15, sabemos que se 18 estiver na árvore, estará na subárvore direita da raiz. Observe a similaridade desta abordagem à nossa busca binária em uma estrutura linear. Como em uma estrutura linear, eliminamos uma grande parte dos dados com uma comparação.

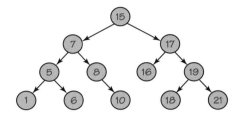

FIGURA 8.7 Uma árvore de busca binária

A seguir comparamos 18 e 17, o valor da raiz da subárvore direita. Como 18 é maior que 17, sabemos que se 18 estiver na árvore, estará na subárvore direita da raiz. Comparamos 18 e 19, o valor da raiz da subárvore direita. Como 18 é menor que 19, sabemos que se 18 estiver na árvore, estará na subárvore esquerda da raiz. Comparamos 18 e 18, o valor da raiz da subárvore esquerda, e temos uma coincidência.

Agora, vamos examinar o que acontece quando procuramos por um valor que não esteja na árvore. Vamos procurar 4 na Figura 8.7. Comparamos 4 e 15. Como 4 é menor que 15, se 4 estiver na árvore, ele estará na subárvore esquerda da raiz. Comparamos 4 e 7, o valor da raiz da subárvore esquerda. Como 4 é menor que 7, se 4 estiver na árvore, estará na subárvore esquerda de 7. Comparamos 4 e 5. Como 4 é menor que 5, se 4 estiver na árvore, estará na subárvore esquerda de 5. Comparamos 4 e 1. Como 4 é maior que 1, se 4 estiver na árvore, estará na subárvore direita de 1. Porém, a subárvore direita de 1 está vazia; portanto, sabemos que 4 não está na árvore.

Ao examinar os algoritmos que funcionam com árvores, usamos as seguintes convenções: Se atual apontar para um nó, info(atual) se referirá aos dados de usuário do nó, esquerda(atual) apontará para a raiz da subárvore esquerda de atual e direita(atual) apontará para a raiz da subárvore direita de atual. null é um valor especial que significa que o ponteiro aponta para nada. Assim, se um ponteiro contiver null, a subárvore estará vazia.

Usando esta notação, podemos agora escrever o algoritmo de busca. Começamos na raiz da árvore e seguimos para a raiz de subárvores sucessivas até encontrarmos o item que estamos procurando ou até encontrarmos uma subárvore vazia. O item a ser buscado e a raiz da árvore (subárvore) são parâmetros – a informação de que o subalgoritmo precisa para executar.

```
Existe(árvore, item)

SE (árvore for null)
    RETORNAR FALSO
SENÃO
    SE (item for igual info(árvore))
        RETORNAR VERDADEIRO
    SENÃO
        SE (item < info(árvore))
            Existe(esquerda(árvore), item)
        SENÃO
            Existe(direita(árvore), item)
```

A cada comparação encontramos o item ou reduzimos a árvore à metade seguindo para buscar na subárvore esquerda ou na subárvore direita. À metade? Bem, não exatamente. Como mostra-

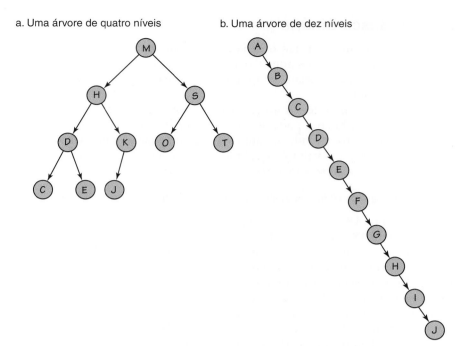

FIGURA 8.8 Duas variações de uma árvore de busca binária

do na Figura 9.17, a forma de uma árvore binária nem sempre é bem-balanceada. Obviamente, a eficiência de uma busca em uma árvore de busca binária é diretamente relacionada à forma da árvore. Como a árvore obtém sua forma? A forma da árvore é determinada pela ordem na qual os itens são inseridos na árvore. Examine a Figura 8.8. Na parte (a), a árvore de quatro níveis é comparativamente balanceada. Os nós podem ter sido informados em diversas diferentes ordens para obter essa árvore. Em comparação, a árvore de dez níveis na parte (b) somente pode ter surgido a partir de os valores terem sido informados em ordem.

Construindo uma Árvore de Busca Binária

Como construímos uma árvore de busca binária? Uma pista está no algoritmo de busca que acabamos de usar. Se seguirmos o caminho de busca e não encontrarmos o item, terminaremos no local onde o item estaria se estivesse na lista. Vamos agora construir uma árvore de busca binária usando as seguintes cadeias: john, phil, lila, kate, becca, judy, june, mari, jim e sue.

Como john é o primeiro valor a ser inserido, ele ficará na raiz. O segundo valor, phil, é maior que john; portanto, ficará na raiz da subárvore direita. lila é maior que john, porém menor que phil; portanto, lila ficará na raiz da subárvore esquerda de phil. A árvore agora se parece com isto:

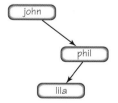

kate é maior que john, porém menor que phil e lila; portanto, kate entrará na raiz da subárvore esquerda de lila. becca é menor que john; portanto, entrará na raiz da subárvore esquerda de john. judy é maior que john, porém menor que phil, lila e kate; portanto, judy entrará na raiz da subárvore esquerda de kate. Seguimos o mesmo caminho para june como fizemos para judy. june é maior que judy; portanto, entrará na raiz da subárvore direita de judy. mari se torna a raiz da subárvore direita de lila; jim se torna a raiz da subárvore direita de becca; e sue se torna a raiz da subárvore direita de phil. A árvore final é mostrada na Figura 8.9.

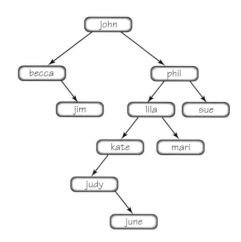

FIGURA 8.9 Uma árvore de busca binária construída a partir de cadeias de caracteres

---

Inserir(árvore, item)

SE (árvore for null)
   Colocar item na árvore
SENÃO
   SE (item < info(árvore))
      Inserir (esquerda(árvore), item)
   SENÃO
      Inserir (direita(árvore), item)

A Tabela 8.1 mostra um rastreio da inserção de nell na árvore mostrada na Figura 8.9. Usamos o conteúdo da parte info do nó entre parênteses para indicar o ponteiro da subárvore com aquele valor como raiz.

Embora *Colocar item na árvore* seja abstrato, não o expandimos. Precisaríamos saber mais sobre a real implementação da árvore para fazer isso.

Imprimindo os Dados em uma Árvore de Busca Binária

Para imprimir o valor na raiz, devemos primeiro imprimir todos os valores de sua subárvore esquerda, que, por definição, são menores que o valor da raiz. Uma vez que imprimimos o valor da raiz, devemos imprimir todos os valores da subárvore direita da raiz, que, por definição, são maiores que o valor da raiz. Terminamos então. Terminamos? Mas, e os valores das subárvores direita e esquerda? Como os imprimimos? Bem, do mesmo modo, é claro. Elas são, afinal de contas, apenas árvores de busca binária.

Este algoritmo parece muito fácil. Esta é a beleza de algoritmos recursivos: Eles são frequentemente pequenos e elegantes (embora às vezes exijam algum esforço para acompanhar). Vamos escrever e acompanhar esse algoritmo, usando a árvore mostrada abaixo do algoritmo. Numeramos as chamadas em nosso acompanhamento porque há duas chamadas recursivas. Ver Tabela 8.2.

TABELA 8.1 Rastreio da Inserção de nell na Árvore da Figura 8.9

Chamada a Inserir	1ª Instrução SE	2ª Instrução SE	Ação ou Chamada
Inserir((john),nell)	(john)!=null	nell>john	Inserir na subárvore direita
Inserir((phil),nell)	(phil)!=null	nell<phil	Inserir na subárvore esquerda
Inserir((lila),nell)	(lila)!=null	nell>lila	Inserir na subárvore direita
Inserir((mari),nell)	(mari)!=null	nell>mari	Inserir na subárvore direita
Inserir((null),nell)	null=null		Armazenar nell como raiz da subárvore direita de (mari)

TABELA 8.2 Rastreio da Impressão da Árvore Anterior

Chamadas	Que Chamada	Instrução SE	Ação ou Chamada
Imprimir((john))	R1	(john)!=null	Imprimir(esquerda(john))
Imprimir((becca))	R1	(becca)!=null	Imprimir(esquerda(becca))
Imprimir(null)	R1	null=null	Retornar
Imprimir((becca))			Imprimir becca, Imprimir(direita(becca))
Imprimir(null)	R2	null=null	Retornar, Retornar
Imprimir((john))			Imprimir john, Imprimir(direita(john))
Imprimir((sarah))	R2	(sarah)!=null	Imprimir(esquerda(sarah))
Imprimir((judy))	R1	(judy)!=null	Imprimir(esquerda(judy))
Imprimir(null)	R1	null=null	Retornar
Imprimir((judy))			Imprimir judy, Imprimir(direita(judy))
Imprimir(null)	R2	null=null	Retornar, Retornar
Imprimir((sarah))			Imprimir sarah, Imprimir(direita(sarah))
Imprimir(null)	R2	null=null	Retornar, Retornar

Imprimir(árvore)

SE (árvore NÃO for null)
    Imprimir(esquerda(árvore))   // Chamada recursiva R1
    Escrever info(árvore)
    Imprimir(direita(árvore))   // Chamada recursiva R2

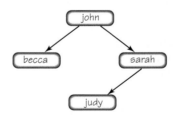

Este algoritmo imprime os itens na árvore de busca binária em ordem crescente de valores. Outras travessias da árvore imprimem os itens em outras ordens. Nós as exploraremos nos exercícios.

■ Outras Operações

A esta altura, você deve perceber que uma árvore de busca binária é um objeto com a mesma funcionalidade de uma lista. A característica que separa uma árvore de busca binária de uma simples lista é a eficiência das operações; os outros comportamentos são os mesmos. Não mostramos o algoritmo Remover, porque ele é muito complexo para este texto. Também ignoramos o conceito de tamanho que deve acompanhar a árvore se ela for usada para implementar uma lista. Em vez de acompanhar o número de itens na árvore à medida que a construímos, vamos escrever um algoritmo que conte o número de nós na árvore.

Quantos nós existem em uma árvore vazia? Zero. Quantos nós existem em qualquer árvore? Um mais o número de nós na subárvore esquerda e o número de nós na subárvore direita. Esta definição leva a uma definição recursiva da operação Tamanho:

```
Tamanho(árvore)

SE (árvore for null)
    RETORNAR 0
SENÃO
    RETORNAR Tamanho(esquerda(árvore)) + Tamanho(direita(árvore)) + 1
```

8.6 Grafos

A família Bear, como mostra a Figura 8.5, retrata apenas relacionamentos pais e filhos. Não há um modo de determinar que BobbyBear, JuneBear e JudyBear são aparentados. Não seria interessante ser capaz de representar outros tipos de relacionamentos, tais como irmão, primo, tia, e assim em diante?

Árvores são uma maneira útil para representar relacionamentos nos quais exista uma hierarquia. Isto é, um nó é apontado por, no máximo, outro nó (seu pai). Se removermos a restrição de que cada nó possa ter apenas um nó pai, teremos uma estrutura de dados chamada grafo. Um grafo é composto de um grupo de nós chamados vértices e um grupo de linhas chamadas arestas (ou arcos) que conectam os nós.

Os vértices do grafo representam objetos, e as arestas descrevem relacionamentos entre os vértices. Por exemplo, se o grafo estiver representando um mapa, os vértices podem ser os nomes de cidades, e as arestas que ligam os vértices podem representar estradas entre pares de cidades. Como as estradas que ligam cidades são caminhos de mão dupla, as arestas desse grafo não possuem direção. Tal grafo é chamado grafo não orientado. No entanto, se as arestas que ligam os vértices representarem voos de uma cidade para outra, a direção de cada aresta será importante. A existência de um voo (aresta) de Houston a Austin não assegura a existência de um voo de Austin a Houston. Um grafo cujas arestas sejam direcionadas de um vértice a outro é chamado grafo orientado (ou dígrafo). Um grafo ponderado é aquele no qual há valores vinculados às arestas do grafo.

Examine os grafos na Figura 8.10. Os relacionamentos entre irmãos não são orientados. Por exemplo, June é aparentada de Sarah e Sarah é aparentada de June; veja a Figura 8.10(a). O mapa de pré-requisitos na Figura 8.10(c) é orientado: Ciência da Computação I deve vir antes de Ciência da Computação II. A relação de voos é tanto orientada como ponderada; veja a Figura 8.10(b). Há um voo de Dallas para Denver que cobre uma distância de 780 milhas, mas não há um voo direto de Denver para Dallas.

Se dois vértices forem conectados por uma aresta, dizemos que eles são vértices adjacentes. Na Figura 8.10, June é adjacente a Bobby, Sarah, Judy e Susy. Um caminho de um vértice a outro consiste em uma sequência de vértices que os conectam. Por exemplo, há um caminho de Austin a Dallas, a Denver e a Chicago. Não há um caminho de June a Lila, Kate, Becca ou John.

Vértices representam quaisquer objetos que estejam sendo modelados: pessoas, casas, cidades, cursos, conceitos, e assim em diante. As arestas representam relacionamentos entre os objetos. Por exemplo, pessoas são relacionadas a outras pessoas, casas estão na mesma rua, cidades são ligadas por voos diretos, cursos possuem pré-requisitos, e conceitos são derivados de outros conceitos (veja a Figura 8.10). Matematicamente, vértices são o conceito não definido sobre o qual a teoria dos grafos se apoia. Há uma grande parte de matemática formal associada a grafos, que está além do escopo deste livro.

■ Criando um Grafo

Listas, pilhas, filas e árvores são todos apenas contêineres armazenadores. O usuário escolhe qual é mais apropriado para um problema específico. Não há semântica inerente, exceto aquela embutida no processo de recuperação: Uma pilha retorna o item que ficou na pilha a menor quantidade de tempo; uma fila retorna o item que ficou na fila a maior quantidade de tempo. Listas e árvores retornarão a informação que for solicitada. Um grafo, em contraste, tem algoritmos definidos sobre ele, os quais realmente resolvem problemas clássicos. Primeiro, falamos sobre construir um grafo; então discutimos problemas que são solucionáveis usando um grafo.

Muita informação é representada em um grafo: os vértices, as arestas e os pesos. Vamos visualizar a estrutura como uma tabela usando os dados de conexão de voos. As linhas e colunas na Tabela 8.3 estão rotuladas com os nomes de cidades. Um zero em uma célula indica que não há

> **Grafo** Uma estrutura de dados que consiste em um conjunto de nós e em um conjunto de arestas que relacionam os nós uns aos outros
>
> **Vértice** Um nó em um grafo
>
> **Aresta (arco)** Um par de vértices representando uma conexão entre dois nós em um grafo
>
> **Grafo não orientado** Um grafo no qual as arestas não têm direção
>
> **Grafo orientado (dígrafo)** Um grafo no qual cada aresta é orientada de um vértice a outro (ou o mesmo) vértice
>
> **Vértices adjacentes** Dois vértices que sejam conectados por uma aresta
>
> **Caminho** Uma sequência de vértices que conecta dois nós em um grafo

FIGURA 8.10 Exemplos de grafos

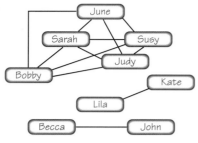

a. Vértices: Pessoas
   Arestas: Parentesco

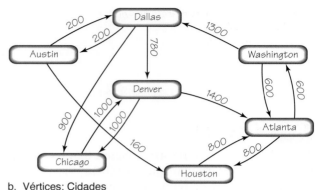

b. Vértices: Cidades
   Arestas: Voos Diretos

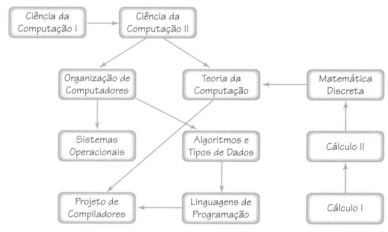

c. Vértices: Cursos
   Arestas: Pré-Requisitos

voo da cidade na linha para a cidade na coluna. Os valores na tabela representam o número de milhas da cidade na linha até a cidade na coluna.

Para construir essa tabela devemos ter as seguintes operações:

- Adicionar um vértice à tabela
- Adicionar uma aresta à tabela
- Adicionar um peso à tabela

Encontramos uma posição na tabela estabelecendo o nome da linha e o nome da coluna. Isto é, (Atlanta, Houston) tem um voo de 800 milhas. (Houston, Austin) contém um zero; logo, não há voo direto de Houston para Austin.

■ Algoritmos de Grafo

Há três algoritmos clássicos de busca definidos para um grafo, cada um dos quais responde a uma diferente questão.

- Posso ir da Cidade X para a Cidade Y pela minha companhia aérea favorita?
- Como posso voar da Cidade X para a Cidade Y com o menor número de escalas?
- Qual é o voo mais curto (em milhas) da Cidade X para a Cidade Y?

As respostas a essas três questões envolvem uma busca em profundidade, uma busca em largura e uma busca de fonte única de menor caminho.

Busca em Profundidade

Posso ir da Cidade X para a Cidade Y pela minha companhia aérea favorita? Dados um vértice inicial e um vértice final, vamos desenvolver um algoritmo que encontre um caminho de

Tipos Abstratos de Dados e Subprogramas

TABELA 8.3 Dados para o Grafo de Voos

	Atlanta	Austin	Chicago	Dallas	Denver	Houston	Washington
Atlanta	0	0	0	0	0	800	600
Austin	0	0	0	200	0	160	0
Chicago	0	0	0	0	1000	0	0
Dallas	0	200	900	0	780	0	0
Denver	1400	0	1000	0	0	0	0
Houston	800	0	0	0	0	0	0
Washington	600	0	0	1300	0	0	0

vérticeInicial até vérticeFinal. Precisamos de um modo sistemático para rastrear as cidades à medida que as investigarmos. Vamos usar uma pilha para armazenar os vértices à medida que os encontrarmos ao tentar descobrir um caminho entre os dois vértices. Com uma busca em profundidade, examinamos o primeiro vértice que seja adjacente a vérticeInicial; se esse for o vérticeFinal, a busca estará concluída. Caso contrário, examinamos todos os vértices que sejam alcançáveis em um passo a partir desse primeiro vértice.

Enquanto isso, precisamos armazenar os outros vértices que sejam adjacentes a vérticeInicial para usar posteriormente se precisarmos deles. Se não existir um caminho a partir do primeiro vértice que seja adjacente a vérticeInicial, voltamos e tentamos o segundo vértice, o terceiro vértice, e assim em diante. Como queremos caminhar o mais longe que pudermos, descendo, retornando se vérticeFinal não for encontrado, uma pilha é a estrutura apropriada para armazenar os vértices.

Busca em Profundidade(vérticeInicial, vérticeFinal)

Faça encontrado igual a FALSO
Empilhar (minhaPilha, vérticeInicial)
ENQUANTO (NÃO EstáVazia(minhaPilha) E NÃO encontrado)
    Desempilhar (minhaPilha, vérticeTemp)
    SE (vérticeTemp igual a vérticeFinal)
        Escreva vérticeFinal
        Faça encontrado igual a VERDADEIRO
    SENÃO SE (não visitado vérticeTemp)
        Escreva vérticeTemp
        Empilhar todos os vértices não visitados adjacentes a vérticeTemp
        Marcar vérticeTemp como visitado
SE encontrado
    Escreva "O caminho foi impresso"
SENÃO
    Escreva "O caminho não existe"

Marcamos um vértice como visitado, uma vez que tenhamos colocado todos os vértices adjacentes a ele na pilha. Se processarmos um vértice que já tenha sido visitado, continuaremos a colocar os mesmos vértices na pilha, indefinidamente. Logo, o algoritmo não é exatamente um algoritmo, já que ele nunca terminaria. Então, não devemos processar um vértice mais de uma vez.

Vamos aplicar esse algoritmo ao grafo de exemplo de rotas de linhas aéreas da Figura 8.10(b). Queremos voar de Austin para Washington. Inicializamos nossa busca colocando nossa cidade inicial na pilha [Figura 8.11(a)]. No início do laço, removemos a cidade corrente, Austin, da pilha. Os lugares que podemos atingir diretamente a partir de Austin são Dallas e Houston; colocamos ambos esses vértices na pilha [Figura 8.11(b)]. No início da segunda iteração, remo-

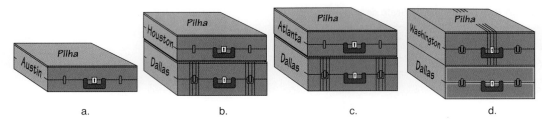

FIGURA 8.11 Usando uma pilha para armazenar as rotas

Economia estimula fraudes

Quando o governo federal norte-americano desenvolveu um plano para estimular a economia, ele não planejava gerar tantos negócios para golpistas – mas isso foi o que aconteceu em 2007 quando o IRS (*Internal Revenue Service* – Serviço de Receita Interna) começou a distribuir pagamentos. Muitas dessas fraudes envolveram mensagens de correio eletrônico com aparência oficial, que solicitavam ao destinatário informações pessoais e financeiras em falsos sítios *Web* IRS. Destinatários que se recusavam a fornecer suas informações eram avisados de que não receberiam a restituição da taxa se assim não o fizessem. Outros foram encorajados a baixar um formulário IRS anexado para aplicar a restituição, mas os anexos geralmente continham *spyware* que podiam roubar senhas e dados financeiros a partir do computador da vítima. Uma fraude similar surgiu com o pacote de estímulo de 2008, e o IRS encontrou mais de 3800 sítios *Web* voltados para fazer *phishing* com dados financeiros nos últimos três anos.

vemos o vértice do topo da pilha – Houston. Houston não é nosso destino; logo, concluímos nossa busca a partir de lá. Há apenas um voo saindo de Houston, para Atlanta; colocamos Atlanta na pilha [Figura 8.11(c)]. Mais uma vez removemos o topo da pilha. Atlanta não é nosso destino; logo, continuamos nossa busca a partir de lá. Atlanta tem voos para duas cidades: Houston e Washington.

Mas acabamos de vir de Houston! Não queremos voar de volta para cidades que já visitamos; isso poderia provocar um laço infinito. Mas já cuidamos desse problema: Houston já foi visitada; logo, continuamos sem colocar alguma coisa na pilha. O segundo vértice adjacente, Washington, não foi visitado ainda; logo, o colocamos na pilha [Figura 8.11(d)]. De novo, removemos o topo da pilha. Washington é nosso destino; logo, a busca está concluída.

A Figura 8.12 mostra o resultado de perguntar se podemos chegar a Washington a partir de Austin.

Essa busca é chamada busca em profundidade porque seguimos para o ramo mais profundo, examinando todos os caminhos começando em Houston antes de voltar a buscar a partir de Dallas. Quando tem que retornar, você pega o ramo mais perto de onde você ficou sem ter como prosseguir. Isto é, você vai o mais longe possível em um caminho, antes de considerar escolhas alternativas em ramos anteriores.

Busca em Largura

Como posso voar da cidade X para a cidade Y com o menor número de escalas? A travessia em largura responde a essa questão. Quando chegamos a um ponto sem saída em uma busca em profundidade, voltamos o *mínimo* possível. Tentamos outra rota a partir do vértice mais recente – a rota no topo da nossa pilha. Em uma busca em largura, queremos voltar o mais *longe* possível para encontrar uma rota que tenha origem a partir dos vértices anteriores. A pilha não é a estrutura certa para encontrar uma rota anterior. Ela mantém o rastro de coisas na ordem oposta à da ocorrência delas – isto é, a rota mais recente está no topo. Para manter o rastro de coisas na ordem em que elas acontecem, usamos uma fila. A rota na frente da fila é uma rota a partir de um vértice anterior; a rota no final da fila é a partir de um vértice posterior. Assim, se substituirmos uma pilha por uma fila, obteremos a resposta a nossa questão.

FIGURA 8.12 A busca em profundidade

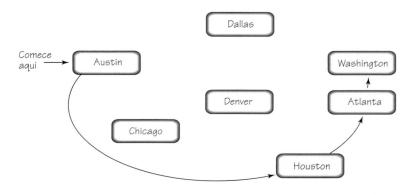

Busca em Largura(vérticeInicial, vérticeFinal)

Faça encontrado igual a FALSO
Enfileirar(minhaFila, vérticeInicial)
ENQUANTO (NÃO EstáVazia(minhaFila) E NÃO encontrado)
   Desenfileirar(minhaFila, vérticeTemp)
   SE (vérticeTemp igual a vérticeFinal)
      Escreva vérticeFinal
      Faça encontrado igual a VERDADEIRO
   SENÃO SE (não visitado vérticeTemp)
      Escreva vérticeTemp
      Enfileirar todos os vértices não visitados adjacentes a vérticeTemp
      Marcar vérticeTemp como visitado
SE encontrado
   Escreva "O caminho foi impresso"
SENÃO
   Escreva "O caminho não existe"

Vamos aplicar esse algoritmo ao mesmo grafo de rotas de linhas aéreas na Figura 8.10(b). Que caminhos nos fornece a rota de Austin para Washington com o mínimo de escalas? Austin está na fila para começar o processo [Figura 8.13(a)]. Removemos Austin e inserimos todas as cidades que podem ser atingidas diretamente de Austin: Dallas e Houston [Figura 8.13(b)]. Então removemos o elemento da frente da fila. Dallas não é o destino que procuramos; logo, inserimos todas as cidades adjacentes que ainda não tenham sido visitadas: Chicago e Denver [Figura 8.13(c)]. (Austin já foi visitada; logo, ela não será inserida.) Mais uma vez removemos o elemento da frente da fila. Esse elemento é a outra cidade de "uma escala" – Houston. Houston não é o destino desejado; então continuamos a busca. Há apenas um voo saindo de Houston e é para Atlanta. Como não visitamos Atlanta antes, ela é inserida [Figura 8.13(d)].

FIGURA 8.13 Usando uma fila para armazenar as rotas

FIGURA 8.14 A busca em largura

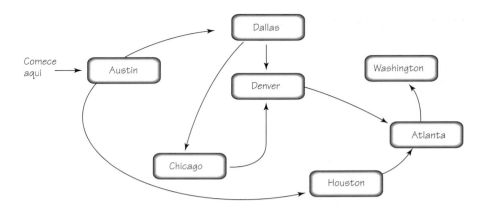

Agora sabemos que não conseguimos chegar a Washington com uma escala; logo, começamos a examinar as conexões de duas escalas. Removemos Chicago; esse não é nosso destino; logo, inserimos sua cidade adjacente, Denver, na fila [Figura 8.13(e)]. Essa agora é uma situação interessante: Denver está duas vezes na fila. Colocamos Denver na fila em uma escala e removemos sua inserção no próximo passo. Denver não é nosso destino; então colocamos na fila suas cidades adjacentes que ainda não foram visitadas (apenas Atlanta) [Figura 8.13(f)]. Esse processamento continua até Washington ser colocada na fila (a partir de Atlanta) e ser finalmente removida. Encontramos a cidade desejada, e a busca está concluída (Figura 8.14).

Como você pode ver a partir desses dois algoritmos, uma busca em profundidade segue um caminho abaixo o mais longe possível a partir de vérticeInicial antes de procurar um caminho começando no segundo vértice adjacente a vérticeInicial. Em contraste, uma busca em largura examina todos os vértices adjacentes a vérticeInicial antes de examinar aqueles adjacentes a esses vértices.

Busca de Fonte Única de Menor Caminho

Qual é o voo mais curto (em milhas) a partir de Austin para qualquer outra cidade? Sabemos, a partir das duas operações de busca recém-discutidas, que pode haver vários caminhos de um vértice para outro. Suponha que queiramos encontrar o *menor caminho* a partir de Austin até cada uma das outras cidades que a sua companhia aérea favorita atende. Por "menor caminho" queremos dizer o caminho cujos valores de arestas (pesos), quando acumulados, tenham a menor soma. Considere os dois caminhos a seguir, de Austin para Washington:

Caminho 1	Caminho 2
Austin	Austin
Houston — 160 milhas	Dallas — 200 milhas
Atlanta — 800 milhas	Denver — 780 milhas
Washington — 600 milhas	Atlanta — 1400 milhas
Total de milhas 1560 milhas	Washington — 600 milhas
	Total de milhas 2980 milhas

Claramente, o primeiro caminho é preferível, a menos que você queira acumular milhas de passageiro frequente.

Vamos desenvolver um algoritmo que exiba o caminho mais curto a partir de uma cidade inicial designada para *cada outra cidade* do grafo – dessa vez não estamos buscando um caminho entre uma cidade inicial e uma cidade final. Como nas duas buscas em grafos descritas anteriormente, precisamos de uma estrutura auxiliar para armazenar cidades que processaremos posteriormente. Recuperando a cidade que foi mais recentemente colocada na estrutura, a busca em profundidade tenta seguir "em frente". Ela tenta uma solução de um voo, então uma solução de dois voos, então uma solução de três voos, e assim em diante. Ela retornará para uma solução de menos voos apenas quando ela atingir um ponto sem saída. Recuperando a cidade que esteve na estrutura pelo maior

Tipos Abstratos de Dados e Subprogramas

tempo, a busca em largura tenta todas as soluções de um voo, então todas as soluções de dois voos, e assim em diante. A busca em largura encontra um caminho com o número mínimo de voos.

Obviamente, o *número* mínimo de voos não necessariamente significa a *distância total* mínima. Diferente das buscas em profundidade e em largura, a travessia de menor caminho deve levar em conta o número de milhas (pesos das arestas) entre cidades na sua busca. Queremos recuperar o vértice que seja o *mais perto* do vértice corrente – isto é, o vértice conectado pela aresta de peso mínimo. No contêiner abstrato chamado *fila de prioridade*, o item que é recuperado é o item na fila com a maior prioridade. Se permitirmos que milhas sejam a prioridade, podemos enfileirar itens compostos de um registro que contenha dois vértices e a distância entre eles.

Esse algoritmo é bem mais complexo do que o que vimos antes; logo, paramos por aqui. Entretanto, o leitor matematicamente aventureiro pode continuar a perseguir sua solução.

8.7 Subprogramas

Quando examinamos recursão, introduzimos o conceito de um subalgoritmo nomeado. Aqui os examinamos no contexto não recursivo e discutimos como passamos informação de ida e volta entre algoritmo e subalgoritmo. Como estamos falando sobre construtos reais de linguagens, chamamos essas estruturas de subprogramas em vez de subalgoritmos.

Muitos subprogramas estão disponíveis como parte de uma linguagem de alto nível ou como parte da biblioteca que vem com a linguagem. Por exemplo, problemas matemáticos geralmente precisam calcular funções trigonométricas. Subprogramas que calculam esses valores estão disponíveis na maioria das linguagens de alto nível, de uma forma ou de outra. Quando um programa precisa calcular um desses valores, o programador pesquisa o nome do subprograma que calcula o valor e apenas chama o subprograma para efetuar o cálculo.

Se um desses subprogramas precisar ter informação passada para ele, a unidade chamadora enviará os valores para o subprograma usar. Por exemplo, as duas instruções a seguir fazem x igual a m vezes a função seno de t e y igual ao valor absoluto de z. A função seno e a função valor absoluto estão embutidas em muitas linguagens. A informação enviada à função seno é t; a informação enviada à função valor absoluto é z. Ambas essas funções são subprogramas com retorno de valor.

```
Faça x iguala m*sen(t)
Faça y igual a abs(z)
```

O mesmo é verdadeiro quando você escreve seus próprios subprogramas. Examinaremos agora o mecanismo usado para passar informação de ida e de volta entre o programa chamador e o subprograma.

Consideramos essas capacidades nos algoritmos relacionados aos tipos de dados abstratos que examinamos. Veja, por exemplo, o seguinte algoritmo de lista:

```
ENQUANTO (mais dados)
    Leia valor
    Inserir(minhaLista, valor)
Reset(minhaLista)
Escreva "Os itens na lista são"
ENQUANTO (MaisItens(minhaLista))
    ObterPróximo(minhaLista, próximoItem)
    Escreva próximoItem, ''
```

Inserir precisa de uma lista e um valor para inserir nela. Reset precisa da lista para voltar ao início. MaisItens precisa da lista para ver se restam mais itens a serem retornados. ObterPróximo precisa da lista como entrada e retorna o próximo item da lista. Essa comunicação é feita por meio do conceito de *lista de parâmetros*.

■ Passagem de Parâmetros

Uma lista de parâmetros é uma lista dos identificadores com os quais o subprograma funcionará; ela aparece entre parênteses ao lado do nome do subprograma. Como um subprograma é definido

» Lista de parâmetros
Um mecanismo para comunicação entre duas partes de um programa

A Camada de Programação

192   Capítulo 8

> **≫ Parâmetros** Os identificadores listados entre parênteses ao lado do nome do subprograma; algumas vezes são chamados *parâmetros formais*

> **≫ Argumentos** Os identificadores listados entre parênteses na chamada ao subprograma; algumas vezes são chamados *parâmetros reais*

antes de ser chamado, ele não sabe com quais variáveis, a partir da unidade chamadora, ele vai funcionar. Para resolver esse dilema, especificamos uma lista de nomes de variáveis entre parênteses ao lado do nome do subprograma. Esses identificadores são chamados **parâmetros**. Quando o subprograma é chamado, a unidade chamadora usa o nome do subprograma seguido por uma lista de identificadores entre parênteses. Esses identificadores são chamados **argumentos**. Os argumentos representam as variáveis reais na unidade chamadora, com as quais o subprograma funcionará.

Você pode pensar em um parâmetro como um identificador temporário que é usado em um subprograma. Quando um subprograma é chamado, a unidade chamadora envia os nomes dos identificadores reais para o subprograma usar. A ação no subprograma é definida usando os parâmetros; a ação é executada usando os argumentos. Quando a ação acontece, os argumentos substituem, um a um, os parâmetros. Essa substituição pode ser feita de várias formas, mas a prática mais comum é por posição. O primeiro argumento substitui o primeiro parâmetro, o segundo argumento substitui o segundo parâmetro, e assim por diante.

Prometemos não examinar muitas implementações, mas essa é fácil. Podemos implementar uma lista usando um vetor e um campo de comprimento. Quando adicionamos um item à lista, o armazenamos no vetor (valores) na posição *comprimento* − 1 e incrementamos *comprimento*. Vinculamos os *valores* e o *comprimento* juntando-os em um registro chamado lista, o qual passamos ao subprograma que dele precisar.

Hackers financiando hackers

Hackers de hardware são bem conhecidos por modificarem hardware de forma a aprimorar sua funcionalidade e expandir suas capacidades. Dois *hackers* de hardware de fonte aberto, Justin Huynh e Matt Stack, iniciaram o Banco de Hardware de Fonte Aberta (OSHB – *Open Source Hardware Bank*), usando dinheiro coletado de *hackers* de hardware para financiar outros projetos de *hackeamento* de hardware de fonte aberta. O investidor de igual para igual (*peer-to-peer*) ainda não é considerado uma instituição de investimento regulamentada em termos federais, já que as regulamentações governando essa atividade não estão 100% claras. Entretanto, cerca de 70 pessoas inscreveram-se como investidores para a OSHB, com a promessa de 5% a 15% de retorno sobre o investimento deles, caso o projeto seja bem-sucedido.

```
Inserir(lista, item)          // Definição de subprograma

Faça lista.valores[lista.comprimento − 1] igual a item
Faça lista.comprimento igual a lista.comprimento + 1


Inserir(minhaLista, valor)    // Instrução chamadora
```

lista é o parâmetro e minhaLista é o argumento. Quando Inserir for executado, minhaLista substituirá lista.

O mecanismo de substituição funciona de forma muito similar a um quadro de mensagens. Quando um subprograma é chamado, uma lista dos argumentos é fornecida ao subprograma (colocados no quadro de mensagens do subprograma). Esses argumentos dizem ao subprograma onde encontrar os valores a usar. Quando um parâmetro é usado no corpo do subprograma, o subprograma acessa o argumento por meio da sua posição relativa no quadro de mensagens. Isto é, o subprograma procura por seu primeiro parâmetro na primeira posição no quadro de mensagens e por seu segundo parâmetro na segunda posição no quadro de mensagens. Veja a Figura 8.15.

O número de argumentos na chamada tem que coincidir com o número de parâmetros no cabeçalho do subprograma. Como os argumentos e os parâmetros são casados por posição, seus nomes não precisam ser os mesmos. Isso é muito útil quando um subprograma é chamado mais de uma vez, com argumentos diferentes em cada chamada. Parâmetros passados desta forma são comumente chamados *parâmetros posicionais*.

■ Parâmetros por Valor e por Referência

> **≫ Parâmetro por valor** Um parâmetro que espera uma cópia de seu argumento, a ser passado pela unidade chamadora (colocado no quadro de mensagens)

> **≫ Parâmetro por referência** Um parâmetro que espera o endereço de seu argumento, a ser passado pela unidade chamadora (colocado no quadro de mensagens)

Há dois modos básicos de passar parâmetros: por valor e por referência (ou endereço). Se um parâmetro for um **parâmetro por valor**, a unidade chamadora fornecerá uma *cópia* do argumento ao subprograma. Se um parâmetro for um **parâmetro por referência**, a unidade chamadora fornecerá o *endereço* do argumento ao subprograma. Essa diferença, bem fundamental, significa que um subprograma não poderá alterar o conteúdo de um argumento por valor porque ele recebe apenas uma cópia do argumento. O subprograma pode alterar a cópia, mas a variável original não será modificada. Ao contrário, qualquer argumento passado pela unidade chamadora a um parâmetro por referência poderá ser alterado pelo subprograma, já que o subprograma estará manipulando a variável real, não uma cópia dela. No exemplo anterior, o registro sendo passado como lista deve ser um parâmetro por referência. Se ele não o for, itens serão inseridos na cópia, não no original.

Pense na diferença da seguinte forma: Para acessar um parâmetro por referência, o subprograma acessa o conteúdo do *endereço* listado no quadro de mensagens. Para acessar um parâmetro por

FIGURA 8.15 Passando parâmetros

valor, o subprograma acessa o *conteúdo* do quadro de mensagens. Obviamente, tanto a unidade chamadora quanto o subprograma devem saber qual parâmetro/argumento vai ser passado por valor e qual vai ser passado por referência. Nem todas as linguagens de alto nível permitem ambos os tipos de parâmetros, mas aquelas que permitem têm algum esquema sintático para rotular parâmetros como valor ou referência.

Antes de sairmos de subprogramas, vamos examinar um exemplo que ilustra a diferença entre parâmetros por valor e por referência. Já escrevemos um algoritmo que troca os conteúdos de duas posições de memória. Eis aqui a solução sem nomes de variáveis dependentes de problema:

Trocar (item1, item2)

Faça temp igual a item2
Faça item2 igual a item1
Faça item1 igual a temp

Agora, suponha que a unidade chamadora (a parte do programa que quer os conteúdos das duas posições trocados) chame Trocar com dado1 e dado2 como parâmetros.

Trocar(dado1, dado2)

Agora, digamos que dado1 esteja armazenado na posição **0002** e dado2 esteja armazenado na posição **0003**. Estas posições contêm os valores 30 e 40, respectivamente. A Figura 8.16 mostra o conteúdo do quadro de mensagens quando os parâmetros são passados por valor e passados por referência. Quando um parâmetro é um parâmetro por valor, o subprograma sabe manipular o valor no quadro de mensagens. Quando o parâmetro é um parâmetro por referência, o subprograma sabe manipular o conteúdo do endereço no quadro de mensagens. Os parâmetros para o subprograma Trocar devem ser parâmetros por valor ou por referência?

Antes de deixarmos o tópico de subprogramas e parâmetros, vamos implementar mais três dos subprogramas de lista: obterComprimento, Existe e Remover. Se os itens da lista não tiverem que ser armazenados em ordem classificada, podemos simplesmente colocar o primeiro na posição *comprimento* e incrementar *comprimento*. Para esse exemplo, vamos assumir que apenas uma cópia de item possa estar na lista.

---

obterComprimento(lista)

RETORNAR lista.comprimento

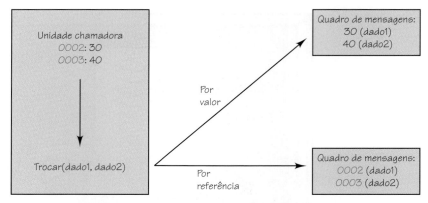

FIGURA 8.16 Diferença entre parâmetros por valor e parâmetros por referência

---

Existe(lista, item)

Faça posição igual a 0
ENQUANTO (posição < lista.comprimento E lista.valores[posição]!=item)
    Faça posição igual a posição + 1
RETORNAR posição < lista.comprimento

Existe é um subprograma que retorna um valor – nesse caso um valor booleano. Assim, ele seria usado em uma expressão tal como

---

SE (Existe(minhaLista, item))
    Escreva item "está na lista"

Esse tipo de subprograma é chamado subprograma com *retorno de valor*. Remover e Inserir, ao contrário, não retornam um valor específico. Entretanto, eles retornam a lista alterada por meio dos seus parâmetros. Se assumirmos que o item a ser removido esteja na lista, a implementação será simples: Ao encontrarmos o item a ser deletado, apenas o trocamos com o último item da lista e decrementamos comprimento.

Remover(lista, item)

Faça posição igual a 1
ENQUANTO (lista.valores[posição]!=item)
    Faça posição igual a posição + 1
Trocar(lista.valores[lista.comprimento – 1], lista.valores[posição])
Faça lista.comprimento igual a lista.comprimento – 1

Existe pode ser usado para assegurar que o item a ser removido esteja na lista.

SE (Existe(minhaLista, item))
    Remover(minhaLista, item)

Subprogramas com retorno de valor incluem a instrução RETORNAR seguida por um valor a ser retornado. Subprogramas sem retorno de valor podem ter uma instrução RETORNAR, mas é desnecessário. Para concluir esta seção, eis aqui um segmento de código que lê valores para a lista e então remove alguns valores:

```
ENQUANTO (mais valores)
    Leia umValor
    SE (NÃO Existe(lista, umValor))
        Inserir(lista, umValor)
Escreva "Informe valor a remover ou 'Sair' para sair"
Leia umValor
SE (umValor != "Sair")
    SE (Existe(lista, umValor))
        Remover(lista, umValor)
```

Resumo

Listas, pilhas, filas, árvores e grafos são todos estruturas abstratas compostas úteis. Cada uma possui sua própria propriedade definidora e as operações que garantem essa propriedade. Todas essas estruturas abstratas incluem operações para inserção e remoção de itens. Listas e árvores também possuem operações para encontrar itens na estrutura.

Listas e árvores têm as mesmas propriedades: Itens podem ser inseridos, removidos e recuperados. Itens podem ser inseridos em uma pilha, mas o item removido e retornado será o último item inserido na pilha – isto é, o item que ficou na pilha o menor tempo. Itens podem ser inseridos em uma fila, mas o item removido e retornado será o primeiro item colocado na fila – isto é, o item que ficou na fila o maior tempo.

Listas, pilhas, filas e árvores são apenas estruturas armazenadoras, mas grafos são mais complexos. Uma abundância de algoritmos matemáticos pode ser aplicada para informação em um grafo. Examinamos três desses: a busca em largura, a busca em profundidade e a busca de fonte única de menor caminho.

Instruções de subprograma permitem que subalgoritmos sejam implementados de forma independente. Um subprograma pode ser com retorno de valor, caso em que ele será chamado colocando-se seu nome e seus argumentos em uma expressão. Alternativamente, um subprograma pode ser sem valor de retorno (*void* – vazio), caso em que o nome do subprograma será usado como uma instrução no programa chamador. Dados enviados para subprogramas e retornado de subprogramas são transmitidos pelo uso de listas de parâmetros. Parâmetros podem ser parâmetros por referência ou por valor. Um argumento é passado a um parâmetro por valor enviando-se uma cópia do argumento ao subprograma. Um argumento é passado a um parâmetro por referência enviando-se o endereço do argumento ao subprograma.

⚖ QUESTÕES ÉTICAS ▶ Influência da Internet na Eleição Presidencial de 2008

Não se pode debater que a Internet alterou o modo como campanhas presidenciais são conduzidas. Barack Obama não foi o primeiro nem o único candidato a usar a Internet em sua campanha. Um registro de único dia para levantar contribuições de campanha foi estabelecido por Ron Paul (republicano), que coletou U$6 milhões em um dia em 2007 por meio de doações pela Internet. Mais notável foi Howard Dean (democrata), que usou a Internet como uma ferramenta fundamental em sua "estratégia de 50 estados" nas primárias de 2004. Embora por fim derrotado na eleição, não se pode negar o sucesso de Dean em levantar fundos por meio de sua campanha pioneira em termos de Internet de uma "revolução de U$100" na qual 2 milhões de americanos dariam U$100 para competir com o candidato republicano George W. Bush. Tendo como exemplo a ênfase de Dean em pequenos doadores e na Internet, quase metade dos U$639 milhões de Obama em fundos foi levantada a partir de 3 milhões que deram U$300 ou menos. Entendendo que uma campanha de sucesso era conduzida pelo seu fluxo de caixa, muito da rede social de Obama e tempo de Internet foi direcionado rumo a levantar fundos de campanha.

Houve muitas similaridades na forma como Obama e John McCain usaram a Internet. Ambos criaram uma plataforma inteira de mídia social que empurrava informação e ideais para as massas, tanto *online* quanto fora da rede. Os sítios *Web* de ambos os homens se tornaram pontos focais onde seus apoiadores trabalharam para eles, e os indecisos foram para obter informação. Ambos os homens usaram outras ferramentas da Internet, tais como Facebook, MySpace™, Twitter e YouTube, junto com milhares de sítios de *blogging* pessoal e fóruns. Em sítios como YouTube, mais de 14,5 milhões de horas de cobertura de eleição estavam disponíveis, que empurraram opiniões e a agenda de campanha – e essas eram horas de custo grátis para os candidatos. A Internet permitiu que

» continua

QUESTÕES ÉTICAS ► Influência da Internet na Eleição Presidencial de 2008, continuação

candidatos aumentassem sua visibilidade a maiores audiências de eleitores em potencial a custos substancialmente menores do que aqueles incorridos em comerciais de campanha em televisão que atingiriam menos pessoas. Além disso, a Internet permite que candidatos rapidamente respondam a uma realimentação negativa simplesmente editando texto e vídeo, ao passo que um trabalho em televisão que seja veiculado não pode ser desfeito.

Mesmo aqueles que argumentam que televisão ainda é "o" meio influente para atingir eleitores em potencial admitem a influência da Internet. Um tema pode começar como um burburinho em um *blog* entre seguidores aguerridos. Se esse burburinho em um *blog* se tornar alto o suficiente, a mídia principal pegará o tema em seus artigos e o difundirá. Daí o tema entra em discussões gerais na vida cotidiana.

Tem sido observado que a então relativamente recente invenção da televisão foi responsável por ter elegido John F. Kennedy em 1960. Em um debate presidencial com o candidato republicano, Richard Nixon, Kennedy foi visto pela audiência televisiva como elegante, erudito e tranquilo, ao passo que Nixon foi visto como constrangido e portando uma barba por fazer. O debate, diz-se, influenciou apenas eleitores suficientes para dar a eleição a Kennedy. Alguns analistas descontentes sugeriram que, se a televisão existisse em 1860, o grande, mas fisicamente não atraente, Abraham Lincoln não teria sido eleito. Televisão, argumenta-se, roubou alguma coisa do processo democrático. A Internet, argumentaríamos agora, trouxe parte disso de volta.

Termos Fundamentais

Aresta (arco)
Argumentos
Árvore binária
Caminho
Contêineres
Estrutura de dados
Estrutura encadeada
Grafo
Grafo não orientado
Grafo orientado (dígrafo)

Lista de parâmetros
Nó folha
Parâmetro por referência
Parâmetro por valor
Parâmetros
Raiz
Tipo Abstrato de Dados (ADT)
Vértice
Vértices adjacentes

Exercícios

Para os Exercícios 1 a 10, indique que estrutura seria a escolha mais adequada para cada um dos aplicativos a seguir, marcando-os como abaixo:
   A. Pilha
   B. Fila
   C. Árvore
   D. Árvore de busca binária
   E. Grafo

1. Uma simulação bancária de sua operação de caixa para ver como tempos de espera seriam afetados pelo acréscimo de outra caixa.
2. Um programa para receber dados que devam ser salvos e processados na ordem inversa.
3. Um catálogo eletrônico de endereços, mantido ordenado por nome.
4. Um processador de texto que tenha uma opção PF que faça o comando anterior ser novamente exibido. Toda vez que a opção PF for usada, o programa deverá mostrar o comando que precedeu aquele atualmente exibido.
5. Um dicionário de palavras usadas por um verificador de grafia a ser construído e mantido.
6. Um programa para acompanhar pacientes, à medida que eles chegam a uma clínica médica, designando pacientes a médicos em uma base primeiro a chegar, primeiro a atender.
7. Um programa para acompanhar onde produtos enlatados estão localizados em uma prateleira.
8. Um programa para acompanhar os times de futebol em um torneio em uma cidade.
9. Um programa para acompanhar relacionamentos familiares.
10. Um programa para manter as rotas em uma companhia aérea.

Para os Exercícios 11 a 30, assinale verdadeiro ou falso como a seguir:
   A. Verdadeiro
   B. Falso
11. Uma pesquisa binária não pode ser aplicada a uma árvore.

12. Uma pilha e uma fila são diferentes nomes para o mesmo ADT.
13. Uma pilha exibe comportamento FIFO.
14. Uma fila exibe comportamento LIFO.
15. Uma folha em uma árvore é um nó sem filhos.
16. Uma árvore binária é uma árvore na qual cada nó pode ter zero, um ou dois filhos.
17. Uma árvore de busca binária é outro nome para uma árvore binária.
18. O valor do filho à direita de um nó (se ele existir) em uma árvore de busca binária será maior que o valor do próprio nó.
19. O valor do filho à esquerda de um nó (se ele existir) em uma árvore de busca binária será maior que o valor do próprio nó.
20. Em um grafo, os vértices representam os itens sendo modelados.
21. Algoritmos que usam uma lista devem saber se a lista é baseada em vetor ou encadeada.
22. Uma lista pode ser linear ou não linear, dependendo da sua implementação.
23. A raiz de uma árvore é o nó que não tem ancestrais.
24. Árvores de busca binária são ordenadas.
25. Em média, pesquisar em uma árvore de busca binária é mais rápido que pesquisar em uma lista baseada em vetor.
26. Em média, pesquisar em uma árvore de busca binária é mais rápido que pesquisar em uma lista.
27. Uma árvore de busca binária é sempre balanceada.
28. Dados o número de nós e o número de níveis em uma árvore de busca binária, você poderá determinar a eficiência relativa de uma pesquisa na árvore.
29. Inserção em uma árvore de busca binária será sempre em um nó folha.
30. Uma árvore de busca binária é outra implementação de uma lista ordenada.

O algoritmo a seguir (usado para os Exercícios 31 a 33) é um laço controlado por contagem indo de 1 a 5. A cada iteração, o contador do laço é impresso ou colocado em uma pilha, dependendo do resultado da função booleana RanFun() (o comportamento de RanFun é irrelevante). Ao final do laço, os itens na pilha são desempilhados e impressos. Devido às propriedades lógicas de uma pilha, esse algoritmo não pode imprimir certas sequências dos valores do contador do laço. Você receberá uma saída e será questionado se o algoritmo pode gerar a saída. Responda como a seguir:

A. Verdadeiro
B. Falso
C. Informação insuficiente

```
Faça contador igual a 0
ENQUANTO (contador < 5)
    Faça contador igual a contador + 1
    SE (RanFun())
        Escreva contador, ' '
    SENÃO
        Empilhar(minhaPilha, contador)
ENQUANTO (NÃO EstáVazia(minhaPilha))
    Desempilhar(minhaPilha, número)
    Escreva número, ' '
```

31. A saída a seguir é possível usando uma pilha: 1 3 5 2 4.
32. A saída a seguir é possível usando uma pilha: 1 3 5 4 2.
33. A saída a seguir é possível usando uma pilha: 1 3 5 1 3.

O algoritmo a seguir (usado para os Exercícios 34 a 36) é um laço controlado por contagem indo de 1 a 5. A cada iteração, o contador do laço é impresso ou colocado em uma fila, dependendo do resultado da função booleana RanFun() (o comportamento de RanFun é irrelevante). Ao final do laço, os itens na fila são desenfileirados e impressos. Devido às propriedades lógicas de uma fila, esse algoritmo não pode imprimir certas sequências dos valores do contador do laço. Você receberá uma saída e será questionado se o algoritmo pode gerar a saída. Responda como a seguir:

A Camada de Programação

198 Capítulo 8

A. Verdadeiro
B. Falso
C. Informação insuficiente

```
Faça contador igual a O
ENQUANTO (contador < 5)
    Faça contador igual a contador + 1
    SE (RanFun())
        Escreva contador, ' '
    SENÃO
        Inserir(minhaFila, contador)
ENQUANTO (NÃO EstáVazia(minhaFila))
    Remover(minhaFila, número)
    Escreva número, ' '
```

34. A saída a seguir é possível usando uma pilha: 1 3 5 2 4.
35. A saída a seguir é possível usando uma pilha: 1 3 5 4 2.
36. A saída a seguir é possível usando uma pilha: 1 3 5 1 3.

Os Exercícios 37 a 50 são questões de resposta curta.
37. O que será escrito pelo algoritmo a seguir?

```
Empilhar(minhaPilha, 5)
Empilhar(minhaPilha, 4)
Empilhar(minhaPilha, 4)
Desempilhar(minhaPilha, item)
Desempilhar(minhaPilha, item)
Empilhar(minhaPilha, item)
ENQUANTO (NÃO EstáVazia(minhaPilha))
    Desempilhar(minhaPilha, item)
    Escreva item, ' '
```

38. O que será escrito pelo algoritmo a seguir?

```
Inserir(minhaFila, 5)
Inserir(minhaFila, 4)
Inserir(minhaFila, 4)
Remover(minhaFila, item)
Remover(minhaFila, item)
Inserir(minhaFila, item)
ENQUANTO (NÃO EstáVazia(minhaFila))
    Remover(minhaFila, item)
    Escreva item, ' '
```

39. Escreva um algoritmo que faça fundo igual ao último elemento em uma pilha, deixando a pilha vazia.
40. Escreva um algoritmo que faça fundo igual ao último elemento em uma pilha, deixando a pilha inalterada.
41. Escreva um algoritmo para criar uma cópia de minhaPilha, deixando minhaPilha inalterada.
42. Escreva um algoritmo que faça último igual ao último elemento em uma fila, deixando a fila vazia.
43. Escreva um algoritmo que faça último igual ao último elemento em uma fila, deixando a fila inalterada.
44. Escreva um algoritmo para criar uma cópia de minhaFila, deixando minhaFila inalterada.

45. Escreva um algoritmo substituir que pegue uma pilha e dois itens. Se o primeiro item estiver na pilha, substitua-o pelo segundo item, deixando o restante da pilha inalterado.
46. Escreva um algoritmo substituir que pegue uma fila e dois itens. Se o primeiro item estiver na fila, substitua-o pelo segundo item, deixando o restante da fila inalterado.
47. Desenhe a árvore de busca binária cujos elementos sejam inseridos na seguinte ordem:

    50 72 96 107 26 12 11 9 2 10 25 51 16 17 95

48. Se Imprimir for aplicado à árvore formada no Exercício 47, em que ordem os elementos serão impressos?
49. Examine o algoritmo a seguir e o aplique à árvore formada no Exercício 47. Em que ordem os elementos serão impressos?

    ```
    Imprimir2(árvore)
      SE (árvore NÃO for null)
        Imprimir (direita(árvore))    // Chamada recursiva R1
        Escreva info(árvore)
        Imprimir (direita(árvore))    // Chamada recursiva R2
    ```

50. Examine o algoritmo a seguir e o aplique à árvore formada no Exercício 47. Em que ordem os elementos serão impressos?

    ```
    Imprimir3(árvore)
      SE (árvore NÃO for null)
        Imprimir (direita(árvore))    // Chamada recursiva R1
        Imprimir (direita(árvore))    // Chamada recursiva R2
        Escreva info(árvore)
    ```

Os Exercícios 51 a 55 são questões de resposta curta baseados no grafo orientado a seguir.

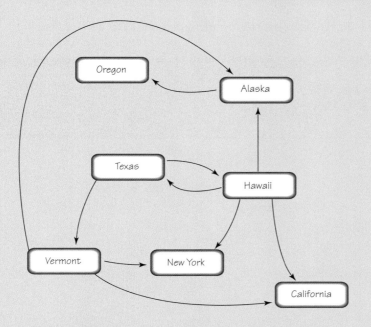

51. Há um caminho de Oregon a qualquer outro estado no grafo?
52. Há um caminho de Hawaii a qualquer outro estado no grafo?
53. A partir de que estado(s) do grafo há um caminho para Hawaii?
54. Mostre a tabela que representa esse grafo.
55. Você pode ir de Vermont a Hawaii?

Os Exercícios 56 a 60 são questões de resposta curta baseados no grafo orientado a seguir.

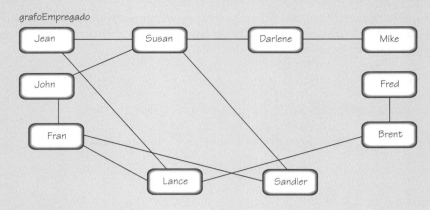

56. Mostre a travessia em profundidade de Jean a Sandler.
57. Mostre a travessia em profundidade de Lance a Darlene.
58. Mostre a travessia em largura de Jean a Sandler.
59. Mostre a travessia em largura de Lance a Darlene.
60. Mostre a tabela que representa esse grafo.

Os Exercícios 61 a 69 são exercícios de resposta curta.
61. Dado o registro Lista contendo o vetor valores e a variável comprimento, escreva o algoritmo ObterComprimento.
62. Assuma que o registro Lista tenha uma variável adicional posiçãoAtual, inicializada com o primeiro item da lista. Qual será o valor inicial de posiçãoAtual?
63. Escreva o algoritmo para MaisItens, que retornará VERDADEIRO, se houver mais itens na lista, e FALSO, caso contrário.
64. Escreva o algoritmo para ObterPróximo(minhaLista, item), de modo que item seja o próximo item da lista. Assegure-se de atualizar posiçãoAtual.
65. Os Exercícios 61 a 64 criaram os algoritmos que permitem que o usuário de uma lista veja os itens, um de cada vez. Escreva o algoritmo que usa essas operações para imprimir os itens em uma lista.
66. O que acontecerá se uma inserção ou remoção ocorrer no meio de uma iteração pela lista? Justifique.
67. Você pode pensar em uma forma de evitar que o usuário faça uma inserção ou remoção durante uma iteração?
68. Faça a distinção entre parâmetros por valor e por referência.
69. Como argumentos e parâmetros são casados?

??? Temas para Reflexão

1. Uma planilha eletrônica é uma tabela com linhas e colunas. Pense em uma planilha eletrônica ADT. De que operações você precisaria para construir a tabela? De que operações você precisaria para manipular os valores da tabela?

2. Árvores binárias, árvores de busca binária e grafos são visualizados como nós e setas (ponteiros) que representam os relacionamentos entre os nós. Compare essas estruturas em termos das operações que são permitidas. Uma lista pode ser uma árvore? Uma árvore pode ser uma lista? Uma árvore pode ser um grafo? Um grafo pode ser uma árvore? Como as estruturas todas se relacionam umas com as outras?

3. Você esteve engajado ativamente nas eleições de 2008? De onde você obteve sua informação – mídia impressa, televisão, amigos ou a Internet?

4. Uma das razões para as eleições dos EUA serem tão dispendiosas é que elas cobrem um grande período de tempo. O Reino Unido tem apenas cerca de seis semanas para a campanha dos candidatos. Seria uma boa ideia encurtar o ciclo eleitoral? O uso da Internet para disseminar informação afeta sua resposta?

5. A Internet está ajudando ou prejudicando o processo democrático?

A Camada de Programação

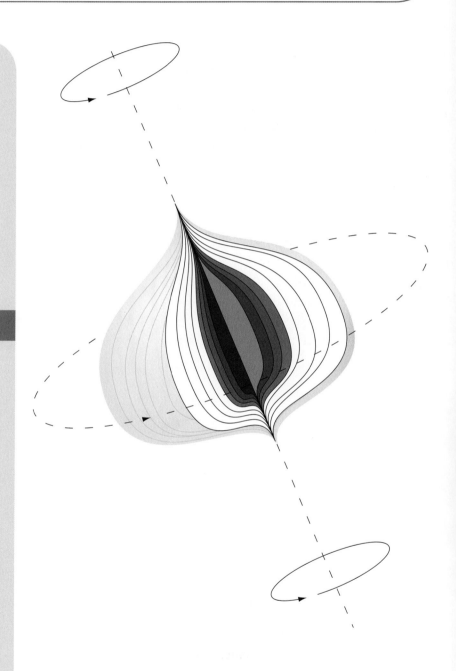

Preparando os Alicerces
    1 O Quadro Geral

A Camada de Informação
    2 Valores Binários e Sistemas de Numeração
    3 Representação de Dados

A Camada de Hardware
    4 Portas e Circuitos
    5 Componentes Computacionais

A Camada de Programação
    6 Linguagens de Programação de Baixo Nível e Pseudocódigo
    7 Solução de Problemas e Algoritmos
    8 Tipos Abstratos de Dados e Subprogramas
  ▶ **9** Projeto Orientado a Objeto e Linguagens de Programação de Alto Nível

A Camada de Sistema Operacional
    10 Sistemas Operacionais
    11 Sistemas de Arquivos e Diretórios

A Camada de Aplicação
    12 Sistemas de Informação
    13 Inteligência Artificial
    14 Simulação, Gráficos, Jogos e Outros Aplicativos

A Camada de Comunicação
    15 Redes
    16 A *World Wide Web*

Em Conclusão
    17 Limitações da Computação

Projeto Orientado a Objeto e Linguagens de Programação de Alto Nível

9

No Capítulo 1, examinamos como as camadas de linguagens foram construídas ao longo do tempo em torno do hardware, para tornar a computação mais fácil para os programadores de aplicativos. No Capítulo 6, examinamos código de máquina e, então, uma linguagem de montagem que permite ao programador usar mnemônicos para representar instruções em vez de números.

Linguagens de montagem são um passo na direção correta, mas o programador ainda tem que pensar em termos de instruções individuais de máquina. Para superar esse obstáculo, introduzimos pseudocódigo como um modo informal para descrever algoritmos; pseudocódigo é mais próximo de como os humanos pensam e se comunicam. Linguagens de programação de alto nível são um modo muito formal de conseguir a mesma coisa. Como computadores podem executar apenas código de máquina, tradutores foram desenvolvidos para traduzir programas escritos nessas linguagens de alto nível para linguagem de máquina.

Objetivos

Após estudar este capítulo, você deverá ser capaz de:

- distinguir projeto funcional de projeto orientado a objeto.
- descrever os estágios do processo de projeto orientado a objeto.
- aplicar o processo de projeto orientado a objeto.
- nomear, descrever e apresentar exemplos de três ingredientes essenciais de uma linguagem orientada a objeto.
- descrever o processo de tradução e saber diferenciar montagem, compilação, interpretação e execução.

- nomear quatro paradigmas distintos de programação e apresentar uma linguagem característica de cada um.
- definir os conceitos de um tipo de dado e tipificação forte.
- entender como os construtos de projeto *topdown* e de projeto orientado a objeto são implementados em linguagens de programação.

Capítulo 9

Antes de examinar linguagens de alto nível, fazemos um desvio para examinar projeto orientado a objeto. Projeto orientado a objeto é outra forma de examinar o processo de projeto, que vê um programa do ponto de vista de dados em vez de tarefas. Como a funcionalidade associada a esse processo de projeto é frequentemente incorporada em linguagens de programação de alto nível, precisamos entender esse processo de projeto antes de vê-las como linguagens específicas de alto nível.

9.1 Metodologia Orientada a Objeto

Abordamos projeto *topdown* primeiro porque ele espelha melhor a forma como seres humanos resolvem problemas. Como você viu antes neste livro, uma solução *topdown* produz uma hierarquia de tarefas. Cada tarefa ou ação nomeada opera sobre os dados passados a ela por meio de sua lista de parâmetros para produzir a saída desejada. As tarefas são o foco de um projeto *topdown*. Projeto orientado a objeto, por outro lado, é uma metodologia para solução de problemas que produz uma solução para um problema em termos de entidades autocontidas chamadas *objetos*, que são compostas de dados e operações que manipulam os dados. Projeto orientado a objeto foca nos objetos e suas interações em um problema. Uma vez que todos os objetos de um problema sejam reunidos, eles constituirão a solução para o problema.

Nesse processo, os princípios de solução de problemas de Polya são aplicados aos dados em vez de às tarefas.

■ Orientação a Objeto

Dados e os algoritmos que manipulam os dados são empacotados juntos na visão orientada a objeto, tornando assim cada objeto responsável por sua própria manipulação (comportamento). Subjacentes a um projeto orientado a objeto (OOD – *object-oriented design*) estão os conceitos de *classes* e *objetos*.

Um **objeto** é uma coisa ou entidade que faça sentido no contexto do problema. Por exemplo, se o problema for relativo a informações sobre alunos, um aluno será um objeto razoável na solução. Um grupo de objetos similares é descrito por uma **classe de objetos** (ou **classe**, abreviadamente). Embora dois alunos não sejam idênticos, alunos têm propriedades (dados) e comportamentos (ações) em comum. Alunos são seres humanos masculinos ou femininos que frequentam cursos em uma escola (pelo menos na maior parte do tempo). Logo, alunos seriam uma classe. A palavra *classe* se refere à ideia de classificar objetos em grupos relacionados e descrever suas características comuns. Isto é, uma classe descreve as propriedades e os comportamentos que os objetos daquela classe exibem. Qualquer objeto particular é uma *instância* (exemplo concreto) da classe.

Solucionar problemas por orientação a objeto envolve isolar as classes do problema. Objetos se comunicam uns com os outros enviando mensagens (chamando subprogramas uns dos outros). Uma classe contém **campos** que representam as propriedades e os comportamentos da classe. Um campo pode conter valores de dados e/ou métodos (subprogramas). Um **método** é um algoritmo nomeado que manipula os valores de dados do objeto. Uma classe, no sentido geral, é um padrão para aquilo com que um objeto se parece (dados) e como ele se comporta (métodos).

■ Metodologia de Projeto

O processo de decomposição que apresentamos envolve quatro estágios. *Livre discussão** é o estágio no qual fazemos a primeira passagem para determinar as classes do problema. *Filtragem* é o estágio no qual voltamos às classes propostas, estabelecidas no estágio de livre discussão, para verificar se algumas podem ser combinadas ou se alguma foi esquecida. Cada classe que sobreviva ao estágio de filtragem será examinada mais cuidadosamente no estágio seguinte.

A Camada de Programação

Está dentro! Não, está fora!
Você já assistiu a um jogo de tênis na televisão, no qual um jogador pede confirmação de uma dúvida? Em uma grande tela você pode ver o caminho da bola e o ponto de impacto que mostra se a bola estava dentro ou fora. Como eles fazem isso? Por computador, é claro. Um sistema usa quatro câmeras digitais de alta velocidade com software de computador que pode rastrear uma bola, determinar sua trajetória e mapear o ponto de impacto dela. Essas câmeras estão conectadas entre si e a um computador principal usando tecnologia sem fio.

» **Objeto** Uma entidade ou coisa que seja relevante no contexto de um problema

» **Classe de objetos (classe)** Uma descrição de um grupo de objetos com propriedades e comportamentos similares

» **Campos** Itens nomeados em uma classe; podem ser dados ou subprogramas

» **Método** Um algoritmo nomeado que defina um aspecto do comportamento de uma classe

---

*Adaptação feita à tradução do termo *brainstorming*, algo como tempestade de ideias, em sentido literal, mas que neste contexto significa uma análise feita de forma aberta, sem questionamentos, isto é, uma livre discussão. (N.T.)

Projeto Orientado a Objeto e Linguagens de Programação de Alto Nível

Cenários é o estágio no qual o comportamento de cada classe é determinado. Como cada classe é responsável pelo próprio comportamento, chamamos esses comportamentos *responsabilidades*. Nesse estágio, perguntas do tipo "e se" são exploradas para assegurar que todas as situações sejam examinadas. Quando todas as responsabilidades de cada classe tiverem sido determinadas, elas serão registradas junto com os nomes de quaisquer outras classes com as quais a classe deva colaborar (interagir) para cumprir com sua responsabilidade.

Algoritmos de responsabilidade é o último estágio e é quando são escritos os algoritmos para as responsabilidades de cada uma das classes. Um dispositivo notacional, chamado cartão CRC (Classe, Responsabilidade, Colaboração), é uma forma prática de registrar a informação sobre cada classe nesse estágio.

Vamos examinar cada um desses estágios com um pouco mais de detalhes.

Livre Discussão

O que é livre discussão?* O dicionário a define como uma técnica de solução de problemas em grupo que envolve a contribuição espontânea de ideias a partir de todos os membros do grupo.[1] Livre discussão traz à mente um filme ou programa de TV onde um grupo de jovens brilhantes debate em torno de ideias sobre um *slogan* de anúncio de lançamento do mais recente produto revolucionário. Essa imagem parece em desacordo com a imagem tradicional de um analista de sistemas trabalhando sozinho por dias, em uma sala fechada e sem janelas de um escritório, que finalmente pula e grita "Ah ha!". À medida que os computadores se tornaram muito poderosos, os problemas que podem ser resolvidos se tornaram mais complexos e a imagem de um gênio trancado em uma sala sem janelas tornou-se obsoleta. Soluções para problemas complexos precisam de novas e inovadoras técnicas baseadas em "Ah ha!"s coletivos – não o trabalho de uma única pessoa.

No contexto de solução de problemas orientada a objeto, livre discussão é uma atividade em grupo planejada para produzir uma lista de classes possíveis a serem usadas para resolver um problema particular. Assim como as pessoas que participam de uma discussão sobre um *slogan* de anúncio sabem alguma coisa sobre o produto antes de a sessão começar, discutir sobre classes requer que os participantes saibam alguma coisa sobre o problema. Cada membro da equipe deve chegar a uma sessão de discussão com uma clara compreensão do problema a ser resolvido. Sem dúvida, durante os preparativos, cada membro da equipe terá gerado sua própria lista preliminar de classes.

Embora livre discussão seja geralmente uma atividade de grupo, você pode praticá-la sozinho em problemas menores.

Filtragem

Livre discussão produz uma primeira lista de classes. A próxima fase é pegar essa lista e definir quais são as classes centrais na solução do problema. Talvez duas classes na lista sejam de fato a mesma coisa. Essas classes duplicadas normalmente surgem porque pessoas de diferentes partes da organização usam nomes diferentes para o mesmo conceito ou entidade. É possível também que duas classes na lista tenham atributos e comportamentos comuns que possam ser combinados.

Algumas classes podem não pertencer, de fato, à solução do problema. Por exemplo, se estivermos simulando uma calculadora, podemos listar o usuário como uma possível classe. Na realidade, o usuário não é parte do funcionamento interno da simulação como uma classe é; o usuário é uma entidade externa ao problema que provê entradas para a simulação. Outra possível classe seria o botão de *ligar*. Um pouco de reflexão, porém, mostrará que o botão de *ligar* não é parte da simulação; ele é o que inicia a execução do programa de simulação.

Quando a filtragem for concluída, a lista remanescente de classes será passada para o próximo estágio.

Cenários

O objetivo da fase de cenários é atribuir responsabilidades a cada classe. Responsabilidades serão implementadas por último como subprogramas. Nesse estágio estamos interessados apenas em o *que* as tarefas são e não em como elas devem ser realizadas.

Há dois tipos de responsabilidades: o que uma classe deve saber sobre si mesma (conhecimento) e o que uma classe deve ser capaz de fazer (comportamento). Uma classe *encapsula* seus dados (conhe-

---

*Vale ressaltar que o termo original é *brainstorming*. (N.T.)

cimento), de tal modo que objetos em uma classe não possam acessar diretamente dados em outras classes. Encapsulamento é o empacotamento de dados e ações de modo que as propriedades lógicas dos dados e ações sejam separadas dos detalhes de implementação. Encapsulamento é fundamental para abstração. Ao mesmo tempo, cada classe tem a responsabilidade de tornar dados (conhecimento) disponíveis para outras classes que precisarem deles. Logo, cada classe tem uma responsabilidade em saber as coisas sobre si mesma que outras classes precisem para serem capazes de acessar. Por exemplo, uma classe aluno deve "saber" seu nome e seu endereço, e uma classe que use a classe aluno deve ser capaz de "acessar" essa informação. Essas responsabilidades são normalmente nomeadas por "*get*" acrescido ao nome do dado – por exemplo, getNome ou getEndereçoDeCorreioEletronico. Se o endereço de correio eletrônico será mantido na classe aluno ou se a classe aluno deverá solicitar a alguma outra classe para ter acesso ao endereço é irrelevante nesse estágio: O fato importante é que a classe aluno saiba o seu endereço de correio eletrônico e possa retorná-lo a uma classe que precise dele.

As responsabilidades por comportamento se parecem mais com as tarefas que descrevemos em projeto *topdown*. Por exemplo, uma responsabilidade seria a classe aluno calcular seu coeficiente de rendimento acumulado (CRA). Em projeto *topdown*, diríamos que uma tarefa seria calcular o CRA, tendo sido fornecidos os dados. Em projeto orientado a objeto, dizemos que a classe aluno é responsável por calcular seu próprio CRA. A distinção é tão sutil quanto profunda. O código final para o cálculo pode parecer o mesmo, mas ele é executado de formas diferentes. Em um programa baseado em um projeto *topdown*, o programa chama o subprograma que calcula o CRA, passando o objeto aluno como parâmetro. Em um programa orientado a objeto, uma mensagem é enviada ao objeto da classe para calcular seu CRA. Não há parâmetros, já que o objeto para o qual a mensagem é enviada conhece seus próprios dados.

O nome para essa fase dá uma pista sobre como se procede ao atribuir responsabilidades a classes. A equipe (ou um indivíduo) descreve diferentes cenários de processamento envolvendo as classes. Cenários são os roteiros "e se" que permitem aos participantes traduzir em ações diferentes situações ou a um indivíduo pensar por meio deles.

O resultado dessa fase é um conjunto de classes com as responsabilidades atribuídas a cada classe, talvez escritas em um cartão CRC. As responsabilidades para cada classe são listadas no cartão, junto com as classes com as quais uma responsabilidade deva colaborar.

Algoritmos de Responsabilidades

Algoritmos devem, por fim, ser escritos para as responsabilidades. Como o processo de solução de problemas é focado em dados, e não em ações, na visão de projeto orientada a objeto os algoritmos para dar conta das responsabilidades tendem a ser bem pequenos. Por exemplo, as responsabilidades de conhecimento usualmente apenas retornam o conteúdo de uma das variáveis de objeto ou enviam uma mensagem a outro objeto para recuperá-lo. Responsabilidades de ação são um pouco mais complicadas, frequentemente envolvendo cálculos. Assim, o método *topdown* para projetar um algoritmo é geralmente apropriado para projetar algoritmos de responsabilidades de ação.

Palavra Final

Para resumir, métodos de projeto *topdown* focalizam no *processo* de transformar a entrada na saída, resultando em uma hierarquia de tarefas. Projeto orientado a objeto foca nos *objetos de dados* que deverão ser transformados, resultando em uma hierarquia de objetos. Grady Booch coloca isso da seguinte forma: "Leia a especificação do software que você quer construir. Sublinhe os verbos se visar código procedimental, os substantivos se almejar um programa orientado a objeto".[2]

Propomos que você faça um círculo em torno dos substantivos e sublinhe os verbos como uma forma de começar. Os substantivos se tornam objetos, os verbos se tornam operações. Em um projeto *topdown*, os verbos são o foco primário; em um projeto orientado a objeto, os substantivos são o foco primário.

Vamos agora trabalhar em um exemplo.

■ Exemplo

Problema

Crie uma lista que inclua nome, número de telefone e endereço de correio eletrônico de cada pessoa. Essa lista deverá então ser impressa em ordem alfabética. Os nomes a serem incluídos na lista estão em pedaços de papel e cartões de visita.

❯❯ Encapsulamento Empacotar dados e ações de modo que as propriedades lógicas de dados e ações sejam separadas dos detalhes de implementação

Livre Discussão e Filtragem

Vamos experimentar circundando os substantivos e sublinhando os verbos.

Criar uma lista que inclua nome, número de telefone e endereço de correio eletrônico e endereço de cada pessoa. Essa lista deverá então ser impressa em ordem alfabética. Os nomes a serem incluídos na lista estão em pedaços de papel e cartões de visita.

A primeira passagem por uma lista de classes incluiria o seguinte:

```
lista
nome
número de telefone
endereço de correio eletrônico
endereço
lista
ordem
nomes
lista
pedaços
papel
cartões
```

Três dessas classes são as mesmas: As três referências a *lista* dizem respeito, todas, ao contêiner sendo criado. *Ordem* é um substantivo, mas o que é uma *classe ordem*? Ela, na verdade, descreve como a classe lista deve imprimir seus itens. Logo, ela deve ser descartada como uma classe. *Nome* e *nomes* devem ser combinados em uma classe. *Pedaços*, *papel* e *cartões* descrevem objetos que contêm os dados no mundo real. Eles não têm contrapartida no projeto. Nossa lista filtrada é mostrada abaixo:

```
lista
nome
número de telefone
endereço de correio eletrônico
endereço
```

Os verbos no enunciado do problema nos dão uma orientação em relação às responsabilidades: *criar*, *imprimir* e *incluir*. Da mesma forma que *pedaços*, *papel* e *cartões*, *incluir* é uma instrução para alguém preparando os dados e não possui contrapartida no projeto. Contudo, ela indica que devemos ter um objeto que informe os dados a serem colocados na lista. O que são exatamente esses dados? São o nome, o número de telefone, o endereço de correio eletrônico e o endereço de cada pessoa da lista. Mas essa linha de pensamento nos leva à descoberta de que deixamos escapar uma pista principal no enunciado do problema. A indicação de posse da expressão de cada *pessoa* de fato dá nome a uma importante classe; nome, número de telefone, endereço de correio eletrônico e endereço são classes que ajudam a definir (estão contidas em) uma classe pessoa.

Agora temos uma escolha de projeto. Deve a classe pessoa ter uma responsabilidade de inserir seus próprios dados para inicializar a si própria, ou devemos criar outra classe que insira os dados e os envie para inicializar a classe pessoa? Vamos deixar a classe pessoa ser responsável por inicializar a si mesma. A classe pessoa deve também ser responsável por imprimir a si mesma.

A classe pessoa colabora com alguma outra classe? A resposta a essa questão dependerá de como decidirmos representar os dados na classe pessoa. Representamos nome, número de telefone, endereço de correio eletrônico e endereço como dados simples na classe pessoa, ou representamos cada um como sua própria classe? Vamos representar nome como uma classe com dois itens de dados, primeiroNome e últimoNome, e fazer as outras serem variáveis do tipo cadeia de caracteres na classe pessoa. Ambas as classes, pessoa e nome, devem ter responsabilidades de conhecimento de seus valores de dados. Aqui estão os cartões CRC para essas classes.

Nome da Classe: Pessoa	Superclasse:	Subclasses:
Responsabilidades	**Colaborações**	
Inicializar a si mesma (nome, endereço, telefone, endereçoEletrônico)	Nome, Cadeia de Caracteres	
Imprimir	Nome, Cadeia de Caracteres	
GetEndereçoEletrônico	Cadeia de Caracteres	
GetNome	Nome, Cadeia de Caracteres	
GetEndereço	Cadeia de Caracteres	
GetTelefone	Cadeia de Caracteres	

Nome da Classe: Nome	Superclasse:	Subclasses:
Responsabilidades	**Colaborações**	
Inicializar a si mesma (primeiroNome, últimoNome)	Cadeia de caracteres	
Imprimir a si mesma	Cadeia de caracteres	
GetPrimeiroNome	Cadeia de caracteres	
GetÚltimoNome	Cadeia de caracteres	

E o objeto lista? A lista deve manter os itens em ordem alfabética ou ela deve ordenar os itens antes de imprimi-los? Cada linguagem na qual podemos implementar esse projeto tem uma biblioteca de classes de contêineres disponíveis para uso. Vamos usar uma dessas classes que mantém a lista em ordem alfabética. Essa classe de biblioteca também deve imprimir a lista. Podemos criar um cartão CRC para essa classe, mas registre que ela muito provavelmente será implementada usando uma classe de biblioteca.

Nome da Classe: ListaOrdenada (oriunda da biblioteca)	Superclasse:	Subclasses:
Responsabilidades	**Colaborações**	
Inserir (pessoa)	Pessoa	
Imprimir a si mesma	Pessoa	

Por convenção, quando uma classe atinge o estágio de CRC, começamos seu identificador com uma letra maiúscula.

Algoritmos de Responsabilidade

Classe Pessoa   Há duas responsabilidades a serem decompostas: inicializar e imprimir. Como Nome é uma classe, podemos apenas deixá-la inicializar e imprimir a si mesma. Aplicamos um subprograma (método) a um objeto colocando o nome do objeto antes do nome do método, com um ponto entre os dois.

Inicializar

nome.inicializar()

Escreva "Entre número de telefone; pressione enter."

Obter número de telefone

Escreva "Entre endereço de correio eletrônico; pressione enter."

Obter endereço de correio eletrônico

Imprimir

nome.imprimir()

Escreva "Número de telefone: ", númeroTelefone

Escreva "Endereço de correio eletrônico: ", endereçoEletrônico

Classe Nome Essa classe tem as mesmas duas responsabilidades: inicializar e imprimir. Contudo, os algoritmos são diferentes. Para a responsabilidade inicializar, o usuário deve ser solicitado a informar o nome e o algoritmo deve ler o nome. Para a responsabilidade imprimir, o primeiro e o último nomes devem ser enviados com rótulos apropriados.

Inicializar

"Informe o primeiro nome; pressione enter."

Ler primeiroNome

"Entre com o últimoNome; pressione enter.'

Ler últimoNome

Imprimir

Imprimir "Primeiro nome:", primeiroNome

Imprimir "Último nome:", últimoNome

Paramos com o projeto neste ponto. Releia o início do Capítulo 7, onde discutimos solução de problemas e o processo de projeto *topdown*. Um projeto *topdown* produz uma árvore hierárquica com tarefas nos nós da árvore. O projeto orientado a objeto produz um conjunto de classes, cada uma das quais tem responsabilidades por seu próprio comportamento. Um é melhor que o outro? Bem, o projeto orientado a objeto cria diversas classes que podem ser úteis em outros contextos. Reutilização é uma das grandes vantagens de um projeto orientado a objeto. Classes projetadas para um problema podem ser usadas em outro problema, porque cada classe é autocontida; isto é, cada classe é responsável por seu próprio comportamento.

Você pode pensar na fase de solução de problema orientada a objeto como mapeando os objetos do mundo real em classes, que são descrições das categorias dos objetos. A fase de implementação pega a descrição das categorias (classes) e cria instâncias das classes que simulam os objetos do problema. As interações dos objetos do programa simulam a interação dos objetos do mundo real do problema. A Figura 9.1 resume esse processo.

9.2 Processo de Tradução

Relembre, do Capítulo 6, que um programa escrito em linguagem de montagem é entrada para o *montador*, que traduz instruções em linguagem de montagem em código de máquina. O código de máquina, que é a saída do montador, é então executado. Com linguagens de alto nível, empregamos outras ferramentas de software para ajudar no processo de tradução. Vamos examinar as funções básicas dessas ferramentas, antes de examinar linguagens de alto nível.

■ Compiladores

Os algoritmos que traduzem instruções em linguagem de montagem em código de máquina são muito simples porque as linguagens de montagem são muito simples. Por "simples", queremos dizer que cada instrução de montagem executa uma operação fundamental. Linguagens de alto nível proveem um conjunto de instruções mais rico, que torna a vida do programador ainda mais

FIGURA 9.1
Mapeamento de problema em solução

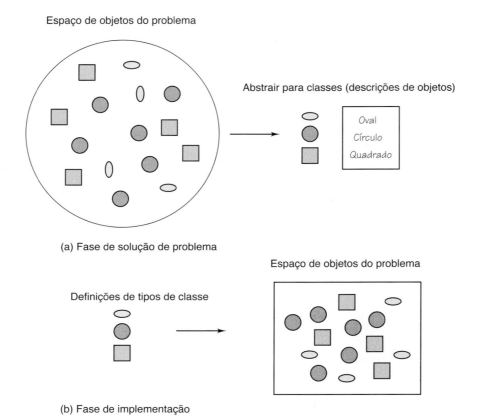

(a) Fase de solução de problema

(b) Fase de implementação

>> **Compilador** Um programa que traduz um programa em linguagem de alto nível para código de máquina

fácil; mas, devido aos construtos serem mais abstratos, o processo de tradução é mais difícil. Programas que traduzem programas escritos em linguagens de alto nível são chamados **compiladores**. No início, a saída de um compilador era uma versão do programa em linguagem de montagem, que então tinha que ser passada por um montador para finalmente se obter um programa em linguagem de máquina para ser executado. À medida que cientistas de computação começaram a ter uma compreensão mais profunda do processo de tradução, compiladores se tornaram mais sofisticados e a fase de linguagem de montagem era frequentemente eliminada. Veja a Figura 9.2.

Um programa escrito em uma linguagem de alto nível pode ser executado em qualquer computador que tenha um compilador apropriado para a linguagem. Um compilador é um programa; logo, uma versão do compilador em código de máquina tem que estar disponível em uma máquina específica para estar apta a compilar um programa. Então, para ser usada em diversos tipos de máquinas, cada linguagem de alto nível deve ter muitos compiladores para aquela linguagem.

■ Interpretadores

>> **Interpretador** Um programa que tem como entrada um programa em uma linguagem de alto nível e direciona o computador a executar as ações especificadas em cada instrução

Um **interpretador** é um programa que traduz e executa as instruções em sequência. Diferente de um montador ou de um compilador que produz código de máquina como saída, que é então executado em um passo a parte, um interpretador traduz uma instrução e, então, imediatamente a executa. Interpretadores podem ser vistos como *simuladores* ou *máquinas virtuais* que entendem a linguagem na qual um programa é escrito. Como Terry Pratt assinala em seu texto clássico sobre linguagens de programação, tanto um tradutor como um simulador aceitam programas em linguagem de alto nível como entrada. O tradutor (montador ou compilador) simplesmente pro-

FIGURA 9.2 Processo de compilação

Projeto Orientado a Objeto e Linguagens de Programação de Alto Nível

duz um programa equivalente em uma linguagem de máquina apropriada, que então deve ser executado. O simulador executa o programa de entrada diretamente.[3]

Linguagens de alto nível de segunda geração surgiram em duas variedades: aquelas que eram compiladas e aquelas que eram interpretadas. FORTRAN, COBOL e ALGOL eram compiladas; Lisp, SNOBOL4 e APL eram interpretadas. Devido à complexidade dos interpretadores de software, programas em linguagens interpretadas normalmente eram executados mais lentamente que programas compilados. Como resultado, a tendência era favorável às linguagens compiladas – até o advento de Java.

Java foi apresentada em 1996 e arrebatou a comunidade de computação como uma tempestade. No projeto de Java, portabilidade era de primordial importância. Para obter portabilidade ótima, Java é compilada para uma linguagem de máquina padrão, chamada bytecode. Mas, como pode existir uma *linguagem padrão de máquina*? Um interpretador de software chamado JVM (*Java Virtual Machine* – Máquina Virtual Java) pega o programa em bytecode e o executa. Isto é, bytecode não é a linguagem de máquina para um processador em hardware específico. Qualquer máquina que tenha uma JVM pode executar o programa Java compilado.

A portabilidade obtida por linguagens de alto nível padronizadas não é a mesma que a portabilidade obtida por traduzir Java para bytecode e então interpretá-la em uma JVM. Um programa escrito em uma linguagem de alto nível pode ser compilado e executado em qualquer máquina que tenha o compilador apropriado; o programa é traduzido para código de máquina que é diretamente executado por um computador. Um programa em Java é compilado para bytecode e o programa compilado em bytecode pode ser executado em qualquer máquina que tenha um interpretador JVM. Isto é, a saída do compilador Java é interpretada, não executada diretamente (veja a Figura 9.3). Java é sempre traduzida para bytecode. Além disso, existem compiladores para outras linguagens que as traduzem para bytecode em vez de linguagem de máquina. Por exemplo, existem versões de compiladores de Ada que traduzem Ada para bytecode.

A JVM é uma máquina virtual, assim como o sistema Pep/8 discutido no Capítulo 6. Naquele capítulo, definimos uma máquina virtual como uma máquina hipotética projetada para ilustrar importantes características de uma máquina real. A JVM é uma máquina hipotética projetada para executar bytecode.

> **≫ Bytecode** Uma linguagem padrão de máquina para a qual o código-fonte Java é compilado

> **O sistema-p da UCSD é anterior a Bytecode**
> Nos anos 1970, a Universidade da Califórnia em San Diego tinha um sistema que executava código-p, uma linguagem muito similar a bytecode. Programas escritos em Pascal e FORTRAN eram traduzidos para código-p, que podia ser executado em qualquer hardware com um interpretador de código-p.

9.3 Paradigmas de Linguagens de Programação

O que é um *paradigma*? O *American Heritage Dictionary of the English Language* apresenta duas definições que se referem a como nós, em computação, usamos o termo: "um que sirva como um padrão ou um modelo" e "um conjunto de hipóteses, conceitos, valores e práticas que constituem uma forma de ver a realidade para a comunidade que os compartilha, especialmente em uma disciplina intelectual".[4] No Capítulo 1, esboçamos a história do desenvolvimento do software, listando algumas das linguagens de programação que foram desenvolvidas em cada geração. Outra forma de ver linguagens de programação é examinar os modos que diferentes linguagens refletem visões diversas da realidade – isto é, examinar os diferentes paradigmas representados.

Há dois paradigmas principais, imperativo e declarativo, e muitos subparadigmas em cada um. Examinaremos, mais adiante, diferentes linguagens nesses paradigmas.

■ Paradigma Imperativo

O modelo de von Neumann de instruções sequenciais, que operam sobre valores em memória, influenciou enormemente o modelo mais comum de uma linguagem de programação: o modelo *imperativo*. As linguagens dominantes usadas pela indústria, ao longo da história do software computacional, vieram desse paradigma. Essas linguagens incluem FORTRAN, BASIC, C, Pascal, Ada e C++. Nesse paradigma, o programa descreve o processamento necessário para solucionar o problema. Assim, o paradigma imperativo é caracterizado por execução sequencial de instruções, pelo uso de variáveis que representam posições de memória e pelo uso de instruções de atribuição que alteram os valores dessas variáveis.[8]

> **A palavra *paradigma* mudou ao longo dos anos**
> O *Webster´s New Collegiate Dictionary*, de 1977, define paradigma como "um exemplo ou padrão, um exemplo ilustre de um arquétipo, ou um exemplo de uma conjugação ou declinação de uma palavra". Uma busca na Internet em 2006 encontrou muitas definições relevantes, incluindo "um padrão ou exemplo de alguma coisa". A palavra também conota as ideias de uma imagem mental e um padrão de pensamento. Thomas Kuhn usa a palavra para significar o modelo que cientistas sustentam sobre uma área particular de conhecimento. O livro famoso de Kuhn, *The Structure of Scientific Revolutions*, apresenta a visão dele sobre os estágios pelos quais uma ciência segue ao ir de um paradigma para outro.[5] A perspectiva geralmente aceita é a de uma disciplina particular em uma dada época: "Ele moldou o problema dentro do paradigma psicanalítico."[6] "*Paradigma* também tem sido definido como um modelo ou uma estrutura de referência. Transformação radical na forma de examinar uma questão ou um problema."[7]

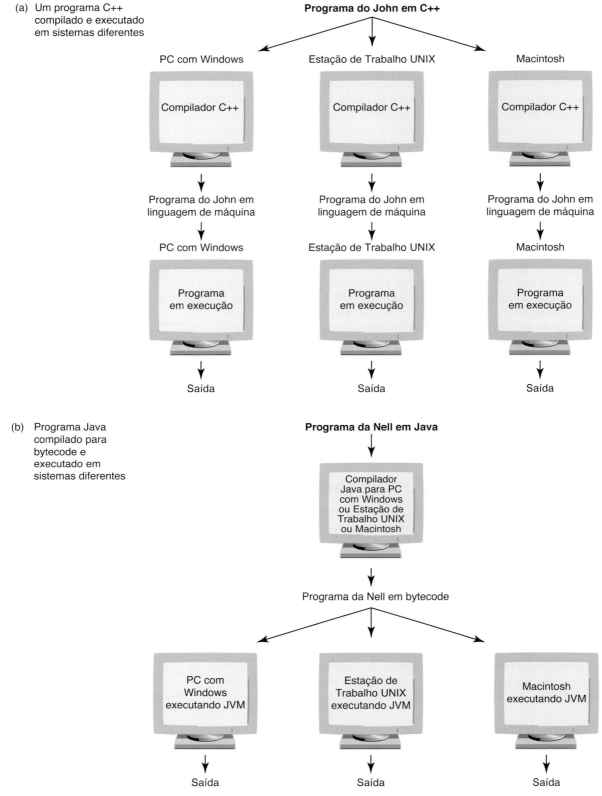

FIGURA 9.3 Portabilidade fornecida por linguagens padronizadas *versus* interpretação por bytecode

Paradigma Procedimental

Programação procedimental é um modelo imperativo no qual as instruções são agrupadas em subprogramas. Um programa é uma hierarquia de subprogramas, cada um dos quais realiza uma tarefa específica necessária à solução do programa global. Nossos exemplos de pseudocódigo seguem esse modelo. Escrevemos subprogramas e passamos para eles dados de que eles precisam para dar conta de suas funções.

Paradigma Orientado a Objeto

A visão de orientação a objeto é aquela de um mundo de objetos que interagem. Cada objeto tem responsabilidade por suas próprias ações. No paradigma procedimental, dados são considerados passivos e sofrem ações pelo programa. No paradigma de orientação a objeto, objetos de dados são ativos. Objetos e o código que os manipula são reunidos, fazendo cada objeto responsável por sua própria manipulação. SIMULA e Smalltalk foram as duas primeiras linguagens de programação orientadas a objeto. Java e Python são duas linguagens modernas orientadas a objeto.

C++ e Java são linguagens imperativas que são um tanto misturadas em termos dos paradigmas delas. Embora Java seja considerada como orientada a objeto, ela tem algumas características procedimentais. C++ é considerada procedimental, mas ela tem algumas características orientadas a objeto.

■ Paradigma Declarativo

O paradigma *declarativo* é um modelo no qual os resultados são descritos, mas os passos para chegar aos resultados não são estabelecidos. Há dois modelos básicos nesse paradigma: funcional e lógico.

Modelo Funcional

O *modelo funcional* é baseado no conceito matemático de função. Computação é expressa em termos da avaliação de funções. A solução para um problema é expressa em termos de chamada a funções. Assim, o mecanismo básico é a avaliação de funções e não há variáveis e nem instruções de atribuição. Por exemplo, a adição de dois números poderia ser expressa da seguinte forma:

(+ 30 40)

onde os parênteses representam uma expressão a ser avaliada aplicando o primeiro item (que deve ser uma função) ao restante da lista. Essa expressão é avaliada aplicando a função adição aos dois números seguintes, que retornará o valor 70. Não há construto de laço; repetição é expressa em termos de chamadas a funções recursivas. As linguagens mais bem conhecidas do paradigma funcional são Lisp, Scheme (uma derivada de Lisp) e ML.

Vamos examinar uma série de expressões de Scheme que ilustram a aparência da linguagem. Scheme é interpretada; logo, o resultado segue imediatamente a instrução. Um interpretador usa #;> como *prompt* para informar uma expressão; esse será usado aqui.[9] As linhas sem o *prompt* são aquelas que o sistema retorna.

```
#;> (* 3 4)
12
#;> (+ (* 5 4)(+ 1 4))
25
#;> (length '(2 4 6 8 10))
5
#;> (max 2 5 1 3)
5
```

Na primeira expressão, 3 é multiplicado por 4, dando o resultado 12. Na segunda expressão, os resultados de multiplicar 5 por 4 e adicionar 1 e 4 são somados, dando 25. A terceira expressão solicita o número de itens na lista seguinte à lista indicada pela marca '. Na quarta expressão, o máximo dos valores a seguir é retornado.

No Capítulo 7, escrevemos um algoritmo recursivo para computar o fatorial de um número. lambda é a palavra para definir uma função. Eis aqui o código correspondente de Scheme – compare-o com o do primeiro algoritmo:

```
#;> (define fatorial
#;> (lambda(n)
#;>    (if
```

```
#;>    (= n 0)
#;>    1
#;>    (* n (fatorial (- n 1))))))
#;> (fatorial 7)
5040
```

Após a função fatorial ser definida, dar o nome e o argumento entre parênteses executa a função, retornando o valor 5040.

Programação Lógica

Programação lógica é baseada nos princípios de lógica simbólica. Esse modelo compreende um conjunto de fatos sobre objetos e um conjunto de regras sobre os relacionamentos entre os objetos. Um programa consiste em formular perguntas sobre esses objetos e seus relacionamentos; essas perguntas podem ser deduzidas a partir dos fatos e das regras. O algoritmo subjacente para solução de problemas usa as regras de lógica para deduzir a resposta a partir dos fatos e das regras.

PROLOG é uma linguagem de programação de terceira geração que foi desenvolvida na França em 1970. Ela chegou a proeminência em 1981, quando pesquisadores japoneses anunciaram que programação lógica teria um papel predominante no computador de quinta geração deles. Um programa PROLOG consiste em três tipos de declaração: um tipo declara fatos sobre objetos e seus relacionamentos uns com os outros; outro tipo define regras sobre objetos e seus relacionamentos; e um terceiro tipo faz perguntas sobre os objetos e seus relacionamentos.[10]

Por exemplo, o código a seguir define um conjunto de fatos relacionando animais domésticos a donos:

```
possui(mary,bo).
possui(ann,kitty).
possui(bob,riley).
possui(susy,charlie).
```

Aqui `possui` é o nome do relacionamento, os objetos estão entre parênteses e o ponto termina a declaração do fato. Isto significa que `mary` possui `bo` ou `bo` possui `mary`? Isso fica a cargo do programador. Ele deve ser consistente em sua interpretação.

Quando você tem uma base de dados de fatos, PROLOG permite que você formule questões sobre a base de dados. Examine estas três declarações de PROLOG:

```
?-possui(mary,bo)
?-possui(bo,mary)
?-possui(susy,bo)
```

O sistema PROLOG responde `yes` à primeira, `no` à segunda e `no` à terceira.

Em PROLOG, uma constante começa com uma letra minúscula, e uma variável começa com uma letra maiúscula. Formulamos questões sobre fatos substituindo uma constante por uma variável em um fato.

```
?-possui(ann,Gato).
?-possui(Nome,charlie).
```

Nesse exemplo, a primeira declaração retornará `Gato = kitty`. A segunda retornará `Nome = susy`.

Tanto Lisp como PROLOG são usadas em aplicativos de inteligência artificial (descritos no Capítulo 13). Como você pode ver, programas nessas linguagens guardam poucas semelhanças com a arquitetura de von Neumann, refletida em linguagens do paradigma imperativo como representado em nosso pseudocódigo.

9.4 Funcionalidades em Linguagens de Alto Nível

Dois construtos de pseudocódigo – seleção e repetição (laço) – são marcos de linguagens imperativas. No Capítulo 6, implementamos essas construções em linguagem de montagem, mostrando o quão detalhadas as instruções tinham de ser. Também examinamos esses construtos juntamente com subprogramas em pseudocódigo. Em linguagens de alto nível, seleção e repetição são bem fáceis. Subprogramas e passagem de parâmetros, no entanto, são mais complexos.

Primeiro, revisamos o conceito de uma expressão booleana, que é o construto que linguagens de alto nível usam para fazer escolhas. Examinamos então outros construtos que linguagens de alto nível fornecem para tornar a programação mais fácil e mais segura.

■ Expressões Booleanas

No Capítulo 6, escrevemos um algoritmo para ler pares de números e imprimi-los em ordem. Ele continha uma instrução de seleção em um laço. Eis aqui o esboço do laço com a instrução de seleção:

```
...
ENQUANTO (númeroLido < númeroDePares)
   ...
   SE (número1 < número2)
        Imprima número1, " ", número2
   SENÃO
        Imprima número2, " ", número1
```

Cada uma dessas instruções formula uma questão. Observe como estas questões são expressas:

```
(númeroLido < númeroDePares)
(número1 < número2)
```

Cada sentença, na verdade, é uma instrução. Se a instrução for verdadeira, a resposta para a questão será verdadeira. Se a sentença não for verdadeira, a resposta para a questão será falsa. Elaborar instruções e então testar se elas são verdadeiras ou falsas é como linguagens de programação fazem perguntas. Estas instruções são chamadas *afirmações* ou *condições*. Ao escrevermos algoritmos, fazemos afirmações em instruções do tipo de um idioma natural. Quando os algoritmos são traduzidos para uma linguagem de programação de alto nível, tais instruções são reescritas como expressões booleanas.

O que é uma expressão booleana? No Capítulo 4, introduzimos o conceito de operações booleanas quando discutimos portas e circuitos. Aqui, as estamos usando no nível lógico e não no nível de hardware. Uma **expressão booleana** é uma sequência de identificadores, separados por operadores compatíveis, cuja avaliação seja verdadeira ou falsa. Uma expressão booleana pode ser qualquer uma das seguintes formas:

> **≫ Expressão booleana** Uma sequência de identificadores, separados por operadores compatíveis, cuja avaliação seja verdadeira ou falsa

- Uma variável booleana
- Uma expressão aritmética seguida por um operador relacional seguida por uma expressão aritmética
- Uma expressão booleana seguida por um operador booleano seguida por uma expressão booleana

Até agora em nossos exemplos, variáveis têm contido valores numéricos. Uma variável booleana é uma posição de memória que é referenciada por um identificador e que pode conter `true` ou `false`.[11]

Um operador relacional é aquele que compara dois valores. Os seis operadores relacionais estão resumidos na tabela adiante, junto com os símbolos que várias linguagens de alto nível usam para representar a relação.

Um operador relacional entre duas expressões aritméticas está perguntando se existe a relação entre as duas expressões. Por exemplo,

valorX < valorY

está questionando se valorX é menor que valorY. Se valorX for menor que valorY, então o resultado da expressão será verdadeiro; se valorX não for menor que valorY, então o resultado será falso.

Para evitar a confusão em relação ao uso de = e == para significar igualdade em diferentes linguagens de programação, usamos a palavra "igual" em vez de escolher um dos símbolos em nossos algoritmos.

Recorde que os três operadores booleanos são os operadores especiais E, OU e NÃO. O operador E retornará *verdadeiro*, se ambas as expressões forem *verdadeiras*, e *falso*, caso contrário. O operador OU retornará *falso*, se ambas as expressões forem *falsas*, e *verdadeiro*, caso contrário. O operador NÃO altera o valor da expressão.

Símbolo	Significado	Exemplo	Avaliação
<	Menor que	Número1 < Número2	Verdadeiro se Número1 for menor que Número2; falso, caso contrário
<=	Menor ou igual a	Número1 <= Número2	Verdadeiro se Número1 for menor ou igual a Número2; falso, caso contrário
>	Maior que	Número1 > Número2	Verdadeiro se Número1 for maior que Número2; falso, caso contrário
>=	Maior ou igual a	Número1 >= Número2	Verdadeiro se Número1 for maior ou igual a Número2; falso, caso contrário
!= ou <> ou /=	Diferente de	Número1 != Número2	Verdadeiro se Número1 for diferente de Número2; falso, caso contrário
= ou ==	Igual	Número1 == Número2	Verdadeiro se Número1 for igual a Número2; falso, caso contrário

■ Dando Tipos aos Dados

Ao usar uma linguagem de montagem, atribuímos identificadores a posições de memória sem qualquer atenção ao que será armazenado nas posições. Muitas linguagens de alto nível amplamente usadas (incluindo tanto C++ como Java) exigem que se declare o que pode ser armazenado em um local, ao se associar o local a um identificador. Se uma instrução em um programa tentar armazenar um valor em uma variável que não seja do tipo apropriado, uma mensagem de erro será emitida. A exigência de que apenas valores do tipo apropriado possam ser armazenados em uma variável é chamada **tipificação forte**.

Por exemplo, examine os seguintes oito bits: 00110001. O que eles representam? Eles são um byte em memória. Sim, mas o que isso *significa*? Bem, isso poderia ser a representação binária do número decimal 49. Poderia ser também a representação ASCII estendida do caractere '1'. Poderia ser mais alguma coisa? Sim, poderia ser o especificador de instrução de Pep/8 para a instrução DCI de modo direto de captura. Assim, quando um programa estiver executando, ele deverá saber como interpretar o conteúdo de um lugar de memória.

Nas próximas seções examinamos tipos comuns de valores de dados e exploramos como linguagens de alto nível permitem associar posições de memória a identificadores. Cada um desses tipos de dados possui certas operações que podem ser validamente aplicadas a valores do tipo. Um **tipo de dado** é uma descrição do conjunto de valores e do conjunto básico de operações que podem ser aplicadas a valores do tipo.

Das linguagens que exploramos, C++, Java e VB .NET são fortemente tipificadas; Python não é.

> **Tipificação forte** A cada variável é associado um tipo, e apenas valores daquele tipo podem ser armazenados na variável
>
> **Tipo de dado** Uma descrição do conjunto de valores e do conjunto básico de operações que podem ser aplicadas a valores do tipo

Tipos de Dados

Dados são os símbolos físicos que representam informação. Em um computador, tanto dados como instruções são apenas padrões de bits binários. O computador executa uma instrução porque o endereço da instrução é carregado no contador de programa e a instrução é, então, carregada no registrador de instrução. Aquele mesmo padrão de bits que é executado pode também representar um número inteiro, um número real, um caractere ou um valor booleano. A chave é que o computador interprete o padrão de bits como o que ele espera que seja.

Por exemplo, em Pep/8 a instrução para Parar é um byte com todos os bits iguais a zero. Quando essa instrução é carregada no registrador de instrução, o programa encerra. Um byte com todos os bits zero pode também ser interpretado como um número binário de 8 bits contendo o valor 0 (zero). Se a posição de memória contendo todos os bits em zero for somada ao conteúdo de um registrador, o valor será interpretado como um número.

A maioria das linguagens de alto nível tem quatro tipos de dados distintos embutidos na linguagem: números inteiros, números reais, caracteres e valores booleanos.

Considere a palavra *bow* (arco ou proa)
Uma palavra é uma sequência de símbolos obtidos a partir do alfabeto. A algumas sequências ou padrões de símbolos foram atribuídos significados; outros não têm (por exemplo, os símbolos *ceba* não formam uma palavra com significado no idioma inglês). Mas *bow* é uma palavra inglesa. Contudo, ela pode significar coisas diferentes: parte de um navio, alguma coisa que uma menina usa nos cabelos, alguma coisa usada para se tocar violino, ou o ato de se curvar sobre a cintura. Podemos diferenciar os significados baseados no contexto da palavra, da mesma forma que um compilador pode diferenciar baseado na sintaxe em torno.

Inteiros O tipo de dado inteiro representa um intervalo de números inteiros, do menor ao maior valor. O intervalo varia dependendo de quantos bytes são reservados para representar um número inteiro. Algumas linguagens de alto nível proveem vários tipos inteiros de diferentes tamanhos, que permitem ao usuário escolher aquele que mais se adapte aos dados em um problema específico.

As operações que podem ser aplicadas a inteiros são as operações aritméticas padrões e operadores relacionais. Adição e subtração são representadas pelos símbolos padrões + e −. Multiplicação e divisão são geralmente representadas por * e /. Dependendo da linguagem, divisão de inteiros pode retornar um número real ou um quociente inteiro. Algumas linguagens possuem dois símbolos para divisão: um que retorna um resultado real e outro que retorna o quociente inteiro. A maioria das linguagens também possui um operador que retorna o resto inteiro de uma divisão. Este operador é chamado *operador módulo*, mas ele pode ou não atuar como o operador matemático módulo. Os operadores relacionais são representados pelos símbolos apresentados na tabela da seção anterior.

Reais O tipo de dado real também representa um intervalo de números reais, do menor ao maior valor com uma dada precisão. Assim como o tipo de dado inteiro, o tamanho do intervalo varia, dependendo do número de bytes reservados para representar um número real. Muitas linguagens de alto nível têm dois tamanhos de números reais. As operações que podem ser aplicadas a números reais são as mesmas que podem ser aplicadas a números inteiros. No entanto, você deve ser cuidadoso ao aplicar operadores relacionais a números reais, já que números reais frequentemente não são exatos. Por exemplo, 1/3 + 1/3 + 1/3 em aritmética computacional não é necessariamente 1.0. De fato, 1/10 * 10 *não* é igual a 1.0 em aritmética computacional.

Caracteres No Capítulo 3, dissemos que um mapeamento dos caracteres ASCII em código exige apenas um byte. Um mapeamento comumente usado para o conjunto de caracteres Unicode usa dois bytes. Nesse mapeamento, o alfabeto inglês é representado em ASCII, que é um subconjunto de Unicode. Aplicar operações aritméticas a caracteres não faz muito sentido, e muitas linguagens fortemente tipificadas não permitem fazer isso. No entanto, comparar caracteres faz sentido; assim, os operadores relacionais podem ser aplicados a caracteres. Os significados de "menor que" e "maior que" quando aplicados a caracteres são, respectivamente, "vem antes" e "vem depois" no conjunto de caracteres. O caractere 'A' é menor que 'B', 'B' é menor que 'C', e assim em diante. Da mesma forma, o caractere '1' (não o número) é menor que '2', '2' é menor que '3', e assim em diante. Se quiser comparar 'A' com '1', você deverá verificar o relacionamento entre esses dois caracteres no conjunto de caracteres que você estiver usando.

Booleano Como dissemos na seção anterior, o tipo de dado booleano consiste em dois valores: `true` (verdadeiro) e `false` (falso). Podemos também atribuir uma expressão booleana a uma variável booleana. Eis aqui o programa de pares usando variáveis booleanas:

```
Escreva "Quantos pares de valores a informar?"
Leia númeroDePares
Faça númeroLido igual a 0
Faça Parar igual a (númeroLido igual a númeroDePares)
ENQUANTO (NÃO Parar)
    Escreva "Informe dois valores separados por um branco; pressione enter"
    Leia número1
    Leia número2
    Faça UmMenor igual a número1 < número2
    SE (UmMenor)
        Imprima número1, " ", número2
    SENÃO
        Imprima número2, " ", número1
    Faça númeroLido igual a númeroLido + 1
    Faça Parar igual a (númeroLido igual a númeroDePares)
```

A Camada de Programação

Inteiros, reais, caracteres e booleanos são chamados tipos de dados simples ou atômicos, porque cada valor é distinto e não pode ser subdividido em partes. No último capítulo, discutimos tipos de dados compostos – isto é, tipos de dados constituídos de uma coleção de valores. O tipo de dado *cadeia de caracteres* (*string*) tem algumas das propriedades de um tipo de dado composto, mas é comumente considerado um tipo de dado simples.

Cadeia de caracteres Uma cadeia de caracteres é uma sequência de caracteres considerada como um único valor de dado. Por exemplo,

```
"Isto é uma cadeia."
```

é uma cadeia contendo 18 caracteres: 1 letra maiúscula, 13 letras minúsculas, 3 brancos e 1 ponto. As operações definidas sobre cadeias variam de linguagem para linguagem, mas comumente incluem concatenação de cadeias e comparação de cadeias em termos de ordem lexicográfica. Outras linguagens fornecem uma gama completa de operações, tais como pegar uma subcadeia de uma dada cadeia ou pesquisar uma subcadeia em uma dada cadeia.

Observe que usamos aspas simples para delimitar caracteres e aspas duplas para delimitar cadeias. Algumas linguagens de alto nível usam o mesmo símbolo, não fazendo distinção entre um caractere e uma cadeia com um único caractere.

Declarações

> **Declaração** Uma sentença que associa um identificador a uma variável, a uma ação ou a alguma outra entidade da linguagem que possa receber um nome, de modo que o programador possa se referir àquele item por nome

Uma **declaração** é uma sentença de uma linguagem que associa um identificador a uma variável, a uma ação, ou a alguma outra entidade da linguagem que possa receber um nome, de modo que o programador possa se referir àquele item por nome. Nesta seção, discutimos como uma variável é declarada. Mais tarde, examinamos como se dão nomes às ações.

Linguagem	Declaração de Variável
Python	Não é exigida

VB .NET	`Dim sum As Single = 0.0F` ' estabelece uma palavra com 0 como conteúdo
	`Dim num1 As Integer` ' estabelece um bloco de dois bytes para num1
	`Dim num2 As Integer` ' estabelece um bloco de dois bytes para num2
	`Dim num3 As Integer` ' estabelece um bloco de dois bytes para num3
	`...`
	`num1 = 1`

C++/Java	`float sum = 0.0;` // estabelece uma palavra com 0 como conteúdo
	`int num1;` // estabelece um bloco de dois bytes para num1
	`int num2;` // estabelece um bloco de dois bytes para num2
	`int num3;` // estabelece um bloco de dois bytes para num3
	`...`
	`num1 = 1;`

> **Palavra reservada** Uma palavra em uma linguagem que tem significado especial; ela não pode ser usada como um identificador

> **Sensível a diferenças de letras** Letras maiúsculas e letras minúsculas não são consideradas as mesmas; dois identificadores que possuem a mesma grafia, mas escritos alternando letras maiúsculas por letras minúsculas, são considerados como dois identificadores distintos

Esses exemplos ilustram algumas diferenças entre linguagens de alto nível. Por exemplo, VB .NET usa uma palavra reservada para indicar uma declaração. Uma **palavra reservada** é uma palavra de uma linguagem que tem um significado especial; ela não pode ser usada como um identificador. `Dim` é uma palavra reservada em VB .NET usada para declarar variáveis. C++ e Java não usam uma palavra reservada para este propósito.

C++ e Java usam o ponto e vírgula para terminar uma instrução da linguagem; VB .NET usa o fim da linha ou o *símbolo de comentário* para terminar a instrução. Programas Python não exigem declarações porque Python não é uma linguagem fortemente tipificada. Python usa o símbolo # como o começo de um comentário que se estende até o final da linha. Lembre-se de que Pep/8 usa um ponto e vírgula para sinalizar que o que se segue é um comentário.

C++, Java, Python e VB .NET são **sensíveis a diferenças de letras**, o que significa que duas cópias do mesmo identificador, alternando letras maiúsculas por minúsculas, são consideradas palavras diferentes. Assim, Inteiro, INTEIRO, InTeIrO e INTeiro são considerados um identificador em

Ada, mas quatro identificadores diferentes em linguagens sensíveis a diferenças de letras. C++, Java e VB .NET têm uma coleção de nomes de tipos para vários tamanhos de números inteiros e reais. Embora Python não declare identificadores, ela tem as palavras reservadas `long`, `int`, `float` e `bool`.

Essas diferenças são importantes? Elas serão, se você estiver escrevendo um programa em uma dessas linguagens. No entanto, elas são apenas questões sintáticas – isto é, formas diferentes de se fazer a mesma coisa. O conceito importante é que um identificador é associado a uma posição de memória e pode, ou não, ser associado a um tipo de dado. Nos exercícios, você será solicitado a comparar as diferenças sintáticas que aparecem nesses exemplos.

O uso de maiúsculas e minúsculas em identificadores é parte da cultura de uma linguagem. Em nossos exemplos, tentamos salientar o estilo que é comum na cultura da linguagem. Por exemplo, a maioria dos programadores de C++ inicia nomes de variáveis com letras minúsculas e subprogramas com letras maiúsculas, enquanto programadores de VB .NET tendem a iniciar nomes de variáveis com letras maiúsculas.

■ Estruturas de Entrada/Saída

Em nossos algoritmos em pseudocódigo, usamos as expressões Leia e Escreva ou Imprima para indicar que estávamos interagindo com o ambiente externo ao programa. Leia é para obter um valor externo ao programa e armazená-lo em uma variável no programa, e Escreva e Imprima são para exibir uma mensagem para o usuário ver.

Linguagens de alto nível veem dados textuais como um fluxo de caracteres dividido em linhas. Como os caracteres são interpretados depende dos tipos de dados dos locais nos quais os valores serão armazenados. Qualquer instrução de entrada tem três partes: a declaração das variáveis nas quais os dados serão colocados, a instrução de entrada com os nomes das variáveis a serem lidas e o fluxo de dados propriamente dito. Como um exemplo, vamos examinar o algoritmo em pseudocódigo para ler três valores:

```
Leia nome, idade, salárioHora
```

Em uma linguagem fortemente tipificada, as variáveis nome, idade e salárioHora teriam que ser declaradas em conjunto com os respectivos tipos de dados. Vamos assumir que os tipos sejam cadeia de caracteres, inteiro e real. A instrução de entrada de dados listaria as três variáveis. O processamento funcionaria como se segue. O primeiro item de dado no fluxo de entrada seria considerado como uma cadeia de caracteres, já que nome é do tipo cadeia de caracteres. A cadeia de caracteres seria lida e armazenada em nome. A próxima variável é um inteiro; então a operação leia espera encontrar um inteiro como próximo item no fluxo de entrada. Esse valor é lido e armazenado em idade. A terceira variável é um número real; então a operação leia espera encontrar um valor real como próximo item no fluxo de entrada a ser armazenado em salárioHora.

O fluxo de entrada pode ser a partir do teclado ou de um arquivo de dados, mas o processo é o mesmo: A ordem na qual as variáveis são listadas na instrução de entrada deve ser a mesma que a ordem na qual os dados aparecem no fluxo de entrada. Os tipos das variáveis sendo lidas determinam como os caracteres no fluxo de entrada são interpretados. Isto é, o fluxo de entrada é apenas uma série de caracteres ASCII (ou Unicode). O tipo da variável na qual o próximo valor deverá ser armazenado determinará como uma sequência de caracteres será interpretada. Por simplicidade, vamos assumir que a instrução de entrada entenda que um espaço separe cada valor de dado. Por exemplo, dado o seguinte fluxo de dados

```
Maggie 10 12,50
```

"Maggie" seria armazenado em nome, 10 seria armazenado em idade e 12,50 seria armazenado em salárioHora. Tanto 10 como 12,50 são lidos como caracteres e convertidos para inteiro e real, respectivamente.

Em uma linguagem que não seja fortemente tipificada, o formato da entrada determinará o tipo. Se a entrada aparecer entre aspas, ela será assumida como uma cadeia de caracteres e será armazenada dessa forma. Se a entrada for um número, ele será armazenado dessa forma.

Instruções de saída criam fluxos de caracteres. Os itens listados na instrução de saída podem ser valores literais ou nomes de variáveis. Valores literais são números ou cadeia de caracteres escritas explicitamente na instrução de saída (ou qualquer instrução, nesse sentido). Os valores a serem impressos são processados um de cada vez, examinando o tipo do identificador ou do literal. O tipo determinará como o padrão de bits deve ser interpretado. Se o tipo for uma cadeia de caracteres, os caracteres serão escritos no fluxo de saída. Se o padrão de bits for um número, o número será convertido para os caracteres que representam os dígitos, e os caracteres serão impressos.

Em uma linguagem fortemente tipificada, independentemente da sintaxe de instruções de entrada/saída ou de onde os fluxos de entrada/saída estão, a chave para o processamento recai no tipo de dado que determina como caracteres devem ser convertidos para um padrão de bits (entrada) e como um padrão de bits deve ser convertido para caracteres (saída). Em uma linguagem que não seja fortemente tipificada, o formato da entrada propriamente dito determinará como o padrão de bits deve ser convertido.

Eis aqui instruções de entrada/saída nas quatro linguagens que estamos usando para demonstrações. Os *prompts* são omitidos. As instruções de entrada estão em preto; as instruções de saída estão em cinza-escuro.

Linguagem	Instrução de Entrada
C++	`cin >> nome >> idade >> salarioHora;` `cout << nome << idade << salarioHora;`

Java	`Scanner inData;`
	`inData = new Scanner(system.in);`
	`name = inData.nextLine();`
	`idade = inData.nextInt();`
	`hourlyWage = inData.nextFloat();`
	`System.out.println(nome, ' ',`
	`    idade, ' ', salarioHora);`

Python	`name = input()`
	`idade = input()`
	`hourlyWage = input()`
	`print nome, idade, salarioHora`

VB .NET	`Usa janelas`

■ Estruturas de Controle

Nosso pseudocódigo fornecia três formas de alterar o fluxo de controle do algoritmo: repetição, seleção e subprograma. Esses construtos são chamados **estruturas de controle**, porque eles determinam a ordem na qual outras instruções em um programa serão executadas.

> **» Estrutura de controle** Uma instrução que determina a ordem em que outras instruções em um programa são executadas

Em um artigo seminal, "Notas sobre Programação Estruturada", publicado em 1972, Edsger W. Dijkstra destacou que programadores deviam ser precisos e disciplinados – em outras palavras, eles deviam usar apenas estruturas de controle selecionadas. Esse artigo e os outros publicados com ele introduziram a era da *programação estruturada*.[12] De acordo com essa visão, cada unidade lógica de um programa deveria ter apenas uma entrada e uma saída. O programa não deveria saltar aleatoriamente entrando e saindo de módulos lógicos. Embora programas em linguagem de montagem pudessem ser projetados dessa forma, usando instruções que desviassem para outras partes do programa, linguagens de alto nível introduziram construtos de controle que tornaram mais fácil seguir essa disciplina. Esses construtos são instruções de seleção, laços e subprogramas. Com essa abordagem, instruções de desvio irrestrito não são mais necessárias.

Em nossos algoritmos em pseudocódigo, usamos endentação para agrupar instruções no corpo de uma instrução *se* ou uma instrução *enquanto*. Python usa endentação, mas outras linguagens usam marcadores reais. VB .NET usa `End If` e `End While` para terminar as instruções correspondentes. Java e C++ usam chaves (`{}`).

Edsger Dijkstra[13]

Todo campo de empreendimento humano tem seus líderes em contribuição, que são aclamados por seus discernimentos teóricos, extensões de ideias fundamentais ou mudanças inovadoras que tenham redefinido o assunto. Assim como Beethoven, Schubert, Mozart e Haydn se destacam no mundo de música clássica, Beatles, Rolling Stones e The Who se sobressaem no *rock and roll*, Edsger Dijkstra tem um lugar reservado para ele na galeria da fama de linguagens computacionais.

Cortesia de Dianne Driskell, UTCS, The University of Texas at Austin

Nascido em 1930, em Roterdã, filho de um químico holandês, Dijkstra cresceu com uma predileção formalista em relação ao mundo. Enquanto estudava na Universidade de Leiden, na Holanda, fez um curso de verão sobre programação em Cambridge, Inglaterra, e ficou fascinado com o assunto. Em 1952, conseguiu um emprego em tempo parcial no Centro de Matemática em Amsterdã e continuou a trabalhar lá após ter concluído sua graduação. Foi para os Estados Unidos no início dos anos 1970, como pesquisador da Burroughs Corporation e, em setembro de 1984, foi para a Universidade do Texas, em Austin, onde ocupou a Schlumberger Centennial Chair em Ciência da Computação. Aposentou-se em novembro de 1999.

Uma das mais famosas contribuições de Dijkstra à programação foi sua forte defesa de princípios de programação estruturada. Dijkstra observou que programas escritos com instruções *goto* comumente se transformavam em um ninho de rato de desvios para trás e para a frente, entre seções desorganizadas, e *ad hoc* de programas, tornando os programas difíceis de entender, mesmo para os seus autores – sem mencionar os colegas que mais tarde poderiam ser solicitados a manter o programa. Dijkstra argumentava que o *goto* não era a quintessência de estruturas de controle, e encorajou fortemente o uso de construções iterativas, ou laços, que agrupassem claramente o escopo de desvio em um programa e efetivamente autodocumentassem o programa. Dijkstra alegava que aderir a esses princípios de programação estruturada tornaria programas bem mais fáceis de entender e manter e menos propensos a conter erros.

Além de suas evidentes contribuições teóricas, Dijkstra é uma personalidade interessante no mundo computacional. Ele desenvolveu uma reputação de falar o que pensava, geralmente de forma inflamada ou dramática, que a maioria de nós não pode escapar de criticá-lo. Por exemplo, Dijkstra uma vez comentou que "o uso de COBOL incapacita a mente; logo, seu ensino deveria ser considerado uma infração penal". Para não citar apenas uma linguagem sob sua crítica, ele também disse que "é praticamente impossível ensinar boa programação a alunos [que] tenham tido uma exposição anterior a BASIC; como programadores em potencial eles estão mentalmente mutilados para além da esperança de regeneração". Algumas pessoas achavam sua mensagem convincente e entendiam que sua forma era politicamente necessária para marcar posição. Outros, cientes do desenvolvimento histórico de linguagens e dos contextos nos quais elas foram projetadas, apreciavam a mensagem dele, mas julgavam sua maneira um pouco estridente.

Além de seu trabalho em projeto de linguagem, Dijkstra é mencionado por seu trabalho em provas de correção de programas. O campo de correção de programas é uma aplicação de matemática em programação de computadores. Pesquisadores estão tentando construir uma linguagem e uma técnica de provas que possam ser usadas para certificar incondicionalmente que um programa funcionará de acordo com sua especificação – inteiramente livre de erros. Desnecessário dizer, se seu aplicativo for um sistema de tarifação de consumidores ou de controle de tráfego aéreo, esta pretensão seria extremamente valiosa.

Em 1972, a ACM (Association for Computing Machinery) reconheceu a rica contribuição de Dijkstra ao campo, concedendo-lhe o conceituado Prêmio Turing. A citação para a premiação diz:

> Edsger Dijkstra foi um colaborador fundamental no final dos anos 1950 para o desenvolvimento de ALGOL, uma linguagem de programação de alto nível que se tornou um modelo de clareza e de rigor matemático. Ele é um dos principais expoentes da ciência e da arte de linguagens de programação em geral e contribuiu enormemente para nossa compreensão da estrutura, representação e implementação delas. Seus quinze anos de publicações vão desde artigos científicos em teoria de grafos, a manuais básicos, textos explanatórios e contemplações filosóficas no campo de linguagens de programação.

Em 1989, o Grupo de Interesse Especial em Educação em Ciência da Computação (SIGCSE – *Special Interest Group on Computer Science Education*) o honrou com seu prêmio por Eminentes Contribuições para Educação em Ciência da Computação.

Dijkstra e sua esposa retornaram para a Holanda quando ele descobriu que tinha poucos meses de vida. Ele dizia que queria se aposentar em Austin, Texas, mas morrer na Holanda. Dijkstra faleceu em 6 de agosto de 2002.

Em março de 2003, a seguinte mensagem eletrônica foi enviada à comunidade de computação distribuída:

> Isto é para anunciar que o prêmio anteriormente conhecido como o "PODC *Influential-Paper Award*" foi renomeado para "Edsger W. Dijkstra Prize in Distributed Computing", após a morte de Edsger W. Dijkstra, um pioneiro na área de computação distribuída. O trabalho fundamental dele sobre primitivas de concorrência (tal como o semáforo), problemas de concorrência (tal

» continua

Edsger Dijkstra[13] (continuação)

como exclusão mútua e *deadlock*), considerações sobre sistemas concorrentes e autoestabilização compreende um dos mais importantes suportes sobre o qual o campo de computação distribuída é construído. Nenhum outro indivíduo teve uma influência maior em pesquisa de princípios de computação distribuída.

A informação sobre o prêmio pode ser encontrada em www.podc.org/dijsktra/.

Dijkstra era conhecido por muitas citações concisas e espirituosas. Uma que todos que estudam computação devem considerar é que "Ciência da computação é sobre computadores não mais que astronomia é sobre telescópios".

As tabelas a seguir mostram segmentos de código usando instruções *se* e *enquanto* nas linguagens de demonstração.

Linguagem	Instrução *se*
| Python | ```python
if temperatura > 24:
    print "Casaco não é necessário"
else:
    print "Um casaco leve é apropriado"
# endentação marca agrupamento
``` |
| VB .NET | ```
If (Temperatura > 24) Then
    MsgBox("Casaco não é necessário")
Else
    MsgBox("Um casaco leve é apropriado")
End If
``` |
| C++ | ```cpp
if (temperatura > 24)
    cout << "Casaco não é necessário";
else
    cout << "Um casaco leve é apropriado";
``` |
| Java | ```java
if (temperatura > 24)
    System.out.print ("Casaco não é necessário");
else
    System.out.print ("Um casaco leve é apropriado");
``` |

Linguagem	Laço Controlado por Contagem com uma instrução *enquanto*
| Python | ```python
cont = 0
while cont < limite:
    ...
    cont = cont + 1
# endentação marca agrupamento
``` |
| VB .NET | ```
Cont = 1
While (Cont <= Limite)
    ...
    Cont = Cont + 1
End While
``` |
| C++/Java | ```
cont = 1;
while (cont <= limite)
{
    ...
    cont = cont + 1;
}
``` |

A tabela a seguir mostra como VB .NET e C++ definem um subprograma que não retorna um valor. Nesse exemplo, há dois parâmetros por valor, inteiros, e um parâmetro por referência,
```

Projeto Orientado a Objeto e Linguagens de Programação de Alto Nível

real. Mais uma vez, essa ilustração tem a intenção de dar a você uma indicação da rica variedade de sintaxe que aparece em linguagens de alto nível, não para torná-lo competente em escrever esse construto em qualquer uma delas. O e comercial (`&`) usado em C++ não é um erro tipográfico; ele sinaliza que `tres` é um parâmetro por referência.

Linguagem	Declaração de subprograma

V B .NET	```Public Sub Exemplo(ByVal um As Integer,```
	 ``` ByVal dois As Integer,```
	 ``` ByRef tres As Single)```
	 ``` ...```
	 ```End Sub```

C++	```void Exemplo(int um, int dois, float& tres)```
	 ```{```
	 ``` ...```
	 ```}```

Não mostramos um exemplo de Java ou de Python porque elas lidam com memória de forma muito diferente, permitindo apenas parâmetros por valor.

Lógica Aninhada

As instruções a serem executadas ou descartadas em qualquer comando de controle podem ser instruções simples ou blocos (instruções compostas) – não há restrição no que essas instruções podem ser. De fato, a instrução a ser descartada ou repetida pode conter uma estrutura de controle. Instruções de seleção podem ser aninhadas dentro de estruturas de laço; estruturas de laço podem estar aninhadas dentro de instruções de seleção. Instruções de seleção e de laço podem ser aninhadas dentro de subprogramas, e chamadas a subprogramas podem ser aninhadas dentro de estruturas de laço ou de seleção.

Examinamos aninhamento em nossos algoritmos, mas o tópico vale outra examinada. Considere, por exemplo, o algoritmo que conta e soma números positivos em um arquivo:

```
Faça soma igual a 0              // Inicializa soma
Faça contPos igual a 0           // Inicializa evento
ENQUANTO (contPos < 10)          // Testa evento
    Leia um valor
    SE (valor > 0)               // Testa se evento deve ser atualizado
        Faça contPos igual a contPos + 1      // Atualiza evento
        Faça soma igual a soma + valor        // Soma valor a soma
// Instrução(ões) seguindo o laço
```

A estrutura de controle de seleção está embutida em uma estrutura de controle de laço. Se quiséssemos somar e imprimir índices pluviométricos semanais por um ano, teríamos as seguintes estruturas de laço aninhadas:

```
Faça contSemana igual a 1
ENQUANTO (contSemana <= 52)
    Faça totSemana igual a 0
    Faça contDia igual a 1
    ENQUANTO (contDia <= 7)
        Leia indiceChuva
        Faça totSemana igual a totSemana + indiceChuva
        Faça contDia igual a contDia + 1
    Escreva "Semana" + contSemana + "total:" + totSemana
    Faça contSemana igual a contSemana + 1
```

A Camada de Programação

Estruturas de controle dentro de estruturas de controle, que estão dentro de outras estruturas de controle... Teoricamente, não há limite de profundidade para aninhar estruturas de controle. No entanto, se o aninhamento se tornar difícil de seguir, dê um nome à tarefa aninhada e faça dela um subprograma, fornecendo sua implementação depois. Por exemplo, examine a versão alternativa do algoritmo em pseudocódigo precedente. Qual é mais fácil de seguir?

```
Faça contSemana igual a 1
ENQUANTO (contSemana <= 52)
    Faça totSemana igual a CalcularTotSemana(contSemana)
    Escreva "Semana" + contSemana + "total:" + totSemana
    Faça contSemana igual a contSemana + 1
```

```
CalcularTotSemana(contSemana)
Faça totSemana igual a O
Faça contDia igual a 1
ENQUANTO (contDia <= 7)
    Leia indiceChuva
    Faça totSemana igual a totSemana + indiceChuva
    Faça contDia igual a contDia + 1
RETORNAR totSemana
```

Processamento Assíncrono

Você provavelmente cresceu usando uma interface gráfica de usuário (GUI – *graphical user interface*) que se baseia no uso de um mouse para manipular múltiplas molduras de janelas em uma tela. *Clicar* se tornou a principal forma de entrada no computador. De fato, para muitas aplicações, preencher caixas e clicar em botões para dizer que a entrada está pronta tem se tornado a principal forma de entrada.

No fluxo tradicional de processamento, uma instrução de entrada é executada na sequência na qual ela é encontrada. Aqui estão as quatro primeiras instruções do algoritmo mostrado anteriormente:

```
Escreva "Quantos pares de valores a informar?"
Leia númeroDePares
Faça númeroLido igual a O
ENQUANTO (númeroLido < númeroDePares)
....
```

Esperamos que essas instruções sejam executadas em sequência. A saída é escrita em uma janela, um valor é lido a partir do fluxo de entrada, outro valor é armazenado e um laço *enquanto* é executado. Fluxos de entrada e de saída estão de acordo com o fluxo sequencial do programa.

Clicar o mouse, em contraste, não ocorre na sequência do programa. Isto é, um usuário pode clicar um mouse em qualquer momento durante a execução de um programa. O programa deve reconhecer quando um clique de mouse ocorreu, processá-lo, e então continuar. Esse tipo de processamento é chamado **assíncrono**, que significa "não ao mesmo tempo". O mouse pode ser clicado em qualquer momento; ele não está sincronizado com quaisquer outras instruções.

Processamento assíncrono também é chamado processamento *orientado a evento*. Em outras palavras, o processamento está sob o controle de eventos ocorrendo fora da sequência de instruções do programa.

Processamento assíncrono é usado frequentemente em Java e VB .NET, mas menos frequentemente em outras linguagens.

>> **Assíncrono** Não ocorrendo no mesmo instante de tempo que alguma operação específica do computador; em outras palavras, não sincronizado com as ações do programa

Projeto Orientado a Objeto e Linguagens de Programação de Alto Nível

9.5 Funcionalidades de Linguagens Orientadas a Objeto

Como você pode imaginar a partir da discussão anterior sobre projeto orientado a objeto, o construto básico em uma linguagem orientada a objeto é a *classe*. Além de examinar o construto classe nesta seção, examinamos os três ingredientes essenciais de uma linguagem orientada a objeto: *encapsulamento*, *herança* e *polimorfismo*. Esses ingredientes promovem reúso, reduzindo, assim, o custo de construir e manter software.

■ Encapsulamento

No Capítulo 7, falamos sobre importantes linhas ao discutir solução de problemas. Duas dessas linhas eram *ocultação de informação* e *abstração*. Relembre que ocultação de informação é a prática de ocultar os detalhes de um módulo com o objetivo de controlar acesso aos detalhes. No Capítulo 7, dissemos que abstração é um modelo de um sistema complexo que inclui apenas os detalhes essenciais para o observador. Definimos três tipos de abstração, mas as definições de cada uma começaram e terminaram com as palavras "A separação da visão lógica de ... dos detalhes de sua implementação". Abstração é o objetivo; ocultação de informação é uma técnica usada para atingir o objetivo.

Na discussão de projeto orientado a objeto, dissemos que encapsulamento é a reunião de dados e ações de tal modo que as propriedades lógicas dos dados e das ações permaneçam separadas dos detalhes de implementação. Outra maneira de dizer isso é que encapsulamento é uma característica de linguagem que força ocultação de informação. A implementação de um módulo fica escondida em um bloco separado com uma interface formalmente especificada. Um objeto sabe coisas sobre si mesmo, mas não sobre outro objeto. Se um objeto precisar de informação sobre outro objeto, ele deverá requisitar aquela informação daquele objeto.

O construto usado para proporcionar encapsulamento é a classe. Da mesma forma que o conceito de classe domina projeto orientado a objeto, o conceito de classe é a principal característica de Java e de outras linguagens orientadas a objeto. Infelizmente, as correspondentes definições não são padronizadas nas fases de projeto e implementação. Na fase de projeto (solução de problema), um objeto é uma coisa ou entidade que faça sentido no contexto do problema. Na fase de implementação, uma classe é um construto de linguagem que é um padrão para um objeto e provê um mecanismo para encapsular as propriedades e ações da classe do objeto.

■ Classes

Sintaticamente, uma classe é como um registro no sentido em que ela é um tipo de dado composto heterogêneo. Contudo, registros têm sido tradicionalmente considerados estruturas passivas; apenas de uns anos para cá têm tido subprogramas como campos. A classe, em contraste, é uma estrutura ativa e quase sempre tem subprogramas como campos. A única maneira de manipular os campos de dados é pelos métodos (subprogramas) definidos na classe.

Eis aqui como definiríamos a classe Pessoa, desenvolvida anteriormente:

```
public class Pessoa
    // Variáveis de classe
    Nome nome
    Cadeia endereço
    Cadeia telefone
    Cadeia email
    // Métodos de classe
    Inicializar()
        // Código para Inicializar
    public Imprimir()
        // Código para Imprimir
    public Nome GetNome()
        RETORNAR nome
```

> **Encapsulamento (segunda definição)** Uma característica de linguagem que força ocultação de informação

> **Objeto (fase de solução de problemas)** Uma entidade ou coisa que seja relevante no contexto de um problema

> **Classe (fase de implementação)** Um padrão para um objeto

> **Classe de objeto (classe) (fase de solução de problemas)** Uma descrição de um grupo de objetos com propriedades e comportamentos similares

> **Objeto (fase de implementação)** Uma instância de uma classe

A Camada de Programação

» continua

```
        public Cadeia GetEndereço()
            RETORNAR endereço
        public Cadeia GetEmail()
            RETORNAR email
        public Cadeia GetTelefone()
            RETORNAR telefone
```

A Figura 9.4 visualiza a classe Pessoa. Os campos de variáveis estão em branco. Os campos de subprogramas estão em cinza para indicar que eles não contêm valores, mas são subprogramas.

Em nossos algoritmos, usamos identificadores para variáveis simples e vetores sem nos preocuparmos sobre de onde eles vêm. Se usarmos um identificador para representar uma classe, no entanto, devemos solicitar explicitamente que a classe seja criada antes que possamos usá-la. Isto é, temos que instanciar a classe usando o operador new para obter um objeto que se ajuste ao padrão. Esse operador pega o nome da classe e retorna uma instância da classe. Esse algoritmo instancia uma classe Pessoa, obtém um objeto umaPessoa da classe e armazena e recupera valores no objeto. Primeiro instanciamos um objeto Nome, mas assumimos que variáveis do tipo cadeia de caracteres email, telefone e endereço já tenham valores.

> **Instanciar** Criar um objeto a partir de uma classe

```
Nome umNome = new Nome()
umNome.Inicializar("Frank","Jones")
Pessoa umaPessoa = new Pessoa()
umaPessoa.Inicializar(umNome, endereço, telefone, email)
umaPessoa.Imprimir()
Escreva "Nome: ", umaPessoa.GetNome().Imprimir()
Escreva "Endereço: ", umaPessoa.GetEndereço()
Escreva "Telefone: ", umaPessoa.GetTelefone()
Escreva "Email: ", umaPessoa.GetEmail()
```

Os algoritmos que declaram objetos de classes podem acessar os campos da classe apenas pelos subprogramas (chamados métodos) da classe.

Os campos em uma classe são privativos por padrão. Isto é, nenhum dos campos, dados ou métodos, de um objeto de uma classe particular pode ser acessado por um objeto de outra classe, a menos que o campo seja declarado como público. Se uma classe precisar tornar um método disponível para ser chamado por um objeto de outra classe, a classe deverá especificar explicitamente que o método é público. Os métodos da classe Pessoa são marcados como públicos, de modo que um programa que os use possa chamá-los.

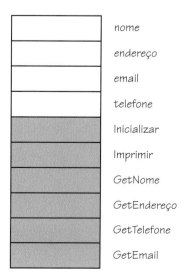

FIGURA 9.4 Classe Pessoa

■ Herança

Herança é uma propriedade de linguagens orientadas a objeto. Nessa propriedade, classes podem herdar dados e métodos de outras classes. Esta relação é um relacionamento "é-um". Uma *superclasse* é uma classe da qual se herda; uma *classe derivada* é uma classe que herda. Classes formam uma estrutura hierárquica. Na hierarquia, objetos se tornam mais especializados à medida que descemos mais na hierarquia. Classes mais abaixo na hierarquia herdam todos os comportamentos e dados de suas superclasses pais.

Em nosso último exemplo, estivemos trabalhando com a classe Pessoa. Em uma linguagem orientada a objeto, podemos definir uma classe Estudante, que herde todas as propriedades da classe Pessoa e adicione mais campos de dados para guardar *endereço local* e *número de telefone local*. Objetos da classe Pessoa têm apenas um endereço e um número de telefone, mas objetos da classe Estudante têm dois: um herdado da classe Pessoa e um definido na classe Estudante. Dizemos que a classe Estudante é derivada da classe Pessoa.

Aqui estão os cabeçalhos de cartões CRC para Pessoa e Estudante. Observe que os campos SubClasse e SuperClasse nos cartões CRC foram preenchidos.

> **» Herança** Um mecanismo pelo qual uma classe adquire as propriedades – campos de dados e métodos – de outra classe

Nome da Classe: *Pessoa*	Superclasse:	Subclasses: *Estudante*

Nome da Classe: *Estudante*	Superclasse: *Pessoa*	Subclasses:

Vamos assumir que tenhamos definido as classes Pessoa e Estudante. O algoritmo a seguir instancia as classes Pessoa e Estudante e as manipula.

```
Pessoa minhaPessoa = new Pessoa()          // Instancia minhaPessoa
Estudante meuEstudante = new Estudante()   // Instancia meuEstudante
minhaPessoa.Inicializar(...)               // minhaPessoa inicializa a si mesma
meuEstudante.Inicializar(...)              // meuEstudante inicializa a si mesmo
minhaPessoa.Imprimir()                     // minhaPessoa imprime a si mesma
meuEstudante.Imprimir()                    // meuEstudante imprime a si mesmo
```

Herança favorece reúso ao permitir que um aplicativo pegue uma classe já testada e derive uma classe a partir dela que herde as propriedades de que o aplicativo necessita. Outras propriedades e métodos necessários podem então ser adicionados à classe derivada.

■ Polimorfismo

Na seção anterior, as classes Pessoa e Estudante têm métodos nomeados Imprimir e Inicializar. O método na classe Pessoa imprime o endereço definido nesta classe, e o método na classe Estudante imprime o endereço nela definido. Aqui temos dois métodos com o mesmo nome, mas com implementações diferentes. A capacidade de uma linguagem de programação em lidar com esta aparente ambiguidade é chamada **polimorfismo**. Como a linguagem saberá que método é desejado quando Inicializar ou Imprimir for invocado pela unidade chamadora? Métodos que sejam parte de uma classe são aplicados a uma instância da classe pela unidade chamadora. A classe de objeto para o qual o método é aplicado determina que versão do método Inicializar ou Imprimir será usada.

> **» Polimorfismo** A capacidade de uma linguagem ter nomes duplicados de métodos em uma estrutura hierárquica e de aplicar o método que seja apropriado ao objeto ao qual o método é aplicado.

Por exemplo, se tivermos jane como uma instância da classe Pessoa e jack como uma instância da classe Estudante, jane.Imprimir invocará o método definido na classe Pessoa para imprimir informações de jane, e jack.Imprimir invocará o método definido na classe Estudante para imprimir informações de jack. A classe Estudante poderia acrescentar um método ImprmirEndereçoResidencial, que então imprimiria o endereço residencial de um estudante.

A combinação de herança e polimorfismo permite ao programador construir hierarquias úteis de classes, que podem ser reutilizadas em diferentes aplicativos. Reúso não se aplica apenas a linguagens orientadas a objeto; no entanto, a funcionalidade de linguagens orientadas a objeto torna mais fácil escrever seções de códigos gerais e reutilizáveis.

9.6 Comparação de Projetos Procedimental e Orientado a Objeto

Ao final do Capítulo 8, usamos a implementação do algoritmo de uma Lista ADT para descrever o processo de subprogramas com e sem retorno de valor. A implementação da Lista ADT era uma variável registro lista, que continha um vetor valores e um campo comprimento, que era passado aos algoritmos de Lista para nele atuar. O programa chamador definiu a implementação da lista e escreveu os algoritmos para manipulá-la. Os subprogramas eram tarefas do programa que precisasse de uma lista.

Em um projeto orientado a objeto, a estrutura de dados Lista e os subprogramas seriam reunidos em uma classe como a seguir:

```
public class Lista
    // variáveis de classe
    valores[ ]
    comprimento
    // métodos de classe
    public booleano Existe(item)
        Faça posição igual a 0
        ENQUANTO (posição < comprimento E
                valores[posição] !=item)
            Faça posição igual a posição + 1
        RETORNAR posição < comprimento
    public Remover(item)
        Faça posição igual a 1
        ENQUANTO (valores[posição] !=item)
            Faça posição igual a posição + 1
        Trocar(valores[comprimento – 1], valores[posição])
        Faça comprimento igual a comprimento – 1
    // Restante das operações de classe
```

O código dos métodos tem acesso direto às variáveis de classe; o código do usuário não tem. A classe seria compilada separadamente e o programa que quisesse usar a classe a incluiria em seu programa. Eis aqui um segmento de pseudocódigo que manipularia um objeto Lista:

```
Lista lista = new Lista()
ENQUANTO (mais valores)
    Leia umValor
    SE (NÃO lista.Existe(umValor))
        lista.Inserir(umValor)
Escreva "Informe valor a remover ou 'Sair' para sair"
Leia umValor
SE (umValor != 'Sair')
    IF (lista.Existe(umValor))
        Lista.Remover(umValor)
```

Na versão procedimental, a lista é representada por um registro que é passado aos subprogramas que operam sobre ela. A estrutura de dados e os subprogramas que manipulam a lista são parte do programa do usuário. Na versão orientada a objeto, a implementação de uma classe de objetos é ocultada do usuário por meio de encapsulamento.

Resumo

Projeto orientado a objeto foca em determinar os objetos em um problema, abstraindo (agrupando) esses objetos em classes baseadas em propriedades e comportamentos similares. Há quatro estágios na decomposição orientada a objeto:

- Livre discussão, onde fazemos uma primeira passagem para determinar as classes do problema
- Filtragem, onde revisamos as classes propostas
- Cenários, onde são determinadas as responsabilidades de cada classe
- Algoritmos de responsabilidade, onde os algoritmos são escritos para cada uma das responsabilidades

Um montador traduz um programa em linguagem de montagem em código de máquina. Um compilador traduz um programa escrito em uma linguagem de alto nível em linguagem de montagem (para, a seguir, ser traduzido para código de máquina) ou em código de máquina. Um interpretador é um programa que traduz as instruções em um programa e as executa imediatamente. Um interpretador não gera código em linguagem de máquina.

Existem diversos modelos de linguagens de programação de alto nível, classificadas como imperativo (procedimental e orientado a objeto) ou declarativo (funcional e lógico). O modelo imperativo descreve o processamento a ser feito. O modelo declarativo descreve o que deve ser feito, não como ele deverá ser conseguido. O modelo procedimental é baseado no conceito de uma hierarquia de tarefas a serem completadas; o modelo orientado a objeto é baseado no conceito de objetos que interagem. O modelo funcional é baseado no conceito matemático de função. O modelo lógico é baseado em lógica matemática.

Uma expressão booleana é uma afirmação sobre o estado de um programa. Expressões booleanas são usadas para permitir a um programa executar uma seção de código ou outra (instruções condicionais) e repetir uma seção de código (instruções de laço).

Cada variável em um programa é de um certo tipo de dado. Tipificação forte significa que variáveis recebem um tipo e que apenas valores daquele tipo de dado podem ser armazenados na variável. Armazenar um valor em uma variável chama-se atribuir o valor à variável (instruções de atribuição).

Programas orientados a objeto são caracterizados pelos seguintes construtos:

- *Encapsulamento*, uma característica de linguagem que força ocultação de informação e que é implementada usando o construto classe
- *Herança*, uma característica de linguagem que permite a uma classe herdar as propriedades e comportamentos de outra classe
- *Polimorfismo*, a capacidade de uma linguagem de resolver ambiguidade entre operações com o mesmo nome

QUESTÕES ÉTICAS ▶ Jogos e a Internet

A maioria das pessoas pensa em jogos como se sentar diante de uma mesa de *blackjack*, ou estar diante de uma máquina de apostas em um cassino de Las Vegas; porém, mais e mais pessoas estão se voltando para a Internet para as suas necessidades de jogos. Jogos online explodiram na Internet em agosto de 1995, quando Internet Casinos, Inc. se tornou o primeiro cassino online a aceitar apostas verdadeiras. Desde então, jogos online têm crescido como um negócio de muitos bilhões de dólares por ano, com muitos dos negócios acontecendo fora das fronteiras. Em 2008, sítios de jogos da Internet receberam receitas de US$5,9 bilhões, apenas de jogadores nos Estados Unidos, e US$21 bilhões em todo o mundo.

Com o crescimento da indústria de jogos online, a questão das fraudes tornou-se um sério problema. O potencial para fraudes em um sítio de jogos da Internet é muito elevado. Jogadores fornecem informações sobre cartões de crédito e números de Seguridade Social para abrir uma conta, acreditando que os jogos transcorrerão de uma forma correta. Todos os cassinos tradicionais são regulamentados pela Associação Americana de Jogos, para assegurar que os jogos transcorram honestamente. Com o projeto dos sítios da Internet, entretanto, é impossível para o usuário saber se os jogos são operados corretamente; em vez disso, jogadores dependem exclusivamente da honestidade daqueles que operam o sítio.

Outro problema com jogos na Internet é que eles têm se mostrado difíceis para os estados regulamentarem. Governos estaduais recebem receitas de quaisquer organizações de jogos estabelecidas no estado, mas perdem receita dos jogadores que usam sítios de jogos na Internet, já que estes transcorrem além das fronteiras e não estão sujeitos à taxação estadual. Alguns estados têm se apoiado em leis estaduais sobre jogos para reprimir jogos online. Illinois, Indiana, Louisiana, Massachusetts, Nevada, Oregon, Dakota do Sul e Utah, todos aprovaram leis banindo jogos na Internet. No entanto, essa regulamentação estadual é, em grande parte, não efetiva, porque a Internet vai além das restrições estaduais e nacionais.

O Congresso tem trabalhado para aprovar legislação que baniria todos os jogos na Internet, mas como tal medida seria tão ampla em escopo, legisladores, em larga escala, não têm tido sucesso. Em 2006, o Ato de Execução de Jogo Ilegal foi anexado à legislação federal criada para aumentar a segurança portuária dos EUA. Essa legislação restringe os métodos usados para colocar apostas em milhares de sítios de jogos online e torna ilegal o recebimento, por bancos e companhias de cartões de crédito, de débitos incorridos em um sítio de jogos online. As regulamentações finais da legislação foram colocadas em prática em 19 de janeiro de 2009, mas as companhias teriam até dezembro de 2009 para se ajustar às novas leis.

Termos Fundamentais

Assíncrono
Bytecode
Campos
Classe (fase de implementação)
Classe de objeto (classe)
Classe de objeto (classe) (fase de solução de problema)
Compilador
Declaração
Encapsulamento
Estrutura de controle
Expressão booleana
Herança
Instanciar
Interpretador
Método
Objeto
Objeto (fase de implementação)
Objeto (fase de solução de problema)
Palavra reservada
Polimorfismo
Sensível a diferença de letras
Tipificação forte
Tipo de dado

Exercícios

Para os Exercícios 1 a 10, relacione a atividade com a fase da metodologia orientada a objeto.

A. Livre discussão
B. Filtragem
C. Cenários
D. Algoritmos de responsabilidade

1. Revisar uma lista de possíveis classes, procurando por classes duplicadas ou esquecidas
2. Formular questões do tipo "e se"
3. Atribuir responsabilidades a classes
4. Gerar uma primeira aproximação da lista de classes de um problema
5. Atribuir a colaboradores uma responsabilidade
6. Desenvolver algoritmos para as responsabilidades listadas em um cartão CRC
7. O resultado dessa fase é um cartão CRC totalmente desenvolvido para todas as classes
8. O resultado dessa fase é o projeto pronto para ser traduzido em um programa
9. Durante essa fase são estabelecidos relacionamentos de herança
10. Fase na qual técnicas de programação funcional são apropriadas

Para os Exercícios 11 a 24, relacione a questão à tradução apropriada ou ao sistema de execução.

A. Interpretador
B. Montador

Projeto Orientado a Objeto e Linguagens de Programação de Alto Nível

C. Compilador

D. Código de máquina

11. O que traduz uma linguagem de alto nível em código de máquina?
12. O que traduz um programa Java em bytecode?
13. O que executa bytecode?
14. O que traduz um programa em linguagem de montagem?
15. Qual é a saída de um montador?
16. O que pega uma entrada em uma linguagem de alto nível e direciona o computador a executar as ações especificadas em cada instrução?
17. O que Máquina Virtual Java executa?
18. O que é usado para traduzir um programa em ALGOL?
19. O que é usado para traduzir um programa em APL?
20. O que é usado para traduzir um programa em COBOL?
21. O que é usado para traduzir um programa em FORTRAN?
22. O que é usado para traduzir um programa em Lisp?
23. O que é usado para traduzir um programa em PROLOG?
24. Qual tradutor executa o mais lentamente?

Para os Exercícios 25 a 46, relacione o paradigma de linguagem e a linguagem ou a descrição de linguagem.

A. Procedimental

B. Funcional

C. Lógica

D. Orientada a objeto

E. Linguagem procedimental com algumas características orientadas a objeto

F. Linguagem orientada a objeto com algumas características procedimentais

25. Qual paradigma descreve FORTRAN mais precisamente?
26. Qual paradigma descreve C++ mais precisamente?
27. Qual paradigma descreve PASCAL mais precisamente?
28. Qual paradigma descreve Java mais precisamente?
29. Qual paradigma descreve Lisp mais precisamente?
30. Qual paradigma descreve BASIC mais precisamente?
31. Qual paradigma descreve PROLOG mais precisamente?
32. Qual paradigma descreve SIMULA mais precisamente?
33. Qual paradigma descreve ALGOL mais precisamente?
34. Qual paradigma descreve ML mais precisamente?
35. Qual paradigma descreve Scheme mais precisamente?
36. Qual paradigma descreve Python mais precisamente?
37. Qual paradigma descreve C mais precisamente?
38. Qual paradigma descreve Smalltalk mais precisamente?
39. As linguagens dominantes usadas na indústria ao longo da história de software computacional vieram de que paradigma?
40. Qual paradigma os pesquisadores japoneses escolheram para o computador de quinta geração?
41. Qual paradigma permite ao programador expressar algoritmos como uma hierarquia de objetos?
42. Qual paradigma permite ao programador expressar algoritmos como uma hierarquia de tarefas?
43. Qual paradigma permite ao programador expressar algoritmos como funções matemáticas?
44. Qual paradigma não tem instrução de atribuição?
45. Qual paradigma usa exclusivamente recursão para expressar repetição?
46. Qual paradigma não tem variáveis?

Os Exercícios 47 a 84 são problemas ou questões de resposta curta.

47. Qual é a principal característica de uma linguagem de montagem?
48. Faça a distinção entre um montador e um compilador.
49. Faça a distinção entre um compilador e um interpretador.
50. Compare e confronte um montador, um compilador e um interpretador.
51. Descreva a portabilidade oferecida por um compilador.

Capítulo 9

52. Descreva a portabilidade oferecida pelo uso de bytecode.
53. Descreva o processo de compilação e execução de um programa Java.
54. Discuta a palavra *paradigma* e como ela se relaciona à computação.
55. Faça a distinção entre o paradigma imperativo e o paradigma declarativo.
56. Quais são as características do paradigma imperativo?
57. Quais são as características do paradigma funcional?
58. Quais são as características do paradigma lógico?
59. Quais são as características do paradigma declarativo?
60. Como você faz perguntas em uma linguagem de programação?
61. O que é uma variável booleana?
62. O que é uma expressão booleana?
63. Dadas as variáveis um, dois e três, escreva uma afirmação para cada uma das seguintes questões:
    a. um é tanto maior que dois quanto três?
    b. um é maior que dois, mas menor que três?
    c. São todas as três variáveis maiores que zero?
    d. um é menor que dois ou um é menor que três?
    e. dois é maior que um e três menor que dois?
64. Escreva a tabela de operação para a operação booleana E.
65. Escreva a tabela de operação para a operação booleana OU.
66. Escreva a tabela de operação para a operação booleana NÃO.
67. O que é um tipo de dado?
68. O que é tipificação forte?
69. Defina os seguintes tipos de dados:
    a. inteiro
    b. real
    c. caractere
    d. booleano
70. O tipo de dado cadeia de caracteres é um tipo de dado atômico? Justifique sua resposta.
71. Se o mesmo símbolo for usado tanto para caracteres únicos como para cadeias de caracteres, como você poderá distinguir entre um único caractere e uma cadeia de caracteres com apenas um caractere?
72. O que é uma declaração?
73. Preencha a tabela a seguir, mostrando o marcador sintático apropriado ou a palavra reservada para a linguagem mostrada, com base nas suas observações das tabelas deste capítulo.

Linguagem	Python	VB .NET	C++	JAVA
Comentários				
Final de instrução				
Instrução de atribuição				
Tipo de dado real				
Tipo de dado inteiro				
Início de declaração(ões)				

Projeto Orientado a Objeto e Linguagens de Programação de Alto Nível 233

74. Como as diretivas `.WORD` e `.BLOCK` do montador da linguagem de montagem do Pep/8 diferem das declarações de linguagens de alto nível?

75. Faça a distinção entre instruções a serem traduzidas e instruções para o programa de tradução.

76. Considere os seguintes identificadores: `Endereco`, `ENDERECO`, `EndeReco`, `Nome`, `NOME` e `NomE`.
    a. Quantos identificadores diferentes estarão representados se a linguagem for Python?
    b. Quantos identificadores diferentes estarão representados se a linguagem for VB.NET?
    c. Quantos identificadores diferentes estarão representados se a linguagem for C++ ou Java?

77. Faça a distinção entre a definição de um objeto na fase de projeto e na fase de implementação.

78. Faça a distinção entre a definição de uma classe na fase de projeto e na fase de implementação.

79. Faça a distinção entre um campo e um método.

80. Como objetos podem se relacionar uns aos outros?

81. Discuta as diferenças entre um projeto *topdown* e um projeto orientado a objeto.

82. Neste capítulo, esboçamos uma estratégia para desenvolver uma decomposição orientada a objeto.
    a. Liste os quatro estágios.
    b. Esboce as características de cada estágio.
    c. Qual é o resultado de cada um dos quatro estágios?
    d. Cada um dos estágios é independente? Justifique.

83. Projete os cartões CRC para um sistema de inventário para uma agência de automóveis usando livre discussão, filtragem e cenários.

84. Projete os cartões CRC para uma base de dados para um zoológico usando livre discussão, filtragem e cenários.

??? Temas para Reflexão

1. Faça a distinção entre um programa que a CPU possa executar diretamente e um programa que tenha que ser traduzido.

2. Projeto *topdown* e projeto orientado a objeto criam, ambos, apoios que são usados para escrever programas. Todo esse apoio é um desperdício de esforço? Ele será usado novamente? Qual o seu valor após o programa estar pronto e executando?

3. Qual a estratégia de solução de problemas que você usa mais? Você consegue pensar em algumas outras que você use? Elas seriam apropriadas para solução de problemas em computação?

4. Você já visitou um site de jogos na Internet?

5. Jogos na Internet deveriam ser considerados ilegais? Regulamentados? Taxados?

A Camada de Sistema Operacional

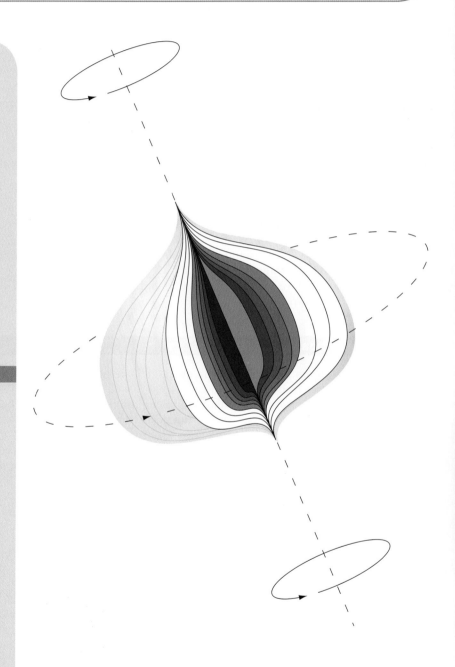

Preparando os Alicerces
   1 O Quadro Geral

A Camada de Informação
   2 Valores Binários e Sistemas de Numeração
   3 Representação de Dados

A Camada de Hardware
   4 Portas e Circuitos
   5 Componentes Computacionais

A Camada de Programação
   6 Linguagens de Programação de Baixo Nível e Pseudocódigo
   7 Solução de Problemas e Algoritmos
   8 Tipos Abstratos de Dados e Subprogramas
   9 Projeto Orientado a Objeto e Linguagens de Programação de Alto Nível

A Camada de Sistema Operacional
▶   **10** Sistemas Operacionais
   11 Sistemas de Arquivos e Diretórios

A Camada de Aplicação
   12 Sistemas de Informação
   13 Inteligência Artificial
   14 Simulação, Gráficos, Jogos e Outros Aplicativos

A Camada de Comunicação
   15 Redes
   16 A *World Wide Web*

Em Conclusão
   17 Limitações da Computação

Sistemas Operacionais

10

Para entender um sistema computacional, você deve entender o software que gerencia e coordena suas partes. O sistema operacional de um computador é a cola que mantém o hardware e o software juntos. Ele é a base de software sobre a qual todos os outros softwares repousam, nos permitindo escrever programas que interagem com a máquina. Este capítulo e o próximo exploram a forma pela qual um sistema operacional gerencia recursos computacionais. Da mesma forma que um policial organiza o fluxo eficiente de carros em um cruzamento, um sistema operacional organiza o fluxo eficiente de programas em um sistema computacional.

Objetivos

Após estudar este capítulo, você deverá ser capaz de:

- descrever as duas principais responsabilidades de um sistema operacional.
- definir gerenciamento de memória e gerenciamento de processo.
- explicar como tempo compartilhado cria a ilusão de uma máquina virtual.
- explicar o relacionamento entre endereços lógicos e físicos.
- comparar e contrastar técnicas de gerenciamento de memória.

- distinguir partições fixas de partições dinâmicas.
- definir e aplicar algoritmos de seleção de partições.
- explicar como paginação sob demanda cria a ilusão de memória virtual.
- explicar os estágios e as transições do ciclo de vida de processo.
- explicar o processamento de vários algoritmos de escalonamento de CPU.

10.1 Papéis de um Sistema Operacional

No Capítulo 1 falamos sobre mudanças de papéis do programador. Ainda no final da primeira geração do desenvolvimento de software, havia uma divisão entre aqueles programadores que escreviam ferramentas para ajudar outros programadores e aqueles que usavam as ferramentas para resolver problemas. Softwares modernos podem ser divididos em duas categorias: software aplicativo e software de sistema, refletindo esta separação de objetivos. **Software aplicativo** é escrito para atender a necessidades específicas — para resolver problemas do mundo real. Programas de processamento de texto, jogos, sistemas de controle de inventário, programas de diagnósticos para automóveis e programas para orientação de mísseis são todos softwares aplicativos. Os Capítulos 12 a 14 discutem áreas da ciência da computação que estão relacionadas a software aplicativo.

Software de sistema gerencia um sistema computacional em um nível mais básico. Ele fornece as ferramentas e um ambiente no qual software aplicativo pode ser criado e executado. Software de sistema frequentemente interage diretamente com o hardware e fornece mais funcionalidade que o próprio hardware.

O **sistema operacional** de um computador é o núcleo de seu software de sistema. Um sistema operacional gerencia recursos computacionais, tais como memória e dispositivos de entrada/saída, e fornece uma interface pela qual um ser humano pode interagir com o computador. Outros softwares de sistema dão apoio a objetivos de aplicações específicas, tal como uma biblioteca de software gráfico que cria imagens em uma tela. O sistema operacional permite a um programa aplicativo interagir com estes outros recursos de sistema.

A Figura 10.1 apresenta o sistema operacional em sua posição relativa entre elementos de um sistema computacional. O sistema operacional gerencia recursos de hardware. Ele permite que software aplicativo acesse recursos de sistema, seja diretamente ou por meio de outro software de sistema. Ele fornece uma interface direta do usuário com o sistema computacional.

Um computador geralmente possui um sistema operacional que se torna ativo e assume o controle quando o sistema é ligado. Hardware computacional é conectado de forma a carregar inicialmente um pequeno conjunto de instruções de sistema que é armazenado em memória permanente (ROM). Essas instruções carregam uma parte maior de software de sistema a partir de memória secundária, usualmente um disco magnético. Ao final, todos os elementos-chave do software de sistema operacional são carregados, programas iniciais são executados, a interface com o usuário é ativada e o sistema fica pronto para uso. Essa atividade é comumente chamada de *dar boot* no computador. O termo "*boot*" vem da ideia de "*pulling yourself from your own bootstraps*"*, que é essencialmente o que um computador faz quando é ligado.

> **Softwares aplicativos** Programas que nos ajudam a resolver problemas do mundo real
>
> **Softwares de sistemas** Programas que gerenciam um sistema computacional e interagem com hardware
>
> **Sistema operacional** Software de sistema que gerencia recursos computacionais e fornece uma interface para interação com o sistema

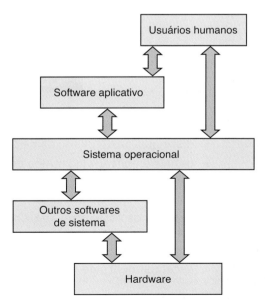

FIGURA 10.1 Um sistema operacional interage com muitos aspectos de um sistema computacional

---
*Essa expressão quer dizer "ficar de pé por si próprio" ou "fazer-se por si mesmo". (N.T.)

Um computador pode ter dois ou mais sistemas operacionais a partir dos quais o usuário escolhe um quando o computador é ligado. Essa configuração é frequentemente chamada de sistema *dual-boot* ou *multi-boot*. Contudo, apenas um sistema operacional controla o computador em um dado instante.

Você provavelmente já usou pelo menos um sistema operacional antes. As várias versões do Windows® da Microsoft® (Windows NT, Windows XP, Windows Vista, Windows 7) são escolhas populares para computadores pessoais. As diferentes versões desses sistemas operacionais indicam como o software evolui no decorrer do tempo e também como ocorrem mudanças na forma em que os serviços são fornecidos e gerenciados. A família Mac OS é a escolha de sistema operacional para computadores fabricados pela Apple® Computer. UNIX tem sido um favorito de programadores sérios há anos e uma versão do UNIX, chamada Linux, é popular em sistemas computacionais pessoais.

Qualquer sistema operacional gerencia recursos de sua própria forma particular. Nosso objetivo neste capítulo não é ressaltar diferenças entre sistemas operacionais, mas, em vez disso, discutir as ideias comuns a todos eles. Ocasionalmente nos referimos aos métodos que um SO (sistema operacional) específico usa e discutimos algumas de suas filosofias individuais. Em geral, no entanto, nos focamos nos conceitos subjacentes.

Os vários papéis de um sistema operacional geralmente giram em torno da ideia de "compartilhar satisfatoriamente". Um sistema operacional gerencia recursos e esses recursos são frequentemente compartilhados de uma forma ou de outra entre os vários programas que querem usá-los. Múltiplos programas executando concorrentemente compartilham o uso de memória principal. Eles se revezam no uso da CPU. Eles competem por uma oportunidade de usar dispositivos de entrada e saída. O sistema operacional atua como um monitor de uma área de lazer, garantindo que cada um coopere e tenha a chance de se divertir.

■ Gerenciamentos de Memória, de Processos e de CPU

Relembre do Capítulo 5 que um programa em execução reside em memória principal e suas instruções são processadas, uma após a outra, no ciclo busca-decodificação-execução. **Multiprogramação** é a técnica de manter múltiplos programas em memória principal ao mesmo tempo; esses programas competem por acesso à CPU, de modo que eles possam realizar seus trabalhos. Todos os sistemas operacionais modernos empregam multiprogramação em um grau ou outro. Um sistema operacional deve portanto efetuar **gerenciamento de memória** para manter registro de quais programas estão em memória e onde em memória eles residem.

Outro conceito-chave de sistema operacional é a ideia de um **processo**, que pode ser definido como um programa em execução. Um programa é um conjunto estático de instruções. Um processo é a entidade dinâmica que representa o programa enquanto ele estiver sendo executado. Por meio de multiprogramação, um sistema computacional pode ter muitos processos ativos ao mesmo tempo. O sistema operacional deve gerenciar esses processos cuidadosamente. Em qualquer instante de tempo uma instrução específica pode ser a próxima a ser executada. Valores intermediários foram calculados. Um processo pode ser interrompido durante sua execução, então o sistema operacional realiza **gerenciamento de processo** para rastrear cuidadosamente o progresso de um processo e de todos os seus estados intermediários.

Relacionado às ideias de gerenciamento de memória e gerenciamento de processo, há a necessidade de **escalonamento de CPU**, o que determina qual processo em memória é executado pela CPU em qualquer momento dado.

Gerenciamento de memória, gerenciamento de processo e escalonamento de CPU são os três principais tópicos discutidos neste capítulo. Outros tópicos-chave de sistemas operacionais, tais como gerenciamento de arquivos e armazenamento secundário, são abordados no Capítulo 11.

Tenha em mente que um sistema operacional é, ele próprio, apenas um programa que tem que ser executado. Processos de SO devem ser gerenciados e mantidos em memória principal juntamente com outros softwares de sistema e programas aplicativos. O SO executa na mesma CPU, como os outros programas, e ele deve competir por sua vez com eles.

Quem é Blake Ross?
Blake Ross construía páginas *Web* aos 10 anos. Aos 14, ele estava corrigindo erros no navegador *Web* Netscape como um *hobby*. Antes de concluir o ensino médio, ele ajudou a desenvolver o Firefox®, um navegador *Web* em código aberto. A America Online® criou uma fundação sem fins lucrativos para continuar o desenvolvimento do Firefox®, que foi oficialmente liberado em novembro de 2004. Enquanto cursava a faculdade, Ross continuou a corrigir erros no navegador. Em 2005, ele foi indicado ao prêmio Renegado do Ano da revista *Wired*. Ross juntou-se a outro ex-empregado da Netscape para criar Parakey, uma nova interface de usuário projetada para transpor a lacuna entre o computador pessoal e a *Web*. Em 2007, a Parakey foi adquirida pela Facebook.

»» **Multiprogramação**
A técnica de manter múltiplos programas em memória principal ao mesmo tempo, competindo pela CPU

»» **Gerenciamento de memória** O ato de manter registro de como e onde programas são carregados em memória principal

»» **Processo** A representação dinâmica de um programa durante execução

»» **Gerenciamento de processo** O ato de manter registro de informação para processos ativos

»» **Escalonamento de CPU** O ato de determinar qual processo em memória terá acesso à CPU, de modo que ele possa executar

Empregos influentes em computação
Havia muitos empregos influentes em computação nos anos 1960, mas nenhum mais que o de operador de computador. Em suas mãos ficava a decisão de que tarefas computacionais executar e quando. Muitos alunos de graduação eram conhecidos por ter subornado um operador cansado com café e biscoitos, de manhã bem cedo, para conseguir apenas mais uma execução.

Antes de nos aprofundarmos nos detalhes de gerenciamento de recursos, tais como memória principal e CPU, precisamos explorar mais uns poucos conceitos gerais.

■ Processamento em Lote

Um computador típico dos anos 1960 e 1970 era uma grande máquina instalada em sua sala dedicada e muito refrigerada com um poderoso ar-condicionado. Seu processamento era gerenciado por um *operador* humano. Um usuário entregava seu programa, usualmente armazenado como uma pilha de cartões perfurados, ao operador para ser executado. O usuário devia voltar mais tarde — talvez no dia seguinte — para recuperar os resultados impressos.

Ao entregar o programa, o usuário também fornecia um conjunto de instruções separadas relativas ao software de sistema e outros recursos necessários à execução do programa. O programa e as instruções de sistema juntos eram chamados de *tarefa*. O operador tornava disponível qualquer dispositivo necessário e carregava qualquer software especial de sistema exigido para atender à tarefa. Obviamente, o processo de preparação de um programa para execução nessas primeiras máquinas consumia bastante tempo.

Para realizar esse procedimento mais eficientemente, o operador organizava várias tarefas a partir de múltiplos usuários em lotes. Um lote continha um conjunto de tarefas que necessitavam dos mesmos recursos ou de recursos similares. Com o processamento em lote, o operador não tinha que recarregar e preparar os mesmo recursos repetidamente. A Figura 10.2 retrata esse procedimento.

Sistemas em lote podiam ser executados em ambientes de multiprogramação. Nesse caso, o operador carregava múltiplas tarefas do mesmo lote em memória e essas tarefas competiam pelo uso da CPU e de outros recursos compartilhados. À medida que os recursos se tornavam disponíveis, as tarefas eram escalonados para usar a CPU.

Embora o conceito original de processamento em lote não seja uma funcionalidade de sistemas operacionais modernos, a terminologia persiste. O termo "lote"* passou a significar um sistema no qual programas e recursos de sistema são coordenados e executados sem interação entre o usuário e o programa. Sistemas operacionais modernos incorporam processamento em estilo lote permitindo ao usuário definir um conjunto de comandos do SO como um arquivo em lote para controlar o processamento de um programa grande ou um conjunto de programas que interagem. Por exemplo, arquivos com a extensão .bat em Microsoft Windows tiveram origem na ideia de arquivos de controle em lote; eles contêm comandos de sistema.

Embora a maioria do nosso uso computacional atual seja interativa, algumas tarefas ainda se prestam a processamento em lote. Por exemplo, processar a folha de pagamento mensal de uma corporação é uma grande tarefa que usa recursos específicos, essencialmente sem interação humana.

Os primeiros processamentos em lote permitiam que múltiplos usuários compartilhassem um único computador. Embora a ênfase tenha mudado ao longo do tempo, sistemas em lote nos ensinaram valiosas lições sobre gerenciamento de recursos. O operador humano dos primeiros sistemas computacionais cumpria muitos dos papéis que software de sistemas operacionais modernos controla agora.

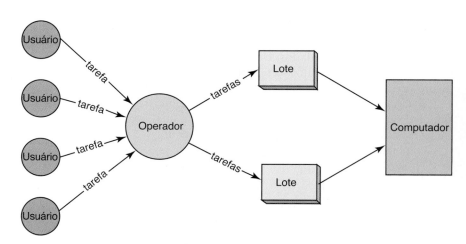

FIGURA 10.2 Nos primeiros sistemas, operadores humanos organizavam tarefas em lotes

---

*Batch no original. (N.T)

■ Tempo Compartilhado

Como destacamos no Capítulo 1, o problema de como tirar proveito das maiores capacidade e velocidade de computadores levou ao conceito de *tempo compartilhado*. Um sistema de tempo compartilhado permite que múltiplos usuários interajam com um computador ao mesmo tempo. Multiprogramação permite que múltiplos processos estejam ativos de uma vez, o que deu origem à capacidade de programadores interagirem com o sistema computacional diretamente, ainda que compartilhando seus recursos.

Sistemas de tempo compartilhado criam a ilusão de que cada usuário tem acesso exclusivo ao computador. Isto é, cada usuário não tem que competir ativamente por recursos, embora seja isso exatamente o que está acontecendo nos bastidores. Um usuário pode realmente saber que ele está compartilhando a máquina com outros usuários, mas não tem que fazer qualquer coisa de especial para permiti-lo. O sistema operacional gerencia o compartilhamento dos recursos, incluindo a CPU, nos bastidores.

A palavra "virtual" significa "com efeito, embora não de fato". Em um sistema de tempo compartilhado, cada usuário tem sua própria máquina virtual, na qual todos os recursos de sistema estão (com efeito) disponíveis para uso. De fato, no entanto, os recursos são compartilhados entre muitos desses usuários.

Originalmente, sistemas de tempo compartilhado consistiam em um único computador, usualmente chamado de computador de grande porte*, e um conjunto de terminais burros conectados ao grande porte. Um terminal burro é essencialmente apenas uma tela de monitor e um teclado. Um usuário se senta diante de um terminal e acessa o grande porte. Os terminais burros podem estar espalhados em um edifício, com o grande porte residindo em sua própria sala dedicada. O sistema operacional reside no grande porte e todo o processamento ocorre lá.

Cada usuário é representado por um *processo de acesso* que executa no grande porte. Quando o usuário executa um programa, outro processo é criado (gerado pelo processo de acesso do usuário). O tempo de CPU é compartilhado entre todos os processos criados por todos os usuários. A cada processo é dada uma pequena fração de tempo de CPU de cada vez. A premissa é que a CPU é tão rápida que ela pode lidar com as necessidades de múltiplos usuários sem que cada usuário perceba qualquer atraso no processamento. Na verdade, usuários de sistema de tempo compartilhado, podem algumas vezes perceber degradação nas respostas do sistema, dependendo do número de usuários ativos e das capacidades da CPU. Isto é, fica parecendo que cada máquina de usuário torna-se mais lenta quando o sistema fica sobrecarregado.

Embora computadores de grande porte sejam interessantes agora por razões históricas, o conceito de tempo compartilhado continua altamente relevante. Hoje, muitos computadores de mesa executam sistemas operacionais que suportam múltiplos usuários em um estilo de tempo compartilhado. Apesar de apenas um usuário estar de fato sentado diante do computador, outros usuários podem se conectar por meio de outros computadores por uma conexão de rede.

■ Outros Ingredientes do Sistema Operacional

À medida que a tecnologia computacional avançou, as máquinas propriamente ditas ficaram menores. Computadores de grande porte deram lugar a *minicomputadores*, que já não precisavam mais de salas dedicadas para abrigá-los. Minicomputadores se tornaram a plataforma de hardware básico para sistemas de tempo compartilhado. *Microcomputadores*, que pela primeira vez recaíram em um único circuito integrado como a CPU, cabiam verdadeiramente sobre uma mesa individual. O surgimento deles deu origem à ideia de um *computador pessoal* (PC). Como o nome sugere, um computador pessoal não é projetado para uso de múltiplas pessoas e, originalmente, sistemas operacionais para computadores pessoais refletiam esta simplicidade. Com o passar do tempo, computadores pessoais evoluíram em funcionalidade e incorporaram muitos aspectos de sistemas maiores, tal como tempo compartilhado. Embora uma máquina de mesa ainda seja frequentemente referida como um PC, o termo "estação de trabalho" é usado algumas vezes e talvez seja mais apropriado, descrevendo a máquina como geralmente dedicada a um indivíduo, mas capaz de suportar muito mais. Sistemas operacionais, por sua vez, evoluíram para suportar estas mudanças no uso de computadores.

Mainframe no original. (N.T)

> **» Tempo compartilhado** Um sistema no qual tempo de CPU é compartilhado entre múltiplos usuários interativos ao mesmo tempo
>
> **» Máquina virtual** A ilusão criada por um sistema de tempo compartilhado de que cada usuário possui uma máquina dedicada
>
> **» Grande porte** Um computador de grande porte, multiusuário, comumente associado aos primeiros sistemas de tempo compartilhado
>
> **» Terminal burro** Um monitor e um teclado que permitiam ao usuário acessar o computador de grande porte nos primeiros sistemas de tempo compartilhado

Sistemas operacionais devem também levar em conta o fato de que computadores são geralmente conectados a redes. Hoje em dia, com a World Wide Web, assumimos comunicação em rede como certa. Redes são discutidas em detalhes em um capítulo mais adiante, mas devemos reconhecer aqui o efeito que comunicação em rede tem sobre sistemas operacionais. Tal comunicação é outro recurso que um SO deve suportar.

Um sistema operacional é responsável por comunicação com uma variedade de dispositivos. Usualmente, essa comunicação é alcançada com a ajuda de um controlador* de dispositivo, um pequeno programa que "sabe" o modo que um dispositivo particular espera receber e enviar informação. Com controladores de dispositivos, cada sistema operacional não precisa mais saber sobre todo dispositivo com o qual seria possível esperar que ele viesse a se comunicar no futuro. É outro belo exemplo de abstração. Um controlador apropriado de dispositivo normalmente vem com um novo hardware e a maioria dos controladores mais atualizados pode ser obtida normalmente de forma gratuita a partir do sítio *Web* do fabricante.

Um último aspecto de sistemas operacionais é a necessidade de suportar sistemas de tempo real. Um **sistema de tempo real** é aquele que deve fornecer um **tempo de resposta** mínimo garantido ao usuário. Isto é, o tempo entre receber um estímulo e produzir uma resposta deve ser cuidadosamente controlado. Respostas em tempo real são cruciais em softwares que, por exemplo, controlem um robô, um reator nuclear ou um míssil. Embora todos os sistemas operacionais reconheçam a importância de tempo de resposta, um sistema operacional de tempo real se esforça para otimizá-lo.

> **Sistema de tempo real** Um sistema no qual tempo de resposta é crucial, dada a natureza do domínio de aplicação
>
> **Tempo de resposta** O tempo decorrido entre receber um estímulo e produzir uma resposta

10.2 Gerenciamento de Memória

Vamos rever o que dissemos sobre memória principal no Capítulo 5. Todos os programas são armazenados em memória principal quando são executados. Todo dado referenciado por estes programas também é armazenado em memória principal, de modo que ele possa ser acessado. A memória principal pode ser vista como uma área grande e contígua de espaço dividida em grupos de 8, 16 ou 32 bits. Cada byte ou palavra de memória tem um endereço correspondente, que é simplesmente um inteiro que identifica unicamente aquela parte particular de memória. Veja a Figura 10.3. O primeiro endereço de memória é 0.

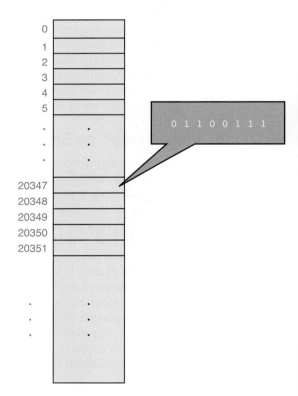

FIGURA 10.3 Memória é um conjunto contíguo de bits referenciados por endereços específicos

---
*Driver no original. (N.T)

Antes, neste capítulo, afirmamos que em um ambiente de multiprogramação, múltiplos programas (e seus dados) são armazenados em memória principal ao mesmo tempo. Assim, sistemas operacionais devem empregar técnicas para realizar as seguintes tarefas:

- Registrar onde e como um programa reside em memória.
- Converter endereços lógicos de programas em endereços reais de memória.

Um programa tem referências a variáveis e a outras partes do código do programa. Quando o programa é compilado, essas referências são convertidas nos endereços de memória onde dados e código residem. Mas, já que não sabemos onde exatamente um programa será carregado em memória principal, como podemos saber qual endereço usar para alguma coisa?

A solução é usar dois tipos de endereços: endereços lógicos e endereços físicos. Um **endereço lógico** (algumas vezes chamado de endereço virtual ou relativo) é um valor que especifica uma localização genérica, relativa ao programa, mas não à realidade de memória principal. Um **endereço físico** é um endereço real no dispositivo de memória principal, como mostrado na Figura 10.3.

Quando um programa é compilado, uma referência a um identificador (tal como um nome de variável) é alterada para um endereço lógico. Quando, afinal, o programa é carregado em memória, cada endereço lógico é traduzido para um endereço físico específico. O mapeamento de um endereço lógico em um endereço físico é chamado de **ligação de endereço**. Quanto mais esperarmos para ligar um endereço lógico a um endereço físico, mais flexibilidade teremos. Endereços lógicos permitem que um programa seja movido pela memória ou carregado em diferentes locais, em diferentes momentos. Desde que mantenhamos registro de onde o programa está armazenado, podemos sempre determinar o endereço físico que corresponde a qualquer endereço lógico dado. Para simplificar nossos exemplos neste capítulo, efetuaremos cálculos de ligação de endereços em base 10.

As seções a seguir examinam os princípios subjacentes a três técnicas:

- Gerenciamento de memória contígua única
- Gerenciamento de memória particionada
- Gerenciamento de memória paginada

> **Endereço lógico** Uma referência a um valor armazenado, relativa ao programa que faz a referência
>
> **Endereço físico** Um endereço real no dispositivo de memória principal
>
> **Ligação de endereço** O mapeamento de um endereço lógico em um endereço físico

■ Gerenciamento de Memória Contígua Única

Vamos inicialmente manter as coisas simples assumindo que existam apenas dois programas em memória: o sistema operacional e o programa aplicativo que queremos executar. Dividiremos a memória principal em duas seções, uma para cada programa, como mostrado na Figura 10.4. O sistema operacional obtém o espaço que ele precisar e ao programa aplicativo é alocado o restante.

Essa abordagem é chamada de **gerenciamento de memória contígua única** porque o programa aplicativo inteiro é carregado em uma grande área de memória. Apenas um programa, além do sistema operacional, pode ser processado por vez. Para ligar endereços, tudo o que temos que considerar é a localização do sistema operacional.

Neste esquema de gerenciamento de memória, um endereço lógico é simplesmente um valor inteiro relativo ao ponto inicial do programa. Isto é, endereços lógicos são criados como se o programa fosse carregado na localização 0 da memória principal. Logo, para produzir um endereço físico, somamos um endereço lógico ao endereço de início do programa na memória principal física.

> **Gerenciamento de memória contígua única** A abordagem de gerenciamento de memória na qual um programa é carregado em uma área contígua de memória

FIGURA 10.4 Memória principal dividida em duas seções

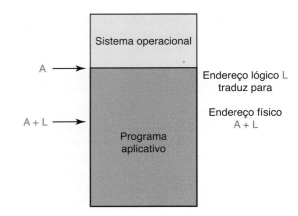

FIGURA 10.5 Ligando um endereço lógico a um endereço físico

Sejamos um pouco mais específicos: se o programa for carregado começando no endereço **A**, então o endereço físico correspondente ao endereço lógico **L** será **A + L**. Veja a Figura 10.5. Vamos incluir números para tornar este exemplo mais claro. Suponha que o programa seja carregado em memória começando no endereço 555555. Quando um programa usa o endereço relativo 222222, sabemos que ele na verdade estará se referindo ao endereço 777777 na memória principal física.

Na verdade, não importa que endereço **L** é. Desde que mantenhamos o registro de **A** (o endereço inicial do programa), sempre poderemos traduzir um endereço lógico em um endereço físico.

Neste momento, você pode estar dizendo: "se trocássemos a posição do sistema operacional com a do programa, então os endereços lógico e físico para o programa seriam os mesmos". Isto é verdade. Mas então você teria outras coisas com que se preocupar. Por exemplo, um esquema de gerenciamento de memória deve sempre levar em conta segurança. Em particular, em um ambiente de multiprogramação, devemos evitar que um programa acesse qualquer endereço além do espaço de memória a ele alocado. Com o sistema operacional alocado na posição 0, todos os endereços lógicos para o programa são válidos, a menos que eles excedam o próprio limite da memória principal. Se movermos o sistema operacional para baixo do programa, deveremos assegurar que um endereço lógico não tente acessar o espaço de memória dedicado ao sistema operacional. Isto não é difícil, mas adiciona alguma complexidade de processamento.

A vantagem da abordagem de gerenciamento de memória contígua única é que ela é simples de implementar e gerenciar. No entanto, é quase certo que ela desperdice tanto espaço de memória como tempo de CPU. É pouco provável que um programa aplicativo necessite de todo o espaço de memória não usado pelo sistema operacional e tempo de CPU é desperdiçado quando o programa tem que esperar por algum recurso.

> **Apple acompanha arquivos livres de DRM**
> Em janeiro de 2009, a Apple anunciou que, após seis anos, a Loja iTunes® logo deixaria por completo de vender música incluindo restrições DRM (*Digital Rights Management* – Gerenciamento de Direitos Digitais). Por bastante tempo a Apple vendeu faixas selecionadas livres de DRM como faixas iTunes Plus. Essas faixas originalmente incluíam músicas de apenas um dos principais selos de gravadoras, EMI. A nova biblioteca livre de DRM da Apple agora inclui faixas da Sony BMG, Warner Music e Universal. Embora a Amazon® venda há muito tempo faixas livres de DRM de todos os quatro selos, os arquivos de áudio da Amazon são no formato MP3, enquanto os arquivos da Apple usam AAC (*Advanced Audio Coding* – Codificação Avançada de Áudio). Arquivos AAC geralmente têm melhor qualidade sonora do que arquivos MP3. No final de março de 2009, a Apple já tinha tornado todas as suas faixas disponíveis como arquivos livres de DRM.

■ Gerenciamento de Memória Particionada

Uma abordagem mais sofisticada é ter mais de um programa aplicativo em memória ao mesmo tempo, compartilhando espaço em memória e tempo de CPU. Nesse caso, a memória deve ser dividida em mais de duas partições. Duas estratégias podem ser usadas para particionar memória: partições fixas e partições dinâmicas. Com a **técnica de partição fixa**, a memória principal é dividida em um número específico de partições. As partições não precisam ter o mesmo tamanho, mas os tamanhos delas são fixados quando o sistema operacional é inicializado. O SO mantém uma tabela de endereços na qual cada partição começa e o tamanho da partição.

Com a **técnica de partição dinâmica**, as partições são criadas para se ajustar às necessidades únicas dos programas. A memória principal é vista inicialmente como uma grande partição vazia. À medida que programas são carregados, o espaço é "fatiado", usando apenas o espaço necessário para acomodar o programa e deixando um nova partição menor e vazia, que poderá ser usada por outro programa, posteriormente. O sistema operacional mantém uma tabela de informação de partição, mas com partições dinâmicas as informações de endereço mudam à medida que programas vêm e vão.

» **Técnica de partição fixa** A técnica de gerenciamento de memória na qual a memória é dividida em um número específico de partições nas quais programas são carregados

» **Técnica de partição dinâmica** A técnica de gerenciamento de memória na qual a memória é dividida em partições conforme for necessário acomodar programas

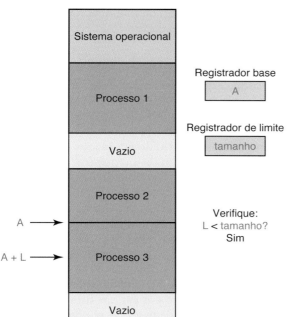

FIGURA 10.6 Resolução de endereços em gerenciamento de memória particionada

Em qualquer instante de tempo, tanto em partições fixas como dinâmicas, a memória é dividida em um conjunto de partições, algumas vazias e algumas alocadas para programas. Veja a Figura 10.6.

A ligação de endereços é basicamente a mesma para as partições fixas e dinâmicas. Tal como a abordagem de gerenciamento de memória contígua única, um endereço lógico é um inteiro relativo ao ponto de partida 0. Existem vários meios de um SO lidar com os detalhes da tradução de endereços. Uma forma é usar dois registradores de propósitos especiais da CPU para ajudar a gerenciar endereçamento. Quando um programa se torna ativo na CPU, o SO armazena o endereço do início da partição daquele programa no **registrador base**. De forma similar, o tamanho da partição é armazenado no **registrador de limites**. Quando um endereço lógico é referenciado, ele é primeiramente comparado ao valor contido no registrador de limites para assegurar que ele esteja no espaço de memória alocado àquele programa. Se estiver, o valor do endereço lógico será somado ao valor no registrador base para produzir o endereço físico.

Qual partição devemos alocar a um novo programa? Há três abordagens gerais para seleção de partição:

- *Primeira escolha*, na qual o programa é alocado na primeira partição grande o suficiente para acomodá-lo
- *Melhor escolha*, na qual o programa é alocado na menor partição com tamanho suficiente para acomodá-lo
- *Pior escolha*, na qual o programa é alocado na maior partição com tamanho suficiente para acomodá-lo

Não faz sentido usar a pior escolha em partições fixas, pois ela desperdiçaria as partições maiores. A primeira escolha e a melhor escolha funcionam para partições fixas. Com partições dinâmicas, contudo, a pior escolha frequentemente funciona melhor, já que ela deixa a maior partição possível vazia, que poderá acomodar outro programa mais tarde.

Quando um programa termina, a tabela de partição é atualizada para refletir o fato de que a partição agora está vazia e disponível para um novo programa. Com partições dinâmicas, partições vazias consecutivas são fundidas em uma grande partição vazia.

Gerenciamento de memória particionada torna eficiente o uso de memória principal mantendo diversos programas em memória de uma vez. Mas tenha em mente que um programa deve caber inteiramente em uma partição. Partições fixas são mais fáceis de gerenciar que aquelas dinâmicas, mas restringem as oportunidades disponíveis para novos programas. O sistema pode ter memória disponível o suficiente para acomodar o programa, mas não em uma única partição livre. Com

>> **Registrador base** Um registrador que mantém o endereço de início da partição corrente

>> **Registrador de limites** Um registrador que mantém o tamanho da partição corrente

244 Capítulo 10

partições dinâmicas, as tarefas podem ser rearranjadas na memória, de modo a criar uma única grande partição livre. Este procedimento é conhecido como *compactação*.

■ Gerenciamento de Memória Paginada

Gerenciamento de memória paginada coloca mais sobrecarga no sistema operacional para manter registro de memória alocada e para resolver endereços. No entanto, os benefícios obtidos por esta abordagem geralmente compensam o esforço adicional.

Na **técnica de memória paginada**, a memória principal é dividida em pequenos blocos de armazenamento de tamanho fixo, chamados **quadros**. Um processo é dividido em **páginas** que (para os interesses de nossa discussão) assumimos sejam do mesmo tamanho de um quadro. Quando um programa vai ser executado, as páginas do processo são carregadas em quadros não utilizados, distribuídos pela memória. Assim, as páginas de um processo podem estar dispersas, fora de ordem e misturadas com páginas de outros processos. Para manter registro dessas páginas, o sistema operacional mantém uma **tabela de mapeamento de páginas (TMP)** separada para cada processo em memória; ele mapeia cada página no quadro no qual ela está carregada. Veja a Figura 10.7. Tanto páginas, como quadros são numerados começando em zero, o que torna o cálculo de endereços mais fácil.

Um endereço lógico em um sistema de gerenciamento de memória paginada começa como um único valor inteiro relativo ao ponto de início do programa, como era em um sistema particionado. Este endereço é transformado em dois valores, um número de página e um deslocamento, dividindo o endereço pelo tamanho da página. O número de página é o quociente da divisão e o resto é o deslocamento. Então, um endereço lógico de 2566, com um tamanho de página de 1024, corresponde ao byte de ordem 518 da página 2 do processo. Um endereço lógico é frequentemente escrito como <página, deslocamento>, tal como <2, 518>.

Para produzir um endereço físico, deve-se primeiro procurar a página na TMP para encontrar o número do quadro no qual ela está armazenada. Então, multiplica-se o número de quadro pelo tamanho de quadro e adiciona-se o deslocamento para se obter o endereço físico. Por exemplo,

---

A Camada de Sistema Operacional

»» Técnica de memória paginada Uma técnica de gerenciamento de memória na qual processos são divididos em páginas de tamanho fixo e armazenados em quadros de memória quando carregados

»» Quadro Uma parte de tamanho fixo de memória principal que guarda uma página de processo

»» Página Uma parte de tamanho fixo de um processo que é armazenada em um quadro de memória

»» Tabela de mapeamento de páginas (TMP) A tabela usada pelo sistema operacional para manter registro de relacionamentos página/quadro

---

TMP P1

Página	Quadro
0	5
1	12
2	15
3	7
4	22

TMP P2

Página	Quadro
0	10
1	18
2	1
3	11

Memória

Quadro	Conteúdo
0	
1	P2/Página2
2	
3	
4	
5	P1/Página0
6	
7	P1/Página3
8	
9	
10	P2/Página0
11	P2/Página3
12	P1/Página1
13	
14	
15	P1/Página2

FIGURA 10.7 Uma abordagem de gerenciamento de memória paginada

dada a situação mostrada na Figura 10.7, se o processo 1 estiver ativo, um endereço lógico de <1, 222> seria processado da seguinte forma: a página 1 do processo 1 está no quadro 12; logo, o endereço físico correspondente é 12 * 1024 + 222 ou 12510. Observe que há duas formas nas quais um endereço lógico poderia ser inválido: o número da página pode estar fora dos limites para aquele processo ou o deslocamento pode ser maior que o tamanho de um quadro.

A vantagem de paginação é que um processo não mais precisa ser armazenado contiguamente em memória. A capacidade de dividir um processo em partes faz com que o desafio de carregar um processo passe de encontrar uma grande porção de espaço para encontrar muitas pequenas porções.

Uma importante extensão à ideia de gerenciamento de memória paginada é a ideia de paginação sob demanda, que tira proveito do fato de que nem todas as partes de um programa têm realmente que estar em memória ao mesmo tempo. Em qualquer instante de tempo dado, a CPU está acessando uma página de um processo. Nesse instante, realmente não importa se as outras páginas daquele processo estão mesmo em memória.

Com paginação sob demanda, as páginas são trazidas para a memória por demanda. Isto é, quando uma página é referenciada, primeiro é verificado se a página já está em memória e, se este for o caso, o acesso é completado. Se ela ainda não estiver em memória, a página será trazida da memória secundária para um quadro disponível e então o acesso é completado. O ato de trazer uma página da memória secundária, o que frequentemente faz com que outra página seja escrita de volta na memória secundária, é chamado de troca de página.

A paginação sob demanda dá origem à ideia de memória virtual, a ilusão de que não há restrições no tamanho de um programa (já que o programa inteiro não necessariamente está em memória ao mesmo tempo). Em todas as técnicas de gerenciamento de memória que examinamos antes, o processo inteiro tinha que ser trazido para memória como um todo contínuo. Logo, sempre se tinha um limite superior para tamanho de processo. Paginação sob demanda remove essa restrição.

No entanto, memória virtual traz muita sobrecarga durante a execução de um programa. Com outras técnicas de gerenciamento de memória, uma vez que um programa estivesse carregado em memória, estava tudo lá e pronto para ser executado. Com a abordagem de memória virtual, é necessário trocar constantemente páginas entre memória principal e memória secundária. Esta sobrecarga geralmente é aceitável – enquanto um programa está esperando por uma troca de página, outro processo pode assumir o controle da CPU e ser executado. Uma troca excessiva de páginas é chamada de hiperpaginação* e pode degradar seriamente o desempenho do sistema.

> **Paginação sob demanda** Uma extensão ao gerenciamento de memória paginada na qual páginas são trazidas para memória apenas quando são referenciadas (sob demanda)

> **Troca de página** Trazer uma página da memória secundária, possivelmente fazendo com que outra seja removida

> **Memória virtual** A ilusão de que não há restrição de tamanho de programa, já que um processo inteiro não precisa estar em memória ao mesmo tempo

> **Hiperpaginação** Processamento ineficiente causado por trocas constantes de páginas

10.3 Gerenciamento de Processos

Outro importante recurso que um sistema operacional deve gerenciar é o uso da CPU por processos individuais. Para entender como um sistema operacional gerencia processos, devemos reconhecer os estágios pelos quais um processo passa durante sua vida computacional e entender a informação que deve ser gerenciada para manter um processo funcionando corretamente em um sistema computacional.

■ Os Estados de Processo

Processos passam por estados específicos à medida que eles são gerenciados em um sistema computacional. Isto é, um processo entra no sistema, está pronto para ser executado, está executando, está esperando por um recurso ou é finalizado. A Figura 10.8 retrata esses estados de processo. Na figura, cada caixa representa um estado que um processo pode estar e as setas indicam como e por que um processo pode ir de um estado a outro.

Vamos examinar o que ocorre a um processo em cada estado.

> **Estados de processo** Os estágios conceituais pelos quais um processo passa à medida que ele é gerenciado pelo sistema operacional

- No *estado novo*, um processo está sendo criado. Ele pode, por exemplo, ser um processo de acesso criado por um usuário acessando um sistema em tempo compartilhado, um processo aplicativo criado quando um usuário submete um programa para execução ou um processo de sistema criado pelo sistema operacional para realizar uma tarefa específica de sistema.
- Um processo que não tenha impedimento a sua execução está no *estado pronto*. Um processo no estado pronto não está esperando um evento ocorrer ou dados serem trazidos de memória secundária. Em vez disso, ele está esperando por sua chance de usar a CPU.

---

*Thrashing no original. (N.T)

FIGURA 10.8 O ciclo de vida de um processo

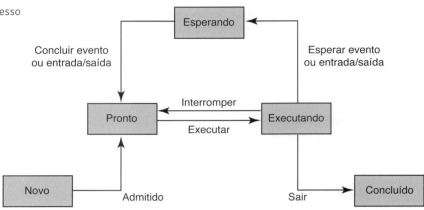

- Um processo no *estado executando* está atualmente sendo executado pela CPU. Suas instruções estão sendo processadas no ciclo busca-execução.
- Um processo no *estado esperando* está atualmente esperando recursos (que não seja a CPU). Por exemplo, um processo no estado esperando pode estar aguardando que uma página de sua memória seja trazida de memória secundária ou que outro processo envie a ele um sinal para que ele possa continuar.
- Um processo no *estado concluído* completou sua execução e não mais está ativo. Neste ponto, o sistema operacional não precisa mais manter a informação referente ao processo.

Observe que muitos processos podem estar no estado pronto ou no estado esperando ao mesmo tempo, mas apenas um processo pode estar no estado executando.

Após um processo ser criado, o sistema operacional o admite no estado pronto. Quando o algoritmo de escalonamento da CPU determina, um processo é despachado para o estado executando (escalonamento de CPU é discutido em mais detalhes mais adiante na Seção 10.4).

Enquanto estiver executando, o processo pode ser interrompido pelo sistema operacional, para permitir que outro processo tenha sua chance de usar a CPU. Nesse caso, o processo simplesmente retorna ao estado pronto. Alternativamente, um processo em execução pode requisitar um recurso que não esteja disponível ou exigir uma operação de E/S para recuperar uma nova parte referenciada do processo, caso em que ele será movido para o estado esperando. Um processo em execução pode finalmente obter tempo de CPU suficiente para completar seu processamento e terminar normalmente; caso contrário, ele pode gerar um erro irrecuperável e terminar de forma anormal.

Quando um processo em espera obtém o recurso que ele estava aguardando, ele é novamente movido para o estado pronto.

■ O Bloco de Controle de Processo

O sistema operacional tem que gerenciar uma grande quantidade de dados para cada processo ativo. Normalmente estes dados são armazenados em uma estrutura de dados chamada **bloco de controle de processo (BCP)**. Geralmente, cada estado é representado por uma lista de BCPs, uma para cada processo naquele estado. Quando um processo vai de um estado para outro, seu BCP correspondente vai de uma lista de estados para outra no sistema operacional. Um novo BCP é criado quando um processo é criado pela primeira vez (o estado novo) e se mantém até o processo terminar.

O BCP armazena uma diversidade de informação sobre o processo, incluindo o valor corrente do contador de programa, que indica qual a próxima instrução no processo a ser executada. Como o ciclo de vida na Figura 10.8 indica, um processo pode ser interrompido muitas vezes durante sua execução. A cada vez, seu contador de programa deve ser armazenado de modo que na próxima vez que o processo voltar ao estado executando, ele possa continuar de onde parou.

O BCP também armazena os valores de todos os outros registradores da CPU para aquele processo. Tenha em mente que há apenas uma CPU e, portanto, apenas um conjunto de registradores de CPU. Estes registradores contêm os valores para o processo atualmente em execução (aquele no estado executando). A cada vez que um processo vai para o estado executando, os valores dos

>> **Bloco de controle de processo (BCP)**
A estrutura de dados usada pelo sistema operacional para gerenciar informação sobre um processo

registradores do processo atualmente em execução são armazenados no BCP dele e os valores dos registradores do novo estado executando são carregados na CPU. Esta troca de informação é chamada de chaveamento de contexto.

O BCP também mantém informação sobre escalonamento de CPU, tal como a prioridade que é dada ao processo pelo sistema operacional. Ele contém ainda informação de gerenciamento de memória, como registradores base e de limite (para partições) ou tabelas de páginas (para sistemas paginados). Finalmente, o BCP guarda informações para contabilidade, tais como números de conta, limites de tempo e a quantidade de tempo de CPU usada até o momento.

10.4 Escalonamento de CPU

Escalonamento de CPU é o ato de determinar qual processo no estado pronto deve ser movido para o estado executando. Isto é, algoritmos de escalonamento de CPU decidem qual processo deve ser dirigido à CPU, de modo que ele possa fazer seu progresso computacional.

Decisões de escalonamento de CPU são tomadas quando um processo chaveia do estado executando para o estado esperando ou quando um programa termina. Este tipo de escalonamento de CPU é chamado de escalonamento não preemptivo, porque a necessidade de um novo processo na CPU resulta da atividade do processo atualmente em execução.

Decisões de escalonamento de CPU também podem ser tomadas quando um processo vai do estado executando para o estado pronto ou quando um processo vai do estado esperando para o estado pronto. Estes são exemplos de escalonamento preemptivo, porque o processo atualmente em execução (não por falha própria) é interrompido pelo sistema operacional.

Algoritmos de escalonamento são frequentemente avaliados usando métricas, tais como o tempo de retorno* para um processo. Esta medida é a quantidade de tempo entre o momento em que um processo chega ao estado pronto e o momento em que ele deixa o estado executando pela última vez. É desejável, em média, que o tempo de retorno para nossos processos seja pequeno.

Várias abordagens diferentes podem ser usadas para determinar que processo escolher primeiro para ir do estado pronto para o estado executando. Examinamos três delas nas próximas seções.

■ Primeiro a Chegar, Primeiro Atendido

Na abordagem de escalonamento primeiro a chegar, primeiro atendido (PCPA) os processos são levados à CPU na ordem em que eles chegaram inicialmente ao estado pronto como novos processos. O escalonamento PCPA é não preemptivo. Uma vez que seja dado a um processo acesso à CPU, ele manterá esse acesso, exceto se fizer uma solicitação que o force a esperar, tal como solicitar um dispositivo em uso por outro processo.

Suponha que os processos p1 a p5 cheguem ao estado pronto essencialmente ao mesmo tempo (para tornar nossos cálculos simples), mas na seguinte ordem e com os tempos de serviço especificados:

Processo	Tempo de serviço
p1	140
p2	75
p3	320
p4	280
p5	125

Na abordagem de escalonamento PCPA, cada processo tem acesso à CPU em sequência. Por simplicidade, assumimos aqui que os processos não provoquem esperas para eles mesmos. O diagrama de Gantt a seguir mostra a ordem e o tempo de conclusão de processo:

0	140	215		535		815	940
p1	p2		p3		p4		p5

Turnaround no original. (N.T)

> » **Chaveamento de contexto** A troca de informação de registrador que ocorre quando um processo é removido da CPU e outro entra em seu lugar

> » **Escalonamento não preemptivo** Escalonamento de CPU que ocorre quando o processo correntemente em execução cede a CPU voluntariamente

> » **Escalonamento preemptivo** Escalonamento de CPU que ocorre quando o sistema operacional decide favorecer outro processo, interrompendo o processo atualmente em execução

> » **Tempo de retorno** A métrica de escalonamento de CPU que mede o tempo decorrido entre a chegada do processo ao estado pronto e sua conclusão final

A Camada de Sistema Operacional

Como estamos assumindo que todos os processos chegaram ao mesmo tempo, o tempo de retorno de cada processo é o mesmo que o tempo de sua conclusão. O tempo médio de resposta é (140 + 215 + 535 + 815 + 940) / 5 ou 529.

Na verdade, processos não chegam exatamente ao mesmo tempo. Nesse caso, o cálculo do tempo médio de resposta seria similar, mas levaria em conta a hora de chegada de cada processo. O tempo de retorno para cada processo será sua hora de conclusão menos sua hora de chegada.

O algoritmo PCPA é fácil de implementar, mas sofre com sua ausência de atenção a fatores importantes, tais como requisitos de tempo de serviço. Apesar de usarmos os tempos de serviço em nossos cálculos de tempos de resposta, o algoritmo não utiliza esta informação para determinar a melhor ordem na qual escalonar os processos.

■ Menor Trabalho Primeiro

O algoritmo de escalonamento de CPU menor trabalho primeiro (MTP) examina todos os processos no estado pronto e despacha aquele com o menor tempo de serviço. Como o PCPA, ele é geralmente implementado como um algoritmo não preemptivo.

Eis a seguir o diagrama de Gantt para o mesmo conjunto de processos que examinamos no exemplo de PCPA. Como os critérios de seleção são diferentes, a ordem na qual os processos são escalonados e concluídos é diferente.

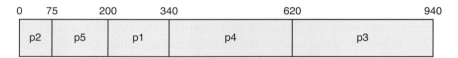

O tempo médio de resposta para este exemplo é (75 + 200 + 340 + 620 + 940) / 5 ou 435.

Observe que o algoritmo MTP recai em conhecimento do futuro. Isto é, ele dá acesso à CPU à tarefa que executará pelo menor tempo quando ela for autorizada a executar. Este tempo é essencialmente impossível de se determinar. Assim, para executar este algoritmo, o valor do tempo de serviço para um processo é tipicamente estimado pelo sistema operacional, usando vários fatores de probabilidade e levando em conta o tipo de tarefa. Se estas estimativas estiverem erradas, a premissa do algoritmo falhará e sua eficiência se deteriora. O algoritmo MTP é comprovadamente ótimo, significando que se fosse possível saber o tempo de serviço de cada tarefa, o algoritmo produziria o menor tempo de retorno para toda tarefa, comparado a qualquer outro algoritmo. No entanto, como não podermos em absoluto prever o futuro, fazemos estimativas e esperamos que elas estejam corretas.

> **Registrando Seu Exercício**
> A Nike® e a Apple criaram um produto que habilita um tênis a conversar com um iPod com uma conexão sem fio. O sensor da Nike é inserido em tênis selecionados, juntamente com um dispositivo de comunicação sem fio. O sistema permite que um corredor registre distância, tempo, ritmo e calorias queimadas durante cada exercício. Assim que um corredor tenha completado seu exercício, os dados podem ser transferidos digitalmente, usando o software de música iTunes da Apple, e armazenados e analisados em um sítio mantido pela Nike. A loja de música iTunes também tem uma seção de esportes com músicas especiais e rotinas de exercícios de atletas famosos. Em 2006, Marware® desenvolveu uma solução para aqueles clientes que por acaso não gostam do tênis Nike. A Marware SportSuit Sensor Case é uma capa de neoprene que se encaixa na parte superior de qualquer par de tênis de corrida, permitindo que o sensor da Nike funcione com calçados que não sejam da Nike.

■ Round Robin

O Escalonamento de CPU *round-robin* distribui o tempo de processamento equitativamente por todos os processos no estado pronto. Esse algoritmo estabelece um **intervalo de tempo** específico (ou um *quantum* de tempo), que é a quantidade de tempo que cada processo recebe até ser interrompido e retornado ao estado pronto, para permitir que outro processo tenha sua vez. Mais adiante, será dado ao processo interrompido outro intervalo de tempo da CPU. Este procedimento continua até que o processo obtenha todo o tempo de que ele necessita para concluir e finalizar.

Observe que o algoritmo *round-robin* é preemptivo. O término de um intervalo de tempo é uma razão arbitrária para remover um processo da CPU. Esta ação é representada pela transição do estado executando para o estado pronto.

Suponha que o intervalo de tempo usado para um algoritmo em particular de escalonamento *round-robin* seja 50 e que usamos o mesmo conjunto de processos de nossos exemplos anteriores. Os resultados do diagrama de Gantt são:

>> **Intervalo de tempo**
A quantidade de tempo dada a cada processo no algoritmo de escalonamento de CPU *round-robin*

Steve Jobs

© Christophe Ena/AP Photos

Nascido em 1955, Steve Jobs é provavelmente mais conhecido por ter fundado a Apple Computers juntamente com Steve Wozniak e Ronald Wayne, em 1976. Nessa época, a maioria dos computadores era de grande porte (às vezes do tamanho de uma sala pequena) ou era minicomputador (de tamanho próximo ao de uma geladeira), usualmente nada amigáveis e quase exclusivamente utilizados por grandes empresas. Jobs teve uma visão de um computador pessoal que seria acessível a qualquer um. A ele é comumente creditada a democratização do computador.

Jobs e Wozniak projetaram o Apple I no quarto de Jobs e o construíram na garagem da casa dos pais dele. Jobs e Wozniak venderam seus bens de valor (um micro-ônibus Volkswagen e uma calculadora científica Hewlett_Packard, respectivamente) para levantar os US$1.300,00 de capital, com o qual eles fundaram a empresa deles. Quatro anos mais tarde, a Apple abriu o capital. Ao final do primeiro dia com ações comercializadas, a empresa possuía um valor de mercado de US$1,2 bilhão.

Jobs liderou a equipe que desenvolveu o Macintosh® da Apple (o nome tem origem na maçã McIntosh), talvez o mais famoso dos computadores da Apple. O Macintosh foi o primeiro computador comercialmente bem-sucedido a ser lançado com uma interface gráfica de usuário e um mouse. Pouco depois do lançamento do Macintosh, Jobs foi forçado a sair da Apple em razão de uma briga pelo poder com John Sculley, o Diretor Executivo da Apple na época.

Tendo sido retirado da empresa que fundou, Jobs deu início a uma nova empresa, a NeXT, que foi comprada pela Apple em 1996 por US$402 milhões. Essa aquisição não apenas trouxe Jobs de volta à sua empresa original, mas também o fez Diretor Executivo da Apple. Sob sua renovada liderança, a Apple lançou o iMac, que tem sido descrito como o "padrão de ouro de computação pessoal".

Em 1986, Jobs ingressou no campo de animação gerada por computador, quando comprou uma empresa de computação gráfica e a renomeou como Pixar®. A Pixar produziu diversos sucessos de bilheteria, incluindo *Vida de Inseto*, *Toy Story*, *Monstros S.A.* e *Procurando Nemo*.

Jobs, que não concluiu um curso universitário, concedeu a palestra de formatura na Universidade de Stanford em 2005, na qual ele transmitiu a seguinte mensagem, em termos de aconselhamento de carreira aos formandos: "vocês têm que encontrar o que vocês amam".

Em 2007, Jobs foi indicado como a pessoa mais poderosa dos negócios pela revista *Fortune*, o que levou o governador do estado da Califórnia Arnold Schwarzenegger a incluí-lo na Galeria da Fama. Em janeiro de 2009, Jobs licenciou-se da Apple durante seis meses por motivo de saúde, sendo substituído temporariamente pelo ex-CEO Tim Cook. Jobs, no entanto, permaneceu envolvido nas principais decisões estratégicas.

A cada processo é dada uma fatia de tempo de 50, exceto se ele não precisar de todo o intervalo. Por exemplo, o processo 2 precisava originalmente de 75 unidades de tempo. Foi dado um intervalo de tempo inicial de 50. Quando chegou sua vez de usar a CPU novamente, ele precisava apenas de 25 unidades de tempo. Assim, o processo 2 termina e libera a CPU no tempo 325.

O tempo médio de resposta para este exemplo é (515 + 325 + 940 + 920 + 640) / 5 ou 668. Este tempo de retorno é maior que os tempos dos outros exemplos. Isto significa que o algoritmo *round-robin* não é tão bom quanto as outra opções? Não. Não podemos fazer tais afirmações gerais baseadas em um exemplo. Podemos apenas dizer que um algoritmo é melhor que outro para aquele conjunto específico de processos. A análise geral de eficiência de algoritmos é bem mais complexa.

O algoritmo *round-robin* de escalonamento de processos na CPU provavelmente é o mais amplamente utilizado. Ele geralmente suporta todo tipo de tarefa e é considerado o mais justo.

Resumo

Um sistema operacional é a parte do software de sistema que gerencia recursos em um computador. Ele serve de moderador entre usuários humanos, softwares aplicativos e os dispositivos de hardware do sistema.

Multiprogramação é a técnica para manter diversos programas em memória ao mesmo tempo, competindo pelo tempo da CPU. Um processo é um programa em execução. O sistema operacional deve efetuar cuidadoso escalonamento de CPU, gerenciamento de memória e gerenciamento de processos para assegurar justo acesso à CPU.

Processamento em lote organiza tarefas em lotes que usam os mesmos recursos ou recursos similares. Tempo compartilhado permite a vários usuários interagir com o comutador ao mesmo tempo, criando uma máquina virtual para cada usuário.

Um sistema operacional deve gerenciar memória para controlar e monitorar onde processos são carregados em memória principal. Qualquer técnica de gerenciamento de memória deve definir a forma na qual ela liga um endereço lógico a um endereço físico. Várias estratégias foram desenvolvidas para gerenciamento de memória. A abordagem de alocação de espaço único e contíguo permite que apenas um programa, além do sistema operacional, esteja em memória principal. A abordagem de partições divide a memória em diversas partições nas quais os processos são carregados. Partições fixas têm seus tamanhos fixados, ao passo que partições dinâmicas são criadas para satisfazer as necessidades únicas dos processos carregados. Paginação divide a memória em quadros e os programas em páginas. As páginas de um programa não precisam ser contíguas em memória. Paginação sob demanda permite que apenas uma parte de um programa esteja em memória em qualquer instante de tempo.

Um sistema operacional gerencia os estados da vida de um processo, que são os estágios pelos quais um programa passa durante sua execução. O bloco de controle de processo armazena a informação necessária para cada processo.

Algoritmos de escalonamento de CPU determinam qual processo será o próximo a obter prioridade de usar a CPU. O escalonamento de CPU primeiro a chegar, primeiro atendido dá prioridade à tarefa que chegou mais cedo. O algoritmo menor trabalho primeiro dá prioridade a tarefas com menores tempos de execução. Escalonamento *round-robin* alterna a CPU entre processos ativos, dando um pouco de tempo a cada processo.

QUESTÕES ÉTICAS ▶ Gerenciamento de Direitos Digitais e a Controvérsia do Rootkit da Sony®

O que é a tecnologia de Gerenciamento de Direitos Digitais (DRM — *Digital Rights Management*)? DRM se refere a um grupo de tecnologias usadas por proprietários de conteúdo para "controlar acesso a dados (tais como software, música, filmes) e hardware" (Wikipédia, 2006). Tecnologias DRM capacitam provedores de conteúdo e fabricantes de software a inserir código em mídia digital para controlar como os produtos deles são usados.

Defensores de sistemas de DRM argumentam que esta tecnologia é necessária para evitar violações de direito autoral por parte de usuários. Mas, muitos dos críticos de DRM estão preocupados com as formas pelas quais DRM pode ser usado para impor a lei de direito autoral. Por exemplo, alguns professores de direito acreditam que sistemas DRM podem violar a provisão de uso aceitável* da lei de direito autoral. Outros críticos se preocupam por tecnologia DRM permitir a proprietários de conteúdo exercer consideravelmente mais controle sobre usos de trabalhos protegidos por direito autoral em mídia digital em comparação ao tipo de controle que era proporcionado pelos esquemas tradicionais de proteção de direito autoral. Por estas razões, Richard Stallman, fundador da Fundação Software Livre (FSL — Free Software Foundation), acredita que DRM pode ser melhor entendido como "digital restrictions management" (gerenciamento de restrições digitais).

Outros críticos se preocupam por sistemas DRM poderem ser violados por proprietários de conteúdo para controlar usuários de computadores (nos bastidores) e poderem até ser usados por empresas para "espionar" usuários insuspeitos. Esta preocupação recentemente se tornou aparente no caso da Sony BMG Music Entertainment, que usou um sistema DRM, chamado Proteção Estendida Contra Cópia (XCP — Extended Copy Protection) para proteger seus CDs de música.

O incidente com a Sony chamou considerável atenção em outubro de 2005, quando um *blogger* escreveu um artigo que identificava falhas no projeto do software de proteção contra cópias da Sony — falhas na forma de brechas de segurança que podiam ser exploradas por programas de software maliciosos, incluindo vírus e vermes. O *blogger* também observou que a Sony não providenciou um programa de desinstalação para os usuários removerem o software XCP. Logo após esta falha ter se tornada pública, a Sony liberou um utilitário que permitia aos usuários remover o software controverso. Infelizmente, o utilitário de remoção da Sony expôs arquivos escondidos no componente "rootkit" do XCP (e não removia o próprio rootkit). A revelação ou "desmascaramento" do *rootkit* suscitou ainda mais preocupações sobre segurança e privacidade. Finalmente, a Sony liberou uma versão atualizada de um utilitário de remoção, que possibilitava aos usuários desinstalar com sucesso o *rootkit*.

Alguns dos críticos da Sony argumentaram que a empresa tinha, por meio de seu sistema XCP, violado a privacidade de seus clientes ao usar código que criou uma "porta dos fundos" em suas máquinas. Outros argumentaram que o programa de DRM da Sony tinha, na verdade, infringido a lei de direito autoral. Em resposta a essas e outras críticas, a Sony desistiu de seu software de proteção contra cópia; ela recolheu todos os CDs não vendidos das lojas e autorizou clientes a trocar seus CDs por versões que não incluíam o software XCP. No entanto, o plano da Sony para remediar a situação não satisfez todos os críticos da empresa. Várias ações coletivas foram impetradas contra a Sony BMG, incluindo ações impetradas pelos estados da Califórnia, Nova York e Texas. Essas ações foram consolidadas em uma ação coletiva, que foi decidida em maio de 2006. Os termos da decisão estabeleceram que a Sony BMG era obrigada a reembolsar os clientes que adquiriram CDs protegidos por XCP em um pagamento em espécie de U$7,50 mais o direito de baixar um álbum gratuitamente ou o direito de baixar três álbuns gratuitamente, o que eles preferissem.

Em janeiro de 2007, a última empresa fabricante de CDs com DRM suspendeu a produção, e esses CDs não foram mais distribuídos por qualquer dos selos musicais. Em fevereiro de 2008, a

---
*Fair-use no original. (N.T)

» continua

QUESTÕES ÉTICAS ▶ Gerenciamento de Direitos Digitais e a Controvérsia do Rootkit da Sony®, continuação

Wal-Mart tornou todas as suas vendas de músicas livres de DRM e, em janeiro de 2009, Steve Jobs solicitou que a Loja iTunes da Apple parasse de usar arquivos DRM.

Os seguintes tipos de questões surgiram no caso *rootkit* da Sony: certos sistemas DRM infringem a lei de direito autoral em vez de protegê-la? Eles violam a privacidade pessoal? Podem usuários comuns confiar em proprietários de conteúdo, tal como a Sony, que pode espioná-los facilmente e controlar aspectos de seus computadores, via o uso de tecnologia DRM? Os tipos de sistemas DRM usados pela Sony se justificam baseado em que empresas de conteúdo precisam de sistemas DRM para proteger seus direitos de propriedade intelectual?

Termos Fundamentais

Bloco de controle de processo (BCP)
Chaveamento de contexto
Computador de grande porte
Endereço físico
Endereço lógico
Escalonamento de CPU
Escalonamento não preemptivo
Escalonamento preemptivo
Estados de processo
Gerenciamento de memória
Gerenciamento de memória contígua única
Gerenciamento de processo
Hiperpaginação
Intervalo de tempo
Ligação de endereços
Máquina virtual
Memória virtual
Multiprogramação
Página
Paginação sob demanda
Processo
Quadro
Registrador base
Registrador de limites
Sistema de tempo real
Sistema operacional
Software aplicativo
Software de sistema
Tabela de mapeamento de página (TMP)
Técnica de memória paginada
Técnica de partição dinâmica
Técnica de partição fixa
Tempo compartilhado
Tempo de resposta
Tempo de retorno
Terminal burro
Troca de páginas

Exercícios

Para os Exercícios 1 a 18, assinale verdadeiro ou falso como a seguir.
A. Verdadeira   B. Falsa

1. Um sistema operacional é um exemplo de software aplicativo.
2. Um sistema operacional fornece uma interface de usuário básica que permite ao usuário usar o computador.
3. Um computador pode ter mais de um sistema operacional, mas apenas um SO tem o controle em qualquer instante de tempo dado.
4. Multiprogramação é a técnica de usar múltiplas CPUs para executar programas.
5. Nos anos 1960 e 1970, um operador humano organizava tarefas similares de computador em lotes para serem executadas.
6. Processamento em lote implica uma alta interação entre o usuário e o programa.
7. Um sistema de tempo compartilhado permite que vários usuários interajam com um computador ao mesmo tempo.
8. Um terminal burro é um dispositivo de E/S que se conecta a um computador de grande porte.
9. Um endereço lógico especifica uma localização real em memória principal.
10. Um endereço em um sistema de gerenciamento de memória contígua única é composto de uma página e um deslocamento.
11. Em um sistema de partição fixa, a memória principal é dividida em várias partições de mesmo tamanho.
12. O registrador de limites contém o último endereço de uma partição.
13. Página 0 é a primeira página em um sistema de memória paginada.
14. Um processo no estado executando está sendo atualmente executado pela CPU.
15. O bloco de controle de processo (BCP) é uma estrutura de dados que armazena toda a informação sobre um processo.

252 Capítulo 10

16. Escalonamento de CPU determina que programas estão em memória.
17. O algoritmo de escalonamento primeiro a chegar, primeiro atendido é provavelmente ótimo.
18. Um intervalo de tempo é a quantia de tempo dada a cada processo antes de ele ser interrompido por um escalonador *round-robin*.

Para os Exercícios 19 a 23, relacione o sistema operacional com informação sobre ele.
   A. Mac OS
   B. UNIX
   C. Linux
   D. DOS
   E. Windows
19. Qual é a escolha de sistema operacional para computadores Apple?
20. Historicamente, qual é a escolha de sistema operacional para programadores sérios?
21. Qual é a versão para PC do UNIX?
22. Como é chamada a família de sistemas operacionais para PC da Microsoft?
23. Qual é o sistema operacional original do PC?

Para os Exercícios 24 a 26, relacione o seguinte tipo de software com sua definição.
   A. Software de sistema
   B. Sistema operacional
   C. Software aplicativo
24. Programas que nos ajudam a resolver problemas do mundo real.
25. Programas que gerenciam um sistema computacional e interagem com hardware.
26. Programas que gerenciam recursos computacionais e proveem interface para outros programas.

Os Exercícios 27 a 72 são problemas ou questões de resposta curta.
27. Faça a distinção entre software aplicativo e software de sistema.
28. O que é um sistema operacional?
29. Explique o termo *multiprogramação*.
30. Os termos abaixo se referem a como o sistema operacional gerencia multiprogramação. Descreva o papel de cada um nesse contexto.
   a. Processo
   b. Gerenciamento de processo
   c. Gerenciamento de memória
   d. Escalonamento de CPU
31. O que constitui uma tarefa em lote?
32. Descreva a evolução do conceito de processamento em lote, desde o operador humano dos anos 1960 e 1970 até os sistemas operacionais atuais.
33. Defina *tempo compartilhado*.
34. Qual é a relação entre multiprogramação e tempo compartilhado?
35. Por que dizemos que usuários de sistemas em tempo compartilhado têm suas próprias máquinas virtuais?
36. No Capítulo 6, definimos uma máquina virtual como uma máquina hipotética projetada para ilustrar características importantes de uma máquina virtual. Neste capítulo, definimos uma máquina virtual como a ilusão criada por um sistema de tempo compartilhado de que cada usuário tenha uma máquina dedicada. Relacione estas duas definições.
37. Como o conceito de tempo compartilhado funciona?
38. O que é um *sistema de tempo real*?
39. O que é *tempo de resposta*?
40. Qual é a relação entre sistemas de tempo real e tempo de resposta?
41. Em um ambiente de multiprogramação, muitos processos podem estar ativos. Quais são as tarefas que o sistema operacional deve realizar para gerenciar os requisitos de memória de processos ativos?
42. Faça a distinção entre endereços lógicos e endereços físicos.
43. O que é *ligação de endereços*?
44. Apresente três técnicas de gerenciamento de memória e descreva a abordagem geral adotada em cada uma.
45. Quando um endereço lógico é atribuído a uma variável?
46. Quando ocorre ligação de endereço?
47. Como a memória é dividida na abordagem de gerenciamento de memória contígua única?

48. Quando um programa é compilado, onde é assumido que o programa será carregado em memória? Isto é, onde se assume que os endereços lógicos comecem?

49. Se, em um sistema de gerenciamento de memória contígua única, o programa for carregado no endereço 30215, calcule os endereços físicos (em decimal) que correspondem aos seguintes endereços lógicos:
   a. 9223
   b. 2302
   c. 7044

50. Em uma abordagem de sistema de gerenciamento de memória com partição contígua única, se o endereço lógico de uma variável for L e o início do programa aplicativo for A, qual é a fórmula para ligar o endereço lógico ao endereço físico?

51. Se, em um sistema de gerenciamento de memória com partição fixa, o valor atual do registrador base for 42993 e o valor atual do registrador de limites for 2031, calcule os endereços físicos que correspondem aos seguintes endereços lógicos:
   a. 104
   b. 1755
   c. 3041

52. Se mais de uma partição estiver sendo usada (seja fixa ou dinâmica), o que o registrador base contém?

53. Por que o endereço lógico é comparado ao registrador de limites antes de se calcular o endereço físico?

54. Se, em um sistema de gerenciamento de memória com partição dinâmica, o valor corrente do registrador base for 42993 e o valor atual do registrador de limites for 2031, calcule os endereços físicos que correspondem aos seguintes endereços lógicos:
   a. 104
   b. 1755
   c. 3041

Os Exercícios 55 e 56 usam o seguinte estado de memória.

Sistema operacional
Processo 1
Livre 60 blocos
Processo 2
Processo 3
Livre 52 blocos
Livre 100 blocos

254 Capítulo 10

55. Se as partições forem fixas e chegar uma nova tarefa requisitando 52 blocos de memória principal, mostre a memória após utilizar cada uma das seguintes abordagens de seleção de partição:
   a. Primeira escolha
   b. Melhor escolha
   c. Pior escolha

56. Se as partições forem dinâmicas e chegar uma nova tarefa requisitando 52 blocos de memória principal, mostre a memória após utilizar cada uma das seguintes abordagens de seleção de partição:
   a. Primeira escolha
   b. Melhor escolha
   c. Pior escolha

57. Se um endereço lógico em um sistema de gerenciamento de memória paginada for <2, 133>, o que significam esses valores?

Os exercícios 58 a 60 se referem à seguinte TMP.

Página	0	1	2	3
Quadro	5	2	7	3

58. Se o tamanho do quadro for 1024, qual será o endereço físico associado ao endereço lógico <2, 85>?

59. Se o tamanho do quadro for 1024, qual será o endereço físico associado ao endereço lógico <3, 555>?

60. Se o tamanho do quadro for 1024, qual será o endereço físico associado ao endereço lógico <3, 1555>?

61. O que é memória virtual e como ela se aplica à paginação sob demanda?

62. Quais são os estágios conceituais pelos quais um processo passa ao ser gerenciado pelo sistema operacional?

63. Descreva como um processo pode passar pelos vários estados de processo. Cite razões específicas pelas quais este processo passa de um estado para outro.

64. O que é um bloco de controle de processo?

65. Como cada estágio conceitual é representado no sistema operacional?

66. O que é chaveamento de contexto?

67. Faça a distinção entre escalonamento preemptivo e não preemptivo.

68. Cite e descreva três algoritmos de escalonamento de CPU.

Use a seguinte tabela de processos e tempos de serviço para os exercícios 69 a 72.

Processo	P1	P2	P3	P4	P5
Tempo de serviço	120	60	180	50	300

69. Desenhe um diagrama de Gantt que mostre os tempos de conclusão para cada processo, usando escalonamento de CPU primeiro a chegar, primeiro atendido.

70. Desenhe um diagrama de Gantt que mostre os tempos de conclusão para cada processo, usando escalonamento de CPU menor trabalho primeiro.

71. Desenhe um diagrama de Gantt que mostre os tempos de conclusão para cada processo, usando escalonamento de CPU *round-robin*, com um intervalo de tempo de 60.

72. Faça a distinção entre partições fixas e partições dinâmicas.

??? Temas para Reflexão

1. No Capítulo 5, dissemos que a unidade de controle era como um regente que organizava e gerenciava as outras partes da máquina de von Neumann. Suponha que digamos agora que o sistema operacional também é como um regente, mas em uma escala bem maior. Esta analogia se sustenta ou falha?

2. A interface de usuário que o sistema operacional oferece ao usuário é como um pátio de entrada com portas que levam a salas que abrigam programas aplicativos. Para ir de uma sala a outra, você tem que voltar ao pátio de entrada. Continue com essa analogia. O que os arquivos seriam? O que seria análogo a um intervalo de tempo?

3. São necessários sistemas DRM para proteger direito autoral em mídia digital, como sugerem proponentes de DRM ou esses sistemas às vezes infringem o direito autoral como sugerem críticos?

4. Como alguns esquemas de proteção DRM usados em algumas mídias permitem a proprietários de conteúdo "espionar" usuários, esses sistemas DRM violam a privacidade de usuários?

5. Sistemas DRM, como o esquema de Proteção de Cópia XCP da Sony BMG, podem ser justificados em bases éticas? Eles deveriam ser legais?

A Camada de Sistema Operacional

Preparando os Alicerces
    1   O Quadro Geral

A Camada de Informação
    2   Valores Binários e Sistemas de Numeração
    3   Representação de Dados

A Camada de Hardware
    4   Portas e Circuitos
    5   Componentes Computacionais

A Camada de Programação
    6   Linguagens de Programação de Baixo Nível e Pseudocódigo
    7   Solução de Problemas e Algoritmos
    8   Tipos Abstratos de Dados e Subprogramas
    9   Projeto Orientado a Objeto e Linguagens de Programação de Alto Nível

A Camada de Sistema Operacional
    10 Sistemas Operacionais
 ▶ **11** Sistemas de Arquivos e Diretórios

A Camada de Aplicação
    12 Sistemas de Informação
    13 Inteligência Artificial
    14 Simulação, Gráficos, Jogos e Outros Aplicativos

A Camada de Comunicação
    15 Redes
    16 A *World Wide Web*

Em Conclusão
    17 Limitações da Computação

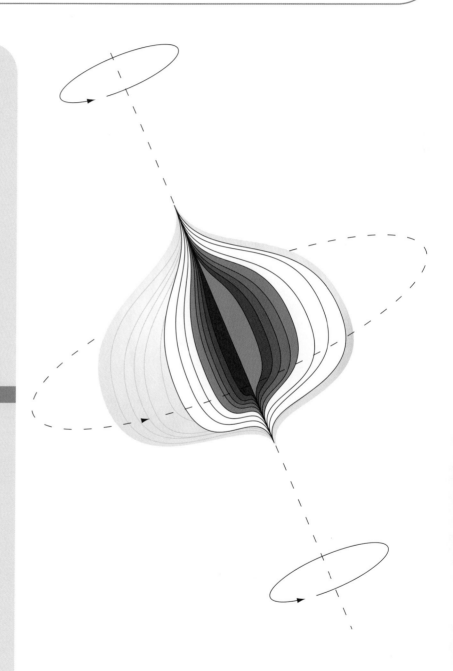

Sistemas de Arquivos e Diretórios

11

O capítulo anterior examinou alguns dos papéis que um sistema operacional desempenha. Em particular, ele descreveu o gerenciamento de processos, da CPU e de memória principal. Outro recurso-chave que o sistema operacional gerencia é a memória secundária — de forma mais importante, discos magnéticos. A organização de arquivos e diretórios em um disco desempenha um papel essencial em computação cotidiana. Como um arquivo de fichas em uma mesa de trabalho, o sistema de arquivos provê um meio de acessar dados particulares de uma forma bem-organizada. A estrutura de diretórios organiza arquivos em categorias e subcategorias. Sistemas de arquivos e estruturas de diretórios são explorados em detalhe neste capítulo.

Objetivos

Após estudar este capítulo, você deverá ser capaz de:

- descrever o objetivo de arquivos, sistemas de arquivos e diretórios.
- distinguir arquivos textos de arquivos binários.
- identificar os vários tipos de arquivos por meios de suas extensões.
- explicar como tipos de arquivos aprimoram o uso de arquivos.
- definir as operações básicas em um arquivo.
- comparar e contrastar acesso direto e acesso sequencial a arquivos.

- discutir as questões relacionadas à proteção de arquivos.
- descrever uma árvore de diretórios.
- criar caminhos absolutos e relativos para uma árvore de diretórios.
- descrever vários algoritmos de escalonamento de disco.

11.1 Sistemas de Arquivos

No Capítulo 5 estabelecemos as diferenças entre memória principal e memória secundária. Relembre que memória principal é onde programas ativos e dados são mantidos enquanto estiverem em uso. A memória principal é volátil, o que significa que os dados nela armazenados serão perdidos se a energia elétrica for desligada. A memória secundária não é volátil — os dados nela armazenados serão mantidos mesmo quando a energia elétrica não estiver ligada. Assim, utilizamos memória secundária para armazenamento permanente de nossos dados.

O dispositivo de memória secundária mais amplamente utilizado é a unidade de disco magnético. Ela inclui tanto as unidades de discos rígidos que são encontradas nos gabinetes dos computadores quanto os discos portáteis que podem ser movidos facilmente entre computadores. Os conceitos básicos subjacentes aos dois tipos de disco são os mesmos. Outros tipos de dispositivos de memória secundária, como unidades de fita, são usados principalmente para fins de arquivamento. Ainda que muitos dos conceitos que exploramos neste capítulo se apliquem a todos os tipos de dispositivos de memória secundária, talvez seja mais fácil pensar em termos de uma unidade de disco-padrão.

Armazenamos dados em um disco em arquivos, um mecanismo para organizar dados em uma mídia eletrônica. Um arquivo é uma coleção nomeada de dados relacionados. Do ponto de vista do usuário, um arquivo é a menor quantia de dados que pode ser escrita em memória secundária. Organizar tudo em arquivos propicia uma visão uniforme para armazenamento de dados. Um sistema de arquivos é a visão lógica que um sistema operacional fornece de maneira que usuários possam gerenciar dados como uma coleção de arquivos. Um sistema de arquivos é comumente organizado agrupando arquivos em diretórios.

Um arquivo é um conceito genérico. Diferentes tipos de arquivos são gerenciados de formas diferentes. Um arquivo, em geral, contém um programa (em alguma forma) ou dados (de um tipo ou de outro). Alguns arquivos têm um formato muito rígido; outros são mais flexíveis.

Um arquivo pode ser considerado como uma sequência de bits, bytes, linhas ou registros, dependendo de como você o examina. Como com qualquer dado em memória, você deverá aplicar uma interpretação aos bits armazenados em um arquivo, antes que eles tenham qualquer significado. O criador de um arquivo decide como os dados em um arquivo são organizados e qualquer usuário do arquivo deve entender essa organização.

> ## A Camada de Sistema Operacional
>
> » **Arquivo** Uma coleção nomeada de dados, usada para organizar memória secundária
>
> » **Sistema de arquivos** A visão lógica do sistema operacional dos arquivos que ele gerencia
>
> » **Diretório** Um grupo de arquivos com um nome
>
> » **Arquivo texto** Um arquivo que contém caracteres
>
> » **Arquivo binário** Um arquivo que contém dados em um formato específico, exigindo uma interpretação especial de seus bits

■ Arquivos Texto e Binário

Em geral, qualquer arquivo pode ser classificado como arquivo texto ou arquivo binário. Em um arquivo texto, os bytes de dados são organizados como caracteres dos conjuntos de caracteres ASCII ou Unicode (conjuntos de caracteres são descritos no Capítulo 3). Um arquivo binário requer uma interpretação específica dos bits, baseada nos dados no arquivo.

Os termos "arquivo texto" e "arquivo binário" são um tanto confusos. Eles parecem induzir que a informação em um arquivo texto não está armazenada como dado binário. No final das contas, contudo, todos os dados em um computador são armazenados como dígitos binários. Esses termos se referem a como esses bits são formatados: como grupos de 8 ou 16 bits, interpretados como caracteres ou em algum outro formato especial.

Algumas informações levam, elas próprias, a uma representação em caracteres, que frequentemente faz com que fique mais fácil para um humano lê-las e modificá-las. Apesar de arquivos textos conterem apenas caracteres, esses caracteres podem representar uma variedade de informação. Por exemplo, um sistema operacional pode armazenar muito de suas informações como arquivos textos, tais como informações sobre contas de usuários. Um programa escrito em uma linguagem de alto nível é armazenado como arquivo texto, o que algumas vezes é referido como um *arquivo-fonte*. Qualquer editor de texto pode ser usado para criar, ver e alterar o conteúdo de um arquivo texto, não importando que tipo de informação específica ele contenha.

Para outros tipos de informação, é mais lógico e eficiente representar dados definindo um formato binário e uma interpretação específicos. Apenas programas construídos para interpretar esses tipos de dados podem ser usados para lê-los ou modificá-los. Por exemplo, muitos tipos de arquivos armazenam informação de imagens: bitmap, GIF, JPEG e TIFF, para citar uns poucos. Como discutimos no Capítulo 3, mesmo que cada um armazene informação sobre uma imagem, todos esses arquivos armazenam aquela informação de modos diferentes. Os formatos internos deles são muito específicos. Um programa tem que ser construído para ler ou modificar um tipo específico de arquivo binário. É por isso que um programa que pode manipular uma imagem GIF pode não ser capaz de manipular uma imagem TIFF ou vice-versa.

Alguns arquivos que você assumiria como arquivos textos, na verdade não o são. Considere, por exemplo, um relatório que você digite em um programa processador de texto e salve em disco. O documento, na verdade, é armazenado como um arquivo binário, já que, além dos caracteres no documento, ele contém informação sobre formatação, estilos, bordas, fontes, cores e "extras", tais como gráficos ou *clip-art*. Alguns dos dados (os próprios caracteres) são armazenados como texto, mas a informação adicional exige que cada programa processador de texto tenha seu próprio formato para armazenar os dados em seus arquivos de documento.

■ Tipos de Arquivo

A maioria dos arquivos, estejam eles em formato texto ou binário, contém um tipo específico de informação. Por exemplo, um arquivo pode conter um programa Java™ ou uma imagem JPEG ou um clipe de áudio MP3. Outros arquivos contêm arquivos criados por aplicações específicas, como um documento do Microsoft® Word ou um desenho do Visio. O tipo de informação contida em um documento é chamado de **tipo de arquivo**. A maioria dos sistemas operacionais reconhece uma lista de tipos de arquivos específicos.

Um mecanismo comum para especificar um tipo de arquivo é indicar o tipo como parte do nome de arquivo. Nomes de arquivo são frequentemente separados, geralmente por um ponto, em duas partes: o nome principal e a **extensão de arquivo**. A extensão indica o tipo do arquivo. Por exemplo, a extensão `.java` no nome de arquivo `MeuProg.java` indica que ele é um arquivo de programa com código-fonte Java. A extensão `.jpg` no nome de arquivo `família.jpg` indica que ele é um arquivo de imagem JPEG. A Figura 11.1 lista algumas extensões comuns de arquivo.

Tipos de arquivos permitem ao sistema operacional operar o arquivo em modos que façam sentido para aquele arquivo. Eles normalmente também facilitam as coisas para o usuário. O sistema operacional mantém uma lista de tipos de arquivo reconhecidos e associa cada tipo a um programa aplicativo em particular. Em um sistema operacional com uma interface gráfica de usuário (GUI), um ícone específico também é frequentemente associado a um tipo de arquivo. Quando você vê um arquivo em uma pasta, ele é mostrado com o ícone apropriado na GUI. Isso torna mais fácil para o usuário identificar um arquivo em uma olhadela, já que agora tanto o nome do arquivo como seu ícone indicam que tipo de arquivo ele é. Quando você dá um clique duplo no ícone para abrir o programa, o sistema operacional inicia o programa associado com aquele tipo de arquivo e carrega o arquivo.

Por exemplo, você pode preferir um editor em particular que você use ao desenvolver um programa em Java. Você pode registrar a extensão de arquivo `.java` no sistema operacional e associá-la àquele editor. Assim, sempre que você abrir um arquivo com a extensão `.java`, o sistema operacional executará o editor apropriado. Os detalhes de como associar uma extensão a um programa aplicativo, dependerão do sistema operacional que você estiver usando.

Algumas extensões de arquivo são associadas a programas específicos de forma predefinida, mas que você poderá mudar se for conveniente. Em alguns casos, um tipo de arquivo pode ser associado a vários tipos de aplicativos, logo você terá alguma escolha. Por exemplo, seu sistema pode atualmente associar a extensão `.gif` a um navegador *Web* específico, de modo que quando você abrir um arquivo de imagem GIF, ele seja exibido na janela daquele navegador. Você pode optar por alterar esta associação, de modo que ao abrir um arquivo GIF, ele seja apresentado em seu editor de imagens favorito.

> ⟫ **Tipo de arquivo** O tipo específico de informação contida em um arquivo, como um programa Java ou um documento do Microsoft Word
>
> ⟫ **Extensão de arquivo** Parte de um nome de arquivo que indica o tipo do arquivo

Extensões	Tipo de arquivo
`txt`	arquivo de dados texto
`mp3, au, wav`	arquivo de áudio
`gif, tiff, jpg`	arquivo de imagem
`doc, wp3`	documento de processador de texto
`java, c, cpp`	arquivo de programa-fonte

FIGURA 11.1 Alguns tipos comuns de arquivos e suas extensões

Uma extensão de arquivo é meramente uma indicação do que o arquivo contém. Você pode nomear um arquivo do jeito que quiser (desde que sejam usados os caracteres que o sistema operacional permite para nomes de arquivos). Você poderia, por exemplo, dar uma extensão `.gif` a qualquer arquivo, mas a extensão não faria dele um arquivo de imagem GIF. Alterar a extensão não muda os dados no arquivo ou seu formato interno. Se tentar abrir um arquivo com nome trocado em um programa que espera um formato específico, você receberá uma mensagem de erro.

■ Operações em Arquivos

Com a ajuda do sistema operacional, pode-se efetuar qualquer das diversas operações em relação a um arquivo:

- Criar um arquivo
- Excluir um arquivo
- Abrir um arquivo
- Fechar um arquivo
- Ler dados de um arquivo
- Escrever dados em um arquivo
- Reposicionar o ponteiro corrente de um arquivo
- Incluir dados no fim de um arquivo
- Truncar um arquivo (apagar seu conteúdo)
- Renomear um arquivo
- Copiar um arquivo

Vamos examinar brevemente como cada uma dessas operações é realizada.

O sistema operacional mantém o registro da memória secundária de duas maneiras. Ele mantém uma tabela indicando quais blocos de memória estão livres (isto é, disponíveis para uso) e, para cada diretório, ele mantém uma tabela que registra informação sobre os arquivos naquele diretório. Para criar um arquivo, o sistema operacional encontra espaço livre suficiente para o conteúdo do arquivo no sistema de arquivos, coloca uma entrada para o arquivo na tabela de diretório apropriada e registra o nome e a localização do arquivo. Para excluir um arquivo, o sistema operacional indica que o espaço de memória anteriormente utilizado pelo arquivo agora está livre e remove a entrada apropriada na tabela de diretório.

A maioria dos sistemas operacionais requer que um arquivo seja aberto, antes que operações de leitura e escrita sejam efetuadas nele. O sistema operacional mantém uma pequena tabela com todos os arquivos atualmente abertos para evitar ter que pesquisar pelo arquivo no grande sistema de arquivos toda vez que uma operação subsequente for executada. Para fechar o arquivo quando ele não estiver mais em uso ativo, o sistema operacional remove a entrada da tabela de arquivos abertos.

Em qualquer instante de tempo, um arquivo aberto tem um ponteiro de arquivo corrente (um endereço) indicando o local onde a próxima operação de leitura ou de escrita deverá ocorrer. Alguns sistemas mantêm ponteiros separados para leitura e escrita de arquivos. Ler um arquivo significa que o sistema operacional entrega uma cópia dos dados no arquivo, começando na localização indicada pelo ponteiro de arquivo corrente. Após a leitura ocorrer, o ponteiro de arquivo é atualizado. Quando dados são escritos em um arquivo, eles são armazenados na localização indicada pelo ponteiro de arquivo corrente e, então, o ponteiro de arquivo é atualizado. Frequentemente um sistema operacional permite que um arquivo seja aberto para leitura ou escrita, mas não para ambas as operações ao mesmo tempo.

O ponteiro de arquivo corrente para um arquivo aberto pode ser reposicionado para outra localização no arquivo para se preparar para a próxima operação de leitura ou escrita. Incluir dados no fim de um arquivo requer que o ponteiro de arquivo seja posicionado no fim de um arquivo; o dado apropriado, então, é escrito naquela localização.

Algumas vezes é útil "apagar" os dados em um arquivo. Truncar um arquivo significa apagar o conteúdo sem remover as entradas administrativas das tabelas de arquivos. Esta operação evita a necessidade de excluir um arquivo e então recriá-lo. Algumas vezes a operação de truncamento é sofisticada o suficiente para apagar parte de um arquivo, da posição indicada pelo ponteiro de arquivo corrente até o fim do arquivo.

Um sistema operacional também provê uma operação para alterar o nome de um arquivo, que é chamada de renomear o arquivo. Da mesma forma, ele provê a capacidade de criar uma cópia completa do conteúdo de um arquivo, dando à cópia um novo nome.

■ Acesso a Arquivos

Os dados em um arquivo podem ser acessados de diversas formas diferentes. Alguns sistemas operacionais proveem apenas um tipo de acesso a arquivo, enquanto outros proveem uma escolha de métodos de acesso. O tipo de acesso disponível para um dado arquivo é estabelecido quando o arquivo é criado.

Vamos examinar as duas principais técnicas de acesso: acesso sequencial e acesso direto. As diferenças entre essas duas técnicas são análogas às diferenças entre a natureza sequencial de fitas magnéticas e o acesso direto oferecido por um disco magnético, como discutido no Capítulo 5. Contudo, ambos os tipos de arquivos podem ser armazenados em ambos os tipos de mídia. Uma técnica de acesso a arquivo define o modo pelo qual o ponteiro de arquivo corrente pode ser reposicionado. Ela é independente das restrições físicas dos dispositivos nos quais o arquivo está armazenado.

A técnica de acesso mais comum, e a mais simples de se implementar, é a de **acesso sequencial a arquivo**, que vê o arquivo como uma estrutura linear. Ela exige que os dados no arquivo sejam processados em ordem. Operações de leitura e escrita movem o ponteiro de arquivo corrente de acordo com a quantidade de dados que é lida ou escrita. Alguns sistemas permitem que o ponteiro seja reposicionado para o início do arquivo e/ou para a frente ou para trás, com base em um número dado de registros. Veja a Figura 11.2.

Arquivos com **acesso direto a arquivo** são conceitualmente divididos em registros lógicos numerados. Acesso direto permite ao usuário fixar o ponteiro em qualquer registro, especificando o número do registro. Logo, o usuário pode ler e escrever registros em qualquer ordem particular desejada, como mostrado na Figura 11.3. Arquivos com acesso direto são mais difíceis de implementar, mas são úteis em situações onde grandes porções específicas de dados tenham que estar disponíveis rapidamente, como em um banco de dados.

> **Acesso sequencial a arquivo** A técnica pela qual os dados em um arquivo são acessados de uma forma linear
>
> **Acesso direto a arquivo** A técnica pela qual os dados em um arquivo são acessados diretamente, especificando-se números lógicos de registros

■ Proteção de Arquivos

Em sistemas multiusuários, proteção de arquivos é de fundamental importância. Isto é, não queremos que um usuário seja capaz de acessar arquivos de outro usuário, exceto se tal acesso for especificamente permitido. É responsabilidade do sistema operacional assegurar acesso válido a arquivo. Sistemas operacionais diferentes administram proteção de arquivos de modos diferentes.

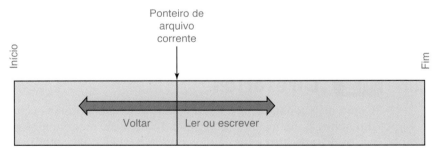

FIGURA 11.2 Acesso sequencial a arquivo

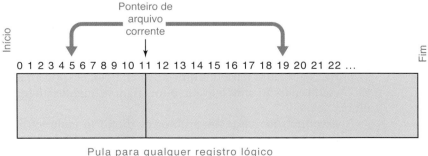

FIGURA 11.3 Acesso direto a arquivo

Em qualquer caso, um mecanismo de proteção de arquivo determina quem pode usar um arquivo e para qual propósito geral.

Por exemplo, as configurações de proteção de um arquivo no sistema operacional UNIX são divididas em três categorias: *Owner*, *Group* e *World*. Em cada categoria pode-se determinar se o arquivo pode ser lido, escrito e/ou executado. Sob esse mecanismo, se você puder escrever em um arquivo, você também poderá excluí-lo.

Cada arquivo tem um "dono", um usuário específico, que frequentemente é o criador do arquivo. O dono (*Owner*) geralmente tem as permissões mais importantes relativas ao arquivo. Um arquivo também pode ter um nome de grupo associado a ele — um grupo é simplesmente uma lista de usuários. As permissões de grupo (*Group*) se aplicam a todos os usuários do grupo associado. Por exemplo, você pode criar permissões de grupo para todos os usuários que estejam trabalhando em um projeto particular. Finalmente, a permissão mundo (*World*) se aplica a todos que tenham acesso ao sistema. Como essas permissões dão acesso ao maior número de usuários, elas são normalmente as mais restritas.

Usando essa técnica, as permissões de um arquivo podem ser mostradas em uma matriz 3×3:

	Ler	Escrever/Excluir	Executar
Owner	Sim	Sim	Não
Group	Sim	Não	Não
World	Não	Não	Não

Suponha que essa matriz represente as permissões de um arquivo de dados usado no projeto Alfa. O dono do arquivo (talvez o gerente do projeto) pode ler a partir dele ou escrever nele. Suponha também que o dono defina um grupo (usando o sistema operacional) chamado EquipeAlfa, que contenha todos os membros da equipe de projeto e associe o grupo a este arquivo de dados. Os membros do grupo EquipeAlfa podem ler os dados do arquivo, mas não podem alterá-los. A mais ninguém é dada qualquer permissão para acessar o arquivo. Observe que a nenhum usuário são dados privilégios de execução para o arquivo, pois ele é um arquivo de dados, não um programa executável.

Outros sistemas operacionais definem seus esquemas de proteção de modos diferentes, mas o objetivo é o mesmo: controlar acesso, de modo a proteger contra tentativas deliberadas de obter acesso inapropriado, como também minimizar problemas por descuido, causados por usuários bem-intencionados, porém imprevidentes.

11.2 Diretórios

Como mencionado antes, um diretório é uma coleção de arquivos que tem um nome. É um meio de se agrupar arquivos de modo que se possa organizá-los de uma forma lógica. Por exemplo, você pode colocar todos os seus trabalhos e apontamentos de uma determinada disciplina em um diretório criado para essa disciplina. O sistema operacional deve manter um cuidadoso registro de diretórios e dos arquivos que eles contêm.

Um diretório, na maioria dos sistemas operacionais, é representado como um arquivo. Um arquivo de diretório contém dados sobre os outros arquivos no diretório. Para qualquer arquivo dado, o diretório contém o nome de arquivo, o tipo de arquivo, o endereço em disco onde ele está armazenado e o tamanho atual do arquivo. O diretório também contém informação sobre as proteções fixadas para o arquivo. Além disso, ele pode manter informação descrevendo quando o arquivo foi criado e quando foi modificado pela última vez.

A estrutura interna de um arquivo de diretório pode ser fixada em uma variedade de formas e não exploraremos esses detalhes aqui. Contudo, uma vez que seja fixada, essa estrutura deve ser capaz de suportar as operações comuns que são realizadas em arquivos de diretório. Por exemplo, o usuário deve ser capaz de listar todos os arquivos no diretório. Outras operações

---

Etiquetas IDRF

Assim que você deixa uma loja após comprar um pacote de baterias, as baterias "dizem" ao sistema de estoque da loja para comprar novas baterias porque o estoque está baixo. Identificação por radiofrequência (IDRF) torna esse tipo de comunicação possível. Se o pacote de baterias tiver uma etiqueta IDRF, ele poderá informar a um transceptor de radiofrequência de uma central onde ele está. Além de itens em lojas de varejo, a tecnologia de IDRF é usada para acompanhar expedição de palhetas, livros em bibliotecas, veículos e animais. Se já usou EZPass para passar por uma cabine de pedágio ou SpeedPass® para pagar pelo seu combustível, você usou a tecnologia IDRF. Pesquisadores já até experimentaram implantar etiquetas IDRF em pessoas. Em 2004, um proprietário de clubes em Barcelona, na Espanha, e em Rotterdam, na Holanda, ofereceu aos seus clientes VIPs implantar etiquetas IDRF. Essas pastilhas identificavam os clientes como VIPs e eram usadas pelos clientes para pagar suas bebidas.

comuns são criar, excluir e renomear arquivos em um diretório. Além disso, o diretório é comumente pesquisado para ver se um determinado arquivo está nele.

Outra questão importante, quando se fala em gerenciamento de diretório, é a necessidade de refletir os relacionamentos entre diretórios, como discutido na próxima seção.

■ Árvores de Diretórios

Um diretório de arquivos pode estar contido em outro diretório. Um diretório contendo outro diretório é usualmente chamado de diretório pai e aquele que está dentro é chamado de subdiretório. Você pode definir tais diretórios aninhados em tantos níveis quantos quiser para ajudar a organizar o sistema de arquivos. Um diretório pode conter muitos subdiretórios. Além disso, subdiretórios podem conter seus próprios subdiretórios, criando uma estrutura hierárquica. Para visualizar essa hierarquia, um sistema de arquivos é comumente visto como uma **árvore de diretórios**, mostrando diretórios e arquivos dentro de outros diretórios. O diretório no mais alto nível é chamado de **diretório raiz**.

Como um exemplo, considere a árvore de diretórios mostrada na Figura 11.4. Esta árvore representa uma parte muito pequena de um sistema de arquivos que pode ser encontrado em um computador que use alguma versão do sistema operacional Microsoft® Windows®. A raiz do sistema de diretório é referida usando a letra de unidade `C:` seguida da barra invertida (`\`).

Nesta árvore de diretórios, o diretório raiz contém três subdiretórios: `WINDOWS`, `Meus Documentos` e `Arquivos de Programas`. Dentro do diretório `WINDOWS` há um arquivo chamado `calc.exe` e dois outros subdiretórios (`Drivers` e `System`). Esses diretórios contêm outros arquivos e subdiretórios. Tenha em mente que todos esses diretórios em um sistema real tipicamente conteriam muito mais subdiretórios e arquivos.

Computadores pessoais geralmente usam uma analogia de pastas para representar a estrutura de diretório, o que promove a ideia de inclusão (pastas dentro de outras pastas, com algumas pastas finalmente contendo documentos ou outros dados). O ícone usado para mostrar um diretório

>> **Árvore de diretórios** Uma estrutura mostrando a organização aninhada de diretório do sistema de arquivos

>> **Diretório raiz** O diretório de nível mais alto, no qual todos os outros estão contidos

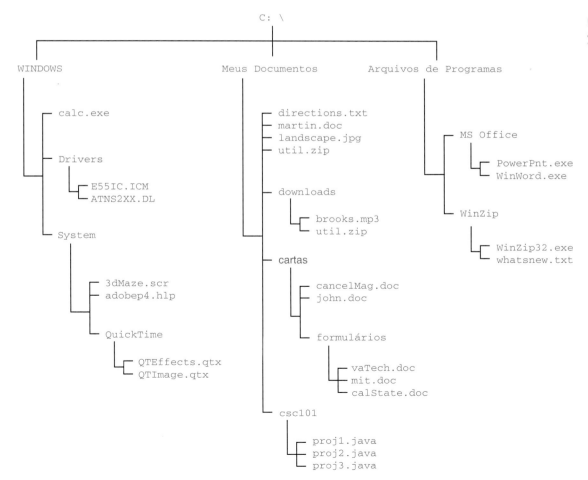

FIGURA 11.4 Uma árvore de diretórios do Windows

Capítulo 11

na interface gráfica de usuário de um sistema operacional é comumente uma figura de uma pasta de arquivo tal qual aquele tipo que se usa em gavetas de arquivos reais.

Na Figura 11.4, dois arquivos têm o nome `util.zip` (no diretório `Meus Documentos` e em seu subdiretório `downloads`). A estrutura aninhada de arquivos permite que múltiplos arquivos tenham o mesmo nome. Todos os arquivos em qualquer diretório devem ter nomes únicos, mas arquivos em diretórios ou subdiretórios diferentes podem ter o mesmo nome. Esses arquivos podem ou não conter os mesmos dados; tudo o que sabemos é que eles têm o mesmo nome.

Em qualquer instante de tempo, você pode pensar em estar trabalhando em um local particular (isto é, um subdiretório específico) do sistema de arquivos. Este subdiretório é conhecido como **diretório de trabalho** atual. À medida que você se "move" pelo sistema de arquivos, o diretório de trabalho atual muda.

A árvore de diretórios mostrada na Figura 11.5 representa a de um sistema de arquivos UNIX. Compare e contraste a árvore de diretórios da Figura 11.5 com a da Figura 11.4. Ambas apresentam o mesmo conceito de inclusão de subdiretório, mas as convenções de nomeação para arquivos e diretórios são diferentes. O UNIX foi desenvolvido como um ambiente de programação e de nível de sistema, assim ele usa nomes bem mais abreviados e enigmáticos para diretórios e arquivos. Além disso, em um ambiente UNIX, o diretório raiz é designado usando-se uma barra (/).

> **Diretório de trabalho** O subdiretório ativo atualmente

■ Nomes de Caminho

Como especificamos um arquivo ou um diretório em particular? Bem, há diversas maneiras de se fazer isso.

Se você estiver trabalhando em um sistema operacional com interface gráfica de usuário, você poderá dar um clique duplo com seu mouse para abrir um diretório e verificar seu conteúdo. A janela de diretório ativo mostrará o conteúdo do diretório atual de trabalho. Você pode continuar se "movendo" pelo sistema de arquivos usando cliques de mouse, mudando, assim, o diretório atual de trabalho, até encontrar o arquivo ou diretório desejado. Para subir na estrutura de diretório, você pode geralmente usar um ícone na barra da janela ou uma opção de menu suspenso para ir para o diretório pai.

A maioria dos sistemas operacionais também fornece uma interface não gráfica (baseada em texto) para interagir com o sistema operacional. Assim, devemos ser capazes de especificar loca-

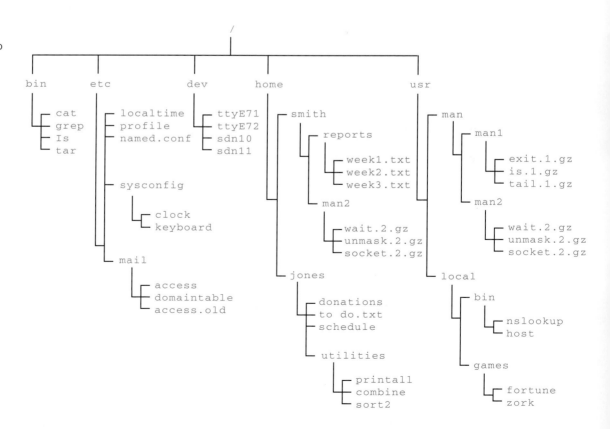

FIGURA 11.5 Uma árvore de diretórios do UNIX

Sistemas de Arquivos e Diretórios   265

lizações de arquivos usando texto. Esta capacidade é muito importante para instruções de sistema armazenadas em arquivos de comando em lote de sistemas operacionais. Comandos como `cd` (que vem de "*change directory*" — alterar diretório) podem ser usados em modo texto para alterar o diretório atual de trabalho.

Para indicar um arquivo em particular usando texto, especificamos o `caminho` desse arquivo, que é a série de diretórios pelos quais se deve passar para encontrar o arquivo. Um caminho pode ser absoluto ou relativo. Um nome de `caminho absoluto` começa na raiz e especifica cada passo na árvore até chegar ao arquivo ou diretório desejado. Um nome de `caminho relativo` começa no diretório atual de trabalho.

Vamos examinar alguns exemplos de cada tipo de caminho. Eis a seguir nomes de caminhos absolutos baseados na árvore de diretórios apresentada na Figura 11.4:

```
C:\Arquivos de Programas\MS Office\WinWord.exe
C:\Meus Documentos\cartas\formulários\vaTech.doc
C:\Windows\System\QuickTime
```

Cada nome de caminho começa na raiz e desce na estrutura de diretório. Cada subdiretório é separado por uma barra invertida (\). Observe que um caminho pode designar um documento específico (como ocorre nos dois primeiros exemplos) um subdiretório inteiro (como ocorre no terceiro exemplo).

Caminhos absolutos em um sistema UNIX funcionam do mesmo modo, exceto que o caractere usado para separar subdiretórios é a barra (/). Aqui estão alguns exemplos de nomes de caminhos absolutos que correspondem à árvore de diretórios da Figura 11.5:

```
/bin/tar
/etc/sysconfig/clock
/usr/local/games/fortune
/home/smith/reports/week1.txt
```

Nomes de caminhos relativos são baseados no diretório atual de trabalho. Isto é, eles são relativos a sua posição atual (daí o nome). Suponha que o diretório atual de trabalho seja `C:\Meus Documentos\cartas` (da Figura 11.4). Então os seguintes nomes de caminhos relativos poderiam ser usados:

```
cancelMag.doc
formulários\calState.doc
```

O primeiro exemplo especifica apenas o nome do arquivo, que pode ser encontrado no diretório atual de trabalho. O segundo exemplo especifica um arquivo no subdiretório `formulários`. Por definição, a primeira parte de qualquer nome de caminho relativo válido está localizada no diretório de trabalho.

Algumas vezes, ao usar um caminho relativo, precisamos subir em nosso caminho de volta na árvore. Observe que essa consideração não era um problema quando usamos caminhos absolutos. Na maioria dos sistemas operacionais, dois-pontos (`..`) são usados para especificar o diretório pai (um ponto único é usado para especificar o diretório atual de trabalho). Logo, se o diretório de trabalho for `C:\Meus Documentos\cartas`, os seguintes nomes de caminhos relativos serão válidos:

```
..\landscape.jpg
..\csc101\proj2.java
..\..\WINDOWS\Drivers\E55IC.ICM
..\..\Arquivos de Programas\WinZip
```

Sistemas UNIX funcionam essencialmente da mesma forma. Usando a árvore de diretórios da Figura 11.5 e assumindo que o diretório atual de trabalho seja `/home/jones`, os seguintes nomes de caminhos relativos serão válidos:

```
utilities/combine
../smith/reports
../../dev/ttyE71
../../usr/man/man1/ls.1.gz
```

A maioria dos sistemas operacionais permite que o usuário especifique um conjunto de caminhos que são pesquisados (em uma ordem determinada) para ajudar a resolver referências a pro-

>> **Caminho** Uma designação textual do local de um arquivo ou de um subdiretório em um sistema de arquivos

>> **Caminho absoluto** Um caminho que começa na raiz e inclui todos os subdiretórios sucessivos

>> **Caminho relativo** Um caminho que começa no diretório atual de trabalho

A Camada de Sistema Operacional

Software Calmante

Estresse crônico pode levar a doenças cardiovasculares, diabetes, debilidade de funções cognitivas e a um sistema imunológico enfraquecido. Uma medida de nível de estresse é a variabilidade de frequência cardíaca (VFC), o período em milissegundos entre batidas do coração que cardiologistas estudam em pacientes de risco. Em uma pessoa saudável a VFC deve ser alta, mas dentro de certa zona. Um pacote de software que mede a VFC é fornecido por HeartMath®. O emWave® (formalmente Freeze-Framer Interactive Learning System) mede variações sutis em seu ritmo cardíaco. Ele ajuda a reduzir estresse treinando o usuário a criar mais "cohearance", um termo usado para descrever um estado fisiológico no qual os sistemas nervoso, cardiovascular, hormonal e imunológico estão trabalhando eficiente e harmoniosamente. O emWave mede o estresse com um sensor de dedo ou de orelha que detecta o pulso do usuário. Apenas uns poucos minutos de respiração com o marcador emWave e de pensamentos positivos podem trazer a VFC para a zona-alvo. Desse modo, a resposta do usuário a estresse pode ser reprogramada lentamente em várias sessões curtas por dia.

gramas executáveis. Geralmente esse conjunto de caminhos é especificado usando-se uma variável de sistema operacional chamada `PATH`, que mantém uma cadeia de caracteres que contém vários nomes de caminhos absolutos. Suponha, por exemplo, que o usuário `jones` (da Figura 11.5) tenha um conjunto de programas utilitários que ele use de vez em quando. Eles estão armazenados no diretório `/home/jones/utilities`. Quando esse caminho for adicionado à variável `PATH`, ele se tornará um local-padrão usado para encontrar programas que `jones` tente executar. Logo, qualquer que seja o diretório atual de trabalho, quando `jones` executar o programa `printall` (apenas pelo próprio nome), ele será encontrado em seu diretório de utilitários.

11.3 Escalonamento de Disco

O mais importante dispositivo de hardware usado como memória secundária é a unidade disco magnético. Sistemas de arquivos armazenados nessas unidades devem ser acessados de modo eficiente. Acontece que transferir dados de e para memória secundária é o pior gargalo em um sistema computacional geral.

Relembre do Capítulo 10 que a velocidade da CPU e a velocidade da memória principal são muito maiores que a velocidade de transferência de dados de e para memória secundária, tal como um disco magnético. É por isso que um processo que deva realizar E/S em disco fica aguardando enquanto aquele dado é transferido, para dar uma chance de outro processo usar a CPU.

Como E/S secundária é o aspecto mais lento de um sistema computacional geral, as técnicas para acessar dados em uma unidade de disco são de crucial importância para sistemas de arquivos. À medida que um computador lida com múltiplos processos em um período de tempo, requisições para acessar o disco se acumulam. A técnica que o sistema operacional usa para determinar quais requisições atender primeiro é chamada de **escalonamento de disco**. Examinamos vários algoritmos específicos de escalonamento de disco nesta seção.

Lembre do Capítulo 5 que uma unidade de disco magnético é organizada como uma pilha de pratos, onde cada prato é dividido em trilhas e cada trilha é dividida em setores. O conjunto de trilhas correspondentes em todos os pratos é chamado de cilindro. A Figura 11.6 revisita a unidade de disco descrita no Capítulo 5 para relembrá-lo dessa organização.

É de fundamental importância para nós nessa discussão o fato de que o conjunto de cabeças de leitura/escrita paira sobre um cilindro em particular ao longo de todos os pratos, em qualquer instante de tempo. O *tempo de busca* é a quantia de tempo que as cabeças levam para

> **Escalonamento de disco** O ato de decidir qual solicitação pendente de E/S em disco será atendida primeiramente

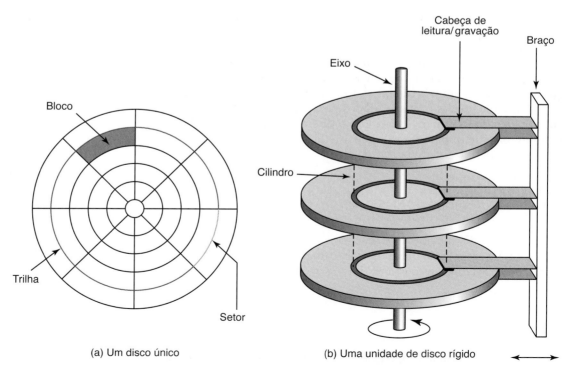

(a) Um disco único   (b) Uma unidade de disco rígido

FIGURA 11.6 Uma unidade de disco magnético

chegar ao cilindro apropriado. A *latência* é o tempo adicional para o prato girar até a posição apropriada, de modo que o dado possa ser lido ou escrito. O tempo de busca é o mais restritivo desses dois parâmetros, e, assim, é a principal questão tratada pelos algoritmos de escalonamento de disco.

Em qualquer instante de tempo, uma unidade de disco pode ter um conjunto de requisições pendentes que devem ser atendidas. Por agora, consideramos apenas o cilindro (os círculos concêntricos paralelos) a que as requisições se referem. Um disco pode ter milhares de cilindros. Para manter as coisas simples, vamos também assumir uma faixa de 110 cilindros. Suponha que em um determinado instante de tempo as seguintes requisições de cilindros tenham sido feitas, nesta ordem:

49, 91, 22, 61, 7, 62, 33, 35

Suponha também que as cabeças de leitura/escrita estejam atualmente no cilindro 26. Agora surge uma questão: para que cilindro as cabeças do disco devem se mover em seguida? Diferentes algoritmos produzem respostas diversas para esta questão.

■ Escalonamento de Disco Primeiro a Chegar, Primeiro Atendido

No Capítulo 10 examinamos um algoritmo de escalonamento de CPU chamado *primeiro a chegar, primeiro atendido* (PCPA). Um algoritmo análogo pode ser usado para escalonamento de disco. Ele é um dos mais fáceis de implementar, embora geralmente não seja o mais eficiente.

No PCPA, processamos as requisições na ordem em que elas chegam, sem considerar a posição atual das cabeças. Assim, sob um algoritmo PCPA, as cabeças vão do cilindro 26 (a posição atual) para o cilindro 49. Após a requisição para o cilindro 49 ser atendida (isto é, o dado é lido ou escrito), as cabeças vão de 49 para 91. Após processar a requisição em 91, as cabeças vão para o cilindro 22. O processamento prossegue dessa forma, atendendo às requisições na ordem em que elas foram recebidas.

Observe que em um ponto as cabeças vão do cilindro 91 fazendo todo o caminho de volta ao cilindro 22, durante o qual elas passam sobre diversos cilindros cujas requisições estão atualmente pendentes.

■ Escalonamento de Disco Menor Tempo de Busca Primeiro

O algoritmo de escalonamento de disco *menor tempo de busca primeiro* (MTBP) move as cabeças a mínima quantia necessária para atender qualquer requisição pendente. Essa abordagem pode resultar potencialmente em mudar a direção de movimento das cabeças após cada requisição ser atendida.

Vamos processar nossa situação hipotética usando este algoritmo. A partir de nosso ponto de partida no cilindro 26, o cilindro mais perto, de todas as requisições pendentes, é 22. Então, ignorando a ordem na qual as requisições chegaram, as cabeças vão para o cilindro 22 para atender aquela requisição. De 22, a requisição mais perto é para o cilindro 33, então as cabeças vão para lá. A requisição não atendida mais perto do cilindro 33 está no cilindro 35. A distância para o cilindro 49 agora é a menor, então as cabeças vão para lá a seguir. Continuando com esta abordagem, o restante dos cilindros será visitado na seguinte ordem: 49, 61, 62, 91, 7.

Esta abordagem não garante o menor tempo global de movimento de cabeça, mas ela geralmente oferece uma melhoria de desempenho em relação ao algoritmo PCPA. No entanto, um problema mais grave pode surgir com esta abordagem. Suponha que requisições por cilindros continuem a se acumular enquanto aquelas existentes estejam sendo atendidas. E suponha que essas novas requisições estejam sempre mais próximas à posição corrente que uma requisição mais antiga. É possível teoricamente que a requisição mais antiga nunca seja processada, já que continuam chegando requisições que ganham prioridade. Esta situação é chamada de *starvation*. Em contraste, escalonamento de disco PCPA não pode sofrer esse problema.

■ Escalonamento por Varredura de Disco

Um exemplo clássico de análise de algoritmo em computação vem da forma que um elevador é projetado para visitar os andares que têm pessoas esperando. Em geral, um elevador vai de um extremo a outro (digamos, do topo do prédio ao térreo), servindo requisições como apropriado. Ele então vai do térreo ao topo atendendo aquelas requisições.

Mantendo os Idosos em Casa

Muitas novas tecnologias estão sendo desenvolvidas para tornar mais fácil para os idosos continuar vivendo de modo independente suas vidas em casa. Um exemplo é o sistema eNeighbor®, um sistema com 12 tipos de sensores (*e.g.*, cama, válvula de descarga, fora de casa, aberto/fechado) e uma câmera *Web* opcional. Sensores sem fio podem detectar alterações nos hábitos de uma pessoa (se uma pessoa cair e não se mover em seu padrão regular, por exemplo) e disponibilizarão essa informação em um sistema central de monitoração. Um operador então ligará para a casa do paciente a fim de saber se ele está bem. Se não for obtida uma resposta, mais chamadas serão feitas para a família, os vizinhos ou o sistema de emergência. Embora o sistema não seja coberto por todos os planos de seguro, o custo ainda é menor do que o de atendimento domiciliar e permite que os idosos tenham a liberdade de viver em casa.

O algoritmo de escalonamento por varredura de disco trabalha de forma similar, exceto que em vez de ir para cima e para baixo, as cabeças de leitura/escrita vão em direção ao eixo, depois para fora, em direção à borda do prato, então de volta em direção ao eixo e assim em diante.

Vamos usar esse algoritmo para atender nosso conjunto de requisições. Diferente das outras abordagens, todavia, precisamos decidir em que direção as cabeças vão se mover inicialmente. Vamos assumir que elas estejam se movendo em direção aos menores valores de cilindros (e estão atualmente no cilindro 26).

À medida que as cabeças de leitura/escrita vão do cilindro 26 em direção ao cilindro 1, elas atendem às requisições dos cilindros 22 e 7 (nessa ordem). Após chegar ao cilindro 1, as cabeças invertem a direção e vão por todo o caminho até a outra extremidade. Ao longo do caminho, elas atendem as seguintes requisições, em ordem: 33, 35, 49, 61, 62, 91.

Novas requisições não recebem qualquer tratamento especial sob esse esquema. Elas podem ou não ser atendidas antes de requisições mais antigas — depende da posição atual das cabeças e da direção na qual elas estão se movendo. Se uma nova requisição chegar um pouco antes de as cabeças chegarem àquele cilindro, ela será processada de imediato. Se ela chegar logo após as cabeças terem passado por aquele cilindro, ela deverá esperar que as cabeças retornem. Não há chance de *starvation* já que cada cilindro tem sua vez de ser processado.

Algumas variações desse algoritmo podem melhorar seu desempenho. Por exemplo, uma requisição para a extremidade do prato pode ter que esperar que as cabeças se movam por quase todo o caminho em direção ao eixo e todo o caminho de volta. Para reduzir o tempo médio de espera, o algoritmo de varredura circular trata o disco como se ele fosse um anel e não um disco. Isto é, quando ele alcança uma extremidade, as cabeças retornam todo o caminho para a outra extremidade sem processar requisições.

Outra variação é minimizar os movimentos extremos no eixo e na extremidade do prato. Em vez de ir até a borda, as cabeças se movem apenas até as requisições mais internas (ou mais externas). Antes de mover para lidar com a próxima requisição, a lista de requisições pendentes é examinada para ver se é garantido movimento na direção atual. Esta variação é referida como algoritmo de escalonamento de disco *examine*, porque ele examina adiante para verificar se as cabeças devem continuar na direção atual.

Resumo

Um sistema de arquivos define a forma na qual nossa memória secundária é organizada. Um arquivo é uma coleção nomeada de dados com uma estrutura interna particular. Arquivos textos são organizados como um fluxo de caracteres; arquivos binários têm um formato específico que tem significado apenas para aplicativos construídos para lidar com aquele formato.

Tipos de arquivos são comumente indicados pela extensão de arquivo do nome de arquivo. O sistema operacional mantém uma lista de tipos de arquivos reconhecidos, de modo que ele possa abri-los com o tipo de aplicativo adequado e mostrar os ícones apropriados na interface gráfica de usuário. A extensão de arquivo pode ser associada a qualquer tipo particular de aplicativo que o usuário escolha.

As operações efetuadas em arquivos incluem criação, exclusão, abertura e fechamento de arquivos. Obviamente, arquivos devem ser capazes de ser lidos e escritos. O sistema operacional provê mecanismos para realizar as várias operações em arquivos. Em um sistema multiusuário, o sistema operacional também deve prover proteção de arquivos para garantir que apenas usuários autorizados tenham acesso a arquivos.

Diretórios são usados para organizar os arquivos em disco. Eles podem ser aninhados para formar estrutura de árvores hierárquicas. Nomes de caminhos que especificam a localização de um arquivo ou diretório particular podem ser absolutos, com origem na raiz da árvore de diretórios, ou relativos, com origem no diretório atual de trabalho.

Algoritmos de escalonamento de disco determinam a ordem em que requisições de disco pendentes são processadas. Escalonamento de disco primeiro a chegar, primeiro atendido trata todas as requisições em ordem, mas não é muito eficiente. Escalonamento de disco menor tempo de busca primeiro é mais eficiente, mas pode sofrer *starvation*. Escalonamento por varredura de disco emprega a mesma estratégia de um elevador, varrendo o disco de uma extremidade a outra.

⚖ QUESTÕES ÉTICAS ▶ *Spam*

Em 2004, Eric Idle desenvolveu uma comédia musical para o palco da Broadway com o nome de *Spamalot*. O musical, uma paródia tanto sobre a lenda do Rei Arthur quanto sobre a Broadway propriamente dita, vem de uma fala do filme *Em busca do cálice sagrado*, do grupo inglês Monty Python, que diz: "*We eat ham, and jam and Spam a lot*". Acredita-se que a origem da palavra "*spam*" seja do programa da TV Monty Python's *Flying Circus*, do qual Eric Idle foi um dos criadores. Além do Spam® (*spiced ham food product*), referenciada no título dessa peça popular, a palavra "spam" tem agora o significado de qualquer mensagem não desejada, não solicitada, irrelevante ou não apropriada enviada pela Internet para um grande número de usuários.

No passado, os tipos mais comuns de *spam* eram as inundações de anúncios que vinham pelo correio – circulares, catálogos, "ofertas especiais" e outras mensagens de terceira classe entregues em nossa caixa de correio. Desde o desenvolvimento da publicidade eletrônica, os marqueteiros têm procurado novas formas para entrar em contato com clientes potenciais. Além de *spam* de correio eletrônico, atualmente há muitas outras formas de *spam* na Internet: mensagens instantâneas, grupos de notícias Usenet, mecanismos de busca *Web*, *blogs*, *wikis*, anúncios classificados on-line, fóruns da Internet, fax e mais.

Por um tempo, *spam* era meramente um aborrecimento. Mas, à medida que seu uso aumentou, as consequências também aumentaram. Diferente de uma caixa de correio de uma casa, *spam* tem um custo associado a ele, tanto para o provedor de serviço de Internet (ISP – *Internet Service Provider*) como para o usuário final que paga para ter uma conta no ISP. As estimativas mais recentes para o custo de *spam* em 2009 totalizaram U$130 bilhões no mundo todo e U$42 bilhões somente nos Estados Unidos – números que estão 30% acima dos custos de 2007, que, por sua vez, estavam 100% acima dos custos de 2005. Dividido por empregado, o custo médio anual está na casa dos milhares de dólares por ano. Em estimativas conservadoras, *spam* já contabiliza 85% das mensagens e talvez até mesmo 95%, de acordo com algumas estimativas.

Os marqueteiros dizem que qualquer tentativa de regulamentar *spam* é uma restrição à liberdade de expressão. Eles também dizem que *spam* é apenas outra manifestação dos princípios do capitalismo e que nenhum bom propósito pode ser atendido por restringir os negócios de usar qualquer meio de que disponham para permitir que clientes saibam sobre seus produtos e serviços. A alegação do direito de o consumidor ser informado sustenta muito dos argumentos que os anunciantes citam para apoiar a posição deles. Sem esse volume de mensagens não solicitadas, muitos negócios teriam poucas boas alternativas para encontrar clientes.

Desde que o decreto CAN-SPAM (*Controlling the Assault of Non-Solicited Pornography and Marketing Act*) foi promulgado em janeiro de 2004, muitos dos principais infratores pelo envio de *spam* foram condenados e receberam penas severas. A lei visa proteger o consumidor impondo regras sobre mensagens comerciais. Por lei, toda mensagem em massa deve agora conter informação precisa sobre roteamento, uma linha de assunto que reflita claramente o conteúdo da mensagem e uma opção *opt-out* para cancelar futuras mensagens. Além disso, a mensagem deve ser identificada como uma publicidade e incluir o código postal válido do remetente. Desobedecer a qualquer uma dessas normas pode resultar em multas de até US$11.000,00. Sob a nova lei, é dado também a estados o direito de impor muito de suas próprias legislações sobre *spam*. Embora o decreto CAN-SPAM não seja totalmente efetivo em bloquear a transmissão de *spam* de mensagens, os legisladores esperam que ele venha a ajudar a reduzir os custos ao consumidor.

Termos Fundamentais

Acesso direto a arquivo
Acesso sequencial a arquivo
Arquivo
Arquivo binário
Arquivo texto
Árvore de diretórios
Caminho
Caminho absoluto

Caminho relativo
Diretório
Diretório de trabalho
Diretório raiz
Escalonamento de disco
Extensão de arquivo
Sistema de arquivos
Tipo de arquivo

Exercícios

Para os Exercícios 1 a 15, assinale verdadeiro ou falso como a seguir.
   A. Verdadeiro
   B. Falso

1. Um arquivo texto armazena dados binários que são organizados em grupos de 8 ou 16 bits que são interpretados como caracteres.
2. Um programa escrito em uma linguagem de alto nível é armazenado em um arquivo texto que também é chamado de arquivo-fonte.
3. O tipo de um arquivo determina quais tipos de operações podem ser efetuadas nele.
4. O ponteiro de arquivo corrente indica o final de um arquivo.
5. Acesso sequencial e acesso direto levam aproximadamente a mesma quantidade de tempo para recuperar dados.
6. Alguns sistemas operacionais mantêm ponteiros separados de leitura e de escrita para um arquivo.
7. Permissões de arquivo no sistema UNIX autorizam um grupo de usuários a acessar um arquivo de várias formas.
8. Na maioria dos sistemas operacionais, um diretório é representado como um arquivo.
9. Dois arquivos em um sistema de diretório podem ter o mesmo nome, se eles estiverem em diretórios diferentes.
10. Um caminho relativo é relativo à raiz da hierarquia de diretório.
11. Um caminho absoluto e um caminho relativo terão sempre o mesmo tamanho.
12. Um sistema operacional é responsável por gerenciar o acesso à uma unidade de disco.
13. O tempo de busca é a quantia de tempo que as cabeças de um disco levam para chegar a um cilindro em particular.
14. O algoritmo de escalonamento de disco menor tempo de busca primeiro move as cabeças o mínimo possível para atender a uma requisição pendente.
15. O algoritmo de escalonamento de disco primeiro a chegar, primeiro atendido move as cabeças o mínimo possível para atender a uma requisição pendente.

Para os Exercícios 16 a 20, relacione as extensões de arquivo com os arquivos apropriados.
   A. `txt`
   B. `mp3, au e wav`
   C. `gif, tiff e jpg`
   D. `doc e wp3`
   E. `java, c e cpp`

16. Arquivo de áudio.
17. Arquivo de imagem.
18. Arquivo de dados texto.
19. Arquivo de programa-fonte.
20. Arquivo de processamento do Word.

Para os Exercícios 21 a 23, relacione o símbolo com seu uso.
   A. `/`
   B. `\`
   C. `..`

21. Símbolo usado para separar os nomes de um caminho em um ambiente Windows.
22. Símbolo usado para separar os nomes de um caminho em um ambiente UNIX.

Sistemas de Arquivos e Diretórios   271

23. Símbolo usado para representar o diretório pai em um nome de caminho relativo.

Os Exercícios 24 a 57 são problemas ou questões de resposta curta.

24. O que é um arquivo?
25. Faça a distinção entre um arquivo e um diretório.
26. Faça a distinção entre um arquivo e um sistema de arquivos.
27. Por que um arquivo é um conceito genérico e não um conceito técnico?
28. Cite e descreva as duas classificações básicas de arquivos.
29. Por que o termo *arquivo binário* é um termo confuso?
30. Faça a distinção entre um tipo de arquivo e uma extensão de arquivo.
31. O que aconteceria se você desse o nome `meuArquivo.jpg` a um arquivo texto?
32. Como um sistema operacional pode fazer uso dos tipos de arquivo que ele reconhece?
33. Como um sistema operacional mantém registro de memória secundária?
34. O que significa abrir e fechar um arquivo?
35. O que significa truncar um arquivo?
36. Compare e contraste acesso sequencial e acesso direto a arquivo.
37. Acesso a arquivo é independente de qualquer meio físico.
    a. Como você poderia implementar acesso sequencial em um disco?
    b. Como você poderia implementar acesso direto em uma fita magnética?
38. O que é um mecanismo de proteção de arquivo?
39. Como o UNIX implementa proteção de arquivo?
40. Dada a seguinte permissão de arquivo, responda essas questões.

	Leitura	Escrita/Exclusão	Execução
Owner	Sim	Sim	Sim
Group	Sim	Sim	Não
World	Sim	Não	Não

   a. Quem pode ler o arquivo?
   b. Quem pode escrever no arquivo ou excluí-lo?
   c. Quem pode executar o arquivo?
   d. O que você sabe sobre o conteúdo do arquivo?
41. Qual é a quantidade mínima de informação que um diretório deve manter sobre cada arquivo?
42. Como a maioria dos sistemas operacionais representa um diretório?
43. Responda às seguintes perguntas sobre diretórios.
   a. Como é chamado um diretório que contém outro diretório?
   b. Como é chamado um diretório que está contido em outro diretório?
   c. Como é chamado um diretório que não está contido em nenhum outro diretório?
   d. Como é chamada a estrutura que mostra a organização aninhada de diretórios?
   e. Relacione a estrutura do item (d) à estrutura de dados árvore binária examinada no Capítulo 8.
44. Como é chamado o diretório no qual você está trabalhando em um determinado momento?
45. O que é um caminho?
46. Faça a distinção entre caminho absoluto e caminho relativo.
47. Mostre o caminho absoluto para cada um dos seguintes arquivos ou diretórios usando a árvore de diretório mostrada na Figura 11.4:
   a. `QTEffects.qtx`
   b. `brooks.mp3`
   c. `Arquivos de Programas`
   d. `3dMaze.scr`
   e. `Powerpnt.exe`
48. Mostre o caminho absoluto para cada um dos seguintes arquivos ou diretórios usando a árvore de diretórios mostrada na Figura 11.5:
   a. `tar`
   b. `access.old`

A Camada de Sistema Operacional

Capítulo 11

c. `named.conf`
d. `smith`
e. `week3.txt`
f. `printall`

49. Assumindo `C:\WINDOWS\System` como diretório atual de trabalho, dê o nome do caminho relativo para os seguintes arquivos ou diretórios usando a árvore de diretórios mostrada na Figura 11.4:

a. `QTImage.qtx`
b. `calc.exe`
c. `cartas`
d. `proj3.java`
e. `adobep4.hlp`
f. `WinWord.exe`

50. Mostre o caminho relativo para cada um dos seguintes arquivos ou diretórios usando a árvore de diretórios mostrada na Figura 11.5:

a. `localtime` quando o diretório de trabalho for o diretório raiz
b. `localtime` quando o diretório de trabalho for `etc`
c. `printall` quando o diretório de trabalho for `utilities`
d. `week1.txt` quando o diretório de trabalho for `man2`

51. Qual é o pior gargalo em um sistema computacional?

52. Por que escalonamento de disco está mais preocupado com cilindros do que com trilhas e setores?

53. Cite e descreva três algoritmos de escalonamento de disco.

Use a seguinte lista de requisição de cilindros nos Exercícios 54 a 56. Eles estão listados na ordem em que foram recebidos.

40, 12, 22, 66, 67, 33, 80

54. Liste a ordem na qual essas requisições serão tratadas se for usado o algoritmo PCPA. Assuma que o disco esteja posicionado no cilindro 50.

55. Liste a ordem na qual essas requisições serão tratadas se for usado o algoritmo MTBP. Assuma que o disco esteja posicionado no cilindro 50.

56. Liste a ordem na qual essas requisições serão tratadas se for usado o algoritmo de varredura. Assuma que o disco esteja posicionado no cilindro 50 e que as cabeças de leitura/escrita estejam se movendo na direção dos cilindros de números mais altos.

57. Explique o conceito de *starvation*.

??? Temas para Reflexão

1. O conceito de arquivo permeia a computação. O computador seria útil se não houvesse memória secundária para armazenar arquivos?

2. Os algoritmos de escalonamento de disco examinados neste capítulo parecem familiares? Em que outro contexto discutimos algoritmos similares? Em que eles são similares e em que eles são diferentes?

3. Há alguma analogia entre arquivos e diretórios e pastas de arquivos e armários para arquivos? Claramente, o nome "arquivo" veio desse conceito. Onde essa analogia é válida e onde ela não é?

4. O envio de *spam* é o equivalente na Internet de abordagens não solicitadas de venda por telefone. Há leis agora que permitem que um usuário de telefone solicite que seu nome seja removido da lista de chamada de quem vende. Deveria haver leis similares relacionadas a *spam*?

5. Em sua opinião, o uso de *spam* é uma estratégia de negócios razoável, como malas diretas regulares ou antigas correspondências, ou é uma forma eletrônica de molestar? Por que sim ou por que não?

6. Muitos críticos do decreto CAN-SPAM dizem que o decreto é por demais ineficiente. Você acha que o governo deveria ter sido mais rigoroso em seus esforços para erradicar *spam* ou você acha que isso violaria a proteção que a Primeira Emenda garante à livre expressão comercial?

A Camada de Aplicação

Preparando os Alicerces
    1   O Quadro Geral

A Camada de Informação
    2   Valores Binários e Sistemas de Numeração
    3   Representação de Dados

A Camada de Hardware
    4   Portas e Circuitos
    5   Componentes Computacionais

A Camada de Programação
    6   Linguagens de Programação de Baixo Nível e Pseudocódigo
    7   Solução de Problemas e Algoritmos
    8   Tipos Abstratos de Dados e Subprogramas
    9   Projeto Orientado a Objeto e Linguagens de Programação de Alto Nível

A Camada de Sistema Operacional
    10 Sistemas Operacionais
    11 Sistemas de Arquivos e Diretórios

A Camada de Aplicação
  ▶ **12** Sistemas de Informação
    13 Inteligência Artificial
    14 Simulação, Gráficos, Jogos e Outros Aplicativos

A Camada de Comunicação
    15 Redes
    16 A *World Wide Web*

Em Conclusão
    17 Limitações da Computação

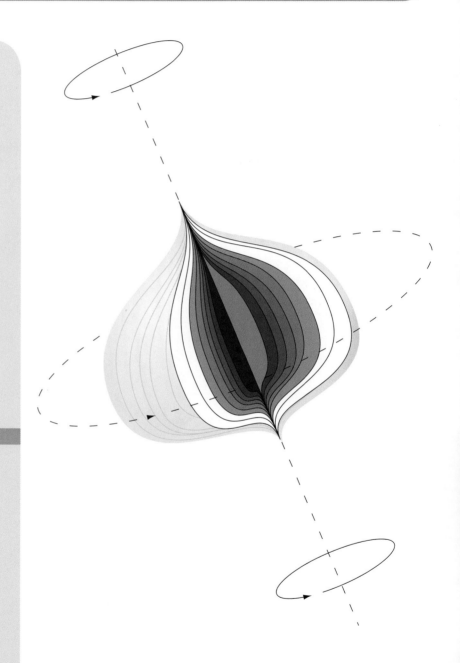

Sistemas de Informação

12

A maioria das pessoas interage com computadores no nível de aplicativo. Isto é, mesmo se uma pessoa não souber nada sobre os detalhes dos outros níveis subjacentes de computação, as chances são de que ela já tenha usado software aplicativo. Nosso objetivo, neste nível, é dar a você uma apreciação de como funcionam vários sistemas de aplicativos. Software aplicativo pode ser classificado de diversas maneiras. Neste capítulo, focamos sistemas de informação em geral. No Capítulo 13 discutimos aplicativos no mundo da inteligência artificial e no Capítulo 14 focamos simulações, gráficos e jogos.

Computadores existem para gerenciar e analisar dados. Hoje em dia, eles afetam quase todos os aspectos de nossas vidas. Usamos sistemas de informação em geral para gerenciar tudo, desde estatísticas de esportes até dados de folhas de pagamento. Da mesma maneira, caixas registradoras e caixas eletrônicos são sustentados por grandes sistemas de informação. Neste capítulo, examinamos software de propósito geral, mais especificamente, planilhas eletrônicas e sistemas de gerenciamento de banco de dados; esses nos ajudam a organizar e analisar as enormes quantidades de dados com as quais devemos lidar. Também examinamos os problemas inerentes a manter seguras as informações nesses sistemas.

Objetivos

Após estudar este capítulo, você deverá ser capaz de:

- definir o papel de sistemas de informação em geral.
- explicar como planilhas eletrônicas são organizadas.
- criar planilhas eletrônicas para análise básica de dados.
- definir fórmulas apropriadas de planilhas eletrônicas com o uso de funções embutidas.
- projetar planilhas eletrônicas que sejam flexíveis e extensíveis.
- descrever os elementos de um sistema de gerenciamento de banco de dados.
- descrever a organização de um banco de dados relacional.
- estabelecer relações entre elementos de um banco de dados.

- escrever instruções SQL básicas.
- descrever um diagrama entidade-relacionamento.
- definir e explicar o papel do comércio eletrônico na sociedade atual.
- discutir a tríade CIA.
- descrever o papel da criptografia em segurança de dados.
- listar três tipos de credenciais de autenticação.
- definir os seguintes termos relacionados à segurança computacional: *código malicioso, vírus, verme, cavalo de Troia, bomba lógica, enganação, phishing, porta dos fundos, transbordamento de buffer, negação de serviço e homem do meio.*

12.1 Gerenciamento de Informação

> **》Sistema de informação** Software que ajuda o usuário a organizar e analisar dados

Neste livro, usamos o termo *dados* para descrever fatos brutos e *informação* para significar dados que foram organizados para nos ajudar a responder questões e resolver problemas. Um sistema de informação pode ser geralmente definido como software que nos ajuda a organizar e analisar dados.

Um programa aplicativo específico gerencia dados e alguns programas gerenciam dados de formas específicas usando estruturas específicas. Outros aplicativos especializados usam técnicas específicas, que são engendradas em direção aos tipos de problemas que eles estão tentando resolver. Por exemplo, como discutiremos no próximo capítulo, dados podem ser organizados de modo a suportar a análise que tipicamente ocorre no campo computacional de inteligência artificial.

A maioria das situações, no entanto, é de caráter mais geral. Na verdade, inumeráveis situações não exigem qualquer consideração especial. Simplesmente temos dados para gerenciar e relacionamentos entre esses dados por capturar. Essas situações não necessariamente exigem organização ou processamento especial. O que elas realmente exigem, no entanto, são ferramentas flexíveis de software aplicativo que permitam que o usuário determine e gerencie a organização dos dados e que tenham capacidades básicas de processamento para analisar os dados de várias formas.

Três dos mais populares sistemas de informação de aplicação geral são *planilhas eletrônicas, sistemas de gerenciamento de banco de dado* e *comércio eletrônico*. Uma planilha é uma ferramenta conveniente para análise básica de dados, baseada em fórmulas extensíveis que definem relacionamentos entre os dados. Sistemas de gerenciamento de banco de dados são equipados para gerenciar grandes quantidades de dados que são frequentemente buscados e organizados em subseções apropriadas.

Livros inteiros já foram escritos sobre planilhas e como elas são configuradas e usadas. O mesmo pode ser dito sobre sistemas de gerenciamento de banco de dados. Nosso objetivo neste capítulo não é explorar exaustivamente esses sistemas, mas, em vez disso, apresentar a utilidade e a versatilidade de ambos. Após esta discussão, você deverá ser capaz de criar versões básicas desses sistemas e deverá ter uma fundamentação sobre a qual poderá explorá-los em mais detalhes.

Planilhas eletrônicas e sistemas de gerenciamento de banco de dados já existem desde os anos 1970. Comércio eletrônico, em comparação, é relativamente novo, surgindo com o advento da *World Wide Web*. Esses sistemas gerenciam todos os aspectos de compras e vendas pela Internet.

Banco de dados de Ellis Island

Desde o seu lançamento, em 17 de abril de 2001, o sítio *Web* de Ellis Island (www.ellisisland.org) recebeu mais de 12 bilhões de acessos. O banco de dados do sítio, que pode ser pesquisado, inclui nome, idade, país de origem e até o navio no qual cada um dos 25 milhões de passageiros chegou aos Estados Unidos. O sítio *Web* gera próximo de meio milhão de novos endereços de correio eletrônico a cada ano para ampliar seu banco de dados de doações. A Estação de Imigração de Ellis Island registrou os imigrantes e os visitantes que chegaram entre 1892 e 1924 e o sítio *Web* inclui uma lista de visitantes ilustres, tais como Rudyard Kipling (1892), Sigmund Freud (1909), Harry Houdini (1914) e Albert Einstein (1921).

12.2 Planilhas Eletrônicas

> **》Planilha eletrônica** Um programa que permite que o usuário organize e analise dados usando uma grade de células
>
> **》Célula** Um elemento de uma planilha eletrônica que pode conter dados ou uma fórmula

Uma variedade de programas para planilhas está disponível hoje em dia. Você já pode ter alguma experiência com planilhas, embora não assumamos qualquer conhecimento anterior nessa discussão. Cada programa de planilha possui suas próprias nuances particulares em relação a suas capacidades e sintaxe, mas todas as planilhas eletrônicas envolvem um conjunto comum de conceitos. Nossa discussão neste capítulo se concentra nesses conceitos comuns. Os exemplos específicos que exploramos são consistentes com a sintaxe e com a funcionalidade do programa de planilhas Microsoft® Excel.

Uma planilha eletrônica é um aplicativo de software que permite que o usuário organize e analise dados usando uma grade de células rotuladas. Uma célula pode conter dados ou uma fórmula que seja usada para calcular um valor. Dados armazenados em uma célula podem ser texto, números ou dados "especiais", tais como datas.

Como mostrado na Figura 12.1, células de uma planilha são referenciadas por suas designações de linha e coluna, geralmente usando letras para especificar a coluna e números para especificar a linha. Assim, nos referimos a células como A1, C7 e G45. Após a 26ª coluna, planilhas começam a usar duas letras para designação de colunas, portanto, algumas células possuem designações como AA19. Geralmente, há um número máximo, razoavelmente grande, de linhas em uma planilha, como 256. Além disso, na maioria dos programas de planilhas, múltiplas planilhas podem ser combinadas em um grande sistema interativo.

Planilhas são úteis em muitas situações e elas são comumente criadas para gerenciar milhares de valores e cálculos de dados. Vamos examinar um pequeno exemplo que demonstra princípios fundamentais das planilhas. Suponha que tenhamos coletado dados sobre o número de alunos que

FIGURA 12.1 Uma planilha, feita de uma grade de células rotuladas

	A	B	C	D
1				
2				
3				
4				
5				

veio obter ajuda de um grupo de monitores durante um período de diversas semanas. Mantivemos registro de quantos alunos foram a cada um dos três monitores (Hal, Amy e Frank), a cada semana, por um período de cinco semanas. Agora, queremos realizar uma análise básica daqueles dados. Chegamos à planilha mostrada na Figura 12.2.

Essa planilha contém, entre outras coisas, os dados brutos a serem analisados. A célula C4, por exemplo, contém o número de alunos que Hal monitorou na semana 1. A coluna de dados indo de C4 a C8 contém o número de alunos monitorados por Hal em cada uma das cinco semanas durante as quais dados foram coletados. Da mesma maneira, os dados de Amy foram armazenados nas células de D4 a D8 e os dados de Frank foram armazenados nas células de E4 a E8. Podemos pensar nestes mesmos dados em termos da linha na qual eles estão. Cada linha mostra o número de alunos ajudados por cada monitor, em qualquer semana dada.

Nas células C9, D9 e E9 a planilha computa e exibe o número total de alunos ajudados por cada monitor durante todas as cinco semanas. Nas células C10, D10 e E10 a planilha também calcula e exibe o número médio de alunos ajudados por cada monitor em cada semana. De maneira semelhante, o número total de alunos ajudados a cada semana (por todos os monitores) é mostrado na coluna das células indo de F4 a F8. O número médio de alunos ajudados por semana é mostrado nas células de G4 a G8.

Além dos totais e médias por monitor e por semana, a planilha calcula algumas outras estatísticas gerais. A célula F9 mostra o número total de alunos ajudados por todos os monitores durante todas as semanas. A média por semana (para todos os monitores) é mostrada na célula F10 e a média por monitor (para todas as semanas) é mostrada na célula G9. Finalmente, o número médio de alunos ajudados por qualquer monitor em qualquer semana é mostrado na célula G10.

Os dados armazenados nas colunas A e B e nas linhas 2 e 3 são simplesmente usados como rótulos para indicar o que os valores do restante da planilha representam. Esses rótulos são feitos apenas para melhorar a legibilidade humana da planilha e não contribuem para os cálculos.

Observe que os rótulos e alguns dos valores na planilha da Figura 12.2 são mostrados em diferentes tonalidades. A maior parte dos programas de planilhas permite que o usuário controle a aparência e o formato dos dados em células específicas, de várias maneiras. O usuário pode especificar a fonte,

FIGURA 12.2 Uma planilha contendo dados e cálculos

	A	B	C	D	E	F	G	H
1								
2				Monitor				
3			Hal	Amy	Frank	Total	Média	
4		1	12	10	13	35	11,67	
5		2	14	16	16	46	15,33	
6	Semana	3	10	18	13	41	13,67	
7		4	8	21	18	47	15,67	
8		5	15	18	12	45	15,00	
9		Total	59	83	72	214	71,33	
10		Média	11,80	16,60	14,40	42,80	14,27	
11								
12								

A Camada de Aplicação

o estilo e a cor dos dados, bem como o alinhamento dos dados na célula (tais como centralizado ou justificado à esquerda). No caso de valores numéricos reais, tais como as médias computadas nesse exemplo, o usuário pode especificar quantas casas decimais devem ser exibidas. Na maioria dos programas de planilhas, o usuário também pode determinar se as linhas de grade de cada célula são exibidas ou se permanecem invisíveis (neste exemplo, elas são todas exibidas) e qual deve ser a cor do plano de fundo ou o padrão de uma célula. Todas estas preferências de usuário são especificadas usando opções de menu ou botões do software aplicativo para planilhas.

■ Fórmulas em Planilhas Eletrônicas

Em nosso exemplo de planilha, realizamos diversos cálculos que nos deram uma noção da situação geral com relação ao suporte de monitoria. Acontece que é relativamente fácil definir esses cálculos. Você poderia dizer que não levaria muito tempo para sentar-se com esses números em mãos e produzir as mesmas estatísticas usando uma calculadora e você estaria certo. No entanto, a beleza de uma planilha é que ela é facilmente modificada e facilmente expandida.

Se tivermos definido corretamente a planilha, poderemos adicionar ou remover monitores, acrescentar semanas adicionais de dados ou mudar quaisquer dados que já tenhamos armazenado — e os cálculos correspondentes seriam automaticamente atualizados. Por exemplo, embora tenhamos estabelecido a planilha de monitoria para usar dados de três monitores, a mesma planilha poderia ser expandida para lidar com centenas de monitores. Em vez de cinco semanas de dados, poderíamos simplesmente processar um ano inteiro com a mesma facilidade.

O poder das planilhas vem das fórmulas que podemos criar e armazenar em células. Todos os totais e médias do exemplo da Figura 12.2 foram computados usando fórmulas. Quando uma fórmula é armazenada em uma célula, o resultado dessa fórmula é exibido na célula. Logo, quando examinamos os valores de uma planilha, às vezes é desafiador dizer se os dados mostrados em uma determinada célula foram inseridos diretamente ou computados por uma fórmula subjacente.

A Figura 12.3 mostra a mesma planilha que a Figura 12.2, indicando as fórmulas subjacentes a algumas das células. As fórmulas de nossos exemplos (como as de muitos programas de planilhas) começam por um símbolo de igual (=). Isto é como a planilha eletrônica sabe que as células contêm fórmulas que devem ser avaliadas.

As fórmulas desse exemplo se referem a células específicas (por suas designações de linha e coluna). Quando uma fórmula é avaliada, os valores armazenados nas células referenciadas são usados para computar o resultado. Fórmulas em uma planilha são reavaliadas sempre que a planilha é alterada; logo, os resultados são sempre mantidos atualizados. Uma planilha é dinâmica — ela responde a alterações imediatamente. Se alterássemos o número de alunos que Frank monitorou na semana 2, os totais e médias que usam esse valor seriam recalculados imediatamente para refletir os dados revisados.

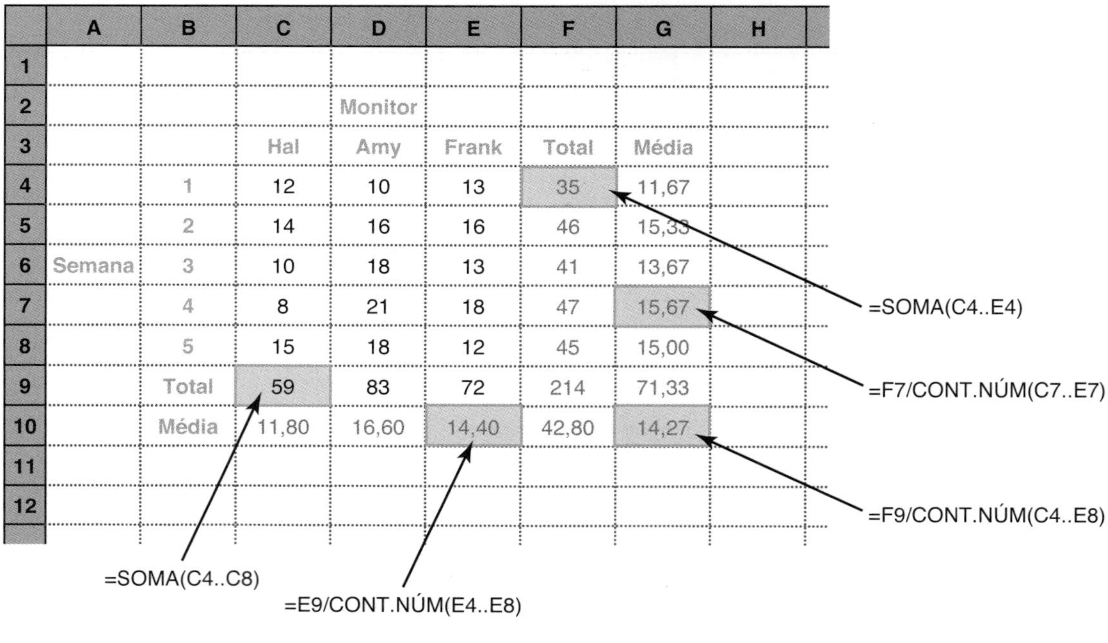

FIGURA 12.3 As fórmulas sob algumas das células

Fórmulas podem fazer uso de operações aritméticas básicas usando os símbolos-padrões (+, −, * e /). Elas também podem tirar proveito de funções de planilha que são construídas no software. No exemplo de monitoria, a fórmula da célula C9 usa a função SOMA para computar a soma dos valores das células C4, C5, C6, C7 e C8.

Como funções muitas vezes operam em um conjunto de células contíguas, as planilhas fornecem uma maneira conveniente de especificar uma faixa de células. Sintaticamente, uma faixa é especificada por dois pontos (pontos finais) entre as duas células das extremidades. Uma faixa pode especificar um conjunto de células ao longo de uma linha, como C4..E4, ou ela pode especificar um conjunto de células em uma coluna, como C4..C8. Uma faixa também pode especificar um bloco retangular de células, indo do topo, à esquerda, ao fundo, à direita. Por exemplo, a faixa C4..E8 inclui as células C4 a C8, D4 a D8 e E4 a E8.

Muitas das fórmulas mostradas na Figura 12.3 usam a função CONTAR NÚMEROS, que computa o número de células não vazias na faixa especificada. Por exemplo, a fórmula na célula G7 divide o valor na célula F7 pela contagem de células da faixa C7..E7, que é 3.

A fórmula da célula G7 poderia ter sido escrita desta maneira:

=SOMA(C7..E7)/3

Dada a situação atual da planilha, esta fórmula computaria o mesmo resultado. No entanto, esta fórmula não é tão boa quanto a original, por duas razões. Primeiro, a soma dos valores de C7 a E7 já foi computada (e armazenada em F7), logo, não há necessidade de recalculá-la. Qualquer alteração nos dados afetaria o valor de F7 e, em consequência, também alteraria o valor de G7. Planilhas levam esses relacionamentos em consideração.

Segundo (e bem mais importante), é sempre uma boa ideia evitar o uso de uma constante em uma fórmula, exceto se for especificamente apropriado. Nesse caso, usar o valor 3 como o número predeterminado de monitores limitará a nossa capacidade de facilmente adicionar ou excluir monitores de nossa análise. Fórmulas de planilhas respondem a inserções e exclusões, assim como elas fazem com mudanças em dados brutos propriamente ditos. Se inserirmos uma coluna para outro monitor, as faixas nas fórmulas originais das colunas F e G (que seriam movidas para as colunas G e H, devido à inserção) mudariam automaticamente para refletir a inserção. Por exemplo, se uma nova coluna de monitor for inserida, a fórmula na célula F4 será deslocada para a célula G4 e será agora

=SOMA(C4..F4)

Isto é, a faixa de células aumentará para incluir os dados recém-inseridos. Da mesma forma, as faixas usadas pela função CONTAR NÚMEROS em outras funções será alterada, resultando em uma nova — e correta — média. Se tivéssemos usado a constante 3 na fórmula da célula G7, o cálculo estaria incorreto após a inserção da nova coluna.

Geralmente, um programa de planilhas fornece um grande número de funções que podemos usar em fórmulas. Algumas realizam cálculos estatísticos ou matemáticos, cálculos financeiros comuns ou operações especiais em textos ou datas. Outras permitem que o usuário defina relações lógicas entre células. Exemplos de algumas funções comuns de planilhas aparecem na Figura 12.4. Um típico programa de planilha fornece dezenas de funções que o usuário pode incorporar em fórmulas.

Outro aspecto dinâmico de planilhas é a capacidade de copiar valores ou fórmulas em uma linha ou em uma coluna. Quando fórmulas são copiadas, os relacionamentos entre células são mantidos. Como resultado, torna-se fácil definir um conjunto inteiro de cálculos similares. Por exemplo, para inserir os cálculos totais de nosso exemplo de monitoria na coluna, da célula F4 até a célula F8, simplesmente teríamos que inserir a fórmula na célula F4 e depois copiá-la na coluna. À medida que a fórmula é copiada, as referências às células são automaticamente atualizadas para refletir a linha em que a nova fórmula se encontra. Para nosso pequeno exemplo, que acompanha cinco semanas, a capacidade de cópia não pouparia tanto esforço assim. Mas imagine se estivéssemos acompanhando esses dados por um ano inteiro e tivéssemos 52 fórmulas de somatório para criar. O aspecto de cópia de planilhas torna a definição daquela coluna inteira uma única operação.

■ Referências Circulares

Fórmulas de planilhas poderiam ser definidas de modo a criar uma referência circular — isto é, uma referência que nunca poderá ser resolvida, já que o resultado de uma fórmula está, por fim, baseado em outra e vice-versa. Por exemplo, se a célula B15 contiver a fórmula

=D22+D23

> » **Função de Planilha**
> Uma computação fornecida pelo software de planilha que pode ser incorporada em fórmulas

> » **Faixa** Um conjunto de células contíguas especificadas pelos pontos extremos

> » **Referência Circular**
> Um conjunto de fórmulas que, ao final e de forma errônea, recaem umas nas outras para computar seus resultados

Daniel Bricklin

Cortesia de Louis Fabian Bachrach/Dan Bricklin

Muitas das pessoas cujas biografias aparecem neste livro foram ganhadoras do Prêmio Turing ACM, o mais alto prêmio concedido em ciência da computação. A ACM também concede um prêmio para trabalhos de destaque feitos por pessoas com menos de 35 anos, chamado de Prêmio Grace Murray Hopper. Na menção desse prêmio, lê-se:

> Concedido ao brilhante jovem profissional de computação do ano... selecionado com base em uma importante contribuição única e recente, técnica ou de serviço... O candidato devia ter idade igual ou inferior a 35 anos na época em que a contribuição qualificadora foi feita.

Daniel Bricklin ganhou o Prêmio Hopper em 1981, com a seguinte citação:

> Por suas contribuições em computação pessoal e, em particular, à criação de VisiCalc. Os esforços de Bricklin no desenvolvimento da "Calculadora Visual" fornecem a excelência e a elegância que a ACM procura sustentar por atividades como o programa de Prêmios.

Daniel Bricklin, nascido em 1951, é um membro da geração de computadores. Começou sua carreira universitária no Instituto de Tecnologia de Massachusetts em 1969, como estudante de matemática, mas rapidamente mudou para ciência da computação. Ele trabalhou no Laboratório de Ciência da Computação do MIT, em sistemas interativos e conheceu seu futuro parceiro de negócios, Bob Franksten. Após a graduação, foi contratado pela Digital Equipment Corporation, onde trabalhou com fotocomposição computadorizada e ajudou a projetar o produto de processamento de palavras WPS-8.

Após um tempo bastante curto em um cargo na FasFax Corporation, uma manufatura de caixas registradoras, Bricklin se inscreveu no programa de MBA da Escola de Negócios de Harvard, em 1977. Enquanto esteve lá, começou a imaginar um programa que pudesse manipular números da mesma forma que processadores de palavras manipulavam textos. Como Bricklin percebeu, tal programa causaria um imenso impacto no mundo dos negócios. Ele se juntou a seu colega de MIT, Franksten, e transformou o sonho em realidade. Com Bricklin fazendo o projeto e Franksten fazendo a programação, a dupla criou VisiCalc, o primeiro programa de planilhas. Em 1978, eles criaram a Software Arts para produzir e comercializar VisiCalc. Na primavera de 1979, disponibilizaram uma versão para o Apple II, a US$100 por cópia. Uma versão para o PC da IBM® ficou disponível em 1981.

Bricklin tomou a decisão de não patentear VisiCalc, acreditando que software não deveria ser proprietário. Embora a companhia não tivesse uma patente de seu produto, ela chegou a ter 125 empregados em quatro anos. Logo, no entanto, outra empresa recém-estabelecida, chamada Lotus®, surgiu com um pacote de planilhas, chamado Lotus 1-2-3, que era tanto mais poderoso como de mais fácil utilização que VisiCalc. As vendas da Software Arts sofreram. Após uma longa e cara batalha na justiça entre Software Arts e VisiCorp (a companhia que comercializava VisiCalc), Bricklin foi forçado a vender para Lotus Software. Por sua vez, Lotus 1-2-3 foi ultrapassado pelo programa de planilhas Microsoft Excel. Ambos, Lotus 1-2-3 e Excel, foram baseados em VisiCalc.

Após trabalhar por um curto período como consultor para a Lotus Software, Bricklin, mais uma vez, formou uma nova companhia. Como presidente da Software Garden®, desenvolveu um programa para prototipar e simular outras peças de software, que ganhou o Prêmio de 1986 da Software Publishers Association pela "Melhor Ferramenta de Programação". Em 1990, ele cofundou a Slate Corporation para desenvolver softwares aplicativos para computadores de caneta — isto é — pequenos computadores que usam uma caneta em vez de um teclado para entradas. Após quatro anos, Slate fechou suas portas e Bricklin voltou para a Software Garden.

Em 1995, Bricklin fundou a Trellix Corporation, um fornecedor de tecnologia de ponta de publicação de sítios *Web* de rótulo privado. A Trellix foi adquirida pela Interland, Inc. em 2003. No início de 2004, Bricklin retornou à Software Garden como presidente.

Quando pediram a Bricklin que compartilhasse sua visão sobre a Internet, eis sua resposta, conforme captado pelo entrevistador: "A maioria das pessoas não a entende. Eles falham em perceber as capacidades de suas escoras". Ele compara a rede a uma estrada primitiva na época dos primeiros automóveis, quando poucos viam o potencial que um possante sistema de estradas interestaduais poderia prover um dia. "Não precisamos entender tanto a tecnologia", ele explica, "mas a progressão da tecnologia e o que pode ser construído com ela. Comércio eletrônico, como eletricidade ou telefone, simplesmente nos permite usar tecnologia para fazer o que fazemos agora, só que melhor".

Sistemas de Informação

FIGURA 12.4 Algumas funções comuns de planilhas

Função	Calcula
SOMA(núm1, núm2, ...) SOMA(faixa)	Soma do conjunto especificado de valores
CONT.NÚM(val1, val2, ...) CONT.NÚM(faixa)	Contagem do número de células que contêm valores
MAX(núm1, núm2, ...) MAX(faixa)	Maior valor do conjunto especificado de valores
SEN(núm)	O seno do ângulo especificado
PI()	O valor de PI
DESVPAD(núm1, núm2, ...) DESVPAD(faixa)	O desvio-padrão dos valores de amostras especificados
HOJE()	A data de hoje
ESQUERDA(texto, núm_caract)	Os caracteres mais à esquerda do texto especificado
SE(teste_lógico; valor_se_ verdadeiro; valor_se_falso)	Se o teste for verdadeiro, retornará o valor_se_verdadeiro; caso contrário, retornará o valor_se_falso
ÉCÉL.VAZIA(valor)	Retornará verdadeiro se o valor especificado se referir a uma célula vazia

A Camada de Aplicação

e a célula D22 contiver a fórmula

=B15+B16

haverá uma referência circular. A célula B15 usa o valor da célula D22 para seu resultado, mas a célula D22 recai em B15 para seu resultado.

Referências circulares geralmente não são tão evidentes e podem envolver muitas células. Uma situação mais complicada é apresentada na Figura 12.5. Ao final, a célula A1 dependerá da célula D13 para seu valor e vice-versa. Softwares de planilhas geralmente detectam tal problema e indicam o erro.

■ Análise de Planilhas Eletrônicas

Um motivo que torna planilhas tão úteis é a versatilidade delas. O usuário de uma planilha determina o que o dado representa e como ele se relaciona com outros dados. Logo, análise de planilhas pode simplesmente ser aplicada a qualquer área de atividade. Podemos, por exemplo, usar uma planilha para realizar as seguintes tarefas:

- Acompanhar vendas
- Analisar estatísticas de esportes
- Manter notas de estudantes
- Manter um registro de manutenção de carro
- Registrar e resumir despesas de viagens
- Acompanhar atividades e horários de projetos
- Planejar compras de ações

Célula	Conteúdo
A1	=B7*CONT.NÚM(F8..K8)
B7	=A14+SOMA(E40..E50)
E45	=G18+G19–D13
D13	=D12/A1

FIGURA 12.5 Uma situação de referência circular que não pode ser resolvida

> **Análise "e-se"** Modificar valores de planilha que representem hipóteses para ver como alterações naquelas hipóteses afetam dados relacionados

A lista de aplicações em potencial é virtualmente sem fim. Negócios, em geral, possuem um imenso número de situações específicas nas quais cálculos de planilha são essenciais. Isto nos faz imaginar como conseguimos viver por tanto tempo sem elas.

A natureza dinâmica delas também torna as planilhas bastante úteis. Se definirmos as fórmulas de uma planilha corretamente, então nossas alterações, adições e exclusões dos dados serão automaticamente levadas em consideração pelos cálculos apropriados.

A natureza dinâmica das planilhas também fornece a poderosa capacidade de realizar análise "e-se". Podemos definir planilhas que levem em consideração certas hipóteses e depois testar tais hipóteses alterando os valores apropriados.

Como um exemplo, suponha que estejamos definindo uma planilha para estimar os custos e os lucros em potencial para um seminário que estejamos pensando em organizar. Podemos inserir valores para o número de participantes, os preços de ingressos, os custos de materiais, o aluguel de quartos e outros dados que afetem os resultados finais. Então poderemos elaborar algumas questões "e se", para vermos como nosso cenário mudará à medida que a situação mude:

E se diminuir o número de participantes em 10%?
E se aumentarmos o preço do ingresso em R$5?
E se pudermos reduzir o custo de materiais pela metade?

À medida que elaborarmos essas questões, alteraremos os dados de forma correspondente. Se tivermos definido os relacionamentos entre todas as fórmulas corretamente, então cada alteração imediatamente nos mostrará como ela afetará os outros dados.

Analistas de negócios formalizaram este processo de várias formas e as planilhas se tornaram uma ferramenta essencial no seu trabalho diário. Análise de custo e benefício, cálculos de ponto de equilíbrio e estimativas de vendas projetadas, todos se tornaram apenas uma questão de organização de dados e fórmulas de planilhas, para levar em consideração os relacionamentos apropriados.

12.3 Sistemas de Gerenciamento de Banco de Dados

> **Banco de dados** Um conjunto estruturado de dados
>
> **Sistema de gerenciamento de banco de dados** Uma combinação de software e dados composta do banco de dados físico, do mecanismo de banco de dados e do esquema de banco de dados
>
> **Consulta** Um pedido para recuperar dados de um banco de dados
>
> **Esquema** Uma especificação da estrutura lógica de dados em um banco de dados

Quase toda situação sofisticada de gerenciamento de dados recai em um banco de dados e na estrutura de apoio subjacentes que permita que o usuário (seja humano ou um programa) interaja com ela. Um banco de dados pode simplesmente ser definido como um conjunto estruturado de dados. Um sistema de gerenciamento de banco de dados (SGBD) é uma combinação de software e dados feita de três componentes:

- O banco de dados físico — uma coleção de arquivos que contêm os dados
- O mecanismo de banco de dados — software que suporta acesso ao e modificação do conteúdo do banco de dados
- O esquema de banco de dados — uma especificação da estrutura lógica dos dados armazenados no banco de dados

O software do mecanismo de banco de dados interage com linguagens especializadas de bancos de dados que permitem que o usuário especifique a estrutura dos dados; adicione, modifique e exclua dados; e consulte o banco de dados para recuperar dados específicos armazenados.

O esquema de banco de dados fornece a visão lógica dos dados no banco de dados, independentemente de como eles estejam fisicamente armazenados. Assumindo que a estrutura física subjacente ao banco de dados esteja implementada de modo eficiente, o esquema lógico é o ponto de vista mais importante a partir da perspectiva do usuário do banco de dados, já que ela mostra como os itens de dados se relacionam entre si.

A Figura 12.6 retrata as relações entre os vários elementos de um sistema de gerenciamento de banco de dados. O usuário interage com o software do mecanismo de banco de dados para determinar e/ou modificar o esquema para o banco de dados. O usuário, então, interage com o software do mecanismo para acessar e, possivelmente, modificar o conteúdo do banco de dados armazenado em disco.

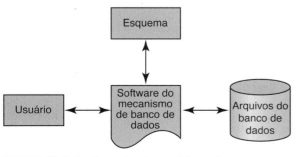

FIGURA 12.6 Os elementos de um sistema de gerenciamento de banco de dados

■ O Modelo Relacional

Diversos modelos populares de gerenciamento de banco de dados foram propostos, mas aquele que tem dominado por muitos anos é o modelo relacional. Em um SGBD relacional, os itens de dados e os relacionamentos entre eles são organizados em tabelas. Uma tabela é uma coleção de registros. Um registro é uma coleção de campos relacionados. Cada campo de uma tabela de banco de dados contém um único valor de dado. Cada registro de uma tabela contém os mesmos campos.

Um registro de uma tabela de banco de dados também é chamado de *objeto de banco de dados* ou de *entidade*. Os campos de um registro são às vezes chamados de *atributos* de um objeto de banco de dados.

Como um exemplo, considere a tabela de banco de dados mostrada na Figura 12.7, que contém informações sobre filmes. Cada linha da tabela corresponde a um registro. Cada registro da tabela é composto pelos mesmos campos nos quais valores específicos são armazenados. Isto é, cada registro de filme possui uma IdFilme, um Título, um Gênero e uma Classificação que contêm os dados específicos de cada registro. Um nome é dado a uma tabela de banco de dados, como Filme, neste caso.

Geralmente, um ou mais campos de uma tabela são identificados como campos-chave. O(s) campo(s)-chave identifica(m) unicamente um registro entre todos os outros da tabela. Isto é, o valor armazenado no(s) campo(s)-chave de cada registro de uma tabela deve ser único. Na tabela Filme, o campo IdFilme seria a escolha lógica para uma chave. Dessa forma, dois filmes podem ter o mesmo título. Certamente, os campos Gênero e Classificação não são campos-chave apropriados, neste caso.

Cada valor do campo-chave IdFilme deve ser único. A maioria dos SGBDs permite que tais campos sejam automaticamente gerados para garantir entradas únicas. No entanto, os valores-chave não precisam ser consecutivos. As três últimas entradas da tabela contêm números de identificação de filmes radicalmente diferentes. Contanto que sejam valores únicos, o campo IdFilme pode servir como chave.

A tabela Filme na Figura 12.7 está sendo apresentada em ordem crescente de valores IdFilme, mas poderia ter sido exibida de outras formas, tal como em ordem alfabética por título de filme. Neste caso, não há relacionamento inerente entre as linhas de dados da tabela. Tabelas de banco de dados relacionais apresentam uma visão lógica dos dados e nada têm a ver com a organização física subjacente (como os registros são armazenados em disco). Ordenar registros se torna importante apenas quando consultamos o banco de dados por valores específicos, como todos os filmes classificados como apropriados para maiores de 10 anos. Neste momento, talvez queiramos organizar os resultados do pedido por título.

A estrutura da tabela corresponde ao esquema que ela representa. Isto é, um esquema é uma expressão dos atributos dos registros em uma tabela. Podemos expressar o esquema para esta parte do banco de dados, como a seguir:

Filme (IdFilme: chave, Título, Gênero, Classificação)

> ❱❱ **Modelo relacional** Um modelo de banco de dados no qual os dados e os relacionamentos entre eles são organizados em tabelas
>
> ❱❱ **Tabela** Uma coleção de registros de banco de dados
>
> ❱❱ **Registro (ou objeto ou entidade)** Uma coleção de campos relacionados que formam uma única entrada de banco de dados
>
> ❱❱ **Campo (ou atributo)** Um único valor em um registro de banco de dados
>
> ❱❱ **Chave** Um ou mais campos de um registro de banco de dados que o identifica unicamente entre todos os outros registros da tabela

IdFilme	Título	Gênero	Classificação
101	Sexto Sentido, O	suspense terror	14 anos
102	De Volta para o Futuro	comédia aventura	Livre
103	Monstros S.A.	animação comédia	Livre
104	Campo dos Sonhos	fantasia drama	14 anos
105	Alien – O Oitavo Passageiro	ficção científica terror	14 anos
106	Corpo Fechado	suspense	12 anos
107	X-Men – O Filme	ação ficção científica	12 anos
5022	Elizabeth	drama de época	16 anos
5793	Independence Day	ação ficção científica	12 anos
7442	Platoon	ação drama guerra	14 anos

FIGURA 12.7 Uma tabela filme de banco de dados composta de registros e campos

284 Capítulo 12

Algumas vezes, uma representação esquemática indica o tipo de dado que é armazenado em campos individuais, como numérico ou texto. Ela pode também indicar o conjunto específico de valores que seja apropriado para um dado campo. Por exemplo, o esquema poderia indicar neste exemplo que o campo Classificação só pode ser Livre, 10 anos, 12 anos, 14 anos, 16 anos ou 18 anos. O esquema para todo um banco de dados é composto dos esquemas individuais que correspondem às tabelas individuais.

Suponha que queiramos criar um negócio de aluguel de filmes. Além da lista de filmes a serem alugados, deveremos criar uma tabela de banco de dados para armazenar informações sobre nossos clientes. A tabela Cliente da Figura 12.8 pode representar essas informações.

De forma semelhante ao que fizemos com nossa tabela Filme, a tabela Cliente contém um campo IdCliente para servir como uma chave. O fato de alguns valores IdCliente corresponderem a alguns valores IdFilme é irrelevante. Valores-chave devem ser únicos apenas em uma tabela.

Em um banco de dados real, seria melhor se subdividíssemos o campo Nome de nossa tabela Cliente em campos PrimeiroNome e ÚltimoNome. Além disso, provavelmente usaríamos campos separados para armazenar várias partes de um endereço completo, como Cidade e Estado. Para nossos exemplos, estamos mantendo as coisas simples.

A tabela Filme e a tabela Cliente mostram como dados podem ser organizados em registros em tabelas isoladas. O poder real de sistemas relacionais de gerenciamento de banco de dados, no entanto, está na capacidade de criar tabelas que liguem conceitualmente várias tabelas entre si, como discutido na próxima seção.

■ Relacionamentos

Lembre-se de que registros representam objetos de banco de dados individuais e que campos de um registro são os atributos desses objetos. Podemos criar um registro para representar um relacionamento entre objetos e incluir atributos sobre o relacionamento naquele registro. Dessa maneira, podemos usar uma tabela para representar uma coleção de relacionamentos entre objetos.

Continuando nosso exemplo do aluguel de filmes, precisamos ser capazes de representar a situação na qual um cliente em particular aluga um filme específico. Como "locações" é um relacionamento entre um cliente e um filme, podemos representá-lo como um registro. A data do aluguel e a data da entrega são atributos do relacionamento que deverão estar no registro. A tabela Locações da Figura 12.9 contém uma coleção desses registros de relacionamentos que representam os filmes que estão atualmente alugados.

IdCliente	Nome	Endereço	NúmeroCartãoCrédito
101	Dennis Cook	123 Main Street	2736 2371 2344 0382
102	Doug Nickle	456 Second Ave	7362 7486 5957 3638
103	Randy Wolf	789 Elm Street	4253 4773 6252 4436
104	Amy Stevens	321 Yellow Brick Road	9876 5432 1234 5678
105	Robert Person	654 Lois Lane	1122 3344 5566 7788
106	David Coggin	987 Broadway	8473 9687 4847 3784
107	Susan Klaton	345 Easy Street	2435 4332 1567 3232

FIGURA 12.8 Uma tabela de banco de dados contendo dados de clientes

IdCliente	IdFilme	DataLocação	DataEntrega
103	104	12-3-2006	13-3-2006
103	5022	12-3-2006	13-3-2006
105	107	12-3-2006	15-3-2006

FIGURA 12.9 Uma tabela de banco de dados armazenando locações atuais de filmes

Código Universal de Produto

Quando você olha a embalagem da maioria dos produtos, encontra um Código Universal de Produto (UPC – Universal Product Code) e seu código de barras associado, assim como o mostrado ao lado. Códigos UPC foram criados para aumentar a velocidade do processo de compra de um produto em uma loja e para ajudar a melhor acompanhar o inventário.

Um símbolo UPC

Um símbolo UPC é composto pelo código de barras legível por uma máquina e pelo número UPC de 12 dígitos correspondente, legível por humanos. Os primeiros seis dígitos do número UPC são o *número de identificação de fabricante*. Por exemplo, a General Mills possui um número ID de fabricante de 016000. Os próximos cinco dígitos são o *número de item*. A cada tipo de produto e a cada embalagem diferente do mesmo produto é atribuído um número único de item. Por exemplo, uma garrafa de 2 litros de Coca-Cola possui um número de item diferente de uma garrafa de 2 litros de Coca-Cola Diet e uma embalagem de 300g de ketchup Heinz possui um número de item diferente de uma embalagem de 400g de ketchup Heinz.

O último dígito do código UPC é o *dígito de verificação*, que permite que o leitor de código de barras determine se o número foi lido corretamente. Após ler o número, é realizado um cálculo com o restante dos dígitos do número para determinar o dígito de verificação. O resultado é então comparado ao próprio dígito de verificação (veja o Capítulo 17 para mais informações sobre dígitos de verificação).

Para alguns produtos, mais especificamente para produtos menores, foi desenvolvida uma técnica para criar números UPC que possam ser reduzidos eliminando alguns dígitos (todos os zeros). Dessa forma, o símbolo UPC inteiro pode ser reduzido de tamanho.

Observe que o preço de um produto não é armazenado no número UPC. Quando um produto é lido por uma caixa registradora — mais formalmente chamada de ponto de venda (PDV) — os números de fabricante e de item são usados para procurar por este item em um banco de dados. O banco de dados pode conter uma grande quantidade de informação sobre produtos, inclusive seu preço. Manter apenas informações básicas no número UPC torna mais fácil alterar outras informações, tal como o preço, sem ter que rotular de novo os produtos. Infelizmente, esta flexibilidade também torna fácil a criação de situações de "fraude de leitura", na qual o preço de um item no banco de dados não combina com o preço na prateleira da loja, seja de maneira intencional ou não.

A tabela Locações contém informação sobre os objetos do relacionamento (clientes e filmes), assim como os atributos do relacionamento. No entanto, ela não armazena todos os dados sobre um cliente ou um filme. Em um banco de dados relacional, evitamos duplicar dados tanto quanto possível. Por exemplo, não há necessidade de armazenar o nome e o endereço do cliente na tabela de locação — esses dados já estão armazenados na tabela Cliente. Quando precisarmos desses dados, usaremos o IdCliente armazenado na tabela de Locações para procurar os dados detalhados do cliente na tabela Cliente. De maneira semelhante, quando precisarmos de dados sobre o filme que foi alugado, procuraremos na tabela Filme usando o IdFilme.

Observe que o valor IdCliente 103 é mostrado em dois registros na tabela Locações. Suas duas aparições indicam que o mesmo cliente alugou dois filmes diferentes.

Dados são modificados, adicionados e excluídos de nossas várias tabelas de banco de dados, de acordo com a necessidade. Quando filmes são adicionados ou removidos do estoque disponível, atualizamos os registros da tabela Filme. À medida que as pessoas forem se tornando novos clientes de nossa loja, elas serão adicionadas à tabela Cliente. De forma contínua, adicionamos e removemos registros da tabela Locações, à medida que clientes alugam e devolvem vídeos.

■ Linguagem de Consulta Estruturada

A Linguagem de Consulta Estruturada (SQL – Structured Query Language) é uma linguagem abrangente de banco de dados para gerenciar bancos de dados relacionais. Ela inclui instruções que especificam esquemas de bancos de dados, assim como instruções que adicionam, modificam e excluem conteúdo de bancos de dados. Além disso, como o nome implica, SQL fornece a capacidade de consultar o banco de dados para recuperar dados específicos.

A versão original da SQL era Sequel, desenvolvida pela IBM no início dos anos 1970. Em 1986, o Instituto Americano de Padrões Nacionais (ANSI — American National Standards Institute) publicou o padrão SQL, que serve como a base para linguagens de banco de dados comerciais para acesso a bancos de dados relacionais.

» **Linguagem de Consulta Estruturada (SQL)** Uma linguagem de bancos de dados relacionais abrangente para gerenciamento de dados e consultas

SQL não é sensível a diferenças entre maiúsculas e minúsculas, portanto palavras-chave, nomes de tabelas e nomes de atributos podem ser maiúsculos, minúsculos ou misturados. Espaços são usados como separadores em uma instrução. Como essa é uma linguagem de programação específica, usamos uma fonte igualmente espaçada para código.

Consultas

Vamos primeiro abordar consultas simples. A instrução *select* é a ferramenta principal para este propósito. A instrução de seleção básica inclui uma cláusula `select`, uma cláusula `from` e uma cláusula `where`:

`select` *lista-atributos* `from` *lista-tabelas* `where` *condição*

A cláusula `select` determina quais atributos serão retornados. A cláusula `from` determina quais tabelas serão usadas na consulta. A cláusula `where` restringe os dados que serão retornados. Por exemplo:

`select Título from Filme where Classificação = '10 anos'`

O resultado dessa consulta será uma lista de todos os títulos da tabela *Filme* que tenham uma classificação de 10 anos. A cláusula `where` poderá ser eliminada se não forem necessárias restrições especiais:

`select Nome, Endereço from Cliente`

Esta consulta retornará o nome e o endereço de todos os clientes da tabela *Cliente*. Um asterisco (*) pode ser usado na cláusula `select` para denotar que todos os atributos dos registros selecionados deverão ser retornados:

`select * from Filme where Gênero like '%ação%'`

Essa consulta retornará todos os atributos de registros da tabela *Filme* nos quais o atributo *Gênero* contenha a palavra "ação". O operador `like` em SQL realiza alguns casamentos de padrão simples em cadeias de caracteres e o símbolo "%" casa com qualquer cadeia de caracteres.

Instruções `select` também podem determinar como os resultados da consulta deverão ser ordenados, usando a cláusula `order by`:

`select * from Filme where Classificação = '16 anos' order by Título`

Essa consulta retornará todos os atributos de filmes classificados como próprios para maiores de 16 anos, ordenados por título de filme.

SQL suporta muito mais variações de instruções `select` do que é mostrado aqui. Nosso objetivo é simplesmente apresentar os conceitos de bancos de dados a você — você precisará de muito mais detalhes para te tornar verdadeiramente proficiente em consultas SQL.

Base Matemática de SQL
SQL incorpora operações em uma álgebra que é definida para acessar e manipular dados representados em tabelas relacionais. E. F. Codd, da IBM, definiu essa álgebra no final dos anos 1960; em 1981, ele ganhou o Prêmio Turing por seu trabalho. Operações fundamentais de SQL incluem:
- Operação *seleção*, para identificar registros em uma tabela
- Operação *projeção*, para produzir um subconjunto das colunas em uma tabela
- Operação *produto cartesiano*, para concatenar linhas de duas tabelas

Outras operações incluem as operações de conjunto *união*, *diferença*, *interseção*, *junção natural* (um subconjunto do produto cartesiano) e *divisão*.

Modificando Conteúdo de Banco de Dados

As instruções SQL *insert*, *update* e *delete* permitem que os dados de uma tabela sejam alterados. A instrução `insert` adiciona um novo registro a uma tabela. Cada instrução `insert` especifica os valores dos atributos para o novo registro. Por exemplo:

`insert into Cliente values (9876, 'John Smith', '602 Greenbriar Court', '2938 3212 3402 0299')`

Esta instrução insere um novo registro na tabela *Cliente* com os atributos especificados.

A instrução `update` altera os valores em um ou mais registros de uma tabela. Por exemplo:

`update Filme set Gênero = 'suspense drama' where título = 'Corpo Fechado'`

Esta instrução altera o atributo *Gênero* do filme *Corpo Fechado* para "suspense drama".

A instrução `delete` remove todos os registros de uma tabela que combinem com a condição especificada. Por exemplo, se quisermos remover todos os filmes de classificação 16 anos da tabela *Filme*, podemos usar a seguinte instrução `delete`:

`delete from Filme where Classificação = '16 anos'`

Assim como a instrução `select`, há muitas variações das instruções `insert`, `update` e `delete`.

Projeto de Banco de Dados

Um banco de dados deve ser cuidadosamente projetado desde o início se quisermos que ele cumpra seu papel. Um planejamento pobre nos estágios iniciais pode levar a um banco de dados que não suporte os relacionamentos exigidos.

Uma técnica popular para projetar bancos de dados relacionais é chamada de **modelagem entidade-relacionamento (ER)**. O principal entre as ferramentas usadas para modelagem de ER é o diagrama ER. Um **diagrama ER** captura os importantes tipos, atributos e relacionamentos em uma forma gráfica. A partir de um diagrama ER, um gerente de banco de dados pode definir o esquema necessário e criar as tabelas apropriadas para suportar o banco de dados especificado pelo diagrama.

A Figura 12.20 apresenta um diagrama ER mostrando vários aspectos do exemplo de aluguel de filmes. Formas específicas são usadas em diagramas ER para diferenciar as várias partes do banco de dados. Tipos de registros (que também podem ser vistos como classes para os objetos de bancos de dados) são mostrados em retângulos. Campos (ou atributos) desses registros são mostrados em ovais anexadas. Relacionamentos são mostrados em losangos.

As posições dos vários elementos de um diagrama ER não são particularmente importantes, embora gastar algum tempo com elas tornará o diagrama mais legível. Observe que um relacionamento, tal como Locações, pode ter seus próprios atributos associados.

Observe também que os conectores de relacionamentos estão rotulados, de um lado com 1 e do outro com M. Essas designações mostram a **restrição de cardinalidade** do relacionamento. Uma restrição de cardinalidade impõe restrições no número de relacionamentos que podem existir de uma só vez. Três relacionamentos gerais de cardinalidade são possíveis:

- Um para um
- Um para muitos
- Muitos para muitos

O relacionamento entre um cliente e um filme é de um para muitos. Isto é, um cliente pode alugar muitos filmes, mas um filme pode ser alugado por apenas um único cliente (em qualquer momento dado). Restrições de cardinalidade ajudam o projetista de banco de dados a transmitir os detalhes de um relacionamento.

12.4 Comércio Eletrônico

Uma área crescente de aplicativos computacionais está ocorrendo no mundo do **comércio eletrônico**, que lida com compras feitas pela *World Wide Web*. Ela inclui todos os aspectos de mercado, vendas e compras tanto de produtos como de serviços. Hoje em dia, mais e mais pessoas usam a *Web* como sua primeira opção ao fazer uma compra.

Quando a *Web* explodiu na visão pública em 1994, muitas pessoas previram que ela teria um grande impacto na maneira com que fazemos negócios. Na verdade, foram vários anos para que o comércio eletrônico começasse a ser suficientemente confiável e se tornasse suficientemente funcional para criar raiz em nossa cultura. O colapso do "ponto-com" em 2001, em vez de diminuir o comércio eletrônico, pareceu promovê-lo clareando o caminho para que organizações com modelos legítimos de negócio ocupassem um espaço próprio on-line. Durante esse período,

> **Modelagem entidade-relacionamento (ER)** Uma técnica popular para projetar bancos de dados relacionais
>
> **Diagrama ER** Uma representação gráfica de um modelo ER
>
> **Restrição de cardinalidade** O número de relacionamentos que podem existir de uma vez entre entidades em um diagrama ER

> **Comércio Eletrônico** O processo de compra e venda de produtos e serviços usando a *World Wide Web*

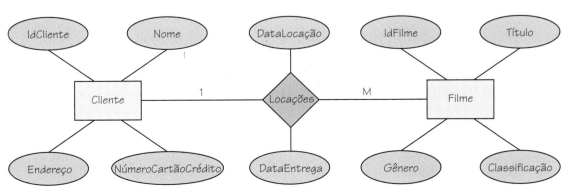

FIGURA 12.10 Um diagrama ER para o banco de dados de locação de filmes

Compras de Segunda Mão

Sítios *Web* como o eBay.com, craigslist.com e i-soldit.com tornam fácil vender mercadorias que as pessoas não querem mais. Alguns especialistas preveem que a indústria de leilões secundários possa por fim alterar o modo como as pessoas pensam sobre o que elas compram. À medida que se torna mais fácil revender itens, as pessoas podem levar este fator em consideração ao comprar um item. Essa tendência pode levar a uma propriedade temporária de cada vez mais mercadorias, com pessoas efetivamente "alugando" coisas em vez de as comprando e, mais tarde, desfazendo-se delas. E, para aqueles itens que teriam sido descartados, estão surgindo sítios *Web*, tais como Freecycle.com, que é uma rede construída a partir da filosofia de se tornar verde formando um movimento, mundial de presentear que reduza desperdício, poupe recursos e facilite a carga em depósitos de lixo. Há mesmo sítios *Web* que permitem que os clientes troquem itens antigos entre si. Sítios como swapaDVD.com, bookmooch.com e swaptree.com permitem aos clientes barganhar uns com os outros para trocar qualquer coisa, de filmes e músicas a livros ou roupas.

além de surgir novos negócios puramente on-line, os tradicionais negócios de "tijolo e massa" desenvolveram uma significativa presença on-line.

Amazon.com®, um dos sítios de comércio eletrônico mais antigos da *Web*, por muitos anos não obteve lucro. Mas, perseverando por (às vezes sofridas) explosões de crescimento, emergiu como o primeiro destino de comércio eletrônico para compradores. eBay®, um popular sítio de leilões, permitiu que qualquer um vendesse seus produtos on-line, mesmo sem um negócio formal subjacente; hoje, muitos varejistas conduzem suas transações puramente através do ambiente do eBay. Companhias como PayPal®, que torna o processo de compras on-line bem mais fácil abstraindo os detalhes financeiros do comprador, também foram importantes para o sucesso do comercio eletrônico. Na verdade o eBay comprou a PayPal em 2002; como muitos sítios on-line, o eBay usa exclusivamente a PayPal como seu sistema de pagamento eletrônico.

A evolução de tecnologias baseadas na *Web* foi um fator principal no sucesso do comércio eletrônico e a força motora por trás de parte dele. A capacidade de um aplicativo on-line fornecer uma melhor interação com o usuário foi crítica nesse crescimento, assim como o desenvolvimento de protocolos seguros e outros fatores que permitem a transferência segura de fundos eletrônicos.

Os carrinhos de compras eletrônicos são uma importante parte do processo de comércio eletrônico, permitindo que os usuários mantenham uma coleção de itens progressiva e que comprem esses itens em uma única transação. Muitos sítios de comércio eletrônico acompanham as compras de um usuário e fazem sugestões de outros itens que ele pode achar interessante. Isso é um aspecto do comércio eletrônico que não é facilmente replicado em compras nas lojas tradicionais.

Outro importante aspecto do sucesso do comércio eletrônico é a evolução do entendimento dos vendedores de como os clientes compram. Isto é, os melhores sítios de comércio eletrônico agora possuem facilidades que permitem que um usuário procure itens e os compare de diversas maneiras. Novamente, esses aspectos funcionais comumente ultrapassam a experiência do usuário ao visitar uma loja física.

Um dos maiores desafios ainda restante para o comércio eletrônico é a necessidade de garantir segurança nas transações financeiras inerentes ao processo. Muitas pessoas ainda possuem fortes dúvidas em relação a conduzir negócios on-line, mas a confiança nessas transações está crescendo rapidamente. Na verdade, a necessidade de segurança computacional é ainda maior do que antes.

12.5 Segurança da Informação

>> **Segurança da informação** As técnicas e diretrizes usadas para garantir acesso apropriado a dados

Qualquer sistema usado para gerenciar informações deve tratar a segurança dessas informações em um nível ou outro. **Segurança da informação** é o conjunto de técnicas e diretrizes aplicadas por uma organização ou indivíduo para assegurar acesso apropriado a dados protegidos. Ela certifica-se de que os dados não sejam lidos ou modificados por alguém sem a autorização apropriada e que os dados estejam disponíveis quando necessário para aqueles que a possuem. Essa é uma tarefa desafiadora de ser bem cumprida.

■ Confidencialidade, Integridade e Disponibilidade

Segurança da informação pode ser descrita como a síntese de confidencialidade, integridade e disponibilidade — a tão chamada tríade CIA (Confidentiality, Integrity, Availability), retratada na Figura 12.11. Embora esses aspectos de segurança da informação se sobreponham e interajam, eles definem três modos específicos de examinar o problema. Qualquer boa solução para o problema de segurança da informação deve tratar adequadamente cada um desses temas.

>> **Confidencialidade** Garantir que dados sejam protegidos de acesso não autorizado

Confidencialidade é assegurar que dados importantes permaneçam protegidos de acesso não autorizado. Por exemplo, você não quer que qualquer um seja capaz de saber quanto dinheiro você possui em sua conta de poupança.

>> **Integridade** Garantir que dados possam ser modificados apenas por mecanismos apropriados

Integridade é assegurar que dados possam ser modificados apenas por mecanismos apropriados. Ela define o nível de confiança que você pode ter nas informações. Você não quer que um *hacker*

FIGURA 12.11 A tríade CIA da segurança da informação

seja capaz de modificar seu saldo bancário, é claro, mas você também não quer que um caixa (que tem acesso autorizado) modifique seu saldo de formas não apropriadas e sem sua aprovação. Além disso, você não quer que seu saldo seja mudado graças a uma sobrecarga de energia ou que seja comprometido durante uma transmissão eletrônica de dados.

Disponibilidade é o grau no qual usuários autorizados podem acessar informações apropriadas para propósitos legítimos, quando necessário. Mesmo se os dados estiverem protegidos, isto não será útil se você não puder acessá-los. Um problema de hardware, tal como um travamento de disco, poderá causar um problema de disponibilidade se precauções não forem tomadas para ter cópias dos dados e para manter mecanismos de acesso redundante. Ainda, um *hacker* poderia lançar um ataque de *negação de serviço* (DoS — Denial-of-Service), "enchendo" uma rede com transmissões e, assim, impedindo que usuários legítimos se conectem a sistemas remotos.

De um ponto de vista de negócios, planejar para segurança da informação exige **análise de riscos**, que é o processo de determinar quais dados precisam proteção, identificando os riscos para eles e calculando a probabilidade de que um risco possa se tornar realidade. Uma vez que uma análise de risco esteja completa, planos podem ser implementados para gerenciar os riscos de acordo. Um risco é a equiparação de uma ameaça e de uma vulnerabilidade. Queremos minimizar nossa vulnerabilidade a ameaças que nos coloquem em risco máximo. Essas ameaças podem ser tanto maliciosas, tal como um *hacker*, ou acidentais, tal como um travamento de sistema.

Outro princípio abrangido por especialistas em segurança da informação é o conceito de separar os privilégios de gerenciamento de dados disponíveis de modo que um único indivíduo não tenha autoridade para ter impacto significativo no sistema. Esse princípio é comumente implementado por meio de verificações redundantes e/ou aprovações necessárias para atividades importantes. Por exemplo, grandes transações financeiras muitas vezes exigem um processo de autorização à parte. Administradores devem atribuir a um indivíduo apenas aqueles privilégios necessários para continuar as funções de trabalho dele.

Uma variedade de soluções tecnológicas existe em cada camada de um sistema computacional que suportam o objetivo de segurança da informação. Nos Capítulos 10 e 11, discutimos questões de segurança relacionadas a um sistema operacional, tais como evitar que programas e usuários acessem áreas de memória que não deveriam e o uso de esquemas de proteção para controlar o acesso a arquivos específicos. Aqui discutimos segurança computacional em geral, incluindo os tipos comuns de ataques contra os quais um sistema computacional deve se defender. O Capítulo 15 discute segurança relativa a redes, como o uso de um *firewall*.

Neste ponto, vamos examinar uma abordagem tecnológica que é particularmente pertinente à segurança da informação: criptografia.

■ Criptografia

Criptografia é o campo de estudo relacionado à informação codificada. A palavra *criptografia* vem do grego, "escrita secreta". Os conceitos básicos de criptografia têm sido usados de uma forma ou de outra por milhares de anos para ajudar pessoas a impedirem que segredos caíssem em mãos erradas.

Cifrar é o processo de converter texto comum, referido como *texto puro* em terminologia criptográfica, para uma forma ilegível, chamada *texto cifrado*. Decifrar reverte esse processo, traduzindo texto cifrado em texto puro. Uma cifra é um algoritmo usado para realizar um tipo específico

>> **Disponibilidade** O grau até onde usuários autorizados podem acessar informações para propósitos legítimos

>> **Análise de risco** Determinar a natureza e a probabilidade dos riscos a dados importantes

Nova Vida para o Velho Código de Barras
O código de barras tem mais de 50 anos de idade, mas novos usos ainda estão sendo inventados para ele. Códigos de barras agora aparecem em locais como propagandas e até em edifícios. Usuários de telefones celulares fotografam os códigos e os usam para se conectar a novos serviços com o uso da internet móvel. Um serviço, Scanbuy Shopper, lê o Código Universal de Produto (UPC) de um produto e obtém preços e comentários sobre ele em shopping.com. Um código de barras em um item de um mercado pode direcionar um telefone celular a um sítio *Web* com receitas e dicas de saúde; já um cartão de negócios pode direcioná-lo a um sítio de uma companhia; e um código de barras em um edifício (como o Edifício Chrysler) enviará visitantes para a entrada sobre este edifício na *Wikipedia*.

>> **Criptografia** O campo de estudo relacionado a codificar informação

>> **Cifrar** O processo de converter texto puro em texto cifrado

>> **Decifrar** O processo de converter texto cifrado em texto puro

>> **Cifra** Um algoritmo usado para cifrar e decifrar texto

A Camada de Aplicação

» Chave O conjunto de parâmetros que orienta uma cifra

» Cifra de substituição Uma cifra que substitui um caractere por outro

» Cifra de César Uma cifra de substituição que desloca caracteres por um número dado de posições no alfabeto

» Cifra de transposição Uma cifra que rearranja a ordem dos caracteres em uma mensagem

» Cifra de rota Uma cifra de transposição que dispõe uma mensagem em uma grade e a percorre de um modo específico

» Criptoanálise O processo de decifrar uma mensagem sem conhecer a cifra ou a chave usada para cifrá-la

» Criptografia de chave pública Uma abordagem à criptografia na qual cada usuário possui duas chaves relacionadas, uma pública e uma privativa

de ciframento e deciframento. A **chave** de uma cifra é o conjunto de parâmetros específicos que orienta o algoritmo.

Você pode ter lidado com cifras de vários tipos no passado. **Cifras de substituição**, como o nome implica, substituem um caractere da mensagem em texto puro por outro caractere. Para decodificar a mensagem, o receptor realiza a substituição oposta.

Talvez a cifra de substituição mais famosa seja a **cifra de César**, usada por Júlio César para se comunicar com seus generais. A cifra de César simplesmente desloca os caracteres de uma mensagem por certo número de posições ao longo do alfabeto. Por exemplo, deslocar os caracteres cinco posições à direita resultaria nas seguintes substituições:

```
Original:   A B C D E F G H I J K L M N O P Q R S T U V W X Y Z
Substituto: F G H I J K L M N O P Q R S T U V W X Y Z A B C D E
```

Usando essa abordagem, a mensagem "ME ENCONTRE NA ANTIGA OLARIA" seria codificada como

```
RJ JSHTSYWJ SF FSYNLF TQFWNF
```

A chave para esta cifra consiste no número de caracteres deslocados na direção (direita ou esquerda). É claro que o caractere de espaço poderia ser deixado de fora da versão codificada ou ser substituído por outro caractere e a pontuação poderia ser incluída. Muitas outras variações de cifras de substituição existem também, como aquelas em que grupos de letras são substituídos como uma unidade ou aquelas que realizam diferentes substituições em diferentes pontos da mensagem.

Cifras de transposição rearranjam a ordem dos caracteres existentes em uma mensagem de certo modo. Por exemplo, uma **cifra de rota** é uma cifra de transposição que dispõe a mensagem como uma grade de caracteres e especifica uma rota pela grade para cifrar a informação. Para cifrar a mensagem "ME ENCONTRE NA ANTIGA OLARIA," poderíamos escrever as letras em colunas desta forma:

```
M N N E A I O R
E C T N N G L I
E O R A T A A A
```

Poderíamos cifrar essa mensagem por um movimento em espiral para dentro, a partir do topo direito da grade, movendo em direção anti-horária, produzindo

```
RIAAATAROEEMNNEAIOLGNNTC
```

Após ser entregue, a mensagem seria decifrada recriando a grade e lendo as letras ao longo das colunas. A chave dessa cifra é composta das dimensões da grade e da rota usada para cifrar os dados. Ao fazer a grade, caracteres a mais poderiam ser usados como marcadores de espaço se o número de caracteres não funcionasse perfeitamente para uma dimensão específica da grade.

Criptoanálise é o processo de "quebrar" um código criptográfico. Isto é, é a tentativa de descoberta da versão texto puro de uma mensagem sem o conhecimento da cifra ou de sua chave. Abordagens antigas de criptografia, tais como cifras de substituição e de transposição, não são tão desafiadoras para computadores modernos. Já foram escritos programas que podem facilmente determinar quais desses tipos de métodos de ciframento são usados e que podem produzir as mensagens em texto puro correspondentes. Para a computação moderna, são necessárias abordagens mais sofisticadas.

Outra desvantagem dessas abordagens é que tanto o transmissor como o receptor devem compartilhar a chave da cifra e, ao mesmo tempo, esta deve ser mantida em segredo em relação aos demais. Essa chave compartilhada é uma fraqueza do processo, já que ela deve ser comunicada entre as duas partes e pode ser interceptada. Se a chave for comprometida, todas as futuras mensagens cifradas estarão em risco.

Vamos examinar uma abordagem moderna de criptografia que minimiza essas fraquezas. Em **criptografia de chave pública**, cada usuário possui um par de chaves que são relacionadas matematicamente. Esse relacionamento é

?

Ciframento

O debate relativo a ciframento tem se estendido por décadas. Nos anos 1990, o FBI começou a sustentar uma política que exigia que cidadãos entregassem chaves de deciframento sob solicitação. O governo também queria ter a capacidade de ganhar acesso à informação segura por meio de "porta dos fundos", eliminando a necessidade de uma chave de deciframento para acessar dados seguros. Os defensores da privacidade protestaram contra tais restrições de ciframento, argumentando que a tentativa do governo de monitorar a tecnologia de ciframento é Orwelliana por natureza. Eles também acham que as portas dos fundos liberam sítios seguros para *hackers* e que o ciframento poderoso ajuda a manter informações confidenciais longe das mãos de criminosos. Em nossos dias, com a crescente popularização das compras on-line e das operações a distância, a segurança on-line é essencial.

tão complexo que uma mensagem cifrada com uma chave pode ser decifrada apenas com a chave parceira correspondente. Uma chave é designada como *chave pública*, que pode ser distribuída livremente, e a outra chave é a *chave privativa*.

Suponha que dois usuários (digamos, Alice e Bob) queiram se comunicar seguramente entre si. Tenha em mente que cada um deles possui seu próprio par de chaves, pública e privada. Para enviar uma mensagem para Bob, primeiramente Alice obtém a chave pública de Bob, que ele deixa prontamente disponível, e a usa para cifrar a mensagem. Agora, ninguém mais — nem mesmo Alice — poderá decifrar a mensagem, exceto Bob. Alice então envia a mensagem seguramente a Bob, que a decodifica com sua chave privativa.

Da mesma forma, Bob envia uma mensagem para Alice logo após cifrá-la com a chave pública de Alice. Alice decifra a mensagem com sua própria chave privativa. Desde que Alice e Bob mantenham suas chaves privativas para eles mesmos, não importará quem tenha as chaves públicas deles.

Ciframento de chave pública também deu origem ao surgimento de assinaturas digitais, que oferecem uma maneira de "assinar" um documento anexando dados extras à mensagem que tanto é única para o transmissor como bastante difícil de forjar. A assinatura digital permite que o destinatário verifique se a mensagem realmente se originou a partir do dito remetente e se não foi alterada por um terceiro elemento durante a transmissão. A assinatura é criada usando software que comprime a mensagem em uma forma chamada *sumário de mensagem* (*message digest*) e então cifra o sumário de mensagem com a chave privativa do remetente. O receptor usa a chave pública do remetente para decifrar o sumário de mensagem e então compara ao sumário criado a partir da própria mensagem. Se eles coincidirem, a mensagem provavelmente será genuína e não foi alterada.

No coração do ciframento de chave pública está o fato de que a chave pública pode ser feita disponível de forma geral e ser livremente distribuída. Mas, e se alguém criar um par de chaves usando o nome de outra pessoa? Como poderá um receptor estar seguro de que uma chave pública é autêntica? As organizações estão lidando com esse risco criando um centro de autoridade de certificação, que cria um certificado digital para cada remetente seguro. O certificado é feito usando dados pessoais e a chave pública autenticada do remetente. Então, quando uma nova mensagem chega, ela é verificada usando esse certificado digital. Se a mensagem vier de alguém para quem você não tenha um certificado digital, você então precisará decidir se confiará na mensagem.

12.6 Segurança em Computadores

A segurança em computadores se concentra na disponibilidade e na correta operação do sistema computacional.

Técnicas de controle de acesso são frequentemente as primeiras coisas que vêm à mente quando as pessoas pensam em segurança computacional. O controle de acesso geralmente envolve forçar os usuários a se identificarem por meio de credenciais de autenticação específicas antes de permitir o acesso a programas e dados. Os privilégios de um usuário são geralmente restritos a um conjunto particular de funções.

Três tipos gerais de credenciais de autenticação são usados para controle de acesso. O primeiro, e mais comum, é baseado em algo que o usuário saiba, como um nome de usuário e uma senha, um PIN (*Personal Identification Number*) ou uma combinação desses itens. O segundo tipo é baseado em algo que o usuário tenha, como um cartão de identificação com tarja magnética ou um cartão inteligente (*smart card*) que contenha uma pastilha de memória embutida. Essa abordagem é mais complexa de se administrar, mas é geralmente considerada mais segura que a primeira. O terceiro tipo de credenciais de autenticação é baseado em aspectos de biometria, tais como impressão digital, padrão de retina ou padrão de voz. Essa abordagem é a mais dispendiosa para implementar e deve lidar com os problemas de falsas rejeições (rejeitar um indivíduo autorizado) e de falsas aceitações (aceitar um indivíduo não autorizado).

Como a autenticação usando nomes de usuários e senhas é bastante comum, é importante que os usuários sigam certas orientações ao criar uma senha. Uma senha deve ter pelo menos oito caracteres de tamanho e incluir uma mistura de caracteres alfabéticos (tanto maiúsculos como minúsculos), números e caracteres especiais. Os caracteres não deverão soletrar uma palavra do dicionário, não importa quão obscura seja essa palavra. Um sistema de autorização específico pode forçar você a seguir algumas dessas (ou semelhantes) regras ao criar sua senha.

>> **Assinatura digital** Dados que são anexados a uma mensagem, feitos a partir da própria mensagem e da chave privativa do remetente, para assegurar a autenticidade da mensagem

>> **Certificado digital** Uma representação de uma chave pública autenticada de um remetente usada para minimizar falsificações maliciosas

>> **Credenciais de autenticação** Informações que um usuário fornece para se identificar em um acesso computacional

>> **Cartão inteligente** Um cartão com uma pastilha de memória embutida usado para identificar usuários e controlar acesso

>> **Biometria** Usar características humanas como impressões digitais, padrões de retina ou padrões de voz para identificar usuários e controlar acesso

Código Malicioso

Código malicioso pode ser definido como qualquer código de programa que tente explicitamente burlar uma autorização apropriada e/ou realizar funções não autorizadas. Tal código é transferido para um computador por uma rede ou a partir de mídia removível, tais como cartões de memórias ou disquetes. O código malicioso pode causar sérios danos, tal como a destruição de dados, ou pode apenas criar um aborrecimento, tal como abrir mensagens indesejadas.

Vírus de computador é o termo mais frequentemente usado para descrever código malicioso, mesmo que às vezes o infrator específico seja um tipo diferente de problema. Um **vírus** é um programa que embute uma cópia de si mesmo em outro programa. Esse arquivo "infectado" é o hospedeiro do vírus. Quando o hospedeiro for executado, o código de vírus também será executado.

Um **verme** (*worm*) é auto-replicável, como um vírus, mas não exige a infecção de um programa hospedeiro. O verme executa como um programa independente. Um verme tende a causar problemas nas redes que ele usa para enviar cópias dele mesmo para outros sistemas, comumente consumindo largura de banda. Em contraste, um vírus tende a causar problemas em um computador específico corrompendo ou excluindo arquivos.

Um **cavalo de Troia** (*Trojan horse*), como o nome implica, é um programa que parece ser útil de alguma forma, mas que na verdade causa algum tipo de problema quando é executado. Mesmo quando o programa estiver executando, ele pode parecer um recurso benéfico ao usuário, o que torna difícil rastreá-lo. Como um verme, um cavalo de Troia é um programa independente; como um vírus, ele tende a causar problemas ao computador no qual estiver executando.

Uma **bomba lógica** é código malicioso que executa quando ocorre um evento específico orientado por sistema. Ele é comumente definido para executar em determinada data e hora, mas pode ser disparado por muitos tipos de eventos.

Ataques à Segurança

Um sistema computacional pode ser atacado de muitas diferentes formas. Alguns ataques tentam obter acesso inapropriado, outros exploram falhas de desenvolvimento e outros ainda contam com as vulnerabilidades da comunicação digital. Vamos examinar as características gerais de cada tipo.

Antes, nesta seção, discutimos a importância de criar boas senhas e de mantê-las bem guardadas. Alguns ataques realizam **adivinhação de senha**, tentando repetidamente acessar um sistema ou aplicativo usando senhas diferentes. Seria impraticável para um humano digitar muitas senhas diferentes, mas um programa computacional pode tentar milhares de possibilidades a cada segundo, em um estilo "força bruta". Esses programas frequentemente tentarão cada palavra de um dicionário on-line e combinações de palavras e várias outras combinações de caracteres, para ver se eles podem eventualmente encontrar sua senha. Para endereçar parcialmente esse problema, alguns sistemas de autenticação permitirão que um usuário tente informar uma senha apenas algumas vezes sem sucesso e depois terminarão a sessão.

Em vez de adivinhar uma senha, outros ataques tentarão enganar você para que divulgue essas informações voluntariamente. **Phishing** usa uma página *Web* que se parece com uma parte oficial de algum ambiente confiável, mas que é na verdade uma página projetada para coletar informações importantes como nomes de usuários e senhas. Por exemplo, você pode receber um mensagem, supostamente do eBay, sugerindo que haja negócios que você precise cuidar e apresentando um *link* para você seguir. A página *Web* resultante pediria a você que se identificasse. Em vez de dar acesso a sua conta no eBay, no entanto, a página simplesmente transmite aquela informação para um usuário malicioso que as usará para obter acesso inapropriado a sua conta. Alguns desses esquemas são muito inteligentes e parecem bem oficiais. Fique atento a qualquer situação na qual você seja contatado (em vez de você iniciar o contato) e solicitado a fornecer informações de segurança.

Tanto adivinhação de senhas como *phishing* são maneiras de um *hacker* "enganar" um sistema computacional. **Enganação** (*spoofing*), em geral, é um ataque que permite que um usuário se disfarce como outro.

Uma porta dos fundos (*back door*) é um aspecto de um programa que permite acesso especial a um sistema ou aplicativo computacional, geralmente assegurando altos níveis de privilégios funcionais. Um programador explicitamente coloca uma porta dos fundos em um sistema, talvez por propósitos benignos de testes ou talvez pelo intento inescrupuloso de burlar a segurança do sistema mais adiante. Em um ou outro caso, uma porta dos fundos é uma vulnerabilidade que está deliberadamente integrada a um programa e, assim, não dará origem a qualquer sinalização de segurança. A chave para se proteger contra ataques de porta dos fundos é um processo de desenvolvimento de alta qualidade, no qual cuidadosas revisões de código por diversos participantes minimizem tais abusos.

O processo de desenvolvimento também pode ser a origem de outros problemas de segurança. Um defeito de sistema, embora não intencional, pode permitir que um atacante inteligente explore as fraquezas. Uma dessas falhas permite que um usuário crie um transbordamento de *buffer*, o que leva um programa a travar e pode deixar o usuário em um estado de níveis aumentados de autoridade — e assim com a capacidade de fazer coisas que, de outra forma, não poderia. Um *buffer* é simplesmente uma área de memória de um tamanho específico. Se um programa tentar armazenar mais informações do que um *buffer* puder acomodar, poderá ocorrer um travamento do sistema. Esse problema é outro tema relativo à qualidade do processo de desenvolvimento. Os programadores deverão prevenir cuidadosamente o potencial de transbordamento de *buffer*. Como um usuário, você também deverá cuidar de estar em dia com as atualizações de seus programas. Geralmente, essas atualizações contêm correções que eliminam riscos potenciais de segurança que escaparam do processo inicial de garantia de qualidade durante o desenvolvimento.

Um ataque de negação de serviço (DoS – *denial of service*) diretamente não corrompe dados nem permite acesso inapropriado. Em vez disso, ele torna um sistema essencialmente inútil, impedindo que um usuário válido seja capaz de acessar o recurso. Geralmente, um ataque DoS é baseado em rede, causado pela inundação de um sítio *Web* ou outro recurso de rede por pacotes de comunicação que o deixam tão ocupado, a ponto de não poder lidar com usuários autorizados. Pode até mesmo causar o travamento do próprio sistema, devido ao grande volume de solicitações por sua atenção.

Outro problema de segurança baseado em rede é chamado de ataque homem do meio (*man-in-the-middle*). A comunicação em rede passa por muitos locais e dispositivos à medida que se vai de sua origem até seu destino. Geralmente, tal comunicação passa ao longo, como apropriado, sem problemas. Um ataque homem do meio ocorre quando alguém possui acesso ao caminho de comunicação em algum ponto da rede e "ouve", geralmente com a ajuda de um programa, o tráfego à medida que ele passa. O objetivo é interceptar informações importantes, como uma senha sendo transmitida como parte de uma mensagem de correio eletrônico. Os métodos de ciframento discutidos na seção anterior podem prevenir esses problemas. Temas de segurança de rede serão revisitados no Capítulo 15.

> **» Porta dos fundos**
> Uma característica de um programa que dá acesso especial e não autorizado a um sistema computacional a qualquer um que saiba que ela existe

> **» Transbordamento de *buffer*** Uma falha em um programa computacional que pode fazer um sistema travar e deixar o usuário com privilégios aumentados

> **» Negação de serviço** Um ataque em um recurso de rede que impede que usuários autorizados acessem o sistema

> **» Homem do meio** Um ataque de segurança no qual a comunicação de rede é interceptada em uma tentativa de obter dados importantes

Resumo

Um sistema de informação é um software aplicativo que permite que o usuário organize e gerencie dados. Software de sistema de informação em geral inclui planilhas eletrônicas e sistemas de gerenciamento de bancos de dados. Outras áreas de domínio, como inteligência artificial, possuem suas próprias técnicas específicas e suporte para gerenciamento de dados.

Uma planilha é um software aplicativo que define uma grade de células para organizar dados e as fórmulas usadas para computar novos valores. Células são referenciadas por suas designações de linha e coluna, como A5 e B7. Fórmulas geralmente se referem aos valores em outras células e podem recair em funções embutidas para computar seu resultado. Além disso, fórmulas podem usar dados em uma faixa de células. Quando uma fórmula é armazenada em uma célula de planilha, o valor computado pela fórmula é, na verdade, mostrado na célula. É importante que fórmulas em uma planilha evitem referências circulares, nas quais duas ou mais células recaem umas nas outras para computar seus resultados.

Planilhas são versáteis e extensíveis. Elas podem ser usadas em muitas situações diferentes e respondem dinamicamente a alterações. À medida que os valores na planilha se alteram, fórmulas afetadas são automaticamente recalculadas para produzir resultados atualizados. Se linhas ou colunas de planilha forem adicionadas, as faixas das fórmulas de planilha serão ajustadas imediatamente. Planilhas são especialmente apropriadas para a análise "e-se", na qual hipóteses são modificadas para ver seus efeitos no restante do sistema.

Um sistema de gerenciamento de banco de dados inclui os arquivos físicos nos quais dados são armazenados, o software que suporta acesso a e modificação desses dados e o esquema de banco de dados que especifica o formato lógico do banco de dados. O modelo relacional é a abordagem de banco de dados mais popular hoje em dia. Ele é baseado em organizar dados em tabelas de registros (ou objetos) com campos (ou atributos) específicos. Um campo-chave, cujo valor identifica unicamente registros individuais na tabela, é geralmente designado a cada tabela.

Relacionamentos entre elementos de bancos de dados são representados em novas tabelas que podem possuir seus próprios atributos. Tabelas de relacionamentos não duplicam dados em outras tabelas. Em vez disso, elas armazenam os valores-chave dos registros de banco de dados apropriados, de modo que os dados detalhados possam ser procurados quando necessários.

A Linguagem de Consulta Estruturada (SQL) é a linguagem usada para consultar e manipular bancos de dados relacionais. A instrução de seleção é usada para formular consultas e possui muitas variações, de modo que dados específicos possam ser acessados a partir do banco de dados. Outras instruções SQL permitem que dados sejam adicionados, atualizados e excluídos de um banco de dados.

Um banco de dados deve ser cuidadosamente projetado. Modelagem entidade-relacionamento, com seus diagramas ER associados, é uma técnica popular para projeto de bancos de dados. Diagramas ER retratam graficamente os relacionamentos entre objetos de bancos de dados e mostram os atributos e restrições de cardinalidade deles.

Comércio eletrônico é o processo de comprar e vender serviços pela Internet. À medida que o comércio eletrônico se tornou cada vez mais popular, medidas mais severas de seguranças tiveram de ser tomadas para garantir a integridade das vendas pela Internet.

A segurança da informação se tornou um problema principal. É importante que os dados inseridos sejam precisos, que pessoas que tenham o direito de acessar a informação possam fazê-lo e que acesso não autorizado seja prevenido.

Segurança em computadores se concentra na correta operação de um sistema computacional sem considerar a informação.

QUESTÕES ÉTICAS ▸ Big Brother no Local de Trabalho

Muitas pessoas não sabem que o mesmo direito à privacidade que elas desfrutam em casa ou na feira livre não se estende ao local de trabalho. Empregados acham que conversações próximas ao bebedouro ou ao telefone do trabalho são privativas. Normalmente, eles estão errados. Embora eles possam saber como garantir sua segurança nas conexões da Internet e em seus telefones de casa, há pouco que se possa fazer para que possam garantir a mesma privacidade a eles próprios no trabalho. Um número cada vez maior de empregadores está atualmente usando tecnologia para monitorar o local de trabalho. Programas de captura de teclado podem reunir e gravar cada tecla pressionada em um computador. Telefones podem ser monitorados e ligações podem ser gravadas. Alguns empregadores instalaram câmeras e dispositivos de áudio que gravam conversações. Há até software que aciona uma varredura de vídeo de um cubículo se o teclado ficar inativo por um período de tempo.

Um levantamento de 2005 registra que 76% dos empregadores usaram tecnologia para vigiar, ouvir e acessar correio eletrônico e arquivos de computadores. Algo como 65% das empresas usaram software para bloquear conexões a sítios *Web* não apropriados – um aumento de 27% desde 2001. O número de empregadores que monitoraram a quantidade de tempo que empregados gastaram ao telefone e acompanharam os números chamados também aumentou de 9% em 2001 para 51% em 2005.

Defensores dessas práticas saúdam esses resultados como boas-novas. Os computadores, telefones e espaço físico pertencem ao empregador, afinal de contas, e são disponibilizados aos empregados para uso em suas tarefas. Após descobrir funcionários navegando na Internet, baixando pornografia e usando correio eletrônico para assediar outros ou bater papo com amigos, as empresas descobriram que a mesma tecnologia que permite tal comportamento pode ser usada para monitorar como empregados estão usando seu tempo. Monitoração de Empregados na Internet (MEI — *Employee Internet Monitoring*) se tornou um grande negócio. Por exemplo, uma cadeia de lojas de conveniência instalou câmeras equipadas com áudio para reduzir furtos efetuados por empregados; as câmeras são controladas a partir de um escritório central, de modo que empregados nunca saibam quando estão sendo vigia-

QUESTÕES ÉTICAS ▶ Big Brother no Local de Trabalho, continuação

dos. Até mesmo municípios estão encontrando uso para tecnologia de vigilância. Em um bairro em Cincinnati foi instalada uma câmera *Web* em uma área frequentada por traficantes e prostitutas. Moradores afirmam que a atividade ilegal caiu vertiginosamente nas quatro esquinas que estão sob o alcance da câmera.

Defensores da privacidade dizem que isso já foi longe demais. Cerca de 26% dos empregadores entrevistados em 2005 demitiram empregados por mau uso da Internet, enquanto 25% demitiram empregados por mau uso de correio eletrônico; 6% dos empregadores demitiram empregados por mau uso do telefone do escritório.

Opositores das tecnologias de monitoração destacam que pessoas não são máquinas. Elas devem fazer pausas e sentir que têm algum controle sobre o ambiente delas para serem empregados produtivos e satisfeitos. Saber que telefonemas pessoais, conversas de corredor e mensagens de correio eletrônico são monitoradas desperta sentimentos de ressentimento e apatia no local de trabalho. Quem quer um *Big Brother* como colega de trabalho?

Mais de 80% dos empregadores divulgam suas práticas de monitoração a seus empregados. Entretanto, recair em equilíbrio de gerenciamento não ameniza o desconforto que alguns sentem sobre a prática de monitoração em local de trabalho. Se apenas mensagens relacionadas ao trabalho pudessem ser acessadas, alguém ainda teria que ler a mensagem para classificá-la. O mesmo é verdadeiro para chamadas telefônicas gravadas e conversações não relacionadas ao trabalho. Entre as salvaguardas reclamadas por defensores da privacidade estão regulamentações federais, notificação e treinamento de empregados nos vários métodos de monitoração usados e limite de monitoração a casos onde empregadores tenham motivo para suspeitar de um empregado. Até o momento, os legisladores escolheram não intervir. Eles apontam para as considerações reais e importantes de segurança empresarial e para o direito de os empregadores monitorarem o que acontece no local de trabalho. À medida que continua o uso de tecnologia em novas formas, as questões podem talvez ficar mais claras.

Termos Fundamentais

Adivinhação de senha
Análise de risco
Análise e-se
Assinatura digital
Banco de dados
Biometria
Bomba lógica
Campo (ou atributo)
Cartão inteligente
Cavalo de Troia
Célula
Certificado digital
Chave (banco de dados)
Chave (ciframento)
Cifra
Cifra de Cesar
Cifra de rota
Cifra de substituição
Cifra de transposição
Ciframento
Código malicioso
Comércio eletrônico
Confidencialidade
Consulta
Credenciais de autenticação
Criptoanálise
Criptografia

Criptografia de chave pública
Deciframento
Diagrama ER
Disponibilidade
Enganação
Esquema
Faixa
Função de planilha eletrônica
Homem do meio
Integridade
Linguagem de Consulta Estruturada (SQL)
Modelagem entidade-relacionamento (ER)
Modelo relacional
Negação de serviço
Phishing
Planilha eletrônica
Porta dos fundos
Referência circular
Registro (ou objeto, ou entidade)
Restrição de cardinalidade
Segurança da informação
Sistema de gerenciamento de banco de dados
Sistema de informação
Tabela
Transbordamento de *buffer*
Verme
Vírus

296 Capítulo 12

⌘ Exercícios

Para os Exercícios 1 a 31, assinale verdadeiro ou falso, como a seguir.
A. Verdadeiro
B. Falso

1. Uma célula de uma planilha pode conter apenas dados brutos.
2. Os valores em uma planilha podem ser formatados de várias formas.
3. Uma planilha deve ser definida de modo que alterações nos dados sejam automaticamente refletidas em quaisquer células afetadas por aqueles dados.
4. Uma função de planilha é um programa que o usuário escreve para computar um valor.
5. Uma faixa de células pode ser especificada seguindo horizontalmente ou verticalmente, mas não ambos.
6. Uma referência circular em uma planilha é uma ferramenta poderosa e útil.
7. Uma planilha é útil para realizar análise "e-se".
8. Análise "e-se" pode afetar apenas um valor por vez em uma planilha.
9. Um mecanismo de banco de dados é um software que suporta acesso ao conteúdo do banco de dados.
10. O banco de dados físico representa a estrutura lógica dos dados no banco de dados.
11. Uma consulta é um pedido de informação a um banco de dados.
12. Os resultados de uma consulta podem ser estruturados de diversas formas.
13. O modelo hierárquico é o modelo de gerenciamento de banco de dados mais popular hoje em dia.
14. Uma tabela de banco de dados é uma coleção de registros e um registro é uma coleção de campos.
15. Os valores nos campos-chave de uma tabela identificam unicamente um registro entre todos os outros registros na tabela.
16. Um mecanismo de banco de dados muitas vezes interage com uma linguagem específica para acessar e modificar o banco de dados.
17. Um diagrama entidade-relacionamento (ER) representa elementos principais de banco de dados em uma forma gráfica.
18. A cardinalidade de um relacionamento impõe restrições no número de relacionamentos que podem existir de uma vez.
19. Comércio eletrônico é o processo de manter registros financeiros, tais como contas a pagar, on-line.
20. O colapso ponto-com promoveu o comércio eletrônico.
21. Integridade de informação assegura que dados possam ser alterados apenas pelos mecanismos apropriados.
22. Equiparar ameaças com vulnerabilidades é uma parte da análise de risco.
23. Deciframento é o processo de converter texto puro em texto cifrado.
24. Uma cifra de transposição é um exemplo de criptografia moderna, que é difícil para um computador quebrar.
25. Uma assinatura digital permite que o destinatário verifique se a mensagem realmente se originou no dito remetente.
26. Usar biometria é uma das maneiras mais dispendiosas de coletar credenciais de autenticação.
27. Um vírus de computador "infecta" outro programa embutindo a si mesmo nesse programa.
28. Uma bomba lógica é definida para explodir quando um evento de sistema particular ocorrer, tal como uma data e hora específicas.
29. *Phishing* é uma forma de adivinhação de senhas.
30. Uma ameaça porta dos fundos é implementada por um programador do sistema sob ataque.
31. Um ataque de negação de serviço não corrompe dados diretamente.

Para os Exercícios 32 a 36, combine a solução com a questão.
A. dinâmico(a)
B. função
C. circular

D. faixa

E. esquema

F. campo

32. Uma planilha é ___ no sentido de que ela responde a alterações nos dados atualizando imediatamente todos os valores afetados.

33. Uma fórmula de planilha pode operar em uma ___ de células, como C4..C18.

34. O ___ de banco de dados é a especificação da estrutura lógica dos dados no banco de dados.

35. Uma referência ___ ocorre quando o resultado de uma fórmula é, por fim, baseado em outra, e vice-versa.

36. Um ___ contém um único valor de dado.

Os Exercícios 37 a 87 são problemas ou questões de respostas curtas.

Use a seguinte planilha contendo notas de alunos para os Exercícios 37 a 45.

	A	B	C	D	E	F	G	H
1					Notas			
2				Prova 1	Prova 2	Prova 3	Média	
3								
4			Bill	89	33	80	67,3333	
5			Bob	90	50	75	71,6666	
6			Chris	66	60	70	65,3333	
7			Jim	50	75	77	67,3333	
8		Alunos	Judy	80	80	80	80	
9			June	83	84	85	84	
10			Mari	87	89	90	88,6666	
11			Mary	99	98	90	95,6666	
12			Phil	89	90	85	88	
13			Sarah	75	90	85	83,3333	
14			Suzy	86	90	95	90	
15		Total		893	839	912	881,333	
16		Média		81,1818	76,2727	82,9090	80,1212	

37. Especifique as notas da Prova 2.

38. Especifique a média da Prova 1.

39. Especifique a média de Sarah.

40. Especifique a nota da terceira prova de Mari.

41. Especifique as notas das provas de Susy.

42. Que fórmula está armazenada em F15?

43. D16 contém a fórmula D15/CONT.NÚM.(D4..D14). Qual é outra fórmula que resultaria o mesmo valor?

44. Que fórmula está armazenada em E13?

45. Quais valores seriam alterados se a nota da Prova 2 de Phil fosse corrigida para 87?

46. O que é uma referência circular em uma planilha? Por que isto é um problema?

47. Dê um exemplo específico de uma referência circular indireta semelhante à mostrada na Figura 12.5.

48. O que é análise "e-se"?

49. Cite algumas questões de análise "e-se" que você perguntaria se estivesse usando uma planilha para planejar e acompanhar algumas compras de ações. Explique como você definiria uma planilha para ajudar a responder estas questões.

Capítulo 12

Para os Exercícios 50 a 53, use a forma de planilha de papel fornecida na página da LTC ou use um programa aplicativo de planilhas para projetar as planilhas. Seu professor poderá fornecer instruções mais específicas com relação a essas questões.

50. Projete uma planilha para acompanhar as estatísticas de seu time favorito de beisebol. Inclua dados relacionados a pontos, rebatidas, erros e corridas impulsionadas (RBIs — *runs batted in*). Compute as estatísticas apropriadas para jogadores individuais e para o time como um todo.

51. Projete uma planilha para manter uma folha de notas para um conjunto de alunos. Inclua provas e projetos, dando vários pesos para cada um no cálculo da nota final para cada aluno. Compute a nota média por prova e projeto da turma inteira.

52. Assuma que você esteja fazendo uma viagem de negócios. Projete uma planilha para acompanhar suas despesas e criar um resumo de seus totais. Inclua vários aspectos de viagem, como quilometragem do carro, custos com passagens, custos com hotéis e despesas miscelâneas (como táxis e gorjetas).

53. Projete uma planilha para estimar e depois acompanhar atividades de um projeto em particular. Liste as atividades, as datas estimadas e reais de tais atividades e marque deslizes ou ganhos. Adicione outros dados como forem apropriados para seu projeto.

54. Compare um banco de dados a um sistema de gerenciamento de banco de dados.

55. O que é um esquema de banco de dados?

56. Descreva a organização geral de um banco de dados relacional.

57. O que é um campo (atributo) de um banco de dados?

58. Quais outros campos (atributos) podemos incluir na tabela de banco de dados da Figura 12.7?

59. Quais outros campos (atributos) podemos incluir na tabela de banco de dados da Figura 12.8?

60. O que é uma chave em uma tabela de banco de dados relacional?

61. Especifique o esquema para a tabela de banco de dados da Figura 12.8.

62. Como relacionamentos são representados em um banco de dados relacional?

63. Defina uma consulta SQL que retorne todos os atributos de todos os registros da tabela `Cliente`.

64. Defina uma consulta SQL que retorne o número `IdFilme` e o título de todos os filmes que tenham classificação 16 anos.

65. Defina uma consulta SQL que retorne o endereço de cada cliente da tabela `Cliente` que more em Lois Lane.

66. Defina uma instrução SQL que insira o filme *Armageddon* na tabela `Filme`.

67. Defina uma instrução SQL que mude o endereço de Amy Stevens na tabela `Cliente`.

68. Defina uma instrução SQL que exclua o cliente com `IdCliente` 103.

69. O que é um diagrama ER?

70. Como entidades e relacionamentos são representados em um diagrama ER?

71. Como atributos são representados em um diagrama ER?

72. O que são restrições de cardinalidade e como elas são mostradas em diagramas ER?

73. Quais são as três restrições gerais de cardinalidade?

74. Projete um banco de dados que armazene dados sobre os livros de uma biblioteca, os alunos que os usam e a capacidade de emprestar livros por um período de tempo. Crie um diagrama ER e amostras de tabelas.

75. Projete um banco de dados que armazene dados sobre os cursos lecionados em uma universidade, os professores que lecionam esses cursos e os alunos que participam desses cursos. Crie um diagrama ER e amostras de tabelas.

76. Quais foram algumas das tecnologias baseadas na *Web* que permitiram que o comércio eletrônico se tornasse viável?

77. O que é a tríade CIA de segurança da informação?

78. Diferentes daqueles apresentados neste capítulo, cite três exemplos de violações de integridade de dados.

79. Usando uma cifra de César, deslocando três letras para a direita, cifre a mensagem "FUGIMOS ESTA NOITE."

80. Usando a cifra de César descrita neste capítulo, decodifique a mensagem "WJKTWHTX HMJLFR XJLZSIF."

81. Usando a mesma técnica de transposição de cifra usada neste capítulo, codifique a mensagem "QUEM É O TRAIDOR."

82. Descreva como Claire enviaria uma mensagem a David usando ciframento de chave pública.

83. Quais são as três abordagens gerais para apresentar credenciais de autorização?

84. Descreva como um cavalo de Troia ataca um sistema computacional.

85. Descreva um cenário hipotético de um ataque de *phishing*, diferente daquele que foi descrito neste capítulo.

86. Como um transbordamento de *buffer* pode tornar um sistema computacional vulnerável?

87. Como funciona um ataque homem do meio?

??? Temas para Reflexão

1. Diferentes dos exemplos dados neste capítulo, pense em cinco situações para as quais você definiria uma planilha.

2. Diferentes dos exemplos dados neste capítulo, pense em cinco situações para as quais você definiria um banco de dados.

3. O uso de bancos de dados computadorizados significa que podemos nos livrar dos arquivos de papel? Que tipos de arquivos de papel talvez ainda sejam necessários?

4. O que é ciframento e como ele se relaciona a você como um aluno?

5. A palavra "hacker" costumava ser um elogio, descrevendo um programador que enterrava sua cabeça no código, saindo apenas para pegar ar pela manhã. Um *hacker* escreveria programas muito sofisticados quase de um dia para o outro. Agora o termo passou a se referir a alguém com intenções maliciosas. Que conotações a palavra possui para você?

6. Antes dos computadores, conversas na hora do cafezinho eram consideradas privativas. Como a tecnologia computacional alterou essa hipótese?

7. Como os direitos dos empregados colidem com direitos de privacidade no local de trabalho?

A Camada de Aplicação

Preparando os Alicerces
  1 O Quadro Geral

A Camada de Informação
  2 Valores Binários e Sistemas de Numeração
  3 Representação de Dados

A Camada de Hardware
  4 Portas e Circuitos
  5 Componentes Computacionais

A Camada de Programação
  6 Linguagens de Programação de Baixo Nível e Pseudocódigo
  7 Solução de Problemas e Algoritmos
  8 Tipos Abstratos de Dados e Subprogramas
  9 Projeto Orientado a Objeto e Linguagens de Programação de Alto Nível

A Camada de Sistema Operacional
  10 Sistemas Operacionais
  11 Sistemas de Arquivos e Diretórios

A Camada de Aplicação
  12 Sistemas de Informação
  ▶ **13 Inteligência Artificial**
  14 Simulação, Gráficos, Jogos e Outros Aplicativos

A Camada de Comunicação
  15 Redes
  16 A *World Wide Web*

Em Conclusão
  17 Limitações da Computação

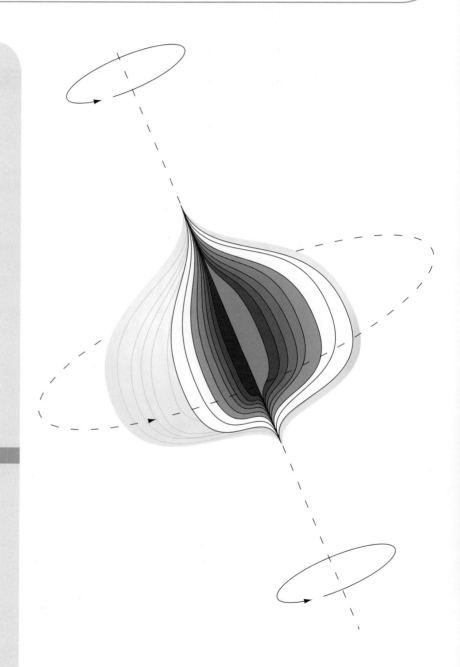

Inteligência Artificial

13

A subdisciplina de computação chamada Inteligência Artificial (IA) é importante de diversas maneiras. Para muitas pessoas ela representa o futuro da computação — a evolução de uma máquina para torná-la mais parecida com um ser humano. Para outros ela é uma avenida para aplicar novas e diferentes tecnologias na solução de problemas.

O termo *inteligência artificial* provavelmente evoca várias imagens em sua mente, como a de um computador jogando xadrez ou a de um robô fazendo tarefas domésticas. Esses certamente são aspectos da IA, mas ela vai muito além disso. Técnicas de IA afetam a maneira pela qual desenvolvemos muitos tipos de programas aplicativos, desde o comum até o fantástico. O mundo da inteligência artificial abre portas que nenhum outro aspecto da computação abre. Seu papel no desenvolvimento de programas aplicativos de Estado da Arte é crucial.

Objetivos

Após estudar este capítulo, você deverá ser capaz de:

- distinguir os tipos de problemas em que humanos se saem melhor daqueles em que computadores se saem melhor.
- explicar o teste de Turing.
- definir o que se entende por representação de conhecimento e demonstrar como conhecimento é representado em uma rede semântica.
- desenvolver uma ávore de busca para cenários simples.

- explicar o processamento de um sistema especialista.
- explicar o processamento de redes neuronais biológicas e artificiais.
- listar os vários aspectos do processamento de linguagem natural.
- explicar os tipos de ambiguidade em compreensão de linguagem natural.

13.1 Máquinas Pensantes

Computadores são dispositivos incríveis. Eles podem desenhar imagens tridimensionais complexas, processar a folha de pagamento de uma corporação inteira e determinar se a ponte que está sendo construída resistirá à pressão do tráfego esperado. Mesmo assim, eles têm dificuldade em compreender uma simples conversa e podem não ser capazes de distinguir entre uma mesa e uma cadeira.

Certamente, um computador pode realizar algumas coisas de forma melhor que um humano. Por exemplo, se receber a tarefa de somar 1000 números de quatro dígitos, usando papel e lápis, você poderá fazê-la. Porém, a tarefa levará bastante tempo e muito provavelmente você poderá cometer um erro ao realizar os cálculos. Um computador poderá realizar o mesmo cálculo em uma fração de segundo, sem erros.

No entanto, se pedirem que aponte o gato na foto mostrada na Figura 13.1, você o fará sem hesitação. Um computador, por outro lado, terá dificuldade em fazer tal identificação e muito provavelmente errará. Seres humanos trazem uma grande capacidade de conhecimento e raciocínio para esses tipos de problemas; ainda estamos lutando para criar maneiras de realizar raciocínio do tipo humano com o uso de um computador.

Em nosso moderno estado de tecnologia, computadores são bons em cálculos, mas menos adeptos a coisas que exijam inteligência. O campo da **inteligência artificial (IA)** é o estudo de sistemas computacionais que tentam modelar e aplicar a inteligência da mente humana.

■ O Teste de Turing

Em 1950, o matemático inglês Alan Turing escreveu um artigo que se tornou uma referência e elaborava a questão: Máquinas podem pensar? Após definir cuidadosamente termos como "inteligência" e "pensamento," ele concluiu por último que, finalmente, seríamos capazes de criar um computador que pensa. Mas, então, ele elaborava outra questão: Como saberemos que fomos bem-sucedidos?

Sua resposta para esta questão veio a ser chamada de **teste de Turing**, que é usado para determinar empiricamente se um computador chegou a ter inteligência. O teste é baseado no fato de um computador poder enganar um humano, fazendo-o acreditar que o computador seja outro humano.

Variações em testes de Turing têm sido definidas ao longo dos anos, mas focamos o conceito básico aqui. O teste é definido da seguinte maneira: um interrogador humano senta em uma sala e usa um terminal de computador para se comunicar com dois respondentes, A e B. O interrogador sabe que um respondente é humano e que o outro é um computador, mas não sabe qual é qual (Veja a Figura 13.2). Após manter conversações tanto com A como com B, o interrogador deverá decidir que respondente é o computador. Este procedimento é repetido com diversos sujeitos humanos. A premissa é a de que se o computador for capaz de enganar interrogadores suficientes, então ele poderá ser considerado inteligente.

Algumas pessoas argumentam que o teste de Turing é um bom teste para inteligência porque ele exige que um computador possua uma ampla gama de conhecimento e que tenha a flexibilidade

> **Inteligência artificial (IA)** O estudo de sistemas computacionais que modelam e aplicam a inteligência da mente humana
>
> **Teste de Turing** Uma abordagem comportamental para determinar se um sistema computacional é inteligente

FIGURA 13.1 Um computador pode ter dificuldade em identificar o gato nesta foto. *Cortesia de Amy Rose*

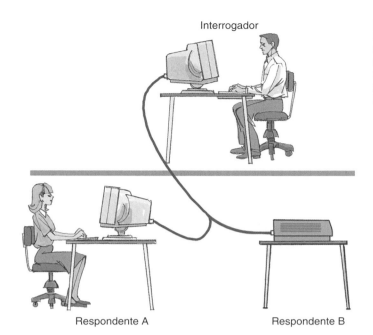

FIGURA 13.2 Em um teste de Turing, o interrogador deve determinar qual respondente é o computador e qual é o humano

necessária para lidar com mudanças de conversação. Para enganar um interrogador humano, o conhecimento exigido do computador vai além de fatos; ele inclui uma consciência de comportamento e emoções humanas.

Outros argumentam que o teste de Turing não demonstra realmente que um computador entenda discurso em uma linguagem, o que é necessário para uma verdadeira inteligência. Eles sugerem que um programa pode simular compreensão de linguagem, talvez o suficiente para passar pelo teste de Turing, mas que isto apenas não torna esse computador inteligente.

Um computador que passasse pelo teste de Turing demonstraria **equivalência fraca**, significando que os dois sistemas (humano e computador) são equivalentes em resultados (saída), mas não chegam a esses resultados da mesma forma. **Equivalência forte** indica que dois sistemas usam os mesmos processos internos para produzir resultados. Alguns pesquisadores de IA afirmam que não existirá inteligência artificial verdadeira enquanto não obtivermos equivalência forte — isto é, enquanto não criarmos uma máquina que processe informações como a mente humana o faz.

O filantropo nova-yorquino Hugh Loebner organizou a primeira instanciação formal do teste de Turing. Essa competição tem sido feita anualmente desde 1991. Um grande prêmio de US$100.000 e uma medalha de ouro maciço serão dados ao primeiro computador cujas respostas forem indistinguíveis das de um humano. Até agora, o grande prêmio permanece disponível. Um prêmio de US$2000 e uma medalha de bronze são dados a cada ano ao computador que mais se assemelhe a um humano, relativo ao restante da competição daquele ano. A competição pelo **prêmio Loebner** se tornou um importante evento anual para entusiastas de computação interessados em inteligência artificial.

Vários programas, frequentemente referidos como **chatbots**, foram desenvolvidos para realizar este tipo de interação conversacional entre um computador e uma pessoa. Muitos estão disponíveis na *World Wide Web* e focam um tópico específico. Dependendo de quão bem sejam projetados, esses programas podem conduzir uma conversação razoável. Na maioria dos casos, no entanto, não leva muito tempo para que o usuário perceba momentos estranhos na conversação que traem o fato de que uma mente humana não está determinando as respostas.

■ Aspectos da IA

O campo da inteligência artificial possui muitos ramos. Nosso objetivo geral neste capítulo é dar a você uma noção das principais questões envolvidas e dos desafios a serem superados ainda. Nas seções restantes deste capítulo, exploramos os seguintes temas do mundo da IA:

- Representação de conhecimento — as técnicas usadas para representar conhecimento de modo que um sistema computacional possa aplicá-lo em solução inteligente de problemas.

>> **Equivalência fraca** A igualdade de dois sistemas baseada em seus resultados
>> **Equivalência forte** A igualdade de dois sistemas baseada em seus resultados e no processo pelo qual eles chegam a tais resultados
>> **Prêmio Loebner** A primeira instanciação formal do teste de Turing, feita anualmente
>> *Chatbot* Um programa projetado para conduzir uma conversação com um usuário humano

304   Capítulo 13

- Sistemas especialistas — sistemas computacionais que incorporam o conhecimento de especialistas humanos.
- Redes neuronais — sistemas computacionais que imitam o processamento do cérebro humano.
- Processamento de linguagem natural — o desafio de processar linguagens que humanos usam para se comunicar.
- Robótica — o estudo de robôs.

13.2   Representação de Conhecimento

O conhecimento que precisamos para representar um objeto ou evento varia com base na situação. Dependendo do problema que estivermos tentando resolver, precisaremos informações específicas. Por exemplo, se estivermos tentando analisar relacionamentos familiares, será importante saber se Fred é o pai de Cathy, mas não se Fred é um encanador ou se Cathy possui uma camionete. Além disso, não apenas precisamos informações específicas, mas também que elas estejam em uma forma que nos permita buscá-las e processá-las eficientemente.

Há muitas formas para representar conhecimento. Por exemplo, poderíamos descrevê-lo em linguagem natural. Isto é, poderíamos escrever um parágrafo em português descrevendo, por exemplo, um aluno e as formas pelas quais esse aluno se relaciona com o mundo. No entanto, embora linguagem natural seja bastante descritiva, ela não se presta a processamento eficiente. Alternativamente, poderíamos formalizar a linguagem, ao descrever um aluno usando uma notação quase matemática. Esta formalização se presta a um processamento computacional mais rigoroso, mas é difícil aprendê-la e usá-la corretamente.

Em geral, queremos criar uma visão lógica dos dados, independente de sua real implementação subjacente, de modo que eles possam ser processados de modos específicos. No mundo da inteligência artificial, a informação que queremos capturar comumente leva a novas e interessantes representações de dados. Queremos capturar não apenas fatos, mas também relacionamentos. O tipo de problema que estamos tentando resolver pode determinar a estrutura que imporemos aos dados.

À medida que áreas específicas de problemas têm sido investigadas, novas técnicas para representar conhecimento têm sido desenvolvidas. Examinamos duas nesta seção: redes semânticas e árvores de busca.

■ Redes Semânticas

> **Rede semântica**
> Uma técnica de representação de conhecimento que representa os relacionamentos entre objetos

Uma **rede semântica** é uma técnica de representação de conhecimento que foca os relacionamentos entre objetos. Um grafo orientado é usado para representar uma rede semântica. Os nós do grafo representam objetos e as setas entre nós representam relacionamentos. As setas são rotuladas para indicar os tipos de relacionamentos que existem.

Redes semânticas pegam emprestado muitos conceitos de orientação a objeto, que foram discutidos no Capítulo 9, incluindo herança e instanciação. Um relacionamento de herança indica que um objeto *é-uma* versão mais específica de outro objeto. Instanciação é o relacionamento entre um objeto real e algo que o descreve (como uma classe).

Examine a rede semântica mostrada da Figura 13.3. Ela tem vários relacionamentos *é-um* e vários relacionamentos *instância-de*. Mas ela também tem vários outros tipos de relacionamentos, tal como *vive-em* (John vive-em Heritage Acres). Em essência, não há restrições aos tipos de relacionamentos que podem ser modelados em uma rede semântica.

Muitos outros relacionamentos podem ser representados nessa rede semântica. Por exemplo, poderíamos ter indicado que uma pessoa é canhota ou destra, que John possui um carro que é um Honda ou que todo aluno tem um coeficiente de rendimento acumulado. Os relacionamentos que representamos são completamente de nossa escolha, baseados na informação que precisamos para responder os tipos de questões que teremos pela frente.

O modo pelo qual estabelecemos os relacionamentos também pode variar. Por exemplo, em vez de mostrar que alunos individuais moram em residências específicas, poderíamos mostrar que residências abrigam certas pessoas. Em outras palavras, poderíamos mudar o sentido das setas, alterando o relacionamento *vive-em* para um relacionamento *abriga*. Novamente, a escolha é nossa, à medida que projetamos a rede. Qual abordagem melhor descreve o tipo de temas que endereçamos? Em algumas situações, podemos escolher representar ambos os relacionamentos.

Herbert A. Simon

Cortesia da Carnegie Mellon University

Herbert A. Simon era um homem da Renascença de nossa geração. Suas páginas iniciais na *Web* incluíam seções em Ciência da Computação, Psicologia e Filosofia, embora seu PhD seja em Ciência Política e seu Prêmio Nobel seja em economia.

Simon nasceu em Milwaukee em 1916. Seu pai era um engenheiro que se tornou um advogado de patentes e sua mãe era uma pianista de sucesso. Simon recebeu seu diploma de graduação, em 1936, da Universidade de Chicago e trabalhou por vários anos como editor e administrador. Completou seu PhD em ciência política na Universidade de Chicago, em 1943, e então começou uma carreira acadêmica de 58 anos, da qual os últimos 52 anos foram na Carnegie Mellon.

Em 1955, Simon, Allen Newell e J. C. Shaw (um programador) criaram o Logic Theorist, um programa que podia descobrir provas para teoremas geométricos. Mais ou menos na mesma época, Simon estava trabalhando com E. A. Feigenbaum no EPAM, um programa que modelava a teoria deles de percepção e memória humanas. Esses programas e a subsequente série de artigos sobre a simulação de pensamento, solução de problemas e aprendizado verbal humanos marcaram o início do campo de inteligência artificial. Em 1988, Simon e Newell receberam o Prêmio Turing da Association for Computing Machinery por seu trabalho em solução de problemas por humanos. Em 1995, Simon recebeu o Prêmio de Excelência em Pesquisa da International Joint Conference on Artificial Intelligence.

O interesse de Simon em processamento de informação e tomada de decisão o levou a desenvolver sua teoria econômica de "racionalidade limitada", pela qual recebeu o Prêmio Nobel de economia, em 1978. A economia clássica argumentava que as pessoas fazem escolhas racionais para obter o melhor item pelo melhor preço. Simon ponderava que determinar a "melhor" escolha era impossível, já que há muitas escolhas e muito pouco tempo para analisá-las. Em vez disso, ele argumentava, as pessoas escolhem a primeira opção boa o suficiente para atender suas necessidades. Em sua citação do Prêmio Nobel lê-se: "por sua pesquisa pioneira no processo de tomada de decisão nas organizações econômicas".

Simon permaneceu extraordinariamente produtivo por toda sua longa carreira. Sua bibliografia contém 173 entradas antes de 1960, 168 nos anos 1960, 154 nos anos 1970, 207 nos anos 1980 e 236 nos anos 1990. Fora de sua vida profissional, Simon gostava de tocar piano, especialmente com amigos que tocavam violino, viola e outros instrumentos. Ele faleceu em fevereiro de 2001, tendo continuado sua pesquisa e interações com estudantes até bem poucas semanas antes de sua morte.

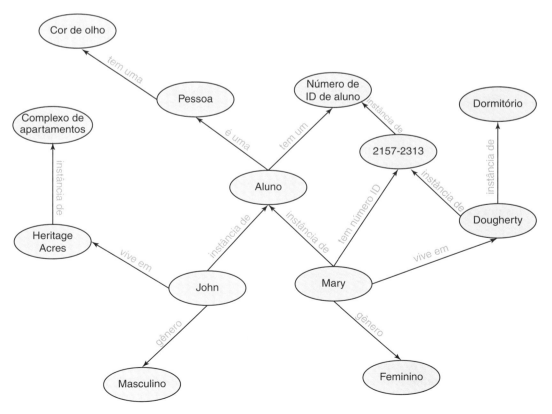

FIGURA 13.3 Uma rede semântica

Os tipos de relacionamentos representados determinam quais questões serão facilmente respondidas, quais serão mais difíceis de responder e quais não poderão ser respondidas. Por exemplo, a rede semântica da Figura 13.3 torna bastante simples responder as seguintes questões:

- Mary é uma aluna?
- Qual é o gênero de John?
- Mary mora em um dormitório ou em um apartamento?
- Qual é o número de ID de aluna de Mary?

No entanto, as seguintes questões serão mais difíceis de responder com essa rede:

- Quantos alunos são mulheres e quantos são homens?
- Quem mora no edifício Dougherty?

Observe que as informações para responder essas questões estão presentes na rede; apenas não é tão fácil processá-las. Essas últimas questões exigem a capacidade de facilmente encontrar todos os alunos e não há relacionamentos que tornem essa informação mais fácil de ser obtida. Essa rede foi projetada mais para representar os relacionamentos que alunos individuais têm com o mundo em geral.

Essa rede não pode ser usada para responder as seguintes questões, já que o conhecimento exigido simplesmente não está representado:

- Que tipo de carro John dirige?
- De que cor são os olhos de Mary?

Sabemos que Mary possui uma cor de olhos, pois ela é uma aluna, todos os alunos são pessoas e todas as pessoas possuem uma cor específica de olhos. Apenas não sabemos qual é a cor específica dos olhos de Mary, dada a informação armazenada nessa rede.

Uma rede semântica é uma maneira poderosa e versátil para representar muita informação. O desafio é modelar os relacionamentos certos e preencher a rede com dados completos e precisos.

■ Árvores de Busca

No Capítulo 8, mencionamos o uso de estruturas de árvore para organizar dados. Tais estruturas desempenham um papel importante em inteligência artificial. Por exemplo, podemos usar uma árvore para representar possíveis alternativas em situações adversárias, como em jogos.

Uma **árvore de busca** é uma estrutura que representa todos os movimentos possíveis em um jogo, tanto para você como para seu oponente. Você pode criar um programa de jogo que maximize suas chances de ganhar. Em alguns casos, ele pode até ser capaz de garantir uma vitória.

Em árvores de busca, os caminhos por uma árvore representam a série de decisões feitas pelos jogadores. Uma decisão feita em um nível determina as opções deixadas para o próximo jogador. Cada nó da árvore representa um movimento baseado em todos os outros movimentos que ocorreram até agora no jogo.

Vamos definir uma variação simplificada de um jogo chamado Nim para usar como exemplo. Em nossa versão, há certo número de espaços em uma linha. O primeiro jogador pode colocar um, dois ou três X nos espaços mais à esquerda. O segundo jogador pode, então, colocar um, dois ou três O imediatamente adjacentes aos X. O jogo continua alternadamente. O objetivo é colocar sua marca no último espaço (mais à direita).

Eis um exemplo de uma partida de nossa versão de Nim usando nove espaços:

```
Início:      _ _ _ _ _ _ _ _ _
Jogador 1:   X X X _ _ _ _ _ _
Jogador 2:   X X X O _ _ _ _ _
Jogador 1:   X X X O X _ _ _ _
Jogador 2:   X X X O X O O _ _
Jogador 1:   X X X O X O O X X      O jogador 1 vence.
```

A árvore de busca da Figura 13.4 mostra todos os movimentos possíveis em nossa versão do jogo, usando apenas cinco espaços (em vez dos nove espaços usados no exemplo anterior). Na raiz da árvore, todos os espaços estão inicialmente vazios. O próximo nível mostra as três opções que o primeiro jogador tem (colocar um, dois ou três X). No terceiro nível, a árvore mostra todas as opções que o jogador 2 tem, dado o movimento que o jogador 1 já fez.

> **»» Árvore de busca**
> Uma estrutura que representa alternativas em situações adversárias, como em jogos

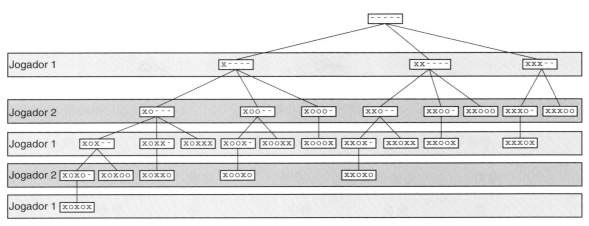

FIGURA 13.4 Uma árvore de busca para uma versão simplificada de Nim

Observe que quando um número grande de marcas é feito de uma vez, menos opções estarão disponíveis para o próximo jogador e os caminhos pela árvore tendem a encurtar. Siga os vários caminhos a partir da raiz, observando as diferentes opções escolhidas por cada jogador. Cada opção única em nosso jogo simplificado é representada nessa árvore.

Simplificamos deliberadamente o jogo de Nim para que pudéssemos mostrar uma árvore de busca simples. O jogo real de Nim tem algumas diferenças importantes — por exemplo, há múltiplas linhas e os itens são removidos em vez de adicionados. No entanto, mesmo a nossa versão simplificada demonstra diversas ideias matemáticas interessantes.

Os conceitos de análise de árvore de busca podem ser aplicados satisfatoriamente em outros jogos mais complicados, como xadrez. Em tais jogos complexos, as árvores de busca são bem mais complicadas, tendo muito mais nós e caminhos. Pense em todos os movimentos possíveis que você poderá fazer inicialmente em um jogo de xadrez. Depois, considere todos os movimentos possíveis que seu oponente poderá fazer em resposta. Uma árvore de busca de xadrez completa conterá todos os movimentos possíveis em cada nível, dada a situação atual do tabuleiro. Como essas árvores são muito grandes, apenas uma fração da árvore pode ser analisada em um limite de tempo razoável, mesmo com o poder de computação moderno.

À medida que as máquinas se tornaram mais rápidas, mais da árvore de busca pode ser analisado, mas ainda nem todos os ramos. Programadores têm encontrado formas de "podar" as árvores de busca, eliminando caminhos que um jogador humano não consideraria razoáveis. Mesmo assim, as árvores são muito grandes para serem completamente analisadas para cada movimento.

Isto nos deixa com uma questão: escolhemos uma **abordagem de busca em profundidade**, analisando caminhos seletivos por todo um caminho árvore abaixo, na esperança de resultar em movimentos bem-sucedidos? Ou escolhemos uma **abordagem de busca em largura**, analisando todos os possíveis caminhos, mas apenas a uma curta distância descendo na árvore? Ambas as abordagens, mostradas na Figura 13.5, podem desconsiderar possibilidades importantes. Ainda que esse venha sendo debatido entre programadores de IA por muitos anos, uma abordagem de busca em largura tende a produzir os melhores resultados. Parece ser melhor fazer consistentemente movimentos conservadores livre de erros do que ocasionalmente fazer movimentos espetaculares. Programas que jogam xadrez em nível de mestre tornaram-se corriqueiros.

Em 1997, o programa de xadrez por computador Deep Blue, desenvolvido pela IBM® usando um sistema especialista, derrotou o campeão mundial Garry Kasparov em uma partida de seis jogos. Esse evento marcou a primeira vez que um computador ganhou de um campeão humano em jogos em nível de mestre.

13.3 Sistemas Especialistas

Frequentemente dependemos de especialistas por seus conhecimentos e entendimentos únicos sobre um campo específico. Vamos a um médico quando temos um problema de saúde, a um mecânico quando nosso carro não liga e a um engenheiro quando precisamos construir algo.

Um **sistema baseado em conhecimento** é um sistema de software que incorpora e usa um conjunto específico de informações (dados organizados) das quais ele extrai e processa partes específicas.

>> **Abordagem de busca em profundidade** Buscar em descida pelos caminhos de uma árvore antes de buscar em níveis

>> **Abordagem de busca em largura** Buscar em níveis de uma árvore antes de buscar em descida por caminhos específicos

>> **Sistema baseado em conhecimento** Software que usa um conjunto específico de informações

FIGURA 13.5 Buscas em profundidade e em largura

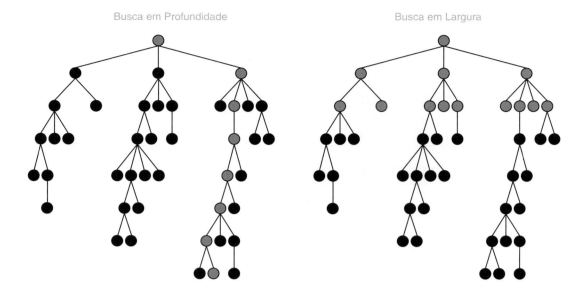

>> **Sistema especialista** Um sistema de software baseado no conhecimento de especialistas humanos

>> **Sistema baseado em regras** Um sistema de software baseado em um conjunto de regras *se-então*

>> **Mecanismo de inferência** O software que processa regras para obter conclusões

As expressões **sistema especialista** e "sistema baseado em conhecimento" são comumente usadas de forma intercambiável, embora sistemas especialistas geralmente incorporem o conhecimento de um campo especializado, modelando a experiência de um profissional daquele campo. Um usuário consulta um sistema especialista quando é confrontado por um problema específico e o sistema usa sua especialidade para aconselhar o usuário sobre como proceder.

Um sistema especialista usa um conjunto de regras para guiar seu processamento, portanto ele é chamado de **sistema baseado em regras**. O conjunto de regras em um sistema especialista é referido como sua base de conhecimento. O **mecanismo de inferência** é a parte do software que determina como as regras serão seguidas e, assim, quais conclusões poderão ser obtidas.

Um médico é o equivalente vivo de um sistema especialista. Ele reúne dados fazendo perguntas a você e realizando testes. Suas respostas iniciais e os resultados dos testes podem levar a mais perguntas e mais testes. As regras incorporadas pelo conhecimento do médico permitem que ele saiba quais perguntas fazer a seguir. O médico, então, usa as informações para descartar várias possibilidades e finalmente reduzir as alternativas para um diagnóstico específico. Uma vez que o problema seja identificado, aquele conhecimento específico permitirá que o médico sugira o tratamento adequado.

Vamos acompanhar um exemplo de processamento de sistema especialista. Suponha que você queira responder essa pergunta: Que tipo de tratamento devo aplicar ao meu gramado?

Um sistema especialista que incorpore o conhecimento de um jardineiro será capaz de guiá-lo nessa decisão. Vamos definir algumas variáveis para que possamos abreviar as regras em nosso sistema de jardinagem:

NENHUM — não aplicar tratamento algum neste momento

RELVA — aplicar um tratamento de cobertura com relva

ERVADANINHA — aplicar um tratamento de extermínio de ervas daninhas

INSETO — aplicar um tratamento de extermínio de insetos

ALIMENTAÇÃO — aplicar um tratamento básico de fertilização

ERVADANINHAALIMENTAÇÃO — aplicar um tratamento combinado de fertilização e de extermínio de ervas daninhas

Estes valores representam várias conclusões que o sistema especialista poderá obter após analisar a situação. As seguintes variáveis booleanas representam o estado atual do gramado:

DESCOBERTO — o gramado possui grandes áreas descobertas

ESCASSO — o gramado é geralmente fino

ERVASDANINHAS — o gramado contém muitas ervas daninhas

INSETOS — o gramado mostra evidência de insetos

Assumimos que, inicialmente, o sistema não possui dados diretos em relação ao estado do gramado. O usuário terá de ser questionado para determinar, por exemplo, se o gramado possui grandes áreas descobertas. Outros dados podem estar disponíveis diretamente ao sistema através de alguns cálculos ou em algum tipo de banco de dados:

ÚLTIMA — a última data em que o tratamento do gramado foi aplicado

ATUAL — a data atual

ESTAÇÃO — a estação atual

Agora podemos formular algumas regras que nosso sistema poderá usar para obter uma conclusão. As regras tomam a forma de instruções *se-então*.

se (ATUAL − ÚLTIMA < 30) então NENHUM

se (ESTAÇÃO = inverno) então sem INSETOS

se (DESCOBERTO) então RELVA

se (ESCASSO e sem ERVASDANINHAS) então ALIMENTAÇÃO

se (INSETOS e não ESCASSO) então INSETOS

se (ERVASDANINHAS e não ESCASSO) então ERVADANINHA

se (ERVASDANINHAS e ESCASSO) então ERVADANINHAALIMENTAÇÃO

Observe que isto é apenas um exemplo dos tipos de regras que podem existir em tal sistema. Sistemas especialistas reais podem incorporar milhares de regras para ajudar a analisar uma situação. As regras apresentadas aqui não abrangem todas as situações, mesmo em nosso pequeno exemplo.

Quando executada, a máquina de inferência seleciona uma regra para determinar se ela é aplicável. Essa determinação pode ser feita apenas questionando o usuário. Se for aplicável, esta regra poderá afetar a aplicabilidade de outras regras. O mecanismo de inferência continuará a aplicar regras até não haver mais regras aplicáveis. Não pense nas regras como sendo um caminho linear (seguidas em sequência); em vez disso, o mecanismo de inferência aplica quaisquer regras que puder e entra em um laço, continuamente, até chegar a uma conclusão.

Uma execução de nosso mecanismo de inferência pode resultar na seguinte interação:

Sistema: O gramado possui grandes áreas descobertas?

Usuário: Não.

Sistema: O gramado mostra evidências de insetos?

Usuário: Não.

Sistema: O gramado geralmente é fino?

Usuário: Sim.

Sistema: O gramado contém significante número de ervas daninhas?

Usuário: Sim.

Sistema: Você deverá aplicar um tratamento combinado de fertilização e de extermínio de ervas daninhas.

Observe que o sistema não faz perguntas sobre coisas que ele não pode procurar, tal como a data do último tratamento. E aparentemente nossa situação não aconteceu no inverno, já que o sistema perguntou sobre um potencial problema com insetos. Se tivesse sido no inverno, o tema dos insetos teria sido eliminado.

Um sistema especialista possui muitas vantagens sobre outras técnicas de aconselhamento. Primeiro, ele é orientado a objetivo: ele não foca informações abstratas ou teóricas, mas, em vez disso, foca a solução de um problema específico. Segundo, ele é eficiente: ele grava respostas anteriores e não faz perguntas irrelevantes. Terceiro, um sistema especialista real, por meio de um conjunto de regras cuidadosamente construído, pode geralmente fornecer orientação útil, mesmo que você não saiba as respostas para algumas perguntas.

LISP é a linguagem para a IA
LISP (*LIS*t Processor) é uma das linguagens de programação mais populares para IA. John McCarthy criou LISP para programar aplicativos de IA no final dos anos 1950. A estrutura de dados essencial de LISP é uma sequência ordenada de elementos chamados de *lista*. Os elementos nessa lista podem ser entidades indivisíveis ou podem ser outras listas. Uma lista pode ser usada para representar um número quase sem limite de coisas: de regras de especialistas até programas computacionais até processos de pensamento até componentes de sistema. Para tomar decisões, programas LISP recaem em recursão em vez de em laços. LISP e seus dialetos pertencem ao paradigma funcional de linguagens.[1] LISP tem mesmo sua própria *wiki*; Cliki é uma *wiki* que fornece informação comum sobre LISP.

Há um PKC em casa?
A Corporação Problem Knowledge Coupler (PKC – www.pkc.org) desenvolveu um sistema especialista em diagnóstico médico pela Internet. Usuários respondem sequencialmente a uma série de questões sobre eles mesmos, sua saúde e seu histórico médico. As questões coletam informação relevante sobre condições médicas específicas. PKC tem uma equipe de 25 pesquisadores médicos em tempo integral que vasculham a literatura médica mais recente para escrever as questões Coupler e combinar informação de pacientes com as mais recentes informações médicas para produzir orientações específicas de pacientes, incluindo causas potenciais, tratamentos e estratégias de gerenciamento.

13.4 Redes Neuronais

Como mencionado antes, alguns pesquisadores de inteligência artificial se concentram em como o cérebro humano realmente funciona e tentam construir dispositivos computacionais que funcionem de formas similares. Uma **rede neuronal artificial** em um computador tenta imitar as ações das redes neuronais do corpo humano. Primeiro vamos examinar como uma rede neuronal biológica funciona.

> **Rede neuronal artificial** Uma representação computacional de conhecimento que tenta imitar as redes neuronais do corpo humano

■ Redes Neuronais Biológicas

Um neurônio é uma célula única que conduz um sinal eletrônico de base química. O cérebro humano contém bilhões de neurônios conectados em uma rede. Em qualquer instante de tempo, um neurônio estará ou no estado *excitado* ou no estado *inibido*. Um neurônio excitado conduz um sinal forte; um neurônio inibido conduz um sinal fraco. Uma série de neurônios conectados forma um caminho. O sinal ao longo de um caminho específico é fortalecido ou enfraquecido de acordo com o estado dos neurônios pelos quais ele passa. Uma série de neurônios excitados cria um caminho forte.

Um neurônio biológico possui diversos tentáculos de entrada chamados *dendritos* e um tentáculo primário de saída chamado *axônio*. Os dendritos de um neurônio pegam os sinais dos axônios de outros neurônios para formar a rede neuronal. O espaço entre um axônio e um dendrito é chamado de *sinapse* (veja a Figura 13.6). A composição química de uma sinapse controla a força do seu sinal de entrada. A saída de um neurônio em seu axônio é uma função de todos os seus sinais de entrada.

Um neurônio aceita múltiplos sinais de entrada e então controla a contribuição de cada sinal baseada na "importância" que a sinapse correspondente atribui a ele. Se um número suficiente desses sinais de entrada ponderados for forte, o neurônio entrará em um estado de excitação e produzirá um sinal de saída forte. Se um número suficiente desses sinais de entrada for fraco ou estiver enfraquecido pelo fator de ponderação da sinapse daquele sinal, o neurônio entrará em um estado de inibição e produzirá um sinal de saída fraco.

Neurônios disparam, ou pulsam, até 1000 vezes por segundo, logo, os caminhos ao longo das redes neuronais estão em um constante estado de fluxo. A atividade de nosso cérebro faz com que alguns caminhos se fortaleçam e outros se enfraqueçam. À medida que aprendemos novas coisas, novos caminhos neuronais fortes se formam em nosso cérebro.

■ Redes Neuronais Artificiais

Cada elemento de processamento em uma rede neuronal artificial é análogo a um neurônio biológico. Um elemento aceita certo número de valores de entrada e produz um único valor de saída, 0 ou 1. Esses valores de entrada vêm da saída de outros elementos da rede, portanto cada valor de entrada é 0 ou 1. Associado a cada valor de entrada está um peso numérico. O **peso efetivo** do elemento é definido como a soma dos pesos multiplicada por seus respectivos valores de entrada.

> **Peso efetivo** Em um neurônio artificial, a soma dos pesos multiplicada pelos valores de entrada correspondentes

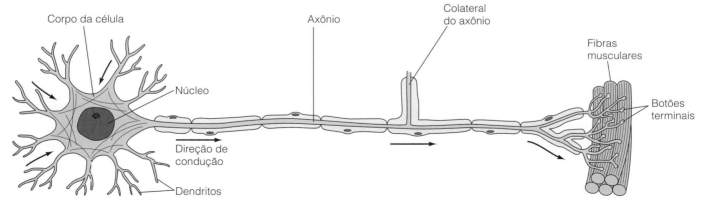

FIGURA 13.6 Um neurônio biológico

Suponha que um neurônio artificial aceite três valores de entrada: v1, v2 e v3. Associado a cada valor de entrada está um peso: w1, w2 e w3. O peso efetivo é, portanto

v1 * w1 + v2 * w2 + v3 * w3

Cada elemento possui um valor numérico limite. O elemento compara o peso efetivo a esse valor limite. Se o peso efetivo exceder o limite, a unidade produzirá um valor de saída de 1. Se ele não exceder o limite, ela produzirá um valor de saída de 0.

Esse processamento espelha bem proximamente a atividade de um neurônio biológico. Os valores de entrada correspondem aos sinais passados pelos dendritos. Os valores de peso correspondem ao efeito controlador da sinapse para cada sinal de entrada. A computação e uso do valor limite corresponderão à produção de um sinal forte pelo neurônio, se "suficientes" dos sinais de entrada ponderados forem fortes.

Vamos examinar um exemplo real. Nesse caso, assumimos que existam quatro entradas para o elemento de processamento. Existem, portanto, quatro fatores de peso correspondentes. Suponha que os valores de entrada sejam 1, 1, 0 e 0; os pesos correspondentes sejam 4, −2, −5 e −2; e o valor limite para o elemento seja 4. O peso efetivo será

1(4) + 1(−2) + 0(−5) + 0(−2)

ou 2. Como o peso efetivo não excede o valor limite, a saída deste elemento será 0.

Embora os valores de entrada sejam 0 ou 1, os pesos podem ser de qualquer valor. Eles podem até ser negativos. Usamos inteiros para os valores de peso e limite em nosso exemplo, mas eles podem ser números reais também.

A saída de cada elemento é verdadeiramente uma função de todas as peças do quebra-cabeça. Se o sinal de entrada for 0, seu peso será irrelevante. Se o sinal de entrada for 1, a magnitude do peso e o fato de ele ser positivo ou negativo afetarão bastante o peso efetivo. E não importa qual peso efetivo seja computado, ele será visto relativamente ao valor limite daquele elemento. Isto é, um peso efetivo de 15 pode ser o suficiente para um elemento produzir uma saída de 1, mas para outro elemento, isto poderá resultar em uma saída de 0.

Os caminhos estabelecidos em uma rede neuronal artificial são uma função de seus elementos processadores individuais. E a saída de cada elemento processador muda com base nos sinais de entrada, nos pesos e/ou nos valores limite. Mas os sinais de entrada são realmente apenas sinais de saída de outros elementos. Assim, afetamos o processamento de uma rede neuronal alterando os pesos e o valor limite em elementos processadores individuais.

O processo de ajustar os pesos e os valores limite em uma rede neuronal é chamado de **treinamento**. Uma rede neuronal pode ser treinada para produzir quaisquer resultados exigidos. Inicialmente, uma rede neuronal pode ser definida com pesos, valores limite e entradas iniciais aleatórias. Os resultados são comparados aos resultados desejados e mudanças são feitas. Este processo continuará até que os resultados desejados sejam alcançados.

Considere o problema que propusemos no início deste capítulo: encontrar um gato em uma fotografia. Suponha que uma rede neuronal seja usada para lidar com esse problema, usando um valor de saída por *pixel*. Nosso objetivo é produzir um valor de saída de 1 para cada *pixel* que contribua para a imagem do gato e produzir um 0 do contrário. Os valores de entrada para a rede poderiam vir de alguma representação da cor dos *pixels*. Treinamos então a rede usando várias fotos que contenham gatos, reforçando pesos e limites que levem à saída desejada (correta).

Pense sobre quão complicado é este problema! Gatos aparecem em diversas formas, tamanhos e cores. Eles podem estar orientados em uma foto de milhares de modos. Eles podem se misturar ao plano de fundo (na foto) ou não. Uma rede neuronal para esse problema seria incrivelmente grande, levando em conta todos os tipos de situações. Quanto mais treinarmos a rede, no entanto, mais provável será a chance de ela produzir resultados precisos no futuro.

Para o que mais redes neuronais são boas? Elas têm sido usadas com êxito em milhares de áreas de aplicativos, tanto em empreendimentos comerciais como científicos. Elas podem ser usadas para determinar se um requerente deverá receber uma hipoteca. Elas podem ser usadas no reconhecimento de caracteres ópticos, permitindo que um computador "leia" um documento impresso. Elas podem até ser usadas para detectar explosivos plásticos dentro de bagagens em aeroportos.

A versatilidade das redes neuronais está no fato de que não existe significado inerente nos pesos e nos valores limite da rede. Seu significado vem da interpretação que aplicamos a elas.

>> **Treinamento** O processo de ajustar os pesos e os valores limite em uma rede neuronal para conseguir um resultado desejado

13.5 Processamento de Linguagem Natural

Em um filme de ficção científica, não é incomum ver um humano interagir com um computador simplesmente conversando com ele. O capitão de uma espaçonave poderia dizer: "computador, qual é a base estelar mais próxima que possua instalações médicas suficientes para lidar com a síndrome de Laharman?" O computador poderia então responder: "a base estelar 42 está a 14,7 anos-luz e possui as instalações necessárias".

Quão distante está essa ficção científica de fatos científicos? Ignorando viagens espaciais e medicina avançada por enquanto, por que não interagimos com computadores apenas conversando com eles? Podemos, até um grau limitado. Não tendemos a ter ainda conversações verbais de fluência livre, mas certamente já abrimos caminho para tal. Alguns computadores podem ser preparados para responder a comandos verbais específicos.

Para investigar mais esse tema, devemos primeiro perceber que três tipos básicos de processamento ocorrem durante a interação de voz entre humanos e computadores:

- **Reconhecimento de voz** — reconhecer palavras humanas
- **Compreensão de linguagem natural** — interpretar comunicação humana
- **Síntese de voz** — recriar fala humana

O computador deve primeiro reconhecer as palavras distintas que estão sendo ditas a ele, depois deve entender o significado daquelas palavras e finalmente (após determinar a resposta) deve produzir as palavras que constituem a resposta.

O fato comum a todos esses problemas é que estamos usando uma **linguagem natural**, que pode ser qualquer linguagem que humanos usam para se comunicar, tais como português, inglês ou russo. Linguagens naturais possuem inerentes irregularidades e ambiguidades gramaticais que tornam parte desse processamento bastante desafiador.

A tecnologia computacional já deu passos largos em todas essas áreas, embora em certas áreas mais do que em outras. Vamos explorar cada uma, com mais detalhes.

■ Síntese de Voz

Síntese de voz é geralmente um problema bem-compreendido. Há duas abordagens básicas à solução: geração dinâmica de voz e fala gravada.

Para gerar saída de voz usando geração dinâmica de voz, um computador examina as letras que formam uma palavra e produz a sequência de sons que correspondem àquelas letras em uma tentativa de vocalizar a palavra. A fala humana foi categorizada em unidades de som específicas, chamadas de **fonemas**. Os fonemas do inglês americano são mostrados na Figura 13.7.

A Camada de Aplicação

>> **Reconhecimento de voz** Usar um computador para reconhecer as palavras ditas por um humano

>> **Compreensão de linguagem natural** Usar um computador para aplicar uma interpretação significativa à comunicação humana

>> **Síntese de voz** Usar um computador para criar o som da fala humana

>> **Linguagem natural** Linguagens que humanos usam para se comunicar, tal como o português

>> **Fonemas** O conjunto de sons fundamentais feitos em qualquer linguagem natural dada

---

FIGURA 13.7 Fonemas do inglês americano

Consoantes				Vogais	
Símbolos	Exemplos	Símbolos	Exemplos	Símbolos	Exemplos
p	pipe	k	kick, cat	i	eel, sea, see
b	babe	g	get	I	ill, bill
m	maim	ŋ	sing	e	ale, aim, day
f	fee, phone, rough	š	shoe, ash, sugar	ɛ	elk, bet, bear
v	vie, love	ž	measure	æ	at, mat
θ	thin, bath	č	chat, batch	u	due, new, zoo
ð	the, bathe	ǰ	jaw, judge, gin	ʊ	book, sugar
t	tea, beat	d	day, bad	o	own, no, know
n	nine	?	uh uh	ɔ	aw, crawl, law, dog
l	law, ball	s	see, less, city	a	hot, bar, dart
r	run, bar	z	zoo, booze	ə	sir, nerd, bird
				ʌ	cut, bun

Semivogais	
w	we
h	he
j	you, beyond

Ditongos	
aj	bite, fight
aw	out, cow
ɔj	boy, boil

Após selecionar os fonemas apropriados, o computador pode modificar o tom do fonema baseado no contexto no qual ele é usado. A duração de cada fonema deve também ser determinada. Finalmente, os fonemas são combinados para formar palavras individuais. Os sons propriamente ditos são produzidos eletronicamente, criados para imitar a maneira com a qual uma trilha vocal humana produz os sons.

Os desafios dessa abordagem incluem o fato de que o modo como pronunciamos palavras varia muito entre seres humanos e as regras que governam como letras contribuem para o som de uma palavra não são consistentes. Sistemas dinâmicos de geração de voz muitas vezes soam mecânicos e artificiais, embora as palavras geralmente sejam reconhecíveis.

A outra abordagem para síntese de voz é tocar gravações digitais de uma voz humana, dizendo palavras específicas. Sentenças são construídas tocando as palavras apropriadas na ordem apropriada. Algumas vezes, frases ou grupos de palavras comuns, que são sempre usadas juntas, são gravados como uma entidade. Sistemas telefônicos de correio de voz comumente usam essa abordagem: "aperte 1 para deixar uma mensagem para Alex Wakefield".

Observe que cada palavra ou frase necessária deve ser gravada separadamente. Além disso, como palavras são pronunciadas diferentemente em contextos diversos, algumas palavras podem ter que ser gravadas diversas vezes. Por exemplo, uma palavra no final de uma pergunta aumenta em tom em comparação ao seu uso no meio de uma sentença. À medida que a necessidade de flexibilidade aumenta, soluções gravadas tornam-se problemáticas.

A técnica dinâmica de geração de voz geralmente não produz fala humana realista, mas, em vez disso, tenta vocalizar quaisquer palavras apresentadas a ela. Reprodução gravada é mais realista; ela usa uma voz humana real, mas está limitada, em seu vocabulário, às palavras que estiverem pré-gravadas e deve ter a capacidade de memória para armazenar todas as palavras necessárias. Geralmente, reprodução gravada é usada quando o número de palavras usado é pequeno.

■ Reconhecimento de Voz

Ao manter uma conversação, você pode precisar que algo seja repetido porque você não entendeu o que a pessoa disse. Não é que você não tenha entendido o significado das palavras (você não chegou a tanto); você simplesmente não entendeu que palavras foram ditas. Isto pode acontecer por diversas razões.

Primeiro, os sons que cada pessoa faz ao falar são únicos. Cada pessoa possui formas únicas de boca, língua, garganta e cavidades nasais que afetam o tom e a ressonância da voz falada. Assim, podemos dizer que "reconhecemos" a voz de uma pessoa, identificando-a a partir da maneira com que as palavras soam quando ditas por ela. Porém, isto também significa que cada pessoa diz determinada palavra de forma diferente, complicando assim a tarefa de reconhecer a palavra. Impedimentos de fala, murmúrios, volume, sotaques regionais e a saúde do falante complicam ainda mais esse problema.

Além disso, humanos falam de forma contínua e fluente. Palavras são conectadas em sentenças. Algumas vezes, falamos tão rapidamente que duas palavras podem soar como uma só. Humanos possuem grande habilidade em dividir as séries de sons em palavras, mas até nós podemos ficar confusos se uma pessoa falar muito rapidamente.

Relacionados a esse tema estão os próprios sons das palavras. Algumas vezes, é difícil distinguir frases como "ice cream" e "I scream." E homônimos, tais como "I" e "eye" ou "see" e "sea", soam exatamente iguais, mas são palavras diferentes. Humanos podem muitas vezes esclarecer essas situações considerando o contexto da sentença, mas esse processamento exige outro nível de compreensão.

Portanto, se nós humanos ocasionalmente temos dificuldade em entender as palavras que dizemos uns aos outros, imagine quão difícil esse problema se torna para um computador. Sistemas modernos de reconhecimento de voz ainda não funcionam muito bem com discursos conversacionais contínuos. O melhor sucesso tem sido com sistemas que assumem falas desarticuladas, nas quais palavras sejam claramente separadas.

Mais sucesso é obtido quando sistemas de reconhecimento de voz são "treinados" para reconhecer uma voz humana particular e um conjunto de palavras de um vocabulário. Uma voz falada pode ser gravada como um **registro de voz**, que registre as alterações de frequência do som produzido pela voz ao falar uma palavra específica. Um humano treina um sistema de reconhecimento de voz falando uma palavra diversas vezes, de modo que o computador possa gravar uma média de registro de voz para aquela palavra, dita por aquela pessoa. Mais tarde, quando

》Registro de voz O registro de alterações de frequência ao longo do tempo representando o som da fala humana

314 Capítulo 13

uma palavra for dita, os registros de voz gravados poderão ser comparados para determinar que palavra foi falada.

Sistemas de reconhecimento de voz que não são treinados para vozes e palavras específicas fazem seu melhor para reconhecer palavras comparando registros de voz genéricos. Embora menos apurado, usar registros vocais genéricos evita o processo de treinamento, que consome bastante tempo, e permite que qualquer um use o sistema.

■ Compreensão de Linguagem Natural

Mesmo se um computador reconhecer as palavras que são faladas, entender o significado destas palavras é uma tarefa totalmente diferente. Este é o aspecto mais desafiador do processamento de linguagem natural. Uma linguagem natural é inerentemente ambígua, significando que a mesma estrutura sintática pode ter diversas interpretações válidas. Essas ambiguidades podem surgir por diversas razões.

> **» Ambiguidade lexical** A ambiguidade criada quando palavras possuem diversos significados

Um problema é que uma única palavra pode ter diversas definições e pode até representar diversas partes da fala. A palavra "light", por exemplo, é tanto um substantivo (luz) como um verbo (iluminar, acender). Isto é referido como **ambiguidade lexical**. Um computador tentando aplicar significado a uma sentença terá que determinar como a palavra está sendo usada. Considere a seguinte sentença:

Time flies like an arrow.

Esta sentença pode querer dizer que o tempo (*time*) parece se mover rapidamente, assim como uma flecha (*arrow*) se move rapidamente. Provavelmente foi assim que você a interpretou quando a leu. Mas observe que a palavra *time* também pode ser um verbo, assim como quando você temporiza o corredor de uma corrida (*time the runner of a race*). A palavra *flies* também pode ser um substantivo (voos, moscas). Assim, você poderia interpretar esta sentença como uma diretiva para temporizar moscas (*time flies*) da mesma maneira em que uma flecha temporiza moscas (*arrow times flies*). Como uma flecha não temporiza coisas, você provavelmente não aplicaria essa interpretação. Mas ela não é menos válida que a outra! Dada a definição das palavras, um computador não saberia qual interpretação seria apropriada. Podemos mesmo interpretar esta sentença de uma terceira forma, indicando as preferências daquela rara espécie que chamamos de "moscas de tempo" (*"time flies"*). Afinal, moscas de fruta (*fruit flies*) gostam de uma banana. Essa interpretação provavelmente soa ridícula para você, mas tais ambiguidades causam problemas enormes quando se trata de um computador entendendo linguagem natural.

> **» Ambiguidade sintática** A ambiguidade criada quando sentenças podem ser construídas de diversas maneiras
>
> **» Ambiguidade referencial** A ambiguidade criada quando pronomes podem ser aplicados a diversos objetos

Uma sentença em linguagem natural também pode ter **ambiguidade sintática**, já que frases podem ser reunidas de diversas formas. Por exemplo:

*I saw the Grand Canyon flying to New York.**

Como cânions não voam, há uma interpretação lógica. Mas, como a sentença pode ser construída dessa forma, há duas interpretações válidas. Para chegar à conclusão desejada, um computador teria que "saber" que cânions não voam e levar isto em consideração.

Ambiguidade referencial pode ocorrer com o uso de pronomes. Considere o seguinte:

*The brick fell on the computer but it is not broken.***

O que não está quebrado: o tijolo ou o computador? Podemos assumir que o pronome "it" ("ele") se refira ao computador neste caso, mas esta não é necessariamente a interpretação correta. Na verdade, se um vaso tivesse caído no computador, mesmo nós humanos não saberíamos ao que "ele" estaria se referindo, sem maiores informações.

Compreensão de linguagem natural é uma área imensa de estudos e vai muito além do escopo deste livro, mas é importante entender as razões pelas quais esse tema é tão desafiador.

13.6 Robótica

Todos nós estamos familiarizados com robôs. De comerciais de televisão sobre cachorros robotizados a notícias sobre exploração espacial até linhas de produção de cervejas, carros ou unida-

---

*Eu vi o Grand Canyon voando para Nova York. (N.T.)
**O tijolo caiu no computador, mas ele não está quebrado. (N.T.)

des de produtos, robôs são parte da sociedade moderna. A *robótica* — o estudo dos robôs — se divide em duas principais categorias: robôs *fixos* e robôs *móveis*. Robôs fixos são o que você vê em linhas de produção. As máquinas ficam paradas e os produtos se movem. Como o mundo de um robô fixo é circunscrito, suas tarefas podem ser construídas no hardware. Assim, robôs fixos pertencem, em sua maior parte, à área de engenharia industrial. Robôs móveis, em contraste, se locomovem e devem interagir com seu ambiente. Modelar o mundo de um robô móvel exige as técnicas de inteligência artificial.

■ O Paradigma Sentir-Planejar-Agir

Robótica móvel é o estudo de robôs que se locomovem relativamente ao ambiente deles e que exibem certa autonomia. A abordagem original à modelagem do mundo em torno de um robô móvel fez uso de *planos*. Sistemas planejadores são grandes sistemas de software que, dado um objetivo, uma posição inicial e uma situação final, podem gerar um conjunto finito de ações (um plano) que, se seguido (geralmente por um humano), leva à situação final desejada. Esses sistemas planejadores resolvem problemas gerais incorporando grandes quantidades de conhecimento de domínio. No caso de um robô móvel, o conhecimento de domínio é a entrada a partir dos sensores do robô. Nessa abordagem, o mundo do robô é representado em uma rede semântica complexa, na qual os sensores do robô capturam os dados usados para construir a rede. Preencher a rede consome tempo mesmo para sensores simples; se o sensor for uma câmera, o processo consumirá *muito* tempo. Esta abordagem é chamada de *paradigma sentir-planejar-agir* (SPA — Sense-Plan-Act)[2] e é mostrada na Figura 13.8.

Os dados do sensor são interpretados pelo modelo de mundo, que, por sua vez, gera um plano de ação. O sistema de controle do robô (o hardware) executa os passos do plano. Uma vez que o robô se mova, seus sensores receberão novos dados e o ciclo se repetirá com novos dados sendo incorporados à rede semântica. Problemas ocorrerão quando os novos dados sensoriais não puderem ser processados de maneira rápida o suficiente para ser usados (talvez o robô caia em um buraco antes que o modelo de mundo reconheça que a mudança de luz é um buraco em vez de uma sombra). O defeito dessa abordagem é que a representação do mundo do robô como conhecimento de domínio em um sistema geral é muito geral, muito vasta e não ajustada à tarefa do robô.

FIGURA 13.8 O paradigma sentir-planejar-agir (SPA)

Antiga Promessa de Tradução por Máquina Não Realizada

Tanto a Fundação Nacional de Ciência quanto os militares dos EUA criaram grandes projetos de tradução por máquina no final dos anos 1950 e começo dos anos 1960. A visão do uso de um computador para traduzir de uma linguagem natural para outra parecia imediatamente realizável. Porém, a abordagem de usar de grandes dicionários bilíngues e de tradução palavra por palavra logo se provou inadequada. Essa inadequação é demonstrada na história clássica da tradução da expressão inglesa "The spirit is willing, but the flesh is weak" ("O espírito está pronto, mas a carne é fraca") para russo. O resultado foi "A vodka é aceitável, mas a carne estragou".

Pesquisadores perceberam que eles precisavam fazer pesquisas mais fundamentais sobre entendimento de linguagem antes de lidar com tradução automática de linguagens.

ELIZA

ELIZA foi um pioneiro programa de linguagem natural. No roteiro a seguir, o programa desempenha o papel de um psicoterapeuta neutro. As respostas do computador estão todas em caixa alta.

Os homens são todos iguais.

DE QUE MANEIRA?

Eles estão sempre nos aborrecendo, de uma forma ou de outra.

VOCÊ PODE ME DAR UM EXEMPLO ESPECÍFICO?

» continua

Bom, meu namorado me fez vir aqui.

SEU NAMORADO A FEZ VIR AQUI?

Ele diz que estou deprimida a maior parte do tempo.

LAMENTO OUVIR QUE ESTÁ DEPRIMIDA.

É verdade. Estou infeliz.

VOCÊ ACHA QUE VIR AQUI AJUDARÁ VOCÊ A NÃO SE SENTIR INFELIZ?

Eu preciso de ajuda, disso estou certa.

...

O QUE MAIS VEM À MENTE QUANDO PENSA NO SEU PAI?

Tiranos.

ISTO TEM ALGUMA COISA A VER COM O FATO DE QUE SEU NAMORADO A FEZ VIR AQUI?[3]

O que é o alvo *Sojourner*?

A *Sojourner* foi a primeira tentativa humana de operar um veículo por controle remoto em outro planeta. Após aterrissar, a *Sojourner* seguiu por uma das duas rampas montadas na pétala do aterrissador. Essa saída e a subsequente exploração foram assistidas por centenas de milhões de fascinados espectadores terráqueos. A missão foi conduzida sob a restrição de uma oportunidade de uma vez por sol (dia marciano) para transmissões entre o aterrissador e operadores terráqueos. A *Sojourner* foi capaz de conduzir sua missão com um tipo de controle autônomo supervisionado, no qual locais objetivos (chamados de *waypoints*) ou comandos de movimento eram enviados ao alvo antecipadamente e a Sojourner, então, navegava e atravessava de maneira segura estes locais por conta própria[4].

Cortesia da NASA/JPL/Caltech

Usado com permissão da Sony Electronics, Inc.

Fãs choram a morte de Aibo

Infelizmente, a Sony Corporation anunciou a morte de Aibo, o cachorro robô que podia aprender o nome de seu dono, demonstrar raiva (os olhos tornavam-se vermelhos) e expressar felicidade (os olhos tornavam-se verdes). Mais de 150.000 dessas máquinas, que eram do tamanho de um poodle de brinquedo, foram vendidas.

NASA lança robôs gêmeos

Em julho de 2003, a NASA lançou robôs gêmeos em direção a Marte. Desde sua aterrissagem segura, *Spirit* e *Opportunity* têm feito hora extra para ajudar cientistas a melhor entender o ambiente do planeta vermelho. Os robôs completaram suas missões originais em Marte em abril de 2004 e continuaram a explorar lados opostos do planeta por meio de diversas extensões de missões. Em abril de 2009, ambos os robôs ainda estavam enviando dados de volta à equipe de cientistas em terra.

Cortesia da NASA/JPL/Caltech

Arquitetura de Subsunção

Em 1986, uma mudança de paradigma ocorreu na comunidade de robótica com a introdução da *arquitetura de subsunção*[5] de Brooks. Em vez de tentar modelar o mundo inteiro todo o tempo, o robô recebe um simples conjunto de comportamentos, cada um dos quais é associado à parte do mundo necessária para aquele comportamento. Os comportamentos são executados em paralelo, exceto se eles conflitarem, caso em que uma ordenação dos objetivos dos comportamentos determinará que comportamento executar a seguir. A ideia de que os objetivos dos comportamentos podem ser ordenados ou que o objetivo de um comportamento pode ser subsumido por outro levou ao nome da arquitetura.

No modelo mostrado na Figura 13.9, *Continue andando para a esquerda* tem prioridade sobre *Evite obstáculos*, exceto se um objeto ficar muito próximo, caso em que o comportamento *Evite obstáculos* ganha prioridade. Como um resultado dessa abordagem, foram construídos robôs que podem caminhar livremente em uma sala, durante horas, sem colidir com objetos ou pessoas que se locomoviam.

As três leis da robótica, definidas por Isaac Asimov, se encaixam perfeitamente nessa arquitetura de subsunção.[6] Veja a Figura 13.10.

Outra mudança em robótica se afastou de ver o mundo como uma grade uniforme, com cada célula representando a mesma quantidade de espaço real, e seguiu em direção a ver o mundo como um mapa topológico. Mapas topológicos veem espaço como um grafo de locais conectados por arcos, dando a noção de proximidade e ordem, mas não de distância. O robô navega de lugar para lugar localmente, o que minimiza erros. Também, mapas topológicos podem ser representados em memória bem mais eficientemente do que grades uniformes podem.

Nos anos 1990, uma abordagem modificada, chamada de hibrida deliberada/reativa na qual planos eram usados em conjunção com um conjunto de comportamentos com visões de mundo distribuídas, tornou-se popular.

Bigode robótico
Pesquisadores desenvolveram robôs que podem perceber o ambiente em 3D estudando bigodes na natureza, especialmente os bigodes do rato. Usando seus bigodes, ratos são capazes de coletar três coordenadas – similares a latitude, longitude e elevação – para discernir os contornos 3D de um objeto. Pesquisadores construíram robôs que produziram com sucesso imagens 3D de uma face humana usando dados adquiridos a partir de bigodes de fios de aço ligados a um medidor de força. Outro projeto segue indícios a partir dos bigodes da focas, usando oito pelos plásticos que podem detectar mudanças em correntes de ar, da mesma forma que o bigode de foca a ajuda a acompanhar os rastros subaquáticos de sua presa. Outros projetos seguiram modelos evolucionários encontrados no mundo dos insetos, tais como as antenas de baratas. Os usos verdadeiros e potenciais de robôs que podem "ver" em 3D são muitos e diversos, desde atingir alvos da NASA em Marte, em terreno agreste, passando por robôs industriais que verifiquem as posições de partes de uma linha de montagem, até a limpeza de obstruções em oleodutos.

Componentes Físicos

Discutimos as várias abordagens para tentar fazer um robô exibir comportamento parecido com o de um ser humano e ignoramos os componentes físicos de um robô. Um robô é feito de sensores,

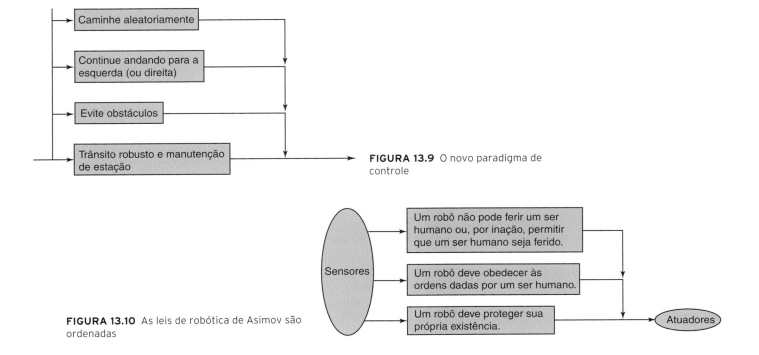

FIGURA 13.9 O novo paradigma de controle

FIGURA 13.10 As leis de robótica de Asimov são ordenadas

No longínquo deserto vermelho
Acha que é difícil atingir o centro do alvo com um dardo ou uma flecha? Tente enviar uma espaçonave de duas toneladas a 500 milhões de quilômetros para orbitar em torno de Marte. Em março de 2006, a Mars Reconnaissance Orbiter da NASA iniciou sua órbita em torno de Marte, no que foi chamado de chegada "perfeita que nem foto" logo acima da atmosfera marciana. A espaçonave envia dados de volta para a NASA a partir de aproximadamente 320 quilômetros acima da superfície do planeta. Sua tarefa é encontrar novos locais de aterrissagem para missões futuras.

atuadores e elementos computacionais (um microprocessador). Os sensores recebem dados sobre seus arredores, os atuadores movem o robô e os elementos computacionais enviam instruções para os atuadores. Os sensores são transdutores que convertem alguns fenômenos físicos em sinais elétricos que podem ser lidos pelo microprocessador como dados. Alguns sensores registram a presença, a ausência ou a intensidade de luz. Detectores de proximidade quase infravermelhos, detectores de movimento e detectores de força podem todos ser usados como sensores. Câmeras e microfones podem ser sensores. Os três sistemas mais comuns sobre os quais robôs se locomovem são rodas, trilhos e pernas.

Resumo

A inteligência artificial trabalha com as tentativas de modelar e aplicar a inteligência da mente humana. O teste de Turing é uma medida para determinar se uma máquina pode pensar como um humano, imitando conversação humana.

A disciplina de IA possui numerosas facetas. Subjacente a todas elas está a necessidade de representar conhecimento de uma forma que ele possa ser processado eficientemente. Redes semânticas são uma representação gráfica que captura os relacionamentos entre objetos do mundo real. Questões podem ser respondidas com base em uma análise do grafo da rede. Árvores de busca são uma maneira valiosa de representar o conhecimento de movimentos adversários, tais como em um jogo competitivo. Para jogos complicados como xadrez, as árvores de busca são enormes, portanto ainda temos que criar estratégias para análise eficiente dessas estruturas.

Um sistema especialista incorpora o conhecimento de um especialista humano. Ele usa um conjunto de regras para definir as condições sob as quais certas conclusões podem ser obtidas. Ele é útil em muitos tipos de processos de tomada de decisão, tal como diagnóstico médico.

Redes neuronais artificiais imitam o processamento das redes neuronais do cérebro humano. Um neurônio artificial produz um sinal de saída baseado em diversos sinais de entrada e na importância que atribuímos a esses sinais via um sistema de pesos. Isto espelha a atividade do neurônio humano, na qual as sinapses ponderam os sinais de entrada de um neurônio para outro.

Processamento de linguagem natural lida com linguagens usadas por seres humanos para se comunicar, tal como inglês. Sintetizar uma voz falada pode ser conseguido imitando os fonemas da fala humana ou respondendo com palavras pré-gravadas. Reconhecimento de voz é melhor realizado quando as palavras faladas são separadas e é ainda mais efetivo quando o sistema é treinado para reconhecer um registro de voz de uma determinada pessoa. Compreender linguagem natural — isto é, aplicar uma interpretação ao discurso conversacional — fica no coração do processamento de linguagem natural. Isto se complica por vários tipos de ambiguidades que permitem que uma sentença específica seja interpretada de diversas maneiras.

A robótica, o estudo de robôs, foca duas categorias: robôs fixos e robôs móveis. Robôs fixos ficam parados, e o que quer que eles estejam trabalhando vem até eles. Robôs móveis são capazes de se locomover e exigem as técnicas de inteligência artificial para modelar o ambiente no qual eles navegam.

 QUESTÕES ÉTICAS ▶ HIPAA: *Health Insurance Portability and Accountability Act* **(Lei de Portabilidade e Responsabilidade em Seguro Saúde)**

Àquilo que, no exercício ou fora do exercício da profissão e no convívio da sociedade, eu tiver visto ou ouvido, que não seja preciso divulgar, não divulgarei, reconhecendo que tudo isso deve ser mantido secreto.

— Do Juramento Hipocrático

Pacientes têm o direito de se comunicar com prestadores de serviços médicos em confiança e ter protegida a confidencialidade de suas informações médicas individualmente identificáveis. Também têm o direito de rever e copiar seus próprios registros médicos e de solicitar alterações desses registros.

— Dos Direitos do Paciente

» continua

QUESTÕES ÉTICAS ▶ HIPAA: *Health Insurance Portability and Accountability Act* (Lei de Portabilidade e Responsabilidade em Seguro Saúde), continuação

O *Health Insurance Portability and Accountability Act* (HIPAA) de 1996 teve efeito em 2003. A lei foi introduzida para encorajar e codificar o uso e a distribuição eletrônica de informações confidenciais de pacientes. Ela permite acesso a registros médicos sem o consentimento do paciente. Além de informação sobre saúde física, registros médicos podem incluir informação sobre relacionamentos familiares, comportamento sexual, abuso de substância e mesmo os pensamentos e sentimentos privativos discutidos durante a psicoterapia. Essa informação é frequentemente ligada a um número de Seguridade Social, tornando-a facilmente acessível. As informações de seus registros médicos podem influenciar sua avaliação de crédito, admissão em instituições educacionais, empregos e capacidade de obter seguro médico.

Os proponentes da lei alegam que a tecnologia atual, que permite coletar e compartilhar informações anteriormente confidenciais, pode ajudar médicos a diagnosticarem pacientes, pesquisadores a desenvolverem novos remédios e governos a rastrearem e combaterem ameaças de saúde pública, como o surto de síndrome respiratória severa e aguda (SARS – *Severe Acute Respiratory Syndrome*) em 2003.

Embora admitindo que esses benefícios realmente existem, os oponentes alegam que o acesso irrestrito a toda informação contida em registros médicos não é necessário tampouco benéfico. Eles citam exemplos de psiquiatras sendo forçados a permitirem acesso a todos os registros de pacientes pelo pessoal da companhia de seguros, sob a ameaça de serem retirados do grupo de prestadores de serviço da seguradora; assim como hospitais enviando registros completos para companhias de cobrança terceirizadas; e de organizações de manutenção de saúde (HMOs – *Health Maintenance Organizations*) fornecendo informações pessoais para empregadores.

Outra virada tecnológica nos cuidados médicos é o uso de cartões médicos de identidade. Embora um plano para implementá-lo esteja suspenso nos Estados Unidos, um foi recentemente efetivado no Reino Unido. Cidadãos recebem cartões com tarjas magnéticas. Toda vez que uma receita é preenchida ou o consultório de um médico é visitado, o cartão é passado e os dados são coletados. O histórico médico completo de um indivíduo a partir de sua data de nascimento em diante estaria então disponível eletronicamente. Outro plano em gestão nos Estados Unidos incluiria informações genéticas, tais como os marcadores genéticos para câncer de mama e doenças cardíacas. Essas informações poderiam segui-lo, independentemente de você já ter tido realmente a doença.

O *American Recovery and Reinvestment Act* (Ato de Recuperação e Reinvestimento Americanos) de 2009, adotado pelo Congresso e assinado pelo Presidente Barack Obama, inclui fortes dispositivos de privacidade na rede de saúde médica proposta nos EUA, incluindo uma proibição às vendas de informações de saúde, trilhas de auditoria, ciframento, direitos de acesso, mecanismos de execução aprimorados e suporte para que grupos de advocacia participem do processo regulatório.

Os benefícios de rastrear doenças e vender remédios sobrepesam mais efetivamente os benefícios da privacidade médica? Os defensores da privacidade alegam que tais aplicativos tecnológicos de tendência "*Big Brother*" poderiam ter efeitos assustadores. Sabendo que os relacionamentos deles com seus médicos não são mais privados, os pacientes podem evitar procurar atenção médica ou podem não divulgar informações delicadas, reduzindo assim a efetividade do tratamento que eles receberem. A batalha sobre os dispositivos da HIPAA continua e deve levar algum tempo até que suas consequências sejam completamente conhecidas. Enquanto isso, é um fato da vida que a privacidade médica é uma coisa do passado.

Termos Fundamentais

Abordagem de busca em largura
Abordagem de busca em profundidade
Ambiguidade lexical
Ambiguidade referencial
Ambiguidade sintática
Árvore de busca
Chatbot
Compreensão de linguagem natural
Equivalência forte
Equivalência fraca
Fonemas
Inteligência Artificial (IA)
Linguagem natural

Mecanismo de inferência
Peso efetivo
Prêmio Loebner
Reconhecimento de voz
Rede neuronal artificial
Rede semântica
Registro de voz
Síntese de voz
Sistema baseado em conhecimento
Sistema baseado em regras
Sistema especialista
Teste de Turing
Treinamento

Exercícios

Para os Exercícios 1 a 5, combine o tipo de ambiguidade com um exemplo.
   A. Lexical
   B. Referencial
   C. Sintática
1. "Levante-se para sua bandeira."

320   Capítulo 13

2. "Desça a rua à esquerda."
3. "Ele passou com o carro sobre o moedor de grama, mas não estragou."
4. "Eu vi o filme voando para Houston."
5. "Mary e Kay estavam brincando até que ela entrou."

Para os Exercícios 6 a 21, assinale verdadeiro ou falso como a seguir:

     A. Verdadeiro
     B. Falso

6. Um computador faz algumas tarefas bem melhor que um ser humano.
7. Um ser humano faz algumas tarefas bem melhor que um computador.
8. Um sistema computacional que possa passar no teste de Turing será considerado inteligente.
9. Alguns pesquisadores de IA acham que não poderemos chegar à verdadeira inteligência artificial enquanto um computador não for capaz de processar informação da mesma maneira que a mente humana o faz.
10. Uma rede semântica é usada para modelar relacionamentos.
11. Se informação for armazenada em uma rede semântica, será fácil responder perguntas sobre ela.
12. Um computador nunca venceu um ser humano em um jogo de xadrez em nível de mestre.
13. Um mecanismo de inferência faz parte de um sistema especialista baseado em regras.
14. Um neurônio biológico aceita um único sinal de entrada e produz diversos sinais de saída.
15. Cada elemento de uma rede neuronal artificial é afetado por um peso numérico.
16. Síntese de voz é a parte mais difícil do processamento de linguagem natural.
17. Cada ser humano possui um registro de voz único que pode ser usado para treinar sistemas de reconhecimento de voz.
18. A palavra "light" pode ser interpretada de muitas maneiras por um computador.
19. Ambiguidade sintática não é mais um problema para compreensão da linguagem natural.
20. Um robô pode seguir o paradigma sentir-planejar-agir para controlar seus movimentos.
21. Isaac Asimov criou três leis fundamentais da robótica.

Para os Exercícios 22 a 30, combine a tarefa com quem a resolve mais facilmente.

     A. Computador
     B. Ser humano

22. Identificar um cachorro em uma fotografia.
23. Adicionar uma coluna de 100 números de quatro dígitos.
24. Interpretar um poema.
25. Combinar impressões digitais.
26. Pintar uma paisagem.
27. Conduzir uma conversação.
28. Aprender a falar.
29. Julgar culpado ou inocente.
30. Dar afeto.

Os Exercícios 31 a 76 são problemas ou questões de respostas curtas.

31. O que é o teste de Turing?
32. Como o teste de Turing é organizado e administrado?
33. O que é equivalência fraca e como ela se aplica ao teste de Turing?
34. O que é equivalência forte?
35. O que é o prêmio Loebner?
36. Cite e descreva brevemente cinco temas do mundo da IA abordados neste capítulo.
37. Cite e defina duas técnicas de representação de conhecimento.
38. Que estrutura de dados definida no Capítulo 8 é usada para representar uma rede semântica?
39. Crie uma rede semântica para os relacionamentos entre seus familiares. Liste cinco questões em que a sua rede semântica poderia facilmente ser usada para responder e cinco questões que seriam mais desafiadoras para responder.
40. Crie uma rede semântica que capture a informação de uma pequena seção de um artigo de jornal.
41. Que propriedades orientadas a objeto redes semânticas pegam emprestadas?

42. O que é uma árvore de busca?
43. Por que árvores para jogos complexos como xadrez são enormes?
44. Distinga busca em profundidade de busca em largura.
45. O que significa "podar uma árvore"?
46. Distinga sistemas baseados em conhecimento de sistemas especialistas.
47. Distinga sistemas baseados em regras de mecanismos de inferência.
48. O que é um exemplo de um sistema especialista humano?
49. De que chamamos um sistema baseado em conhecimento que modele a especialidade de profissionais do ramo?
50. Por que um sistema especialista é chamado de sistema baseado em regras?
51. Que parte do software de um sistema especialista determina como as regras são seguidas e que conclusões podem ser tiradas?
52. Como são expressas as regras em um sistema especialista?
53. Quais são as vantagens de um sistema especialista?
54. Como chamamos uma única célula que conduz um sinal eletrônico de base química?
55. O que forma uma série de neurônios conectados?
56. De que depende o sinal que corre ao longo de um dado caminho?
57. O que são os diversos tentáculos de entrada de um neurônio biológico?
58. Qual é o principal tentáculo de saída de um neurônio biológico?
59. De onde os dendritos de um neurônio captam os sinais de outros neurônios para formar uma rede?
60. De que chamamos o espaço entre um axônio e um dendrito?
61. O que controla a força de uma sinapse?
62. Qual é o papel de uma sinapse?
63. Como uma sinapse é modelada em uma rede neuronal artificial?
64. O que é um peso efetivo em um neurônio artificial?
65. Como é calculado o valor de saída de um neurônio artificial?
66. Se o elemento de processamento de uma rede neuronal artificial aceitar cinco sinais de entrada com valores de 0, 0, 1, 1 e 0 e os pesos correspondentes de 5, −2, 3, 3 e 6, qual será a saída, se o limite for 5?
67. Se o elemento de processamento de uma rede neuronal artificial aceitar cinco sinais de entrada com valores de 0, 0, 1, 1 e 0 e os pesos correspondentes de 5, −2, 3, 3 e 6, qual será a saída, se o limite for 7?
68. O que é um fonema?
69. Descreva as duas maneiras distintas pelas quais a síntese vocal pode ser alcançada.
70. Quais temas afetam a capacidade de reconhecer as palavras faladas por uma voz humana?
71. Como um sistema de reconhecimento de voz pode ser treinado?
72. Por que sistemas de reconhecimento de voz personalizados são muito melhores que sistemas genéricos?
73. Cite e descreva duas categorias de robôs.
74. O que são sistemas planejadores?
75. O que define a arquitetura de subsunção?
76. De que é composto um robô?

??? Temas para Reflexão

1. Pense em cinco questões que você criaria como o interrogador de um teste de Turing. Por que um computador teria dificuldade em respondê-las bem?
2. Você acha que equivalência forte é possível? Como ela poderia ser provada?
3. Quando você pensa em robôs, o que vem à mente? Você vê uma máquina parecida com um ser humano correndo pelo chão? Uma linha de produção lidando com refrigerantes e cervejas?
4. Você esconderia do seu médico informações médicas e pessoais sensíveis se soubesse que há uma possibilidade delas não permanecerem privadas?
5. Os cartões médicos de identidade devem conter informações sobre marcadores genéticos se por acaso se tornarem bastante usados nos Estados Unidos?

A Camada de Aplicação

Preparando os Alicerces
  1 O Quadro Geral

A Camada de Informação
  2 Valores Binários e Sistemas de Numeração
  3 Representação de Dados

A Camada de Hardware
  4 Portas e Circuitos
  5 Componentes Computacionais

A Camada de Programação
  6 Linguagens de Programação de Baixo Nível e Pseudocódigo
  7 Solução de Problemas e Algoritmos
  8 Tipos Abstratos de Dados e Subprogramas
  9 Projeto Orientado a Objeto e Linguagens de Programação de Alto Nível

A Camada de Sistema Operacional
  10 Sistemas Operacionais
  11 Sistemas de Arquivos e Diretórios

A Camada de Aplicação
  12 Sistemas de Informação
  13 Inteligência Artificial
▶ 14 Simulação, Gráficos, Jogos e Outros Aplicativos

A Camada de Comunicação
  15 Redes
  16 A *World Wide Web*

Em Conclusão
  17 Limitações da Computação

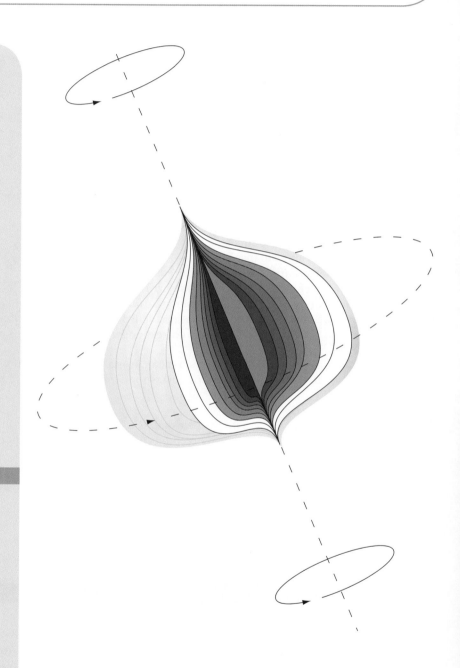

Simulação, Gráficos, Jogos e Outros Aplicativos

14

A técnica de usar um modelo para representar fenômenos, objetos ou situações é chamada de *simulação*. Fabricantes de aviões constroem túneis de vento para estudar o fluxo de ar em volta de um aerofólio ou em um novo projeto de aeronave. Pilotos passam incontáveis horas em um simulador de voo, um modelo que recria as respostas de uma aeronave às possíveis ações do piloto, assim permitindo que um piloto aprenda a controlar a aeronave antes mesmo de entrar na cabine de um avião real. Antes de finalizar os planos para um novo supermercado, um programa computacional é executado para ajudar a determinar quantas caixas serão necessárias para o número esperado de clientes.

Neste capítulo, examinamos a teoria subjacente a simulações e alguns exemplos concretos, incluindo modelos para previsão de tempo. Abordamos então três outros tipos de aplicativos — gráficos computacionais, biologia computacional e jogos — para arredondar a discussão da camada de aplicações.

Objetivos

Após estudar este capítulo, você deverá ser capaz de:

- definir simulação.
- fornecer exemplos de sistemas complexos.
- distinguir simulações de eventos discretos de simulações de eventos contínuos.
- explicar como princípios de projeto orientado a objeto podem ser usados em construção de modelos.
- citar e discutir as quatro partes de um sistema de filas.

- explicar a complexidade de modelos sísmicos e meteorológicos.
- descrever os temas importantes da geração de imagens gráficas.
- explicar as questões adicionais para animação *versus* imagens únicas.

Capítulo 14

14.1 O que É Simulação?

> **Simulação** Desenvolver um modelo de um sistema complexo e experimentar o modelo para observar os resultados

Uma simulação é uma poderosa ferramenta usada para estudar sistemas complexos. **Simulação** é o desenvolvimento de um *modelo* de um *sistema complexo* e a manipulação experimental desse modelo para observar os resultados. Modelos podem ser puramente físicos, como um túnel de vento, uma combinação de objetos físicos sob controle de software, como uma espaçonave ou um simulador de voo, ou lógico, como representado em um programa computacional.

Simulações computacionais têm sido usadas para ajudar em tomada de decisão desde meados dos anos 1950. Construir modelos computacionais de sistemas complexos tem permitido que tomadores de decisão desenvolvam um entendimento do desempenho dos sistemas ao longo do tempo. Quantas caixas um banco deve ter? Os materiais fluiriam mais rapidamente pela linha de manufatura se houvesse mais espaço entre estações? Como estará o tempo amanhã? Onde é o melhor local para se colocar uma nova guarnição de bombeiros? Podemos ganhar uma considerável percepção em todas essas questões por meio de simulação.

■ Sistemas Complexos

Sistema é uma daquelas palavras que todos intuitivamente entendemos, mas que temos dificuldade em definir. O dicionário apresenta diversas definições com o tema comum de grupos (coleções) de objetos interagindo de algum modo. Os objetos podem ser animados ou inanimados. Uma coleção de hardware e software forma um sistema computacional. Uma coleção de trilhos e vagões forma um sistema ferroviário. Uma coleção de professores e alunos forma um sistema escolar.

Sistemas que são mais bem-ajustados a serem simulados são *dinâmicos*, *interativos* e *complicados*.[1] Isto é, eles devem ser complexos. Os comportamentos de sistemas dinâmicos variam com o tempo. O modo como o comportamento varia pode ser entendido e capturado em equações matemáticas, tal como o voo de um míssil através de uma atmosfera não turbulenta. Alternativamente, o comportamento pode ser apenas parcialmente entendido, mas tratável por representação estatística, como a chegada de pessoas a um semáforo. Embora a definição de sistema implique que os objetos interajam, quanto mais interações houver no sistema, melhor candidato será este sistema para simulação. Pegue, por exemplo, o comportamento de um avião sob controle de tráfego aéreo. As características do desempenho do avião individual, a interação com o controlador de tráfego aéreo, as condições climáticas e quaisquer mudanças de rota graças a problemas no solo, todos contribuem para o comportamento do avião. Finalmente, o sistema deverá ser composto por muitos objetos. Se não o for, simulá-lo será uma perda de tempo.

■ Modelos

Modelo é outra daquelas palavras que todos entendemos, mas que podemos ter dificuldade em definir. Há duas definições de dicionário que se relacionam ao uso da palavra em simulação: uma analogia usada para ajudar a visualizar algo que não possa ser diretamente observado e um conjunto de postulados, dados e inferências apresentadas como uma descrição matemática de uma entidade ou estado de coisas. Embora essas duas definições pareçam muito diferentes, elas compartilham uma linha principal: em ambos os casos, um modelo é uma abstração de outra coisa. No primeiro caso, o modelo representa algo que não está completamente entendido, portanto somos forçados a dizer que ele é como outra coisa. No segundo caso, o sistema é suficientemente bem-entendido para ser descrito por um conjunto de regras matemáticas.

> **Modelo** Uma abstração de um sistema real; uma representação de objetos em um sistema e das regras que governam o comportamento dos objetos

Para nossos propósitos, um **modelo** é uma abstração de um sistema real. É uma representação dos objetos do sistema e das regras que governam as interações desses objetos. A representação pode ser concreta, como no caso da espaçonave ou do simulador de voo, ou ela pode ser abstrata, como no caso do programa computacional que examina o número necessário de caixas. No restante da discussão sobre simulação, nos referiremos a modelos que são abstratos. Sua realização ocorre apenas em um programa computacional.

■ Construindo Modelos

A essência da construção de um modelo é identificar um pequeno subconjunto de características ou aspectos que sejam suficientes para descrever o comportamento sob investigação. Lembre-se, um modelo é uma abstração de um sistema real; ele não é o próprio sistema. Assim, há uma linha tênue entre ter bem poucas características para descrever precisamente o comportamento do sistema e ter mais características do que o necessário para descrever precisamente o sistema. O objetivo é construir o modelo mais simples que descreva o comportamento relevante.

Modelos são construídos para dois tipos distintos de simulação e o processo de escolha do subconjunto de características ou aspectos é diferente para cada um. A distinção entre os dois tipos é baseada em como o tempo é representado: como uma variável contínua ou como um evento discreto.

Simulação Contínua

Simulações contínuas tratam o tempo como contínuo e expressam mudança em termos de um conjunto de equações diferenciais que refletem os relacionamentos entre o conjunto de características. Assim, as características ou aspectos escolhidos para modelar o sistema devem ser aqueles cujo comportamento seja entendido matematicamente. Por exemplo, modelagem meteorológica se encontra nessa categoria. As características de modelos climáticos são componentes de vento, temperatura, vapor d'água, formação de nuvens, precipitação e assim em diante. As interações desses componentes ao longo do tempo podem ser modeladas por um conjunto de equações diferenciais parciais, que medem a taxa de mudança de cada componente em alguma região tridimensional.

Devido à natureza técnica das características em simulações contínuas, engenheiros e economistas frequentemente usam essa técnica. Os conjuntos de características possíveis e suas interações são bem conhecidos nesses campos. Em uma seção mais adiante, examinaremos mais de perto simulações meteorológicas.

Simulação de Eventos Discretos

Modelos de eventos discretos são compostos de *entidades*, *atributos* e *eventos*. Uma entidade representa algum objeto no sistema real que deve ser explicitamente definido. Isto é, a característica ou aspecto do sistema é um objeto. Por exemplo, se estivermos modelando uma planta de fábrica, as diferentes máquinas e o produto sendo criado seriam entidades. Um atributo é alguma característica de uma entidade específica. O número de identificação, a data de compra e o histórico de manutenção seriam os atributos de uma máquina específica. Um evento é uma interação entre entidades. Por exemplo, enviar a saída de uma máquina como entrada para a próxima máquina será um evento.

Um objeto que flui por um sistema é geralmente representado como uma entidade. Por exemplo, a saída de uma máquina é um objeto que é passado para a próxima máquina. Assim, alguma coisa bruta flui de uma máquina para outra (uma série de eventos) e termina como um belo acessório. Uma entidade pode também representar um recurso que outras entidades precisem. Por exemplo, uma caixa é um recurso de um modelo de banco. Se uma caixa não estiver disponível, a entidade cliente deverá entrar em uma linha de espera (uma fila) até que uma caixa esteja disponível.

As chaves para construir um bom modelo estão em escolher as entidades para representar o sistema e em determinar corretamente as regras que definem os resultados dos eventos. A lei de Pareto diz que, em cada conjunto de entidades, existem algumas poucas vitais e muitas triviais. Aproximadamente 80% do comportamento de um sistema típico pode ser explicado pela ação de 20% dos componentes.[2] A segunda parte da definição de simulação nos dá uma dica de onde começar: "a manipulação experimental desse modelo para observar os resultados". Que resultados devem ser observados? As respostas para essa questão fornecem um bom ponto de partida para a determinação das entidades do sistema real que devem estar presentes no modelo. As entidades e as regras que definem as interações das entidades devem ser suficientes para produzir os resultados a serem observados.

Já que um programa de computador implementa um modelo abstrato, podemos aplicar projeto orientado a objeto ao problema de construir o modelo. As entidades do modelo são classes de objetos. Os atributos das entidades são propriedades de uma classe. Onde os eventos ficam nesta analogia? Os eventos são as responsabilidades de uma entidade. As regras que definem as interações das entidades do sistema são representadas pelas colaborações das classes.

14.2 Modelos Específicos

Nesta seção, examinaremos três tipos de modelos de simulação.

■ Sistemas de Filas

Vamos examinar um tipo bastante útil de simulação chamado de *sistema de filas*. Um sistema de filas é um modelo de eventos discretos que usa números aleatórios para representar a chegada e a duração de eventos. Um sistema de filas é feito de servidores e filas de objetos a serem servidos. Relembre do Capítulo 8 que uma fila é uma estrutura do tipo primeiro a entrar, primeiro a sair (*first in*, *first out* — FIFO). Lidamos com sistemas de filas a toda hora em nossa vida cotidiana. Quando espera em uma fila para passar seus produtos na caixa do supermercado ou para sacar um cheque no banco, você está lidando com um sistema de filas. Quando você submete uma "tarefa em lote" (tal como uma compilação) em um computador de grande porte, sua tarefa deverá esperar em fila até que a CPU termine os trabalhos escalonados antes dela. Quando faz uma ligação ao telefone para reservar uma passagem de avião e ouve uma gravação — "Obrigado por ligar para Air Busters. Sua ligação será atendida pelo próximo operador disponível" — você está lidando com um sistema de filas.

Por Favor, Espere

Esperar é o elemento crítico. O objetivo de um sistema de filas é usar os servidores (as caixas, conferentes, CPU, operadores e assim em diante) o mais completamente possível para manter o tempo de espera dentro de um limite razoável. Estes objetivos geralmente exigem um compromisso entre custo e satisfação do cliente.

Para colocar isso em um nível pessoal, ninguém gosta de esperar em uma fila. Se existisse uma caixa para cada cliente de um supermercado, os clientes ficariam agradecidos. O supermercado, no entanto, não ficaria com suas portas abertas por muito tempo. Logo, um compromisso é feito: o número de caixas é mantido dentro dos limites estabelecidos pelo orçamento da loja e o cliente habitual não é mantido na fila de espera por *muito* tempo.

Como uma companhia determina o compromisso ótimo entre o número de servidores e o tempo de espera? Um modo é via experiência — a companhia tenta diferentes números de servidores e vê como as coisas funcionam. Há dois problemas com esta abordagem: ela é muito demorada e muito cara. Outra maneira de examinar esse problema é usar uma simulação computacional.

Para construir um modelo de filas, devemos saber as seguintes quatro coisas:

1. O número de eventos e como eles afetam o sistema, de modo que possamos determinar as regras de interação de entidades.
2. O número de servidores.
3. A distribuição de tempos de chegada, de modo que possamos determinar se uma entidade entrará no sistema.
4. O tempo esperado de serviço, de modo que possamos determinar a duração de um evento.

A simulação usa essas características para prever o tempo médio de espera. O número de servidores, a distribuição de tempos de chegada e a duração do serviço podem ser alteradas. Os tempos médios de espera serão então examinados para determinar o que será um compromisso razoável.

Um Exemplo

Considere o caso de um banco *drive-through* com uma caixa. Quanto tempo em média o carro terá que esperar? Se os negócios melhorarem e os carros começarem a chegar mais frequentemente, qual seria o efeito no tempo médio de espera? Quando o banco precisará abrir uma segunda janela *drive-through*?

Esse problema possui as características de um modelo de filas. As entidades são um *servidor* (a caixa), os *objetos sendo servidos* (os clientes nos carros) e uma fila para armazenar os objetos esperando para ser servidos (clientes nos carros). O *tempo médio de espera* é o que estamos interessados em observar. Os eventos desse sistema são as chegadas e as saídas de clientes.

Vamos examinar como podemos resolver esse problema como uma simulação orientada a tempo. Uma *simulação orientada a tempo* é aquela na qual o modelo é visto em intervalos de tempo uniformes — digamos, a cada minuto. Para simular a passagem de uma unidade de tempo (um minuto, por exemplo), incrementamos um relógio. Executamos a simulação por uma duração predeterminada de tempo — digamos, 100 minutos (é claro, tempo

SIMULA foi projetada para simulação
A linguagem de programação SIMULA, projetada e construída por Ole-Johan Dahl e Kristen Nygaard no Centro Norueguês de Computação (NCC – Norwegian Computing Centre), em Oslo, entre 1962 e 1967, tinha a intenção de ser uma linguagem para simulação de eventos discretos. SIMULA foi mais tarde expandida e reimplementada como uma linguagem de programação plena e de propósito geral. Embora SIMULA nunca tenha sido muito usada, a linguagem influenciou bastante a metodologia de programação moderna. SIMULA introduziu importantes construtos de linguagem orientada a objeto, tais como classes e objetos, herança e polimorfismo.[3]

simulado geralmente passa bem mais rapidamente que tempo real; 100 minutos simulados passam em um instante no computador).

Pense na simulação como um grande laço que executa um conjunto de regras para cada valor do relógio — de 1 a 100, em nosso exemplo. Aqui estão as regras que serão processadas no corpo do laço:

Regra 1. Se chegar um cliente, ele entrará na fila.

Regra 2. Se a caixa estiver livre e se existirem pessoas esperando, o primeiro cliente da fila deixará a fila e avançará para a janela da caixa. O tempo de serviço será definido para aquele cliente.

Regra 3. Se um cliente estiver na janela da caixa, o tempo restante para esse cliente ser servido será decrementado.

Regra 4. Se existirem clientes na fila, o minuto adicional que eles permanecerem na fila (seu tempo de espera) será gravado.

A saída da simulação será o tempo médio de espera. Calculamos esse valor usando a seguinte fórmula:

Tempo médio de espera = tempo de espera total para todos os clientes ÷ número de clientes

Dada esta saída, o banco poderá ver se seus clientes terão um tempo de espera não razoável em um sistema de uma caixa. Se for o caso, o banco poderá repetir a simulação com duas caixas.

Não tão rápido! Há ainda duas questões não respondidas. Como saberemos se chegou um cliente? Como saberemos quando um cliente terminou de ser servido? Deveremos fornecer dados sobre os tempos de chegada e de atendimento à simulação, ambos os quais são variáveis (parâmetros) na simulação. Nunca poderemos prever exatamente quando um cliente chegará ou quanto tempo cada cliente individual levará. Podemos, no entanto, fazer estimativas razoáveis, tais como a de que chegue um cliente a cada cinco minutos e de que a maioria dos clientes levará cerca de três minutos para ser servido.

Como saberemos se uma tarefa chegou nessa unidade de relógio específica? A resposta é uma função de dois fatores: o número de minutos entre chegadas (cinco, neste caso) e acaso. *Acaso?* Modelos de filas são baseados em acaso? Bem, não exatamente. Vamos expressar o número de minutos entre chegadas de outra forma — como a *probabilidade* de que uma tarefa chegue em qualquer dada unidade de relógio. Probabilidades variam de 0,0 (sem chance) a 1,0 (algo certo). Se, em média, uma nova tarefa chegar a cada cinco minutos, então a chance de um cliente chegar em qualquer minuto dado é de 0,2 (1 chance em 5). Assim, a probabilidade de um novo cliente chegar em um minuto específico é de 1,0 dividido pelo número de minutos entre chegadas.

Agora e sobre chance? Em termos computacionais, chance pode ser representada pelo uso de um *gerador de números aleatórios*. Simulamos a chegada de um cliente escrevendo uma função que gere um número aleatório entre 0,0 e 1,0 e aplique as seguintes regras:

1. Se o número aleatório estiver entre 0,0 e a probabilidade de chegada, chegou uma tarefa.
2. Se o número aleatório for maior que a probabilidade de chegada, não chegou tarefa nesta unidade de relógio.

Alterando a taxa de chegada, simulamos o que acontece com um sistema de apenas uma caixa onde cada transação leve cerca de três minutos enquanto mais e mais carros chegam. Podemos também ter a duração do tempo de serviço baseada em probabilidade. Por exemplo, poderíamos simular uma situação na qual 60% das pessoas levem três minutos, 30% das pessoas levem cinco minutos e 10% das pessoas levem dez minutos.

Simulação não nos dá *a* resposta ou mesmo *uma* resposta. Simulação é uma técnica para experimentar questões "e se". Construímos o modelo e executamos a simulação muitas vezes, tentando várias combinações dos parâmetros e observando o tempo médio de espera. O que acontecerá se os carros chegarem mais rapidamente? O que acontecerá se o tempo de serviço for reduzido em 10%? O que acontecerá se adicionarmos uma segunda caixa?

Outros Tipos de Filas

A fila do exemplo anterior era um fila FIFO: a entidade que recebe serviço é a entidade que esteve na fila por mais tempo. Outro tipo de fila é a *fila de prioridade*. Em uma fila de prioridade, a cada item na fila é associada uma prioridade. Ao sair um item da fila, esse item retornado será aquele com a prioridade mais alta. Uma fila de prioridade opera como a triagem na série de televisão $M*A*S*H$.

Quando os feridos chegam, os médicos colocam etiquetas em cada paciente, rotulando a severidade de seus ferimentos. Aqueles com os ferimentos mais severos vão primeiro para a sala de operação.

Outro esquema para ordenar eventos é ter duas filas FIFO: uma para tempos de serviço curtos e uma para tempos de serviço mais longos. Este esquema é semelhante à fila expressa dos supermercados. Se tiver menos de dez itens, você poderá entrar na fila expressa; caso contrário, você deverá entrar em uma das filas normais.

■ Modelos Meteorológicos

Na última seção examinamos uma simulação bem simples com entradas e saídas discretas. Vamos agora para uma discussão sobre uma simulação contínua: prever o tempo. Os detalhes de previsão de tempo estão acima das cabeças de todos, exceto dos meteorologistas profissionais. Em geral, modelos meteorológicos são baseados em equações diferenciais parciais dependentes de tempo da mecânica dos fluidos e da termodinâmica. Existem equações para dois componentes horizontais de velocidade do vento, da velocidade vertical, temperatura, pressão e concentração de vapor d'água. Umas poucas tais equações são mostradas na Figura 14.1. Não se preocupe, trabalhar com essas equações está além do escopo deste livro — apenas queremos conduzir alguns dos processamentos complexos que ocorrem nesses tipos de modelos.

Para prever o tempo, valores iniciais para as variáveis são informados a partir de observação e então as equações são resolvidas para identificar os valores das variáveis em algum momento posterior.[4] Esses resultados são então reintegrados usando os valores previstos como as condições iniciais. Esse processo de reintegração usando os valores previstos a partir daquela última integração como os valores observados para a atual integração continua, dando as previsões ao longo do tempo. Como essas equações descrevem taxas de mudança de entidades do modelo, as respostas após cada solução dão valores que podem ser usados para prever o próximo conjunto de valores.

Esses tipos de modelos de simulação são computacionalmente dispendiosos. Dada a complexidade das equações e ao fato de que elas devem ser verdadeiras em cada ponto da atmosfera,

FIGURA 14.1 Algumas das complexas equações usadas em modelos meteorológicos

Momentum horizontal:

$$\frac{\partial p^* u}{\partial t} = -m^2 \left[\frac{\partial p^* uu/m}{\partial x} + \frac{\partial p^* vu/m}{\partial y} \right] - \frac{\partial p^* u\sigma}{\partial \sigma} + uDIV$$

$$- \frac{mp^*}{\rho} \left[\frac{\partial p'}{\partial x} - \frac{\sigma}{p^*} \frac{\partial p^*}{\partial x} \frac{\partial p'}{\partial \sigma} \right] - p^* fv + D_u$$

$$\frac{\partial p^* v}{\partial t} = -m^2 \left[\frac{\partial p^* uv/m}{\partial x} + \frac{\partial p^* vv/m}{\partial y} \right] - \frac{\partial p^* v\sigma}{\partial \sigma} + vDIV$$

$$- \frac{mp^*}{\rho} \left[\frac{\partial p'}{\partial y} - \frac{\sigma}{p^*} \frac{\partial p^*}{\partial y} \frac{\partial p'}{\partial \sigma} \right] - p^* fu + D_v$$

Momentum vertical:

$$\frac{\partial p^* w}{\partial t} = -m^2 \left[\frac{\partial p^* uv/m}{\partial x} + \frac{\partial p^* vw/m}{\partial y} \right] - \frac{\partial p^* w\sigma}{\partial \sigma} + wDIV$$

$$+ p^* g \frac{p_0}{\rho} \left[\frac{1}{p^*} \frac{\partial p'}{\partial \sigma} + \frac{T_v'}{T} - \frac{T_0 p'}{Tp_0} \right] - p^* g \left[(q_c + q_r) \right] + D_w$$

Pressão:

$$\frac{\partial p^* p'}{\partial t} = -m^2 \left[\frac{\partial p^* up'/m}{\partial x} + \frac{\partial p^* vp'/m}{\partial y} \right] - \frac{\partial p^* p'\sigma}{\partial \sigma} + p'DIV$$

$$- m^2 p^* \gamma p \left[\frac{\partial u/m}{\partial x} - \frac{\sigma}{mp_\rho^*} \frac{\partial p^*}{\partial x} \frac{\partial u}{\partial \sigma} + \frac{\partial v/m}{\partial y} - \frac{\sigma}{mp^*} \frac{\partial p^*}{\partial y} \frac{\partial v}{\partial \sigma} \right]$$

$$+ p_0 g \gamma p \frac{\partial w}{\partial \sigma} + p^* p_{0gw}$$

Temperatura:

$$\frac{\partial p^* T}{\partial t} = -m^2 \left[\frac{\partial p^* uT/m}{\partial x} + \frac{\partial p^* vT/m}{\partial y} \right] - \frac{\partial p^* T\sigma}{\partial \sigma} + T\,DIV$$

$$+ \frac{1}{\rho c_p} \left[p^* \frac{Dp'}{Dt} - p_0 gp^* w - D_{p'} \right] + p^* \frac{Q}{c_p} + D_T,$$

onde

$$DIV = m^2 \left[\frac{\partial p^* u/m}{\partial x} + \frac{\partial p^* v/m}{\partial y} \right] + \frac{\partial p^* \sigma}{\partial \sigma},$$

e

$$\sigma = -\frac{p_0 g}{p^*} w - \frac{m\sigma}{p^*} \frac{\partial p^*}{\partial x} u - \frac{m\sigma}{p^*} \frac{\partial p^*}{\partial y} v.$$

Ivan Sutherland

Ivan Sutherland possui credenciais na academia em pesquisa industrial e nos negócios. Na sua página Web, Sutherland lista sua profissão como engenheiro, empresário, capitalista, professor. Ele ganhou o prestigioso Prêmio Turing da ACM, o Prêmio Smithsonian Computer World, o Prêmio First Zworykin da Academia Nacional de Engenharia e o Prêmio Price Waterhouse Information Technology Leadership for Lifetime Achievement.

Sutherland recebeu um BS do Carnegie Institute of Technology, um MS do California Institute of Technology e um PhD do Massachusetts Institute of Technology. Sua tese de PhD, "Sketchpad: A Man-Machine Graphical Communications System", inaugurou o uso da caneta ótica (*lightpen*) para criar imagens gráficas diretamente em uma tela de exibição. Os padrões gráficos poderiam ser armazenados em memória e depois recuperados e manipulados, assim como qualquer outro dado. Sketchpad foi a primeira interface gráfica de usuário (GUI), aparecendo em cena muito antes do termo ter sido inventado e abriu o campo de projeto assistido por computadores (*Computer-Aided Design* — CAD).

O Departamento de Defesa dos EUA e a Agência de Segurança Nacional (National Security Agency — NSA) lideraram a pesquisa computacional no início dos anos 1960. Quando Sutherland se graduou, ele foi alistado no Exército e designado para a NSA. Em 1964, ele foi transferido para a Agência de Projetos de Pesquisa Avançada (ARPA — Advanced Research Projects Agency, mais tarde DARPA) do Departamento de Defesa, onde comissionou e gerenciou projetos de pesquisa de ciência da computação como diretor do Escritório de Técnicas de Processamento de Informação da ARPA. Após seu rápido emprego com os militares, Sutherland foi para Harvard como professor associado.

Sketchpad, que permitiu que pessoas interagissem com o computador em termos de imagens, foi o predecessor lógico do trabalho de Sutherland em realidade virtual. Seu objetivo era a "exibição definitiva", que incluiria uma tela de exibição estereoscópica, com todas as cores, que preenchesse todo o campo de visão do usuário. Transformar a teoria em prática foi mais difícil do que imaginado inicialmente devido ao peso da tela para a cabeça (*head-mounted display* — HMD). Na verdade, a primeira implementação foi montada na parede ou no teto em vez de na cabeça, ganhando assim o apelido de "Espada de Dâmocles".

Reproduzido com permissão da Sun Microsystems

Em 1968, Sutherland se mudou para a University of Utah, onde continuou sua pesquisa em sistemas HMD. Sutherland e David Evans, outro membro do corpo docente de Utah, fundaram Evans & Sutherland, uma companhia especializada em hardware e software para sistemas visuais de simulação, treinamento e aplicativos de realidade virtual. Em 1975, Sutherland retornou ao California Institute of Technology como chefe do Departamento de Ciências da Computação, onde ajudou a introduzir projeto de circuitos no currículo.

Sutherland deixou Caltech em 1980 e criou Sutherland, Sproull, and Associates, uma firma de consultoria e capital de risco. Ele agora mantém oito patentes em computação e hardware gráficos e continua sua pesquisa em tecnologia de hardware. Ele é atualmente vice-presidente e *Sun Fellow* da Sun Microsystems.

Sutherland ganhou o Prêmio Turing em 1988. Na citação, lê-se:

> Pelas suas contribuições pioneiras e visionárias em computação gráfica, começando por Sketchpad e prosseguindo. Sketchpad, embora escrito 25 anos atrás, introduziu muitas técnicas ainda importantes hoje em dia. Essas incluem um arquivo de exibição para atualização de tela, uma estrutura hierárquica de travessia recursiva para modelar objetos gráficos, métodos recursivos para transformações geométricas e um estilo de programação orientada a objeto. Inovações posteriores incluem um "Lorgnette" para visualizar imagens estéreas ou coloridas e algoritmos elegantes para registrar visualizações digitalizadas, cortar polígonos e representar superfícies com linhas ocultas.

Apesar de todas as honras que Sutherland recebeu, ele citou uma vez que sua realização de maior orgulho são seus quatro netos.

---

são necessários computadores paralelos de alta velocidade para resolvê-las em uma quantidade razoável de tempo.

Previsão de Tempo

"Céu vermelho pela manhã, cuidado marinheiro" é uma previsão de tempo muitas vezes citada. Antes do advento de computadores, a previsão do tempo era baseada em folclore e em observações. No início dos anos 1950, foram desenvolvidos os primeiros modelos computacionais para previsão de tempo. Esses modelos tomaram a forma de conjuntos muito complexos de equações diferenciais parciais. À medida que os computadores cresceram em tamanho, os modelos de previsão do tempo ficaram ainda mais complexos.

Detecção de *Tsunami*

Especialistas em *tsunami* estão desenvolvendo melhores maneiras de deixar as pessoas a par de quando um *tsunami* estiver chegando. No passado, os sistemas de alerta de *tsunamis* eram baseados no sismômetro. Infelizmente, esse método é afetado por alarmes falsos, já que nem todo terremoto desencadeia um *tsunami*. Cientistas estão agora usando sensores colocados em cabos no chão do mar para detectar a mais leve perturbação de um *tsunami* passando acima, na superfície do oceano. Quando os sensores constatam um *tsunami*, uma boia ancorada ali perto envia o sinal para terra via satélite. O Laboratório de Ambiente Marinho do Pacífico (PMEL - *Pacific Marine Environmental Laboratory*) da Administração Nacional Oceânica e Atmosférica (NOAA - *National Oceanic and Atmospheric Administration*), baseado em Seattle, projetou as boias de oceano profundo para avaliar e reportar (DART - *deep ocean assessment and reporting*) *tsunamis*. Esses sistemas são capazes de detectar alterações de nível de mar de menos de um milímetro no oceano.

Se meteorologistas usam modelos computacionais para prever o tempo, por que previsões de rádio e TV da mesma cidade são diferentes? Por que às vezes eles erram? Modelos computacionais são projetados para ajudar o meteorologista e não para substituí-lo. As saídas dos modelos computacionais são previsões de valores de variáveis no futuro. Fica a cargo do meteorologista determinar o que os valores *significam*.

Observe que no último parágrafo, nos referimos a diversos modelos. Existem diferentes modelos porque eles fazem diferentes hipóteses. No entanto, todos os modelos computacionais aproximam a superfície da Terra e a atmosfera acima da superfície usando pontos de grade uniformemente espaçados. A distância entre esses pontos determina o tamanho das caixas de grade ou resolução. Quanto maiores as caixas de grade, menores tornam-se as resoluções dos modelos. O modelo de Grade Aninhada (*Nested Grid model* — NGM) possui uma resolução horizontal de 80 km e 18 níveis verticais e visualiza a atmosfera como dividida em quadrados para vários níveis da atmosfera. Grades com quadrados menores são aninhadas dentro de grades maiores para focar áreas geográficas específicas. O NGM prevê 0-48 horas do futuro a cada 6 horas.

O modelo Estatísticas de Saída de Modelo (*Model Output Statistics* — MOS) consiste em um conjunto de equações estatísticas adaptadas para várias cidades dos Estados Unidos. O modelo ETA, nomeado em homenagem ao sistema de coordenadas ETA, que leva em conta aspectos topográficos, como montanhas, é um modelo mais novo que se parece bastante com o NGM, mas possui melhor resolução (29 km).[5] WRF é uma extensão de ETA que usa uma grade de tamanho variável de 4 a 12,5 e 25 a 37 níveis.

A saída de modelos meteorológicos pode ser em formato de texto ou em formato gráfico. A tarefa do meteorologista é interpretar toda a saída. Porém, qualquer bom meteorologista sabe que a saída de qualquer um desses modelos é apenas tão boa quanto for entrada usada como ponto de partida para as equações diferenciais. Esses dados vêm de uma variedade de origens, incluindo as radiossondas (para medir umidade, temperatura e pressão em altas altitudes), *rawinsondes* (para medir velocidade para cima do vento), observações de aeronaves, observações de superfície, satélites e outras origens remotas sensíveis. Um pequeno erro em qualquer das variáveis de entrada pode causar um erro crescente nos valores à medida que as equações forem reintegradas ao longo do tempo. Outro problema é aquele de escala. A resolução de um modelo pode ser muito grosseira para que o meteorologista interprete corretamente os resultados dentro de sua área imediata.

Diferentes meteorologistas podem acreditar nas previsões ou podem decidir que outros fatores indiquem que as previsões estejam erradas. Além disso, os vários modelos podem dar resultados conflitantes. Fica a cargo do meteorologista fazer um julgamento de qual, se algum, está correto.

Acompanhamento de Furacões

Os módulos de acompanhamento de furacões são chamados de *modelos relocáveis*, porque eles são aplicados a um alvo em movimento. Isto é, a localização geográfica da previsão do modelo varia de execução em execução (isto é, de furacão para furacão). O Laboratório de Geofísica e Dinâmica de Fluidos (*Geophysical and Fluid Dynamics Laboratory* — GFDL) desenvolveu o mais recente modelo para furacões, em um esforço para melhorar a previsão de onde um furacão acontecerá.

O modelo GFDL para furacões tornou-se operacional em 1995. As equações eram tais que as previsões não podiam ser feitas rápidas o suficiente para serem úteis até que os supercomputadores de alto desempenho do Serviço de Meteorologia Nacional foram usados em operação paralela, o que aumentou o tempo de execução em relação à implementação serial em 18%. A Figura 14.2 mostra a melhoria desse modelo em relação aos anteriores usados para acompanhar furacões. GFDL está sendo substituído por uma versão especializada de WRF, chamada de HWRF. HWRF usa células de grade de 27 e 9 km com 42 níveis. Ele também obtém informação de uma segunda simulação chamada de Princeton Ocean Model, que fornece dados sobre correntes e temperaturas oceânicas.

Alguns pesquisadores estão produzindo modelos que combinam as saídas de outros modelos. Tais modelos combinados, que têm sido chamados de "supergrupos" (*superensembles*) dão me-

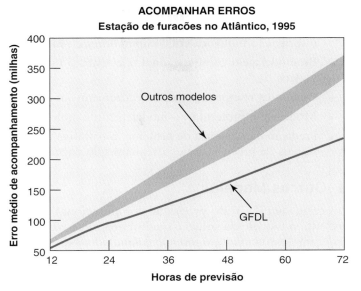

FIGURA 14.2 Melhorias em modelos para furacões. *Reimpresso, com permissão, a partir do Conselho Nacional de Tecnologia e Ciência*, Computação e Comunicações de Alto Desempenho: Avançando as Fronteiras da Tecnologia da Informação

lhores resultados que modelos individuais. Quanto maior o tempo de execução desse tipo de modelo, melhores serão seus resultados. Em um estudo focando uma previsão de ventos de furacão três dias no futuro, um modelo combinado teve um erro de 21,5 mph em comparação aos erros do modelo individual, que variou de 31,3 mph a 32,4 mph.

Modelos Especializados

Modelos meteorológicos podem ser adaptados e especializados para propósitos de pesquisa. Por exemplo, simulações de modelos numéricos de processamento atmosférico estão sendo combinadas com modelos de química do ar para diagnosticar transporte e difusão atmosféricos para diversos aplicativos de qualidade do ar. Um desses estudos analisou o papel da topografia da região do Grand Canyon do Arizona no movimento de poluição do ar.

Outro estudo mostrou que assimilando ou ingerindo dados observados na solução do modelo à medida que o modelo estava executando adiante no tempo, em vez de usar apenas observações do tempo inicial, o desempenho do modelo aumentou significativamente. Isso permite representações numéricas melhoradas da atmosfera para entrada em outros modelos especializados.[6]

Sistemas avançados de modelagem meteorológica podem ser usados para fornecer orientação para outros sistemas complexos nas indústrias militar e de aviação. Por exemplo, o tempo possui um impacto no movimento de projéteis e deve ser levado em consideração em situações de campo de batalha. Na indústria de aviação, dados meteorológicos são usados de diversas maneiras, desde determinar quanto combustível carregar até decidir quando mover aviões para evitar avarias por granizo.

Comunicação por Toque
Estudos táteis (*Haptics*) é o campo de ciência e tecnologia dedicado a sensações táteis, significando toque. Dispositivos táteis simulam sensações relativas a toque, tais como pressão, temperatura e textura. Volantes e *joysticks* de retorno de força são exemplos de dispositivos táteis simples. Dispositivos mais sofisticados incluem luvas de exoesqueleto de retorno de força, robôs cirúrgicos de controle remoto, telas sensíveis a toque e jogos de vídeo que tocam de volta. Atualmente, por exemplo, dispositivos táteis são usados como ferramentas de simulação cirúrgica para treinar médicos. Antes de tais sistemas se tornarem disponíveis, aprendizes de cirurgiões praticavam em laranjas! Dispositivos táteis podem mesmo permitir que um cirurgião realize várias cirurgias ao mesmo tempo, a partir de um único local. Esses avanços em tecnologia tátil têm tornado possível explorar como o sentido do tato humano funciona – um grande avanço, especialmente no campo da robótica.

■ Biologia Computacional

Biologia Computacional é um campo interdisciplinar que aplica técnicas de ciência da computação, matemática aplicada e estatística a problemas em biologia. Essas técnicas incluem construção de modelos, simulação computacional e gráficos. Muito da pesquisa biológica, incluindo pesquisa genética/genômica, é conduzida agora via técnicas computacionais e modelagem, em vez de em laboratórios tradicionais "molhados" com produtos químicos. Ferramentas computacionais capacitaram pesquisadores do genoma para mapear o genoma humano completo em 2003; usar métodos tradicionais de sequenciamento teria exigido muito mais anos para atingir esse objetivo. Técnicas computacionais também tem assistido pesquisadores em localizar os genes para muitas doenças, o que resultou em fármacos sendo desenvolvidos para tratamento e cura dessas doenças.

Biologia computacional engloba diversos outros campos, incluindo os seguintes:

>> **Biologia Computacional** Um campo interdisciplinar que aplica técnicas de ciência da computação, matemática aplicada e estatística a problemas em biologia

- **Bioinformática**, a aplicação de tecnologia da informação à biologia molecular. Ela envolve aquisição, armazenamento, manipulação, análise, visualização e compartilhamento de informação biológica em computadores e redes de computadores.

- **Biomodelagem computacional**, a construção de modelos computacionais de sistemas biológicos.

- **Genômica computacional**, o deciframento de sequencias de genoma.

- **Modelagem molecular**, a modelagem de moléculas.

- **Predição de estrutura de proteína**, a tentativa de produzir modelos de estruturas tridimensionais de proteínas que já tenham sido encontradas experimentalmente.

■ Outros Modelos

Em certo sentido, todo programa computacional é uma simulação, já que um programa representa o modelo da solução que foi projetada na fase de resolução de problemas. Quando o programa é executado, o modelo é simulado. No entanto, não queremos seguir esse caminho, senão esta seção seria infinita. Entretanto, existem diversas disciplinas que fazem uso explícito de simulação.

Será que o mercado de ações vai subir? Será que os preços para o consumidor vão subir? Se aumentarmos a quantia de dinheiro gasta com publicidade, será que as vendas vão aumentar? Modelos de previsão ajudam a responder essas questões. No entanto, esses modelos de previsão são diferentes daqueles usados em previsão de tempo. Modelos meteorológicos são baseados em fatores cujas interações são, na maioria das vezes, conhecidas e podem ser modeladas com o uso de equações diferenciais parciais da mecânica dos fluidos e da termodinâmica. Modelos de previsão econômica e de negócios são baseados em história passada das variáveis envolvidas, portanto eles usam análise de regressão como a base para previsão.

Modelos sísmicos retratam a propagação de ondas sísmicas pelo meio terrestre. Estas ondas sísmicas podem vir de eventos naturais, como terremotos e erupções vulcânicas, ou de eventos feitos pelo homem, como explosões controladas, terremotos induzidos em reservatórios ou barulho cultural (indústria ou tráfego). Para eventos naturais, sensores captam as ondas. Modelos, usando essas observações como entrada, podem então determinar a causa e a magnitude da origem causando as ondas. Para eventos feitos pelo homem, dados o tamanho do evento e os dados sensoriais, modelos podem mapear a subsuperfície terrestre. Tais modelos podem ser usados para explorar petróleo e gás natural. Os dados sísmicos são usados para fornecer aos geólogos mapas tridimensionais bem-detalhados de reservas ocultas de petróleo e de gás natural antes de começar a perfurar, minimizando assim a possibilidade de perfurar um poço seco.

■ Poder Necessário de Computação

Muitas das equações necessárias para construir modelos contínuos discutidos aqui foram desenvolvidas há muitos anos. Isto é, as equações diferenciais parciais que definem as interações das entidades do modelo eram conhecidas. No entanto, os modelos baseados nelas não podiam ser simulados ao tempo de que as respostas fossem úteis. A introdução de computação paralela de alto desempenho, em meados dos anos 1990, mudou tudo isso. Máquinas mais rápidas, maiores e mais novas permitem que cientistas resolvam sistemas matemáticos mais complexos em domínios maiores e grades cada vez mais finas com tempos de relógio ainda menores. As novas máquinas são capazes de resolver as equações complexas de forma rápida o suficiente para fornecer respostas a tempo. Previsões numéricas de tempo, de forma diferente de alguns outros aplicativos, devem ganhar do relógio. Afinal, a previsão de tempo de ontem não será muito útil se não for recebida até hoje.

14.3 Computação Gráfica

A computação gráfica pode ser descrita de forma muito geral como a definição de valores de pixel na tela de um computador. Relembre que conversamos sobre imagens de computador no Capítulo 3. Naquele momento, dissemos que uma imagem é uma coleção de valores de pixel especificados como os valores de vermelho, verde e azul. Embora esta discussão anterior tenha se referido a figuras que poderíamos digitalizar e exibir em uma tela de um computador, ela também se aplica a tudo que exibirmos em uma tela de um computador.

A computação gráfica desempenha um papel em muitos aspectos da ciência da computação. O aplicativo mais comum está na interface gráfica de usuário (GUI) de sistemas operacionais modernos. Arquivos e pastas são representados como ícones na tela, com o ícone indicando o tipo de arquivo. Interagir com o computador envolve apontar, clicar e arrastar, o que altera a aparência da tela. Computação gráfica determina como definir as cores de pixel para exibir os ícones e como alterar os valores de pixel à medida que um ícone é arrastado pela tela.

Softwares de processamento de texto e de editoração eletrônica são outros aplicativos de computação gráfica. A capacidade deles de mostrar como o documento aparecerá quando impresso torna-se possível pelo modo como pixels são definidos na tela. Embora você possa não pensar em texto em preto e branco em uma tela ao pensar em computação gráfica, ele ainda está envolvido na exibição. Ilustrações em manuais de usuário também são geradas por computação gráfica. Nesse aplicativo, técnicas especiais são usadas para produzir imagens que destaquem a característica ou parte sendo discutida, em vez de criar imagens completamente realistas.

Companhias também usam computação gráfica no projeto e fabricação de produtos. Sistemas de projeto assistido por computador (CAD) deixam engenheiros criar a especificação de novos componentes usando técnicas de modelagem geométrica (como na Figura 14.3). Essas partes podem ser exibidas na tela e podem até ser testadas em relação a pontos de tensão que podem potencialmente quebrar. Esses desenhos podem finalmente ser usados para dar instruções às máquinas de linha de montagem que criam as partes.

Os artistas usam computação gráfica de diversas maneiras. Alguns artistas usam um computador como uma tela de alta tecnologia. Programas de pintura permitem que artistas criem trabalhos usando o computador em vez de pincéis e telas. Software de manipulação de imagens permite que fotógrafos retoquem fotografias ou que combinem diversas imagens para criar efeitos únicos. Artistas também usam o computador como uma parte integral da obra de arte. Por exemplo, já em 1982, Jane Veeder criou a instalação computacional WARPITOUT, que permitia que usuários tirassem suas fotos digitalmente e depois as manipulassem antes delas se tornarem parte de uma galeria rotativa de imagens recentes.

Experimentação e simulação científicas inevitavelmente produzem grandes quantidades de dados. Um cientista que examine dados como números em uma página pode não perceber uma tendência ou um padrão nesses dados. Um meio alternativo de análise é visualização científica com dados apresentados em um formato gráfico. Sistemas de visualização científica permitem que o usuário altere as cores associadas a diferentes valores e crie seções transversais pelos dados para ajudar a descobrir padrões e tendências. Um aplicativo relacionado está em imagens médicas. Resultados de testes que utilizam tecnologias como tomografia computadorizada (*computerized tomography* — CT), ultrassom e imagem de ressonância magnética (*magnetic resonance imaging* — MRI) são apresentados em uma forma gráfica, que um médico ou um técnico pode então usar para fazer um diagnóstico.

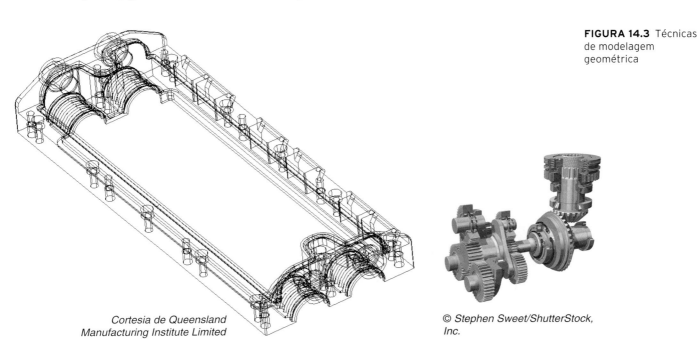

FIGURA 14.3 Técnicas de modelagem geométrica

Cortesia de Queensland Manufacturing Institute Limited

© Stephen Sweet/ShutterStock, Inc.

Mesmo que numerosos aplicativos de computação existam, é provável que ao pensar em computação gráfica, você imagine jogos de computador, filmes animados ou efeitos especiais em televisão e em cinema. Esses são os aplicativos mais "divertidos" — mas também os mais complexos. A complexidade vem da necessidade de simular processos muito complexos — a interação de luz e objetos, modelagem das formas de objetos simples e complexos, o movimento natural de personagens e objetos. O restante desta seção examinará alguns desses temas em mais detalhes. Como você verá, há muitos detalhes em computação gráfica, o que a torna uma área de estudo complexa e divertida. Como a computação gráfica é ampla o bastante para ser assunto de livros didáticos inteiros, esta seção poderá apenas dar a você uma dica do que está envolvido.

■ Como a Luz Atua

O sistema visual humano funciona porque a luz reflete de objetos e entra em nossos olhos. As lentes do olho focam a luz à medida que ela atinge o fundo do olho. O fundo do olho é composto de células cone e bastonete que reagem à luz que as atinge. As células cone veem em três variedades — longas, médias e curtas — baseadas no comprimento de onda de luz a qual elas reagem. Os cones longos reagem às sombras vermelhas, os cones médios reagem às sombras verdes e os cones curtos reagem às sombras azuis. As células bastonete reagem apenas à intensidade da luz, portanto, elas não são sensíveis a cores. As reações nas células cone e bastonete são interpretadas pelo nosso sistema visual e pelo nosso cérebro, que asseguram que vemos objetos diante de nós.

A luz no nosso mundo atinge objetos, refletindo a partir deles. Embora possamos pensar em espelhos e objetos polidos como os únicos que são capazes de refletir, na realidade todos os objetos refletem luz. A quantidade de luz que é refletida depende da quantidade de luz disponível. Em um dia ensolarado, muito mais objetos são visíveis do que em um dia nublado ou em algum momento tarde da noite.

Além da quantidade de luz, a aparência de um objeto é influenciada pelo material do qual o objeto é feito. Por exemplo, plástico, madeira e metal parecem diferentes por causa de suas propriedades. Objetos de plástico possuem partículas de cor embutidas neles, mas possuem superfícies bastante brilhosas. Realces em objetos de plástico são da mesma cor que a luz, não importando a cor do objeto. Objetos de madeira são influenciados pelos grãos da madeira, que refletem luz não uniformemente. Objetos de metal têm superfícies microscopicamente ásperas, portanto eles possuem realces, mas não tão acentuados quanto aqueles do plástico.

Considere um espelho plano. A direção na qual o espelho aponta pode ser especificada por seu vetor normal (**N**), que é perpendicular à superfície do espelho (Figura 14.4). O ângulo que a luz reflete a partir do espelho (θ) será o mesmo, relativo ao vetor normal, que o ângulo no qual a luz chega. Se você estiver na direção de um vetor visual (**V**), o que você vê será influenciado pelas direções de todos estes vetores. O processo inteiro é complexo, já que a luz pode atingir o espelho a partir de muitas diferentes direções. Quando você se olha em um espelho, a luz reflete de seu rosto e roupas a partir de diferentes direções antes de entrar no seu olho.

As sombras são um importante componente de nosso mundo. Elas nos dão pistas visuais sobre as localizações de objetos e de fontes de luz. Elas também nos dão pistas sobre localizações relativas de dois objetos. Se dois objetos estiverem em contato, por exemplo, a sombra feita por

FIGURA 14.4 Os vetores normal (**N**), de luz (**L**), visual (**V**) e de reflexão (**R**)

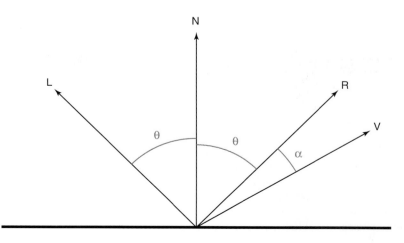

um dos objetos estará bem próxima deste objeto. À medida que os objetos se afastarem, a sombra mudará e, dependendo das condições de iluminação, podem até desaparecer. Isso explica por que alguns desenhos feitos antigamente parecem estranhos: alguns incluem sombras para os personagens e alguns não. Mickey Mouse tem sombra, mas Fred Flintstone não. O resultado é que Mickey parece estar andando no chão, enquanto Fred parece estar flutuando no ar.

Para produzir imagens realistas, programas computacionais devem fazer cálculos que simulem a interação entre luz e um objeto, a superfície irregular de um objeto texturizado e a alteração em intensidade de luz em locais de sombras. Esses cálculos podem levar muito tempo. Filmes animados e efeitos especiais de cinema possuem melhor aspecto que jogos de computador, já que simplificações e atalhos são necessários para que um jogo possa gerar imagens em tempo real. Outro componente importante desse processo é a representação da forma de objetos na imagem, que é discutida a seguir.

■ O Formato do Objeto Importa

A forma de um objeto também influencia a aparência do objeto. Quando um objeto é plano, como um espelho, há uma direção do vetor normal para cada localização do objeto. Se um objeto não for plano, a direção do vetor normal pode ser diferente em várias localizações. Essa mudança de direção do vetor normal altera a forma de realce, o que nos dá pistas visuais sobre a forma do objeto.

Lembre-se das aulas de matemática em que se usam equações para descrever linhas, planos, esferas, cilindros e outros objetos. Essas equações são usadas em computação gráfica para especificar as formas de objetos. Se olhar em volta, você verá que objetos possuem uma ampla variedade de formas. Muitas são bem mais complexas que esses simples objetos matemáticos. A computação gráfica também oferece modos de descrever matematicamente as formas de superfícies curvas. Objetos complexos são então definidos por uma coleção de curvas individuais.

Ainda que objetos de nosso mundo sejam sólidos, a computação gráfica lida apenas com a superfície dos objetos, porque isto é tudo o que vemos. Adicionalmente, essas equações matemáticas definem superfícies lisas, mesmo que objetos reais possam ter superfícies irregulares. Por exemplo, tijolos e concreto possuem uma superfície áspera que dispersarão luz diferentemente de uma superfície lisa. Softwares gráficos usam técnicas de mapeamento de texturas para simular estas superfícies ásperas.

■ Simulando Luz

Diversas técnicas são usadas para simular a interação de luz e objetos em gráficos. Algumas técnicas são simples; outras são muito complexas computacionalmente. Em geral, a simulação de luz interagindo em um ponto de um objeto é chamada de *modelo de iluminação*, ao passo que o processo de usar um modelo de iluminação para determinar a aparência de um objeto inteiro é chamado de um *modelo de sombreamento* ou apenas *sombreamento*. O processo de criação de toda uma imagem é chamado de *renderização*.

Um dos primeiros modelos de iluminação, de 1971, usa três diferentes componentes: luz ambiente, reflexões difusas e reflexões especulares. Luz ambiente é uma luz generalizada que não possui direção. Este tipo de luz torna possível que vejamos objetos que não possuam luz direcionada a eles. Reflexões difusas ocorrem porque a luz atinge diretamente um objeto. Essas reflexões ocorrem em toda direção e são baseadas no ângulo entre a direção da luz e a normal à superfície (θ na Figura 14.4). Quanto mais próximas a direção da luz e a normal à superfície, maior será a contribuição da reflexão difusa. Realces especulares são os pontos brilhantes que aparecem em objetos devido à direção de reflexão do espelho. A reflexão especular é baseada no ângulo entre a direção de reflexão e a direção de visualização (α na Figura 14.4). Quanto mais próximas estiverem, maior será a contribuição de reflexão especular. A aparência de um objeto será determinada pela adição conjunta de luz ambiente, reflexão difusa e reflexão especular. Embora tenha sido desenvolvido há muito tempo, esse modelo de iluminação ainda é comumente usado em software gráfico de hoje em dia.

Este modelo de iluminação possui um problema notável: ele faz com que tudo pareça ser feito de plástico. Por esta razão, ajustes têm de ser feitos aos resultados produzidos para lidar com objetos metálicos e objetos com texturas. O modelo de iluminação também não pode lidar com objetos transparentes ou objetos com superfícies espelhadas.

Um segundo método de sombreamento é chamado de traçado de raio. Neste método, um ponto no espaço é identificado onde o visualizador está localizado. Então, a localização da tela (onde a imagem precisa ser desenhada) é determinada. Agora, uma linha pode ser desenhada a partir do local do visualizador até cada localização de pixel da imagem. Essa linha ou raio é seguido na cena. Se não atingir um dos objetos, esse pixel será colorido para combinar com a cor do plano de fundo. Se atingir um objeto, o cálculo de iluminação será realizado para esse ponto e o resultado tornar-se-á a cor do pixel. Se o objeto atingido for reflexivo, como um espelho, a direção que o raio reflete do objeto será calculada e essa nova direção será seguida para determinar a cor do pixel. Se o objeto que é atingido for transparente, a direção que o raio refrata no objeto será calculada e essa nova direção será seguida. Objetos muito complexos podem ser tanto reflexivos como transparentes, portanto ambos estes cálculos devem ser feitos e seus resultados combinados. Como os raios são seguidos à medida que chegam ao redor de uma cena, o traçado de raio pode lidar com objetos transparentes e reflexivos.

Você pode já ter observado que às vezes a cor de sua camisa reflete em seu rosto ou braços. Esse fenômeno é chamado de sangramento de cor. Outro exemplo ocorre quando alguém usando uma camisa vermelha brilhante fica de pé perto de uma parede branca. A parede perto da pessoa pode parecer rosa, já que a luz reflete da camisa vermelha antes de chegar à parede. Nenhum dos métodos de sombreamento discutidos até agora podem simular este tipo de interação de luz, mas uma técnica chamada *radiosidade* pode lidar com sangramento de cor. Em radiosidade, a luz é tratada como energia. Cálculos complexos examinam quanta energia é transferida de cada objeto para cada outro objeto de uma cena. Como a quantidade de energia recebida por um grande objeto, como uma parede, será diferente, para diferentes partes da parede, grandes objetos serão subdivididos em pedaços bem menores antes que a interação de energia seja calculada.

A quantidade de energia transferida entre dois fragmentos da cena dependerá de quão afastados estes dois fragmentos estejam e em que direção estes fragmentos estejam apontado. Quanto mais longe estiverem esses dois fragmentos, menos energia eles irão transferir. Quanto mais perto eles estiverem de ficar diante um do outro, mais energia eles irão transferir. Esse processo é mais complicado pelo fato de o fragmento A poder transferir energia para o fragmento B e, reciprocamente, o fragmento B poder transferir energia para o fragmento A. Adicionalmente, a quantidade de energia que o fragmento A possui disponível para transferir para o fragmento B dependerá em parte de quanta energia o fragmento A obterá do fragmento B. De forma semelhante, a quantidade de energia que o fragmento B transfere para o fragmento A dependerá da quantidade de energia que o fragmento A transferir para ele.

A radiosidade é muito complexa não apenas devido a todas as potenciais combinações de transferência energia, mas também porque uma cena pode ter mais de 100.000 fragmentos para os quais essa transferência de energia deverá ser determinada.

■ Modelando Objetos Complexos

Antes dissemos que as formas de simples objetos poderiam ser modeladas com simples objetos matemáticos e superfícies curvas. Muitos objetos de nosso mundo são bem mais complexos em termos de suas formas e dos modos como interagem com luz. Essa é uma área onde os pesquisadores gráficos estão trabalhando para produzir simulações realísticas de fenômenos naturais que possam ser renderizadas em uma quantidade razoável de tempo. Esta seção examina essas questões de modo geral.

Paisagens naturais fornecem uma mistura de desafios gráficos: terrenos que pareçam realistas, riachos que pareçam razoáveis e plantas que pareçam naturais. A Figura 14.5 mostra uma paisagem gerada por computador que parece natural. O terreno pode ser modelado com modelos fractais ou de erosão. Um *modelo fractal* usa uma técnica chamada de subdivisão de ponto médio. Com essa técnica, você começa com um fragmento triangular. Cada lado do triângulo é subdividido ao meio e arestas extras são adicionadas entre estes pontos para criar quatro fragmentos triangulares. O processo é repetido novamente para cada um dos quatro fragmentos, o que produzirá 16 fragmentos triangulares. Este resultado não é tão interessante por si só. No entanto, se cada um dos pontos médios for aleatoriamente movido para cima ou para baixo quando for subdividido, ele gerará uma forma de terreno irregular (Figura 14.6). *Modelos de erosão* podem ser usados para colocar riachos e formar o terreno em volta deles. Em um modelo de erosão, o ponto inicial ou o ponto final do riacho é escolhido e, então, o riacho é aleatoriamente movido pelo terreno. A localização do riacho define a altura do terreno nesses locais e as áreas em volta do riacho podem então ser levantadas em níveis irregulares.

Simulação, Gráficos, Jogos e Outros Aplicativos

FIGURA 14.5 Uma paisagem natural gerada por computador. Reproduzido de *Oliver Deussen et al. "Modelagem e Renderização Realista de Ecossistemas de Plantas"*. SIGGRAPH (1998): 275-286. © 1998 ACM, Inc. Reproduzido sob permissão. [http://doi.acm.org/10.1145/280814.280898]

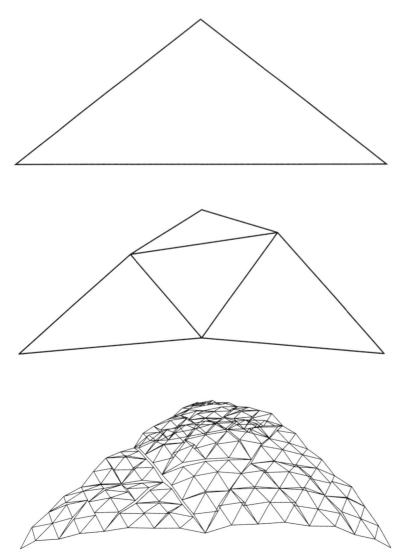

FIGURA 14.6 Subdivisão de ponto médio para criar terrenos fractais

Crescimento de plantas tem sido modelado tanto por métodos de gramática como de probabilidade. Em modelos de árvore baseados em gramática, regras que são bem parecidas com aquelas da gramática do Português especificam como mudam os componentes de uma planta. Por exemplo, uma regra pode especificar que um botão se torna uma flor, enquanto outra regra especifica que um botão se torna uma seção de ramo com um novo botão em sua extremidade. Diferentes conjuntos de regras criarão diferentes tipos de plantas. Fazer escolhas entre um conjunto de regras produzirá diferentes exemplos de um tipo de planta. Crescimento de plantas pode ser especificado com apenas de cinco a dez regras, dependendo da complexidade da planta. Em modelos probabilísticos, plantas reais são estudadas para ver como elas crescem. As probabilidades de eventos — por exemplo, de um botão de uma planta permanecer dormente, de se tornar uma flor e morrer, de se tornar um novo ramo ou conjunto de ramos ou de apenas morrer — são medidas. Os comprimentos de ramos e a posição relativa deles também são medidos. O computador, então, usa todas essas probabilidades para gerar formas de plantas para renderização.

Líquidos, nuvens, fumaça e fogo impõem desafios especiais para aplicativos gráficos. Pesquisadores científicos desenvolveram equações que aproximam o comportamento de líquidos, gases e fogo. Pesquisadores gráficos, por sua vez, usaram essas equações para criar imagens daqueles fenômenos. Ao modelar líquidos e gases para computação gráfica, o espaço que o líquido ou gás ocupará é subdividido em células cúbicas. Dados sobre pressão atmosférica, densidade, gravidade e forças externas são usados com essas equações para determinar como o material se move entre as células. A Figura 14.7 mostra um exemplo de água produzida por esse método. Um modelo baseado em células para nuvens examina a umidade e a presença de nuvens na célula atual e nas adjacentes para determinar se uma nuvem deverá aparecer na célula atual. Números aleatórios também são usados para influenciar formação e movimento de nuvens. Essas técnicas podem produzir nuvens realistas, como vistas na Figura 14.8. Como fumaça e fogo são os resultados da combustão de um material, o calor contribui para a turbulência da chama e da fumaça. Equações também são usadas para modelar a velocidade de partículas de fogo e de fumaça para a produção de imagens como as mostradas nas Figuras 14.9 e 14.10.

O tecido aparece em dois tipos principais — trançado e malha. Tecido trançado possui dois conjuntos de fios que são perpendiculares. Quando um tecido é trançado, alguns dos fios verticais ficam para cima e outros para baixo quando um fio horizontal é passado entre eles. O conjunto de fios que estão para baixo e para cima serão alterados antes de o próximo fio horizontal ser adicionado. As cores dos fios e as identidades de quais estão por cima e por baixo se combinam para criar um padrão no pano resultante. Tecido trançado pode ser esticado, mas apenas um pouco, dependendo dos fios e do padrão de trançado usados. Por outro lado, o tecido de malha é criado com um longo fio ou linha que é unido usando uma série de laços. Um padrão é criado em tecido de malha pelo modo que o fio torce e gira nos laços. O tecido de malha estica bastante e se deforma facilmente em torno de objetos.

FIGURA 14.7 Água sendo despejada em um copo. Reproduzido de *Douglas Enright et al. "Animação e Renderização de Superfícies Aquáticas Complexas"*. SIGGRAPH 21 (2002): 275-286 © 2002 ACM, Inc. Reproduzido sob permissão. [http://doi.acm.org/10.1145/566654.566645]

FIGURA 14.8 Nuvens baseadas em autômato celular. Reproduzido de *Yoshinori Dobashi et al. "Um Método Simples e Eficiente para Animação Realista de Nuvens"*. SIGGRAPH *(2000): 19-28.* © *ACM, Inc. Reproduzido sob permissão. [http://doi.acm.org/10.1145/344779.344795]*

FIGURA 14.9 Uma fogueira. Reproduzido de *Duc Quang Nguyen, et al. "Modelação e Animação Fisicamente Baseada em Fogo"*. SIGGRAPH *(2002): pp. 721-728.* © *2002 ACM, Inc. Reproduzido sob permissão. [http://doi.acm.org/10.1145/566570.566643]*

FIGURA 14.10 Soprando fumaça. Reproduzido de *Ronald Redkiw et al. "Simulação Visual de Fumaça"*. SIGGRAPH *(2001): 15-22.* © *2001 ACM, Inc. Reproduzido sob permissão. [http://doi.acm.org/10.1145/383259.383260]*

   O tecido que está estendido plano não é tão interessante, mas a maneira com que um tecido se move e drapeja é interessante do ponto de vista gráfico. Modelar o drapejo de tecido trançado pode ser feito simplesmente examinando as formas dos fios que compõem o tecido. Devido à gravidade, uma corda pendurada entre dois postes faz uma forma conhecida como *curva catenária*. Modelar um tecido apoiado em dois postes pode ser feito tendo os fios subjacentes formando uma curva catenária. O desafio é ter certeza de que o tecido não intercepte com ele mesmo ou com outros objetos — um desafio tratado usando técnicas de restrição para certificar-se de que, nos cálculos, o tecido não intercepte alguma coisa. Outras técnicas são usadas para desembaraçar o tecido em situações onde o primeiro conjunto de cálculos não pode prevenir a interseção. A Figura 14.11 mostra um exemplo de tecido que está drapejando e dobrado.
   O tecido de malha impõe um conjunto inteiramente diferente de problemas, já que, ao drapejar, o tecido se esticará. Esse esticamento deformará os laços que formam o tecido. Além disso, como tecidos de malha usam fios maiores, sombras serão formadas no pano à medida que o fio bloqueie luz de outra parte do tecido. A espessura e a maciez do fio também influenciam na aparência do tecido. Uma técnica gráfica para retratar tecidos de malha trata o caminho do fio no tecido como uma longa curva. Pontos na curva são associados a pontos em um plano para modelar o pano de malha em descanso. Para colocar o pano em um objeto, o plano é deformado para a forma do

FIGURA 14.11 Uma simulação de tecido mostrando dobramento e drapejamento. *Cortesia de Robert Bridson. © 2004 Robert Bridson*

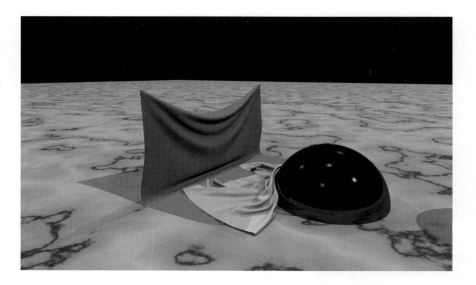

objeto. A deformação do plano altera as localizações dos pontos da curva. As novas localizações desses pontos refletem onde o pano de malha estica e curva. Renderizar o pano então se torna uma questão de renderizar o fio à medida que ele viaja ao longo da curva agora deformada.

A pele exige técnicas gráficas especiais para lidar tanto com sua forma como sua aparência. Pele é macia e possui uma forma que depende dos músculos e ossos subjacentes. À medida que os músculos contraem e relaxam, a forma de nosso corpo muda e, assim, nossa pele se deformará. Pele também estica, enruga e dobra à medida que nossas juntas se movem. Em gráficos, uma técnica avançada chamada superfícies implícitas pode ser usada para modelar a forma de pele. Por exemplo, a equação para uma esfera ($x^2 + y^2 + z^2 = r^2$) não fornece explicitamente os valores de x, y e z que estão na superfície da esfera. Em vez disso, podemos tentar diferentes valores para x, y e z até encontrarmos aqueles que satisfaçam essa equação para um dado raio. Assim, encontramos implicitamente os pontos da superfície da esfera. Para pele, um conjunto bem mais complexo de equações é usado para especificar a superfície implícita.

Uma vez que a forma da pele seja determinada, a pele deverá ser renderizada diferentemente da maioria dos outros objetos. Quando luz atinge a pele, parte da luz reflete dos óleos da pele e o restante da luz penetra realmente nas camadas superiores da pele. A luz que penetra na pele será refletida de camadas inferiores, de partículas de pigmentação e de sangue antes de emergir a partir da pele. Se examinar sua mão, você provavelmente notará que vê claramente a superfície externa, mas que também pode ver vasos sanguíneos subjacentes e talvez até sardas. Para renderizar a pele precisamente, o aplicativo gráfico deverá considerar esta dissipação de luz de subsuperfície. Dissipação de subsuperfície também deverá ser tratada para renderizar precisamente mármore e produtos alimentícios como leite.

■ Fazendo Coisas se Moverem

Até agora, estivemos falando sobre gráficos a partir da perspectiva de uma única imagem, mas jogos e filmes animados exigem muitas imagens. Um filme usa 24 imagens por segundo e vídeos usam 30 imagens por segundo. Essas imagens são mostradas rapidamente, de modo que percebemos as mudanças entre imagens como movimento contínuo. Um filme animado de 60 minutos exige 86.400 imagens e um vídeo de 60 minutos exige 108.000 imagens. O trabalho feito para cada imagem individual é o mesmo, ainda que essa imagem seja agora parte de uma sequência de imagens.

A animação impõe efetivamente um novo desafio, contudo, se quisermos criar movimentos convincentes de objetos. Decidir como alterar as posições de objetos entre as imagens deverá ser feito com muito cuidado, se for para o movimento parecer realista. Em alguns casos, movimento realista pode ser gerado com base em propriedades físicas. Por exemplo, se uma bola for lançada no ar, poderemos prever como ela irá desacelerar e parar antes de cair no chão, com base nas leis da gravidade.

Fazer um objeto ir do ponto A ao ponto B em 10 segundos não é tão simples quanto dividir a distância entre 299 mudanças iguais para as 300 imagens necessárias para o vídeo de 10 segundos. Esse resultado não parecerá realista, já que, ao movimento do objeto, há um período durante o qual sua velocidade estará aumentando, chamado de *"ease-in"* em animação. Durante o *ease-in*, o objeto se moverá entre cada quadro em menores, mas crescentes quantias. Ainda, o objeto não terá uma parada repentina, mas, em vez disso, desacelerará até parar, o que é chamado de *"ease-out"* em animação. Como uma consequência, a alteração em distância para as imagens finais será menor a cada imagem adicional.

Animar figuras é ainda mais complexo. Estamos muito familiarizados com os movimentos de humanos e animais, portanto, mesmo pequenos problemas de movimento se parecerão obviamente não naturais. Somos tão bons em reconhecer movimento de figuras que poderemos reconhecer que alguém a distância é um amigo pelo modo que a pessoa anda, mesmo que ela não esteja perto de nós o suficiente para reconhecermos seu rosto. Podemos também às vezes identificar alguém se aproximando de nós, mesmo se apenas ouvirmos os sons de seus passos.

Considere o processo de fazer um personagem alcançar um objeto. Quando alcançamos alguma coisa, o braço inteiro se move. Se o objeto estiver fora de alcance, o ombro se moverá e a parte superior do corpo ou se dobrará na cintura ou se contorcerá na cintura. Para fazer isso, o posicionamento de todos os segmentos do braço e das juntas se altera. Animar um personagem para alcançar algo pode ser feito determinando onde a mão precisará estar e, então, determinando que ângulos as juntas deverão fazer para que a mão chegue ao seu destino. Ao longo da duração da animação, poderemos alterar os ângulos das juntas a partir de seus valores iniciais até os valores finais. Embora essa abordagem produza o movimento necessário, o resultado pode não parecer realista. Esse processo se torna ainda mais complexo se tivermos que calcular um caminho de movimento para evitar outros objetos na cena.

Pesquisadores gráficos estão usando informações colhidas a partir do estudo de movimento humano e animal para desenvolver sistemas que possam automaticamente gerar movimentos mais naturais. Há, no entanto, um modo de burlar — captura de movimento. Em captura de movimento, sensores são colocados em locais significativos do corpo de uma pessoa. O humano então se move do suposto modo que o personagem move. A posição dos sensores é acompanhada durante todo o movimento. As posições dos sensores indicarão onde a parte equivalente do personagem deverá estar durante o movimento. Desse modo, as posições dos sensores dizem ao aplicativo gráfico onde o personagem deverá estar posicionado para cada uma das imagens da animação. Essa técnica funciona bem para animação de filme, já que o movimento do personagem é conhecido. Ela não funciona para jogos de computadores, onde o movimento do personagem dependerá do que estiver acontecendo no jogo.

Em nossa vida cotidiana, fazemos muitas coisas sem pensar nelas. Vemos objetos sem pensar na maneira como eles são iluminados pela luz. Movimentamo-nos e movimentamos objetos sem pensar nas localizações de nossas juntas ou em como evitar atingir outros objetos. Mas, quando se trata de computação gráfica, temos que pensar em todas essas questões já que temos que escrever programas computacionais para criar imagens mostrando exatamente esses tipos de coisas.

14.4 Jogos

Jogos computacionais são uma simulação computacional de um mundo virtual, que lança jogadores no mundo como participantes. Embora os jogos computacionais possam ser usados como ferramentas de ensino, a função principal deles é o entretenimento.

> **» Jogos computacionais** Uma simulação computacional de um mundo virtual

Um mundo virtual, que também é conhecido como mundo digital ou simulado, é um ambiente interativo gerado por computador. Tais mundos são frequentemente projetados para parecer com a realidade, onde regras e leis do mundo real ainda seriam aplicáveis (ao personagem que você estiver atuando, é claro), mas eles também podem ser construídos como mundos de grandes fantasias onde tais regras não se apliquem. Embora haja muitos diferentes tipos de mundo virtual, todos eles tendem a compartilhar as mesmas características básicas. Mundos virtuais geralmente estão ativos o dia inteiro, todo dia, exceto por algum tempo para manutenção; o jogo continua a ser jogado, com os jogadores individuais conectados ou não. Vários jogadores podem participar dos jogos ao mesmo tempo, com toda a interação acontecendo em tempo real.

Mundos virtuais são lugares muito sociáveis, encorajando jogadores a formar equipes, associações, vizinhanças e clubes no jogo. Diferente de jogos planos e unidimensionais como Paciência, muitos dos mundos virtuais atuais englobam ambientes 3D que são projetados para imergir o jogador no mundo no qual ele estiver jogando.

Criatividade e entendimento tecnológico são ambos exigidos para criar o mundo virtual de um jogo computacional. Os projetistas devem estar cientes de aspectos de ciência da computação, tais como gráficos computacionais, inteligência artificial, interação homem-máquina, simulação, engenharia de software e segurança computacional, além de fundamentos de matemática. Para fazer pessoas, objetos e ambientes se comportarem realisticamente em um ambiente virtual, programadores e projetistas também precisam estar cientes das leis da física relativas a gravidade, elasticidade, luz e som.

■ História dos Jogos

O significado geral de "jogos" evoluiu ao longo das últimas décadas. Os primeiros jogos eletrônicos foram desenvolvidos nos anos 1940, usando um dispositivo que permitia a um usuário controlar um ponto desenhado por vetor na tela para simular um míssil sendo disparado em alvos. Em 1971, o primeiro jogo de vídeo operado por moeda foi vendido no mercado comercial. Os jogos realmente não começaram a decolar até a invenção do Atari 2600 e do *Pong*, seu jogo freneticamente popular em 1977. O sucesso do console de jogo da Atari abriu as portas para empresas como Nintendo® e Sony®, que têm distribuído desde então muitos consoles de jogos populares, tais como Nintendo 64, Nintendo Wii™ e Sony Playstation®.

Uma forma de classificar jogos é pelo tipo de plataforma que eles usam: jogos de dispositivos de mão, como Game Boy da Nintendo, consoles como Nintendo 64 e Xbox® da Microsoft, que se conectam a uma televisão, ou jogos de computadores que sejam autocontidos ou oferecidos na Internet. Independente da plataforma, há sempre um computador nos bastidores executando a simulação.

> **»** *Gameplay* O tipo de interações e experiências que um jogador tem durante o jogo

Outra forma de classificar jogos é por gêneros de jogos, baseados no **gameplay**. *Gameplay* é o tipo de interações e experiências que um jogador tem durante a interação no jogo. Jogos de *ação* exigem que um jogador use reflexos e temporização rápidos para superar obstáculos. Há muitos subgêneros de jogos de ação, tais como jogos *beat' em up* e *hack-and-slash*, que incluem uma em muitas situações de combate próximo. Em contraste, jogos de *luta* enfatizam combate um a um. Outro subgênero de jogos de ação coloca o mundo virtual inteiramente em um labirinto.

Jogos de *atirador* focam o uso de armas de projéteis em combate. Jogos de *ação-aventura* apresentam obstáculos tanto de curto prazo como de longo prazo que devem ser superados para se ter sucesso. Jogos de *simulação de vida* permitem que o jogador controle uma ou mais vidas artificiais. Jogos de *atuação em papéis* permitem que o jogador se torne um personagem na linha da estória do jogo. Jogos de *estratégia* exigem solução de problemas e planejamento cuidadosos para chegar à vitória dentro dos limites do jogo.

■ Criação do Mundo Virtual

> **»** **Mecanismo de Jogo** Um sistema de software no qual jogos computacionais são criados

Um **mecanismo de jogo** é um sistema de software no qual jogos computacionais podem ser criados. Um mecanismo de jogo fornece ferramentas com as seguintes funcionalidades:

- Um mecanismo de renderização para gráficos
- Um mecanismo físico para fornecer um sistema de detecção de colisão e simulação dinâmica para resolver os problemas relacionados a forças que afetem os objetos simulados
- Um componente de geração de som
- Uma linguagem de *script* separada do código conduzindo o jogo
- Animação
- Algoritmos de inteligência artificial (*e.g.*, algoritmos de descoberta de caminho)
- Um grafo de cena, que é uma estrutura geral de dados para manter a representação espacial em uma cena gráfica

Coletivamente, essas ferramentas capacitam o desenvolvedor de jogos a criar o mundo virtual de um jogo. Todo mecanismo de jogo precisa incluir um renderizador, que usa 50% do processamento da CPU. O renderizador realmente visualiza a cena, dando vida ao ambiente na tela para que o usuário veja. Além disso, objetos 3D são mantidos como vértices em um mundo 3D, mostrando ao computador onde colocar imagens na tela. Isso tudo é parte das funções do renderizador.

Um mecanismo físico simula modelos baseado em física Newtoniana, usando cálculos de massa, velocidade, atrito e resistência ao vento para determinar quais efeitos ocorreriam no mundo real, de modo que esses efeitos possam então ser duplicados no mecanismo de jogo. A precisão da simulação depende da potência de processamento do sistema sendo usado para criar o conteúdo. Mecanismos físicos de alta precisão usam mais potência de processamento para determinar cálculos exatos, de modo que eles são geralmente aplicados a filmes de animação. O mecanismo físico usado para jogos computacionais simplifica os cálculos do jogo para assegurar que se consiga uma resposta em tempo real a uma ação.

Algoritmos de detecção de colisão verificam a precisão de pontos de colisão ou a interseção de dois sólidos. Por exemplo, em um jogo de boliche, um algoritmo de detecção de colisão seria usado para determinar a precisão da colisão que ocorre quando a bola de boliche intercepta os pinos. Esses cálculos podem se aplicar a objetos sólidos, líquidos e até mesmo personagens "humanos". A física de boneca de trapo (*rag-doll*) é um tipo de simulação usada para animar precisamente os movimentos de um personagem "morrendo" ou os movimentos de personagens que estejam lutando. Em vez de ter personagens caindo molemente no chão, a física de boneca de trapo essencialmente conecta os "ossos" de um personagem por meio de uma série de articulações (exatamente como um humano real tem) para simular movimento realístico.

A inteligência artificial fornece a ilusão de inteligência no comportamento e nas ações de personagens que não jogam. Essencialmente, ela dá a entidades não humanas soluções algorítmicas e matemáticas para solução de problemas, simulação de pensamento humano e tomada de decisão. Embora isso não pareça terrivelmente complexo, cada ideia deve ser expressa por meio de expressão matemática ou de um roteiro que calcule as diferenças e antecipe possíveis ações dos outros jogadores humanos. Esses personagens não jogadores também precisam ter "conhecimento" de linguagem, planejamento, reconhecimento e a capacidade de aprender a partir das ações daqueles jogadores humanos em torno deles.

■ Projeto e Desenvolvimento de Jogos

O processo de projeto de jogos começa com um conceito, preferencialmente um que ninguém tenha visto antes. Após muita discussão livre, o projetista completa o documento de projeto de um jogo, esboçando os muitos diferentes aspectos do jogo, incluindo a linha de estória, arte, personagens e ambiente. Após o projeto ter sido passado para a equipe inicial, as ideias técnicas para o jogo realmente começam a fluir, à medida que projetistas, programadores e artistas procuram assegurar que a tecnologia mais inovadora que eles tenham na ponta dos dedos esteja incluída no jogo.

Uma vez que a tecnologia de jogo esteja no ponto em que um *gameplay* verdadeiro possa ser desenvolvido, o projeto de jogo é geralmente desmembrado em tarefas fundamentais, tais como construção de um pequeno segmento de jogo, com segmentos subsequentemente desenvolvidos então construídos naquela parte. Por exemplo, ao trabalhar em movimento de personagens, os projetistas desenvolveriam de início cada movimento individualmente. Eles começariam por fazer os personagens mover para trás e para a frente e virar em várias direções, assegurando assim que navegação básica pelo jogo esteja funcionando. Eles então construiriam a partir daquele movimento, adicionando opções, tais como correr, saltar ou agachar. Após cada nova seção do jogo ser introduzida, a equipe deve verificar se as partes do jogo desenvolvidas anteriormente ainda funcionam com os novos aspectos do jogo.

O desenvolvimento de um novo ambiente virtual exige decisões sobre quão avançados devem ser os gráficos e as simulações do jogo. Desenvolvedores podem precisar decidir entre um jogo 2D e 3D ou mesmo se tecnologia de inteligência artificial será incluída no jogo. Imagens 3D são criadas por meio do processo de renderização — isto é, usar programas computacionais para gerar uma imagem a partir de um modelo. Bem parecido com como um artista constrói uma cena, o modelo computacional deve conter informação sobre geometria, ponto de vista, textura, iluminação e sombra, tudo o que permitisse a imagem 3D ser criada com o máximo de detalhe possível.

Projetistas precisam desenvolver suas ideias além da linha de estória, descrições de personagens e especificações ambientais. De forma simples, eles têm que pensar sobre *como* os personagens e o ambiente interagirão. Esses aspectos bem visuais do jogo podem precisar de uma grande dose de ajuste fino antes que projetistas, programadores e artistas estejam satisfeitos com os resultados. Inevitavelmente, alguns elementos serão ignorados no projeto e precisarão ser acrescentados mais tarde. Por exemplo, os personagens andam ou perambulam quando eles se movem? As roupas se movem com os movimentos dos personagens? Se o jogo for definido externamente, estarão todos os elementos reais da natureza incluídos? O vento sopra? Há nuvens e pássaros no céu? Jogadores projetam eles mesmos a história de seus personagens ou essa informação está escrita no roteiro? Se o jogo for uma fantasia, que poderes os personagens terão? A lista de elementos que projetistas precisam considerar é interminável.

Embora o primeiro nível de desenvolvimento defina os parâmetros básicos para o projeto do jogo, o projeto evolui constantemente e se altera ao longo do processo de desenvolvimento e produção. É quase impossível manter o projeto original, já que o desenvolvimento de um jogo envolve muitos aspectos diferentes, tais como mecânica, arte, programação, áudio, vídeo e roteiro. Todos esses aspectos dependem uns dos outros e todos eles precisam permanecer flexíveis à medida que outras características do jogo avançam. Uma grande parte do processo de projeto de um jogo é ficar desejando abandonar muito do trabalho que foi concluído quando se torna evidente que o jogo precisa seguir em uma nova direção. O conteúdo do jogo pode precisar mudar à medida que o jogo evolui, características e níveis podem precisar ser removidos ou adicionados, arte pode avançar e toda a estória de fundo do jogo pode mudar.

■ Programação de Jogos

Quando todas as decisões de projeto foram tomadas, os programadores produzem o código para criar o mundo virtual do jogo. O processo de codificação é o único maior esforço em produção de jogo, já que ele essencialmente executa todos os aspectos do jogo. C++ é uma das linguagens mais populares usadas em desenvolvimento de jogos, junto com Java e C. Alguns proeminentes desenvolvedores de mecanismos criaram linguagens customizadas para jogos baseadas nos seus mecanismos, tais como UnrealScript da Epic Game® para o mecanismo Unreal.

Uma variedade de interfaces de programação de aplicativos (APIs – *Application Programming Interfaces*) e bibliotecas está disponível para ajudar desenvolvedores com importantes tarefas de programação do jogo. A escolha de API determina qual vocabulário e quais convenções de chamada o programador deverá empregar para usar os serviços. A plataforma-alvo de jogo determina quais serviços o programador usará. Algumas bibliotecas permitem o desenvolvimento entre plataformas, o que melhora o encadeamento de desenvolvimento e permite que o programador programe um jogo em uma única linguagem que executará em diversas plataformas (tais como Microsoft Windows [para PCs], Nintendo Wii e Playstation). Além disso, como os gráficos são uma importante característica na indústria de jogos atual, APIs de gráficos (tal como Direct3D) estão disponíveis para renderizar gráficos 3D em aplicativos avançados.

A codificação começa com a criação do "laço do jogo". O laço do jogo é responsável por gerenciar o mundo do jogo, independente de o usuário ter fornecido ou não qualquer entrada. Por exemplo, o laço do jogo deve atualizar o movimento do inimigo no jogo, verificar condições de vitória/derrota, atualizar os elementos de jogo pelo mundo do jogo e processar entrada, se fornecida. Resumindo, o laço do jogo gerencia a simulação.

Frequentemente, grandes equipes de desenvolvimento terão diferentes programadores com foco em diferentes aspectos do jogo. Por exemplo, o programador sênior do mecanismo pode escrever e manter o código para o laço do jogo, projetar editores de mecanismo internos ao jogo e assegurar que os formatos de arquivos sejam aceitáveis para importar e exportar pacotes de arte 2D e 3D e arquivo de áudio/vídeo. O programador do software 3D pode projetar e implementar o componente de gráficos 3D, enquanto o programador de interfaces do usuário trabalha nas APIs do mecanismo do jogo. Os programadores trabalham juntos para criar um bom jogo em funcionamento.

Apesar de testes beta e demos, novos jogos computacionais frequentemente têm falhas. A beleza de jogos on-line é que qualquer "correção", manutenção ou acréscimo de novas características e atualizações podem ser realizadas sem interromper a ação em andamento.

Resumo

Simulação é uma área principal de computação que envolve construir modelos computacionais de sistemas complexos e experimentar tais modelos para observar seus resultados. Um modelo é uma abstração do sistema real na qual o sistema é representado por um conjunto de objetos ou características e pelas regras que regem seu comportamento.

Há dois principais tipos de simulação: eventos contínuos e eventos discretos. Em simulação contínua, mudanças são expressas em termos de equações diferenciais parciais que refletem os relacionamentos entre o conjunto de objetos ou características. Em simulação de eventos discretos, comportamento é expresso em termos de entidades, atributos e eventos, onde entidades são objetos, atributos são características de uma entidade e eventos são interações entre as entidades.

Sistemas de filas são simulações de eventos discretos nas quais o tempo de espera é o fator sendo examinado. Números aleatórios são usados para simular a chegada e a duração de eventos, tais como carros em um banco *drive-through* ou clientes em um supermercado. Modelos meteorológicos e sísmicos são exemplos de simulações contínuas.

Computação gráfica é uma área fascinante que combina computadores, ciência e arte. Muito de gráficos depende de equações matemáticas que simulem os fenômenos naturais apresentados na imagem. Computação gráfica combina interações de luz, propriedades de objetos como transparência e textura de superfície, formas de objeto e propriedades físicas para produzir imagens que se aproximem do realismo de uma fotografia real.

Jogos de computadores é a simulação de um mundo virtual no qual os jogadores podem interagir com o sistema e entre si. Um mecanismo de jogo é um sistema de software no qual desenvolvedores de jogos, projetistas e programadores criam um mundo virtual de jogo.

QUESTÕES ÉTICAS ▶ Jogos como um Vício

O termo *vício* se refere a uma obsessão, compulsão ou excessiva dependência psicológica de coisas como drogas, álcool, pornografia, apostas e comida. Especialistas têm explorado também um crescente vício por jogos de vídeo. Vício em jogos de vídeo, embora ainda não incluído no Manual de Diagnóstico e Estatística de Distúrbios Mentais (DSM – *Diagnostic and Statistical Manual of Mental Disorders*) da Associação Psicológica Americana, mostra os mesmos sintomas que outras distúrbios de controle de impulso. Esses sintomas incluem problemas no trabalho ou na escola, mentir para a família e amigos, atenção diminuída no cuidado da saúde, síndrome de túnel carpal, olhos secos, falha em parar de jogar e distúrbios do sono.

Estudos conduzidos na Escola de Medicina da Stanford University encontraram evidências de que os jogos de vídeo, na verdade, têm características viciantes.

A dra. Maressa Hecht Orzack, uma psicóloga clínica do Hospital McLean, em Massachusetts, e fundadora da Computer Addiction Service, alega que 40% dos jogadores de World of Warcraft (um freneticamente popular MMORPG [*Massively Multiplayer Online Role-Playing Game*] – jogo on-line maciçamente multijogador de papel de atuação) são viciados e afirma que esses jogos deveriam vir com rótulos de alerta, da mesma forma que pacotes de cigarro o fazem. Especialistas acreditam que esses vícios são causados pelas necessidades de indivíduos de formar conexões humanas, as quais eles podem ser incapazes de conseguir no mundo real, mas podem conseguir facilmente em um mundo virtual de fantasia.

Um pesquisa da Harris Interactive, de 2007, com jovens de 8 a 18 anos de idade, nos Estados Unidos, mostrou que o tempo médio gasto jogando jogos de vídeo varia por idade e sexo, com os rapazes tendo uma média de 5 horas a mais por semana que as moças. A pesquisa da Harris alega que 8,5% dos adolescentes entrevistados poderiam ser "classificados como patológica ou clinicamente 'viciado' em jogar jogos de vídeo". Um estudo de MRI (*Magnetic Resonance Imaging*) conduzido como parte da pesquisa na Stanford University mostrou que a região do cérebro que produz sentimentos de satisfação é mais ativa em homens do que em mulheres durante um jogo de vídeo.

Alguns países criaram restrições na duração de tempo que usuários podem jogar jogos on-line. A China, por exemplo, criou uma regra em 2005 que limitava o jogo on-line a 3 horas por dia. Entretanto, em 2007, a regra foi alterada, permitindo que jogadores de menos de 18 anos jogassem por uma duração ilimitada de tempo, mas eliminado qualquer experiência que seus personagens ganhassem após 5 horas de jogo.

Muitos países, incluindo China, Holanda, Estados Unidos e Canadá, abriram centros de tratamento, permitindo que pessoas que sejam "viciadas" em jogos de vídeo sigam uma forma de desintoxicação. Entretanto, o tratamento para usuários de jogos de vídeo é bem diferente da desintoxicação de um vício em álcool ou droga. Como computadores são uma parte importante da rotina diária de uma pessoa na escola ou no trabalho, viciados em jogos de vídeo têm que aprender a usar computadores com responsabilidade, em vez de evitar usá-los completamente.

Termos Fundamentais

Biologia computacional
Gameplay
Jogos computacionais

Mecanismo de jogo
Modelo
Simulação

Exercícios

Para os Exercícios 1 a 8, combine o tipo de simulação com o exemplo.
  A. Simulação contínua
  B. Simulação de eventos discretos
1. Previsão de tempo
2. Modelagem de portfólio de ações
3. Exploração sísmica
4. Acompanhamento de furacões
5. Prever o número de caixas que um novo banco precisará
6. Determinar o número de salas de espera necessárias para um consultório médico
7. Exploração de gás natural
8. Propagação de química no ar

Para os Exercícios 9 a 24, assinale verdadeiro ou falso como a seguir:
  A. Verdadeiro
  B. Falso
9. Sistemas simples são mais adaptados para serem simulados.
10. Sistemas complexos são dinâmicos, interativos e complicados.
11. Um modelo é uma abstração de um sistema real.
12. A representação de um modelo pode ser concreta ou abstrata.
13. Em simulações computacionais, os modelos são concretos.
14. Quanto mais características ou aspectos representados em um modelo, melhor.
15. Simulações contínuas são representadas por entidades, atributos e eventos.
16. Simulações de eventos discretos são representadas por equações diferenciais parciais.
17. CAD significa *computer-aided drafting*.
18. Uma simulação orientada a tempo pode ser imaginada como um grande laço que executa um conjunto de regras para cada valor do relógio.
19. Um modelo cuja realização estiver em um programa computacional é um modelo abstrato.
20. Um modelo concreto pode ser realizado em um programa computacional.
21. Vermelho será a cor do realce especular em uma bola de plástico verde se a fonte de luz for vermelha.
22. Um modelo de iluminação comumente usado em computação gráfica foi desenvolvido nos anos 1970.
23. Luz ambiente, reflexão difusa e reflexão especular são três componentes de um modelo de sombreamento comum para computação gráfica.
24. Computação gráfica recai em pesquisa de outros campos científicos para equações usadas em criação de imagens.

Os Exercícios 25 a 52 são problemas ou questões de respostas curtas.
25. Defina simulação e dê cinco exemplos a partir da vida cotidiana.
26. Qual é a essência de construir um modelo?
27. Cite dois tipos de simulações e faça a distinção entre eles.
28. Quais são as chaves para construir um bom modelo?
29. O que define as interações entre entidades em uma simulação de eventos discretos?
30. Qual é o relacionamento entre projeto orientado a objeto e construção de modelo?
31. Defina o objetivo de um sistema de filas.
32. Quais são as quatro partes de informação necessárias para construir um sistema de filas?
33. Qual o papel de um gerador de números aleatórios em simulações de filas?
34. Escreva as regras para uma simulação de filas de um posto de gasolina com apenas uma bomba, aonde um carro chegue a cada três minutos e o tempo de serviço seja de quatro minutos.
35. Você acha que o posto de gasolina do Exercício 34 funcionará por muito tempo? Explique.

Simulação, Gráficos e Outros Aplicativos — 347

36. Reescreva a simulação do Exercício 34 de tal forma que um carro chegue a cada dois minutos e que o tempo de serviço seja de dois minutos.
37. Escreva as regras para um sistema de filas de um balcão de reservas de voos. Há uma fila e dois atendentes. As pessoas chegam a cada três minutos e levam três minutos para serem atendidas.
38. Faça a distinção entre uma fila FIFO e uma fila de prioridade.
39. Com o que SIMULA contribuiu para a metodologia de programação orientada a objeto?
40. Em geral, modelos meteorológicos são baseados em equações dependentes de tempo de que campos?
41. Quanto de matemática é necessário para ser um meteorologista?
42. Por que existe mais de um modelo de previsão de tempo?
43. Por que diferentes meteorologistas dão previsões diferentes se eles estão usando os mesmos modelos?
44. O que são modelos meteorológicos especializados e como eles são usados?
45. Para que são usados modelos sísmicos?
46. Um gerador de números aleatórios pode ser usado para variar tempos de serviço e determinar chegadas. Por exemplo, assuma que 20% dos clientes levem oito minutos e 80% dos clientes levem três minutos. Como você usaria um gerador de números aleatórios para refletir esta distribuição?
47. Por que dizemos que simulação não dá uma resposta?
48. O que simulações e programas de planilhas têm em comum?
49. Explique por que sombras são importantes em aplicativos gráficos.
50. Que tipo de objetos matemáticos você precisaria usar para criar um modelo de uma mesa?
51. Explique por que é tão difícil fazer com que objetos se movam em animação computacional.
52. Cite cinco áreas englobadas por biologia computacional.

??? Temas para Reflexão

1. Filas de prioridade (FPs) são estruturas bem interessantes. Elas podem ser usadas para simular uma pilha. Como você poderia usar uma FP como uma pilha?
2. Filas de prioridade também podem ser usadas para simular uma fila FIFO. Como você poderia usar uma FP como uma fila FIFO?
3. No Capítulo 8, descrevemos a estrutura de dados grafo. Uma travessia de busca em profundidade em um grafo usa uma pilha e uma travessia de busca em largura em um grafo usa uma fila FIFO. Você pode explicar por quê?
4. Neste capítulo, descrevemos sistemas de filas, onde existe uma fila para cada servidor. Há também outros tipos de sistemas de filas. Por exemplo, em aeroportos geralmente há uma fila para vários servidores. Quando um servidor está livre, a pessoa à frente da fila vai para este servidor. Você poderia representar este tipo de sistema em uma simulação?
5. Que outras situações da vida real podem ser modeladas usando uma fila de prioridade?
6. Sistemas CAD estão agora disponíveis para uso diário. Vá à loja de computadores mais próxima e veja quantos programas estão disponíveis para ajudá-lo a projetar qualquer coisa, desde uma cozinha até uma guitarra.
7. Você vê jogos de vídeo como um problema para você ou seus amigos? Isso afetou seu próprio desempenho escolar ou de algum amigo?

A Camada de Aplicação

A Camada de Comunicação

Preparando os Alicerces
   1 O Quadro Geral

A Camada de Informação
   2 Valores Binários e Sistemas de Numeração
   3 Representação de Dados

A Camada de Hardware
   4 Portas e Circuitos
   5 Componentes Computacionais

A Camada de Programação
   6 Linguagens de Programação de Baixo Nível e Pseudocódigo
   7 Solução de Problemas e Algoritmos
   8 Tipos Abstratos de Dados e Subprogramas
   9 Projeto Orientado a Objeto e Linguagens de Programação de Alto Nível

A Camada de Sistema Operacional
   10 Sistemas Operacionais
   11 Sistemas de Arquivos e Diretórios

A Camada de Aplicação
   12 Sistemas de Informação
   13 Inteligência Artificial
   14 Simulação, Gráficos, Jogos e Outros Aplicativos

A Camada de Comunicação
  ▶ **15** Redes
   16 A *World Wide Web*

Em Conclusão
   17 Limitações da Computação

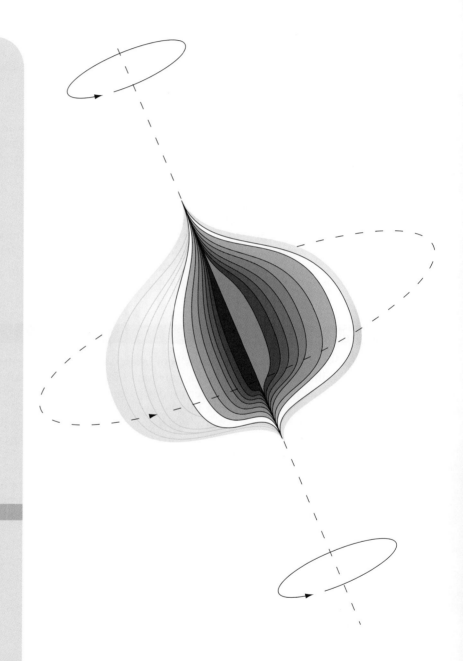

Redes

15

Por muitos anos, computadores têm desempenhado um papel tão importante em comunicação como eles têm feito em computação. Essa comunicação é realizada usando redes de computadores. Como sistemas complexos de autoestradas que conectam estradas de várias formas, para permitir que carros viajem de sua origem ao seu destino, redes de computadores formam uma infraestrutura que permite que dados viajem de algum computador de origem até um destino. O computador que recebe os dados pode estar na esquina ou do outro lado do mundo. Este capítulo explora alguns dos detalhes de redes de computadores.

Objetivos

Após estudar este capítulo, você deverá ser capaz de:

- descrever os temas centrais relativos a redes de computadores.
- listar vários tipos de redes e suas características.
- explicar várias topologias de redes locais.
- explicar por que tecnologias de redes são mais bem implementadas como sistemas abertos.
- comparar e contrastar várias tecnologias para conexões residenciais de Internet.

- explicar chaveamento de pacotes.
- descrever os papéis básicos de protocolos de redes.
- explicar o papel de um *firewall*.
- comparar e contrastar nomes de computadores na rede e endereços IP.
- explicar o sistema de nomes de domínio.
- Entender redes sociais como um modelo.

15.1 Redes

Uma **rede de computadores** é uma coleção de dispositivos computacionais que são conectados de várias formas para se comunicar e compartilhar recursos. Correio eletrônico, mensagens instantâneas e páginas Web, todos recaem em comunicação que ocorre por uma rede de computadores subjacente. Usamos redes para compartilhar tanto recursos intangíveis, como arquivos, quanto recursos tangíveis como impressoras.

Normalmente, as conexões entre computadores em uma rede são feitas usando-se fios ou cabos. No entanto, algumas conexões são **sem fio**, usando ondas de rádio ou sinais infravermelhos para transportar dados. Redes não são definidas apenas por conexões físicas, elas são definidas pela capacidade de se comunicar.

Redes de computadores contêm outros dispositivos além de computadores. Impressoras, por exemplo, podem ser conectadas diretamente a uma rede, de modo que qualquer um na rede possa imprimir nelas. Redes também contêm uma variedade de dispositivos para lidar com tráfego de rede. Usamos os termos genéricos **nó** ou **host** para nos referirmos a qualquer dispositivo em uma rede.

Um tema fundamental, relativo a redes de computadores, é a **taxa de transferência de dados**, a velocidade na qual dados são transferidos de um ponto a outro da rede. Estamos constantemente aumentando a demanda em redes, à medida que recaímos nelas para transferir mais dados em geral, bem como dados que são inerentemente mais complexos (e, assim, maiores). Componentes multimídia como áudio e vídeo são grandes contribuintes para esse tráfego aumentado. Algumas vezes a taxa de transferência de dados é referida como a **largura de banda** de uma rede (relembre que discutimos largura de banda no Capítulo 3, na discussão sobre compressão de dados).

Outro tema importante em redes de computadores é o **protocolo** que elas usam. Como mencionamos em outros pontos deste livro, um protocolo é um conjunto de regras descrevendo como duas partes interagem. Em redes, usamos protocolos bem-definidos para descrever como dados transferidos são formatados e processados.

Redes de computadores abriram uma nova fronteira no mundo da computação chamada de **modelo cliente-servidor**. Você não mais tem que pensar em computadores somente em termos das capacidades do computador que está diante de você. Em vez disso, sistemas de software são frequentemente distribuídos por uma rede, na qual um cliente envia uma requisição de informação ou ação a um servidor e o servidor responde, conforme mostrado na Figura 15.1.

Por exemplo, um **servidor de arquivo** é um computador que armazena e gerencia arquivos para múltiplos usuários em uma rede. Desse modo, todo usuário não precisará ter sua própria cópia dos arquivos. Um **servidor Web** é um computador dedicado a responder requisições (a partir do cliente navegador) por páginas Web. Relacionamentos cliente-servidor se tornaram mais complexos à medida que recaímos intensamente em redes em nossas vidas cotidianas. Assim, o modelo cliente-servidor tem se tornado cada vez mais importante no mundo da computação.

O modelo cliente-servidor também tem crescido além da abordagem básica de requisição/resposta. Cada vez mais, ele está sendo usado para suportar processamento paralelo, no qual múltiplos computadores são usados para resolver um problema, subdividindo-o em partes conforme discutido no Capítulo 5. Usando redes e o modelo cliente-servidor, pode-se realizar processamento paralelo com o cliente requisitando que múltiplos computadores efetuem partes separadas e específicas do mesmo problema. O cliente, então, junta suas respostas para formar uma solução completa para o problema.

■ Tipos de Redes

Redes de computadores podem ser classificadas de várias formas. Uma **rede local (Local-Area Network –LAN)** conecta um número relativamente pequeno de computadores em uma área geográfica relativamente próxima. LANs são geralmente confinadas em uma única sala ou edifício. Elas podem às vezes abranger alguns poucos edifícios próximos.

Notas laterais (A Camada de Comunicação):

» **Rede de computadores** Uma coleção de dispositivos computacionais conectados, de modo que eles possam se comunicar e compartilhar recursos

» **Sem fio** Uma conexão de rede feita sem fios físicos

» **Nó (host)** Qualquer dispositivo endereçável conectado a uma rede

» **Taxa de transferência de dados (largura de banda)** A velocidade na qual dados são transferidos de um ponto a outro de uma rede

» **Protocolo** Um conjunto de regras que define como dados são formatados e processados em uma rede

» **Modelo cliente-servidor** Uma abordagem distribuída na qual um cliente faz requisições a um servidor e este atende

» **Servidor de arquivo** Um computador dedicado a armazenar e gerenciar arquivos para usuários de rede

» **Servidor Web** Um computador dedicado a responder requisições por páginas Web

» **Rede local (Local-Area Network –LAN)** Uma rede conectando um pequeno número de nós em uma área geográfica próxima

FIGURA 15.1 Interação cliente/servidor

Várias configurações, chamadas topologias, têm sido usadas para administrar LANs. Uma **topologia em anel** conecta todos os nós em um laço fechado onde mensagens viajam em uma direção. Os nós de uma rede em anel passam uma mensagem adiante até que ela alcance seu destino. Uma **topologia em estrela** centraliza em um nó, ao qual todos os outros nós são conectados e pelo qual todas as mensagens são enviadas. Uma rede em estrela coloca uma enorme carga no nó central; se ele não estiver funcionando, não será possível a comunicação na rede. Em uma **topologia de barramento**, todos os nós são conectados a uma única linha de comunicação que leva mensagens em ambas as direções. Os nós do barramento verificam qualquer mensagem enviada no barramento, mas ignoram todas aquelas que não sejam endereçadas a eles. Essas topologias estão retratadas na Figura 15.2. Uma tecnologia de barramento chamada **Ethernet** se tornou o padrão da indústria para redes locais.

Uma **rede de longa distância (*Wide-Area Network* – WAN)** conecta duas ou mais redes locais por uma distância geográfica potencialmente grande. Uma WAN permite comunicação entre redes menores. Frequentemente, um nó particular de uma LAN é definido para servir como um **gateway** para lidar com toda a comunicação fluindo entre aquela rede local e outras redes. Veja a Figura 15.3.

A comunicação entre redes é chamada de interligação de redes (*internetworking*). A **Internet**, como a conhecemos hoje em dia, é, em essência, a rede final de longa distância, abrangendo o globo inteiro. A Internet é uma vasta coleção de redes menores que concordaram, todas, em se comunicar usando os mesmos protocolos e em passar mensagens adiante, de modo que elas possam alcançar seus destinos finais.

Às vezes o termo **rede metropolitana (*Metropolitan-Area Network* – MAN)** é usado para se referir a uma rede que cubra um *campus* ou uma cidade. Comparada a uma rede de longa distância usual, uma MAN é mais estreitamente focada em uma organização específica ou em uma área geográfica. Uma MAN que sirva a um *campus* universitário ou a uma empresa interconecta as redes locais usadas por vários edifícios ou departamentos. Algumas cidades formaram uma MAN em suas áreas geográficas para servir a população em geral. Redes metropolitanas são comumente implementadas usando conexões sem fio ou de fibra ótica.

■ Conexões de Internet

Então a quem pertence a Internet? Bem, a ninguém. Não há uma pessoa ou empresa única que seja proprietária da Internet ou mesmo que a controle inteiramente. Como uma rede de longa distância, a Internet é feita de muitas redes menores. Essas redes menores frequentemente têm dono e são gerenciadas por uma pessoa ou organização. A Internet é então definida pelo modo como podem ser feitas conexões entre essas redes.

O *backbone** da Internet se refere a um conjunto de rotas de dados de alta capacidade que conduzem tráfego da Internet. Essas rotas são providas por várias empresas, tais como AT&T, Verizon e British Telecom, bem como por diversos órgãos de governo e acadêmicos. Os *backbones* de rede operam todos usando conexões que têm altas taxas de transferência, indo de 1,5 megabit por segundo a mais de 600 megabits por segundo (usando cabos óticos especiais). Saiba, contudo, que rotas

>> **Topologia em anel** Uma configuração de LAN na qual todos os nós são conectados em um laço fechado

>> **Topologia em estrela** Uma configuração de LAN na qual um nó central controla todo o tráfego de mensagens

>> **Topologia de barramento** Uma configuração de LAN na qual todos os nós compartilham uma linha comum

>> **Ethernet** O padrão da indústria para redes locais, baseada em uma topologia de barramento

>> **Rede de longa distância (*Wide-Area Network* – WAN)** Uma rede conectando duas ou mais redes locais

>> **Gateway** Um nó que lida com a comunicação entre sua rede local e outras redes

>> **Internet** Uma rede de longa distância espalhada pelo planeta

>> **Rede metropolitana (*Metropolitan-Area Network* – MAN)** Uma infraestrutura de rede desenvolvida para uma grande cidade

>> *Backbone* da Internet Um conjunto de redes de alta velocidade conduzindo tráfego da Internet

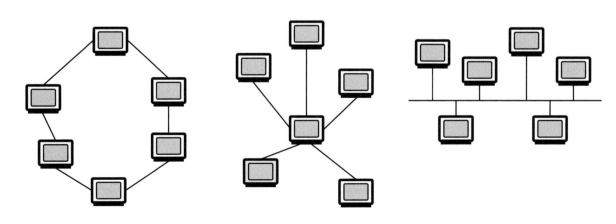

Topologia em anel   Topologia em estrela   Topologia de barramento

FIGURA 15.2 Topologias de rede

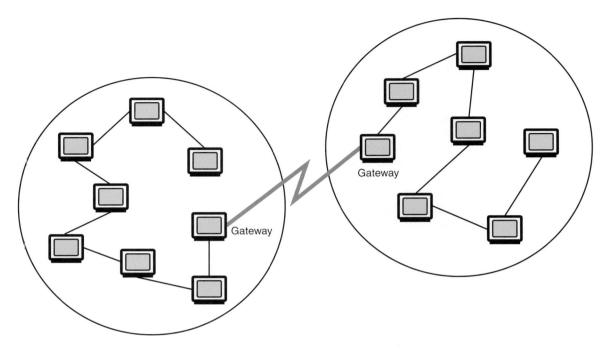

FIGURA 15.3 Redes locais conectadas através de uma distância para criar uma rede de longa distância

de Internet, incluindo os *backbones*, empregam uma grande quantidade de redundância, logo não há, na verdade, uma rede central.

SETI at Home**

SETI@home (SETI at home) é um experimento computacional distribuído que usa computadores conectados à Internet na busca por inteligência extraterrestre (SETI – Search for Extraterrestrial Intelligence). Ele é hospedado pelo Laboratório de Ciências Espaciais da Universidade da Califórnia, Berkeley. SETI@home usa capacidade computacional ociosa de computadores de usuários para analisar dados coletados pelo radiotelescópio Arecibo, que está buscando possíveis evidências de radiotransmissões a partir de inteligência extraterrestre. O projeto tem milhões de participantes nc mundo todo e é reconhecido pelo *Livro Guinness de Recordes* como a maior computação da história.

BOINC (Berkeley Open Infrastructure for Network Computing) é um sistema *middleware* para voluntários e computação em grade desenvolvido originalmente para suportar SETI@home. BOINC permite que os usuários doem seu templo livre de computador para projetos como SETI@home. Ele agora também está sendo usado para outros aplicativos, tais como matemática, medicina, biologia molecular, climatologia e astrofísica. BOINC tem 565.000 computadores ativos em todo o mundo.

» **Provedor de serviço de Internet (Internet Service Provider – ISP)** Uma empresa fornecendo acesso à Internet

» **Modem telefônico** Um dispositivo que converte dados computacionais em um sinal de áudio analógico e vice-versa

Um **provedor de serviço de Internet (Internet Service Provider – ISP)** é uma empresa que provê acesso à Internet a outras empresas ou a pessoas. ISPs se conectam diretamente ao *backbone* da Internet ou eles se conectam a um ISP maior com uma conexão ao *backbone*. America Online® e Prodigy® são exemplos de provedores de acesso à Internet.

Você pode usar qualquer de diversas tecnologias para conectar um computador de casa à Internet. As três técnicas mais populares para conexões domésticas são um modem telefônico, uma assinatura de linha digital ou um modem a cabo. Vamos examinar uma de cada vez.

O sistema telefônico já conectava lares em todo o mundo antes de o desejo por conexão à Internet ter surgido. Assim, faz sentido que a primeira técnica para comunicação doméstica de rede fosse um modem telefônico. A palavra modem vem de modulador/demodulador. Um **modem telefônico** converte dados computacionais em um sinal de áudio analógico para transferi-lo por uma linha telefônica e, então, um modem no destino o converte de volta em dados, novamente. Uma frequência de áudio é usada para representar 0 em binário e outra para representar 1 em binário.

Para usar um modem telefônico, você deverá primeiro estabelecer uma conexão telefônica entre seu computador doméstico e um computador que seja permanentemente conectado à Internet. É aí que entra o provedor de serviço de Internet. Você paga uma taxa mensal ao seu ISP pelo direito de ligar (preferencialmente uma ligação local) para um dos vários computadores que ele disponibiliza para esse fim. Uma vez que essa conexão seja feita, você poderá transferir dados via suas linhas telefônicas para seu ISP, que então os enviará pelo caminho deles através do *backbone* da Internet. Tráfego que chegue será roteado pelo seu ISP até o computador de sua casa.

---

*Espinha dorsal, em uma tradução literal. (N.T.)
**O símbolo @ também é lido como "*at*". (N.T.)

Doug Engelbart

Cortesia de Bootstrap Institute

"Construa uma ratoeira mais eficiente e o mundo baterá à sua porta. Invente o mouse de computador e o mundo apenas esquecerá seu nome". Este foi o parágrafo de abertura em um artigo que celebrava o vigésimo aniversário do mouse de computador.[1]

Projetado por Doug Engelbart — o nome que foi esquecido — e um grupo de jovens cientistas e engenheiros no Instituto de Pesquisas de Stanford, o mouse de computador debutou em 1968 na conferência *Fall Joint Computer* como parte de uma demonstração mais tarde chamada por Andy van Dam de "A Mãe de Todas as Demonstrações". A histórica demonstração prenunciou interação homem-máquina e redes. Contudo, foi apenas em 1981 que o primeiro computador comercial com mouse foi apresentado. Em 1984, o Apple® Macintosh® trouxe o mouse para a cena principal. Até hoje ninguém parece saber de onde veio o termo "mouse".

Engelbart cresceu, durante a grande depressão, em uma fazenda próxima a Portland, no Estado de Oregon. Ele serviu na Marinha, nas Filipinas, durante a Segunda Guerra Mundial como técnico em eletrônica. Engelbart completou o curso de engenharia eletrônica em 1948, pela Universidade Estadual de Oregon, e se mudou para a região da baía de São Francisco. Em 1955, ele recebeu o título de PhD pela Universidade da Califórnia em Berkeley e ingressou no Instituto de Pesquisas de Stanford.

A visão de Engelbart do computador como uma extensão das capacidades humanas de comunicação e como um recurso para o aumento do intelecto humano foi delineada em um artigo referencial, "Augmenting Human Intellect: A Conceptual Framework*", publicado em 1962. Ele nunca perdeu essa visão. Desde então, ele vem desenvolvendo modelos para melhorar a coevolução de computadores com organizações humanas para impulsionar a colaboração e criar o que ele chama de "organizações de alto desempenho".[2]

Durante os anos 1970 e 1980, Engelbart foi cientista sênior da Tymshare, que foi comprada pela McDonnell-Douglas. Ele fundou o Instituto Bootstrap em 1988 e permanece envolvido como Fundador Emérito, enquanto a filha dele, Christina Engelbart, é a atual diretora executiva. Em 2005 ele recebeu uma bolsa da Fundação Nacional para Ciência para fundar o projeto de fonte aberto HyperScope. Desde a sua concepção, em 2006, ele tem estado na equipe de consultores da Hyperwords Company no Reino Unido. Engelbart se sente encorajado pelo movimento de código aberto, no qual programadores colaboram para criar softwares complexos e avançados. Ele está atualmente planejando um sistema em código aberto que possa ser distribuído gratuitamente pela Internet.

O reconhecimento pode ter tardado muito a chegar, mas Engelbart recebeu 32 prêmios entre 1987 e 2001, incluindo o Prêmio Turing em 1997 e a Medalha Nacional de Tecnologia em 2000. As citações desses dois prestigiados prêmios são apresentadas a seguir:

(Prêmio Turing) Por uma visão inspiradora do futuro de computação interativa e pela invenção de tecnologias importantes para ajudar a realizar essa visão.

(Medalha Nacional de Tecnologia) Por criar as bases de computação pessoal, incluindo interação contínua em tempo real baseada em telas de tubos de raios catódicos e no mouse, *links* de hipertextos, edição de texto, jornais *on-line*, teleconferência de telas compartilhadas e trabalho colaborativo remoto.

Essa abordagem era bem simples de implementar porque ela não exigia qualquer esforço especial por parte das companhias telefônicas. Como os dados são tratados como se fosse uma conversação de voz, nenhuma tradução especial é necessária, exceto em cada extremidade. Mas essa conveniência tem um preço. A taxa de transferência de dados disponível com essa abordagem é limitada àquela de comunicação de voz analógica, usualmente 64 quilobits por segundo no máximo.

Uma linha telefônica pode permitir uma taxa de transferência muito maior se os dados forem tratados de forma digital em vez de analógica. Uma **linha digital de assinante (*Digital Subscriber Line* – DSL)** usa linhas telefônicas comuns de cobre para transferir dados digitais de e para o escritório central da companhia telefônica. Como comunicação DSL e de voz usam frequências diferentes, é até possível usar a mesma linha telefônica para ambos os propósitos.

Para estabelecer uma conexão DSL, sua companhia telefônica pode se tornar seu provedor de acesso à Internet ou ela pode vender o uso das linhas telefônicas dela para um ISP independente. Para oferecer serviço DSL, a companhia telefônica deve instalar computadores especiais para lidar com o tráfego de dados. Embora nem todas as companhias telefônicas suportem DSL ainda, ela está se tornando uma abordagem cada vez mais popular.

> **Linha digital de assinante (*Digital Subscriber Line* – DSL)** Uma conexão à Internet feita usando-se um sinal digital em linhas telefônicas comuns

---

*Aumentando o Intelecto Humano: Uma Estrutura Conceitual. (N.T.)

> **Modem a cabo** Um dispositivo que permite comunicação em rede de computadores usando os circuitos de TV a cabo em uma casa
>
> **Banda larga** Tecnologias de rede que geralmente fornecem velocidades de transferência de dados maiores que 128K bps
>
> **Download** Receber dados da Internet em seu computador de casa
>
> **Upload** Enviar dados de seu computador de casa para um destino na Internet
>
> **Pacote** Uma unidade de dados enviada por uma rede
>
> **Chaveamento de pacote** A abordagem de comunicação em rede na qual pacotes são enviados individualmente por diferentes rotas para o destino, sendo então remontados
>
> **Roteador** Um dispositivo de rede que direciona um pacote entre redes em direção ao seu destino final
>
> **Repetidor** Um dispositivo de rede que reforça e propaga um sinal ao longo de uma linha de comunicação longa

Com DSL não há a necessidade de "discar" para criar a conexão de rede, diferente de com um modem telefônico. A linha DSL mantém uma conexão ativa entre sua casa e um computador no ISP. No entanto, para tirar proveito da tecnologia DSL, sua casa deverá estar até certa distância da central telefônica; caso contrário, o sinal digital degradará muito no percurso entre os dois pontos.

Uma terceira opção para conexões domésticas é um **modem a cabo**. Nessa abordagem, dados são transferidos na mesma linha que chegam seus sinais de TV a cabo. Várias empresas líderes de TV a cabo na América do Norte reuniram seus recursos para criar provedores de serviço de Internet para serviços de modem a cabo.

Tanto conexões DSL como modem a cabo se inserem na categoria de conexões de **banda larga**. Dependendo da localização e de se o acesso é por satélite, telefone com fio, cabo de vídeo ou fibra ótica, é possível obter velocidades de transferência em banda larga que variam de 384 quilobits por segundo até 50 megabits por segundo ou mais. Um número crescente de lares está saindo do uso de modems telefônicos para uma solução em banda larga para suprir suas necessidades de computação em rede. Acalorado debate continua entre as comunidades DSL e de modem a cabo para ver quem pode reivindicar o domínio nessa fatia de mercado. Ambas geralmente proveem velocidades de transferência na faixa de 1,5 a 3 megabits por segundo.

Tanto para DSL quanto para modem a cabo, a velocidade de *download* (obter dados da Internet para seu computador de casa) pode não ser a mesma que a velocidade de *upload* (enviar dados de seu computador de casa para a Internet). A maior parte do tráfego para usuários domésticos de Internet consiste em *downloads*: receber páginas Web para ver e recuperar dados (tais como programas e clipes de áudio e de vídeo) armazenados em algum lugar na rede. Você faz um *upload* ao enviar uma mensagem de correio eletrônico, submeter um formulário baseado em Web ou requisitar uma nova página Web. Como o tráfego de *download* predomina sobre o tráfego de *upload*, muitos fornecedores de DSL e modem a cabo usam tecnologia que dedica mais velocidade para *downloads*.

■ Chaveamento de Pacotes

Para melhorar a eficiência da transferência de dados por uma linha de comunicação compartilhada, mensagens são divididas em **pacotes** numerados e de tamanho fixo. Esses pacotes são enviados de forma individual pela rede ao seu destino, onde são recolhidos e remontados na mensagem original. Essa abordagem é referida como **chaveamento de pacotes**.

Os pacotes de uma mensagem podem tomar rotas diferentes em seu caminho até o destino final. Assim, eles podem chegar em uma ordem diferente daquela em que foram enviados. Os pacotes devem ser colocados na ordem apropriada mais uma vez e então combinados para formar a mensagem original. A Figura 15.4 ilustra este processo.

Um pacote pode fazer vários saltos intermediários entre computadores em várias redes antes de alcançar seu destino final. Dispositivos de rede chamados de **roteadores** direcionam os pacotes à medida que eles se movem pelas redes. Roteadores intermediários não planejam o percurso inteiro do pacote; cada roteador sabe apenas o melhor próximo passo para que ele chegue mais perto de seu destino. Finalmente, uma mensagem chega a um roteador que sabe onde está o computador de destino. Se um caminho estiver bloqueado devido a uma máquina que não esteja em uso ou se um caminho estiver no momento com um tráfego de rede muito intenso, um roteador poderá enviar um pacote por uma rota alternativa.

Se uma linha de comunicação se estender por uma longa distância, tal como cruzar um oceano, dispositivos chamados **repetidores** serão instalados periodicamente ao longo da linha para reforçar e propagar o sinal. Relembre do Capítulo 3 que um sinal digital perderá informação apenas se ele se degradar muito. Um repetidor evita que isso aconteça.

FIGURA 15.4
Mensagens enviadas por chaveamento de pacotes

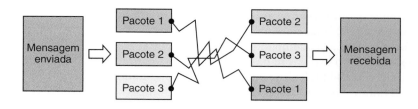

A mensagem é dividida em pacotes

Os pacotes são enviados pela Internet pela rota mais conveniente

Os pacotes são reordenados e então remontados

15.2 Sistemas Abertos e Protocolos

Muitos protocolos têm sido definidos para ajudar na comunicação em rede. Alguns ganharam uma posição mais firme do que outros por muitas razões, frequentemente de natureza histórica. Essa seção foca os protocolos usados para tráfego geral na Internet. Antes de discutirmos os detalhes de protocolos específicos, no entanto, é importante colocá-los em contexto discutindo o conceito de um sistema aberto.

O que é um protocolo?
Um protocolo é um código estabelecendo estrita aderência a etiqueta e procedimento corretos (como em uma atividade diplomática). A terminologia computacional tomou emprestada a palavra para descrever a etiqueta correta para computadores usarem ao se comunicarem uns com os outros.

■ Sistemas Abertos

No início do desenvolvimento de redes de computadores, fornecedores de produtos comerciais ofereciam uma variedade de tecnologias que eles desejavam que o mercado adotasse. O problema era que esses **sistemas proprietários** eram desenvolvidos com suas próprias nuances particulares e não permitiam comunicação entre redes de diferentes tipos. À medida que tecnologias de rede se expandiram, a necessidade de **interoperabilidade** tornou-se clara; precisávamos de um modo para a comunicação de sistemas computacionais produzidos por diferentes fabricantes.

Um **sistema aberto** é aquele baseado em um modelo comum de arquitetura de rede e em um conjunto de protocolos usados em sua implementação. Arquiteturas de sistemas abertos maximizam a oportunidade para interoperabilidade.

A Organização Internacional para Padronização (*International Organization for Standardization* — ISO) estabeleceu o **Modelo de Referência para Interconexão de Sistemas Abertos (*Open Systems Interconnection* – OSI)** para facilitar o desenvolvimento de tecnologias de rede. Ele define uma série de camadas de interação de rede. A Figura 15.5 apresenta as sete camadas do Modelo de Referência OSI.

Cada camada lida com um aspecto particular da comunicação em rede. O nível superior lida com aspectos mais especificamente relacionados ao programa aplicativo em questão. A camada inferior lida com os aspectos elétricos e mecânicos mais básicos do meio físico de transmissão (como tipos de cabeamento). As outras camadas preenchem todos os outros aspectos. A camada de rede, por exemplo, lida com o roteamento e o endereçamento de pacotes.

Os detalhes dessas camadas estão além do escopo deste livro, mas é importante saber que tecnologia de rede, como conhecida hoje, é possível apenas pelo uso de tecnologia de sistemas abertos e abordagens como a do Modelo de Referência OSI.

■ Protocolos de Rede

Seguindo os conceitos gerais do Modelo de Referência OSI, protocolos de rede são superpostos em camadas, de modo que cada protocolo recai nos protocolos que o sustentam, como mostrado na Figura 15.6. Essa construção em camadas é às vezes chamada de **pilha de protocolos**. A abordagem em camadas permite que novos protocolos sejam desenvolvidos sem abandonar aspectos funda-

> **Sistema proprietário** Um sistema que usa tecnologias mantidas privativas por um fornecedor comercial em particular
>
> **Interoperabilidade** A capacidade de software e hardware em múltiplos computadores de diferentes fornecedores se comunicarem
>
> **Sistema aberto** Um sistema que é baseado em um modelo comum de arquitetura de rede e em um correspondente conjunto de protocolos
>
> **Modelo de Referência para Interconexão de Sistemas Abertos (OSI)** Uma separação lógica em sete camadas de interação de rede para facilitar padrões de comunicação
>
> **Pilha de protocolos** Camadas de protocolos que constroem e recaem umas nas outras

A Camada de Comunicação

Número	Camada
7	Camada de aplicativo
6	Camada de apresentação
5	Camada de sessão
4	Camada de transporte
3	Camada de rede
2	Camada enlace
1	Camada física

FIGURA 15.5 As camadas do Modelo de Referência OSI

SMTP	FTP	Telnet
Protocolo de Controle de transmissão (TCP)		Protocolo de Datagramas de Usuário (UDP)
Protocolo de Internet (IP)		

FIGURA 15.6 Estrutura em camadas de importantes protocolos de rede

> **Protocolo de Controle de Transmissão (*Transmission Control Protocol* – TCP)** O protocolo de rede que divide mensagens em pacotes, remonta-os no destino e cuida de erros
>
> **Protocolo de Internet (*Internet Protocol* – IP)** O protocolo de rede que lida com o roteamento de pacotes até o destino final por redes interligadas
>
> **TCP/IP** Um conjunto de protocolos e programas que suportam comunicação de rede em baixo nível
>
> **Protocolo de Datagramas de Usuário (*User Datagram Protocol* – UDP)** Uma alternativa ao TCP que alcança maiores velocidades de transmissão ao custo de confiabilidade
>
> **Ping** Um programa usado para testar se um computador específico em rede está ativo e é alcançável
>
> **Traceroute** Um programa que mostra a rota que um pacote percorre pela Internet

mentais de níveis inferiores. Ela também provê mais oportunidade para o uso deles, no sentido de que o impacto de novos protocolos sobre outros aspectos do processamento de rede é minimizado. Algumas vezes protocolos de um mesmo nível oferecem o mesmo serviço de outro protocolo daquele nível, mas o fazem de forma diferente.

Um protocolo é, em certo sentido, nada mais que um acordo de que um tipo particular de dado será formatado de um modo específico. Os detalhes de formatos de arquivo e tamanhos de campos de dados são importantes para desenvolvedores de software que estejam criando programas de rede, mas não exploraremos esses detalhes aqui. A importância desses protocolos é simples de entender: eles proveem um modo-padrão para interação entre computadores ligados em rede.

As duas camadas inferiores da Figura 15.6 constituem a base de comunicação da Internet. Outros protocolos, às vezes referidos como protocolos de alto nível, lidam com tipos específicos de comunicação de rede. Essas camadas são essencialmente uma implementação particular do Modelo de Referência OSI e correspondem de várias formas aos níveis descritos naquele modelo. Vamos explorar esses níveis em mais detalhes.

■ TCP/IP

TCP vem de *Transmission Control Protocol* e IP de *Internet Protocol*. O nome **TCP/IP** (pronunciado dizendo-se as letras T-C-P-I-P) refere-se a um conjunto de protocolos e programas utilitários que suportam comunicação de rede em baixo nível. O nome TCP/IP é escrito para refletir a natureza do relacionamento dos protocolos: TCP se apoia sobre a base do IP.

Software IP lida com o roteamento de pacotes até seus destinos finais pelo labirinto de redes interconectadas. Software TCP divide mensagens em pacotes, as repassa ao software IP para entrega e então ordena e remonta os pacotes no destino deles. Software TCP também lida com quaisquer erros que ocorram, tal como se um pacote nunca chegar ao seu destino.

UDP vem de *Protocolo de Datagramas do Usuário* (*User Datagram Protocol* – UDP). Ele é uma alternativa ao TCP. Isto é, software UDP desempenha o mesmo papel que software TCP. A principal diferença é que TCP é altamente confiável, ao custo de queda de desempenho, ao passo que UDP é menos confiável, mas geralmente mais rápido. UDP é parte do conjunto de protocolos TCP/IP. Devido à sólida confiança em TCP/IP e por razões históricas, o conjunto inteiro é referido como TCP/IP.

Um programa IP chamado **ping** pode ser usado para testar a alcançabilidade de designações de rede. Todo computador executando software IP "ecoa" requisições de *ping*, o que faz de *ping* um modo conveniente de testar se um computador em particular está ativo e se ele pode ser alcançado pela rede. *Ping* oficialmente vem de *Packet InterNet Groper*,* mas o nome foi planejado para casar com o termo usado por submarinos ao emitir um pulso de sonar e escutar o eco retornado. Como *ping* funciona no nível de IP, ele frequentemente responde, mesmo quando protocolos de alto nível podem não fazê-lo. O termo *ping* é frequentemente usado como verbo entre administradores de rede: "pingue o computador X para ver se ele está vivo".

Outro programa utilitário do TCP/IP chamado **traceroute** mostra a rota que um pacote percorre para chegar a um nó de destino em particular. A saída de *traceroute* é uma lista dos computadores que servem como pontos intermediários de parada ao longo do caminho.

■ Protocolos de Alto Nível

Outros protocolos se apoiam sobre a base estabelecida pelo conjunto de protocolos TCP/IP. Aqui estão alguns dos principais protocolos de alto nível:

- Simple Mail Transfer Protocol (SMTP) — Um protocolo usado para especificar a transferência de correio eletrônico.

Sir Bill?
Bill Gates, cofundador da Microsoft Corporation com Paul Allen, é um dos mais bem conhecidos inovadores da revolução do PC. Ele é consistentemente classificado como uma das pessoas mais ricas do mundo e, em março de 2009, foi classificado como "o" mais rico. Após o seu último dia de tempo integral na Microsoft, em junho de 2008, ele voltou sua atenção para a Fundação Bill e Melinda Gates – a instituição filantrópica que fundou junto com sua esposa – que é atualmente a maior fundação de caridade do mundo operada transparentemente. Em 2005, Gates recebeu uma honraria de nobreza da Rainha Elizabeth II em uma cerimônia privativa. Ele foi homenageado por suas atividades de caridade pelo mundo e por sua contribuição aos empreendimentos de alta tecnologia na Grã-Bretanha. Gates tem recebido muitos títulos de doutorado honorário, incluindo um da Universidade de Harvard (2007), a universidade da qual ele desistiu em 1975 para fundar a Microsoft.

---

*Algo como "tateador de pacotes da Internet", em uma tradução livre. (N.T)

Protocolo	Porta
Echo	7
File Transfer Protocol (FTP)	21
Telnet	23
Simple Mail Transfer Protocol (SMTP)	25
Domain Name Service (DNS)	53
Gopher	70
Finger	79
Hypertext Transfer Protocol (HTTP)	80
Post Office Protocol (POP3)	110
Network News Transfer Protocol (NNTP)	119
Internet Relay Chat (IRC)	6667

FIGURA 15.7 Alguns protocolos e as portas que eles usam

- File Transfer Protocol (FTP) — Um protocolo que permite que um usuário em um computador transfira arquivos de e para outro computador.
- Telnet — Um protocolo usado para acessar um sistema computacional a partir de um computador remoto. Se você tiver uma conta em um computador específico que permita conexões telnet, poderá executar um programa que use o protocolo telnet para se conectar e acessar aquele computador como se estivesse diante dele.
- Hypertext Transfer Protocol (HTTP) — Um protocolo definindo a troca de documentos da *World Wide Web*, que são tipicamente escritos usando a Hypertext Markup Language (HTML). HTML será mais discutida no Capítulo 16.

Esses protocolos todos se apoiam em TCP. Alguns protocolos de alto nível também foram definidos para se apoiar sobre UDP, a fim de tirar proveito da velocidade que ele oferece. No entanto, como UDP não provê a confiabilidade de TCP, protocolos UDP são menos populares.

Muitos protocolos de alto nível têm recebido um número específico de *porta*. Uma **porta** é uma designação numérica que corresponde a um protocolo particular de alto nível. Servidores e roteadores usam o número de porta para ajudar a controlar e processar tráfego de rede. A Figura 15.7 lista protocolos comuns e suas portas. Alguns protocolos, como HTTP, têm portas-padrão, mas também podem usar outras portas.

Tipos MIME

Relacionado à ideia de protocolos de rede e de padronização está o conceito de **tipo MIME** de um arquivo. MIME vem de *Multipurpose Internet Mail Extension* (Extensão Multifunção para Mensagens de Internet). Embora tipos MIME não definam um protocolo de rede, eles definem um padrão para anexar ou incluir informação multimídia ou de outros tipos de dados especialmente formatados, a outros documentos, tal como correio eletrônico.

Baseado em um tipo MIME de documento, um programa aplicativo pode decidir como lidar com os dados passados a ele. Por exemplo, o programa que você usa para ler mensagens de correio eletrônico pode examinar o tipo MIME de um anexo de uma mensagem para determinar como apresentá-lo (se ele puder).

Tipos MIME têm sido definidos para os documentos criados por muitos programas aplicativos comuns, bem como para dados de áreas de conteúdo particular. Químicos e engenheiros químicos, por exemplo, definiram um grande conjunto de tipos MIME para vários tipos de dados relacionados à química.

Firewalls

Um **firewall** é um computador e seu software que serve como um *gateway* especial para uma rede, protegendo-a de acesso inapropriado. Um *firewall* filtra o tráfego de rede que chega, verificando a validade das mensagens tanto quanto possível, talvez recusando completamente algumas mensagens. O principal objetivo de um *firewall* é proteger (e, até certo ponto, ocultar) um conjunto de computadores administrados mais livremente que residem "por trás" dele. Esse processo é retratado na Figura 15.8.

> **Porta** Uma designação numérica correspondente a um protocolo de alto nível específico

> **Tipo MIME** Um padrão para definir o formato de arquivos que são incluídos como anexos de correio eletrônico ou em sites Web

> **Firewall** Um computador que serve de *gateway* e seu software que protege uma rede ao filtrar o tráfego que ele autoriza

A Camada de Comunicação

FIGURA 15.8 Um *firewall* protegendo uma rede local

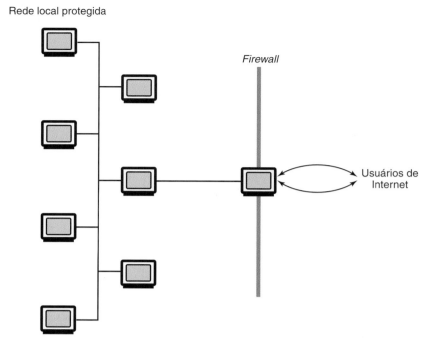

> **Política de controle de acesso** Um conjunto de regras estabelecidas por uma organização que especifique quais tipos de comunicação de rede são permitidas e quais são negadas
>
> **Nome de computador** Um nome composto por palavras separadas por pontos que identifica unicamente um computador na Internet; a cada nome de computador corresponde um endereço IP específico
>
> **Endereço IP** Um endereço composto por quatro valores numéricos separados por pontos que identifica unicamente um computador na Internet

Um *firewall* impõe uma **política de controle de acesso** de uma organização. Por exemplo, uma organização particular pode permitir comunicação pela rede entre seus usuários e o "mundo exterior" apenas via correio eletrônico, mas negar outros tipos de comunicação, tal como acesso a sites Web. Outra organização pode permitir que seus usuários acessem livremente os recursos da Internet, mas pode não querer que usuários da Internet em geral sejam capazes de se infiltrar em seus sistemas ou de obter acesso aos dados dela.

Os administradores de sistema de uma organização implantam um *firewall* para sua LAN que permita tipos "aceitáveis" de comunicação e negue outros tipos. Essa política pode ser implantada de diversas formas, embora a abordagem mais direta seja negar tráfego em portas específicas. Por exemplo, um *firewall* pode ser configurado para negar a um usuário externo à LAN a capacidade de criar uma conexão telnet com qualquer computador que seja interno à LAN, ao recusar todo o tráfego que chegue pela porta 23.

Sistemas de *firewall* mais sofisticados podem manter informações internas sobre o estado do tráfego passando por eles e/ou o próprio conteúdo dos dados. Quanto mais o *firewall* puder saber sobre o tráfego, mais apto ele estará para proteger seus usuários. É claro, essa segurança tem um preço. Algumas abordagens sofisticadas de *firewall* podem criar um atraso perceptível no tráfego de rede.

15.3 Endereços de Rede

Ao se comunicar por uma rede de computadores, você, afinal, se comunicará com um computador particular, a partir de todos os possíveis computadores do mundo. Há um mecanismo razoavelmente sofisticado para identificar computadores específicos para estabelecer essa comunicação.

Um **nome de computador** (*hostname*) é uma identificação única que especifica um computador particular na Internet. Nomes de computadores são geralmente palavras legíveis separadas por pontos. Por exemplo:

```
matisse.csc.villanova.edu
condor.develocorp.com
```

Nós humanos preferimos usar nomes de computadores ao lidar com endereços de correio eletrônico e sites na Web porque eles são fáceis de usar e lembrar. Nos bastidores, no entanto, um software de rede traduz um nome de computador em seu correspondente **endereço IP**, que é mais fácil para um computador usar. Um endereço IP é usualmente representado como uma série de quatro números decimais separados por pontos. Por exemplo:

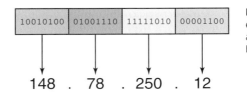

FIGURA 15.9 Um endereço IP é armazenado em quatro bytes

```
205.39.155.18
193.133.20.4
```

Um endereço IP é armazenado em 32 bits. Cada número em um endereço IP corresponde a um byte no endereço IP. Como um byte (8 bits) pode representar 256 coisas, cada número em um endereço IP varia de 0 a 255. Veja a Figura 15.9.

É tentador assumir que, já que tanto nomes de computadores como endereços IP são separados em seções por pontos, haja uma correspondência entre as seções. Isto não é verdadeiro. Um endereço IP sempre tem quatro valores, mas nomes de computadores podem ter uma variedade de seções.

Um endereço IP pode ser dividido em um **endereço de rede**, que especifica uma rede particular, e um **número de computador**, que especifica um computador naquela rede. Como o endereço IP é dividido, dependerá de que "classe" de rede ele representar. As classes de rede (A, B e C) proveem redes de vários tamanhos.

Redes classe A usam o primeiro byte para o endereço de rede e os três bytes restantes para o número de computador. Redes classe B usam o primeiro e o segundo bytes para endereço de rede e os dois últimos bytes para número de computador. Redes classe C usam os primeiros três bytes para números de rede e o último byte para o número de computador.

Pense sobre a faixa de valores que essa abordagem de endereçamento permite para as diferentes classes de rede. Existem relativamente poucas redes classe A, com potencialmente muitos computadores em cada uma. Ao contrário, existem muitas redes classe C, mas apenas uns poucos computadores (máximo de 256) em cada uma. Endereços de rede classe C são atribuídos à maioria das organizações, ao passo que redes classes A e B são reservadas para organizações muito grandes e para provedores de serviço de Internet.

O protocolo de Internet inteiro é baseado em endereços IP de 32 bits. Se o uso de dispositivos prontos para Internet continuar crescendo, esgotaremos, por fim, o espaço de endereçamento razoável para usar. O debate continua em círculos de redes sobre como lidar com esse dilema.

» **Endereço de rede** A parte de um endereço IP que especifica uma rede particular

» **Número de computador** A parte de um endereço IP que especifica um computador particular da rede

■ Sistema de Nomes de Domínio

Um nome de computador consiste no nome do computador seguido pelo **nome de domínio**. Por exemplo, no nome de computador

`matisse.csc.villanova.edu`

`matisse` é o nome de um computador específico e `csc.villanova.edu` é o nome de domínio. Um nome de domínio é separado em duas ou mais seções que especificam a organização e possivelmente um subconjunto de uma organização, da qual o computador é uma parte. Neste exemplo, `matisse` é um computador no Departamento de Ciência da Computação na Universidade de Villanova.

Os nomes de domínio se reduzem a um conjunto específico de redes controladas por uma organização particular. Observe que duas organizações (ou mesmo suborganizações) podem ter um computador com o mesmo nome, já que o nome de **domínio** torna claro qual computador está sendo referido.

Códigos CAPTCHA

Códigos "Captcha" são as misturas distorcidas de letras e números que muitos sítios *Web* exigem que os usuários preencham para acessar o sítio, de modo a impedir o acesso de programas computacionais automáticos, tais quais aqueles usados por "*spammers*[1]". Captcha é um acrônimo para *"Completely Automated Public Turing Test to Tell Computers and Humans Apart"* (Teste de Turing Público Completamente Automatizado para Distinguir Computadores de Humanos). Aproximadamente 200 milhões de CAPTCHAs são solucionados por humanos no mundo todo, todo dia. Os programadores estão tentando criar novas variações que sejam mais fáceis para humanos informarem, mas mais difíceis para programas computacionais decifrarem. A maioria das empresas adicionou uma versão em áudio de um código captcha e outros sítios *Web* desenvolveram captchas que envolvem solucionar equações simples ou responder questões simples. Há muitos programas disponíveis para criar CAPTCHAs para sítios *Web*. O Projeto reCAPTCHA é um programa disponível on-line que cria CAPTCHAs gratuitamente para muitos ambientes diferentes.[2]

---
[1] Aquele que envia *spam* ou mensagens não solicitadas. (N.T.)

360   Capítulo 15

> **» Nome de domínio** A parte de um nome de computador que especifica uma organização ou grupo particular
>
> **» Domínio de Primeiro Nível (DPN)** A última seção de um nome de domínio, especificando o tipo de organização ou seu país de origem
>
> **» Sistema de nomes de domínio** Um sistema distribuído para gerenciar resolução de nome de computador
>
> **» Servidor de nomes de domínio** Um computador responsável por traduzir um nome de computador em um endereço IP

A última seção do domínio, por si só, é chamada de **nome de Domínio de Primeiro Nível*** **(DPN)**. A Figura 15.10 lista os principais domínios de primeiro nível. Alguns DPNs (destacados por asteriscos na Figura 15.10) existem desde que a Internet foi implantada; outros são acréscimos relativamente recentes.

Um DPN geralmente indica um tipo de organização específica, tais como `.com` para negócios comerciais e `.edu` para Faculdades e Universidades. Alguns DPNs (tal como `.edu`) são cuidadosamente controlados, com o registro restrito a apenas organizações de boa-fé de um tipo particular. Outros DPNs não têm restrição nesse sentido. Organizações baseadas em outros países que não os EUA comumente usam um domínio de primeiro nível que corresponda aos seus códigos de países de duas letras. Alguns desses códigos (há centenas deles) são listados na Figura 15.11.

A natureza sem restrição dos DPNs `.com`, `.org` e `.net` permitia inicialmente que qualquer um ou qualquer organização registrasse um nome de domínio para seu próprio uso, desde que o nome ainda não tivesse sido registrado. À medida que a Internet se expandiu, esse sistema de nomeação tornou-se um problema. Os recém-chegados à Internet lamentaram que os melhores nomes de domínio já tivessem donos. Às vezes um nome já tinha sido reclamado por outra organização similar. Em outros casos pessoas tentaram reivindicar o maior número possível de nomes populares, esperando vendê-los (alguns diriam obter resgates) a grandes corporações.

Para aliviar esse problema, domínios de primeiro nível adicionais foram aprovados e tornados liberados ao longo do tempo. A capacidade de registrar um nome de domínio usando um dos novos DPNs tem sido um tanto controlada, dando preferência a organizações que detenham registros de marcas sobre os nomes particulares.

O **Sistema de Nomes de Domínio** (*Domain* **Name System – DNS**) é usado principalmente para traduzir nomes de computadores em endereços IP. Antes de o sistema DNS ser estabelecido, um grupo de pesquisa de Stanford mantinha um único arquivo chamado de *tabela de computadores*. À medida que novos nomes de computadores eram definidos, o grupo de Stanford os adicionava à tabela (normalmente duas vezes por semana). Administradores de sistema recuperavam ocasionalmente a tabela revisada de nomes de computadores para atualizar seus **servidores de nomes de domínio**, que são computadores que traduzem (resolvem) um nome de computador em seu endereço IP.

Domínio de Primeiro Nível	Propósito Geral
.aero	Indústria aeroespacial
.biz	Negócio
.com*	Comercial nos EUA (sem restrição)
.coop	Cooperativa
.edu*	Instituições educacionais nos EUA
.gov*	Órgão de governo dos EUA
.info	Informação (sem restrição)
.int*	Organizações internacionais
.jobs	Emprego
.mil*	Órgãos militares dos EUA
.museum	Museus
.name	Indivíduos e famílias
.net*	Rede (sem restrição)
.org*	Organizações sem fins lucrativos (sem restrição)
.pro	Certas profissões

FIGURA 15.10 Alguns domínios de primeiro nível e seus propósitos gerais (* indica um DPN original)*

Código de DPN de País	País
.au	Austrália
.br	Brasil
.ca	Canadá
.gr	Grécia
.in	Índia
.ru	Federação da Rússia
.uk	Reino Unido

FIGURA 15.11 Alguns nomes de domínios de primeiro nível baseados em códigos de países

---

*Top-Level Domain (TLD), no original. (N.T.)

À medida que o número de nomes de computadores cresceu, a abordagem de tabela única tornou-se extremamente complexa. Ela simplesmente não era uma forma prática de atualizar e distribuir a informação. Em 1984, engenheiros de rede projetaram o sistema mais sofisticado de nomes de domínio que está em uso hoje. DNS é um exemplo de uma base de dados distribuída; nenhuma organização é responsável por atualizar os mapeamentos nome de computador/IP.

Quando você especifica um nome de computador em uma janela de navegador ou em um endereço de correio eletrônico, o navegador ou o software de correio eletrônico envia uma requisição para o servidor de nomes de domínio mais próximo. Se esse servidor puder resolver o nome de computador, ele o fará. Se não puder, esse servidor solicitará ajuda a outro servidor de nomes de domínio. Se o segundo servidor não puder resolvê-lo, a requisição continuará a ser propagada. Por fim, ou a requisição encontra um servidor que possa resolver o nome ou a requisição expira por ter consumido tempo demais para ser resolvida.

15.4 Redes Sociais[3]

Uma **rede social** é um modelo de como objetos – indivíduos ou organizações – interagem. Nesse tipo de rede, objetos são representados como nós que são ligados por algum tipo de interdependência como amizade, parentesco, religião ou situação socioeconômica. A análise de redes sociais vê relacionamentos sociais em termos de teoria de rede sobre nós e os vínculos entre os nós. Em uma rede social específica, os nós podem estar relacionados por múltiplos vínculos. Uma rede pode ser pensada como um mapa de todas as interconexões relevantes entre os objetos sendo modelados.

» **Rede social** Um modelo de como objetos interagem

A pesquisa em redes sociais começou no século 19, bem antes do advento da Internet. As redes têm sido usadas para modelar áreas tão diversas como a divulgação de novas ideias e práticas, o alastramento de doenças e a formação de grupos emocionais. Um estudo mostrou que a felicidade tende a estar correlacionada em redes sociais. Quando uma pessoa está feliz, os amigos por perto têm 25% a mais de chance de estarem felizes.[4] Também foram encontrados agrupamentos de pessoas infelizes.

Você já ouviu a expressão "seis graus de separação"? O "fenômeno do mundo pequeno" é a hipótese de que a cadeia de conhecimento necessária para conectar duas pessoas quaisquer arbitrárias é geralmente pequena. O estudo de redes sociais de Stanley Milgram em 1967 mostrou que a cadeia é de cerca de seis passos, levando à frase famosa. Apesar de os seus métodos terem sido questionados posteriormente, um estudo recente descobriu que cinco a sete passos eram suficientes para conectar quaisquer duas pessoas por correio eletrônico.[5,6]

Serviços de redes sociais focam em construir comunidades de pessoas que compartilham interesses ou atividades. Elas formam comunidades virtuais nas quais a principal forma de comunicação não é o contato face a face. Se o mecanismo for uma rede de computadores, elas serão chamadas de comunidades virtuais. A primeira comunidade desse tipo foi formada em 1985 e começou como um sistema de quadro de avisos por linha discada. A Classmates.com começou em 1995 a conectar ex-companheiros de escola. Em 1997, a SixDegrees.com foi formada como um sítio *Web* que focava relacionamentos indiretos. Era permitido que usuários listassem família, amigos e conhecidos, postassem itens de quadro de aviso e enviassem mensagens para pessoas em seus primeiro, segundo e terceiro graus. Esse sítio *Web* foi vendido em 2000 por U$125 milhões. Muito sítios *Web* de redes surgiram no início dos anos 2000, com o MySpace™ emergindo como o maior em 2005.

Os serviços de rede social permitem que os usuários sejam classificados em duas categorias gerais: *interna*, na qual os participantes estão em uma comunidade fechada ou privativa, tal como uma empresa, associação ou organização; e *externa*, na qual não há restrição para os participantes. Ambas as categorias permitem que os usuários descrevam eles mesmos, estabeleçam configurações de privacidade, bloqueiem membros não desejados, tenham páginas pessoais para fotos e/ou *blogging* e que formem ou sejam membros de uma comunidade dentro da rede.

Em janeiro de 2008, as visitas mensais ao MySpace.com totalizaram mais de 955 milhões e aquelas ao Facebook.com excederam 326 milhões. A ordem relativa desses dois se alterou em janeiro de 2009, com Facebook.com tendo 1,2 bilhão de visitas e MySpace.com tendo 810 milhões de visitas por mês[7].

---

*Para obter informações sobre os DPNs em uso no Brasil, consulte o sites www.registro.br. (N.T.)

Resumo

Uma rede é uma coleção de computadores conectados para compartilhar recursos e dados. Tecnologias de rede devem se concentrar em protocolos subjacentes e velocidades de transferência de dados. O modelo cliente/servidor surgiu como uma importante tecnologia de software, dada nossa sempre crescente confiança nas redes.

As redes são frequentemente classificadas por seu escopo. Uma rede local (LAN) cobre uma pequena área geográfica e possui um pequeno número de dispositivos conectados. Uma rede de longa distância (WAN) abrange a interligação de redes, conectando uma rede a outra e cobre uma grande área geográfica. Uma rede metropolitana (MAN) é especialmente projetada para grandes cidades. Topologias de LAN incluem redes em anel, em estrela e de barramento. Ethernet se tornou uma topologia-padrão para redes locais.

Os sistemas abertos são baseados em um modelo comum de arquitetura de redes e de protocolos, possibilitando interoperabilidade. O Modelo de Referência OSI é uma descrição em sete camadas de processamento de rede baseada em princípios de sistemas abertos.

O *backbone* da Internet é um conjunto de redes de alta velocidade fornecidas por várias empresas. Provedores de serviço de Internet (ISPs) se conectam ao *backbone* ou a outros ISPs e fornecem conexão para computação doméstica e de negócios. Tecnologias populares de conexão doméstica incluem modems telefônicos, linhas digitais de assinante (DSL) e modems a cabo. Modems telefônicos transferem dados como sinais de áudio e, assim, são bem lentos. DSL usa as mesmas linhas telefônicas, mas transfere dados digitalmente. Modems a cabo também são digitais, mas usam linhas de TV a cabo para transferir dados.

As mensagens são transferidas pela Internet dividindo-as em pacotes e enviando esses pacotes separadamente ao seu destino, onde eles são remontados na mensagem original. Pacotes podem fazer vários saltos intermediários entre redes antes de chegar a seu destino. Roteadores são dispositivos de rede que guiam um pacote entre redes. Repetidores reforçam sinais digitais antes que eles se degradem muito.

Protocolos de rede são superpostos em camadas, de modo que um protocolo de alto nível recaia em protocolos de nível inferior que o suportem. O conjunto importante de protocolos de nível inferior para tráfego na Internet é TCP/IP. Software e protocolos IP lidam com roteamento de pacotes. Softwares e protocolos TCP dividem mensagens em pacotes, remontando-as no destino, lidando com qualquer erro que ocorra. Protocolos de alto nível incluem SMTP para tráfego de correio eletrônico, FTP para transferência de arquivos, Telnet para sessões de acesso remoto e HTTP para tráfego Web. Diversos protocolos de alto nível receberam números de portas, que são usados para ajudar a controlar e a processar tráfego de rede. Tipos MIME foram definidos para muitos tipos de documentos e formatos especiais de dados.

Um *firewall* protege uma rede de acesso inapropriado e impõe uma política de controle de acesso de uma organização. Alguns *firewalls* simplesmente bloqueiam tráfego em portas específicas; outros *firewalls* mais sofisticados analisam o conteúdo do tráfego na rede.

Um endereço de rede na Internet tem que localizar com precisão um computador particular entre todos os possíveis no mundo. Um nome de computador usa palavras legíveis separadas por pontos. Um nome de computador é traduzido em um endereço IP, que é um endereço numérico separado em quatro seções. Uma parte do endereço IP identifica a rede e outra parte identifica o computador específico naquela rede. Como o endereço IP é dividido depende da classe da rede (A, B ou C) que o endereço faz referência.

O sistema de nomes de domínio (DNS) traduz nomes de computadores em endereços IP. O DNS evoluiu do uso de um único arquivo contendo toda a informação até um sistema distribuído dividindo a responsabilidade entre os milhões de servidores de nomes de domínio. Domínios de primeiro nível, tais como `.com` e `.edu`, ficaram superlotados, então alguns outros novos domínios de primeiro nível, tais como `.info` e `.biz`, foram aprovados.

Redes sociais são modelos de objetos e suas interações. Elas podem modelar interações humanas ou corporativas. Sítios de relacionamento social como Facebook.com e MySpace.com permitem que usuários descrevam a si mesmos, listem seus membros familiares, amigos e conhecidos e enviem mensagens para aqueles que eles listaram.

QUESTÕES ÉTICAS ▶ Efeitos de Redes Sociais

Sítios de relacionamento sociais como Facebook, Myspace, LinkedIn e Twitter tornaram-se freneticamente populares nos últimos anos. Estudantes, familiares, empresas, celebridades e, sim, até mesmo candidatos presidenciais estão usando esses sítios. Em alguns casos, os sítios são usados para ajudar pessoas a se manterem em contato com a família, amigos e colegas atualizadas sobre o que vem acontecendo nas vidas delas. De acordo com uma pesquisa de 2008, 67% das pessoas de 18 a 29 anos de idade usam sítios de relacionamento social. Embora esse percentual seja enormemente reduzido para grupos de idades maiores, mais e mais pessoas na casa dos 30, 40 e até mesmo 50 anos estão aderindo a esses sítios para se manter em contato com antigos amigos.

Celebridades, que principalmente usam Twitter como seu sítio preferido de relacionamento social, usam-no não apenas para se manterem em contato com sua própria família e seus amigos, mas também como um meio para chegar ao grande público. Com um sítios como Twitter, celebridades podem manter seus fãs atualizados nos seus projetos atuais, *hobbies* e vida em família ou mesmo apenas deixá-los saber sobre um novo restaurante favorito que eles teriam. Oprah, Emeril Lagasse e Martha Stewart usam Twitter para atualizar telespectadores sobre suas estrelas convidadas atuais dos programas de televisão deles, tópicos para entrevistas ou receitas favoritas. Mesmo o presidente Barack Obama e o senador John McCain usaram sítios de relacionamento social, incluindo Facebook e Twitter, como principais ferramentas de campanha durante a disputa presidencial de 2008, anunciando quaisquer debates, convenções ou encontros que eles tivessem marcado e trabalhando para ganhar o voto.

A popularidade desses sítios de relacionamento social tem ajudado a reduzir muitas lacunas sociais, especialmente para adolescentes. Adolescentes que podem ser normalmente muito introvertidos podem se comunicar por meio desses sítios de relacionamento social e se chegar mais dos seus pares. Redes sociais têm feito uma enorme diferença para estudantes de faculdade também, que podem estar em contato com mais do que apenas os estudantes com quem encontrem em sala de aula. Esses sítios também são uma grande forma de anunciar festas, encontros, concertos ou outros eventos que estejam ocorrendo, assim mais estudantes podem estar cientes dos eventos do campus e das reuniões sociais.

Há, é claro, lados negativos de qualquer mídia social e sítios de redes não são uma exceção. Por exemplo, um usuário não tem como confirmar que a informação colocada nos sítios seja precisa. *Bullying* é outro principal aspecto negativo que mais notavelmente afeta adolescentes, muito dos quais podem ser viciosamente competitivos e vingativos sem pensar nas consequências das suas ações. Os sítios podem ser excelentes avenidas para humilhação e *bullying*, ou *cyberbullying*, como agora está sendo referido. Uma pesquisa conduzida pelo Projeto Pew Internet tem mostrado que 39% dos usuários de redes sociais sofreram *bullying* de alguma forma. Alguns sítios têm mesmo "segurança" patrulhando o material neles postado em busca de qualquer item que seja considerado como *bullying*.

A questão real é a seguinte: os benefícios das redes sociais compensam os custos potenciais? A sociedade como um todo tem um modo muito fácil de se comunicar, estar em contato com amigos e obter qualquer mensagem importante fora de grandes grupos de pessoas, mas as pessoas que usam esses sítios devem estar cientes dos riscos pessoais que elas estão assumindo por se colocarem em tal fórum.

Termos Fundamentais

Backbone da Internet
Banda larga
Chaveamento de pacote
Domínio de Primeiro Nível (DPN)
Download
Endereço de rede
Endereço IP
Ethernet
Firewall
Gateway
Internet
Interoperabilidade
Linha digital de assinante (DSL)
Modelo Cliente/Servidor
Modelo de Referência para Interconexão de Sistemas Abertos (OSI)
Modem a cabo
Modem telefônico
Nó (*host*)

Nome de computador
Nome de domínio
Número de computador
Pacote
Pilha de protocolos
Ping
Política de controle de acesso
Porta
Protocolo
Protocolo de Controle de Transmissão (TCP)
Protocolo de Datagramas de Usuário (UDP)
Protocolo de Internet (IP)
Provedor de serviço de Internet (ISP)
Rede de computadores
Rede de longa distância (WAN)
Rede local (LAN)
Rede metropolitana (MAN)

Rede social
Repetidor
Roteador
Sem fio
Servidor de arquivo
Servidor de nomes de domínio
Servidor Web
Sistema aberto
Sistema de nomes de domínio
Sistema proprietário
Taxa de transferência de dados (largura de banda)
TCP/IP
Tipo MIME
Topologia de barramento
Topologia em anel
Topologia em estrela
Traceroute
Upload

364 Capítulo 15

⌘ Exercícios

Para os Exercícios 1 a 6, relacione a expressão ou acrônimo à definição ou ao espaço apropriado.

A. LAN
B. WAN
C. *Gateway*

D. Topologia de barramento
E. Ethernet
F. Internet

1. A Internet é uma ____.
2. O padrão da indústria para LANs.
3. Um nó que lida com comunicação entre sua LAN e outras redes.
4. Uma rede que conecta outras redes.
5. A topologia em estrela é uma configuração de ____.
6. A Ethernet usa ____.

Para os Exercícios 7 a 15, relacione a expressão ou acrônimo à definição ou ao espaço apropriado.

A. DSL
B. TCP/IP
C. UDP

D. IP
E. TCP
F. Banda larga

7. ____ e comunicação por voz podem usar a mesma linha telefônica.
8. DSL e modem a cabo são conexões ____.
9. Uma conexão à Internet feita usando um sinal digital em linhas telefônicas comuns.
10. Tecnologias de rede que geralmente proveem velocidades de transferência de dados superiores a 128 Kbps.
11. O protocolo de rede que divide mensagens em pacotes, remonta os pacotes no destino e cuida de erros.
12. O conjunto de protocolos e programas que suporta comunicação de rede em baixo nível.
13. Uma alternativa ao TCP que atinge maiores velocidades de transmissão.
14. Software que lida com o roteamento de pacotes.
15. ____ tem mais confiabilidade que UDP.

Para os Exercícios 16 a 20, relacione o protocolo ou padrão com o que ele especifica ou define.

A. SMTP
B. FTP
C. Telnet

D. HTTP
E. Tipo MIME

16. Transferência de correio eletrônico.
17. Acesso a um sistema computacional remoto.
18. Transferência de arquivos de e para outro computador.
19. Formato de anexos de correio eletrônico.
20. Troca de documentos da *World Wide Web*.

Para os Exercícios 21 a 25 assinale Verdadeiro ou Falso como a seguir.

A. Verdadeiro
B. Falso

21. Uma porta é uma designação numérica que corresponde a um protocolo específico de alto nível.
22. Um *firewall* protege uma rede local de dano físico.
23. Cada empresa pode estabelecer sua própria política de controle de acesso.
24. Alguns domínios de primeiro nível são baseados no país no qual a organização de registro está sediada.
25. Duas organizações não podem ter o mesmo nome para um computador.

Os Exercícios 26 a 68 são problemas ou questões de resposta curta.

26. O que é uma rede de computadores?
27. Como computadores são conectados?
28. A que a palavra *nó* (*computador*) se refere?
29. Cite e descreva dois temas importantes relacionados a redes de computadores.
30. O que é um sinônimo para taxa de transferência de dados?
31. Descreva o modelo cliente/servidor e discuta como ele mudou nossa visão sobre computação.
32. Quão local é uma rede local?
33. Faça a distinção entre as seguintes topologias de LAN: anel, estrela e barramento.
34. Como a forma da topologia influencia no fluxo de mensagens por uma LAN?

35. O que é uma MAN e o que a faz diferente de uma LAN e de uma WAN?
36. Faça a distinção entre o *backbone* de Internet e um provedor de serviço de Internet (ISP)?
37. Cite pelo menos dois provedores nacionais de serviço de Internet.
38. Cite e descreva três tecnologias para conectar um computador doméstico à Internet.
39. Que papel ISPs desempenham nas três tecnologias do Exercício 38?
40. Quais as vantagens e as desvantagens de cada uma das tecnologias citadas no Exercício 38?
41. Modems telefônicos e linhas digitais de assinante (DSL) usam o mesmo tipo de linha telefônica para transferir dados. Por que DSL é tão mais veloz que modems telefônicos?
42. Por que fornecedores de DSL e modem a cabo usam tecnologia que dedica mais velocidade para *donwloads* que para *uploads*?
43. Mensagens enviadas pela Internet são divididas em pacotes. O que é um pacote e por que mensagens são divididas em pacotes?
44. Explique a expressão *chaveamento de pacote*.
45. O que é um roteador?
46. O que é um repetidor?
47. Que problemas surgem devido ao chaveamento de pacotes?
48. O que são sistemas proprietários e por que eles causam um problema?
49. Como se chama a capacidade de comunicar software e hardware de múltiplas plataformas, fornecidos por múltiplos fabricantes?
50. O que é um sistema aberto e como ele fomenta interoperabilidade?
51. Compare e contraste sistemas proprietários e sistemas abertos.
52. Como é chamada a separação lógica em sete camadas de interação de rede?
53. O que é uma pilha de protocolos e por que ela é superposta em camadas?
54. O que é um *firewall*, qual é sua função e como ele a realiza?
55. O que é um nome de computador e como ele é formado?
56. O que é um endereço IP e como ele é formado?
57. Qual é a relação entre um nome de computador e um endereço IP?
58. Em quais partes um endereço IP pode ser dividido?
59. Quais são os tamanhos relativos das redes das classes A, B e C?
60. Quantos computadores são possíveis nas redes das classes A, B e C?
61. O que é um nome de domínio?
62. O que é um domínio de primeiro nível?
63. Como o sistema de nomes de domínio atual tenta resolver um nome de computador?
64. Qual é o "fenômeno do mundo pequeno"?
65. Qual é atualmente o sítio de relacionamento social mais visitado?
66. Liste três resultados positivos de em usar sítios de relacionamento social.
67. Liste três possíveis resultados negativos de se usar sítios de relacionamento social.
68. Uma rede social é a mesma coisa que uma rede semântica? Justifique.

??? Temas para Reflexão

1. Como é o sistema computacional de sua escola? Todos os computadores estão conectados em rede? Há mais de uma rede? Os alojamentos estão conectados em rede?
2. Se quisesse registrar um domínio, como você faria? `.biz`, `.info`, `.pro`, `.museum`, `.aero` e `.coop` são novos nomes de domínios de primeiro nível. Há no momento alguma restrição quanto ao uso desses novos nomes de domínio de primeiro nível?
3. Você acha que o nome *Internet* é apropriado? *Intranet* seria um nome mais adequado?
4. Quantos sítios de relacionamento social você já visitou? Quantos você usa regularmente?
5. Na sua opinião, o lado bom de sítios de relacionamento social compensa o ruim?

A Camada de Comunicação

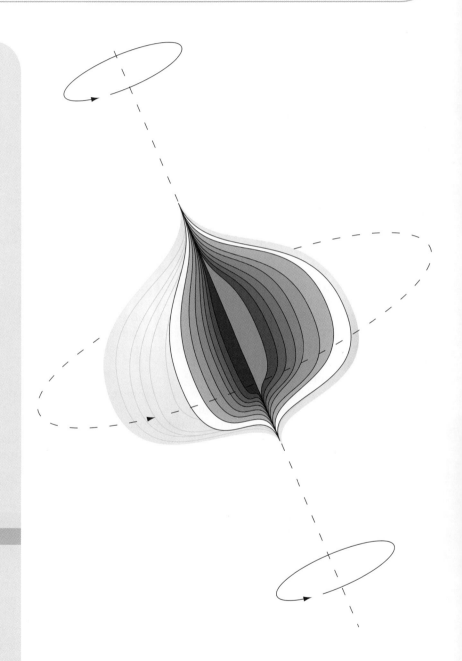

Preparando os Alicerces
   1 O Quadro Geral

A Camada de Informação
   2 Valores Binários e Sistemas de Numeração
   3 Representação de Dados

A Camada de Hardware
   4 Portas e Circuitos
   5 Componentes Computacionais

A Camada de Programação
   6 Linguagens de Programação de Baixo Nível e Pseudocódigo
   7 Solução de Problemas e Algoritmos
   8 Tipos Abstratos de Dados e Subprogramas
   9 Projeto Orientado a Objeto e Linguagens de Programação de Alto Nível

A Camada de Sistema Operacional
   10 Sistemas Operacionais
   11 Sistemas de Arquivos e Diretórios

A Camada de Aplicação
   12 Sistemas de Informação
   13 Inteligência Artificial
   14 Simulação, Gráficos, Jogos e Outros Aplicativos

A Camada de Comunicação
   15 Redes
  ▶ **16** A *World Wide Web*

Em Conclusão
   17 Limitações da Computação

A *World Wide Web**

16

A evolução da *World Wide Web* tornou a comunicação em rede uma realidade conveniente para muitos usuários que, caso contrário, evitariam completamente os computadores. Como o nome indica, a Web criou conexões, em tipo de teia, por todo o planeta, formando uma infraestrutura de informação e recursos, tornando-os disponíveis ao clicar de um mouse. Diversas e diferentes tecnologias básicas fazem da Web a ferramenta produtiva que ela é hoje em dia. Esse capítulo explora algumas delas e estabelece uma base de princípios apoiados na Web nos quais todas as futuras tecnologias provavelmente recairão.

---

*Teia de Alcance Mundial, em uma tradução literal. (N.T.)

Objetivos

Após estudar este capítulo, você deverá ser capaz de:

- comparar e contrastar a Internet e a *World Wide Web*.
- descrever processamento Web em geral.
- escrever documentos HTML básicos.
- descrever várias etiquetas específicas de HTML e seus propósitos.
- descrever o processamento de *applets* Java e de Páginas Java de Servidor.
- comparar e contrastar HTML e XML.
- Definir documentos XML básicos e suas correspondentes DTDs.
- explicar como documentos XML são vistos.

16.1 Um Giro pela Web

Muitas pessoas usam os termos *Internet* e Web como intercambiáveis, mas na realidade eles são fundamentalmente diferentes. Os detalhes de redes de computadores foram discutidos no Capítulo 15. Redes têm sido usadas para conectar computadores desde os anos 1950. A comunicação via Internet é possível há muitos anos, mas no início essa comunicação era quase exclusivamente realizada via mensagens de correio eletrônico baseadas em texto e transferências básicas de arquivos.

Comparada à Internet, a **World Wide Web** (ou apenas a **Web**) é uma ideia relativamente nova. A Web é uma infraestrutura de informação distribuída combinada com software que usa redes como um veículo para trocar essa informação. Uma **página Web** é um documento que contém ou referencia vários tipos de dados, como textos, imagens, gráficos e programas. Páginas Web também contêm **links** para outras páginas Web de modo que o usuário possa "passear" como desejar usando a interface de apontar e clicar fornecida por um mouse de computador. Um **sítio Web** é uma coleção de páginas Web relacionadas e é normalmente projetado e controlado pela mesma pessoa ou empresa.

A Internet faz a comunicação possível, mas a Web torna a comunicação mais fácil, mais produtiva e mais agradável. Embora universidades e algumas empresas de alta tecnologia tenham utilizado a Internet por muitos anos, foi somente a partir de meados dos anos 1990, quando a *World Wide Web* foi desenvolvida, que a Internet se tornou um nome familiar. Repentinamente, provedores de serviço de Internet (ISPs — *Internet Service Providers*) surgiram em todo lugar, permitindo que pessoas se conectassem à Internet a partir de suas casas. A Internet, principalmente devido à *World Wide Web*, é atualmente um veículo fundamental para negócios. Compras eletrônicas, transações financeiras e gerenciamento de grupos são todas atividades *on-line* comuns. A Web literalmente mudou o modo como conduzimos nossas vidas e nossos negócios.

Ao usar a Web, comumente falamos em "visitar" um sítio Web, como se estivéssemos indo lá. Na verdade, efetivamente especificamos o recurso que queremos e ele é trazido até nós. O conceito de visitar um sítio é compreensível, no sentido de que frequentemente não sabemos o que há em um sítio específico até "irmos até ele" para ver.

Comunicamo-nos na Web usando um **navegador Web**, como Firefox® ou Internet Explorer® da Microsoft. Um navegador Web é uma ferramenta de software que envia a requisição para a página Web que queremos e a exibe quando ela chega. A Figura 16.1 retrata esse processo.

A página Web requisitada normalmente está armazenada em outro computador, que pode estar na sala ao lado ou do outro lado do mundo. Esse computador que é configurado para responder a requisições Web é chamado de **servidor Web**.

Em um navegador, especificamos a página Web que queremos usando um endereço Web como,

`www.villanova.edu/academics.html`

Um endereço Web é a parte principal de um **Localizador Uniforme de Recursos (*Uniform Resource Locator* — URL)**, que identifica unicamente a página que você quer dentre todas as outras páginas armazenadas em qualquer lugar no mundo. Observe que parte de um URL é o nome de computador no qual a informação está armazenada. O Capítulo 15 discutiu nomes de computadores e endereços de rede em detalhe.

Além de texto, uma página Web frequentemente consiste em elementos separados, como imagens. Todos os elementos associados a uma específica página Web são trazidos quando é feita uma requisição por aquela página.

Barra lateral — A Camada de Comunicação:

» World Wide Web (Web) Uma infraestrutura de informação e de software de rede usado para acessá-la

» Página Web Um documento que contém ou referencia vários tipos de dados

» Link Uma conexão entre páginas Web

» Sítio Web Uma coleção de páginas Web relacionadas, normalmente projetada e controlada pela mesma pessoa ou empresa

» Navegador Web Uma ferramenta de software que recupera e exibe páginas Web

» Servidor Web Um computador configurado para responder a requisições por páginas Web

» Localizador Uniforme de Recursos (URL) Uma forma-padrão de especificar a localização de uma página Web

---

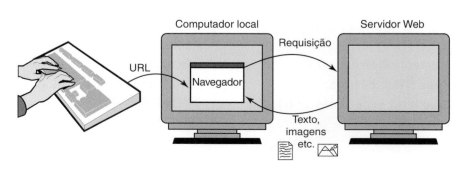

FIGURA 16.1 Um navegador recuperando uma página Web

Várias tecnologias contribuem para o projeto e a implementação de um sítio Web. Nosso objetivo neste capítulo é apresentar a você algumas dessas tecnologias. Mais detalhes sobre esses tópicos podem ser encontrados no próprio sítio deste livro.

■ Mecanismos de Busca

Um *mecanismo de busca* da Web é um sítio que ajuda você a encontrar outros sítios Web. Provavelmente você já usou muitas vezes um mecanismo de busca, como Google ou Yahoo!®. Ao informar palavras-chave que indicam o tipo de informação que você está procurando, o mecanismo de busca fornece uma lista de links para potenciais sites.

Um mecanismo de busca produz sua lista de sítios candidatos pesquisando um banco de dados que contém informação sobre milhões de sites Web. Um bom mecanismo de busca mantém seu banco de dados atualizado e possui técnicas efetivas para casar as palavras-chave com o conteúdo de uma página Web.

A maioria dos mecanismos de busca compara as palavras-chave informadas pelo usuário do mecanismo com um conjunto de palavras-chave que foram indexadas sobre cada sítio Web. Alguns mecanismos de busca indexam quase toda palavra de cada página Web em suas bases de dados, normalmente eliminando palavras comuns como "o", "a", "os", "as", "um", "uma", "uns" e "umas". Outros mecanismos de busca indexam apenas parte de uma página, como o título do documento e cabeçalhos. Algumas técnicas de indexação são sensíveis a diferenças entre maiúsculas e minúsculas, outras não.

Pesquisar palavra-chave eficazmente é desafiante, já que linguagens naturais, como português e inglês, são inerentemente ambíguas (esse tema também foi discutido no Capítulo 13). Por exemplo, as expressões *inverno duro*, *assento duro*, *exame duro* e *volante duro* usam a palavra "duro" em diferentes modos. Se suficientes palavras-chave forem fornecidas, os mecanismos de busca idealmente priorizarão os casamentos de forma apropriada. Sem contexto, no entanto, a utilidade de casamento básico de palavras-chave é limitada.

As aranhas dançantes do Google™
Uma alta classificação de busca no Google é essencial para negócios *on-line*. O Google atualiza suas classificações duas ou três vezes por ano usando "robôs aranhas" (*spider "bots"*) – programas de buscas que vasculham ("*crawl*") mais de um trilhão de URLs distintos em movimentos conhecidos como "*Google dances*". Empresas que se especializaram em otimização de mecanismo de busca (*Search-Engine Otimization* – SEO) ajudam negócios *on-line* a manter altas classificações de busca fazendo ajustes nos sítio Web de seus clientes, que são avaliados pelos robôs aranhas do Google. Empresas SEO simplificam endereços complicados de páginas Web, simplificam textos nas páginas Web e adicionam palavras-chave extras às descrições invisíveis de páginas (chamadas de "metaetiquetas") lidas por software de indexação. As melhores SEOs podem aprimorar drasticamente os índices de classificação de seus clientes. Em contraste, empresas SEO que empregam técnicas excessivamente agressivas, tal como enchimento de palavras-chave, podem ser rotuladas de SEOS *spamdexers* ou "chapéu preto" (em oposição a "chapéu branco") e ter os sítios *Web* de seus clientes banidos dos seus resultados de busca.

Alguns mecanismos de busca realizam *buscas baseadas em conceito* que tentam capturar o contexto de sua busca. Quando funcionam bem, eles retornam páginas candidatas que contêm conteúdo que se relaciona ao seu tópico de busca, quer as palavras na página casem exatamente com as palavras-chave da consulta ou não.

Várias técnicas são empregadas para realizar busca fundamentada em conceito. Elas geralmente se baseiam em complexas teorias linguísticas que estão além do escopo deste livro. A premissa básica é chamada de agrupamento (*clustering*), que compara palavras a outras palavras encontradas em algum grau de proximidade. Por exemplo, a palavra *coração*, usada em um sentido médico, pode estar próxima de palavras como *artéria*, *colesterol* e *sangue*.

Buscas baseadas em conceitos são bem mais complexas que buscas por palavras-chave e não foram aperfeiçoadas técnicas fundamentadas em conceitos. No entanto, elas têm bem maior potencial para ser eficazes, assim que essas técnicas sejam aprimoradas.

■ Mensagens Instantâneas

Aplicativos de *mensagens instantâneas* (*Instant Messaging* — IM) estão entre aqueles de uso mais popular da Web. Como o próprio nome diz, eles permitem que você envie mensagens a amigos ou a colegas de trabalho em tempo real. Se tanto o remetente como o destinatário tiverem um aplicativo de mensagens executando e ativo, as mensagens surgirão imediatamente ao chegar, permitindo que duas pessoas tenham uma "conversação" *on-line* contínua. O aplicativo IM líder é o American Online® (AOL) Instant Messenger (AIM).

Aplicativos IM atuais são bastante sofisticados, permitindo que o usuário configure sua própria lista de contatos, defina respostas-padrão e envie textos e gráficos padronizados e personalizados. O modelo IM se tornou um método rotineiro de comunicação para muitos usuários da Web.

A maioria dos aplicativos IM usa um protocolo proprietário que determina o formato e a estrutura exatos das mensagens que são enviadas pela rede para o receptor. O protocolo do AIM também é proprietário, mas não está restrito a usuários da AOL. Esta é uma das razões por que o AIM ganhou tal popularidade.

Uma mensagem instantânea, apesar de conveniente, não é segura. As mensagens enviadas pelos vários protocolos de IM não são cifradas e podem ser interceptadas em qualquer ponto intermediário ao longo do caminho de comunicação na rede. Mensagens não cifradas de correio eletrônico são inseguras, da mesma forma.

■ *Weblogs*

Um *weblog*, ou *blog* abreviadamente, é um mecanismo para publicação de artigos periódicos em um sítio Web. Dependendo de autor, do tópico e da natureza do *blog*, esses artigos podem variar desde um parágrafo a longos artigos comparáveis àqueles que você pode encontrar em um jornal ou uma revista.

> **Salve as árvores**
>
> Ambientalistas destacam que para produzir os jornais de domingo de uma semana, 500.000 árvores devem ser derrubadas. Reciclar uma única tiragem do *New York Times* de domingo pouparia 75.000 árvores. Cada tonelada de papel reciclado pode poupar 17 árvores; essas 17 árvores podem absorver um total de 113 kg de dióxido de carbono do ar a cada ano. Queimar essa mesma quantidade de papel criaria 680 kg de dióxido de carbono. Também, conduzindo as tendências atuais "seja verde", estão as mudanças de hábitos de clientes que cada vez mais obtêm suas notícias diárias a partir de jornais on-line e *weblogs*. Atualmente, as vendas de jornais e anúncios caíram a um nível tão baixo que a maioria dos jornais estão com problemas financeiros e precisarão se reinventar rapidamente se quiserem sobreviver. Duas saídas táticas são marketing em vídeo on-line (SEO de vídeo) e assinaturas para leitura de jornais on-line.

Um sítio Web pode ser organizado inteiramente como um *blog* ou um *blog* pode ser apenas um item de um sítio que contém muitos outros elementos. As ferramentas e serviços *on-line* disponíveis para criar e publicar *blogs* tornaram fácil para muitos principiantes obter um sítio Web em funcionamento.

Weblogs evoluíram muito desde sua primeira aparição no final dos anos 1990. Embora você ainda possa encontrar muitos *blogs* que discutem ideias e atividades sem importância de seus autores, muitos *blogs* servem como canais de difusão de líderes sérios em ideias inovadoras em uma variedade de tópicos. Alguns *blogs* são uma grande fonte de informação relativa a temas específicos e, como tal, possuem seguidores devotados. Em 2004, o *Dicionário Merriam-Webster* declarou a palavra "*blog*" como o vocábulo do ano.

Alguns *bloggers* referem a si próprios como "jornalistas cidadãos", promovendo a ideia de que seus *blogs* são uma fonte de informação tão válida e valiosa como qualquer outra mídia. A um evento particular é dado crédito por essa mudança de *status*. Em 2004, durante a campanha presidencial norte-americana, o jornalista da CBS Dan Rather informou a existência de documentos que criticavam o serviço militar prestado por George Bush, supostamente escrito pelo antigo comandante de Bush. Muitos *bloggers* contestaram a autenticidade dos documentos com base em diversos problemas na tipografia dos mesmos. A CBS e Dan Rather defenderam a autenticidade dos documentos por mais de duas semanas até que finalmente admitiram que eles provavelmente eram falsificações. Esse evento é um dos mais claros exemplos da Web fornecendo uma voz para a "pessoa comum", alta o suficiente para desafiar os detentores tradicionais da informação.

Como *blogs* são publicações *on-line*, eles podem responder a eventos muito mais rapidamente que a mídia impressa convencional. Por essa razão, muitos jornalistas consagrados desenvolveram seus próprios *blogs* para suplementar seus trabalhos disponíveis em outros canais mais tradicionais.

■ Cookies

Cookies é outra tecnologia baseada em Web que tem avançado a capacidade e a utilidade da Web para seus usuários. Um cookie é um pequeno arquivo de texto que um servidor Web armazena no disco rígido do seu computador local. Um sítio Web pode armazenar um cookie na máquina de um usuário para capturar informações-chave sobre interações prévias que ocorreram entre essa máquina e aquele sítio Web.

Os fragmentos de informação armazenados em um cookie são pares nome-valor, mais o nome do sítio que armazena a informação. Por exemplo:

```
UserID    KDFH547FH398DFJ    www.goto.com
```

Como nesse exemplo, um sítio Web pode gerar um número único de identificação para cada computador visitante e armazená-lo na máquina local. Cookies mais sofisticados podem armazenar informação sobre o tempo de duração de uma visita a um site e qual informação foi vista.

Sítios Web usam cookies de muitos modos diferentes. Alguns sítios Web usam cookies para determinar com precisão quantos visitantes distintos chegam ao sítio. Outros armazenam preferências de usuário de modo que as interações com o sítio sejam personalizadas para aquele usuário. Cookies também são usados para implementar carrinhos de compras que podem ser mantidos de visita em visita.

Um problema com o uso de cookies é que as pessoas frequentemente compartilham computadores para acessar a Web. Como cookies são baseados na máquina que está fazendo a conexão (e não na pessoa), usar cookies para personalizar visitas nem sempre funciona.

Há muitos equívocos sobre cookies em geral. Um cookie não é um programa e nada executa em seu computador. Ele não pode coletar informação pessoal sobre você ou sua máquina. Ainda assim, cookies não têm sido recebidos como confiáveis.

16.2 HTML

Páginas Web são criadas (ou construídas) usando uma linguagem chamada **Linguagem de Marcação de Hipertexto (*Hipertext Markup Language* – HTML)**. O termo *hipertexto* se refere ao fato de que a informação não é organizada linearmente, como em um livro. Em vez disso, podemos embutir ligações para outras informações e saltar de um lugar a outro quando necessário. Hoje em dia, o termo mais exato seria *hipermídia*, já que lidamos com muitos tipos de informação além de texto, como imagem, áudio e vídeo.

A expressão **linguagem de marcação** tem origem no fato de que os elementos principais da linguagem tomam a forma de **etiquetas** que inserimos em um documento para anotar a informação armazenada lá. No caso de HTML, as etiquetas indicam como a informação deve ser exibida. É como se você pegasse um documento impresso e o marcasse com notação extra para especificar outros detalhes, conforme mostrado na Figura 16.2.

Documentos HTML são textos comuns e podem ser criados em qualquer editor ou processador de textos de propósito geral. Existem também ferramentas específicas de software projetadas para nos ajudar a criar páginas Web, mas essas ferramentas no final geram documentos HTML. São esses documentos HTML que são transferidos pela Web quando uma página Web é requisitada.

Uma etiqueta HTML indica a natureza geral de um fragmento de informação (como um parágrafo, uma imagem ou uma lista de itens), tanto quanto como ela deve ser exibida (tal como o estilo de fonte, tamanho e cor). Pense nas etiquetas como sugestões para o navegador. Dois navegadores diferentes podem interpretar as mesmas etiquetas de formas ligeiramente diferentes. Logo, a mesma página Web pode ficar diferente dependendo de qual navegador você usar para vê-la.

Vamos examinar uma página Web de exemplo na forma como ela é exibida por um navegador e então examinar o documento HTML subjacente com as várias etiquetas embutidas nele. A Figura 16.3 mostra uma página Web exibida no navegador Netscape®. A página contém informação sobre uma organização de estudantes chamada Dinâmica Estudantil.

>> **Linguagem de Marcação de Hipertexto (HTML)** A linguagem usada para criar ou construir uma página Web

>> **Linguagem de marcação** Uma linguagem que usa etiquetas para anotar a informação em um documento

>> **Etiqueta** O elemento sintático em uma linguagem de marcação que indica como a informação deve ser exibida

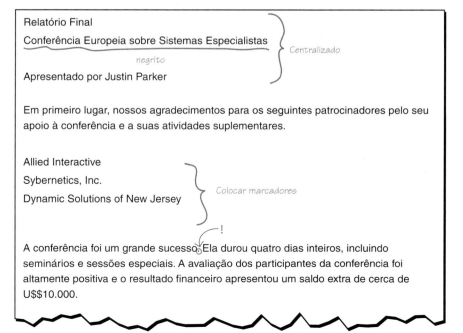

FIGURA 16.2 Um documento com marcação

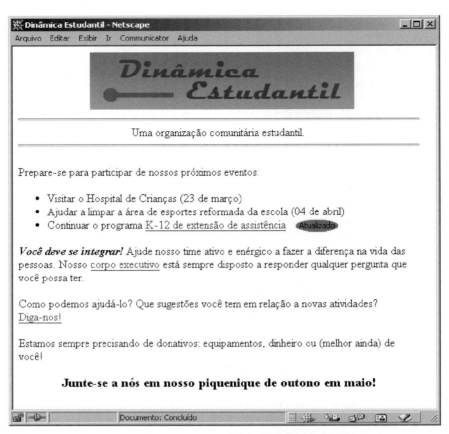

FIGURA 16.3 A página Web da Dinâmica Estudantil como exibida pelo navegador Netscape

Essa página contém uma imagem na parte superior mostrando o nome do grupo. Abaixo da imagem, destacada por um par de linhas horizontais, está uma única frase em itálico. Abaixo desta, segue alguma informação sobre a organização, incluindo uma lista com marcadores dos próximos eventos seguida por alguns pequenos parágrafos. A pequena imagem no final de um dos itens marcados indica que essa informação foi atualizada recentemente. O texto azul ou cinza e sublinhado representa links que, quando clicados usando o mouse, abrem uma nova página Web. Parte do texto tem estilo especial, como negrito ou itálico, e alguma informação está centralizada.

A Figura 16.4 mostra o documento HTML subjacente a essa página Web. Ele especifica toda a formatação vista nessa página Web. As etiquetas embutidas entre os conteúdos principais do documento estão destacadas em cinza.

As etiquetas são englobadas por sinais de ângulo (<. . .>). Palavras como HEAD, TITLE e BODY são chamadas de *elementos* e especificam o tipo da etiqueta. As etiquetas são frequentemente usadas em pares, consistindo em uma etiqueta de início como <BODY> e uma correspondente etiqueta de fim com uma barra / antes do nome do elemento, como </BODY>. HTML não é sensível à diferença de letras maiúsculas e minúsculas, assim <body> e <BODY> são consideradas a mesma etiqueta.

Todo arquivo HTML contém duas seções principais: o cabeçalho do documento, seguido pelo corpo do documento. O cabeçalho contém informação sobre o próprio documento, como seu título. O corpo do documento contém a informação a ser exibida.

O documento HTML inteiro é englobado entre etiquetas <HTML> e </HTML>. As seções cabeçalho e corpo do documento são indicadas de modo similar. O texto entre as etiquetas <TITLE> e </TITLE> aparece na barra de título do navegador Web quando a página é exibida.

O navegador determina como a página deve ser exibida, baseado nas etiquetas. Ele ignora a forma na qual formatamos o documento HTML usando retorno de carro, espaços extras e linhas em branco. Endentar algumas linhas do documento o torna mais fácil de ser lido por um humano, mas essa formatação é irrelevante para a forma na qual ele é por fim exibido. Um navegador leva em consideração a largura e a altura da janela do navegador. Quando você redimensiona a janela do navegador, o conteúdo da página Web é reformatado para se ajustar ao novo tamanho.

```
<HTML>
  <HEAD>
    <TITLE>Dinâmica Estudantil</TITLE>
  </HEAD>
  <BODY>
    <CENTER><IMG SRC="dinEstud.gif"></CENTER>
    <HR>
    <CENTER><I>Uma organização comunitária estudantil.</I></CENTER>
    <HR>
    <P>Prepare-se para participar de nossos próximos eventos:</P>
    <UL>
      <LI>Visitar o Hospital das Crianças (23 de março)</LI>
      <LI>Ajudar na limpeza da área reformada de esportes da escola
          (04 de abril)</LI>
      <LI>Continuar o <a href="xtassist.html">programa K-12 de extensão
          de assistência.</a> <IMG SRC="atualiz.gif"></LI>
    </UL>
    <P><B><I>Você deve se integrar!</I></B> Ajude nosso time ativo e
       cheio de energia a fazer a diferença na vida das pessoas. Nosso
       <a href="corpexec.html">corpo executivo</a> está sempre dispos-
       to a responder a qualquer pergunta que você possa ter.</P>
    <P>Como podemos ajudá-lo? Que sugestões você tem em relação a no-
       vas atividades? <a href="sugestões.html">Diga-nos!</a></P>
    <P>Estamos sempre precisando de donativos: equipamentos, dinheiro
       ou (melhor ainda) de você!</P>
    <CENTER><H3>Junte-se a nós em nosso piquenique de outono em
       maio!</H3></CENTER>
  </BODY>
</HTML>
```

FIGURA 16.4
O documento HTML definindo a página Web da Dinâmica Estudantil

Um navegador faz seu melhor para dar sentido ao modo como um documento é marcado com etiquetas e exibir a página de modo correspondente. Se as etiquetas HTML forem conflitantes ou se elas não estiverem propriamente ordenadas ou aninhadas, os resultados podem ser surpreendentes — e pouco atraentes.

■ Formatação Básica HTML

As etiquetas de parágrafo (<P>...</P>) especificam texto que deve ser tratado como um parágrafo separado. Na maioria dos navegadores, a etiqueta de fechamento </P> não é necessária, mas a usamos na Figura 16.4 por clareza. Um navegador normalmente começa cada parágrafo em uma nova linha, com algum espaço separando-o dos parágrafos anteriores e posteriores.

As etiquetas de centralização (<CENTER>...</CENTER>) indicam que a informação entre elas deve ser centralizada na janela do navegador.

Os elementos B, I e U são usados para indicar que o texto englobado deve estar em negrito, em itálico e sublinhado, respectivamente. Esses elementos podem ser aninhados, permitindo que múltiplos efeitos ocorram ao mesmo tempo, embora esse não seja o caso para todas as etiquetas. Isto é, nem todas as etiquetas fazem sentido quando elas estão aninhadas.

A etiqueta <HR> insere uma régua (ou seja, uma linha) horizontal cruzando a página. Réguas horizontais são frequentemente úteis para quebrar a página em seções.

Muitas vezes precisamos apresentar uma lista de itens. O elemento UL significa lista não ordenada (*Unordered List*) e o elemento LI representa um item de lista (*List Item*). No exemplo da Dinâmica Estudantil três itens de lista estão englobados pelas etiquetas <UL>...</UL>. A maioria dos navegadores apresenta uma lista não ordenada usando marcadores. Se o elemento de

Twitter (rede social)
Twitter é um sítio de relacionamento social grátis que também é usado para *microblogging* (atualizações de texto curto). Diferente de outros sítio de relacionamento social, tais como Facebook e MySpace, Twitter é muito simples em seu projeto. Atualizações de usuário e respostas (conhecidas como *Tweets*) são seu principal objetivo e é extremamente fácil enviar e receber atualizações via mensagens de texto em um telefone. Twitter também tem aplicativos móveis, tais como TwitterBerry®, para usuários de BlackBerry®, e Tweetie e iTweets, para o iPhone® da Apple. Twitter foi criado em 2006 por Jack Dorsey e, em novembro de 2008, tinha aproximadamente 5 milhões de usuários. Em fevereiro de 2009, Twitter foi classificado como a terceira rede social mais usada do mundo e a Nielson indicou o Twitter como o sítio de relacionamento social de crescimento mais rápido, com uma taxa de crescimento de 1382%. Até celebridades usam Twitter: Ellen DeGeneres, Oprah Winfrey, Ashton Kutcher, Martha Stewart e Stephen Colbert todos têm suas próprias contas no Twitter. Até a campanha de Obama usou o Twitter durante as eleições presidenciais de 2008 para atualizações de campanha.

374 Capítulo 16

lista ordenada (OL — *Ordered List*) for usado, os itens da lista serão numerados sequencialmente. Tanto listas não ordenadas como listas ordenadas podem ser aninhadas, criando uma hierarquia de listas. Listas não ordenadas aninhadas usam diferentes tipos de marcadores para cada nível e a numeração para cada lista ordenada começa novamente a cada nível.

Diversos elementos são usados para definir cabeçalhos em um documento. HTML inclui seis elementos predefinidos de cabeçalho: H1, H2, H3, H4, H5 e H6. Texto englobado por etiquetas <H3>...</H3>, por exemplo, é tratado como um cabeçalho de nível 3, que é apresentado em uma fonte maior que o de nível 4 e em uma fonte menor que o de nível 2. Etiquetas de cabeçalho não têm que especificar texto que introduza uma seção; elas podem ser usadas em qualquer lugar que você queira alterar o tamanho da fonte.

■ Imagens e Links

> **» Atributo** Parte de uma etiqueta que fornece informação adicional sobre o elemento

Muitas etiquetas podem conter **atributos** que indicam detalhes adicionais sobre a informação ou descrevem como a informação englobada deve ser apresentada.

Atributos tomam a seguinte forma:

```
nome-atributo = valor
```

Por exemplo, uma imagem pode ser incorporada em uma página Web usando o elemento IMG, que tem um atributo que identifica o arquivo de imagem a ser exibido. O nome do atributo é SRC, que significa a origem (*source*) da imagem. Não há etiqueta de fechamento para o elemento IMG. Por exemplo,

```
<IMG SRC ="minhaImagem.gif">
```

insere a imagem armazenada no arquivo minhaImagem.gif no documento HTML. Pelo menos um espaço deve separar IMG de SRC.

Uma imagem é usada como um emblema (*banner*) para toda a página no exemplo da Dinâmica Estudantil. Em outro local, uma pequena imagem é usada para indicar informação no sítio Web que foi atualizada recentemente.

Em HTML um link é especificado usando o elemento A, que tem origem na palavra âncora (*anchor*). A etiqueta inclui um atributo chamado HREF que especifica o URL do documento de destino. Por exemplo,

```
<A HREF = "http://duke.csc.villanova.edu/docs/">
Documentação Central! </A>
```

mostra o texto "Documentação Central!" na tela, normalmente sublinhado e em tipo azul. Ao usuário clicar com o mouse nesse link, a página Web cujo endereço é duke.csc.villanova.edu/docs será buscada e exibida no navegador, substituindo a página atual. Observe que tanto o nome de um arquivo como um URL são delimitados por aspas.

Apenas tocamos na superfície das capacidades de HTML em nossa discussão. Entretanto, as poucas etiquetas que examinamos já nos dão a capacidade de criar páginas Web razoavelmente versáteis e úteis.

16.3 Páginas Web Interativas

Quando HTML foi inicialmente desenvolvida, ela era incrível em sua capacidade de formatar textos e imagens baseados na rede em formas interessantes. Contudo, essa informação era estática — não havia meio de interagir com as informações e imagens presentes em uma página Web.

À medida que os usuários demandaram uma Web mais dinâmica, novas tecnologias têm sido desenvolvidas para atender a estes requisitos. Essas tecnologias adotam abordagens diferentes para solucionar o problema. Muitas das novas ideias são derivações da linguagem de programação Java®, que está apta a explorar a Web em razão de sua independência de plataforma. Vamos examinar brevemente duas dessas tecnologias: *applets Java* e *Java Server Pages*.

■ *Applets* Java

> **» *Applet* Java** Um programa Java projetado para ser embutido em documento HTML, transferido pela Web e executado em um navegador

Um **applet Java** é um programa que é projetado para ser embutido em um documento HTML e transferido pela Web para alguém que queira executar o programa. Um *applet* é, na verdade, executado no navegador usado para ver a página Web.

Tim Berners-Lee

Tim Berners-Lee é o primeiro professor da cadeira 3COM (*Computer Communication Compatibility*) no Laboratório de Ciência da Computação e Inteligência Artificial do Massachusetts Institute of Technology. Ele é o professor da cadeira Fundadores 3COM de Engenharia na Escola de Engenharia, com uma nomeação conjunta no Departamento de Engenharia Elétrica e CSAIL no MIT. Berners-Lee é um pesquisador, um evangelizador e um visionário, mais que um acadêmico. Ele é diretor do *World Wide Web Consortium*, que coordena o desenvolvimento Web no mundo. O Consórcio, com equipes no MIT, ERCIM, na França, e Keio University, no Japão, tem por objetivo ajudar a Web a realizar seu pleno potencial, assegurando sua estabilidade por meio de rápida evolução e transformações revolucionárias do seu uso.

Cortesia de Le Fevre Communications/WC3

Como Tim Berners-Lee chegou a esta posição muito importante? Ele construiu seu primeiro computador quando ainda era estudante no Queen's College, Oxford, no Reino Unido. Após a graduação, ele trabalhou por dois anos com Plessey Telecommunications Ltd., um dos maiores fabricantes de equipamentos de telecomunicações no Reino Unido. Ele então trabalhou como um consultor independente por um ano e meio, seguido por três anos em Image Computer Systems Ltd. Seus vários projetos durante esse período incluíram *firmware* de controle de tempo real, gráficos e *software* de comunicação e uma linguagem geral de macros.

Em 1984, Berners-Lee obteve uma bolsa de estudos no CERN, a European Organization for Nuclear Research, em Genebra, Suíça, onde trabalhou em um sistema heterogêneo de chamada a procedimentos remotos e em um sistema de tempo-real distribuído para aquisição de dados científicos e controle de sistemas. Em 1989, ele propôs um projeto global de hipertexto a ser chamado de *World Wide Web*. Ele foi projetado para permitir pessoas trabalharem juntas, combinando seus conhecimentos em uma teia de documentos de hipertexto. Berners-Lee escreveu o primeiro servidor *World Wide Web*, "httpd", e o primeiro cliente "*World Wide Web*", navegador/editor de hipertexto o-que-você-vê-é-o-que-você-obtém. O trabalho começou em outubro de 1990 e o programa "*World Wide Web*" foi disponibilizado no CERN em dezembro de 1990 e na Internet como um todo no verão de 1991.

Entre 1991 e 1993, Berners-Lee continuou trabalhando no projeto da Web, coordenando retorno de usuários pela Internet. Suas especificações iniciais de URLs, HTTP e HTML foram refinadas e discutidas em maiores círculos à medida que a tecnologia Web se difundiu. Finalmente, tornou-se claro que o laboratório de física em Genebra não era o local apropriado para a tarefa de desenvolver e monitorar a Web. Em outubro de 1994, foi fundado o *World Wide Web Consortium* por Berners-Lee no Laboratório de Ciência da Computação no MIT.

Em um artigo do *New York Times* em 1995, Berners-Lee foi perguntado sobre o fato de corporações privadas estarem tentando dominar os padrões da Web para obter lucro. Ele respondeu "Haverá sempre a ameaça de uma companhia privada dominar o mercado e controlar os padrões da Web". Mas, ele acredita fortemente que isso não deva acontecer. "A essência da Web é que ela é um universo de informação", ele disse. "E ela não seria universal se estivesse amarrada, de qualquer forma, a uma empresa."

Michael Dertouzos, o diretor do Laboratório de Ciência da Computação do MIT, disse que Berners-Lee parece incorporar o "idealismo libertário" da cultura da Internet. "Ele tem um compromisso real em manter a Web aberta como um bem público, em termos econômicos", disse Dertouzos. "Esta é a missão dele." Berners-Lee conclui: "Uma competição razoável acelera o passo da inovação. As empresas promoverão os aspectos proprietários de seus navegadores e de suas aplicações e elas devem fazê-lo. Mas a navegação na Web tem que ser aberta. Se chegar o dia em você precisar de seis navegadores em seu computador para navegar na Web, a *World Wide Web* não será mais a *World Wide Web*."

Berners-Lee foi citado pela revista *Time* como uma das 100 pessoas mais importantes do século XX. Em reconhecimento ao seu trabalho na *World Wide Web*, a rainha Elizabeth II condecorou Berners-Lee como Comandante Cavaleiro da Ordem do Império Britânico (*Knight Commander, Order of the British Empire* — KBE). Em junho de 2007 ele recebeu da Rainha Elizabeth II a Ordem do Mérito, o que o autoriza a usar "OM" após seu nome. Em setembro de 2008, foi premiado com o IEEE/RSE Wolfson James Clerk Maxwell Award por conceber e ainda desenvolver a *World Wide Web* e, em 2009, foi eleito como um associado estrangeiro da Academia Nacional de Ciências. Berners-Lee está atualmente atuando como o Diretor do Consórcio *World Wide Web*; um Diretor do Instituto de Pesquisa em Ciência da *Web* e da Fundação *World Wide Web*; o professor da cadeira Fundadores 3COM de Engenharia na Escola de Engenharia, com uma nomeação conjunta no Departamento de Engenharia Elétrica e Ciência da Computação e no Computer Science Artificial Intelligence Laboratory (CSAIL) do MIT, liderando o Decentralized Information Group (DIG); e como Professor de Ciência da Computação em Southampton ECS.

Um *applet* é embutido em um documento HTML usando-se a etiqueta `APPLET`. Por exemplo:

```
<APPLET code="MeuApplet.class" width=250 height=160>
</APPLET>
```

Quando um usuário da Web referencia a página contendo essa etiqueta, o programa *applet* `MeuApplet.class` é enviado juntamente com qualquer texto, imagens e outros dados que a página contenha. O navegador sabe como lidar com cada tipo de dado — ele formata texto adequadamente e apresenta imagens de acordo com a necessidade. No caso de um *applet*, o navegador tem um interpretador embutido que executa o *applet*, permitindo que o usuário interaja com ele. Milhares de *applets* Java estão disponíveis na Web e a maioria dos navegadores está configurada para executá-los.

Considere as dificuldades inerentes a essa situação. Um programa é escrito em um computador, mas aí ele pode ser transferido para qualquer outro computador na Web para ser executado. Como podemos executar um programa escrito em um tipo de computador em muitos outros tipos possíveis de computadores? A chave, como foi sucintamente explicado no Capítulo 9, é que programas Java são compilados em *bytecode*, uma representação em baixo nível de um programa que não é o código de máquina de qualquer tipo de CPU específica. Esse *bytecode* pode ser executado por qualquer interpretador de *bytecode* válido, não importando em qual tipo de máquina ele estiver executando.

O modelo de *applet* põe a carga de trabalho na máquina do cliente. Isto é, um usuário Web traz o programa para sua máquina e o executa nela. Pode ser assustador pensar que, enquanto você está despretensiosamente navegando na Web, repentinamente o programa de alguém pode começar a executar em seu computador. Isto seria um problema, se *applets* Java não fossem restritos naquilo que eles podem fazer. A linguagem Java tem um modelo de segurança cuidadosamente construído. Um *applet*, por exemplo, não pode acessar qualquer arquivo local ou alterar qualquer configuração de sistema.

Dependendo da natureza do *applet*, o computador do cliente pode ou não estar preparado para a tarefa de executar o *applet*. Por essa razão e por *applets* serem transferidos por uma rede, eles tendem a ser relativamente pequenos. Embora apropriados para algumas situações, *applets* não resolvem todas as necessidades de interação de usuários da Web.

■ Java Server Pages

> **⟫ *Scriptlet* JSP** Um fragmento de código embutido em um documento HTML projetado para contribuir dinamicamente com o conteúdo da página Web

Uma Java Server Page (JSP) é uma página Web que possui **scriptlets JSP** embutidos nela. Um *scriptlet* é um pequeno fragmento de código executável entremeado no conteúdo regular de HTML. Embora não seja exatamente como Java, código JSP assemelha-se com a linguagem de programação Java geral.

Um *scriptlet* JSP é delimitado por etiquetas especiais começando com `<%` e terminando com `%>`. Objetos especiais foram predefinidos para facilitar algum processamento. Por exemplo, o objeto chamado `out` pode ser usado para produzir saída, que será integrada à página Web sempre que o *scriptlet* ocorrer. O *scriptlet* a seguir produz a frase "olá pessoal" entre as etiquetas de abertura e término de cabeçalho `H3`:

```
<H3>
<%
out.println ("olá pessoal");
%>
</H3>
```

Neste caso particular, o resultado será equivalente a

```
<H3>olá pessoal</H3>
```

Mas imagine *scriptlets* JSP como tendo o poder expressivo de uma linguagem de programação plena (o que eles têm). Podemos fazer uso de quase todos os aspectos de um programa Java comum, tais como variáveis, expressões condicionais, laços e objetos. Com esse tipo de poder de processamento, uma página JSP pode tomar decisões significativas, produzindo resultados verdadeiramente dinâmicos.

JSPs são executadas no lado servidor, onde a página Web reside. Elas ajudam a definir dinamicamente o conteúdo de uma página Web antes de ela ser enviada ao usuário. No momento em que ela chega ao seu computador, todo o processamento ativo já foi realizado, produzindo uma página Web estática (embora criada dinamicamente).

JSPs são particularmente boas para coordenar a interação entre uma página Web e um banco de dados subjacente. Os detalhes desse tipo de processamento estão além do escopo desse livro, mas você provavelmente já encontrou esse tipo de processamento ao surfar a Web. Lojas virtuais (sítios que existem essencialmente para vender produtos), em particular, fazem uso extensivo desse tipo de processamento. Os dados sobre produtos disponíveis não são armazenados em páginas HTML estáticas. Em vez disso, esses dados são armazenados em um banco de dados. Quando você faz uma requisição por informação sobre um produto particular, uma JSP pode efetivamente responder a você. Os *scriptlets* na página interagem com o banco de dados e extraem a informação necessária. *Scriptlets* e HTML usual formatam o dado apropriadamente e então enviam a página para seu computador para visualização.

16.4 XML

A importância de padrões: Wi-Fi
Wi-Fi é uma tecnologia de rede sem fio que atualmente é comum em computadores portáteis. Em um esforço para aprimorar a transferência de grandes arquivos (como filmes) via conexão sem fio, fabricantes de computadores estão usando componentes que utilizam uma versão mais rápida de Wi-Fi, chamada 802.11n. A versão 802.11n aumenta a velocidade máxima de uma rede Wi-Fi da velocidade atual de 54 Mbps, da versão 802.11g, para 270 megabits por segundo (Mbps), um aumento substancial. Outras versões de Wi-Fi incluem 802.15, que é usado para redes sem fio de área pessoal (WPANs – *Wireless Personal-Area Networks*). Ele abrange uma faixa muito curta e é usado para tecnologia Bluetooth®. O padrão 802.16 (WiMax) é suposto combinar os benefícios de banda larga e comunicação sem fio. Ele fornecerá Internet sem fio de alta velocidade em distâncias muito grandes e provavelmente proverá acesso a grandes áreas como cidades. No entanto, as micropastilhas nesses componentes são projetadas com base em uma especificação técnica que não foi finalizada e acordada por todos os fabricantes de equipamentos. Como resultado, os novos dispositivos frequentemente não conseguem se comunicar uns com os outros em maiores velocidades.

Essa situação é um exemplo de um problema inerente à inovação tecnológica em computação: empresas querem ser as primeiras a lançar uma tecnologia, mas elas também querem assegurar consistência entre plataformas. Padronização é essencial por significar não apenas que os produtos funcionarão em conjunto, mas também que os preços cairão à medida que mais dispositivos sejam vendidos e que a tecnologia será adotada por um número suficiente de pessoas para torná-la viável.
A versão final de 802.11n é esperada ser aprovada pelo IEEE-AS RevCom em janeiro de 2010.

HTML é fixa; isto é, HTML tem um conjunto predefinido de etiquetas e cada etiqueta tem sua própria semântica (significado). HTML especifica como a informação em uma página Web deve ser formatada, mas ela realmente não indica o que a informação representa. Por exemplo, HTML pode indicar que um fragmento de texto deve ser formatado como um cabeçalho, mas ela não especifica o que aquele cabeçalho descreve. De fato, nada nas etiquetas HTML descreve o verdadeiro conteúdo de um documento. A **Linguagem Extensível de Marcação (***Extensible Markup Language* **– XML)** permite ao criador de um documento descrever seu conteúdo definindo seu próprio conjunto de etiquetas.

XML é uma metalinguagem. *Metalinguagem* é a palavra *linguagem* mais o prefixo *meta*, que significa "além" ou "mais abrangente". Uma **metalinguagem** vai além de uma linguagem normal nos permitindo falar precisamente sobre aquela linguagem. Ela é uma linguagem para descrever ou definir outras linguagens. É como um livro de gramática de português descrevendo as regras de português.

Uma metalinguagem chamada Linguagem-Padrão de Marcação Generalizada (*Standard Generalized Markup Language* — SGML) foi usada por Tim Berners-Lee para definir HTML. XML é uma versão simplificada de SGML e é usada para definir outras linguagens de marcação. XML levou a Web em uma nova direção. Ela não substitui HTML — ela a enriquece.

Como HTML, um documento XML é constituído por dados etiquetados. Mas, ao escrever um documento XML, você não estará restrito a um conjunto predefinido de etiquetas, já que elas não existem. Você poderá criar qualquer conjunto de etiquetas necessárias a descrever os dados em seu documento. O foco não está em como o dado deve ser formatado, mas sim em o que o dado é.

Por exemplo, o documento XML na Figura 16.5 descreve um conjunto de livros. As etiquetas no documento descrevem dados que representam título de um livro, autor (autores), número de páginas, editora, número ISBN e preço.

A primeira linha do documento indica a versão da XML que é usada. A segunda linha indica o arquivo que contém a **Definição de Tipo de Documento (***Document Type Definition* **– DTD)** para o documento. A DTD é uma especificação da organização do documento. O restante do documento contém os dados sobre dois livros em particular.

A estrutura de um documento particular XML é descrita pelo seu correspondente documento DTD. O conteúdo de um documento DTD não apenas define as etiquetas, mas também mostra como elas podem ser aninhadas. A Figura 16.6 mostra o documento DTD que corresponde ao exemplo de livros em XML.

As etiquetas ELEMENT no documento DTD descrevem as etiquetas que compõem o correspondente documento XML. A primeira linha deste arquivo de DTD indica que a etiqueta livros é constituída de zero ou mais etiquetas livro. O asterisco (*) ao lado da palavra *livro* entre parênteses significa zero ou mais. A próxima linha especifica que a etiqueta livro é composta de várias outras etiquetas em uma ordem determinada: título, autores, editora, páginas, isbn e preço. A

» Linguagem Extensível de Marcação (XML) Uma linguagem que permite que o usuário descreva o conteúdo de um documento

» Metalinguagem Uma linguagem que é usada para definir outras linguagens

» Definição do Tipo de Documento (DTD) Uma especificação da organização de um documento XML

```
<?xml version="1.0"?>
<!DOCTYOE livros SYSTEM "livros.dtd">
<livros>
<livro>
<título>The Hobbit</título>
<autores>
   <autor>J. R. R. Tolkien</autor>
</autores>
<editora>Ballantine</editora>
<páginas>287</páginas>
<isbn>0-345-27257-9</isbn>
<preço moeda="USD">7.95</preço>
</livro>
<livro>
<título>A Beginner's Guide to Bass Fishing</título>
<autores>
   <autor>J. T. Angler</autor>
   <autor>Ross G. Clearwater</autor>
</autores>
<editora>Quantas Publishing</editora>
<páginas>750</páginas>
<isbn>0-781-40211-7</isbn>
<preço moeda="USD">24.00</preço>
</livro>
</livros>
```

FIGURA 16.5 Um documento XML contendo dados sobre livros

linha seguinte indica que a etiqueta `autores` é composta de uma ou mais etiquetas autor. O sinal de mais (+) ao lado da palavra *autor* indica que um ou mais autores são permitidos. As outras etiquetas são especificadas para conter `PCDATA` (*Parsed Character Data* — Dados Analisados de Tipo Caractere), o que indica que as etiquetas não são mais decompostas em outras etiquetas.

A única etiqueta nesse conjunto que tem um atributo é a etiqueta `preço`. A última linha do documento DTD indica que a etiqueta `preço` tem um atributo chamado `moeda` e que ele é obrigatório.

XML fornece um formato-padrão para organizar dados sem tentar amarrá-los a qualquer tipo particular de saída. Uma tecnologia relacionada chamada **Linguagem Extensível de Folhas de Estilo** (*Extensible StyleSheet Language* — XSL) pode ser usada para transformar um documento XML em outro formato adequado a um usuário particular. Por exemplo, um documento XSL pode ser definido para especificar a transformação de um documento XML em um documento HTML de modo que ele possa ser visualizado na Web. Outro documento XSL pode ser definido para transformar o mesmo documento XML em um documento Microsoft Word, em um formato adequado a um assistente de dados pessoal (*Personal Data Assistant* — PDA), tal como um Palm Pilot, ou mesmo em um formato que possa ser usado por um sintetizador de voz. Esse processo é retratado na Figura 16.7. Não exploraremos os detalhes de transformações XSL neste livro.

Outra característica conveniente de linguagens especificadas usando-se XML é que documentos na linguagem podem ser gerados automaticamente com relativa facilidade. Um sistema de software, normalmente com um banco de dados subjacente, pode ser usado para gerar enormes quantida-

> **Linguagem Extensível de Folhas de Estilo (XSL)** Uma linguagem para definir transformações a partir de documentos XML em outros formatos de saída

```
<!ELEMENT livros (livro*)>
<!ELEMENT livro (título, autores, editora, páginas, isbn, preço)>
<!ELEMENT autores (autor+)>
<!ELEMENT título (#PCDATA)>
<!ELEMENT autor (#PCDATA)>
<!ELEMENT editora (#PCDATA)>
<!ELEMENT páginas (#PCDATA)>
<!ELEMENT isbn (#PCDATA)>
<!ELEMENT preço (#PCDATA)>
<!ATTLIST preço moeda CDATA #REQUIRED>
```

FIGURA 16.6 O documento DTD correspondente ao documento livros em XML

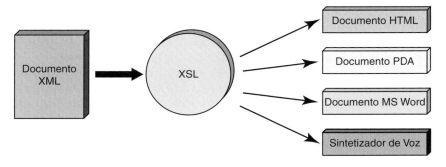

FIGURA 16.7 Um documento XML pode ser transformado em muitos formatos de saída.

des de dados específicos, formatados de modo que sejam facilmente encaminhados e analisados *on-line*. Uma vez gerados, os dados podem ser transformados e visualizados em qualquer modo que seja mais conveniente a cada usuário individual.

Diversas organizações já desenvolveram linguagens XML para suas áreas temáticas específicas. Por exemplo, químicos e engenheiros químicos definiram a Linguagem de Marcação para Química (*Chemistry Markup Language* — CML) para padronizar o formato de dados moleculares. CML inclui um imenso número de etiquetas que cobrem aspectos específicos de química. Ela provê um formato comum pelo qual profissionais de química podem compartilhar e analisar dados.

Tenha em mente que XML é uma *linguagem de especificação de marcação*, ao passo que arquivos XML são *dados*. Os arquivos apenas residem lá até que você execute um programa que os exiba (como um navegador), faça algum trabalho com eles (como um conversor que escreva os dados em outro formato ou uma base de dados que leia os dados) ou os modifique (como um editor). XML e suas tecnologias associadas proveem um poderoso mecanismo para gerenciamento de informação e para comunicar essa informação pela Web em um modo versátil e eficiente. À medida que essas tecnologias evoluam, novas oportunidades que tirem proveito delas certamente surgirão.

Resumo

Embora os termos *Internet* e *Web* sejam comumente usados de forma intercambiável, eles não são a mesma coisa. A *World Wide Web* é uma infraestrutura de informação distribuída entre milhares de computadores espalhados pelo mundo e o software pelo qual essa informação é acessada. A Web se apoia em redes subjacentes, especialmente a Internet, como o veículo para trocar a informação entre usuários.

Uma página Web contém informação, bem como referências a outros recursos, tais como imagens. Uma coleção de páginas Web gerenciadas por uma única pessoa ou empresa é chamada de sítio Web. Ligações são estabelecidas entre várias páginas Web em todo o planeta, justificando o nome *World Wide Web*.

Visitar um sítio Web é realmente o ato de requisitar que uma página Web, armazenada em um servidor Web remoto, seja trazida ao computador local para visualização. Um Localizador Uniforme de Recurso (URL) é usado para especificar o documento Web que o usuário deseja ver.

Alguns sítios Web, como aquele mantido pelo Google, servem como mecanismo de busca, permitindo que o usuário informe uma palavra ou frase na qual quer basear uma busca por informação. O mecanismo de busca responde com uma lista de sites Web candidatos que o usuário espera que atendam a suas necessidades. Alguns mecanismos de busca se baseiam apenas nas palavras-chave informadas na busca; outros tentam interpretar o conceito que fundamenta a busca.

Aplicativos de mensagens instantâneas (IM) têm dado à Web outro nível de interação, permitindo que usuários conduzam conversações *on-line* contínuas. Programas de IM estão evoluindo para incluir figuras e até mesmo vídeos.

Weblogs ou *blogs* são publicações baseadas na Web que apresentam artigos atualizados regularmente. Os *blogs* mais sérios servem como recursos relevantes em tópicos específicos. Outros têm dado origem a "jornalistas cidadãos", cujo trabalho suplementa aquele desempenhado pela mídia convencional.

Cookies são pequenos arquivos texto que um site Web grava em seu disco rígido, de modo que, ao retornar ao site, informações sobre você e sua visita anterior possam ser usadas em sua visita atual. Cookies são frequentemente usados para acompanhar as atividades de usuários e eles são geralmente considerados úteis tanto para o usuário quanto para os sites que os usam. Um cookie não é um programa e, assim, não pode executar código em seu computador.

Linguagem de Marcação de Hipertexto (HTML) é o método principal de definir páginas Web. Um documento HTML consiste em informação que é anotada por etiquetas que especificam como um particular elemento deverá ser tratado e formatado. Um navegador Web exibe uma página HTML sem levar em conta espaços extras, linhas em branco ou endentação. As etiquetas sozinhas orientam o navegador e uma dada página Web pode ficar ligeiramente diferente quando visualizada em navegadores diferentes.

Etiquetas de HTML incluem aquelas que especificam a estrutura geral do documento, bem como etiquetas que realizam formatação básica, tais como para cabeçalhos, parágrafos e texto centralizado. Estilos de fonte, tais como negrito e itálico, também são especificados usando etiquetas. Listas não ordenadas e listas ordenadas têm seus próprios conjuntos de etiquetas.

Algumas etiquetas HTML incluem atributos que especificam informações adicionais. Por exemplo, o atributo origem (SRC) de uma etiqueta de imagem especifica o arquivo no qual a imagem está armazenada. Etiquetas de âncora definem ligações e usam um atributo para especificar a localização da página Web alvo.

Há oportunidades adicionais para interagir e criar dinamicamente conteúdos de páginas Web. Duas tecnologias que suportam interação baseada em Web são *applets* Java e Java Server Pages (JSPs). *Applets* Java são programas Java projetados para estarem embutidos em páginas HTML e serem executados por um navegador Web. A natureza independente de plataforma deles é possível porque *applets* são compilados em *bytecode* Java, que é neutro em relação à arquitetura.

Java Server Pages embutem *scriptlets* em código HTML que são executados pelo servidor Web, para ajudar a definir dinamicamente o conteúdo de uma página Web. *Scriptlets* têm todo o poder expressivo de uma linguagem plena. JSPs são particularmente boas para coordenar a interação entre uma página Web e seu banco de dados subjacente.

Linguagem Extensível de Marcação (XML) é uma metalinguagem, o que significa que ela é usada para definir outras linguagens. Diferente de HTML, cujas etiquetas focam o formato de dados exibidos, etiquetas de XML especificam a natureza dos dados. O usuário não está restrito a usar etiquetas específicas; ele pode definir quaisquer etiquetas que façam sentido para os dados sendo descritos.

Os formatos e os relacionamentos entre etiquetas XML são definidos em um documento de Definição de Tipo de Documento (DTD). Um conjunto de transformações de Linguagem Extensível de Folhas de Estilo (XSL) define a forma que o conteúdo de um documento XML será transformado em outro formato adequado para as necessidades atuais do usuário.

QUESTÕES ÉTICAS ▶ *Blogging*

Como sítio Web, *blogs* tornaram-se universais virtualmente da noite para o dia. Um *blog* é um *weblog* ou um noticiário *on-line*. A maioria dos *blogs* é interativa e está preparada para obter retorno de leitores. Ainda que a maioria dos *bloggers* escreva sobre assuntos mundanos, a *blogosphere* também emergiu como um novo veículo viável alternativo. *Blogs* estão tendo um crescente impacto, algumas vezes suplementando ou corrigindo noticiários, na grande mídia. Em 2004, *blogs* rapidamente expuseram a falta de autenticidade dos documentos utilizados em uma história do *60 Minutes* sobre o serviço de Guarda Nacional do presidente George W. Bush. Muitos outros *blogs* consistentemente fornecem uma única e não convencional perspectiva sobre o noticiário local e nacional.

De acordo com o *Wall Street Journal*, a audiência para mídia alternativa está em expansão: "o número de americanos lendo *blogs* pulou de 58% em 2004 para uma estimativa de 32 milhões de pessoas ... com cerca de 11 milhões assistindo a *blogs* políticos em busca de notícias durante a campanha presidencial [de 2004]".[1]

Mas *blogs* não são apenas para jornalistas *on-line* ou comentaristas políticos. Seu uso também cresceu entre médicos, advogados e professores. Mesmo na sala de aula *blogs* tornaram-se populares. Muitos alunos têm seus próprios *blogs* onde eles registram suas impressões sobre professores ou outras informações relativas à escola em um formato do tipo de um diário. O uso de *blogs* por alunos levou a um novo debate sobre o quanto de controle os educadores devem exercer sobre atividades *on-line* em salas de aula.

Obviamente, a *blogosphere* não está sem seu quinhão de controvérsias. Uma dessas controvérsias surgiu em 2005 depois de alguns *bloggers* divulgarem documentos confidenciais da Apple® Computer sobre um produto da Apple ainda não lançado. A Apple exigiu que os *bloggers* informassem a fonte daquela informação, mas os *bloggers* alegaram que eles eram jornalistas e assim deviam estar protegidos por leis federais e estaduais para não revelarem suas fontes. No entanto, um juiz da Califórnia discordou, visto que ele determinou que os *bloggers* revelassem suas fontes. Infelizmente, o juiz nesse caso não endereçou a ques-

» continua

A World Wide Web 381

⚖ QUESTÕES ÉTICAS ▶ *Blogging* continuação

tão central: *bloggers* merecem os mesmos privilégios de proteger suas fontes que são garantidos a jornalistas? Por um lado, esses *bloggers* estão atuando exatamente como jornalistas, ao reportar notícias, então por que eles não devem ter os mesmos privilégios que jornalistas? Por outro lado, "a expectativa de 10, 20 ou 50 milhões de *bloggers* reivindicando privilégios de jornalistas aterroriza juízes e, de modo similar, advogados da primeira instância, [já que] eles temem que qualquer um que tenha um sítio Web, se convocado a testemunhar em um júri, possa alegar o privilégio e se recusar a cooperar".[2]

Como *blogging* é um fenômeno muito novo, não houve muito debate sobre "ética em *blogging*". Mas, esse debate é realmente necessário. Quais são as responsabilidades de *bloggers*, especialmente aqueles que operam novos sítios alternativos? Eles têm as mesmas obrigações que a mídia convencional? Eles devem manter os mesmos padrões de objetividade?

Embora possa não ser uma boa ideia aplicar muitas restrições a *bloggers*, eles estão, é claro, sujeitos às mesmas obrigações éticas como qualquer um que comunique informação. Primeiro e mais importante, *bloggers* têm uma obrigação de evitar mentir. Santo Tomás de Aquino define uma *mentira* como a declaração intencional de algo que é *falso*.[3] Na visão de Santo Tomás de Aquino, mentir é execrável porque é uma ofensa à razão e rompe a harmonia necessária à nossa vida comum. De uma perspectiva natural legal, é errado mentir e fraudar por impedir o bem intrínseco do conhecimento. Assim, *bloggers*, como qualquer outra pessoa, devem se empenhar em ser verdadeiros o tempo todo. Eles também têm uma obrigação de verificar suas fontes e identificar essas fontes sempre que possível, de modo que leitores sejam plenamente informados; em um ambiente *on-line*, isso frequentemente pode ser feito fornecendo-se links para outros sites. *Bloggers* também têm o dever de evitar acusações levianas e de se retratar por informações incorretas, o mais rapidamente possível. Por fim, *bloggers* devem considerar tornar público qualquer conflito de interesses em casos onde sua objetividade possa ser comprometida. Algumas vezes pode ser necessário que um *blogger* revele quem paga seu salário ou quem patrocina os custos de operação do sítio Web. Como um *blogger* explicou, "O público deve ser capaz de vir ao seu *blog* e acreditar que você não está querendo ganhar dinheiro de forma ilícita".[4] Se *bloggers* puderem seguir essas regras simples, eles vão gerar confiança entre seus leitores e o *weblog* continuará a ter um futuro brilhante.

O material usado nesta descrição de caso foi extraído de R. Spinello, Cyberethics: Morality and Law in Cyberspace, *third edition (Sudbury, MA: Jones and Bartlett, 2006).*

⚷ Termos Fundamentais

Applet Java
Atributo
Definição de Tipo de Documento (DTD)
Etiqueta
Linguagem de Marcação
Linguagem de Marcação de Hipertexto (HTML)
Linguagem Extensível de Folhas de Estilo (XSL)
Linguagem Extensível de Marcação (XML)
Link

Localizador Uniforme de Recursos (URL)
Metalinguagem
Navegador Web
Página Web
Scriptlet JSP
Servidor Web
Sítio Web
World Wide Web (Web)

⌘ Exercícios

Para os Exercícios 1 a 12, assinale Verdadeiro ou Falso como a seguir:

    A. Verdadeiro

    B. Falso

1. A Internet e a Web são essencialmente dois nomes para a mesma coisa.
2. O computador que é configurado para responder a requisições Web é um navegador Web.
3. Quando visitamos um site Web, na verdade trazemos o sítio até nós.
4. A maioria dos mecanismos de busca usa uma abordagem baseada em contexto para encontrar páginas candidatas.
5. Um *weblog* é a mesma coisa que um *blog*.
6. Um *weblog* pode servir como uma publicação *on-line* para "jornalistas cidadãos".
7. Um cookie é um programa que é executado em seu computador.
8. Todos os elementos associados a uma particular página Web são trazidos quando é feita uma requisição por essa página.
9. Redes têm sido usadas para conectar computadores desde os anos 1950.
10. Comunicação em rede não era possível até o advento da Web.
11. A Web foi desenvolvida em meados dos anos 1990.
12. Você deve ter um navegador Web para acessar a Web.

Para os Exercícios 13 a 22, relacione a palavra ou acrônimo à definição ou ao espaço.

    A. *Scriptlet* JSP

    B. URL

382 Capítulo 16

   C. HTML
   D. Etiqueta
   E. *Applet* Java
   F. XML

13. Um programa projetado para ser embutido em um documento HTML.
14. Identifica unicamente cada página Web.
15. ____ executa no servidor Web.
16. ____ executa no navegador Web.
17. Etiquetas em ____ são fixadas.
18. Etiquetas em ____ não são predefinidas.
19. ____ é uma metalinguagem.
20. A estrutura de um documento ____ é descrita por sua Definição de Tipo de Documento (DTD) correspondente.
21. O elemento sintático em uma linguagem de marcação que indica como informação deve ser exibida.
22. Parte de um ____ é o nome de computador do computador no qual a informação é armazenada.

Os Exercícios 23 a 70 são problemas ou questões de resposta curta.

23. O que é a Internet?
24. O que é a Web?
25. O que é uma página Web?
26. O que é um sítio Web?
27. O que é um link?
28. Por que uma teia de aranha é uma boa analogia para a *World Wide Web*?
29. Qual é o relacionamento entre uma página Web e um sítio Web?
30. Qual é a diferença entre a Internet e a Web?
31. Descreva como uma página Web é recuperada e visualizada por um usuário da Web.
32. O que é um Localizador Uniforme de Recursos?
33. O que é uma linguagem de marcação? De onde vem esse nome?
34. Compare e contraste hipertexto e hipermídia.
35. Descreva a sintaxe de uma etiqueta HTML.
36. O que é uma régua horizontal? Para que essas réguas são úteis?
37. Cite cinco especificações de formatação que podem ser estabelecidas usando etiquetas HTML.
38. O que é um atributo de etiqueta? Dê um exemplo.
39. Escreva a instrução de HTML que coloque a imagem do arquivo `meu.gif` na página Web.
40. Escreva a instrução de HTML que configure um link para o endereço http://www.cs.utexas. edu/users/ndale/ e mostre na tela o texto "Home Page da Dale".
41. O que acontece quando um usuário clica no texto "Home Page da Dale" como definido no Exercício 40?
42. Projete e implemente um documento HTML para uma organização em sua escola.
43. Projete e implemente um documento HTML que descreva um ou mais de seus passatempos pessoais favoritos.
44. O que é um *applet* Java?
45. Como você embute um *applet* Java em um documento Java?
46. Onde um *applet* Java é executado?
47. Que tipos de restrições são impostas a *applets* Java? Por quê?
48. O que é uma Java Server Page?
49. O que é um *scriptlet*?
50. Como se embute um *scriptlet* em um documento Java?
51. Como processamento de JSP difere de processamento de *applet*?
52. O que é uma metalinguagem?
53. O que é XML?
54. Em que HTML e XML são parecidas e em que são diferentes?
55. Como um documento XML se relaciona a uma Definição de Tipo de Documento?
56. **a.** Em uma DTD, como se indica que um elemento deve ser repetido zero ou mais vezes?
   b. Em uma DTD, como se indica que um elemento deve ser repetido uma ou mais vezes?

A World Wide Web 383

c. Em uma DTD, como se indica que um elemento não pode ser desmembrado em outras etiquetas?

57. O que é XSL?

58. Qual é o relacionamento entre XML e XSL?

59. Como um documento XML é visualizado?

60. Defina uma linguagem XML (a DTD) para os cursos de sua escola e produza um documento XML como exemplo.

61. Defina uma linguagem XML (a DTD) para diretórios políticos e produza um documento XML como exemplo.

62. Defina uma linguagem XML (a DTD) para animais do zoológico e produza um documento XML como exemplo.

63. Este capítulo é cheio de acrônimos. Defina cada um dos seguintes:
    a. HTML
    b. XML
    c. DTD
    d. XSL
    e. SGML
    f. URL
    g. ISP

64. Crie um documento HTML para uma página Web que tenha cada uma das seguintes características:
    a. Título centralizado
    b. Lista não ordenada
    c. Lista ordenada
    d. Link para outra página Web
    e. Uma imagem

65. Faça a distinção entre uma etiqueta e um atributo de HTML.

66. Por que a mesma página Web pode ficar diferente em navegadores distintos?

67. Quais são as duas seções de todo documento HTML?

68. Quais são os conteúdos das duas partes de um documento HTML?

69. O que significa o *A* em uma etiqueta que especifique um URL de uma página?

70. Crie um documento HTML para uma página Web que tenha cada uma das seguintes características:
    a. Um título alinhado à direita com tamanho de fonte grande
    b. Uma classe *applet* chamada `Exercicio.class`
    c. Dois diferentes links
    d. Duas imagens diferentes

??? Temas para Reflexão

1. Como a Web afetou você pessoalmente?

2. Você já teve um site Web antes de começar a estudar esta disciplina? Quão sofisticado era ele? Você usou HTML ou alguma outra linguagem de projeto da Web? Se você usou alguma outra linguagem, vá ao seu sítio e veja suas páginas como páginas-fontes. Examine as etiquetas HTML que efetivamente formatam seu sítio Web. Há alguma que não tenhamos discutido neste capítulo? Caso haja, pesquise-a para ver o que ela significa (Onde? Na Web, é claro).

3. Você já fez algum curso baseado na Web? Gostou da experiência? Você sentiu se aprendeu mais ou menos do que aprenderia em um curso regular em sala de aula?

4. Dê sua visão do futuro no que se relaciona à Web?

5. Em sua opinião, quantas restrições devem ser impostas a *bloggers*? Eles devem estar submetidos aos mesmos padrões que jornalistas?

6. *Blogging* é uma ferramenta efetiva para se comunicar com o público em geral? Ou sua postura individualista e a ausência de um editor a torna uma fonte não confiável de informação?

7. *Blogging* é apenas útil na divulgação de notícias ou existem outros valiosos usos para *weblogs*?

Em Conclusão

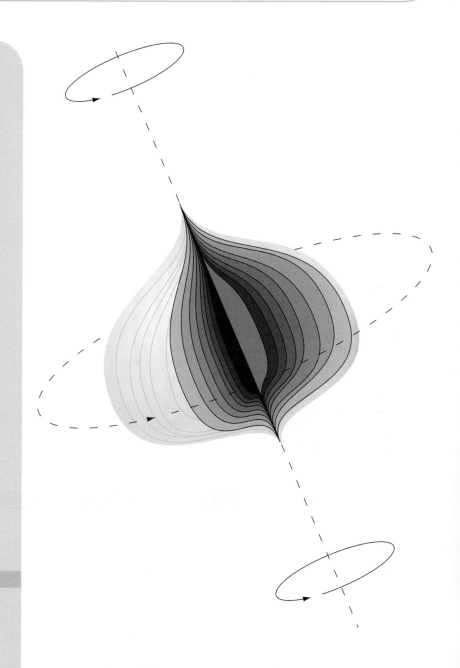

Preparando os Alicerces
   1   O Quadro Geral

A Camada de Informação
   2   Valores Binários e Sistemas de Numeração
   3   Representação de Dados

A Camada de Hardware
   4   Portas e Circuitos
   5   Componentes Computacionais

A Camada de Programação
   6   Linguagens de Programação de Baixo Nível e Pseudocódigo
   7   Solução de Problemas e Algoritmos
   8   Tipos Abstratos de Dados e Subprogramas
   9   Projeto Orientado a Objeto e Linguagens de Programação de Alto Nível

A Camada de Sistema Operacional
   10 Sistemas Operacionais
   11 Sistemas de Arquivos e Diretórios

A Camada de Aplicação
   12 Sistemas de Informação
   13 Inteligência Artificial
   14 Simulação, Gráficos, Jogos e Outros Aplicativos

A Camada de Comunicação
   15 Redes
   16 A *World Wide Web*

Em Conclusão
▶ 17 Limitações da Computação

Limitações da Computação

17

Nos últimos 16 capítulos, examinamos computadores: o que são, o que podem fazer e como usá-los para resolver problemas. Neste capítulo examinamos o que computadores *não podem* fazer. Isto é, examinamos os limites impostos pelo hardware, pelo software e pelos próprios problemas. O dicionário apresenta diversos significados para a palavra *limite*, incluindo "fronteira" e "algo exacerbante ou intolerável". Usamos ambas as definições de *limite* neste capítulo.

Assim como uma barricada bloqueia tráfego, os limites impostos pelo hardware, pelo software e pelos problemas bloqueiam certos tipos de processamentos.

Objetivos

Após estudar este capítulo, você deverá ser capaz de:

- descrever os limites que o hardware impõe à solução de problemas computacionais.
- discutir como a finitude de um computador influencia as soluções de problemas numéricos.
- discutir formas de assegurar que erros em transmissão de dados sejam detectados.
- descrever os limites que o software impõe às soluções de problemas computacionais.
- discutir formas para construir melhor software.
- descrever os limites inerentes aos próprios problemas computáveis.
- discutir o contínuo de complexidade de problemas, desde problemas na Classe P até problemas que são insolúveis.

17.1 Hardware

Os limites da computação causados pelo hardware derivam de diversos fatores. Um fator é que os números são infinitos, mas a representação deles em um computador não é. Outro problema com hardware é o próprio fato de que ele é hardware; isto é, ele é feito de componentes mecânicos e eletrônicos que podem falhar. Outro conjunto de problemas ocorre quando dados são transmitidos de um dispositivo interno para outro ou de um computador para outro. Vamos examinar cada um desses problemas e algumas estratégias para minimizar o impacto deles.

■ Limites da Aritmética

Discutimos números e a representação deles em um computador nos Capítulos 2 e 3. Há limitações impostas por hardware computacional às representações tanto de números inteiros como de números reais.

Números Inteiros

Na máquina Pep/8, discutida no Capítulo 6, o registrador que é usado para aritmética tem tamanho de 16 bits. Dissemos que o maior valor que podemos armazenar lá é 65.535, se representarmos apenas valores positivos, e 32.767, se representarmos tanto valores positivos como negativos. Pep/8 é uma máquina virtual – mas, e as máquinas reais? Se o tamanho de palavra for 32 bits, a faixa de números inteiros que poderá ser representada será de $-2.147.483.648$ a $2.147.483.647$. Alguns sistemas de hardware suportam aritmética de palavra longa, onde a faixa é de $-9.223.372.036.854.775.808$ a $9.223.372.036.854.775.807$: certamente, isso é grande o suficiente para qualquer tipo de cálculo. Mas será mesmo?

Henry Walker, em seu livro *The Limits of Computing*, conta a seguinte fábula.[1] Quando o rei pediu a uma brilhante jovem comerciante ponto-com que se incumbisse de uma tarefa por ele, ela concordou desde que o pagamento fosse adequado. Ela apresentou duas opções ao rei: o rei poderia pagar a ela 1/5 da safra produzida no reino pelos cinco anos seguintes ou ele poderia basear seu pagamento em um tabuleiro de xadrez, como a seguir:

- Um grão de milho no primeiro quadrado
- Dois grãos de milho no segundo quadrado
- Quatro grãos de milho no terceiro quadrado
- Oito grãos de milho no quarto quadrado
- Os grãos de milho dobrariam a cada sucessivo quadrado até que o 64º quadrado fosse alcançado.

Após um momento de reflexão, o rei escolheu a segunda opção (qual você teria escolhido?).

Quando chegou a hora de pagar, o rei começou a colocar grãos de milho nos quadrados. Havia 255 grãos na primeira linha ($1 + 2 + 4 + 8 + 16 + 32 + 64 + 128$); nada mal, ele pensou. Para a próxima linha, havia 65.280 grãos; ainda não era tão mal assim. A terceira linha, no entanto, com seus 16.711.680 grãos de milho, deixou o rei desconfortável. Durante a contagem da próxima linha, o rei pensou adiante sobre o último quadrado, porque agora entendia o padrão. O 64º quadrado sozinho teria 2^{63} grãos de milho — aproximadamente 8×10^{18} grãos ou 110.000 bilhões de alqueires. O rei abdicou de seu trono diante de tão incrível dívida e a jovem senhorita matematicamente sofisticada tornou-se rainha.

A moral dessa história é que números inteiros podem se tornar muito grandes muito rapidamente. Se uma palavra de computador tiver 64 bits e se representarmos apenas números positivos, poderemos somente representar o número de grãos do 64º quadrado. Se tentássemos somar os grãos dos 64 quadrados, não conseguiríamos. Ocorreria transbordamento.

O hardware de uma máquina específica determina os limites dos números, tanto reais como inteiros, que podem ser representados. Algumas soluções por software, no entanto, permitem que programas superem essas limitações. Por exemplo, podemos representar um número muito grande como uma lista de números menores. A Figura 17.1 mostra como números inteiros podem ser apresentados colocando um ou mais dígitos em cada palavra. O programa que manipula inteiros nessas formas tem que somar cada par de dígitos, começando pelo mais à direita, e somar qualquer vai um à próxima soma, à esquerda.

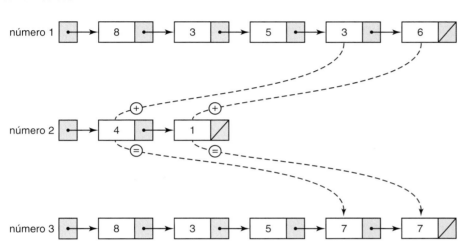

FIGURA 17.1 Representando números muito grandes

Números Reais

No Capítulo 3, dissemos que um número real é armazenado como um inteiro junto com informação sobre a posição do separador decimal. Para melhor entender por que números reais impõem um problema, vamos examinar um esquema de codificação que representa os dígitos e a *informação sobre o separador decimal*.

Para simplificar a discussão a seguir, vamos assumir que tenhamos um computador no qual cada posição de memória tenha o mesmo tamanho e seja dividida em um sinal mais cinco dígitos decimais. Quando uma variável ou constante é definida, a posição a ela designada consiste em cinco dígitos e um sinal. Quando uma variável ou constante inteira é definida, a interpretação do número armazenado naquele local é direta. Quando uma variável real é declarada ou uma constante real é definida, o número ali armazenado possui tanto uma parte inteira como uma parte fracionária. O número deve ser codificado para representar ambas as partes.

Vamos ver como ficam esses números codificados e o que essa codificação faz com valores aritméticos em programas. Começamos com inteiros. A faixa dos números que podemos representar com cinco dígitos vai de -99.999 até $+99.999$:

−	9	9	9	9	9	Menor número negativo
+	0	0	0	0	0	Zero
+	9	9	9	9	9	Maior número positivo

A **precisão** (o número máximo de dígitos que podem ser representados) é de cinco dígitos e cada número nesta faixa pode ser representado de forma exata. O que acontecerá se permitirmos que um desses dígitos (digamos o mais à esquerda, em cinza) represente um expoente? Por exemplo,

| + | 3 | 2 | 3 | 4 | 5 |

>> **Precisão** O número máximo de dígitos significativos que podem ser representados

representa o número +2345 * 10³. A faixa de números que podemos agora representar é muito maior:

−9999 * 10⁹ a +9999 * 10⁹

ou

−9.999.000.000.000 a +9.999.000.000.000

A precisão agora é de apenas quatro dígitos. Isto é, podemos representar apenas quatro **dígitos significativos** (dígitos que não sejam zero ou dígitos zero exatos) do próprio número. Isso quer dizer que podemos representar exatamente apenas números de quatro dígitos em nosso sistema. O que acontece a números maiores? Os quatro dígitos mais à esquerda estarão corretos e o restante dos dígitos será assumido como sendo zero. Perdemos os dígitos mais à direita ou *menos significativos*. O exemplo a seguir mostra o que acontece.

>> **Dígitos significativos** Aqueles dígitos que começam com o primeiro dígito diferente de zero à esquerda e terminam com o último dígito diferente de zero à direita (ou um dígito zero que seja exato)

Número	Sinal	Exp.				Valor
+99.999	+	1	9	9	9	9	+99.990
−999.999	−	2	9	9	9	9	−999.900
+1.000.000	+	3	1	0	0	0	+1.000.000
−4.932.416	−	3	4	9	3	2	−4.932.000

Observe que podemos representar, de forma exata, 1.000.000, mas não −4.932.417. Nosso esquema de codificação é limitado a quatro dígitos significativos; os dígitos que não podemos representar são assumidos como sendo zero.

Para estender nosso esquema de codificação para representar números reais, precisamos ser capazes de representar expoentes negativos. Por exemplo,

4394 * 10⁻² = 43,94

ou

22 * 10⁻⁴ = 0,0022

Como nosso esquema não permite um sinal para o expoente, temos que alterá-lo um pouco. Vamos permitir que o sinal que já estamos usando seja o sinal do expoente e vamos adicionar um sinal à esquerda dele para ser o sinal do número propriamente dito.

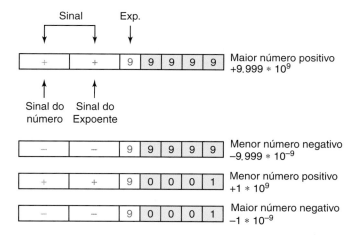

Agora, podemos representar todos os números entre −9999 * 10⁻⁹ e 9999 * 10⁹ precisamente até quatro dígitos, incluindo todos os valores fracionários.

Suponha que queiramos somar três números reais x, y e z, usando esse esquema de codificação. Podemos somar x a y e depois somar z ao resultado. Ou podemos fazer de outra maneira: somar y a z e depois somar x ao resultado. A lei associativa da aritmética diz que as duas respostas devem ser a mesma — mas elas são?

O computador limita a precisão (o número de dígitos significativos) de um número real. Usando nosso esquema de codificação de quatro dígitos significativos e um expoente, vamos somar os seguintes valores permitidos de x, y e z:

$$x = -1324 * 10^3 \qquad y = 1325 * 10^3 \qquad z = 5424 * 10^0$$

Primeiro, vamos examinar o resultado de somar z à soma de x e y:

```
(x)        -1324 * 10³
(y)         1325 * 10³
         ─────────────
               1 * 10³ = 1000 * 10⁰


(x + y)     1000 * 10⁰
(z)         5424 * 10⁰
         ─────────────
            6424 * 10⁰ = (x + y) + z
```

Agora, vamos ver o que acontece quando somamos x à soma de y e z:

```
(y)       1325000 * 10⁰
(z)          5424 * 10⁰
         ───────────────
          1330424 * 10⁰ = 1330 * 10³ (truncado a quatro dígitos)


(y + z)      1330 * 10³
(x)         -1324 * 10³
         ───────────────
                6 * 10³ = 6000 * 10⁰ = x + (y + z)
```

Nossas respostas são as mesmas na casa dos milhares, mas são diferentes nas casas das centenas, dezenas e unidades. Isso é chamado de **erro representacional** ou de **erro de arredondamento**. O resultado de somar y a z nos fornece um número com sete dígitos de precisão, mas apenas quatro dígitos podem ser armazenados.

Além de erros representacionais, há dois outros problemas com que se preocupar em aritmética de ponto flutuante: subtransbordamento e transbordamento. **Subtransbordamento** é a condição que surge quando o valor absoluto de um cálculo fica muito pequeno para ser representado. Voltando a nossa representação decimal, vamos examinar um cálculo envolvendo números muito pequenos:

```
     4210 * 10⁻⁸
 *   2000 * 10⁻⁸
 ─────────────────
  8420000 * 10⁻¹⁶ = 8420 * 10⁻¹³
```

Este valor não pode ser representado em nosso esquema porque o expoente -13 é muito pequeno. Nosso mínimo é -9. Logo, o resultado do cálculo seria definido em zero. Qualquer valor muito pequeno para ser representado será definido em zero, o que é uma coisa razoável de se fazer devido às circunstâncias.

Transbordamento é a condição que surge quando o valor absoluto de um cálculo fica muito grande para ser representado. Transbordamento é um problema mais sério porque não há algo lógico a fazer quando ele ocorre. Por exemplo, o resultado do cálculo

```
     9999 * 10⁹
 *   1000 * 10⁹
 ─────────────────
  9999000 * 10¹⁸ = 9999 * 10²¹
```

não pode ser armazenado. O que devemos fazer? Para ser consistente com nossa resposta a subtransbordamento, poderíamos definir o resultado em $9999 * 10^9$, o máximo valor real permitido em nosso esquema. Porém, isto parece intuitivamente errado. A alternativa é parar a computação e gerar uma mensagem de erro.

>> **Erro representacional (de arredondamento)** Um erro aritmético causado pelo fato de a precisão do resultado de uma operação aritmética ser maior que a precisão de nossa máquina

>> **Subtransbordamento** A condição que ocorre quando os resultados de um cálculo são muito pequenos para serem representados em uma dada máquina

>> **Transbordamento** A condição que ocorre quando os resultados de um cálculo são muito grandes para serem representados em uma dada máquina

390 Capítulo 17

» Erro de cancelamento Uma perda de exatidão em soma ou subtração de números de tamanhos bastante diferentes, devido a limites de precisão

Outro tipo de erro que pode acontecer com números em ponto flutuante é **erro de cancelamento**. Este erro acontece quando números de grandezas bastante diferentes são somados ou subtraídos. Eis um exemplo:

```
(1 + 0,00001234 - 1) = 0,00001234
```

As leis da aritmética dizem que esta equação deve ser verdadeira. Mas o que acontece quando o computador está fazendo a aritmética?

```
  100000000 * 10⁻⁸
 +     1234 * 10⁻⁸
 ─────────────────
  100001234 * 10⁻⁸
```

Com exatidão de quatro dígitos, isto se torna $1000 * 10^{-3}$. Agora o computador subtrai 1:

```
    1000 * 10⁻³
 -  1000 * 10⁻³
 ──────────────
       0
```

O resultado é 0 e não 0,00001234.

Discutimos problemas com números reais, mas números inteiros também podem transbordar (tanto negativamente como positivamente). A moral dessa discussão tem dois aspectos. Primeiro, os resultados de cálculos reais frequentemente não são os que você espera. Segundo, se estiver trabalhando com números muito grandes ou números muito pequenos, você precisará ser muito cuidadoso com a ordem na qual realizará os cálculos.

■ Limites em Componentes

"Meu disco rígido pifou", "o servidor de arquivos caiu", "meu e-mail saiu do ar ontem à noite". Qualquer instrutor de computação já ouviu esses tristes relatos centenas de vezes, assim como eles estão acostumados a explicar (justificar?) tarefas atrasadas. Certamente, se uma tarefa for iniciada quando ela é entregue, em vez de no último dia do prazo, essas falhas poderão ser superadas. No entanto, os problemas de falha de hardware existem: discos pifam, servidores de arquivos caem e redes falham. O *efeito Titanic*, que diz que "a severidade com a qual um sistema falha é diretamente proporcional à intensidade da crença de seu criador de que ele não falhe", foi cunhado por J. A. N. Lee.[2] Falhas de hardware ocorrem: a melhor solução é manutenção preventiva. Em computação, isto significa testes periódicos para detectar problemas e substituir partes gastas.

Manutenção preventiva também significa que o computador esteja instalado em um ambiente físico apropriado. Grandes computadores centrais muitas vezes exigem salas refrigeradas e livres de poeira. PCs não devem ser colocados sob encanamentos propensos a vazamentos. Infelizmente, nem todas as situações podem ser previstas. Uma dessas situações ocorreu durante os dias anteriores ao advento de circuitos integrados. Uma máquina que estava trabalhando corretamente começou a produzir resultados errôneos. O problema finalmente levou a uma mariposa que ficou presa no gabinete da máquina. Este incidente levou ao termo de computação *bug* (inseto) para significar um erro de computador. Um incidente mais recente envolveu uma conexão DSL que se desconectava intermitentemente. O problema finalmente levou às linhas telefônicas defeituosas que um bando local de esquilos gostou de morder.

Certamente, qualquer discussão sobre limites de componentes assume que o hardware computacional tenha sido testado minuciosamente durante a fase de projeto e durante a fabricação. Um grande escândalo em 1994 foi o defeito no circuito do processador Pentium® da Intel. A pastilha Pentium foi instalada em milhões de computadores fabricados pela IBM, Compaq, Dell, Gateway 2000 e outras. O defeito do circuito foi um erro de projeto na unidade de ponto flutuante que causou certos tipos de problemas de divisão envolvendo mais de cinco dígitos significativos para dar a resposta errada.

Quão frequentemente este erro afetaria um cálculo? A IBM previu que usuários de planilhas eletrônicas experimentariam um erro a cada 24 dias, a Intel afirmou que ele ocorreria a cada 27.000 anos e o conjunto de testes da *PC Week* situou a frequência entre uma vez a cada 2 meses e 10 anos.[3] O defeito da pastilha foi corrigido, mas a Intel não recolheu todas as pastilhas já lançadas.

A experiência foi um desastre de relações públicas para a Intel, mas a companhia continua como uma das principais fabricantes atuais de pastilhas.

■ Limites de Comunicação

O fluxo de dados em um computador e entre computadores é a corrente sanguínea da computação. Assim, é extremamente importante que os dados não sejam corrompidos de forma alguma. Esse entendimento leva a estratégias conhecidas como *códigos de detecção de erros* e *códigos de correção de erros*. Códigos de detecção de erros determinam a ocorrência de um erro durante a transmissão de dados e alertam o sistema sobre esse fato. Códigos de correção de erros não só determinam a ocorrência de um erro, mas também tentam determinar qual é realmente o valor correto.

Bits de Paridade

Bits de paridade são usados para detectar se um erro ocorreu entre o armazenamento e a recuperação de um byte ou no envio e recepção de um byte. Um bit de paridade é um bit extra que é associado a cada byte no hardware que usa o esquema. Esse bit é usado para assegurar que o número de bits 1 de um valor de 9 bits (byte mais bit de paridade) seja ímpar (ou par) em todos os bytes.

Paridade ímpar exige que o número de 1s em um byte mais bit de paridade seja ímpar. Por exemplo, se um byte contiver o padrão 11001100, o bit de paridade será 1, dando um número ímpar de 1s. Se o padrão for 11110001, o bit de paridade será 0, dando um número ímpar de 1s. Quando um byte é recuperado da memória ou recebido de uma transmissão, o número de bits 1 é contado (incluindo o bit de paridade). Se o número for par, ocorreu um erro. Se este esquema for usado no hardware, cada byte, na verdade, possuirá um bit extra, acessível apenas pelo hardware, que será usado para detecção de erros. *Paridade par* usa o mesmo esquema, mas o número de bits 1 deverá ser par.

Dígitos de Verificação

Uma variação em software do mesmo esquema é somar os dígitos individuais de um número e então armazenar o dígito da unidade dessa soma com o número. Por exemplo, dado o número 34376, a soma dos dígitos é 23, portanto o número seria armazenado como 34376-3. Se o 4 se corromper como um 3, o erro será detectado. Obviamente, se o 7 fosse corrompido para um 6 e o 6 fosse corrompido para um 7, a soma ainda estaria correta, mas não o número.

Esse esquema pode ser expandido para carregar um dígito adicional, talvez o dígito da unidade da soma dos dígitos ímpares. Neste caso, 34376 seria armazenado como 34376-23: 3 é o dígito da unidade da soma de todos os dígitos e 2 é o dígito da unidade da soma do primeiro, terceiro e quinto dígitos. Essa técnica capturaria um erro de transposição entre dígitos adjacentes, mas deixaria passar outras transposições. Certamente, poderíamos também carregar o dígito da unidade da soma dos dígitos pares. Você entendeu a ideia. Quanto mais importante a detecção de erros for, mais complexo será o algoritmo usado para detectá-los.

Códigos de Correção de Erros

Se mantivermos informações suficientes sobre um byte ou um número, torna-se possível deduzir o que um bit ou dígito incorreto deve ser. A redundância final seria manter duas cópias separadas de cada valor que é armazenado. Se a paridade estiver errada ou se existir um erro nos dígitos de verificação, poderemos examinar a cópia extra e determinar o valor correto. Obviamente, ambas as cópias podem estar erradas.

O principal trabalho em códigos de correção de erros está relacionado a unidades de disco e CDs, onde imperfeições na superfície podem corromper dados.

17.2 Software

Todos já ouvimos terríveis histórias sobre softwares que continham erros; elas constituem leitura bastante interessante. Erros de software em programas em execução são ocorrências realmente comuns? Será que não podemos fazer algo para tornar software menos suscetível a erro? Para responder a primeira questão, uma busca na Web por "software *bugs*" obteve 261.000.000 de resultados. Para responder a segunda, desenvolvedores de software estão tentando. Nas próximas poucas seções, examinaremos porque é difícil — senão impossível — produzir software livre de

Capítulo 17

erro. Também discutiremos abordagens atuais a qualidade de software e terminaremos com uma coleção de erros interessantes.

■ Complexidade de Software

Se aceitarmos a premissa de que software comercial contenha erros, a questão lógica será "Por quê?" Desenvolvedores de software não testam seus produtos? O problema, na verdade, não é falta de diligência, mas nossa velha nêmese *complexidade*. À medida que nossas máquinas ficaram cada vez mais poderosas, os problemas que podem ser atacados tornaram-se cada vez mais complexos. Um único programador com um problema virou uma equipe de programação com um problema e finalmente progrediu para uma equipe de equipes com um problema.

Testes de software podem demonstrar a presença de erros, mas não podem provar a ausência deles. Podemos testar software, encontrar erros e corrigilos e depois testar o software mais algumas vezes. À medida que encontramos problemas e os corrigimos, aumentamos nossa confiança de que o software funcione como deveria. Porém, nunca poderemos garantir que tenhamos eliminado todos os erros. Haverá sempre a possibilidade de outro erro oculto no software ainda não ter sido encontrado.

Dado que nunca poderemos saber com certeza se encontramos todos os problemas, quando paramos de testar? Isso se torna uma questão de risco. Quanto você está disposto a arriscar que seu software ainda possa ter outro erro? Se estiver escrevendo um jogo, você poderá assumir esse risco bem antes do que poderia se estivesse escrevendo software de controle de aeronave para o qual vidas estão expostas.

Como Nancy Leveson destaca em *Communications of the ACM*, surgiu nos anos 1960 um ramo da computação conhecido como *engenharia de software*, com o objetivo de introduzir disciplina de engenharia no desenvolvimento de software.[4] Passos gigantescos foram dados em direção a esse objetivo na última metade do século, incluindo um maior entendimento do papel da abstração, a introdução de modularidade e as noções do ciclo de vida de software, o que discutiremos em detalhe mais adiante.

A maioria dessas ideias vem da engenharia, mas teve que ser adaptada aos problemas específicos que surgiram ao trabalhar com materiais mais abstratos. Projetos de hardware são guiados e limitados pela natureza dos materiais usados para implementar esses projetos. Software parece ter limites que são relacionados mais proximamente a capacidades humanas do que a limitações físicas. Leveson continua: "Assim, os primeiros 50 anos podem ser caracterizados como o nosso aprendizado sobre os limites de nosso campo, que estão intimamente ligados aos limites de complexidade com a qual humanos podem lidar."

Construir software mudou. Os primeiros dias foram ocupados pela iniciativa de escrever novo software, porém, mais e mais, os problemas de manter e evoluir software já existente tomaram o palco principal. À medida que nossos sistemas se tornaram bem maiores e exigiram maiores equipes de projetistas, começamos a examinar as formas que humanos colaboram e a planejar formas de ajudá-los a trabalhar juntos de forma mais efetiva.

Invadindo o sistema de computadores de uma universidade

Em março de 2005, a Stanford University anunciou que 41 pessoas que se inscreveram para admissão ao programa de MBA da escola obtiveram acesso não autorizado ao banco de dados de admissões. "Invasões" semelhantes ocorreram em outras escolas de graduação, como Dartmouth, Harvard e MIT. Os candidatos foram capazes de obter acesso aos seus arquivos eletrônicos, mas não foram capazes de determinar se tinham sido aceitos; nem acessaram qualquer informação dos arquivos de outros candidatos. Os candidatos argumentaram que eles não foram culpados de violações de privacidade porque eles só viram seus próprios arquivos, contendo apenas suas informações pessoais. Alguns candidatos até alegaram que eles eram, na verdade, os proprietários legais daquela informação. Embora pudesse ser argumentado que não ocorreu violação de privacidade, a segurança do sistema computacional da universidade foi violada. Devido ao fato de o banco de dados de Stanford ser um sistema proprietário, ficou claro que uma violação de segurança ocorreu.

■ Abordagens Atuais em Qualidade de Software

Embora a complexidade de grandes sistemas de software torne quase impossível a existência de produtos livres de erro, isto não significa que devemos simplesmente desistir. Há estratégias que podemos adotar que, se usadas, aprimoram a qualidade do software.

Engenharia de Software

No Capítulo 7, delineamos quatro estágios na solução de problemas por computador: escrever a especificação, desenvolver o algoritmo, implementar o algoritmo e manter o programa. Ao sairmos de pequenas tarefas bem-definidas para grandes projetos de software, precisamos adicionar duas camadas extras acima dessas: *requisitos* e *especificações* de software. **Requisitos de software** são instruções amplas, mas precisas, delineando o que deve ser fornecido pelo produto de software.

» Requisitos de software Uma declaração do que deve ser fornecido por um sistema computacional ou produto de software

Especificações de software são uma descrição detalhada da função, das entradas, do processamento, das saídas e de características especiais de um produto de software. As especificações dizem *o que* o programa faz, mas não *como* ele o faz.

Leveson menciona o ciclo de vida de um software como parte das contribuições da engenharia de software. O *ciclo de vida de software* é o conceito de que software é desenvolvido, não apenas codificado, e evolui ao longo do tempo. Assim, o ciclo de vida inclui as seguintes fases:

- Requisitos
- Especificações
- Projeto (alto nível e níveis inferiores)
- Implementação
- Manutenção

As atividades de verificação devem ser conduzidas durante todas essas fases. Os requisitos refletem precisamente o que é necessário? As especificações refletem precisamente a funcionalidade necessária para atender os requisitos? O projeto de alto nível reflete precisamente a funcionalidade das especificações? Cada nível subsequente de projeto implementa precisamente o nível acima? A implementação codifica precisamente os projetos? Alterações implementadas durante a fase de manutenção refletem precisamente as alterações desejadas? As implementações dessas alterações estão corretas?

Nos Capítulos 6 e 7, discutimos testar projetos e código para os problemas relativamente pequenos apresentados neste livro. É claro que à medida que os problemas ficam maiores, atividades de verificação se tornam mais importantes e mais complexas (sim, *aquela* palavra novamente). Testar o projeto e o código concluído é apenas uma pequena — embora importante — parte do processo. Metade dos erros de um projeto típico ocorre na fase de projeto; apenas metade ocorre na fase de implementação. Esses dados são um pouco confusos. Em termos do custo de *correção* de um erro, quanto mais cedo um erro for identificado durante o processo de projeto, mais barato será corrigi-lo.[5]

Equipes de programadores produzem grandes produtos de software. Duas técnicas de verificação efetivamente usadas por equipes de programação são percursos de execução e inspeções de projeto e de código. Essas são atividades formais de equipes com a intenção de deslocar a responsabilidade em descobrir erros do programador individual para o grupo. Como testar consome muito tempo e erros custam mais quanto mais tarde forem descobertos, o objetivo é identificar erros antes de iniciar testes.

Em um **percurso de execução**, a equipe realiza uma simulação manual do projeto ou do programa com amostras de entradas de teste, acompanhando os dados do programa com papel e lápis ou em um quadro-negro. Diferente de teste exaustivo em programa, o percurso de execução não tem a intenção de simular todos os casos de teste possíveis. Em vez disso, seu propósito é estimular discussão sobre a forma que o programador escolhe para projetar ou implementar os requisitos do programa.

Em uma **inspeção**, um leitor (nunca o autor do programa) passa pelos requisitos, projeto ou código, linha por linha. Os participantes da inspeção receberam o material antecipadamente, na expectativa de que o tenham revisado cuidadosamente. Durante a inspeção, os participantes destacam erros, que são anotados em um relatório de inspeção. Membros da equipe, durante sua preparação pré-inspeção, já terão anotado muitos dos erros. O próprio processo de leitura para o grupo descobrirá outros erros. Assim como no percurso de execução, o maior benefício desse encontro de equipe é a discussão que acontece entre seus membros. Esta interação entre programadores, testadores e outros membros da equipe pode revelar muitos erros de programação bem antes de iniciar a fase de testes.

Na fase de projeto de alto nível, o projeto deve ser comparado aos requisitos do programa para assegurar que todas as funções exigidas tenham sido incluídas e que esse programa ou módulo funcione corretamente em conjunção com outro software no sistema. Na fase de projeto de baixo nível, quando o projeto já foi preenchido com mais detalhes, ele deve ser inspecionado mais uma vez antes de ser implementado. Ao completar a codificação, as listagens compiladas deverão ser inspecionadas novamente. Essa inspeção (ou percurso de execução) assegurará que a implementação seja consistente tanto com os requisitos como com o projeto. O término bem-sucedido dessa inspeção significa que os testes do programa poderão começar.

Percursos de execução e inspeções devem ser conduzidos de forma menos ameaçadora possível. O foco dessas atividades de grupo está em remover defeitos do produto, não em criticar a

> **≫ Especificação de software** Uma descrição detalhada da função, das entradas, do processamento, das saídas e de características especiais de um produto de software; fornece as informações necessárias para projetar e implementar o software

> **≫ Percurso de execução** Um método de verificação no qual uma equipe realiza uma simulação manual do programa ou projeto

> **≫ Inspeção** Um método de verificação no qual um membro de uma equipe lê o programa ou projeto para o grupo, linha por linha, e os outros destacam erros

Capítulo 17

abordagem técnica do autor do projeto ou do código. Como essas atividades são lideradas por um moderador que não é o autor, o foco fica nos erros, não nas pessoas envolvidas.

Nos últimos 10 a 20 anos, o Software Engineering Institute (SEI — Instituto de Engenharia de Software) da Universidade Carnegie Mellon tem desempenhado um importante papel em apoiar pesquisa sobre formalização do processo de inspeção em grandes projetos de software, inclusive patrocinando seminários e conferências. Um artigo apresentado na Conferência do SEI Software Engineering Process Group (Grupo de Processo de Engenharia de Software do SEI — SEPG) reportou um projeto que foi capaz de reduzir em 86,6% a ocorrência de defeitos em produtos, usando um processo de inspeção em dois níveis de percursos de execução e inspeções formais de grupo. O processo foi aplicado a pacotes de requisitos, projeto ou código a cada fase do ciclo de vida. A Tabela 17.1 mostra os defeitos por 1000 linhas de código-fonte (*Kilo Source Line Of Code* — KSLOC) que foram encontrados em diferentes fases do ciclo de vida do software em um projeto em manutenção.[6] Durante a fase de manutenção, 40.000 linhas de código-fonte foram adicionadas a um programa com mais de meio milhão de linhas de código. O processo formal de inspeção foi usado em todas as fases exceto atividades de teste.

Falamos de grandes projetos de software. Antes de deixar esta seção, vamos quantificar o que queremos dizer por "grande". O Sistema de Processamento em Terra de Naves Espaciais possui mais de 500.000 linhas de código; o Vista® possui 50 milhões de linhas de código. A maioria dos grandes projetos fica em algum lugar a meio caminho.

Destacamos que a complexidade de grandes projetos torna quase impossível atingir o objetivo de código livre de erro. Eis a seguir uma orientação para o número de erros por linhas de código que pode ser esperado:[7]

Software-padrão: 25 erros por 1000 linhas de programa

Bom software: 2 erros por 1000 linhas

Software para Naves Espaciais: < 1 erro por 10.000 linhas

Verificação Formal

Seria ótimo se pudéssemos usar uma ferramenta para automaticamente localizar os erros em um projeto ou código sem mesmo ter que executar o programa. Isto soa improvável, mas considere uma analogia vinda da geometria. Não tentaríamos provar o teorema de Pitágoras provando que ele funciona para todo triângulo — isso apenas demonstraria que o teorema funciona para todo triângulo que *experimentamos*. Provamos teoremas em geometria matematicamente. Por que não podemos fazer o mesmo para programas computacionais?

A verificação de correção de um programa, independente de testes de dados, é uma área importante de pesquisa teórica em ciência da computação. O objetivo dessa pesquisa é estabelecer um método para prova de programas que seja análogo ao método para provar teoremas em geometria. As técnicas necessárias existem para provar que o código está de acordo com suas especificações, mas as provas são comumente mais complicadas que os programas propriamente ditos. Assim, um importante foco de pesquisa em verificação é a tentativa de construir provadores automáticos de programas — programas verificáveis que verificam outros programas.

Métodos formais têm sido usados com êxito em verificação de correção de pastilhas computacionais. Um exemplo notável é a verificação de uma pastilha para realizar aritmética com números reais, que ganhou o Queen's Award for Technological Achievement (Prêmio da Rainha por Realização Tecnológica). A verificação formal para provar que a pastilha estava

TABELA 17.1 Erros encontrados durante manutenção de um projeto

Fase	Defeitos por KSLOC
Projeto do sistema	2
Requisitos de software	8
Projeto	12
Inspeção de código	34
Atividades de teste	3

de acordo com suas especificações foi conduzida por C. A. R. Hoare, chefe do Grupo de Pesquisa de Programação da Universidade de Oxford, junto com MOS Ltd. Paralelamente, uma abordagem de teste mais tradicional estava sendo realizada. Como relatado em *Computing Research News*:

> A corrida [entre os dois grupos] foi vencida pelo método formal de desenvolvimento — ele foi concluído estimadamente 12 meses antes do que, de outra forma, teria sido possível. Além disso, o projeto formal destacou um número de erros no projeto informal que não havia aparecido em meses de testes. O projeto final foi de melhor qualidade, mais barato e foi concluído mais rapidamente.[8]

Espera-se que o sucesso com as técnicas de verificação formal em nível de hardware finalmente leve ao sucesso de software. No entanto, software é bem mais complexo que hardware, portanto, não antecipamos qualquer grande avanço em um futuro próximo.

Movimento de Código Aberto[9]

Nos primórdios da computação, software vinha junto com o computador, incluindo o código-fonte para o software. Programadores ajustavam e adaptavam os programas e com satisfação partilhavam os aprimoramentos que faziam. Nos anos 1970, empresas começaram a reter o código-fonte e software se tornou um grande negócio.

Com o advento da Internet, programadores de todas as partes do mundo podem colaborar sem quase nenhum custo. Uma simples versão de um produto de software pode se tornar disponível via Internet. Programadores interessados em estender ou aprimorar o programa podem fazê-lo. Um "ditador benevolente" que acompanhe o que está acontecendo governa a maioria dos projetos de código aberto. Se uma alteração ou melhoria passar na revisão paritária de desenvolvedores parceiros e for incorporada à próxima versão, isto será um grande golpe.

Linux é o projeto de código aberto mais bem-conhecido. Linus Torvalds escreveu a primeira versão simples do sistema operacional usando UNIX como um modelo e continuou a supervisionar seu desenvolvimento. A IBM gastou U$1 bilhão no Linux em 2001 com o objetivo de torná-lo um padrão computacional. Como *The Economist* diz:

> **Dijkstra execrou o termo *"bugs"***
> Desde que a primeira mariposa foi encontrada no hardware, erros de computadores têm sido chamados de *bugs* (insetos). Edsger Dijkstra nos repreendeu pelo uso dessa terminologia. Ele disse que isto pode encorajar a imagem de que erros estão além do controle do programador – que um inseto (*bug*) pode maliciosamente entrar em um programa quando ninguém estiver olhando. Ele afirmou que esta perspectiva é intelectualmente desonesta porque disfarça o fato de que o erro é criação do próprio programador.[11]

> Algumas pessoas gostam de desqualificar Linux como nada mais do que um feliz acidente, mas o programa se parece mais com um exemplo clássico de um padrão emergente... Código aberto é certamente um fenômeno de massa, com dezenas de milhares de programadores voluntários pelo mundo já tomando parte e mais outros se juntando a toda hora, particularmente em países como China e Índia. SourceForge, um site *Web* para desenvolvedores, agora hospeda mais de 18.000 projetos de código aberto que mantêm 145.000 programadores ocupados.[10]

Agora, dez anos depois, o código aberto está ainda seguindo mais forte. Algumas empresas o consideram como uma entre diversas escolhas de projeto; outros o consideram crítico para suas operações. SourceForge agora tem mais de 230.000 projetos de software registrados e mais de 2 milhões de usuários registrados. No entanto, não há evidência de que o movimento de código aberto tenha levado a software de qualidade mais alta.

■ Erros Notórios de Software

Todos os envolvidos em computação possuem sua história assustadora favorita de software. Incluímos apenas uma pequena amostra aqui.

AT&T Fora do Ar por Nove Horas

Em janeiro de 1990, a rede de telefonia de longa distância da AT&T teve uma gritante parada por nove horas por causa de um erro de software nos sistemas eletrônicos de chaveamento. Das 148 milhões de chamadas de longa distância e gratuitas feitas pela AT&T naquele dia, apenas 50% foram completadas. Esta falha causou inenarráveis efeitos colaterais:

- Hotéis perderam reservas.
- Agências de aluguel de carros perderam locações.

- O tráfego no sistema de reservas da American Airlines caiu em dois terços.
- Uma companhia de telemarketing perdeu U$75.000 em vendas estimadas.
- MasterCard não conseguiu processar suas típicas 200.000 aprovações de crédito.
- AT&T perdeu entre U$60 milhões e U$75 milhões.

Como o presidente da AT&T, Robert Allen, disse: "foi o pior pesadelo que já tive em 32 anos nos negócios".[12]

Como isso aconteceu? Versões anteriores do software de chaveamento funcionaram corretamente. O erro de software estava no código que atualizou o sistema para fazê-lo responder mais rapidamente a uma chave defeituosa. O erro envolvia uma instrução *break* no código C.[13] Como Henry Walker destaca em *The Limits of Computing*, esta falha ilustra diversos pontos comuns a muitas falhas de software. O software foi testado extensivamente antes de seu lançamento e funcionou corretamente por um mês, mais ou menos. Além de testes, revisões de código foram conduzidas durante o desenvolvimento. Um programador cometeu o erro, mas muitos outros revisaram o código sem observar o erro. A falha foi disparada por uma sequência relativamente incomum de eventos, difícil de antecipar de início. E o erro ocorreu em código projetado para aprimorar um sistema funcionando corretamente — isto é, ele surgiu durante a fase de manutenção. E. N. Adams, no *IBM Journal of Research and Development*, estima que de 15 a 50% das tentativas de remoção de um erro de um grande programa resultam na introdução de erros adicionais.

Therac-25

Um dos mais amplamente citados acidentes relacionados com software envolve uma máquina de terapia de radiação computadorizada chamada Therac-25. Entre junho de 1985 e janeiro de 1987, seis conhecidos acidentes envolveram gigantescas *overdoses* pela Therac-25, levando a mortes e ferimentos graves. Esses acidentes foram descritos como a pior série de acidentes radioativos em 35 anos da história dos aceleradores médicos.

Está além do escopo deste livro entrar em uma análise detalhada das falhas de software. É suficiente dizer que existia apenas um único erro de codificação, mas que rastrear o erro expôs sérias falhas em todo o projeto. Leveson e Turner, em seu artigo no *IEEE Computer*, adicionaram este contundente comentário:

> Uma lição a ser aprendida a partir da história do Therac-25 é que focar erros específicos de software não é a maneira de tornar um sistema seguro. Virtualmente, todo software complexo pode ser levado a se comportar de forma inesperada sob certas condições. Os problemas básicos aqui envolveram práticas pobres de engenharia de software e a construção de uma máquina que recai no software para uma operação segura. Além disso, o erro específico de codificação não é tão importante quanto o inseguro projeto geral de todo o software.[14]

Falhas em Projetos Governamentais

Em 25 de fevereiro de 1991, durante a primeira guerra do Golfo, um míssil Scud atingiu um quartel do exército norte-americano, matando 28 soldados e ferindo aproximadamente outras 100 pessoas. Uma bateria de mísseis Patriot norte-americanos em Dhahran, Arábia Saudita, falhou em rastrear e interceptar o míssil Scud invasor iraquiano devido a um erro de software. Esse erro, no entanto, não era um erro de codificação, mas um erro de projeto. Um cálculo envolvia uma multiplicação por 1/10, que é um número não exato em binário. O erro aritmético resultante acumulado pelas 100 horas de operação das baterias chegou a 0,34 segundo — o suficiente para que o míssil perdesse seu alvo.[15]

O Escritório de Contabilidade Geral concluiu:

> O Patriot nunca foi usado antes para defender contra mísseis Scud e nem era esperado que operasse continuamente por longos períodos de tempo. Duas semanas antes do incidente, oficiais do Exército receberam dados israelenses indicando alguma perda de precisão após o sistema estar executando por 8 horas consecutivas. Consequentemente, oficiais do Exército modificaram o software para melhorar a precisão do sistema. No entanto, o software modificado não alcançou o Dhahran até o dia 26 de fevereiro de 1991 – o dia após o incidente com o Scud.[16]

O Gemini V errou seu ponto esperado de pouso em cerca de 100 milhas. A razão? O projeto do sistema de direção não levou em conta a necessidade de compensar o movimento da Terra em torno do Sol.[17]

Em outubro de 1999, o Mars Climate Orbiter entrou na atmosfera marciana cerca de 100 quilômetros abaixo do esperado, fazendo com que a nave incendiasse. Arthur Stephenson, presidente do Conselho de Investigação de Falhas na Missão Mars Climate Orbiter, concluiu:

A "causa original" da perda da espaçonave foi a falha na tradução de unidades de medidas inglesas para unidades métricas em um segmento de software da missão relacionado à navegação e baseado em terra, como a NASA anunciou previamente... O conselho de revisão de falhas identificou outros fatores significativos que permitiram que esse erro fosse criado e depois prolongado e propagado ao ponto de onde resultou em um erro bem maior em nosso entendimento do caminho da espaçonave à medida que ela se aproximava de Marte.[18]

Lançado em julho de 1962, o satélite Mariner 1 Venus desviou-se do curso quase imediatamente e teve de ser destruído. O problema foi rastreado para a seguinte linha de código FORTRAN:

```
DO 5 K = 1. 3
```

O ponto devia ser uma vírgula. Um veículo de exploração espacial de U$18,5 milhões foi perdido devido a esse erro tipográfico.

Erros em software não são apenas especialidade do governo norte-americano. Um foguete não tripulado Ariane 5 lançado pela Agência Espacial Europeia explodiu no dia 4 de junho de 1996, apenas 40 segundos após o lançamento. O custo de desenvolvimento do foguete foi de U$7 bilhões, ao longo de uma década. O foguete e sua carga estavam avaliados em U$500 milhões. O que aconteceu? Um número em ponto flutuante de 64 bits, relacionado à velocidade horizontal em relação à plataforma, foi convertido em um inteiro com sinal de 17 bits; o número era maior que 32.767. O erro resultante fez com que o lançador desviasse sua rota de voo, quebrasse e explodisse.

17.3 Problemas

A vida é cheia de todo tipo de problema. Há problemas para os quais é fácil desenvolver e implementar soluções computacionais. Há problemas para os quais podemos implementar soluções computacionais, mas não obteremos os resultados em nosso tempo de vida. Há problemas para os quais podemos desenvolver e implementar soluções computacionais desde que tenhamos recursos computacionais suficientes. Há problemas para os quais podemos provar que não há soluções. Antes que possamos examinar essas categorias de problemas, devemos introduzir uma maneira de comparar algoritmos.

■ Comparando Algoritmos

Como mostramos em capítulos anteriores, existe mais de uma maneira de resolver a maioria dos problemas. Se perguntassem a você como chegar ao Joe's Diner (veja a Figura 17.2), você poderia dar uma de duas respostas igualmente corretas:

    1. "Siga a leste na estrada principal até o Y'all Come Inn e vire à esquerda."

ou

    2. "Pegue a Winding Country Road até a Honeysuckle Lodge e vire à direita."

As duas respostas não são as mesmas, mas, já que seguir uma dessas rotas leva o viajante ao Joe's Diner, ambas as respostas estão funcionalmente corretas.

Se o pedido de informação contivesse exigências especiais, uma solução poderia ser preferível em relação a outra. Por exemplo, "Estou atrasado para o jantar. Qual é a rota mais rápida para chegar ao Joe's Diner?" leva à primeira resposta, ao passo que "Há alguma estrada pitoresca que eu possa pegar para chegar ao Joe's Diner?" sugere a segunda. Se nenhum requisito especial for feito, a escolha será uma questão de preferência pessoal — de que estrada você gosta mais?

Frequentemente a escolha entre algoritmos leva a uma questão de eficiência. Qual deles leva a menor quantia de tempo computacional? Qual deles realiza a tarefa com a menor quantidade de esforço? Aqui estamos interessados na quantidade de esforço que o computador faz.

Para comparar o esforço feito por algoritmos em competição, primeiro devemos definir um conjunto de medidas objetivas que possam ser aplicadas a cada algoritmo. A análise de algoritmos é uma área importante em teoria de ciência da computação; em cursos avançados de computação,

FIGURA 17.2 Soluções igualmente válidas para o mesmo problema

Etiqueta – está com você
Alguns fabricantes têxteis falsificam o país de origem de seus produtos para evitar o pagamento de impostos em roupas importadas para os Estados Unidos. Um novo sistema de marcação que codifica informação invisível a olho nu poderia salvar milhões de dólares anualmente em receita de impostos perdidos para falsários. O sistema marca têxteis com um *micro-taggant** que digitalizadores podem ler com o uso de luz próxima de infravermelho. Digitalizadores identificam a origem do têxtil, o tipo, as condições de produção e a composição. Um *micro-taggant* pode sobreviver ao duro processo de fabricação, que pode incluir esfregamento, descoloração e tingimento. Essa tecnologia também possui potencial para uso em defesa nacional, acompanhamento e controle de inventário e aplicações militares.

os alunos veem trabalhos extensivos nesta área. Abordamos apenas uma pequena parte desse tópico neste livro — apenas o suficiente para permitir que você compare dois algoritmos que façam a mesma tarefa e entenda que a complexidade de algoritmos forma um contínuo do fácil ao insolúvel.

Como programadores medem o esforço que dois algoritmos realizam? A primeira solução que vem à mente é simplesmente codificar os algoritmos e depois comparar os tempos de execução para executar os dois programas. Aquele com o menor tempo de execução claramente será o melhor algoritmo. Será? Usando essa técnica, apenas poderemos determinar realmente que o programa A é mais eficiente que o programa B em um computador específico. Tempos de execução são específicos de um *computador particular*. Certamente, poderíamos testar os algoritmos em todos os possíveis computadores, mas queremos uma medida mais geral.

Uma segunda possibilidade é contar o número de instruções ou passos executados. Essa medida, no entanto, varia com a linguagem de programação usada, assim como com o estilo do programador individual. Para, de certa forma, padronizar essa medida poderíamos contar o número de passadas por um laço crítico do algoritmo. Se cada iteração envolver uma quantia constante de trabalho, esta medida nos dará um significativo padrão de comparação de eficiência.

Outra ideia é isolar uma operação específica fundamental ao algoritmo e, então, contar o número de vezes que essa operação é realizada. Suponha, por exemplo, que estejamos somando os elementos de uma lista de inteiros. Para medir a quantia de trabalho exigida, poderíamos contar as operações de adição de inteiros. Para uma lista de 100 elementos haverá 99 operações de adição. Observe que não temos que realmente contar o número de operações de adição; ele é alguma *função* do número de elementos (N) da lista. Assim, podemos expressar o número de operações de adição em termos de N: para uma lista de N elementos, haverá $N - 1$ operações de adição. Agora podemos comparar os algoritmos para o caso geral, não apenas para um tamanho específico de lista.

Análise O

Temos falado sobre trabalho como uma função do tamanho da entrada à operação (por exemplo, o número de elementos da lista a ser somada). Podemos expressar uma aproximação dessa função usando uma notação matemática chamada ordem de grandeza ou **notação O** (isto é a letra O, não um zero). A ordem de grandeza de uma função é identificada pelo termo da função que aumenta mais rapidamente em relação ao tamanho do problema. Por exemplo, se

$f(N) = N^4 + 100N^2 + 10N + 50$

Notação O Uma notação que expressa tempo (complexidade) computacional como o termo de uma função que aumenta mais rapidamente em relação ao tamanho de um problema

*Uma espécie de microetiqueta. (N.T.)

então $f(N)$ será de ordem N^4 — ou, em notação O, $O(N^4)$. Isto é, para grandes valores de N, alguns múltiplos de N^4 dominam a função para valores suficientemente grandes de N. Não é que $100N^2 + 10N + 50$ não seja importante, é apenas que à medida que N aumenta, todos os outros fatores se tornam irrelevantes, já que o termo N^4 domina.

Como é que podemos simplesmente abandonar os termos de mais baixa ordem? Bem, suponha que você precisasse comprar um elefante e um peixinho dourado de um de dois fornecedores de animais de estimação. Você realmente precisará apenas comparar os preços de elefantes, já que o custo do peixinho dourado será irrelevante em termos comparativos. Ao analisar algoritmos, o termo que aumenta mais rapidamente em relação ao tamanho do problema dominará a função, efetivamente relegando os outros ao nível de "ruído". O custo de um elefante é tão maior que poderíamos simplesmente ignorar o peixinho dourado. Da mesma forma, para grandes valores de N, N^4 é tão maior que 50, $10N$ ou mesmo $100N^2$ que podemos ignorar esses outros termos. Isso não significa que os outros termos não contribuam para o tempo computacional; isso simplesmente significa que eles não são significativos em nossa aproximação quando N for "grande".

O que é esse valor N? N representa o tamanho do problema. A maioria dos problemas envolve manipular estruturas de dados como aquelas discutidas no Capítulo 8. Como já sabemos, cada estrutura é composta de elementos. Desenvolvemos algoritmos para adicionar um elemento à estrutura e para modificar ou excluir um elemento da estrutura. Podemos descrever o trabalho feito por essas operações em termos de N, onde N é o número de elementos na estrutura.

Suponha que queiramos escrever todos os elementos de uma lista em um arquivo. Quanto trabalho essa tarefa exige? A resposta dependerá de quantos elementos estiverem na lista. Nosso algoritmo é

```
Abra o arquivo
Enquanto (mais elementos)
  Obter próximo elemento
  Escrever próximo elemento
```

Se N for o número de elementos da lista, o "tempo" exigido para terminar essa tarefa será

tempo para abrir o arquivo + [N * (tempo para obter um elemento + tempo para escrever um elemento)]

Esse algoritmo é $O(N)$, já que o tempo exigido para realizar a tarefa é proporcional ao número de elementos (N) — mais um pouco para abrir o arquivo. Como podemos ignorar o tempo de abertura na determinação da aproximação O? Assumindo que o tempo necessário para abrir um arquivo seja constante, esta parte do algoritmo será nosso peixinho dourado. Se a lista tiver apenas alguns elementos, o tempo necessário para abrir um arquivo poderá parecer significativo. Para grandes valores de N, no entanto, escrever os elementos será um elefante em comparação à abertura do arquivo.

A ordem de grandeza de um algoritmo não nos diz quanto tempo em microssegundos levará para a solução executar em nosso computador. Algumas vezes, poderemos precisar desse tipo de informação. Por exemplo, suponha que as exigências de um processador de texto estabelecem que

400 Capítulo 17

Lavanderia Familiar: Uma Analogia

Quanto tempo leva para lavar a roupa semanal de uma família? Descreveríamos a resposta a essa questão com a função

$$f(N) = c * N$$

onde N representa o número de membros da família e c é o número médio de minutos que cada pessoa gasta na lavanderia. Dizemos que essa função é $O(N)$ porque o tempo total de lavagem depende do número de pessoas na família. A "constante" c pode variar um pouco para diferentes famílias, dependendo do tamanho da máquina de lavar e de quão rapidamente os membros da família podem dobrar roupas, por exemplo. Isto é, o tempo para fazer a lavagem de roupas de duas famílias diferentes poderia ser representado por essas funções:

$$f(N) = 100 * N$$
$$g(N) = 90 * N$$

No geral, descrevemos essas funções como $O(N)$.

Agora, o que acontecerá se a vovó e o vovô vierem visitar a primeira família durante uma ou duas semanas? A função do tempo de lavagem de roupas tornar-se-á

$$f(N) = 100 * (N + 2)$$

Ainda diremos que a função é $O(N)$. Como isso pode ser? As roupas de duas pessoas a mais não consumirão tempo para lavar, secar e dobrar? É claro que sim! Se N for pequeno (a família consiste em mãe, pai e bebê), a lavagem extra de mais duas pessoas será significativa. Mas, à medida que N aumentar (a família consiste em mãe, pai, 12 crianças e uma babá residente), a lavagem extra de mais

duas pessoas não fará muita diferença (a lavanderia familiar é o elefante; a lavanderia dos convidados é o peixinho). Ao compararmos algoritmos usando complexidade O, estaremos preocupados com o que acontecerá quando N for "grande".

Se estivermos fazendo a pergunta: "Conseguiremos terminar de lavar as roupas a tempo de pegar o trem das 7:05?", desejaremos uma resposta precisa. A análise O não nos dá essa informação; ela nos dá uma aproximação. Portanto, se $100 * N$, $90 * N$ e $100 * (N + 2)$ forem todas $O(N)$, como poderemos dizer qual é a "melhor"? Não podemos — em termos de notação O, elas são todas mais ou menos equivalentes para grandes valores de N. Podemos encontrar um algoritmo melhor para ter a lavagem de roupas concluída? Se a família ganhar na loteria, eles poderão deixar todas as suas roupas sujas em uma lavanderia profissional a 15 minutos de casa (30 minutos ida e volta). Agora, a função será

$$f(N) = 30$$

Essa função é $O(1)$. A resposta não dependerá do número de pessoas da família. Se eles trocarem para uma lavanderia a 5 minutos de casa, a função tornar-se-á

$$f(N) = 10$$

Essa função também é $O(1)$. Em termos de notação O, as duas soluções de lavanderias profissionais serão equivalentes: não importará quantos membros da família ou quantos convidados existam, levará uma quantia constante de tempo da família para fazer a lavagem de roupas (não estamos preocupados com o tempo da lavanderia profissional).

---

o programa deva ser capaz de fazer verificação ortográfica de um documento de 50 páginas (em um computador específico) em menos de 120 segundos. Para esse tipo de informação, não usamos análise O; usamos outras medidas. Podemos comparar diferentes implementações de uma estrutura de dados codificando-as e então executando um teste, registrando o tempo do relógio do computador antes e depois de conduzirmos o teste. Esse tipo de teste de "desempenho"* nos diz quanto tempo levam as operações em um computador específico, usando um compilador específico. A análise O, em contraste, nos permite comparar algoritmos sem referências a esses fatores.

Ordens de Grandeza Comuns

O(1) é chamada de *tempo limitado*. A quantia de trabalho é limitada por uma constante e não é dependente do tamanho do problema. Atribuir um valor ao i^{mo} elemento de um vetor de N elementos é $O(1)$, já que um elemento de um vetor pode ser acessado diretamente pelo seu índice. Embora tempo limitado seja muitas vezes chamado de tempo constante, a quantia de trabalho não é necessariamente constante. Ela é, no entanto, limitada por uma constante.

O($\log_2 N$) é chamada de *tempo logarítmico*. A quantia de trabalho dependerá do logaritmo do tamanho do problema. Algoritmos que sucessivamente reduzem à metade a quantia de dados a serem processados a cada passo geralmente caem nesta categoria. Encontrar um valor em uma lista de elementos ordenados, usando o algoritmo de busca binária, é $O(\log_2 N)$.

---

*"*Benchmark*" no original. (N.T.)

O(N) é chamada de *tempo linear*. A quantia de trabalho é alguma constante multiplicada pelo tamanho do problema. Imprimir todos os elementos de uma lista de N elementos é O(N). Buscar um valor específico em uma lista não ordenada de elementos também é O(N), já que você deve (potencialmente) buscar cada elemento da lista para encontrá-lo.

O($N \log_2 N$) é chamada de (por falta de termo melhor) *tempo $N \log_2 N$*. Algoritmos desse tipo tipicamente envolvem aplicar um algoritmo logarítmico N vezes. Os melhores algoritmos de ordenação, como Quicksort, Heapsort e Mergesort, possuem complexidade $N \log_2 N$. Isto é, esses algoritmos podem transformar uma lista não ordenada em uma lista ordenada em tempo O($N \log_2 N$), embora Quicksort degenere para O(N^2) sob certos dados de entrada.

O(N^2) é chamada de *tempo quadrático*. Algoritmos desse tipo tipicamente envolvem aplicar um algoritmo linear N vezes. A maioria dos algoritmos mais simples de ordenação são algoritmos O(N^2).

O(2^N) é chamada de *tempo exponencial*. Esses algoritmos são dispendiosos. Como você pode ver na Tabela 17.2, tempos exponenciais aumentam dramaticamente em relação ao tamanho de N. A fábula do Rei e do Milho demonstra um algoritmo de tempo exponencial, onde o tamanho do problema é um grão de milho (os valores da última coluna da Tabela 17.2 aumentam tão rapidamente que o tempo computacional exigido para problemas dessa ordem podem exceder a duração estimada de vida do universo!).

O($N!$) é chamada de *tempo fatorial*. Esses algoritmos são ainda mais dispendiosos que algoritmos exponenciais. O algoritmo de grafo de um caixeiro-viajante (veja a nota "O problema do caixeiro-viajante" mais adiante neste capítulo) é um algoritmo de tempo fatorial.

Algoritmos cuja ordem de grandeza possa ser expressa como um polinômio do tamanho do problema são chamados de **algoritmos de tempo polinomial**. Relembre do Capítulo 2 que um polinômio é uma soma de dois ou mais termos algébricos, cada qual consistindo em uma constante multiplicada por uma ou mais variáveis elevadas a uma potência inteira não negativa. Assim, algoritmos polinomiais são aqueles cuja ordem de grandeza possa ser expressa como o tamanho do problema elevado a uma potência e a complexidade O do algoritmo será a mais alta potência do polinômio. Todos os algoritmos de tempo polinomial são definidos como sendo da **Classe P**.

Pense em ordens comuns de complexidade como sendo latões nos quais ordenamos algoritmos (Veja a Figura 17.3). Para pequenos valores do tamanho do problema, um algoritmo de um latão pode realmente ser mais rápido que o algoritmo equivalente no próximo latão mais eficiente. À medida que aumenta o tamanho, a diferença entre algoritmos nos diferentes latões também aumenta. Ao escolher entre algoritmos no mesmo latão, examinaremos o peixinho que ignoramos antes.

> **» Algoritmos de tempo polinomial** Algoritmos cuja complexidade pode ser expressa como um polinômio do tamanho do problema
>
> **» Classe P** A classe constituída por todos os algoritmos de tempo polinomial

TABELA 17.2 Comparação de taxas de crescimento

N	$\log_2 N$	$N \log_2 N$	N^2	N^3	2^N
1	0	1	1	1	2
2	1	2	4	8	4
4	2	8	16	64	16
8	3	24	64	512	256
16	4	64	256	4096	65.536
32	5	160	1024	32.768	4.294.967.296
64	6	384	4096	262.144	Cerca de 5 valiosos anos de instruções em um supercomputador
128	7	896	16.384	2.097.152	Cerca de 600.000 vezes maior que a idade do universo em nanossegundos (para uma estimativa de 6 bilhões de anos)
256	8	2048	65.536	16.777.216	Nem pergunte!

■ Máquinas de Turing

Já mencionamos o nome de Alan Turing diversas vezes neste livro. Ele desenvolveu o conceito de uma máquina computacional nos anos 1930. Ele não estava interessado em implementar sua máquina; em vez disso, ele a usou como um modelo para estudar os limites do que pode ser computado.

Uma máquina de Turing, como seu modelo ficou conhecido, consiste em uma unidade de controle com uma cabeça de leitura e escrita que pode ler e escrever símbolos em uma fita infinita. A fita é dividida em células. O modelo é baseado em uma pessoa fazendo um cálculo primitivo em uma longa fita de papel com o uso de um lápis e uma borracha. Cada linha (célula) do papel contém um símbolo de um alfabeto finito. Começando em uma célula, a pessoa examina o símbolo e então ou o deixa lá ou o apaga e o substitui por outro símbolo do alfabeto. A pessoa então passa para uma célula adjacente e repete a ação.

A unidade de controle simula a pessoa. O processo humano de tomada de decisão é representado por uma série finita de instruções que a unidade de controle pode executar. Cada instrução faz com que

- Seja lido um símbolo de uma célula da fita.
- Seja escrito um símbolo na célula.
- A fita seja movida uma célula para a esquerda, seja movida uma célula para a direita ou permaneça posicionada como ela estava.

Essas ações, na verdade, modelam uma pessoa com um lápis, se permitirmos que a pessoa substitua um símbolo por ele mesmo. Veja a Figura 17.4.

Por que uma simples máquina (modelo) como essa tem tanta importância? É amplamente aceito que *qualquer coisa que seja intuitivamente computável possa ser computada por uma máquina de Turing*. Esta afirmação é conhecida como a tese de Church-Turing, em homenagem a Turing e a Alonzo Church, outro matemático que desenvolveu um modelo similar conhecido como o *cálculo lambda* e com quem Turing trabalhou em Princeton. Os trabalhos de Turing e de Church são abordados em profundidade em cursos teóricos sobre ciência da computação.

Segue da tese de Church-Turing que se pudermos encontrar um problema para o qual possa ser provado *não* existir uma solução por máquina de Turing, então este problema deverá ser insolúvel. Na próxima seção, descrevemos um tal problema.

■ O Problema da Parada

Nem sempre é óbvio que uma computação (programa) pare. No Capítulo 6, introduzimos o conceito de repetição de um processo; no Capítulo 7, falamos sobre diferentes tipos de laços. Alguns laços param, claramente, alguns laços claramente não param (laços infinitos) e alguns laços param, dependendo de dados de entrada ou de cálculos que ocorrem no laço. Quando um programa está executando, é difícil saber se ele está preso em um laço infinito ou se ele apenas precisa de mais tempo para ser executado.

Seria muito proveitoso se pudéssemos prever que um programa com uma entrada especificada não entrará em um laço infinito. O **problema da parada** refaz a questão dessa forma: *dado um programa e uma entrada do programa, determine se o programa por fim parará com tal entrada*.

A abordagem óbvia é executar o programa com a entrada especificada e ver o que acontece. Se ele parar, a resposta estará clara. E se ele não parar? Por quanto tempo você executará o progra-

>> **O Problema da Parada** O problema insolúvel de determinar se qualquer programa por fim parará dada uma particular entrada

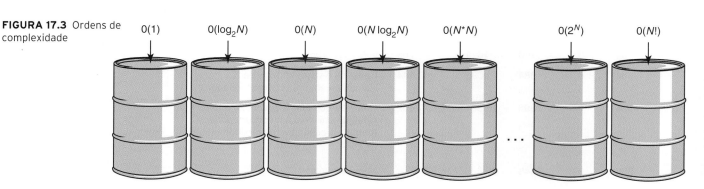

FIGURA 17.3 Ordens de complexidade

Alan Turing

A revista *Time* escolheu Alan Turing como uma das 100 pessoas mais influentes do século XX. A biografia de Turing diz:

> O que esse excêntrico jovem graduado em Cambridge fez foi conceber uma máquina imaginária — uma engenhoca bem simples, parecida com uma máquina de escrever, de certa forma capaz de examinar ou ler instruções em uma fita de tamanho teoricamente infinito. À medida que o leitor se move de um quadrado da fita para o próximo — respondendo aos comandos sequenciais e modificando sua resposta mecânica se assim ordenado — a saída de tal processo, Turing demonstrou, pode replicar o pensamento lógico humano.
>
> O dispositivo nesse inspirado experimento mental rapidamente ganhou um nome: a máquina Turing e assim também outro dos vislumbres de Turing. Já que as instruções da fita governam o comportamento da máquina, alterando essas instruções, alguém pode induzir a máquina a realizar as funções de todas as máquinas desse tipo. Em outras palavras, dependendo da fita que examine, a mesma máquina pode calcular números ou jogar xadrez ou fazer qualquer outra coisa de natureza comparável. Daí seu dispositivo adquiriu um novo e ainda mais nobre nome: a Máquina Universal de Turing.
> …
> Tantas ideias e avanços tecnológicos convergiram para a criação do computador moderno que é imprudente dar o crédito de sua invenção a uma pessoa. Mas permanece o fato de que cada um que digita em um teclado, abrindo uma planilha eletrônica ou um programa de processamento de texto, está trabalhando em uma encarnação de uma máquina de Turing.[19]

a família Turing <King's College Library, Cambridge, AMT/K/7/13>

Alan Turing nasceu em junho de 1912, filho de Julius Mathison Turing, um membro do Serviço Civil Indiano, e de Ethel Sara Stoney, a filha do engenheiro chefe da ferrovia Madras. Seu pai e sua mãe passaram a maior parte de seu tempo na Índia, enquanto ele e seu irmão mais velho ficaram sob o cuidado de várias famílias na Inglaterra até a aposentadoria de seu pai em 1926.

O sistema de educação pública (leia-se *privativa* nos Estados Unidos) britânico da época não encorajava pensamentos originais, e, por isso, Turing teve problemas de entrosamento. Ele era criticado pela sua caligrafia, tinha dificuldades com a língua inglesa e mesmo em matemática ele não produzia as respostas convencionais esperadas. Na Sherborne School, onde entrou aos 13 anos, o diretor dizia que se ele fosse somente um especialista científico, estava perdendo seu tempo em uma escola pública. Ainda assim, uma educação em escola pública era terrivelmente importante para sua mãe, portanto Turing persistiu. Duas coisas o sustentaram durante esse período: seu próprio estudo independente e a amizade de Christopher Morcom, que era um aluno um ano à frente dele na escola. Morcom fornecia companhia intelectual vital, que terminaria após dois anos com a súbita morte dele.

Em 1931, Turing ingressou na King's College, em Cambridge, para estudar matemática. A atmosfera da King's College encorajava o pensamento livre, fornecendo a ele um lar intelectual pela primeira vez. Ele se graduou em 1934 e foi eleito um pesquisador da King's College em 1935 para uma dissertação "Sobre a Função Gaussiana de Erro", que provou resultados fundamentais em teoria da probabilidade.

Turing então começou a trabalhar em questões de decidibilidade, baseadas em um curso que tinha feito sobre fundamentos da matemática com Max Newman. Em 1936, Turing publicou um artigo no qual ele introduziu o conceito do que agora chamamos de máquina de Turing. Esses conceitos foram introduzidos no contexto de se existia um método ou processo preciso pelo qual poderia ser decidido se qualquer afirmação matemática dada fosse provável. O trabalho de Alonzo Church, em Princeton, sobre o mesmo assunto, tornou-se conhecido ao mesmo tempo, portanto o artigo de Turing foi postergado até que ele pudesse se referir ao trabalho de Church. Como resultado, Turing passou dois anos como aluno em Princeton, trabalhando com Church e von Neumann.

Ao eclodir a Segunda Guerra Mundial, Turing foi trabalhar para o governo britânico. Novamente, fazemos uma citação a partir do texto da revista *Time*:

> Turing, com base em seu trabalho publicado, foi recrutado para servir na Escola Governamental de Códigos e Cifras, localizada em uma mansão vitoriana chamada Bletchley Park, em Buckinghamshire. A tarefa de todos aqueles assim convocados — matemáticos, campeões de xadrez, egiptólogos, qualquer um que pudesse ter algo a contribuir sobre as possíveis permutações de sistemas formais — era quebrar os códigos Enigma usados pelos nazistas em comunicações entre os quartéis generais e as tropas. Devido a restrições de sigilo, o papel de Turing nesta empreitada não foi reconhecido senão muito tempo depois de sua morte. E, como a invenção do computador, o trabalho feito pelo grupo de Bletchley Park era todo um esforço em equipe. Mas agora é sabido que Turing desempenhou um papel crucial em projetar uma máquina primitiva, parecida com um computador, que podia decifrar em alta velocidade códigos nazistas para submarinos no Atlântico Norte.[20]

Turing foi premiado com a Ordem do Império Britânico, em 1945, por suas contribuições ao esforço de guerra.

Após uma experiência frustrante no Laboratório Nacional de Física, em Londres, onde ele estava para construir um computador, Turing retornou a Cambridge, onde

» continua

Alan Turing (continuação)

continuou a escrever e trabalhar. O espírito de cooperação do tempo de guerra, que deu um curto-circuito na burocracia, havia passado e a ACE (Automatic Computing Engine — Máquina Computacional Automática) nunca foi construída. Em 1948, Turing tornou-se um Diretor Substituto do laboratório computacional na Universidade de Manchester. O título vago refletia sua insignificância e Turing passou os anos seguintes trabalhando e escrevendo sobre uma variedade de diferentes assuntos.

Em 1950, ele publicou um artigo refletindo um de seus maiores interesses: máquinas podem pensar? Desse artigo veio o bem conhecido teste de Turing. Turing também ficou interessado em morfogêneses, o desenvolvimento de padrões e formas em organismos vivos. Por todo esse tempo ele continuou sua pesquisa em decidibilidade e teoria quântica.

Em 7 de junho de 1954, Turing morreu de envenenamento por cianeto, uma maçã comida pela metade estava ao lado de sua cama. Sua mãe acreditava em morte acidental enquanto conduzia um experimento; o veredicto do médico-legista foi suicídio. Há alguns anos, a premiada peça de um único homem chamada *Breaking the Code* foi realizada no West End de Londres e na Broadway, dando às plateias um breve vislumbre da brilhante e complexa personalidade de Turing.

FIGURA 17.4 Processamento da máquina de Turing

ma antes de decidir que ele está em um laço infinito? Claramente, esta abordagem tem algumas falhas. Infelizmente, há falhas também em todas as outras abordagens. Esse problema é insolúvel. Vamos examinar os esboços de uma prova dessa afirmativa, que pode ser reformulada como a seguir: "Não há programa de máquina de Turing que possa determinar se um programa parará dada uma particular entrada."

Como podemos provar que um problema é insolúvel ou, em vez disso, que apenas ainda não encontramos a solução? Poderíamos tentar cada solução proposta e mostrar que cada uma contém um erro. Como há muitas soluções conhecidas e muitas ainda desconhecidas, essa abordagem parece fadada a falhar. Mesmo assim, essa abordagem forma a base da solução de Turing para esse problema. Em sua prova, ele começa com qualquer solução proposta e então mostra que ela não funciona.

Assuma que exista um programa de máquina de Turing chamado ResolveProblemaDaParada que determine para qualquer programa Exemplo e entrada DadosDeAmostra se o programa Exemplo para, dada a entrada DadosDeAmostra. Isto é, ResolveProblemaDaParada pega o programa Exemplo e DadosDeAmostra e imprime "Para" se o programa parar e "Repete" se o programa contiver um laço infinito. Esta situação é retratada na Figura 17.5.

Lembre-se de que tanto programas (instruções) como dados são a mesma coisa em um computador; eles são apenas padrões de bits. O que distingue programas de dados é como a unidade de

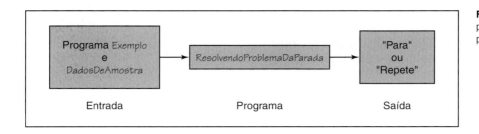

FIGURA 17.5 Programa proposto para resolver o problema da parada

controle interpreta o padrão de bits. Logo, podemos dar ao programa Exemplo uma cópia dele mesmo como dados, em lugar de DadosDeAmostra. Assim, ResolveProblemaDaParada deve ser capaz de pegar o programa Exemplo e uma segunda cópia do programa Exemplo como dados e determinar se o programa Exemplo para com ele mesmo como dados. Veja a Figura 17.6.

Agora, vamos construir um novo programa, NovoPrograma, que pega o programa Exemplo como programa e como dados e usa o algoritmo de ResolveProblemaDaParada para escrever "Para" se Exemplo parar e "Repete" se ele não parar. Se "Para" for escrito, o NovoPrograma criará um laço infinito; se "Repete" for escrito, NovoPrograma escreverá "Para". A Figura 17.7 mostra essa situação.

Você vê aonde a prova está levando? Vamos agora aplicar o programa ResolveProblemaDaParada a NovoPrograma, usando NovoPrograma como dados. Se ResolveProblemaDaParada imprimir "Para", o programa NovoPrograma entrará em um laço infinito. Se ResolveProblemaDaParada imprimir "Repete", o programa NovoPrograma imprimirá "Para" e encerrará. Em qualquer um dos casos, ResolveProblemaDaParada dará a resposta errada. Como ResolveProblemaDaParada dá a resposta errada em pelo menos um caso, ele não funcionará em todos os casos. Assim, qualquer solução proposta deverá possuir uma falha.

■ Classificação de Algoritmos

A Figura 17.3 mostrou as ordens comuns de grandeza como latões. Sabemos agora que existe outro latão à direita, que conteria algoritmos que são insolúveis. Vamos reorganizar nossos latões um pouco, combinando todos os algoritmos polinomiais em um latão rotulado **Classe P** e combinando algoritmos exponenciais e fatoriais em um latão e adicionar um latão rotulado *Insolúvel*. Veja a Figura 17.8.

Os algoritmos do latão do meio têm soluções conhecidas, mas são chamados de *intratáveis*, já que para dados de qualquer tamanho, eles simplesmente levam muito tempo para executar. Men-

>> **Problemas da Classe P** Problemas que podem ser resolvidos com um processador em tempo polinomial

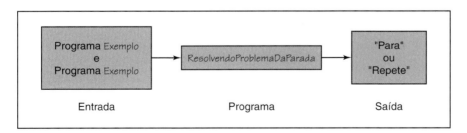

FIGURA 17.6 Programa proposto para resolver o problema da parada

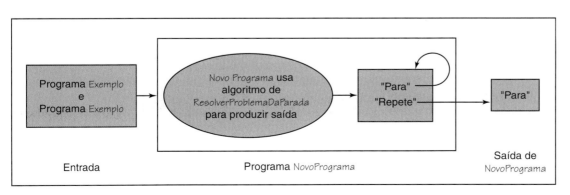

FIGURA 17.7 Construção de NovoPrograma

> **Problemas da Classe NP** Problemas que podem ser resolvidos em tempo polinomial com quantos processadores forem desejados

> **Problemas NP completo** Uma classe de problemas da Classe NP que tem a propriedade de que, se uma solução de tempo polinomial com um processador puder ser encontrada para qualquer membro da classe, tal solução existirá para todo membro da classe

cionamos computadores paralelos no Capítulo 1 ao revisar a história do hardware de computador. Alguns desses problemas podem ser resolvidos em um tempo razoável (tempo polinomial) se suficientes processadores trabalharem no problema ao mesmo tempo? Sim, eles poderiam. Um problema pertence à **Classe NP** se ele puder ser resolvido com um número suficientemente grande de processadores em tempo polinomial.

Claramente, os problemas de Classe P também estão na Classe NP. Uma questão em aberto em computação teórica é se problemas da Classe NP, cuja única solução tratável seja com muitos processadores, também estarão na Classe P. Isto é, existem algoritmos de tempo polinomial para esses problemas que apenas não descobrimos (inventamos) ainda? Não sabemos, mas o problema tem mantido e ainda mantém ocupados os teóricos de ciência da computação à procura de uma solução. *A solução?* Sim, o problema de determinar se a Classe P é igual à Classe NP foi reduzido à descoberta de uma solução para um desses algoritmos. Uma classe especial chamada **problemas NP completo** é parte da Classe NP; esses problemas têm a propriedade de que podem ser mapeados uns nos outros. Se uma solução de tempo polinomial com um processador puder ser encontrada para qualquer um dos algoritmos dessa classe, será possível encontrar uma solução para cada um deles — isto é, a solução poderá ser mapeada em todos os outros. Como e por que isso é assim está além do escopo deste livro. No entanto, se a solução for encontrada, você saberá, porque ela chegará às manchetes de todo o mundo computacional.

Por ora, retratamos nossos latões de complexidade com uma nova companhia — um latão rotulado *Classe NP*. Esse latão e o latão da Classe P possuem linhas pontilhadas em seus lados adjacentes, já que eles podem realmente ser um só latão. Veja a Figura 17.9.

O problema do Caixeiro-Viajante
Um problema clássico da Classe NP é chamado de *problema do Caixeiro-Viajante*. Um vendedor é responsável por visitar todas as cidades em seu distrito de vendas. Para visitar todas de uma forma eficiente, ele quer encontrar uma rota de custo mínimo que passe por cada cidade uma e apenas uma vez antes de retornar ao ponto inicial. As cidades podem ser representadas em um grafo com as arestas representando estradas entre cidades. Cada aresta é rotulada pela distância entre as cidades. A solução, então, torna-se um algoritmo de grafo bem conhecido, cuja solução com um processador é $O(N!)$.

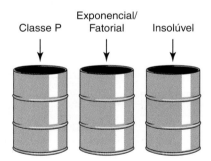

FIGURA 17.8 Uma reorganização de classificações de algoritmos

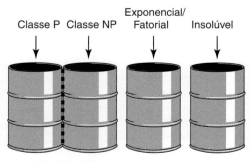

FIGURA 17.9 Adicionando a Classe NP

Resumo

Limites são impostos à solução de problemas computacionais pelo hardware, pelo software e pela natureza dos problemas a serem resolvidos. Números são infinitos, mas sua representação em um computador é finita. Essa limitação pode fazer com que erros apareçam em cálculos aritméticos, dando resultados incorretos. Componentes de hardware podem desgastar-se e informações podem ser perdidas durante transferências de dados entre computadores e em um computador.

Os próprios tamanho e complexidade de grandes projetos de software quase garantem a ocorrência de erros. Testar um programa pode demonstrar erros, mas não pode provar a ausência de erros. A melhor forma de construir um bom software é prestar atenção à qualidade desde o primeiro dia do projeto, aplicando os princípios de engenharia de software.

Problemas variam desde aqueles que são muito simples de resolver até aqueles que não podem realmente ser resolvidos. Análise O fornece uma métrica que nos permite comparar algoritmos em termos da taxa de crescimento de um fator de tamanho no algoritmo. Algoritmos de tempo polinomial são aqueles algoritmos cuja complexidade O pode ser expressa como um polinômio no fator de tamanho. Problemas da Classe P podem ser resolvidos com um processador em tempo polinomial. Problemas da Classe NP podem ser resolvidos em tempo polinomial com um número ilimitado de processadores. Como provado por Turing, o problema da parada não possui uma solução.

⚖ QUESTÕES ÉTICAS ▶ Link Direto

O incrível impacto que a *World Wide Web* tem na sociedade pode sem dúvida ser atribuído a sua capacidade de facilitar comunicação e troca de informação. Ela é um meio revolucionário no qual pessoas podem interagir, conduzir pesquisas e publicar seus pensamentos e ideias quase instantaneamente. Usuários navegam de página Web em página Web com facilidade, seguindo hiperlinks que os direcionam a tópicos relevantes e pontos de interesse. Esses hiperlinks, que podem aparecer como texto ou imagens, respondem a um clique de mouse e enviam ao usuário uma nova página muitas vezes de fora do site Web original. Conectando páginas, os hiperlinks fornecem um importante serviço ao usuário e são uma característica marcante da Web.

Nos primórdios do desenvolvimento Web, links eram considerados como essenciais e reconhecidos como um guia indispensável para mapear o ciberespaço. À medida que a Web amadureceu, no entanto, links diretos têm se tornado cada vez mais controversos. Links diretos ocorrem quando uma página Web inclui um hiperlink para uma página Web que está bem escondida, interna a outro site (i.e., não para a página inicial do outro site). Embora muitas companhias saúdem visitantes que tropecem em uma de suas páginas, independente de se ela é página inicial delas, outras companhias acham que links diretos são ilegítimos — uma técnica que injustamente ultrapassa a "porta de entrada" de um sítio.

A Ticketmaster.com tornou público o problema ao processar a Microsoft® em 1997 por ligação inapropriada para o site dela. O guia de cidades "Sidewalk" da Microsoft fornecia links para compra de ingressos para eventos específicos na Ticketmaster.com que levavam uma onda de visitantes para páginas internas nesse sítio. Apesar do tráfego que tais links criaram, a Ticketmaster.com achou que ela devia ter controle sobre como outros

se conectavam ao site dela e que links diretos injustamente eliminavam seus anúncios publicitários. Embora este caso tenha sido resolvido fora da corte, a Ticketmaster.com em seguida processou uma de suas rivais, Tickets.com, por diversos crimes, incluindo links impróprios. Ticketmaster.com alegou que Tickets.com estava conduzindo práticas comerciais injustas por meio de links diretos para páginas internas de seu site e não para sua página inicial. A Ticketmaster.com listou diversas queixas específicas, entre elas que links diretos feriam sua publicidade. A corte decidiu que a Tickets.com não violou a lei de direitos autorais, já que ela não republicou em um novo formato a página para a qual fez o link, e nem o relacionamento entre os dois sítios era propenso a ser mal interpretado.

Essa decisão, no entanto, não significa que o tema de links diretos tenha sido totalmente resolvido. GateHouse Media, uma empresa de Nova York que publica mais de 100 jornais locais em Massachusetts está processando a New York Times Company em relação ao tema *link* direto. A GateHouse Media alega que a New York Times Company violou leis de direitos autorais ao permitir que o sítio do jornal online *Boston Globe* copiasse as manchetes e as sentenças iniciais de artigos do jornal postados no sítio *Web* da GateHouse (A New York Times Company é dona do *Boston Globe*). A GateHouse alega que ela está perdendo receita de anúncios porque leitores do *Boston Globe* são capazes de se desviar das páginas principais da GateHouse e dos anúncios postados.

A maioria das questões atuais com *links* diretos envolve casos muito específicos. A prática de *link* direto como um todo não parece estar sob qualquer perigo de desaparecer tão cedo, já que a maioria dos sítios está feliz em receber a exposição que o *link* direto fornece a eles.

408 Capítulo 17

Termos Fundamentais

Algoritmos de tempo polinomial
Classe P
Dígitos significativos
Erro de cancelamento
Erro representacional (de arredondamento)
Especificação de software
Inspeção
Notação O
Percurso de execução

Precisão
Problema da Parada
Problemas da Classe NP
Problemas da Classe P
Problemas NP completo
Requisitos de software
Subtransbordamento
Transbordamento

Exercícios

Para os Exercícios 1 a 15, case a notação O com sua definição ou uso.
- A. $O(1)$
- B. $O(\log_2 N)$
- C. $O(N)$
- D. $O(N \log_2 N)$
- E. $O(N^2)$
- F. $O(2^N)$
- G. $O(N!)$

1. Tempo fatorial
2. Tempo $N \log N$
3. Tempo linear
4. Tempo quadrático
5. Tempo exponencial
6. Tempo logarítmico
7. Tempo limitado
8. Tempo não dependente do tamanho do problema
9. Algoritmos que sucessivamente cortam a metade a quantia de dados a serem processados a cada passo.
10. Mergesort e Heapsort
11. Ordenação por seleção e ordenação pelo método da bolha
12. Adicionar uma coluna de N números
13. Demonstrada pela fábula do rei e do milho
14. Problema do caixeiro-viajante
15. Para o que Quicksort degenera se os dados já estiverem ordenados.

Para os Exercícios 16 a 20, case o nome da técnica com o algoritmo.
- A. Paridade par
- B. Paridade ímpar
- C. Dígitos de verificação
- D. Códigos de correção de erros
- E. Bit de paridade

16. Um bit extra é associado a cada byte no hardware que assegura que o número de bits 1 seja ímpar ou par em todos os bytes.
17. A redundância final seria manter duas cópias de todo valor.
18. O número de bits 1 mais o bit de paridade é ímpar.
19. O número de bits 1 mais o bit de paridade é par.
20. Um esquema para somar os dígitos individuais de um número e armazenar o dígito da unidade dessa soma com o número.

Para os Exercícios 21 a 30, assinale Verdadeiro ou Falso, como a seguir:
- A. Verdadeiro
- B. Falso

21. $(1 + x - 1)$ é sempre igual a x.
22. Erro representacional é um sinônimo de erro de arredondamento.
23. Atividades de verificação de software estão limitadas à fase de implementação.

Limitações da Computação   **409**

24. Metade dos erros de um projeto de software ocorre na fase de projeto.
25. A maioria dos grandes projetos de software é projetada por um único gênio e depois é dada a equipes de programadores para implementar.
26. Quanto mais tarde no ciclo de vida de um software for detectado um erro, mais barato será para corrigi-lo.
27. Verificação formal de programas é de interesse teórico, mas nunca foi realmente útil.
28. A notação O nos diz quanto tempo a solução leva para executar em termos de microssegundos.
29. Engenharia de software, um ramo da computação, surgiu nos anos 1960.
30. Manter e evoluir software já existente se tornou mais importante que construir novos sistemas.

Os Exercícios 31 a 61 são problemas ou questões de respostas curtas.

31. Defina *erro representacional*, *erro de cancelamento*, *subtransbordamento* e *transbordamento*. Discuta como esses termos são inter-relacionados.
32. Mostre a faixa de números inteiros que pode ser representada em cada um dos seguintes tamanhos de palavras.
    a. 8 bits
    b. 16 bits
    c. 24 bits
    d. 32 bits
    e. 64 bits
33. Há uma ação lógica a tomar quando ocorre subtransbordamento, mas não quando ocorre transbordamento. Explique.
34. a. Mostre como os números 1066 e 1492 seriam representados em uma lista encadeada com um dígito por nó.
    b. Use uma lista encadeada para representar a soma desses inteiros.
    c. Esboce um algoritmo para mostrar como o cálculo seria realizado em um computador.
35. Explique o efeito Titanic em relação à falha de hardware.
36. Já aconteceu alguma falha de hardware com você? Explique.
37. Dado o código de 8 bits a seguir, qual é o bit de paridade se estiver sendo usada paridade ímpar?
    a. 11100010
    b. 10101010
    c. 11111111
    d. 00000000
    e. 11101111
38. Dado o código de 8 bits a seguir, qual é o bit de paridade se estiver sendo usada paridade par?
    a. 11100010
    b. 10101010
    c. 11111111
    d. 00000000
    e. 11101111
39. Dados os seguintes números, qual será o dígito de verificação para cada um?
    a. 1066
    b. 1498
    c. 1668
    d. 2001
    e. 4040
40. Que erros seriam detectados usando os bits de verificação do Exercício 39?
41. Dados os seguintes números, quais serão os dígitos adicionais se o dígito da unidade da soma dos dígitos pares estiver sendo usado junto com o dígito de verificação?
    a. 1066
    b. 1498
    c. 1668
    d. 2001
    e. 4040

410 Capítulo 17

42. Dados os seguintes números, quais seriam os dígitos adicionais se o dígito unidade da soma dos dígitos ímpares estiver sendo usado junto com o dígito de verificação?
   a. 1066
   b. 1498
   c. 1668
   d. 2001
   e. 4040

43. Como as representações nos Exercícios 41 e 42 aprimoram a detecção de erro em relação a um simples dígito de verificação?

44. Explique o conceito do ciclo de vida de software.

45. Onde ocorre a maioria dos erros em um projeto de software?

46. Por que o custo de correção de um erro aumenta por quanto mais tempo o erro permanecer não detectado?

47. Compare e contraste as atividades de verificação de software de percursos de execução e inspeções de código ou projeto.

48. Como um programa pode ser verificado como correto, mas ainda assim não ter valor?

49. Cite pelo menos cinco locais onde um erro de software pode ser introduzido.

50. Como a falha de software da AT&T foi típica de tais falhas?

51. O que é verificação formal?

52. Explique a analogia do elefante e do peixinho dourado.

53. Defina tempo polinomial.

54. Como é possível dispensar tudo exceto o termo de maior expoente ao avaliar a complexidade O de um algoritmo de tempo polinomial?

55. Dê a medida de complexidade O dos seguintes polinômios:
   a. $4x^3 + 32x^2 + 2x + 1003$
   b. $x^5 + x$
   c. $x^2 + 124.578$
   d. $x + 1$

56. Explique a analogia de latões de medidas de complexidade.

57. Quem fabrica uma máquina de Turing?

58. Como uma máquina de Turing simula um humano com papel e lápis?

59. Existem problemas para os quais não existem soluções?

60. Descreva o problema da parada.

61. Como é usado o fato de que dados e programas são a mesma coisa em um computador na prova de que o problema da parada é insolúvel?

Limitações da Computação   411

??? Temas para Reflexão

1. Entre na Web e realize uma busca por informações sobre o erro da pastilha Pentium. Tente diferentes palavras-chave e combinações de palavras-chave, registrando quantos resultados ocorreram em cada uma. Leia ao menos três dos artigos e depois escreva uma descrição do problema com suas próprias palavras.

2. Faça uma busca na Web por respostas às seguintes questões.
   a. A espaçonave russa Phobos 1 cometeu suicídio?
   b. O que causou o atraso na abertura do aeroporto de Denver?
   c. Qual foi o custo da correção da falha de software do sistema de despacho de ambulâncias em Londres, Inglaterra?
   d. O USS *Yorktown* ficou morto na água por várias horas em 1998. Qual erro de software causou o problema?

3. Um professor estava dando uma aula a um clube de serviço público local sobre os limites da computação. Um membro da plateia disse: "Mas eu achava que não existiam limites." Se fosse o professor, como você teria respondido?

4. O que você acha sobre links diretos? Todos os acessos a outro site Web devem ocorrer apenas pela página inicial desse site Web? Você se sentiria desconfortável se alguém acessasse páginas de seu site que são internas ao seu site? Tal prática não é como extrair comentários fora de contexto?

5. Muitos sites Web comerciais ganham dinheiro com publicidade. É ético eliminar a publicidade por meio de um link direto? Devem ser criadas leis para proibir links diretos?

6. Se tiver um site Web, você possui links? Algum de seus links é um link muito interno? Após ler sobre as questões em torno de links diretos, você pretende mudá-los?

Em Conclusão

Glossário

Abordagem de busca em largura   Busca em níveis de uma árvore antes de buscar em descida por caminhos específicos

Abordagem de busca em profundidade   Buscar em descida pelos caminhos de uma árvore antes de buscar em níveis

Abstração   Um modelo mental que remove detalhes complexos; um modelo de um sistema complexo que inclui apenas os detalhes essenciais ao observador

Abstração de controle   A separação da visão lógica de uma estrutura de controle de sua implementação

Abstração de dados   A separação da visão lógica de dados de sua implementação

Abstração procedimental   A separação da visão lógica de uma ação de sua implementação

Acesso direto a arquivo   A técnica pela qual os dados em um arquivo são acessados diretamente especificando-se números lógicos de registros

Acesso sequencial a arquivo   A técnica pela qual os dados em um arquivo são acessados de uma forma linear

Adivinhação de senha   Uma tentativa de obter acesso a um sistema computacional, experimentando metodicamente determinar a senha de um usuário

Álgebra booleana   Uma notação matemática para expressar funções lógicas de dois valores

Algoritmo   Instruções não ambíguas para solucionar um problema ou subproblema em uma quantidade finita de tempo, usando uma quantidade finita de dados; Um plano ou esboço de uma solução; uma sequência lógica de passos que resolve um problema

Algoritmos de tempo polinomial   Algoritmos cuja complexidade pode ser expressa como um polinômio no tamanho do problema

Ambiguidade léxica   A ambiguidade criada quando palavras possuem diversos significados

Ambiguidade referencial   A ambiguidade criada quando pronomes podem ser aplicados a diversos objetos

Ambiguidade sintática   A ambiguidade criada quando sentenças podem ser construídas de várias formas

Análise de risco   Determinar a natureza e a probabilidade dos riscos a dados importantes

Análise e-se   Modificar valores de uma planilha que representam hipóteses para ver como essas alterações nessas hipóteses afetam dados relacionados

Applet Java   Um programa Java projetado para ser embutido em um documento HTML, transferido pela Web, e executado em um navegador

Aresta (arco)   Um par de vértices representando uma conexão entre dois nós em um grafo

Argumentos   Os identificadores listados entre parênteses na chamada a um subprograma; algumas vezes chamados de *parâmetros reais*

Arquivo   Uma coleção nomeada de dados, usada para organizar memória secundária

Arquivo binário   Um arquivo que contém dados em um formato específico, exigindo uma interpretação especial de seus bits

Glossário

Arquivo-texto Um arquivo que contém caracteres

Árvore binária Uma estrutura composta abstrata com um único nó inicial chamado raiz, no qual cada nó pode ter dois nós filhos e no qual existe apenas um único caminho a partir da raiz até qualquer outro nó

Árvore de busca Uma estrutura que representa alternativas em situações adversárias, como em jogos

Árvore de diretórios Uma estrutura mostrando a organização aninhada de diretórios do sistema de arquivos

Assinatura digital Dados que são anexados a uma mensagem, feitos a partir da própria mensagem e da chave privativa do remetente, para assegurar a autenticidade da mensagem

Assíncrono Não ocorrendo no mesmo instante de tempo que alguma operação específica do computador; em outras palavras, não sincronizado com as ações de um programa

Atributo Parte de uma etiqueta que provê informação adicional sobre o elemento

***Backbone* da Internet** Um conjunto de redes de alta velocidade que suportam o tráfego da Internet

Banco de dados Um conjunto estruturado de dados

Banda larga Tecnologias de rede que geralmente fornecem velocidades de transferência de dados maiores que 128 Kbps

Base O valor fundamental de um sistema de numeração, que determina o número de dígitos e o valor de posições de dígito

Biologia computacional Um campo interdisciplinar que aplica técnicas de ciência da computação, matemática aplicada e estatística a problemas da área de biologia

Biometria O uso das características humanas, tais como impressões digitais, padrões de retina ou de voz, para identificar usuários e controlar acesso

Bit *Binary digit* (dígito binário)

Bloco A informação armazenada em um setor em um disco

Bloco de Controle de Processo (PCB) Uma estrutura de dados usada pelo sistema operacional para gerenciar informação sobre um processo

Bomba lógica Um programa mal-intencionado que é definido para executar quando ocorrer um evento específico de sistema

Busca binária Procurar um item em uma lista já ordenada eliminando grandes porções de dados a cada comparação

Byte Oito dígitos binários

Bytecode Uma linguagem de máquina-padrão para a qual código-fonte Java é compilado

Caminho Uma designação textual da localização de um arquivo ou subdiretório em um sistema de arquivos; uma sequência de vértices que conecta dois nós em um grafo

Caminho absoluto Um caminho que começa na raiz e inclui todos os sucessivos subdiretórios

Caminho relativo Um caminho que começa no diretório atual de trabalho

Campo (ou atributo) Um valor único em um registro de banco de dados

Campos Itens nomeados em uma classe; podem ser dados ou subprogramas

Carregador Uma peça de software que pega um programa em linguagem de máquina e o coloca em memória

Cartão inteligente Um cartão com uma pastilha de memória embutida usado para identificar usuários e controlar acesso

Cavalo de Troia Um programa malicioso disfarçado de recurso benéfico

Célula   Um elemento de uma planilha eletrônica que pode conter um dado ou uma fórmula

Certificado digital   Uma representação de uma chave pública autenticada de um remetente usada para minimizar falsificações maliciosas

Chatbot   Um programa projetado para conduzir uma conversação com um usuário humano

Chave   Um ou mais campos de um registro de banco de dados que o identifica unicamente entre todos os outros registros da tabela; o conjunto de parâmetros que guia uma cifra

Chaveamento de contexto   A troca de informação de registrador que ocorre quando um processo é removido da CPU e outro entra em seu lugar

Chaveamento de pacote   A abordagem de comunicação em rede na qual pacotes são roteados individualmente ao seu destino e remontados

Cifra   Um algoritmo usado para cifrar e decifrar texto

Cifra de César   Uma cifra de substituição que desloca caracteres em um certo número de posições no alfabeto

Cifra de rota   Uma cifra de transposição que dispõe uma mensagem em uma grade e a percorre de um modo específico

Cifra de substituição   Uma cifra que substitui um caractere por outro

Cifra de transposição   Uma cifra que rearranja a ordem dos caracteres em uma mensagem

Cifrar   O processo de converter texto puro em texto cifrado

Cilindro   O conjunto de trilhas concêntricas em todas as superfícies de um disco

Circuito   Uma combinação de portas que interagem, projetada para efetuar uma função lógica específica

Circuito combinacional   Um circuito cuja saída é determinada unicamente por seus valores de entrada

Circuito integrado (ou pastilha)   Um pedaço de silício no qual múltiplas portas foram embutidas

Circuito sequencial   Um circuito cuja saída é uma função de valores de entrada e do estado corrente do circuito

Classe (fase de implementação)   Um padrão para um objeto

Classe de objeto (classe) (fase de solução de problema)   Uma descrição de um grupo de objetos com propriedades e comportamentos similares

Classe P   A classe constituída por todos os algoritmos de tempo polinomial

Codec de vídeo   Métodos usados para reduzir o tamanho de um filme

Codificação de Huffman   Usar uma cadeia binária de comprimento variável para representar um caractere de modo que caracteres frequentemente utilizados tenham códigos mais curtos

Codificação por comprimento de sequência   Substituir uma longa série de um caractere repetido por um contador da repetição

Codificação por palavra-chave   Substituir uma palavra frequentemente usada por um único caractere

Código malicioso   Um programa computacional que tenta ludibriar uma autorização apropriada e/ou executar funções não autorizadas

Comentário   Texto explicativo para o leitor humano

Comércio eletrônico   O processo de comprar e vender produtos e serviços usando a *World Wide Web*

Compilador   Um programa que traduz uma linguagem de alto nível em código de máquina

Complemento a dez   Uma representação de números negativos de modo que o negativo de I seja 10 elevado a k, menos I

Glossário

Compreensão de linguagem natural Usar um computador para aplicar uma interpretação com significado à comunicação humana

Compressão com perda Uma técnica de compressão de dados na qual há perda de informação

Compressão de dados A redução da quantidade de espaço necessária para armazenar um fragmento de dados

Compressão espacial Técnica de compressão de filme baseada nas mesmas técnicas de compressão para imagens fixas

Compressão sem perda Uma técnica de compressão de dados na qual não há perda de informação

Compressão temporal Técnica de compressão de filme baseada em diferenças entre quadros consecutivos

Computador virtual Uma máquina hipotética projetada para ilustrar características importantes de uma máquina real

Confidencialidade Garantia de que os dados sejam protegidos de acesso não autorizado

Conjunto de caracteres Uma lista dos caracteres e dos códigos usados para representar cada um deles

Consulta Uma requisição para recuperar dados a partir de um banco de dados

Contador de programa (CP) O registrador que contém o endereço da próxima instrução a ser executada

Contêineres Objetos cujo papel é manter e manipular outros objetos

CPU A unidade central de processamento uma combinação da unidade aritmética e lógica com a unidade de controle; o "cérebro" de um computador que interpreta e executa instruções

Credenciais de autenticação Informações fornecidas por usuários como identificação própria para ter acesso a um computador

Criptoanálise O processo de decifrar uma mensagem sem conhecer a cifra ou a chave usada para cifrá-la

Criptografia O campo de estudo relacionado a codificar informação

Criptografia de chave pública Uma abordagem de criptografia na qual cada usuário tem duas chaves relacionadas: uma pública e uma privativa

Dado analógico Uma representação contínua de dados

Dado digital Uma representação discreta de dados

Dados Valores básicos ou fatos

Decifrar O processo de converter texto cifrado em texto puro

Declaração Uma instrução que associa um identificador a uma variável, a uma ação ou a alguma outra entidade na linguagem que possa receber um nome de modo que o programador possa se referir a esse item por nome

Definição de Tipo de Documento (DTD) Uma especificação da organização de um documento XML

Diagrama ER Uma representação gráfica de um modelo ER

Diagrama lógico Uma representação gráfica de um circuito; cada tipo de porta tem seu próprio símbolo

Digitalizar O ato de desmembrar informação em partes discretas

Dígito binário Um dígito em um sistema binário; um 0 ou um 1

Dígitos significativos Aqueles dígitos que começam com o primeiro dígito diferente de zero à esquerda e terminam com o último dígito diferente de zero à direita (ou um dígito zero que seja exato)

Diretivas de montagem   Instruções para o programa de tradução

Diretório   Um grupo de arquivos com um nome

Diretório de trabalho   O subdiretório ativo atualmente

Diretório raiz   O diretório no nível mais alto, no qual todos os outros estão contidos

Disponibilidade   O grau no qual usuários autorizados podem acessar informação para propósitos legítimos

Domínio de primeiro nível (DPN)   A última seção de um nome de domínio, especificando o tipo de organização ou seu país de origem

Download   Receber dados da internet em seu computador

Encapsulamento   Uma característica de linguagem que impõe ocultação de informação; agrupar dados e ações de modo que as propriedades lógicas de dados e de ações sejam separadas dos detalhes de implementação

Endereçabilidade   O número de bits armazenados em cada posição endereçável em memória

Endereço de rede   A parte de um endereço IP que especifica uma particular rede

Endereço físico   Um endereço real no dispositivo de memória principal

Endereço IP   Um endereço composto por quatro valores numéricos separados por pontos que identifica um único computador na Internet

Endereço lógico   Uma referência a um valor armazenado relativa ao programa que faz a referência

Enganação   Um ataque em um sistema computacional no qual um usuário malicioso se passa por um usuário autorizado

Equivalência de circuitos   A mesma saída para cada correspondente combinação de valores de entrada para dois circuitos distintos

Equivalência forte   A igualdade de dois sistemas baseada em seus resultados e no processo pelo qual eles chegam a tais resultados

Equivalência fraca   A igualdade de dois sistemas baseada em seus resultados

Erro de cancelamento   Uma perda de exatidão em soma ou subtração em números de tamanhos bastante diferentes, devido a limites de precisão

Erro representacional (de arredondamento)   Um erro aritmético causado pelo fato de a precisão do resultado de uma operação aritmética ser maior que a precisão de nossa máquina

Escalonamento de CPU   O ato de determinar a que processo em memória é dado acesso à CPU de modo que ele possa executar

Escalonamento de disco   O ato de decidir qual solicitação pendente de E/S em disco será atendida primeiramente

Escalonamento não preemptivo   Escalonamento de CPU que ocorre quando o processo atualmente em execução desiste da CPU voluntariamente

Escalonamento preemptivo   Um escalonamento de CPU que ocorre quando o sistema operacional decide favorecer outro processo, interrompendo o processo correntemente em execução

Especificação de software   Uma descrição detalhada da função, das entradas, do processamento, das saídas e de características especiais de um produto de software; fornece as informações necessárias para projetar e implementar o software

Esquema   Uma especificação da estrutura lógica de dados em um banco de dados

Estados de processo   Os estágios conceituais pelos quais um processo passa à medida que ele é gerenciado pelo sistema operacional

Estrutura de controle   Uma instrução usada para alterar o fluxo de controle normalmente sequencial; uma instrução que determina a ordem na qual outras instruções em um programa são executadas

Estrutura de controle aninhada Uma estrutura na qual controla-se a estrutura embutida em outra

Estrutura de dados A implementação de um campo de dado composto em um tipo abstrato de dados

Estrutura homogênea multidimensional Uma coleção de componentes, todos do mesmo tipo, ordenados em n dimensões ($n >= 1$); cada componente é acessado por n índices, cada um dos quais representa a posição do componente naquela dimensão

Ethernet O padrão da indústria para redes locais, baseado em uma topologia de barramento

Etiqueta O elemento sintático em uma linguagem de marcação que indica como a informação deve ser exibida

Expressão booleana Uma sequência de identificadores, separadas por operadores compatíveis, que avalia verdadeiro ou falso; uma expressão que ao ser avaliada tanto pode ser falsa como verdadeira

Extensão de arquivo Parte de um nome de arquivo que indica o tipo de arquivo

Faixa Um conjunto de células contíguas especificado pelas extremidades

Firewall Um computador que serve de _gateway_ e seu software que protege uma rede ao filtrar o tráfego que ele autoriza

Fonemas O conjunto de sons fundamentais emitidos em qualquer linguagem natural dada

Formato imagem de varredura Armazenar informação de imagem pixel a pixel

Função de planilha Uma computação fornecida pelo software da planilha que pode ser incorporada em fórmulas

Gameplay O tipo de interações e experiências que um jogador tem durante o jogo

Gateway Um nó que gerencia a comunicação entre a LAN dele e as outras redes

Gerenciamento de memória O ato de manter registro de como e onde programas são carregados em memória principal

Gerenciamento de memória contígua única A abordagem de gerenciamento de memória na qual um programa é carregado em uma área contígua de memória

Gerenciamento de Processo O ato de manter registro de informação para processos ativos

Gráfico vetorial Representação de uma imagem em termos de linhas e formas

Grafo Uma estrutura de dados que consiste em um conjunto de nós e um conjunto de arestas que relacionam os nós uns aos outros

Grafo não orientado Um grafo cujas arestas não possuem direção

Grafo orientado (dígrafo) Um grafo no qual cada aresta é orientada de um vértice a outro (ou o mesmo) vértice

Grande porte Um computador grande e multiusuário frequentemente associado aos primeiros sistemas em tempo compartilhado

Hardware computacional Os elementos físicos de um sistema computacional

Herança Um mecanismo pelo qual uma classe adquire as propriedades – campos de dados e métodos – de outra classe

Hiperpaginação Processamento ineficiente causado por trocas constantes de páginas

Homem do meio Um ataque de segurança no qual a comunicação de rede é interceptada em uma tentativa de obter dados importantes

Implementação de Plano de Teste Usar os casos de teste especificados em um plano de teste para verificar que um programa gere os resultados previstos

Informação Dado que foi organizado ou processado de modo útil

Inspeção Um método de verificação no qual um membro de uma equipe lê o projeto ou programa linha a linha e outros apontam erros

Glossário 419

Instanciar Criar um objeto a partir de uma classe

Instrução de atribuição Uma instrução que armazena o valor de uma expressão em uma variável

Integridade Assegurar que dados possam ser modificados apenas por mecanismos apropriados

Inteiro Um número natural, o negativo de número natural ou zero

Inteligência artificial (IA) O estudo de sistemas computacionais que modelam e aplicam a inteligência da mente humana

Internet Uma rede de longa distância que abrange o planeta

Interoperabilidade A capacidade de software e hardware em múltiplos computadores de diferentes fornecedores se comunicarem

Interpretador Um programa que tem como entrada um programa em uma linguagem de alto nível e direciona o computador a executar as ações especificadas em cada instrução

Intervalo de tempo A quantidade de tempo dada a cada processo no algoritmo de escalonamento de CPU *round-robin*

Jogos computacionais Uma simulação computacional de um mundo virtual

Largura de banda O número de bits ou bytes que podem ser transmitidos de um lugar para outro em uma quantidade fixa de tempo

Largura de barramento O número de bits que podem ser transferidos em paralelo sobre o barramento

Latência O tempo gasto para que o setor especificado esteja em posição sob a cabeça de leitura/gravação

Ligação de endereços O mapeamento de um endereço lógico em um endereço físico

Linguagem de consulta estruturada (SQL) Uma linguagem de bancos de dados relacionais abrangente para gerenciamento de dados e consultas

Linguagem de máquina A linguagem composta de instruções em código binário que é usada diretamente pelo computador

Linguagem de marcação Uma linguagem que usa etiquetas para anotar a informação em um documento

Linguagem de Marcação de Hipertexto (HTML) A linguagem usada para criar ou construir uma página Web

Linguagem de montagem Uma linguagem de programação de baixo nível na qual um mnemônico representa cada uma das instruções em linguagem de máquina para um computador particular

Linguagem Extensível de Folhas de Estilo (XSL) Uma linguagem para definir transformações de documentos XML para outros formatos de saída

Linguagem Extensível de Marcação (XML) Uma linguagem que permite ao usuário descrever o conteúdo de um documento

Linguagem natural Linguagens que seres humanos usam para se comunicar, tais como inglês e português

Linha digital de assinante (DSL) Uma conexão à Internet feita usando-se um sinal digital em linhas telefônicas comuns

Link Uma conexão entre uma página Web e outra

Lista de parâmetros Um mecanismo para comunicação entre duas partes de um programa

Lista encadeada Uma lista na qual a ordem dos componentes é determinada por um campo de ligação explícito em cada nó, em vez de pela ordem sequencial dos componentes em memória

Glossário

Localizador Uniforme de Recurso (URL)   Uma forma-padrão de especificar a localização de uma página Web

Máquina virtual   A ilusão criada por um sistema de tempo compartilhado de que cada usuário possui uma máquina dedicada

Mecanismo de inferência   O software que processa regras para chegar a conclusões

Mecanismo de jogo   Um sistema de software no qual jogos computacionais são criados

Memória cache   Um tipo de memória de alta velocidade, pequena, usada para armazenar dados frequentemente utilizados

Memória virtual   A ilusão de que não existe restrição de tamanho de programa, já que um processo inteiro não precisa estar em memória ao mesmo tempo

Metalinguagem   Uma linguagem que é usada para definir outras linguagens

Método   Um algoritmo nomeado que define um aspecto do comportamento de uma classe

Modelagem entidade-relacionamento (ER)   Uma técnica popular para projetar bancos de dados relacionais

Modelo   Uma abstração de um sistema real; uma representação de objetos em um sistema e as regras que governam o comportamento dos objetos

Modelo cliente-servidor   Uma abordagem distribuída na qual um cliente faz requisições a um servidor e este atende

Modelo de Referência de Interconexão de Sistemas Abertos   Uma divisão lógica em sete camadas de interação de rede para facilitar padrões de comunicação

Modelo relacional   Um modelo de banco de dados no qual os dados e os relacionamentos entre eles são organizados em tabelas

Modem a cabo   Um dispositivo que permite a comunicação de rede de computadores usando a conexão de TV a cabo de residências

Modem telefônico   Um dispositivo que converte dado computacional em um sinal de áudio analógico e vice-versa

Modulação por código de pulso   Uma variação em um sinal que salta rapidamente entre dois extremos

Montador   Um programa que traduz um programa em linguagem de montagem em código de máquina

Multimídia   Diversos tipos diferentes de mídia

Multiplexador   Um circuito que usa uns poucos sinais de controle de entrada para determinar qual de várias de suas linhas de entrada será passada para a sua saída

Multiprogramação   A técnica de manter múltiplos programas em memória principal ao mesmo tempo, competindo pela CPU

Navegador Web   Uma ferramenta de software que recupera e exibe páginas Web

Negação de serviço   Um ataque em um recurso de rede que impede que usuários autorizados acessem o sistema

Nó (host)   Qualquer dispositivo endereçável conectado a uma rede

Nó folha   O nó de uma árvore que não tenha filho

Nome de computador   Um nome composto de palavras separadas por pontos que identifica unicamente um computador na Internet; a cada nome de computador corresponde um particular endereço IP

Nome de domínio   A parte de um nome de computador que especifica uma organização ou grupo particular

Notação científica   Uma alternativa a representação em ponto flutuante

Notação O   Uma notação que expressa tempo computacional (complexidade) como o termo em uma função que cresce mais rapidamente em relação ao tamanho de um problema

Notação posicional   Um sistema para expressar números no qual os dígitos são arrumados em sucessão, a posição de cada dígito tem um valor posicional e o número é igual à soma dos produtos de cada dígito por seu valor posicional

Número   Uma unidade de um sistema matemático abstrato sujeita às leis da aritmética

Número de computador   A parte de um endereço IP que especifica um computador particular na rede

Número natural   O número 0 e qualquer número obtido somando-se 1 a ele repetidamente

Número negativo   Um valor menor que zero, com um sinal oposto a sua contraparte positiva

Número racional   Um inteiro ou o quociente de dois inteiros (excluindo divisão por zero)

Objeto   Uma coleção de valores de dados e operações associadas

Objeto (fase de implementação)   Uma instância de uma classe

Objeto (fase de solução de problema)   Uma entidade ou coisa que seja relevante no contexto de um problema

Ocultação de informação   A prática de ocultar os detalhes de um módulo, com o objetivo de controlar acesso aos detalhes do módulo

Operação agregada   Uma operação em uma estrutura de dados como um todo, em oposição a uma operação em um componente individual da estrutura de dados

Pacote   Uma unidade de dados enviada por uma rede

Página   Uma parte de tamanho fixo de um processo que é armazenada em um quadro de memória

Página *Web*   Um documento que contém ou referencia vários tipos de dados

Paginação sob demanda   Uma extensão ao gerenciamento de memória paginada na qual páginas são trazidas para a memória apenas quando referenciadas (por demanda)

Palavra   Um grupo de um ou mais bytes; o número de bits em uma palavra será o tamanho de palavra do computador

Palavra reservada   Uma palavra em uma linguagem que tem significado especial; ela não pode ser usada como um identificador

Parâmetro por referência   Um parâmetro que espera o endereço de seu argumento, a ser passado pela unidade chamadora (colocado no quadro de mensagens)

Parâmetro por valor   Um parâmetro que espera uma cópia de seu argumento, a ser passado pela unidade chamadora (colocado no quadro de mensagens)

Parâmetros   Os identificadores listados entre parênteses ao lado do nome do subprograma; algumas vezes chamados de *parâmetros formais*

Passo abstrato   Um passo algorítmico para o qual alguns detalhes permanecem não especificados

Passo concreto   Um passo para o qual os detalhes estão plenamente especificados

Percurso de execução   Um método de verificação no qual uma equipe realiza uma simulação manual do projeto ou do programa

Peso efetivo   Em um neurônio artificial, a soma dos pesos multiplicados pelos seus correspondentes valores de entrada

Phishing   Usar uma página Web para disfarçar-se como parte de um sistema oficial e enganar usuários para que revelem informações de segurança

Pilha de protocolos   Camadas de protocolos que constroem e recaem umas nas outras

Ping   Um programa usado para testar se um computador específico de uma rede está ativo e é alcançável

Pixels Pontos individuais usados para representar uma imagem; o termo vem de *picture elements* (elementos de imagem)

Placa-mãe A principal placa de circuito impresso de um computador pessoal

Planilha eletrônica Um programa que permite que o usuário organize e analise dados usando uma grade de células

Plano de teste Um documento que especifica como um programa deve ser testado

Polimorfismo A capacidade de uma linguagem ter nomes duplicados de métodos em uma estrutura hierárquica e de aplicar o método que seja apropriado ao objeto ao qual o método é aplicado

Política de controle de acesso Um conjunto de regras estabelecidas por uma organização que especifica quais tipos de comunicação de rede são permitidos e quais são negados

Ponto flutuante Uma representação de um número real que acompanha o sinal, a mantissa e o expoente

Porta Um dispositivo que realiza uma operação básica com sinais elétricos, aceitando um ou mais sinais de entrada e produzindo um único sinal de saída; uma designação numérica correspondente a um protocolo particular de alto nível

Porta dos fundos Uma característica de programa que dá acesso especial e não autorizado a um sistema computacional a qualquer um que saiba que ela exista

Precisão O número máximo de dígitos significativos que podem ser representados

Prêmio Loebner A primeira instanciação formal do Teste de Turing, feita anualmente

Problema da parada O problema insolúvel de determinar se qualquer programa por fim parará, dada uma particular entrada

Problemas da classe NP Problemas que podem ser resolvidos em tempo polinomial com quantos processadores forem desejados

Problemas da classe P Problemas que podem ser resolvidos com um processador em tempo polinomial

Problemas NP completos Uma classe de problemas da Classe NP que tem a propriedade de, se uma solução de tempo polinomial com um processador puder ser encontrada para qualquer membro da classe, tal solução existirá para todo membro da classe

Processador paralelo de memória compartilhada A situação na qual vários processadores compartilham uma memória global.

Processamento com encadeamento Uma técnica que desmembra uma instrução em passos menores que podem ser superpostos

Processamento síncrono Múltiplos processadores aplicam o mesmo programa, de forma coordenada, a múltiplos conjuntos de dados

Processo A representação dinâmica de um programa durante execução

Programa Uma sequência de instruções escritas para realizar uma tarefa específica

Protocolo Um conjunto de regras que definem como dados são formatados e processados em uma rede

Protocolo de Controle de Transmissão (TCP) O protocolo de rede que divide mensagens em pacotes, remonta-os no destino e cuida de erros

Protocolo de Datagramas de Usuário (UDP) Uma alternativa a TCP que obtém maiores velocidades de transmissão ao custo de confiabilidade

Protocolo de Internet (IP) O protocolo de rede que lida com o roteamento de pacotes por redes interconectadas até o destino final

Provedor de serviço de Internet (ISP) Uma empresa que provê acesso à Internet

Pseudocódigo Linguagem projetada para expressar algoritmos

Quadro Uma parte de tamanho fixo de memória principal que guarda uma página de processo

Raiz O único nó inicial em uma árvore

Razão de compressão O tamanho dos dados comprimidos dividido pelo tamanho dos dados não comprimidos

Reconhecimento de voz Usar um computador para reconhecer as palavras ditas por um humano

Recursão A capacidade de um subprograma chamar a si mesmo

Rede de computadores Uma coleção de dispositivos computacionais que são conectados de modo que possam se comunicar e compartilhar recursos

Rede de longa distância (WAN) Uma rede conectando duas ou mais redes locais

Rede local (LAN) Uma rede que conecta um pequeno número de nós em uma área geográfica próxima

Rede metropolitana (MAN) Uma infraestrutura de rede desenvolvida para uma grande cidade

Rede neuronal artificial Uma representação computacional de conhecimento que tenta imitar as redes neuronais do corpo humano

Rede semântica Uma técnica de representação de conhecimento que representa os relacionamentos entre objetos

Rede social Um modelo de como objetos interagem

Referência circular Um conjunto de fórmulas que, ao final e de forma errônea, recaem umas nas outras para computar seus resultados

Registrador Uma pequena área de armazenamento na CPU usada para guardar valores intermediários ou dados especiais

Registrador base Um registrador que guarda o endereço de início da partição corrente

Registrador de instrução (RI) O registrador que contém a instrução sendo atualmente executada

Registrador de limite Um registrador que guarda o tamanho da partição atual

Registro (objeto ou entidade) Uma coleção de campos relacionados que formam uma única entrada de banco de dados

Registro de voz O registro de alterações de frequência ao longo do tempo representando o som da fala humana

Regras de escopo As regras que determinam onde em um programa um identificador pode ser referenciado, dado o ponto de declaração do identificador e seus modificadores de acesso específicos

Repetidor Um dispositivo de rede que reforça e propaga um sinal ao longo de uma linha de comunicação longa

Representação sinal-magnitude Uma representação numérica na qual o sinal representa a posição relativa do número (negativo e positivo) e o valor representa a magnitude

Requisitos de software Uma declaração do que deve ser fornecido por um sistema computacional ou produto de software

Resolução O número de pixels usado para representar uma imagem

Restaurar O ato de recuperar um sinal digital original antes que ocorra muita degradação

Restrição de cardinalidade O número de relacionamentos que podem existir de uma vez entre entidades em um diagrama ER

Roteador Um dispositivo de rede que direcione um pacote entre redes rumo ao seu destino final

***Scriptlet* JSP** Um fragmento de código embutido em um documento HTML, projetado para contribuir dinamicamente com o conteúdo da página Web

Segurança da informação As técnicas e políticas usadas para garantir acesso apropriado aos dados

Sem fio Uma conexão de rede feita sem fios físicos

Semicondutor Um material como silício que não é nem um bom condutor nem um bom isolante

Semissomador Um circuito que calcula a soma de dois bits e gera o bit apropriado de vai um

Sensível a diferença de letras Letras maiúsculas e minúsculas não são consideradas as mesmas; dois identificadores que possuem a mesma grafia, mas escritos alternando letras maiúsculas por letras minúsculas são considerados dois identificadores distintos

Separador decimal O símbolo que separa a parte inteira da parte fracionária de um número real em qualquer base

Servidor de arquivos Um computador dedicado a armazenar e gerenciar arquivos para usuários de rede

Servidor de nome de domínio Um computador que tenta traduzir um nome de computador em um endereço IP

Servidor *Web* Um computador configurado para responder a requisições por páginas Web

Setor Uma seção de uma trilha

Simulação Desenvolver um modelo de um sistema complexo e experimentar o modelo para observar os resultados

Síntese de voz Usar um computador para criar o som da fala humana

Sistema aberto Um sistema que é baseado em um modelo comum de arquitetura de rede e em um grupo de protocolos anexos

Sistema baseado em conhecimento Um software que usa um conjunto específico de informação

Sistema baseado em regras Um sistema de software baseado em um conjunto de regras *se-então*

Sistema computacional Hardware, software e dados computacionais que interagem para resolver problemas

Sistema de arquivos A visão lógica pelo sistema operacional dos arquivos que ele gerencia

Sistema de gerenciamento de banco de dados Uma combinação de software e dados composta do banco de dados físico, do mecanismo de banco de dados e do esquema de banco de dados

Sistema de informação Software que ajuda o usuário a organizar e analisar dados

Sistema de nomes de domínio Um sistema distribuído para gerenciar resolução de nomes de computadores

Sistema de tempo real Um sistema no qual o tempo de resposta é crucial, dada a natureza do domínio de aplicação

Sistema especialista Um sistema de software baseado no conhecimento de especialistas humanos

Sistema interativo Um sistema que permite comunicação direta entre o usuário e o computador

Sistema operacional Software que gerencia recursos computacionais e provê uma interface para interação de sistema

Sistema proprietário Um sistema que usa tecnologias mantidas privativas por um fornecedor particular comercial

Sítio *Web* Uma coleção de páginas Web relacionadas, normalmente projetada e controlada pela mesma pessoa ou empresa

Software aplicativo Um programa que nos ajuda a resolver problemas do mundo real

Software computacional Os programas que proveem as instruções que um computador executa

Software de sistema Programas que gerenciam um sistema computacional e interagem com hardware

Somador Um circuito eletrônico que realiza uma operação de adição em valores binários

Somador completo Um circuito que calcula a soma de dois bits, levando em conta a entrada de um bit de vai um

Tabela Uma coleção de registros de um banco de dados

Tabela de mapeamento de páginas (TMP) A tabela usada pelo sistema operacional para acompanhar relacionamentos página/quadro

Tabela-verdade Uma tabela mostrando todos os possíveis valores de entrada e os valores de saída associados

Taxa de transferência A taxa na qual dados se movem a partir do disco para memória

Taxa de transferência de dados (largura de banda) A velocidade na qual dados são movidos de um lugar a outro em uma rede

TCP/IP Um conjunto de protocolos e programas que suportam comunicação de rede em baixo nível

Técnica de memória paginada Uma técnica de gerenciamento de memória na qual processos são divididos em páginas de tamanho fixo e armazenados em quadros de memória quando carregados

Técnica de partição dinâmica A técnica de gerenciamento de memória na qual a memória é dividida em partições para acomodar programas conforme a necessidade

Técnica de partição fixa Uma técnica de gerenciamento de memória na qual a memória é dividida em um número específico de partições nas quais programas são carregados

Tempo compartilhado Um sistema no qual tempo de CPU é compartilhado entre múltiplos usuários interativos ao mesmo tempo

Tempo constante Um algoritmo cuja expressão de esforço O seja uma constante

Tempo de acesso O tempo gasto para um bloco começar a ser lido; a soma de tempo de busca com latência

Tempo de busca O tempo gasto para que a cabeça de leitura/gravação esteja posicionada sobre a trilha especificada

Tempo de resposta O tempo decorrido entre receber um estímulo e produzir uma resposta

Tempo de retorno Uma métrica de escalonamento de CPU que mede o tempo decorrido entre a chegada do processo ao estado pronto e sua conclusão final

Terminal burro Um monitor e um teclado que permitem ao usuário acessar o computador de grande porte nos primeiros sistemas de tempo compartilhado

Teste de cobertura de código (caixa branca) Testa um programa ou subprograma baseado em cobrir todas as instruções do código

Teste de cobertura de dados (caixa preta) Testar um programa ou subprograma baseado nos possíveis valores de entrada, tratando o código como uma caixa preta

Teste de Turing Uma abordagem comportamental para determinar se um sistema computacional é inteligente

Tipificação forte A cada variável é associado um tipo e apenas valores daquele tipo podem ser armazenados na variável

Tipo abstrato de dado (ADT) Um contêiner cujas propriedades (dados e operações) são especificadas independentemente de qualquer implementação particular

Tipo de arquivo O tipo específico de informação contida em um arquivo, como um programa Java™ ou um documento do Microsoft® Word

Tipo de dado Uma descrição do conjunto de valores e do conjunto básico de operações que podem ser aplicados a valores do tipo

Tipo MIME Um padrão para definir o formato de arquivos que são incluídos como anexos de correio eletrônico ou em sítios Web

Topologia de barramento Uma configuração de rede local na qual todos os nós compartilham uma linha comum

Topologia em anel Uma configuração de LAN na qual todos os nós são conectados em um laço fechado

Topologia em estrela Uma configuração de LAN na qual um nó central controla todo o tráfego de mensagens

Traceroute Um programa que mostra a rota que um pacote percorre pela Internet

Transbordamento Uma condição que ocorre quando o resultado de um cálculo é muito grande para ser representado em uma dada máquina; uma situação onde um valor calculado não pode se ajustar ao número de dígitos reservado para ele

Transbordamento de *buffer* Um defeito em um programa computacional que pode causar uma pane em um sistema e deixar o usuário com privilégios aumentados

Transistor Um dispositivo que atua como um fio ou como um resistor, dependendo do nível de voltagem de um sinal de entrada

Treinamento O processo de ajustar os pesos e os valores limites em uma rede neuronal para obter um resultado desejado

Trilha Um círculo concêntrico na superfície de um disco

Troca de página Trazer uma página a partir de memória secundária, possivelmente fazendo com que outra seja removida

ULA Veja *unidade aritmética e lógica*

Underflow A condição que ocorre quando os resultados de um cálculo são muito pequenos para representar em uma dada máquina

Unidade aritmética e lógica O componente computacional que realiza operações aritméticas (adição, subtração, multiplicação e divisão) e operações lógicas (comparação de dois valores)

Unidade de controle O componente computacional que controla as ações dos outros componentes de modo a executar instruções em sequência

Unidade de entrada Um dispositivo que aceita dados para serem armazenados em memória

Unidade de saída Um dispositivo que imprime ou senão exibe dados armazenados em memória ou faz uma cópia permanente de informação armazenada em memória ou em outro dispositivo

Upload Enviar dados para a Internet a partir de seu computador

Variável Uma posição de memória, referenciada por um identificador, que contém um valor de dado

Verificação manual Traça a execução de um projeto no papel

Verme Um programa malicioso independente que muitas vezes tem por alvo recursos de rede

Vértice Um nó em um grafo

Vértices adjacentes Dois vértices que são conectados por uma aresta

Vírus Um programa computacional que se replica, frequentemente com o objetivo de se espalhar para outros computadores sem autorização, possivelmente com a intenção de causar prejuízo

World Wide Web (Web) Uma infraestrutura de informação e de software de rede usado para acessá-la

Notas de Fim de Capítulo

Capítulo 1

1. G. A. Miller, "Reprint of the Magical Number Seven Plus or Minus Two: Some Limits on Our Capacity for Processing Information", *Psychological Review* 101, no. 2 (1994): 343-352.
2. "Beyond All Dreams", http://www.mith.umd.edu/flare/lovelace/index.html
3. National Geographic News (29 de maio de 2008).
4. Escrito por Chip Weems, adaptado de: N. Dale, C. Weems e M. Headington, *Java and Software Design* (Sudbury, MA: Jones and Bartlett Publishers, Inc., 2001): 352-3.
5. P. E. Grogono e S. H. Nelson, *Problem Solving and Computer Programming* (Reading, MA: Addison-Wesley, 1982): 92.
6. P. E. Cerruzzi, *A History of Modern Computing* (Cambridge, MA: The MIT Press, 1998): 217.
7. R. X. Gringely, "Be Absolute for Death: Life after Moore's Law", *Communications of the ACM* 44, no. 3 (2001): 94.
8. P. E. Cerruzzi, *A History of Modern Computing* (Cambridge, MA: The MIT Press, 1998): 291.
9. S. Levy, "Back to the Future", Newsweek (21 de abril de 2003).
10. L. Kappelman, "The Future is Ours", *Communications of the ACM* 44, no. 3 (2001): 46.
11. http://wilk4.com/humor/humore10.htm (acessado em 10 de abril de 2009)
12. http://digg.com/d1LmM (acessado em 13 de abril de 2009)
13. P. Denning, "Computer Science the Discipline", *Encyclopedia of Computer Science*, ed. E. Reilly, A. Ralston e D. Hemmendinger (Groves Dictionaries, Inc., 2000).
14. Andrew Tannenbaum. Keynote address at the Technical Symposium of the Special Interest Group on Computer Science Education, San Jose, California, fevereiro de 1997.
15. P. Denning, D. Comer, D. Gries, et al., "Computing as a Discipline", *Communications of ACM* 32, no. 1 (1989): 9-32.

Capítulo 2

1. *Webster's New Collegiate Dictionary*, 1977, s.v. "positional notation".
2. G. Ifrah, *From the Abacus to the Quantum Computer: The Universal History of Computing* (John Wiley and Sons, Inc., 2001): 245.

Capítulo 3

1. Um Labirinto de Conjunto de Caracteres a partir de rascunho de artigo por Bob Bemer.

Capítulo 4

1. Escrito por Chip Weems, adaptado de: N. Dale, C. Weems e M. Headington, *Java and Software Design* (Sudbury, MA: Jones and Bartlett Publishers, Inc., 2001): 242-3.
2. R. Siegel, "What Is a Nanosecond" (New York).
3. R. Orr, "Augustus DeMorgan", http://www.engr.iupui.edu/~orr/webpages/cpt120/mathbios/ademo.htm
4. B. Dart, *Austin American-Statesman* (19 de abril de 2003).

Capítulo 5

1. A. Perlis, "Epigrams on Programming", ACM *Sigplan Notices* (outubro de 1981): 7-13.
2. Webopedia, s.v. "embedded systems", http://webopedia.com/TERM/E/embedded_system.htm
3. The Ganssle Group. *Microcontroller C Compilers,* http://www.ganssle.com/articles/acforuc.htm
4. http://en.wikipedia.org (acessado em 14 de maio de 2009)

Capítulo 6

1. Pep/1 a Pep/8 são máquinas virtuais projetadas por Stanley Warford para seu livro-texto *Computer Systems* (Sudbury, MA: Jones and Bartlett Publishers, Inc., 2010).

Capítulo 7

1. G. Polya, *How to Solve It: A New Aspect of Mathematical Method*, 2nd ed. (Princeton, NJ: Princeton University Press, 1945).
2. T. Hoare. Adaptado da autobiografia.

Capítulo 8

1. S. Warford, *Computer Systems* (Sudbury, MA: Jones and Bartlett Publishers, Inc., 1999): 146.

Capítulo 9

1. *Webster's New Collegiate Dictionary*, 1977, s.v. "brainstorming".
2. G. Booch, "What Is and Isn't Object Oriented Design", *American Programmer* 2, no. 7-8 (verão de 1989).
3. T. W. Pratt, *Programming Languages: Design and Implementation*, 2nd ed. (Englewood Cliffs, NJ: Prentice-Hall, Inc., 1984): 604.
4. Bartleby.com, "Great Books Online", http://www.bartleby.com
5. Techtarget.com (2001): http://WhatIs.techtarget.com
6. http://dictionary.babylon.com/paradigm
7. http://www.moneywords.com/glossary
8. K. C. Louden, *Programming Languages: Principles and Practice* (Boston: PWS-KENT Publishing Company, 1993).
9. SISC: Second Interpreter for Scheme Code, http://sisc-scheme.org/sisconline.php (acessado em 9 de junho de 2009)
10. Rogers, Jean B. *A Prolog Primer.* Reading, MA: Addison-Wesley, 1986.
11. Quando fazemos referência a um código em uma linguagem específica ou ao que está realmente gravado na memória, usamos uma fonte (código) com espaço único.
12. O. Dahl, E. W. Dijkstra e C. A. R. Hoare, *Structured Programming* (New York: Academic Press, 1972).
13. S. Warford, *Computer Systems* (Sudbury, MA: Jones and Bartlett Publishers, Inc., 1999): 222.

Capítulo 13

1. D. Kortenkamp, R. P. Bonasso e R. Murphy, *Artificial Intelligence and Mobile Robots* (Menlo Park, CA: AAAI Press/The MIT Press, 1998).
2. J. Weizenbaum, *Computer Power and Human Reason* (San Francisco: W. H. Freeman, 1976): 3-4.
3. Mars Now Team e California Space Institute, 6 de outubro de 2001.
4. R. A. Brooks, "A Robust Layered Control System for a Mobile Robot", *IEEE Transactions on Robotics and Automation* 2, no. 1: 14-23.
5. J. H. L. Jones e A. M. Flynn, *Mobile Robots: Inspiration to Implementation* (Wellesley, MA: A K Peters, 1993): 175.

Capítulo 14

1. M. Pidd, "An Introduction to Computer Simulation", *Proceedings of the 1994 Winter Simulation Conference*.
2. R. E. Shannon, "Introduction to the Art and Science of Simulation", *Proceedings of the 1998 Winter Simulation Conference*.
3. http://heim.ifi.uio.no/~kristen/FORSKNINGSDOK_MAPPE/F_OO_start.html
4. D. R. Stauffer, N. L. Seaman, T. T. Warner e A. M. Lario, "Application of an Atmospheric Simulation Model to Diagnose Air-Pollution Transport in the Grand Canyon Region of Arizona", *Chemical Engineering Communications* 121 (1993): 9-25.
5. "Some Operational Forecast Models", *USA Today Weather* (8 de novembro de 2000), http://www.usatoday.com/weather/wmodlist.htm
6. D. R. Stauffer, N. L. Seaman, T. T. Warner e A. M. Lario, "Application of an Atmospheric Simulation Model to Diagnose Air-Pollution Transport in the Grand Canyon Region of Arizona", *Chemical Engineering Communications* 121 (1993): 9-25.

Capítulo 15

1. D. Sefton, Newhouse, News Service, *Austin American-Statesman* (27 de abril de 2001).
2. M. Softky, "Douglas Engelbart. Computer Visionary Seeks to Boost People's Collective Ability to Confront Complex Problems Coming at a Faster Pace", *The Almanac* (21 de fevereiro de 2001), http://www.almanacnews.com/morgue/2001_02_21.cover21.html
3. http://en.wikipedia.org/wiki/social_networks (acessado em 25 de julho de 2009)
4. J. H. Fowler e N. A. Christakis, "Dynamic Spread of Happiness in a Large Social Network: Longitudinal Analysis over 20 years in the Framingham Heart Study". *British Medical Journal* (4 de dezembro de 2008), doi:10.1136/bmj.a2338. Mídia alternativa para aqueles que não consigam recuperar o original: "Happiness: It Really Is Contagious". Recuperado em 5 de dezembro de 2008.
5. J. Kleinfeld, "Could It Be A Big World After All?"
6. D. Watts, "Six Degrees: The Science of a Connected Age"
7. http://blog.compete.com/2009/02/09/facebook-myspace-twitter-socialnetwork/ (recuperado em 27 de julho de 2009)

Capítulo 16

1. J. Mintz, "When Bloggers Make News", *The Wall Street Journal*, 21 de janeiro de 2005, p. B1.
2. Editorial, "The Apple Case Isn't Just a Blow to Bloggers", *Business Week*, 28 de março de 2005, p. 128.
3. St. Thomas Aquinas, *Summa Theologiae* (New York: Benziger Bros, 1947), IIa-IIa, 109-110.
4. J. Mintz, "When Bloggers Make News", *The Wall Street Journal*, 21 de janeiro de 2005, p. B4.

Capítulo 17

1. H. M. Walker, *The Limits of Computing* (Sudbury, MA: Jones and Bartlett Publishers, Inc., 1994). Essa fábula e muitas das ideias neste capítulo vieram do pequeno e instigante livro do Dr. Walker. Obrigado, Henry.
2. *Software Engineering Note* 11, no. 1 (janeiro de 1986): 14.
3. J. Markoff, "Circuit Flaw Causes Pentium Chip to Miscalculate, Intel Admits", *The New York Times* (24 de novembro de 1994), c. 1991, N.Y. Times News Service.
4. N. G. Leveson, "Software Engineering: Stretching the Limits of Complexity", *Communications of the ACM* 40, no. 2 (fevereiro de 1997): 129.
5. D. Bell, I. Morrey e J. Pugh, *Software Engineering, A Programming Approach*, 2nd ed. (Prentice-Hall, 1992).
6. T. Huckle, *Collection of Software Bugs*, http://www5.in.tum.de/~huckle/bugse.html
7. Dennis Beeson, Manager, Naval Air Warfare Center, Weapons Division, F18 Software Development Team.

Notas de Fim de Capítulo

8. D. Gries, "Queen's Awards Go to Oxford University Computing and INMOS", *Computing Research News* 2, no. 3 (julho de 1990): 11.

9. "Out in the open", *The Economist* (abril de 2001).

10. "Out in the open", *The Economist* (abril de 2001).

11. E. Dijkstra, "On the Cruelty of Really Teaching Computer Science", *Communications of the ACM* 32, no. 12 (dezembro de 1989): 1402.

12. "Ghost in the Machine", *TIME – The Weekly Newsmagazine* (29 de janeiro de 1990): 59.

13. T. Huckle, *Collection of Software Bugs*, http://www5.in.tum.de/~huckle/bugse.html

14. N. G. Leveson e C. S. Turner, "An Investigation of the Therac25 Accidents", *IEEE Computer* 26, no. 7 (julho de 1993): 18-41.

15. Douglas Arnold, *The Patriot Missing Failure*, http://www.ima.umn.edu/~arnold/disasters/patriot.html

16. United States General Accounting Office Information Management and Technology Division, B247094 (4 de fevereiro de 1992).

17. J. Fox, *Software and Its Development* (Englewood Cliffs, NJ: Prentice-Hall, 1982): 187-188.

18. Douglas Isbell e Don Savage, *Mars Polar Lander* (1999), http://mars.jpl.nasa.gov/msp98/news/mco991110.html

19. Paul Gray, "Computer Scientist Alan Turing", http://www.time.com/time/time100/scientist/profile/turing.html

20. Paul Gray, "Computer Scientist Alan Turing", *Time Magazine* (29 de março de 1999).

Índice

A

Ábaco, 28
  de busca
    em largura, 307
    em profundidade, 307
Abstração, 4, 166
  de controle, 168
  de dados, 166
  procedimental, 167
  que nos permite usar um motor de carro, 6
Acesso
  direto a arquivo, 261
  política de controle de, 358
  sequencial a arquivo, 261
Adivinhação de senha, 292
Aibo, fãs choram a morte de, 316
Álgebra booleana, 68
Algoritmo(s), 19
  classificação, 405
  com repetição, 149
  com variáveis simples, 149
  de divisão, 165
  de pesquisa, 154
  de responsabilidade, 205, 206, 208
  em pseudocódigo, 131
    escrevendo um, 132
    traduzindo um, 134
  expressando, 128
  recursivos, 161
  testando, 148
Alicerces, preparando os, 3, 23
ALU (*Arithmetic/Logic Unit*), 93
Ambiguidade
  lexical, 314
  referencial, 314
  sintática, 314
Amostragem, 54
Análise "e-se", 282
Aplicativos, 3
  programadores de, 15
Applets Java, 374
Aranhas dançantes do Google, 369
Área(s)
  de aplicação, 19
  de sistemas, 19
Aresta, 185
Argumentos, 192
Aritmética
  em outras bases, 29
  limites da, 386
Arqueólogo digital, 78
Arquitetura(s)
  de Pep/8, 114
  de subsunção, 317
  de von Neumann, 91, 93
  paralelas, 12, 102
  sistema de, 258
Arquivo(s)
  acesso a, 261
    direto, 261
    sequencial, 261
  binário, 258

bitmap, 57
  extensão de, 259
  operações em, 260
  proteção de, 261
  servidor de, 13
  sistemas de, 258
  texto, 258
  tipos de, 259
Árvore(s)
  binárias, 179
  da família *Bear*, 179
  de busca, 306
    binária, 181
      construindo uma, 182
      variações, 182
  de diretório, 263
Assembly, 14
Assinatura digital, 291
AT&T, 16
Atanasoff, John Vincent, 92
Ataque bancário nigeriano, 119
Atributo, 283, 374
Áudio
  formatos de, 55
  MP3, formato, 55
Axônio, 310

B

Babbage, Charles, 7
Backbone, 351
Backer, 289
Banco de dados
  de Ellis Island, 276
  objeto de, 283
  projeto de, 287
  sistemas
    de gerenciamento de, 282
    gerenciadores de, 16
Banda
  larga, 354
  largura da, 40
Bardeen, John, 11
Barramento
  frontal, 88
  largura de, 94
  serial universal, 100
Base, 26
  matemática SQL, 286
BASIC, 16
Bemer, Bob, 59
Berners-Lee, Tim, 375
Big Brother no local de trabalho, 294
Bigode robótico, 317
Binário, instruções escritas em binário, 14
Bioinformática, 332
Biologia computacional, 331
Biometria, 291
Biomodelagem computacional, 332
Bit, 33
  combinações de, 43
  de verificação, 49
BlackBerry, evolução, 100

Blake Ross?, quem é, 237
Bloco, 98
  de controle de processo, 246
Bloggers, privacidade de, 154
Blogging, 17, 380
Bomba lógica, 292
Boole, George, 69
Bow, 216
Brattain, Walter H., 11
Bricklin, Daniel, 280
Buffer, 14
Bullying, 363
Burning, 97
Burroughs, William, 9
Busca
  árvore de, 306
  de fonte única de menor caminho, 190
  em largura, 188, 190, 308
  em profundidade, 188, 308
  -execução, ciclo, 95, 96
  mecanismos de, 369
  sequencial, 155
Buscar próxima instrução, 95
Byron, Lorde, 8
Byte, 33
Bytecode, 211

C

Cadeias, 152
  de caracteres, 218
Camada(s)
  de aplicação
    inteligência artificial, 301
    simulação, gráficos, jogos e outros
      aplicativos, 323-347
    sistemas de informação, 275-299
  de comunicação
    redes, 349-365
    world wide web, 367-383
  de hardware
    componentes computacionais, 87-109
    portas e circuitos, 67-85
  de informação
    representação de dados, 39-65
    valores binários e sistemas de
      numeração, 25-37
  de programação
    linguagens de programação de baixo
      nível e pseudocódico, 111-141
    projeto orientado a objeto e linguagens
      de programação de alto nível, 203-233
    solução de problemas e
      algoritmos, 143-173
    tipos abstratos de dados e
      subprogramas, 175-201
  de sistema operacional
    sistemas
      de arquivos e diretórios, 257-273
      operacionais, 235-255
Caminho, 185
  absoluto, 265
  nomes de, 264

relativo, 265
Campos, 204, 283
Caracteres
   cadeia de, 218
   conjunto de, 49
Cardinalidade, restrição de, 287
Carregadores, 15
Carry, 26
Cartão inteligente, 291
Cavalo de Troia, 292
CDs, 99
Célula, 92, 276
Cenários, 205
Certificado digital, 291
Ceruzzi, Paul E., 13
Chatbots, 303
Chave, 283, 290
   privativa, 291
Chaveamento
   de contexto, 247
   de pacotes, 13, 354
Ciclo
   busca-execução, 95, 96
   de vida de um processo, 246
Cifra, 289
   de César, 290
   de rota, 290
   de substituição, 290
   de transposição, 290
Ciframento, 290
Cifrar, 289
Cilindro, 99
   magnético, 11
Circuito(s)
   combinacional, 74, 75
   como memória, 79
   equivalência de, 76
   integrados, 11, 80
   placas de, 11
   portas e, 67-85
   sequencial, 75
Classe(s)
   de objeto, 225
   de pessoa, 226
   fase de implementação, 225
   NP, 406
   P, 401
Clip-art, 259
Cluster, 104
Cobertura de código, 135
COBOL, 14
Codecs de vídeo, 58
Codificação
   de Huffman, 52
   por comprimento de sequência, 52
   por palavra-chave, 50, 51
Código
   CAPCHA, 359
   de barras, nova vida para o velho, 289
   malicioso, 291
   universal de produto, 285
Comércio eletrônico, 287
Compact disk, 54
Compartilhamento
   de tempo, 15
   etiquetagem de fotos, privacidade de, 81
Compilação, processo de, 210
Compilador, 15, 109
Complemento
   a dez, 43
   a dois, 45
Componentes
   individuais de um computador, 88
   limites em, 390
Compras de segunda mão, 288
Compressão
   de dados, 40
   de texto, 50

espacial, 58
   razão de, 40
   sem perda, 40
   temporal, 58
Computação
   áreas da disciplina de
     1989, 19
     2001, 20
   como ferramenta e disciplina, 18
   empregos influentes em, 237
   gráfica, 332
   história da, 6
   limitações da, 385-411
   números e, 26
   paralela, 12, 102
   poder necessário de, 332
Computador(es)
   componentes individuais de um, 88
   de grande porte, 239
   eletricidade e, 68
   nome de, 358
   número de, 359
   pessoal, 239
   primeira geração, 10
   processo de solução de problemas por, 146
   quarta geração, 12
   segunda geração, 11
   segurança
     da pátria e, 60
     em, 291
   terceira geração, 11
   virtual, 113
Comunicação(ões), 3
   homem-máquina, 19
   limites de, 391
   por toque, 331
Conectividade, 13
Confidencialidade, 288
Conhecimento, representação de, 304
Conjunto de caracteres, 49
   ASCII, 49
   labirinto de, 49
   unicode, 50
Contador de programa, 94
Contagem precede a escrita, 8
Contêineres, 176
Convertendo da base 10 a outras bases, 31
Cookies, 370
Cor(es)
   indexada, 57
   plaqueta de, 57
   profundidade de, 56
   representando, 55
   tridimensionais, espaço de, 56
Correio eletrônico, privacidade de, 81
CPU, 11, 94
   escalonamento de, 237, 247
   gerenciamento de, 237
Credenciais de autenticação, 291
Criptoanálise, 290
Criptografia, 289
   de chave pública, 290
Curva catenária, 339
Cyberbullying, 363

D

Dado(s)
   analógicos, 40, 41
   banco de, 19
   binários, tocador de CD lendo, 54
   computadores e, 40
   dando tipos aos, 216
   de áudio, representando, 53
   digitais, 40, 41
   estrutura dos, 19, 176
   fluxo de, 95
   numéricos, representando, 42

objeto de, 206
   obter, se necessário, 96
   representação de, 39
   tipo abstrato de, o que é?, 176
   tipos de, 216
Datagramas do usuário, protocolo, 356
DEC (*Digital Equipment Corporation*), 12
Decifrar, 289
Declarações, 218
Dendritos, 310
Deserto vermelho, 318
Diagrama
   de bloco, 79
   ER, 287
   lógico, 68
Digitalizar, 41
Dígito
   binário, 33
   de verificação, 285
Dijkstra, Edsger, 221
Direitos digitais, gerenciamento de, 250
Diretivas de montagem, 122
Diretório(s), 258, 262
   árvores de, 263
   de trabalho, 264
   raiz, 263
Disco
   escalonamento de, 266
   magnético, 11, 97
     unidade de, 266
   organização de um, 98
Disponibilidade, 288
Dispositivos
   auxiliares de armazenamento, 11
   de armazenamento secundário, 97
Download, 354
DVDs, 99

E

Economia estimula fraudes, 188
Efeito Titanic, 390
ELIZA, 315
Embustes e fraudes por computador, 105
Encadeamento, 95
Encapsulamento, 206, 225
Endereçabilidade, 92
Endereço, 116
   de rede, 358
   físico, 241
   ligação de, 241
   lógico, 241
Enganação, 292
Engelbart, Doug, 353
ENIAC, 10
Equivalência
   de circuitos, 76
   forte, 303
   fraca, 303
Erro(s)
   de arredondamento, 389
   de cancelamento, 389
   notórios de software, 395
   representacional, 389
Escalonamento
   de disco, 266
     menor tempo de busca primeiro, 267
     primeiro a chegar, primeiro
       atendido, 267
   não preemptivo, 247
   por varredura de disco, 267
   preemptivo, 247
Especificador
   de instrução, 114
   de modo de endereçamento, 114
Estado
   excitado, 310
   inibido, 310

Índice

Estrutura(s)
alinhadas, 151
de controle, 220
de entrada/saída, 219
dos dados, 19,176
encadeada, 177
Etiquetas IDRF, 262
Exclusão digital, a, 21
Experimentação, 19
Expressões booleanas, 68, 130, 215

F

Faixa, 279
Fatorial recursivo, 162
Fazendo coisas se moverem, 340
Filas, 177
sistemas de, 326
tipos, 327
Filtragem, 204, 205
FIOS, o que é?, 99
Firewall, 289, 357
Fita magnética, 98
unidades de, 11, 97
Fluxo de dados, 95
Folhas de estilo, linguagem
extensível de, 378
Fonemas, 312
FORTRAN, 14
FSB (*front side bus*), 88
Furacões, acompanhamento de, 330

G

Gameplay, 342
Genômica computacional, 332
GPU (*graphics processor unit*), 89
Gráfico(s)
de varredura, 57
digitalizados, 56
representando, 55
vetorial(is), 57
escaláveis, 58
Grafo(s)
algoritmos de, 186
criando um, 185
exemplos, 186
não orientado, 185
orientado, 185

H

Hackers financiando *hackers*, 192
Hardware, 3
breve história, 7
paralelo, classes, 103
Hashing, 27
Herança, 227
HiColor, 56
Hiperpaginação, 245
Hipertexto, linguagem de marcação de, 371
Hoare, Tony, 167
Hollerith, Herman, 9
quem foi?, 94
Hopper, Grace Murray, 32
HTML, 371
formatação básica, 373
Huffman, codificação de, 52

I

Idosos, mantendo, os em casa, 268
Imagem(ns)
digitalizada com muitos *pixels*
individuais, 57
representando, 55
Informação, 3, 40
camada de
representação de dados, 39-65

valores básicos e sistema de
numeração, 25-32
gerenciamento de, 276
ocultação de, 166
segurança da, 288
sistema de, 275-299
tríade CIA da segurança da, 289
Instanciar, 226
Instrução(ões)
alguns exemplos, 115
buscar a próxima, 95
de subprogramas, 161
decodificar a, 96
especificador de, 114
executar, 96
Integração em larga escala, 12
Integridade, 288
Inteligência artificial, 19, 301-321
aspectos da, 303
Internet, 13
jogos e a, 230
na eleição presidencial de 2008,
influência da, 195
Interoperabilidade, 355
Interpretadores, 210
Intervalo de tempo, 248
IR (*instruction register*), 94

J

Jacquard, tear de, 7
JamBayes, 51
Java Server Pages, 376
Jobs, Steve, 249
Jogo(s)
como um vício, 345
computacionais, 341
história dos, 342
Internet e, 230
mecanismo do, 342
programação de, 344
projeto e desenvolvimento de, 343

L

Labirinto de conjunto de caracteres, 49
Laços controlados
por contagem, 149
por eventos, 150
LANs (*local area networks*), 13
Laptop, 88
Largura
da banda, 40, 350
de barramento, 94
Latch, 79
LED (*light emitting diode*), 89
Lei(s)
da robótica de Asimov, 317
de DeMorgan, 76, 77
de Miller, 6
de Moore, 11
LIFO (*last in, first out*), 176
Ligadores, 15
Linguagem(ns)
BASIC, 16
camadas de, 14
COBOL, 14
de alto nível, 14
de consulta estruturada, 285
de máquina, 12, 112
de marcação de hipertexto, 371
de montagem, 14, 121
de Pep/8, 121
do programa Hello, versão, 122
de programação, 19
paradigma de, 211
em alto nível, funcionalidade em, 214
extensível de folhas de estilo, 378
FORTRAN, 14

natural, 312
compreensão, 312, 314
processamento, 312
orientadas a objeto, funcionalidades
de, 225
padronizadas *versus* interpretação por
bytecode, 212
para a inteligência artificial, 309
Linha(s)
de controle de seleção, 78
digital de assinante, 353
importantes, 166
Link(s), 368, 374
direto, 407
LISP, 309
Lista(s), 177
de parâmetros, 191
encadeada não ordenada, 178
ordenada de inteiros, 178
Livre discussão, 205
Localização, 116
Localizador uniforme de recursos, 368
Loebner
Hugh, 303
prêmio, 303
Lógica aninhada, 223
Lote, processamento em, 238
Lovelace, Ada, a primeira programadora, 8
Luz, simulando, 335

M

Máquina(s)
de Turing, 10, 402
processamento da, 404
linguagem de, 12
pensantes, 302
virtuais, 210
Mecanismo
analítico, 7
de interferência, 308
Memória
apenas de leitura (ROM), 97
cache, 95
contígua única, gerenciamento, 241
de acesso randômico, 89
flash, 100
gerenciamento de, 237, 240
paginada, gerenciamento de, 244
particionada, gerenciamento, 242
virtual, 245
Mensagens instantâneas, 369
Método bolha, ordenação pelo, 159
Metodologia
de projeto, 204
orientada a objeto, 204
MGM (Studios, Inc. *versus* Grokster, Ltd.), 55
Microcomputadores, 239
MIMD (*Multiple-instruction, multiple-data-stream*), 13
MIME, 357
Minicomputadores, 239
Modelagem
entidade-relacionamento, 287
geométrica, técnicas de, 333
molecular, 332
Modelo(s)
Cliente-servidor, 350
construindo, 324
de erosão, 336
de iluminação, 335
de referência para interconexão de sistemas
abertos, 355
específicos, 325
fractal, 336
funcional, 213
meteorológicos, 328
relacional, 283

Índice

Sutherland, Ivan, 329
Modem
a cabo, 354
telefônico, 352
Montador, 14, 121
Moore
Gordon, 11
Lei de, 11
Motor de carro e a abstração que nos permite usá-lo, 6
Mozilla Firefox, 17
MS-DOS, 16
Multiprocessadores simétricos, 104
Multiprogramação, 237
Mundo virtual, criação do, 342

N

Nanociência, 68
Navegador, 17
Negação de serviço, 289
Neumann, John von, 180
arquitetura de, 91
Neurônio biológico, 310
Nome(s)
de computador. 358
de domínio, 359
de primeiro nível, 360
sistemas de, 360
Notação
científica, 48
posicional, 26
Número(s)
computação e, 26
de computador, 359
de tamanho fixo, 44
inteiro, 26, 386
médio de comparações, 157
natural, 26
negativo, 26
racional, 26
reais, 387
representando, 46

O

Objeto(s)
classe de, 204
complexos, modelando, 336
de dados, 206
metodologia orientada a, 204
orientação a, 204
Ocultação de informação, 166
Office suites, 17
Onda acústica de superfície, 101
Operações
computacionais, 112
em arquivos, 260
Ordenação, 153, 157
pelo método bolha, 159
por inserção, 160
por seleção, 158
Overflow, 46

P

Pacotes, chaveamento de, 13, 354
Pagers, 33
Página(s), 244, 368
troca de, 245
Web, 368
interativas, 374
Paginação sob demanda, 245
Palavra, 33
reservada, 218
Palavra-chave, codificação por, 50
Paradigma(s)
de linguagem de programação, 211
declarativo, 213

imperativo, 211
orientado a objeto, 213
procedimental, 213
sentir-planejar-agir, 315
Paralelismo, 103
Parâmetros
de referência, 192
de valor, 192
lista de, 191
passagem de, 191
passando, 193
Passo
abstrato, 152
concreto, 152
Pastilha(s)
de CPU, 81
SSI, 80
PC (*personal computer*), 12
PC-DOS, 16
Pedra de Roseta como um sistema de tradução, 148
Pensamento logarítmico, 19
Pep/8, 113
linguagem de montagem de, 121
simulador de, 119
Personal computer (PC), 12
Peso efetivo, 310
Pesquisa, 153
algoritmos de, 154
binária, 156
recursiva, 163
sequencial, 154
Phishing, 292
Picture elements, 56
Pilhas, 176
de protocolos, 355
para armazenar rotas, 188, 189
PIN (*Personal Identification Number*), 291
Pipeline, 95
Pirataria e direito autoral de software, 137
Pixels, 56, 311
PKC, 309
Placa-mãe, 95
Placas de circuito, 11
Planilha(s), 16
contendo dados e cálculos, 277
de grade de células rotuladas, 277
eletrônica, 276
análise, 281
fórmulas em, 278
função de, 279
PNG (*Portable Network Graphics*), 57
Polimorfismo, 227
Polya, George, 146
Ponto flutuante, 47
Porta(s), 68
circuitos e, 67-85
com mais entradas, 72
construindo, 73
usando transistores, 74
E, 70
NÃO, 69
representação de uma, 70
NÃO-E e NÃO-OU, 71
NÃO-E, representação de uma, 72
NÃO-OU, representação, 72
OU, 71
OU-exclusivo, 71
revisão e processamento de, 72
Precisão, 387
Prêmio Loebner, 303
Problema(s)
como solucionar?, 144
comparando algoritmos, 397
da classe P, 405
da parada, 402
por computador, processo de solução, 146
Processador(es)

de texto, 16
de um encadeamento, 103
multicore, 103
*n*bit, 95
paralelo de memória compartilhada, 103, 104
Processamento, 153
assíncrono, 224
de linguagem natural, 312
em lote, 238
síncrono, 103
Processo(s)
bloco de controle de, 246
ciclo de vida de um, 246
de acesso, 239
estados de, 245
gerenciamento de, 237, 245
Profissionais de computação, registro de, 135
Profundidade, busca em, 186
Programa(s)
armazenado, conceito de, 91
com desvio, 125
com um laço, 126
um espaço de, 117
Programação, 3
de jogos, 344
estruturada, 16, 220
lógica, 213
Programador(es)
de aplicativos, 15
de sistemas, 14
Projeto, 19
Genoma Musical, 128
procedimental e orientação de objeto, comparação, 228
topdown, 206
Propriedade(s)
associativa, 76
complemento, 76
comutativa, 76
distributiva, 76
identidade, 76
lei de DeMorgan, 76
Protocolo, 350, 355
de alto nível, 356
de datagramas do usuário, 356
de rede, 355
pilha de, 355
Provedor de serviço de Internet, 352
Pseudocódigo
algoritmo em, 131
funcionalidade, 128
instruções em, 130

Q

Quadro(s), 144
-chave, 58
delta, 58
Queimar, 97
Questões éticas
a exclusão digital, 21
Big Brother no local de trabalho, 294
blogging, 380
computadores e a segurança da pátria, 60
desenvolvimento de software em código aberto, 169
efeitos de redes sociais, 363
embustes e fraudes por computador, 105
gerenciamento de direitos digitais do Rootkit da Sony®, 250
HIPAA, lei da portabilidade e responsabilidade em seguro-saúde, 318
influência da Internet na eleição presidencial de 2008, 195
jogos
como um vício, 345
e a Internet, 230

link direto, 407
pirataria e direito autoral de software, 137
privacidade do correio eletrônico, 81
segurança da pátria e o
carnívoro/DCS-1000, 33
spam, 269
Quicksort, 163

R

Radiosidade, 336
Raiz, 179
quadrada, 151
RAM (*random access memory*), 89
Raster, 57
Razão de compressão, 40
Reconhecimento de voz, 312, 313
Recursão, 161
Rede(s)
de computadores, 350
de longa distância, 351
endereços de, 358
locais conectadas, 352
metropolitana, 351
neuronais, 310
artificiais, 310
biológicas, 310
protocolos de, 355
semânticas, 304, 305
sociais, 361
efeitos, 363
tipos de, 350
Referência
circular, 279
parâmetros por, 192
Registrador, 79, 94
base, 243
de instrução, 94
de limites, 243
Registros, 154, 283
Relacionamentos, 284
Renderização, 335
Repetidores, 354
Representação, 19
binária, 42
de conhecimento, 304
numérica biquinária, 28
sinal-magnitude, 43
Representando
cor, 55
dados de áudio, 53
imagens e gráficos, 55
texto, 48
vídeo, 58
Resolução, 56
Restrição de cardinalidade, 287
RGB (*red-green-blue*), valor, 55, 56
RISC (*reduced-instruction-set*) computer, 12
Riscos, análise de, 289
Robôs gêmeos, 316
Robótica, 19, 314
ROM (*read-only memory*), 97
Roteadores, 354
Round Robin, 248

S

Scriptlet JSP, 376
Segurança
ataques à, 292
da informação, 288
em computadores, 291
Semissomador, 77
Sensível a diferenças de letras, 218
Sentir-planejar-agir, paradigma, 315
Separador fracionário, 46
Servidor
de arquivos, 13, 350
Web, 350, 368

SETI at Home, 352
Setores, 98
Shockley, William B., 11
Símbolo de comentário, 218
SIMD (*Single-instruction, multiple-data-stream*), 13
Simon, Herbert A., 305
SIMULA, 326
Simulação
contínua, 325
de eventos discretos, 325
manual, 110
o que é?, 324
Simulador de Pep/8, 119
Sinal(is)
analógico, 41
degradação de, 42
de áudio, amostragem, 54
de seleção, 78
digital, 41
degradação, 42
elétrico aterrado, 73
Sinal-magnitude, representação, 43
Sinapse, 310
Sistema(s)
abertos, 355
baseado
em conhecimento, 307
em regras, 308
binário, 27
complexos, 324
computacional(is), 3
camadas de um, 3
de arquitetura, 258
de arquivos, 258
de filas, 326
de gerenciamento de banco de dados, 282
de nomes de domínio, 359, 360
de numeração em potência de 2, 30
de tempo real, 240
embarcados, 101
especialistas, 307, 308
gerenciadores de banco de dados, 16
hexadecimal, 27
octal, 27
operacional, 3, 15
papéis de um, 236
Windows, 27
-p da UCSD, 211
programadores de, 14
proprietários, 355
Software(s), 3
aplicativos, 236
calmante, 265
camadas, 16
complexidade de, 392
de detecção de terrorista, 15
de sistemas, 236
em código aberto, desenvolvimento de, 169
notórios de, 395
especificações, 393
primeira geração, 14
qualidade de, abordagens atuais em, 393
quarta geração, 16
quinta geração, 16
requisitos de, 392
segunda geração, 14
Sojourner, o que é o alvo?, 316
Somador(es), 77
completo, 78
multiplexadores, 78
Sombreamento, 335
Spam, 269
SQL, base matemática, 286
Stonehenge, 8
Subprograma(s), 191
fluxo de controle de, 162
instrução de, 161

Subsunção, arquitetura de, 317
Subtransbordamento, 389

T

Tabela, 283
de mapeamento de páginas, 244
-verdade, 68
Tamanhos em perspectivas, 90
Taxa de transferência, 98
de dados, 350
TCP/IP, 356
Tear de Jacquard, 7
Técnica(s)
de memória paginada, 244
de partição
dinâmica, 242
fixa, 242
Tela sensível
ao toque, 100, 101
capacitiva, 101
infravermelha, 101
resistiva, 101
Telégrafo, Einstein descreve, 58
Tempo
compartilhado, 239
compartilhamento de, 15
de acesso, 98
de busca, 98
de resposta, 240
de retorno, 247
intervalo de, 248
previsão de, 329
Teorema(s) de Turing, 19
Terminal burro, 239
Termômetro de mercúrio, 41
Teste(s)
de caixa branca, 135
de caixa-preta, 135
de cobertura de dados, 135
de Turing, 302
plano de, 135
implementação de, 135
Texto
compressão de, 50
representando, 48
Tipificação forte, 216
Tocador de CD lendo dados binários, 54
Topologia
de barramento, 351
de rede, 351
em anel, 351
Toque, comunicação por, 331
Traceroute, 356
Tradução
por máquina não realizada, antiga
promessa, 315
processo de, 209
Transbordamento, 46, 389
numérico, 46
Transistor(es), 11, 73
conexões, 73
construindo portas usando, 74
Treinamento, 311
Tríade CIA da segurança da informação, 289
Trilhas, 98
Trojan horse, 292
TrueColor, 56
Tsunami, detecção de, 330
Turing
Alan M., 9, 403
teoremas de, 19
Twitter, 373

U

Unicode, conjunto de caracteres, 50
Unidade
chamadora, 162

de controle, 94
de disco magnético, 266
de DVD, 90
de entrada e de saída, 94
flash, 100
lógica e aritmética, 93
processadora de gráficos, 89
Upload, 354
USB (*universal serial bus*), 100

V

Valor(es)
  binários, computador e, 32
  negativos, representando, 43
  parâmetros por, 192
  RGB (*red-green-blue*), 55
  Vai-um, 77
Válvulas, 10

Variáveis compostas, 152
Verificação manual, 134
Verme, 292
Vértices adjacentes, 185
Vetores, 153
Vírus, 292
Visões diferentes de um mesmo conceito, 168
von Leibniz, Gottfried Wilhelm, 7
Voz
  reconhecimento de, 312, 313
  registro de, 313
  síntese de, 312

W

Web
  navegador, 368
  página(s), 368
    interativas, 374

servidor, 368
sítio, 368
um giro pela, 368
Weblogs, 370
Wi-Fi, 377
Windows, sistema operacional, 17
Workstations, 12
World Wide Web, 4, 16
  compartilhando informações na, 17
  um giro pela, 368
Worm, 292

X

XML, 377

Z

Zero, a importância do, 27

Serviços de impressão e acabamento
executados, a partir de arquivos digitais fornecidos,
nas oficinas gráficas da EDITORA SANTUÁRIO
Fone: (0XX12) 3104-2000 - Fax (0XX12) 3104-2016
http://www.editorasantuario.com.br - Aparecida-SP